KB173331

오래된 질문
새로운 답변

오래된 질문 새로운 답변

조계완 지음

앨피 Long Playing Book

일러두기

◆ 주요 인명, 도서 제목 등은 외래어 표기원칙에 따라 맨 처음, 주요하게 언급될 때 원어를 병기했다.

◆ 도서 제목 등은 원 제목을 번역 표기하는 것을 원칙으로 하되, 국내에 번역 출간 및 소개된 경우 그 제목을 따랐다.

◆ 본문에 포함된 인용문은 원문을 그대로 싣는 것을 원칙으로 하되, 지나친 번역투와 옛 문투는 원문의 의미를 손상하지 않는 한에서 손보고 인명 등의 외래어 표기를 본서의 표기 원칙에 따라 수정하였으며, 부가 설명이 필요한 경우 [ ] 안에 인용자의 설명을 덧붙였다.

◆ 주요 인용구 뒤에는 괄호 안에 간략한 출처를 표시했다. 상세한 서지 사항은 책 뒤 〈참고문헌〉 참조.

◆ ◆ ◆

"나의 작가적 이름은 아직 여러분들의 관심을 끌고 있지 못하다. 그러므로 나는 할 수 없이 소설 구성의 효과를 미끼로 해서 여러분들에게 낚시를 던지지 않을 수 없었다. …… 나는 예술적 재능이라고는 눈곱만큼도 소유하고 있지 않다. 또 훌륭한 언어를 구사하는 데 숙련되어 있지도 않다. 그러나 이런 것은 별로 중요한 것이 아니다. 나는 아무런 재능도 갖고 있지 않다는 것을 분명히 여러분에게 사전에 경고한다. …… 그러나 이 말은 나의 소설이 재능이 있는 다른 사람들의 작품에 견주어 덜 틀에 박혀 있다고 말하는 것이기도 하다."

— 니콜라이 체르니셰프스키, 《무엇을 할 것인가》

2014년 7월 어느 여름날, 저 멀리 우뚝 선 아파트들 사이로 저녁 해가 뉘엿뉘엿 기울고 있을 무렵, 집 안 책상에 앉아 이 책과 씨름하다가 잠깐 동네 뒷산에 올랐다. 솔바람 소리, 새소리, 물소리로 가득한 깊은 산속이라면 신선 같은 사유에 빠지기 십상이지만, 역시 현실주의적 사색은 아파트로 둘러싸인 뒷산이 제격이다. 금방 폭풍이라도 휘몰아칠 듯 흐린 하늘에 바람이 거세게 불고 풀꽃들이 이리저리 누웠다. 먹구름이 잔뜩 낮게 뒤덮인 서울 하늘 아래 아파트 곳곳에 하나둘 불이 켜지고, 도로에는 퇴근길 차량들이 긴 꼬리를 물고 금빛 물결처럼 흔들렸다. 남산타워가 보이는 서쪽 하늘엔 이른 새벽 빗자루로 쓸어 낸 사찰 앞마당처럼 고운 구름이 밀려가고, 동쪽 하늘엔 첩첩이 늘어선 산자락 위로 불그스름한 저녁노을이 걸렸다. 동쪽 하늘에 걸린 노을이라니, 퍽 기이했다.

서쪽 노을, 동쪽 노을, 뒷산, 아파트, 퇴근길 차량 행렬, 풀꽃, 먹구름 ……. 이 모든 것이 한데 어울려 내 눈앞에 하나의 장면을 펼치고 있었다. 서쪽과 동쪽처럼 또 동틀 무렵과 저녁노을처럼 시공간이 명징하든, 흔들리는 풀꽃에서 느끼는 감성처럼 모호하든, 아파트의 물성物性이든 먹구름의 감상感傷이든, 노을빛의 자연과학적 원리든 그것들이 어우러져 서울의 어둑한 여름 저녁 한 풍경을 만들어 내고 있었다. 무릇 정의正義는 어느 한쪽에 있기 마련이고, 오직 진실만이 우리를 감동케 하지만, "세상은 다름을 통해서 새로움으로 나아간다"는 말은 삶의 경험과 연륜이 가르치는 바다.

이런저런 감상 속에서, 문득 이 책에 흔히 등장하는 몇몇 이름들과 어떤 생각이 스치듯 떠올랐다. 애덤 스미스, 조지프 슘페터, 존 케인스, 카를 마르크스, 카를 포퍼, 막스 베버, 라이트 밀스, 폴 배런, 존 롤스, 로버트 노직, 프리드리히 하이에크, 루트비히 폰 미제스, 밀턴 프리드먼, 에릭 홉스봄, 소스타인 베블런, 앨프레드 마셜, 앨버트 허시먼 ……. 지금까지 그래 왔듯 우리는 앞으로도 오랫동안 이들을 읽고 인용할 것이다. 21세기에 인간과 경제, 시장, 사회, 개인과 집단(조직), 자유와 제도 그리고 삶에 대해 이 '거인'들보다 더 뛰어난 '이야기'를 제출하는 사상가가 과연 얼마나 더 등장할 수 있을까?

잠깐 올려다본 하늘 위로 새 몇 마리가 눈에 들어왔다. 구름에 거의 닿

6

을 정도로 높고 멀리, 새들은 직선이 점들의 연속임을 증명하듯 일정한 간격을 유지하며 일직선을 이룬 채 날고 있었다. 북한산 인수봉 쪽으로 향하는 새들을 오래도록 응시했으나 새들은 이제 더 이상 보이지 않는다. 찰칵, 휴대폰을 꺼내 사진을 찍었으나 사진 속은 텅 빈 하늘뿐이다. 사회과학 거인들의 고전은 긴 시간과 광대한 공간에 걸쳐 그 파장을 미치고 점차 동심원을 더 크게 그리곤 하지만, 자연 속 자유로운 새들은 어쩌면 자기가 지나온 모든 길을 스스로 지우면서 날고 있는 것이 아닐까?

"일몰은 그 신비스러운 모습 속에 바람, 추위 그리고 더위나 비의 전변轉變(그 속에서 인간의 육체적 존재가 뒤흔들리는)을 키우고 결합시키는 것이다. 이 솜털 같은 성좌 속에서는 …… 하늘이 석양빛으로 밝아지기 시작할 때면 농부는 밭 갈기를 멈추고, 어부는 배를 붙잡아 매며, 미개인은 빛이 사그라져 가는 불가에 앉아 눈을 깜박이는 것이다."(레비스트로스, 92쪽)

몇 가지는 까닭이 있고, 또 몇 가지는 딱히 근거가 없는, 어떤 부끄러움을 무릅쓰고 이 책을 펴내는 마음을 뒷산에 오른 그날의, '불가에 앉아 눈을 깜박이는' 기분으로 대신하고자 한다.

◆ ◆ ◆

이 책을 '교양'학술서라고 해야 할지 학술'교양'서라고 해야 할지 잘 모르겠지만, 애초부터 '교양'을 염두에 두었던 것만은 분명하다. 이 책은 앞서 열거한 사상가들을 비롯한 수많은 '거인'들의 책과 글, 인용문으로 가득 차 있다. 그것이 이 책의 특색일 수도, 한계일 수도 있겠다.

누구도 쓰기 어려운, 누구도 써 본 적 없는 글을, 가끔씩 생각해 보곤 했다. 그러나 짧은 삶의 경험과 미숙한 앎의 폭과 깊이로는 그저 그런, 다 알

만한 내용과 표현을 늘어놓게 될 공산이 크다는 한계를 늘 절감했다. 물론 이 책 도처에 나의 사유가 간간이 포함돼 있긴 하지만, 독자의 눈을 번뜩이게 하고 무릎을 탁 치게 할 만큼 날카롭고 통찰력 있는 내용과 표현을 스스로 생산해 내지 못한다면, 차라리 그런 글을 인용하여 보여 주는 것이 독자들에게 훨씬 도움이 될 것이다. 이는 양해를 구해야 할 일인지는 모르겠으나, 어쨌든 무릅쓸 수밖에 없는 일이었다.

무릇 책이란 글쓴이의 사유를 보여 주는 것일진대 그 본연의 역할을 제대로 수행했는지와는 별개로, 나는 이 책이 단순한 사실 전달을 넘어 용기든지 위로든지, 감동이든지 어떤 상상력을 자극하든지, 때로는 거친 정서적 떨림과 숨결을 보여 주든지 혹은 이성적 충격을 가하든지 독자에게 뭔가 유익함을 제공할 것이라고 믿는다.

고전이라고 해서 시의時宜가 덜한 건 분명 아니다. 오히려 고전일수록 더 예리한 시의성을 갖추고 있을 수 있다. 따라서 거인들이 한 말 자체가 시의를 잃는 속도는 그리 걱정할 것이 못 된다. 만약 이 책이 시간의 풍화작용을 생각보다 오래 견딘다면, 그 이유는 감히 말하건대 다양한 가치 지향을 한꺼번에 '포괄하는' 사회과학 책을 우리 풍토에서 보기 드물었다는 사정을 반영하는 것이라고 본다. 이 책은 어느 쪽의 눈으로 다른 어느 쪽을 비판·반박하거나 그 결함을 지적하려는 것도, 근본주의의 가슴과 머리로 '해방의 철학'을 옹호하려는 것도 아니다. 과학적 진리가 급진파에게 혹은 자유주의에 있다거나, 나아가 그 둘 사이의 어느 지점에 있다고 주장하지도 않는다. 오히려 각자 자신의 거울에 비추어 들여다보는 방식을 취했다고 할 수 있다.

목차를 훑어보면 알겠지만 각 장들은 건너뛰며 읽어도 좋다. 건너뛰는 데 어떤 과단성 같은 것은 필요 없다. 책을 쓰는 과정 자체가 그러했고, 따라서 이 책의 서술 흐름이 그러하기 때문이다. 나는 최대한 각 장마다 이야기가 진행되는 중간에 잠깐씩 호흡을 가다듬고 독자와 대화를 시도하려고 노력했다. "우리는 지금 어느 지점에 와 있다. 이제 어느 산길로 접어들 차례다." 따위의 표현이 그 노력의 흔적이다. 어떤 독자는 효과적이라고 여길 테지만, 내심 불편해하는 독자도 있을지 모르겠다.

무릇 대개의 사회과학 연구는 그 주제를 둘러싸고 경제학·사회학·역사학·정치학·철학 심지어 문학까지 경계와 분과를 넘나들며 이루어지기 마련이고, 복잡한 얽힘과 스며듦, 복사와 재생산, 재창조 과정이 개입된다. 이를 잘 드러내 보여 줄 수 있는 책을 써 볼 심산이었다. 그것이 씌어진 맥락과 조건이 각각 다른 여러 고전 텍스트를 하나의 '이야기'로 꿰매 묶는 작업은 몹시도 지난했으나, 내가 전업 연구자가 아니라는 사실을 핑계 삼아 어쭙잖은 글을 쓸 수 없다는 것 또한 분명했다. 이런 유형의 책이 고도의 '정제된 증류수'가 되기란 결코 쉽지 않은 법이어서, 방대한 주제를 넘나들면서 좌절을 겪기도 했다. 긴 여정 도중에 길을 잃거나 지도를 잘못 그려서 중간에 그 모습과 위치를 바꾸기도 했다. 하지만 언제부턴가 윤곽이 한층 뚜렷해지고 점차 그 모습이 분명하게 드러났는데, 돌아보면 무모한 용기와 헛된 열망도 여정을 끝마치도록 이끈 어떤 힘이었던 것 같다.

조정래의 소설 《태백산맥》을 보면 사회주의자 김미선이 전향서를 쓰면서 "글은 머리로만 쓰는 것이 아니라 손이 쓸 때도 있다는 약간 이해하기 곤란한" 경험을 말하는 장면이 나온다. 이 책도 사실 머리보다는 손이 쓴 것이나 마찬가지다. 나의 독창적인 사유나 주장을 펼치기보다, 국내외 사회과학 및 인문과학의 지적 채석장을 여기저기 헤매면서 채집한 보석 같은 글들을 옮겨 담는 작업이었기 때문이다. 간혹 별도의 인용 표시가 명확하게 제시되지 않은 대목 중 어느 것이 거인의 생각이고 어느 것이 필자의 생각인지 분간하기 어려운 경우, 대개 거인의 생각이라고 여겨도 무방하다. 때로는 '다른 사람의 목소리로' 더 잘 말할 수도 있는 법이다.

◆　◆　◆

책을 쓰는 데 도움을 준, 내가 빚진 사람들이 너무 많다. 대화할 때마다 늘 유익한 지적 흥미를 불러일으켜 준 여러 스승들, 역시 유쾌하면서도 신선한 지적 우정을 선사해 준 동학同學들, 친구, 가족, 직업 세계의 동료들 ……. 무엇보다 여러 거인들의 글 자체가 주는 확고한 믿음이 시종일관 나를 격려하고 자극하는 원천이 되었음을 강조해야겠다. 특정 부류의 몇몇 거인들에 대한 교의적 믿음이 나를 이끈 것이 아님은 물론이다.

도서출판 앨피와의 작업은 "오늘 해야 할 일을 다 마치지 못하는 사람은 내일이 되어도 다 마치지 못한다."는 말보다 더 현실적인 경구는 없다는 사실을 새삼 일깨워 주었다. 출판사의 개입이 없었다면 이 책은 훨씬 덜 매끈하고 투박하고 느슨하고 엉성한 채로, 무엇보다 훨씬 더 늦게 세상에 나오게 됐을 것이다.

2014년 늦가을

조계완

차례

프롤로그 ┃ 거인들의 '지적 채석장'에 들어서며 16

제1부 **시장·개인·경쟁**_"음험한 왕국, 생명 없는 유령들"

1 이성_합리적 이성인가, '제한된 이성'인가? 43

해부학 실험실과 산문적인 일들 **경제'과학'** 44
"신체 없는 혈액순환탐구" **칠판경제학** 54
"보이지 않는 손" **이성의 자부심** 74

2 인간 행동_시장·개인 Vs 사회·관계 91

뒤덮은 안개 **이기심과 유인** 92
'선택할 자유'와 '합리적 바보' **선택의 역설** 104
'선한 삶'과 루소의 사슴 **이타적 마을** 113

3 교환_무정부적 시장과 강도귀족 121

"고요한 거래" **교환과 자유계약** 122
"조용한 삶" **독점과 강도귀족** 136
오일러 정리 **갈등과 조화** 144

4 시장_경쟁과 사회계획 157

팡글로스 박사의 경제학 **시장의 신화 1** 158
자비롭고 전능한 사회계획자 **시장의 신화 2** 168
로크의 도토리 **소유권과 효율** 181

차례

제2부 **민주주의·집단·윤리**_"깨지고 상처받기 쉬운 약속들"

1 불평등_자본주의인가, 민주주의인가? 193

"한 어려운 조합" **민주주의와 자본주의** 194
1848년의 유령 **자유와 평등** 207
"생각만큼 푸르지 않은 초원" **자유주의와 자본주의** 214

2 협력_개인인가, 집단인가? 223

당신들의 천국 **이탈과 목소리** 224
집단 속 또 다른 집단 **비정규직의 모호성** 234
하베이 로드의 전제 **집단과 정치** 242

3 규범_윤리인가, 공리公理인가? 251

'벵골 기근과 경제학의 빈곤 **윤리와 정의** 252
"경제학은 곡선이 아니다" **경제학 보수주의** 262
부자의 위장 **한계소비성향** 271

4 분배_경제인가, 사회인가? 277

"홉스의 버섯들" **경제와 사회적 관계** 278
'허시먼의 터널'과 마태효과 **불평등** 288
안정적인 해解의 부재 **분배와 사회후생함수** 297

제3부 **발전·제도·통제**_ "바로 이곳이 자본주의의 영역"

1 제도와 구조 그리고 개인 313

"불에 녹지 않는 동전" **제도와 조직** 314
돛대와 기관차 **구조와 '홈이 파인 길'** 323
불만의 관리자 **규율과 동의** 333

2 발전과 저발전 그리고 신화 341

엘리자베스 여왕의 비단양말 **경제성장** 342
최후의 단계, 최고의 단계 **자본주의의 다양성** 356
"마음의 탈식민화" **저발전과 발전** 364

3 지배와 위계 그리고 규율 385

"자본 폭군" **지배와 자유** 386
"붉고 푸른 거미줄" **기업이란 무엇인가** 394
'시계 제조공' 헨리 포드 **시간 규율과 계급관계** 406

4 통제와 효율 그리고 노동 417

각축적 교환과 주먹 **위계·통제·노동규율** 418
교수의 1시간 노동 **가치와 노동시간** 435
"선물 교환" **석기시대 경제학** 457

5 '세상을 바꾼 기계'와 생산함수 467

복식부기의 아름다움 **기술** 468
완전고용의 "정치적 측면" **실업과 인적자본** 474
헨리 포드의 다른 얼굴 **생산인가 소비인가?** 486

차례

제4부 이데올로기·과학·정치_ "수식과 그래프 뒤 피 흘리는 전투"

1 경제학과 혁명_ 과학, 이데올로기 503

기형도를 읽는 노동해방문학가 **이데올로기** 504
선명하지 않은 수정구슬 **투쟁과 혁명** 514
가을의 징후 **신자유주의와 금융화** 521

2 지옥으로 가는 길은 항상 선의로 포장돼 있다? 529

하이에크와 포퍼의 적들 **자유냐, 계획이냐** 530
'종이돌멩이'와 재무성 관점 **세금** 541
애덤의 오류 **과학인가, 신학인가?** 555

3 경제와 정치_ 경제학 속의 '정치'이론 563

정치인을 믿지 말라 vs 경제학자를 믿지 말라 **국가관리** 564
정주형 도적과 오쿤의 물통 **정치와 경제** 577
수수께끼 퍼즐 '오즈의 마법사' **화폐** 589

제5부 역사·지식·행복_ "이론 탈출을 위한 기나긴 고투"

1 경제학과 역사 607

"자연은 비약하지 않는다" **역사와 경제학** 608
역사의 혈장血漿 **해변의 모래밭과 노인** 626
희한한 종족, 경제학자 **'후진성의 이점'** 631

2 경제학과 수사학 637

사각형과 원 1 **수리경제학과 수사학** 638
사각형과 원 2 **불확실성의 경제학** 663
머릿속에 들어온 불 **경제와 문학** 673

3 경제학과 여성 685

애덤 스미스의 딸들 **가족, 여성 그리고 경제학** 686
남장한 여성 **맥클로스키의 초상** 697
남성들의 경제학을 넘어 **베커와 페미니즘 경제학** 702

4 경제학과 지식 711

여우와 사자의 도덕 **교육과 파워엘리트** 712
유령 사냥에 나서며 **80년대 한국 학술운동** 745

5 경제학과 행복 765

사회과학의 마지막 질문 **'선상船上 일몰노트'** 766
"사랑은 아주 특별한 재화" **욕망과 비명碑銘** 774
풍요의 뿔 **경제와 환경** 784

에필로그 | 서문으로 다시 돌아오며 795
참고문헌 802
찾아보기 815

거인들의 '지적 채석장'에 들어서며

책의 구성상 '프롤로그'라는 이름을 붙였으나 이 글은 별도의 가벼운 에세이에 속한다는 편이 더 정확하겠다. 물론 이 책의 전체적인 구성과 문체, 접근 방식과 관점, 서술 방식의 특징을 독자에게 미리 설명하는 것이 이 글의 내용이자 목적이다. 본문에선 내가 직접 이야기하는 대목이 상대적으로 적은 편이다. 대신에 책을 시작하고 끝맺는 대목에서 다소 길게 덧붙이고자 한다.

이 글의 제목에 '지적 채석장'이라는 표현을 사용한 데는 나름의 이유가 있다. 나는 언제부턴가 '살아 있는 고전'이라고 일컬어지는 책들을 읽으며, 어떤 지적 발견·해명의 과정은 누군가 질문을 던지는 발발, 즉 진앙이 있고 그 진원으로부터 여러 폭발이 일어나 수많은 광물들이 쏟아져 나오는 과정 같다고 생각했다. 채석장은 그러한 사고를 표현해 주는 은유다.

이 책에 등장하는 지적 거인들은 인간·사회·경제를 둘러싼 인류의 오랜 질문들에 대한 답변이라는 광물을 캐내기 위해 지적 채석장들을 섭렵하고 거닐었을 것이다. 그런 과정을 거쳐 그들은 스스로 또 하나의 거대한 '지적 채석장'이 되었다. 이 책은 그러한 여러 채석장을 두루 거닐며 편력하는 방식으로 씌어졌다. 그렇다고 이 책이 근대 이후 지적 유산들에 대한 지적 전기傳記는 아니며, 살아 있는 고전들을 일독하자고 주창하는 데 목적을 두고 있지도 않다. 거인들이 펼쳐 보이는 흥미롭고 독특하고 또 날카로운 지성과 지혜의 구절들, 짧고 명쾌하고 은유적이고 또 수사학적으로 표현하고 있는 대목들을 독자들에게 제시함으로써, 우리가 일상을 살면서 고민하고 사유해 볼 만한 지점들을 새삼 돌아보는 데 한 가지 목적이 있다.

물론 이 책에 등장하는 모든 인물들을 지적 의미에서의 '거인'이라고 말하기는 어렵다. 때로는 그저 거인의 발꿈치를 밟고 올라선 정도의 사회과학자도 등장할 것이다. 내가 중심에 둔 것은, 거인으로 불리는 '사람들'이 아니라 그들이 쓴 책과 글이다. 무릇 세상에 나온 책과 글은 그것을 쓴 저자와는 독립된 삶을 살아간다. 칼 세이건은 《코스모스》에서 "먼 과거에 일어난 사건일수록 시간이란 지렛대의 길이가 더 길어지므로 역사에 남기는 영향은 그만큼 더 커지게 마련이다."라고 했다. 과거의 고전이 지금 우리에게 미치고 있는 영향은 시간의 긴 그림자를 통해 여전히, 어쩌면 점점 더 커지고 있다.

구글 스콜라Google Scholar 웹사이트 첫 화면에는 "거인의 어깨에 올라서서 더 넓은 세상을 바라보라Stand on the shoulders of giants"는 뉴턴의 말이 씌어 있다. 이 책에서 언급하는 거인들은 그 사상의 DNA가 좌파인지 우파인지를 막론한다. 다만 사회과학 분야에서 세계적으로 유효한 주화鑄貨로서 통용되고 있으며, 학술적 유행과 혁신의 외풍에 상관없이 여전히 어느 연구실에서나 관심을 누리고 있는 책들이다.

오래전 이 책을 구상하게 된 첫 착상을 밝히는 것이, 독자들이 이 책을 읽는 데 도움이 될 듯하다. 언제부턴가 지적 채석장 주변을 기웃거리던 나는 다음과 같은, 서로 다른 영역이지만 유사한 주제를 놓고 함께 얽혀 있는 몇 가지 지점을 깨닫게 되었다.

첫째, 아리스토텔레스가 기원전 500년 전 몇 켤레의 신발과 집 한 채의 교환을 예로 들며 '교환의 비밀'에 대한 질문을 던진 이래로, 약 2천 년이 흐른 뒤 존 로크, 카를 마르크스 등 또 다른 인류 지성들이 투입노동(시간)을 제기하며 그 비밀을 해명했다.(이 책의 1부 3장에서 다루었다.)

둘째, 17세기 영국 시인 존 던의 "인간은 섬이 아니다."라는 말은 1990년에 시카고대학 경제학교수 도널드 맥클로스키의 '공조적 경제학'과 알게 모르게 연결된다.(2부 4장)

셋째, 토머스 홉스의 《시민론》에 나오는 여기저기 제멋대로 자유롭게 솟아나는 '버섯'의 은유와, 신고전파경제학 교과서 속 합리적 개인들의 자유로운 선택 및 자유주의 사회사상은 서로 닮아 있다.(2부 4장)

넷째, 경제학자 조지 애커로프의 노동계약에서의 '선물교환'이론은, 석기시대 인류의 교환 행위에 대한 역사적 설명과 유사하다.(3부 4장)

다섯째, 사회학자 데이비드 노블이 기술 진보는 사회적 관계 속에서 결정된다고 말했을 때, 그것은 생산함수에서 기술을 외부적으로 주어진 것으로 받아들이는 경제학 분석과 근본적 인식 차이를 보여 준다.(3부 5장)

경제학에서 다루는 주제와 질문을 인류학·사회학·정치학·철학 등 다른 영역에서도 오랫동안 궁리하고 탐구해 나름의 답변을 제출해 온 것이다. 이를 짜임새 있고 체계적으로 교직하면 괜찮은 책이 될 법하다, 싶었던 것이다.

한 가지 덧붙이자면, 고세훈 교수는 《영국노동당사》(1999) 서문에서 "외부 세계(주로 서구)에 대한 학문적 호기심은 그것이 일정한 국내적 함축을 던지지 못한다면 자칫 자기만의 피상적이고 오만한 지적 유희에 머물기 쉽다."고 말했다. 내가 민족주의자인지 여부와는 별개로, 5부 4장에 쓴 '80년대 한국 학술운동'이나 간간이 인용하는 한국 인문학 작품은 이러한 맥락과 무관하지 않다.

어쩌면 독자들이 가장 궁금해 할지 모르는 가치 지향에 대해서도 언급해야 할 것 같다. 이 책에서 내가 고도의 긴장을 내포한 어떤 이념이나 가치 지향적 발언을 하고자 했던 건 아니다. 나를 자극한 것은 어떤 확고한 정치적 견해나 입장이 아니다. 나는 그다지 온건하지도 불온하지도, 급진적이지도 보수적이지도 않다. 오히려 책을 쓰는 내내 다양한 생각·주장·가치들이 용광로 속에 한데 어울리는 공존을 염두에 두고, 그것이 책 전편에 걸쳐 관철되고 또 관통하도록 세심한 주의를 기울였다.

거인들이 지구를 걸을 때

"겪을 것을 다 겪고 났으니 이제 우리는 다른 사람들 식으로 정치를 논할 수는 없어. 생각해 보면 우리에겐 정치란 완전히 다른 것이 된 걸세."

" …… 당신께서는 2년 전쯤 어떤 작은 팸플릿에 글을 쓰신 적이 있죠. 이제야 겨우 당신께서 말씀하셨던 것을 이해할 수 있을 것 같군요."

"그런 경우란 그걸 쓴 사람에게도 일어날 수 있는 것이지. 인식이란 것에도 빛처럼 무한한 농담濃淡의 단계가 있는 것이니까." — 실로네, 《빵과 포도주》

"이 잡지의 목적은 아주 재미있게 읽는 동안에 아주 중요한 걸 배울 수 있게 하는 것이라고요." 그러나 아버지는 읽고 있던 신문에서 고개도 들지 않고 대답했다. "네가 말하는 잡지의 목적이나 다른 모든 잡지의 목적이 다를 게 없다. 잡지를 내는 목적은 많이 파는 데 있는 것이야." – 움베르토 에코, 《푸코의 추》

실로네의 소설 《빵과 포도주》에 나오는 위 대목은 이탈리아 파시즘에 저항하는 어느 지하운동가의 대화이다. 누구나 자신의 사유 세계에서 무한한 농담濃淡의 단계를 거치게 된다는 말은 적어도 나에게는 사뭇 놀랍다. 다음과 같은 "투명한 요약"과 "증거를 제시하는" 사회과학의 전형적인 얼굴과 제법 다르기 때문이다.

"수정처럼 투명한 주장들, 잊기 힘든 요약들, 예상치 못한 출처들로부터의 증거 도출, 그리고 냉정하면서도 끊임없이 조롱하는 듯한 위트 ……."(블로그, 373쪽) 경제사 연구의 가장 탁월한 권위자인 마크 블로그는 1985년에 펴낸 《(케인스 이후의) 위대한 경제학자들》에서 노벨경제상 수상자인 조지 스티글러의 글에 대해 "감히 남이 흉내 낼 수 없는 문체"라며 이같이 말한 바 있다. 책을 읽으면서 독자들이 이 책에 등장하는 인물들의 사유 세계가 같은 주제를 놓고서도 '무한한 농담의 단계'를 보인다는 점을 점차 느끼게 되길 바란다.

1969년 《뉴스위크》 칼럼에서 폴 새뮤얼슨은 30년 전 하버드대학 강당에서 당시 대공황을 주제로 열린 한 토론회의 풍경을 묘사했다. 훗날 노벨경제학상을 받은 바실리 레온티예프의 사회로, 56세의 교수 조지프 슘페터와 그의 조교를 지낸 29세의 강사 폴 스위지가 토론자로 나섰고, 청중석에는 대학원생 새뮤얼슨이 앉아 있었다.▶

▶ 경제학에서 스승과 제자는 충실한 지적 후예도 있지만 건설적 비판자도 있다. 슘페터의 두 제자인 폴 새뮤얼슨과 폴 스위지는 대립했고, 미국 최초의 신고전파 경제학자로 불리는 존 베이

그 칼럼은 내용 못지않게 제목도 근사했다. '거인들Giants이 지구와 하버드 교정을 걸었을 때'라니!(필맥 MR편집팀 2007, 머리말)

이 거인들은 누구인가? 라이트 밀스는 《사회학적 상상력》(1959)에서 '고전적인 사회분석가의 특색'을 다음과 같이 표현했다.

"그것은 카를 마르크스에게서 볼 수 있는 지적 탁월성의 전부이기도 했고, 소스타인 베블런의 현란하고도 조소적인 통찰력과 조지프 슘페터의 다각적인 현실 구축의 단서이기도 했다. 그것은 막스 베버의 심오성과 명료성의 징표이다. 그리고 그것이야말로 오늘날 인간과 사회에 대한 연구에 있어서도 최선의 것을 알려주는 신호가 된다."(밀스 1959, 341쪽)

"심오성과 명료성의 징표"인 막스 베버는 《직업으로서의 학문》에서 학문상의 모든 성취는 새로운 질문을 뜻하며, 그 성취는 능가되고 낡아 버리기를 '원한다'고 말했다.

"진실로 완성된 예술품은 능가되는 일이 없을 것입니다. 또 그것은 낡아버리지도 않습니다. 이에 반해 학문에서는 자기가 연구한 것이 10년, 20년, 50년이 지나면 낡은 것이 돼 버린다는 사실을 우리 모두 알고 있습니다. 이것이 학문 연구의 운명이며 더 나아가 학문 연구의 '목표'입니다."(베버 2006, 41쪽)

베버는 지구 위를 거니는 거인들의 '새로운 질문'이라고 했으나 이 책은 사회과학에서의 '오래된 질문들'을 탐색하고자 한다. 이제 "능가하고 낡게 만드는" 새로운 답변의 한 사례를 볼 차례다. 경제학자 스탠리 제본스의 답

츠 클라크의 제자 중 한 명은 '경제학계의 이단아'로 불린 소스타인 베블런이었다. 앨프레드 마셜의 제자로는 마셜과는 좀 다른 길을 걸은 존 메이너드 케인스와 아서 세실 피구가 있다.

밀스는 "사회에 대한 어떠한 연구도 개인의 일생과 역사 그리고 이 둘의 사회 안에서의 교차 문제로 돌아오지 않는다면 지적인 여정을 완료했다고 할 수 없다"고 말한다.

변은 사뭇 대담하다. 스탠리 제본스는 《정치경제학 이론》(1871)을 끝내면서 확신에 찬 어투로 다음과 같이 말했다.

"사람은 오류를 범하는 존재이며, 가장 훌륭한 저작도 비판의 대상이 될 수 있어야 한다. 만약 의문과 비판을 환영하지 않고, 대신 숭배자들이 위대한 저작의 장점과 결정을 모두 권위로 받아들인다면 진실이 가장 심각한 상처를 입는다. 독재적이고 전제적인 상태에서의 평온은 항상 오류의 승리를 뜻할 뿐이다. 과학의 공화국에서 소란은 물론 혼란조차 장기적으로는 최대다수의 최대행복에 기여한다. …… 과학과 철학에서는 그 무엇도 신성하게 받아들여서는 안 된다. 진실이야말로 신성하다. …… 그가 존 스튜어트 밀이든, 애덤 스미스든, 아리스토텔레스든 그에 대한 존경과 권위가 탐구를 막는 것에 나는 저항한다."(제본스. 316~317쪽)

제본스가 당시 지적 오만에 휩싸여 있었는지, 사상가로서 불우한 처지에 있었는지 또는 애덤 스미스의 《국부론》(1776)에 대해 어떤 연유로 울분에 차 있었는지 우리는 알기 어렵다. 다만, 여기서 경제학과 관련된 '오래된 질문'에 대해 기존 거인들이 내놓은 답변에 불만을 품은 또 다른 거인이 '새로운 답변'을 내놓으려 시도하고 있음을 본다. 《멋진 신세계》의 작가 올더스 헉슬리는 "사람들이 언젠가 셰익스피어와 베토벤에 대해서조차도 '과연 이런 수준의 작품이 전부라는 말인가?'라고 아쉬워하는 때가 올 것"이라고 말했다. 제본스가 헉슬리를 닮았다면, '최초의 근대인'으로 불리는 르네 데카르트는 상대적으로 겸손하다. "뒷사람들은 앞사람들이 마친 곳에서 시작하게 되고, 이렇듯 많은 사람들의 생애와 노력을 합침으로써 우리는 모두 함께 각자가 혼자서 도달할 수 있는 것보다 훨씬 멀리 나아갈 수 있을 것이라고 생각한다."(데카르트. 57~60쪽)

모든 지적 작업은 궁극적으로 사회적 과정이다. 즉, 이전의 또는 당대 사람들의 인식과 사유의 집합적 소산이다. 마르크스는 《정치경제학 비판을 위하여》 서문에서 "인류는 언제나 자신이 풀 수 있는 문제들만을 제기한다."고 말했다. 그러나 풀 수 있는 문제라고 해도 푸는 방법은 다를 수 있다. '자본주의는 과연 생존할 수 있는가?'라는 사회과학의 오래된 근본 질문이 있다. 슘페터는 스스로 이 질문을 던지고 다음과 같이 답변을 제출했다.

"아니다. 내 생각에는 자본주의는 생존할 수 없다. 그러나 내 이 견해는, 이 주제에 관해 진술한 바 있는 다른 모든 경제학자들의 견해와 마찬가지로 그 자체로는 전혀 흥미롭지 않다. …… 내 논의가 얼마나 많이 다를지 모르지만 내 최종 결론은 대부분의 사회주의 저술가들, 특히 모든 마르크스주의자들의 결론과 다르지 않다. 그러나 이러한 결론을 받아들이기 위해 사회주의자가 될 필요는 없다. 예측은 예측되는 사건의 진로가 소망스러운지에 관해서 어떤 것도 의미하지 않는다. …… 누구도 사회주의자로서의 자격을 얻기 위해 이 결론을 받아들일 필요가 없다. 사람들은 사회주의를 사랑할 수도 있고 사회주의의 경제적·문화적·윤리적 우월성을 굳게 믿지만 동시에 자본주의사회가 자기붕괴를 향한 어떤 경향도 품지 않는다는 것을 믿을 수 있다. 반면 자본주의적 질서가 힘을 얻고 있고 시간이 갈수록 지반을 군히고 있기 때문에 자본주의의 붕괴를 희망하는 것은 망상이라고 믿는 사회주의자들이 실제로도 있다."(슘페터 2011, 149~150쪽)

인간과 사회를 해명하고 그 법칙과 논리를 탐구하는 사회과학과 사상사

슘페터는 '순수한' 경제이론 및 논리적 질문도 뜨거운 '현실적' 쟁점과 직접적인 상관성을 갖고 있을 수 있다고 말한다. "만약 자본주의사회의 근본적 특징을 정확히 표현하는 체계나 모델이 서로 모순적인 방정식을 포함하고 있다면, 이것은 자본주의 체계의 고유한 결함, 즉 허구적인 것이 아니라 현실적인 '자본주의의 모순'에 대한 증명일 수 있다."(슘페터 2013(제3권), 377쪽)

에서 시간의 침식을 이겨내는 '위대한 답변'은 과연 어떤 것일까? 슘페터는 《자본주의·사회주의·민주주의》 서문에서 말한다.

"지성 또는 상상력이 만들어 낸 것들의 대부분은, 짧게는 저녁 식사 후에 갖는 시간이나 길게는 한 세대에 걸치는 시간이 지난 다음에는 영원히 사라지고 만다. 그러나 어떤 것들은 그렇지 않다. 그것들은 빛을 잃기도 하지만 시간의 침식을 견뎌 내며 되돌아온다. 더욱이 그것들은 인식할 수 없는 문화적 유산의 요소로서가 아니라 각자의 의상을 입고 사람들이 볼 수도 만질 수도 있을 그들 자신의 상처를 지니고 되돌아온다. 이것들을 우리는 위대한 창조물들이라고 부른다. 위대성이 생명력에 결부된다는 점이 이 정의의 약점은 아니다. 그런 의미에서 위대성은 의심의 여지없이 마르크스의 메시지에 적용될 수 있다. 하지만 '부활'로 위대성을 정의할 경우에는 추가적인 이점도 있다. 즉, 위대성은 우리의 애증과는 독립적인 것이 된다. 우리는 위대한 업적이 반드시 광명의 원천이어야 한다거나 그 기본 구상이나 세부 사항들에서 결점이 없어야 한다고 믿을 필요는 없다. 반대로 그것을 암흑의 위력이라고 믿을 수 있을 것이다."(슘페터 2011, 53쪽)

이 책의 목적은 경제와 사회를 둘러싼 오래된 질문들의 '존재'를 설명하는 것이 아니라 질문들이 제기된 사회경제적 기원과 배경을 설명하는 것이며, 답변들의 대략적인 목록을 보여 주는 데 있다. 인간 행동과 사회·경

▶ "마르크스가 성공한 원인 가운데 일부는 아주 사소한 것이긴 하지만 그가 자신의 신도들이 어떤 연단에서도 즉시 활용할 수 있도록 쌓아 두어서 극도의 흥분을 야기할 수많은 어구들, 수많은 열렬한 비난과 분노에 찬 몸짓에 기인한다. …… 그렇지만 그가 투쟁의 어휘를 조달하는 사람에 불과했다면 그는 지금쯤 이미 완전히 사라졌을 것이다. 인류는 그러한 종류의 봉사에는 고마워하지 않으며, 자신의 정치적 오페라를 위해 대본을 쓴 사람의 이름은 빨리 잊는다. 그러나 마르크스는 예언자였다."(슘페터 2011, 58쪽)

제에 접근하는 관점·방법론·철학이 근본적으로 다른 여러 유파와 학설이 뒤엉킨 채로 곳곳에 제시된다. 어쩌면 사상에서 대립적이지만, 사실은 같은 현상·사실을 다른 거울로 비추고 있는 것이거나 서로를 보완해 주는 거울일지도 모른다.

위대하고 고귀한 지적 인간들의 생애와 생각이지만 어떤 왕관을 씌우려는 뜻은 없다. 그들의 지적 등정의 발자취를 따라가는 여정은 나의 관심도 아니며 그럴 만한 재능도 없다. 인생은 그리 길지 않고 앎의 능력은 언제나 제한적이다. 또한 지성과 지식의 지평에 우뚝 선 거인들 역시, 자신들이 살았던 당대의 시대적 역사적 조건과 구조 속에서 좀 더 멀리 보는 시야를 가졌을 뿐이다. 그러나 거인들big thinker의 사유와 논리들은 단순히 학문 세계를 넘어 구체적인 일상을 살아가는 우리들의 경제적·사회적·정치적 삶을 이야기하고 있다. 또 단순히 지혜로운 통찰을 넘어 폐부를 찌르는 날카로운 비유와 수사를 담고 있다. 인용 과정에서 나의 미숙함으로 인해 안타깝게도 그 뜻이 다소 왜곡되거나 광채가 희미해진 경우도 있더라도, 이 책의 독특함 혹은 유익함으로 여겨질 수 있는 풍성한 이야기가 주는 흥미가 그것을 상쇄하기를 바랄 뿐이다.

책의 전체적인 구성을 보고 사회과학의 방대한 주제를 다룬 사전 같은 책이라고 여길지도 모르겠다. 목차에서 보듯이 순수경제학의 세 가지 기본 탐구 주제인 시장·개인·경쟁에서 사회와 정치가 포함되는 집단·민주주의 그리고 윤리의 영역으로 넘어간 뒤, 역사로 향하는 징검다리 성격으로서 경제 발전과 제도, 노동규율을 검토한다. 역사와 경제학을 다루는 장에서는 이데올로기와 경제과학, 정치를 들여다보고, 마지막으로 역사와 지식, 그리고 경제학과 행복에 대한 논의로 나아간다. 여러 주제들이 씨줄과 날줄로 잘 교직되었는지 모르겠으나, 독자들이 전방위에 걸쳐 파상적으로 진행되는 '지적 모험'을 경험할 수 있다면 바랄 것이 없겠다.

다시 질문과 답변으로 돌아가, 왜 제목이 '오래된 질문, 새로운 답변'인지 또 이 제목이 품고 있는 뜻이 뭔지 좀 더 얘기하는 게 좋겠다. 앨프레드 마셜은 〈경제과학의 현주소〉라는 글에서 "경제학자는 무릇 부지런히, 열심히 단순한 사실들을 수집해야 하지만 여기에 만족하면 안 된다. 인과관계가 작동하는 방식을 독립적으로 또는 상호 결합해서 이해하려면 그 사실들에 개입해 질문interrogation해야 한다. 매우 수고스러운 계획을 굳게 짜고 실행하면서 사실들에 대한 의심도 해야 한다. 사실들로부터 사태가 품고 있는 진실의 빛을 찾을 수 있으나, 사실 자체가 직접적으로 빛을 던져 주지는 않는다. 빛은 오직 '과학의 거울'에 의해 반사되고 한군데로 모아질 뿐"이라고 말했다. 이와는 약간 각도를 달리하지만, 노벨경제학상 수상자인 조지 스티글러는 "새로운 아이디어는 앞선 세대의 전통과 고전의 폐기를 의미하는 것은 아니다"라고 했다.◀

이 책은 인류 역사에서 근대 이후 수백 년간 거대한 지성들이 쌓아 올린 지적 유산이 유통기한이 지난 상품이 아니라 여전히 '살아 있는 고전'이라는 점을 보여 줄 것이다. 물론 사상과 사유의 대립이라는 관점이 책 전편에 알게 모르게 흐르겠지만, 대립 구도 자체를 보여 준다기보다는 여러 거인들의 사유를 통해 우리들이 살아가면서 느끼고 생각하고 고민하게 되는

▶ G. Stigler(1949), *Five Lectures on Economic Problems*. Macmillan. 스티글러는 프리드먼과 함께 시카고 경제학파의 대표적인 인물로 각각 '미스터 마이크로(Mr. Micro · 미시경제학)'와 '미스터 매크로(Mr. Macro · 거시경제학)'로 알려질 정도로 대표적인 노벨경제학상 수상 경제학자이다. 그런데 두 사람의 실제 키는 각자의 경제학적 별명과 정반대여서 익살의 대상이 되는 경우가 많았다고 한다.(오페르트벨트, 290쪽)

여러 삶의 측면들을 이해하는 데 도움을 주는 책이 되길 기대한다.

　미래의 시작은 질문이며, 질문의 답은 언제나 복수複數라고 한다. 역사에서 모든 것의 시작은 질문이었고, 수학과 물리·천문 등 자연과학과 달리 사회과학에서 질문에 대한 답은 거의 언제나 복수이다. 스티븐 호킹은 역사를 바꾼 수학 분야의 획기적 진전을 다룬 책으로 유클리드의 《원자론》을 꼽으며, 이 책은 20세기 어느 시점까지 전 세계에서 성서 다음으로 많이 읽힌 베스트셀러였지만, 유클리드가 당시 그리스 시대에 이미 알려진 수학들을 집대성한 차원을 넘어선 어떤 작업(새로운 성취)을 이뤄 냈다고 믿는 건 적절하지 않다고 말했다. 마치 노아 웹스터가 위대한 19세기 사전 편찬자로서 이름을 얻은 것과 같다는 것이다.(Hawking 2005. p.1) 그러나 유클리드는 이 복수의 답을 집대성하여 인류 역사에서 또 다른 학술적 질문을 처음으로 본격 제기한 인물이 되었다.

　인간은 그동안 도구를 제작하고 사용하는 '호모 파베르Homo Faber', 사유하는 인간이라는 '호모 사피엔스Homo Sapiens', 놀이하는 인간이라는 '호모 루덴스Homo Ludens' 따위의 새로운 학명을 부여받았다. 이제, 누군가는 '질문하는 인간Homo Interrogo'을 보탤 수 있다고 생각한다. 또, 질문하는 인간은 그 논리상 애초부터 '답변하는 인간'을 포함하고 있다고 할 수 있다. 막대기나 망치 같은 도구든 학문에서의 수리적 모형이나 분석틀이든 이것들은 답변이자 동시에 또 다른 질문을 위한 도구가 된다. 질문과 답변의 역사적 과정에서 인간의 인식 능력과 지평은 놀랍도록 커지고 확장돼 왔다.

　읽다 보면 점차 드러나겠지만 이 책은, 전체를 관통하는 몇 가지 대립적인 선을 품고 있다. 복잡하게 뒤엉켜 있는 각종 현상이나 제도, 사람들의 의사결정 및 행동의 저변에는 '개인·자유 vs 구조·제도', '시장 vs 국가·조직', '중앙집중 vs 분권화', '사회 vs 경제', '집단·계급·세력 vs 개인의 합리적 선택, '합리적 이성 vs 충동·감성' 등으로 명징하게 구획될 수 있는 선이 깔려 있다고 나는 믿는다. 이러한 대립적 구도를 바탕에 깔고서 사회과학에서 다루는 여러 주제들을 종합하려고 시도한 소품小品이라는 점에 이 책의 어떤 의미가 있을 수 있겠다.

이와 관련해, 이 책에서 언급하는 이론이나 학설에 대해 몇 가지 덧붙이고자 한다. 그 학설이 참신하고 새로운 것인지보다는 그 함축하는 바가 과연 사회경제적 계급·계층이라는 지위에서 볼 때 누구를 위한 학설인지, 다시 말해 건전한(?) 것인지의 여부에 항상 주목할 필요가 있다. 나아가 이 책을, 우리가 일상적으로 매일 파묻혀 살고 있는 자본·상품·시장에 다소 거리를 두고 '그 바깥'을 사유해 보는 기회로 읽을 수도 있겠다. 글의 소재와 내용, 사례를 세심하게 간추리며 서술하겠지만 군데군데 일반적인 의미에서의 '교양' 수준을 넘어서는 좀 더 전문적이고 과학적인 대목도 기술될 것이다. 그렇다고 수수께끼 암호문 수준의 추상적이고 사변思辨적인 용어로 가득 찬 학술적 논의는 아니므로 탄식할 일은 없으리라 믿는다.

근대 이후 오랜 세월에 걸쳐 위대한 지적 거인들이 분투해 이룩한 결실들을 담고, 그 이론들이 기획·생산·소비되는 구조와 회로를 독자들에게 간간히 제시하려고 노력했다. 다만, 이 책 제1부 1장에 제시되는, 데카르트의 《방법서설》의 네 가지 규칙과 관련해 경제 분석 방법론을 적용해 간단히 풀이한 대목은, 그 의미의 있고 없음을 떠나 나의 고유한 해설임을 덧붙이고자 한다.

"우리 셋은 언제 만나게 될까?"
이야기와 은유

세상은 우리가 생각하는 것보다 항상 더 깊고 넓고 풍부하다. 그러나 '깊다'보다는 '넓고 풍부하다'에 더 강조점이 찍혀야 한다고 나는 생각한다. 예컨대 "연필이 그 이름을 갖는 건 지우개, 칼, 공책, 의자, 가방, 그릇 등이 존재하기 때문이다."라는 식으로 말하는 것이다. 연필 주변에 있는 지우개와 공책 등으로 넓이를 확장하지 않으면 우리는 '연필'을 제대로 이해하기 어렵다.

이를 경제학 분야에 적용해 보자. 예컨대, 피터 홀과 데이비드 소스키스가 말한 '자본주의의 다양성'(3부 2장)의 학술적 및 현실적 의미는 무엇인가? '자유시장경제'와 '조정된 시장경제'라는 구분도 중요하지만, 이 논의는 자본주의에 대한 근본 질문에 대한 거인(?)의 대답 중 가장 최신의 것 중 하나이다. 1848년 《공산주의자 선언》과 1867년 마르크스의 《자본론》(제1권) 출간 이후 자본주의냐, 사회주의냐를 둘러싸고 사상사적 대결이든 거리에서의 물리적 전투이든 지난한 싸움이 지구상에서 전개되었다. 즉, 1936년 케인스의 《일반이론》 경제학 이후 자본주의의 역동적 변모와 냉전, 1960년대 '인간의 얼굴을 한 자본주의'와 '인간의 얼굴을 한 사회주의'를 둘러싼 논의, 1990년 소비에트 등 노동자 국가로 일컬어지던 사회의 몰락과 자본주의의 승리 및 역사의 종언 선언이 있었다. 이와 관련된 무수한 개별 사실과 관점들을 더 자세하고 '깊게' 파고들어 탐구하는 방식이 아니라, 대략 거칠게라도 이런 이야기들과 관점들이 있다는 것을 '폭넓게' 이해하는 것이 21세기 벽두에 '자본주의 다양성'이 출현하게 된 의미를 제대로 파악하는 첩경이자 올바른 길이라고 할 수 있다.

좀 더 정확하게 말하자면, 영미형 경제가 좋은지 독일형·일본형·스웨덴형이 좋은지 세밀하게 분석하는 작업도 필요하겠지만, 내가 홀과 소스키스의 논의에서 주목한 것은, 21세기가 시작되면서 경제학자들이 이제 더 이상 사회경제체제로서 사회주의 선택 문제에서 사실상 벗어나 "자본주의는 다양하다"는 말에 주목하기 시작했다는 데 있다. 나는 이 책에서 서술하는 주제와 소재 대부분을 이러한 틀 속에서 바라보고 서술하려고 노력했다.

부연하자면. 좁게 정의된 특정 분야와 영역에 전문적으로 아주 깊게 파고들어가는 것보다는, 어떤 경우엔 '얇지만 넓게' 읽고 아는 것이 필요하다. 어떤 작가의 작품을 더 많이 읽었다고 해서 더 정확하고 깊이 있는 평론을 쓸 수 있는 건 아니다. 소설 한두 편만 읽고도 날카롭고 통찰력 있는 분석평론을 내놓을 수 있다. 막스 베버가 《경제와 사회》에서 말했듯 "시저를 이해하기 위해 우리가 시저일 필요는 없다." 이 책을 관통하는 일관된 방향 중 하나는, 문학평론가 황현산이 어디선가 언급한 "옆길로 새 나갈 수 없는 강의는 삶과 공부를 연결해 주는 온갖 길들을 차단할 것"이라는 말이다. 사실 세상은, 역사상 어떤 위대한 지성이라 할지라도 그 사람이 생각하는 것보다 항상 더 넓고 풍부하다. 그런 점에서 경제학자 보울스가 "정치경제학의 관점에서 보면, 사회과학 분야의 일반적인 구분(역사학·정치학·경제학·사회학 등)은 상당히 자의적이다. 이런 구분이 경제가 어떻게 작동하는지를 이해하는 데에는 오히려 방해가 되고 있다."고 한 말은 적절하다.

이 책은 보울스의 말에서 한 발 더 나아가, 사회과학과 인문학 사이에 명확한 구분선을 긋지 않는다. 시카고대학 경제학자 맥클로스키는 다음과 같이 말했다. "레오나르도 다빈치는 이야기와 논리를 사용했다. 뉴턴은 논리와 은유를 사용했다. 다윈은 사실과 이야기를 사용했다. 과학은 일상적 작업 속에서 은유와 이야기를 필요로 하는 문학이다. 문학적 용어로 경제

학과 같은 과학에 대해 말하자."(퍼버·넬슨 편, 101쪽)

　사회과학의 여러 핵심 주제들을 '이야기'라는 콘셉트를 뼈대 삼아 모자이크 형태로, 마치 소설에서 여러 개의 독립적인 이야기들이 하나의 주제 아래 전개되는 피카레스크 구성처럼 만들어 보고 싶었다. 그렇다고 해서 소설적 구성은 아니고, 주제의 전모를 드러내기 위해 온갖 퍼즐 조각들을 가져다 맞춰 보는 방식을 취했다. 마치 사회 도처에서 수집되는 온갖 정보와 사실들이 총집결되는 어떤 국가조직이 있다고 할 때, 그러한 정보들을 모자이크처럼 짜 맞추면 누가 어디서 누구를 만나고 무슨 일을 도모하고 있는지에 대한 큰 그림을 그릴 수도 있는 것처럼 말이다.

　나심 탈레브는 《블랙 스완》에서 액자 속 그림이 또 다른 액자 그림인 듯한, 이야기로서의 글쓰기를 약속하고 있다. "사실 이 책에는 한 가지 모순이 있다. 첫째, 이 책 자체도 하나의 이야기다. 둘째, 나는 인간이 이야기에 취해 속아 넘어가는 속성을 갖고 있으며 심하게 압축된 이야기를 선호하는 존재임을 보여 주기 위해 크고 작은 이야기를 이 책에서 활용하고 있다. 요컨대 하나의 이야기를 다른 하나의 이야기로 대체하는 것이다. 안타깝지만 비유나 이야기는 관념보다 훨씬 더 강력한 힘을 발휘한다. 이야기와 비유는 또한 기억하기 쉽고 읽기에도 즐겁다. 관념은 잠시 왔다 잊히지만 이야기는 오래 남는 법이다."(탈레브, 37쪽)

　이 책은 좀 더 감성적인 인문적 글쓰기의 문체 '형식'을 통해 자칫 다소 어렵고 딱딱하기 쉬운 사회과학 분야의 다양한 논의 '내용'을 보여 주려고 노력할 것이다. 각종 인간 행위와 제도에 대한 경제적·사회학적 분석, 그리고 인간 행동과 선택에 대한 분석적 논의를 최대한 감성적이고 인문학적인 필치로 써 보려 했다. 모든 문장이 깊고 지성이 넘치고 유려한 어투로 전개되기를 바라는 건 과욕일 것이다. 번득이지만 투박한 경제·사회과학의 세계를 섬세한 예술art의 경지로 풀어내겠다는 욕심보다는, 건조하고 압축적인 사회과학적 논의를 최대한 속도감 있게 짧게 끊어 간결하고 절제된 문장으로 표현하려 했다. 실제로 제대로 구현됐는지는 모르지만, "침묵의 시간이 몰래 다가온다."(셰익스피어, 《리처드 3세》)

"전통적인 지식에서는 기억이란 컴퓨터 디스켓처럼 자료를 차례차례 이어서 기록하는 장치로 여겨진다. 그러나 실제 기억은 마치 같은 종이 위에 글을 계속 쓰는 것과 같아서(혹은 처음의 글을 고쳐 쓰는 것과 같아서) 정적인 것이 아니라 역동적이다. 이는 그만큼 과거의 정보가 강력한 힘을 발휘하기 때문이다.(19세기 프랑스 시인 보들레르는 인간의 기억을 팰림프세스트palimpsest, 즉 이전에 쓴 글을 지우고 그 위에 새로운 글을 쓰는 양피지에 비유한 바 있다. 탁월한 통찰이다.) 기억은 역동적이되 단순히 스스로 새롭게 보충해 나가는 자동기계는 아니다. 새로운 사건이 발생하면 우리는 이 최신 사건을 기억하면서 이전의 기억에 이를 덧붙여 매번 새로운 이야기를 만들어 내는 능력을 자기도 모르게 발휘하지 않는가."(탈레브, 143쪽) 어쩌면 이 책을 읽으면서 마치 주제는 엇비슷한데 같은 모양이 다시 나타나지 않고 천변만화千變萬化하는 만화경萬華鏡 같다는 느낌을 받게 될지도 모르겠다.

이 책에 등장하는 거인들은 "그들이 떠나고 난 뒤 그 분야의 지적 삶에 커다란 구멍이 뚫렸다"고 이야기될 법한 '수많은' 사람들임은 더 말할 필요가 없다. 이 책을 '땀의 결정체'라고 할 순 없겠으나, 이 책의 시작과 완성 사이에 꽤 긴 시간이 개입되었다는 점만은 말해 두고 싶다. 흔히 외부적인 것에 대한 관찰을 깊이하면 내면적인 성찰을 하게 되고, 그 성찰이 쌓이고 축적되면 어느 순간 통찰이 생긴다고 한다. 이 책이 사회과학 전공자에게 '이야기가 있는 참고문헌 목록'으로 유용할지도 모르겠다. 어떤 책은 처음부터 끝까지 찬찬히 음미하고 숙고해 가며 읽어야 그것이 전달하려는 의미와 가치를 잘 파악할 수 있겠지만, 그렇다고 모든 책의 독법이 다 그래야하는 건 아니다. 내 경험에서 터득한 바로는 무릇 대부분의 좋은 책은 흔히 서문과 첫 장에 그 책이 던지는 독창적인 내용과 강조하려는 바를 적어두고 있다.

적절한 인용문 선택에 신중을 기했으나 무리한 선택과 해석, 과도한 짜맞추기식 연결의 의구심이 드는 대목도 있을 수 있겠다. 새로운 시도라는 점에서 독자들이 좀 더 폭을 넓혀 독해해 주길 바랄 뿐이다. 이 책을 읽는 최선의 방법은, 읽으면서 거인들의 주장을 직접 들춰 보거나 각 장에 나타나 있는 기본적인 주제를 좀 더 추적해 보는 것이다. 그러는 가운데 나의 시도가 신뢰할 만한 것인지 스스로 판단해 볼 수도 있을 것이다. 몇 가지 사유할 만한 물음을 독자에게 던져 줄 수 있다면 이 책의 소임은 나름대로 다한 것으로 생각한다. "매일매일의 자기 일에 대해 생각해 보기를 사랑했던 장인의 비망록으로서, 그리고 오랫동안 자와 수준기를 다루어 왔으면서도 그렇다고 자신을 수학자라고 생각하지는 않는 한 직공의 수첩으로서 나는 이 책을 내놓을 수밖에 없게 되었다."(블로크, 35쪽)

셰익스피어의 《맥베스》에 "우리 셋은 언제 다시 만나게 될까?"라고 말하는 대목이 있다. 어떤 의미에서 이 책에서 다루는 주제들은 돌고 돌아 다시 제자리로 돌아오는 바퀴의 순환 같은 경로를 취하고 있다. 일관성 있고 효과적인 작법일 수도 있을 것이고, 한편으론 독자를 괴롭히는 작법이 될 수도 있다. 사실 이러한 책이 경쾌하게 읽어 나갈 수 있는 글이 되기는 무척 어렵다. 다만 거인들의 답변들을 대신 전하면서 염두에 둔 것은, 경제적·사회적 힘들을 역사적 조망 속에서 꿰뚫어 볼 수 있는 안목을 제공하려 했다는 점이다. 나의 시선이 그러한 조망의 틀에서 비켜나거나 뒤틀려 있지 않았기를 바랄 뿐이다.

"어수선한 것들과 함께 살라"

역사학자 마르크 블로크는 《역사를 위한 변명》에서 다음과 같이 말했다. "세상에는 상호 대립하는 단정 사이의 중간항을 발견하는 데 호의를 보이며 그것을 위해 노력을 기울이는 학자들이 있다. 그것은 마치 2의 제곱이 얼마냐고 묻는 질문에 4라고 대답하는 친구와 8이라고 대답한 친구 사이에 언쟁이 빚어질 때 스스로 6이라고 대답하면서 즐거워하는 아이들과 조금도 다를 바 없다."(블로크, 116쪽)

모순의 원리는 어떤 하나의 사실이 존재함과 동시에 그러한 사실이 존재하지 않을 수도 있다는 관계를 가차 없이 부정한다는 뜻이다. 그러나 이 책은 그러한 모순의 원리를 지향하지 않는다. 사람들의 삶과 행동 중에 블랙박스처럼 방정식에 값을 집어넣으면 자동으로 그 결과 값이 튀어나오는, 그처럼 깔끔하고 명쾌하게 설명될 수 있는 현상이나 일은 그리 많지 않을 것이다. 오히려 "복잡하고 어수선한 것들과 함께 사는 법을 배우라."는 경구가 더 진실에 가깝다고 생각한다.

경제학자 제프리 삭스가 쓴 어느 책의 추천사에 누군가 "우리는 21세기에 석기시대의 정서와 중세 시대의 믿음, 그리고 신과 같은 기술의 기괴한 결합 속에 존재한다."고 썼다. 나는 우리가 '인문학'의 정서와 '사회과학'의 과학, 그리고 거대한 '역사'가 주는 교훈의 오묘한 결합 속에 존재한다고 생각한다. 따라서 경제와 사회, 인간 행동을 이해하기 위해서는 한곳만 집중적으로 파고들어 가는 식으로 탐구하기보다는, 비록 '매우 깊이 있는 이해'에는 도달하지 못하더라도 다양한 분야에 걸쳐 폭넓고 풍부하게 읽고 생각하는 것이 더 나은 지름길일 수 있다. 시계視界를 더 넓고 더 멀리(미래를 향해서라기보다는 오히려 과거로 거슬러 올라 멀리)할 필요가 있다. 아무리 위대한 지성이라 할지라도 세상은 항상 그 사람이 생각하는 것보다 훨씬 더 구체적이고 풍부하기 때문이다.

정치경제학자 고세훈은 2013년 어느 신문 칼럼에서 "흔히 사회과학은 구조와 제도에만 관심을 쏟는다고 오해하기 쉽다. 그러나 사회과학을 인문학에서 떨어뜨려 놓은 것은 학문 편제의 편의를 위한 것일 뿐, 사회과학의 주된 관심사 역시 결국엔 인간 그 자체로 향한다. …… 사회과학자라면 아마추어 인문학자가, 인문학자라면 아마추어 사회과학자가 되어야 한다."고 말했다.

이 책은 주제와 소재별로 경제, 사회, 정치, 철학, 역사, 문학 등을 자유분방하게 아우르면서 다양하게 '옆길로 새는' 방식을 취한다. 그렇게 옆길로 새면서 결국에는 목적지에 도달하게 될 것이다. 때로는 읽는 도중 거미줄이 눈앞을 가로막는 등산로에 접어들어 이쪽저쪽 산길을 돌게 될 수 있다. 그러나 우회로를 거쳐 점점 더 주제에 대한 관점과 논의가 분명해지면서 중심에 다가서고, 결국 어떤 최종 목적지에 도달하는 방식이 되기를 나는 바란다.

오직 한 우물만 파는 일은 어쩌면 짧은 우리 인생에서 '상상력의 감옥'이 될 수도 있다. 더 극단적인 표현으로는, 현실의 엄청난 풍부함을 죽이는 단두대가 될 수도 있다. 라이트 밀스는 사회분석가들은 그 관심 대상이 거대한 권력국가이든 어느 하잘것없는 문학적 분위기이든, 가족과 감옥 또는 어떤 신조이든지 개인과 역사, 사회의 그 복잡 미묘한 상호관계와 연관성에 질문을 던진다며 "그러한 상상력은 한 가지 관점에서 다른 시각으로 전이할 수 있는 능력"이라고 말했다. 즉, 정치적인 것에서부터 심리적인 것으로, 단일 가족 연구에서부터 세계 각국의 정부 예산에 대한 비교연구로, 신학교에서 군부대로, 또는 석유산업에 대한 고찰에서부터 현대 시 연구로, 이렇게 각도를 옮길 수 있는 능력이다. 이러한 질문은 마치 이제까지 자신이 친숙하다고 생각하면서 사실은 잘 몰랐던 집에서 갑자기 깨어난 듯한 느낌을 갖게 한다. 전에는 건전한 듯했던 과거의 모든 결정들이 이제는 까닭 모르게 우둔했던 심성의 소산인 것처럼 보이게 되며, 경악할 줄 아는 능력이 다시금 생기를 띠게 된다. 사색과 감수성으로 사회과학의 문화적인 의의를 인식하게 되는 것이다.(밀스 1959)

차갑고 짧은 정의定義·공리公理·공준公準의 명징하고 냉철하고 메마른 '논리'와, 따뜻하고 풀어헤쳐지고 다소 흐릿하고 산만한 듯한 감성感性, 때로는 감상感傷의 '이야기'가 교직되다 보니, 주제와 관련된 이야기들이 뒤섞이거나 때로 '갑자기 출몰한' 듯한 느낌이 들 수도 있을 것이다. 그건 의도치 않은 실수가 아니라, 오히려 나의 본래 의도한 문법이자 문체였음을 밝혀 둔다. 삶의 세계에는 경직과 유연이 공존하며, 어떤 자리에서든 이 둘이 함께 놓일 때 가장 현실적인 사회·인간의 공간 및 시간이 된다고 나는 믿는다.

헤겔은 《법철학》 서문에서 "철학이 그 자신의 회색에 다시 회색을 덧칠할 때 생의 한 모습은 이미 늙어 버린다. 그리고 회색에 회색을 덧칠함으로써 그 생은 젊음을 되찾지 못하고 다만 깨달을 뿐이다"라며 "미네르바의 부엉이는 황혼이 깃들 무렵에야 처음으로 그 날개를 편다."고 말했다. 현실의 삶에서 많은 것들을 풍부하고 넓게, 중층적으로 또 중첩적으로 겪고 난 뒤에 차분하게 되돌아보는 그 시간에 우리의 깨달음과 사색은 날개를 편다. 이 책이 '역사'를 한복판에 배치한 한 가지 이유다.

이 책은 비록 인문적 향기를 뿜지는 못하더라도 서술 방식에선 경제학뿐 아니라 정치, 사회, 역사, 문학까지 상호 왕래하고자 한다. 사회과학 글들이지만 흥미와 빼어난 통찰을 동시에 가진 은유와 수사학을 담고 있는 대목을 주로 인용할 것이다. 나는 사회과학의 '각성의 눈'으로 인간과 세상을 보는 것이나 '오막살이 집 한 채', '눈 오는 밤', '비 내리는 아침', '바람 부는 저녁', '해는 져서 어두운데', '불 꺼진 집', '얼어붙은 달 그림자', '꽃 피고 새가 울면', '산 너머 남촌' 따위의 소설 제목들이 말하는 감성적으로 전달하는 바가 어쩌면 크게 다르지 않을 수 있다고 생각한다.

물론 두려움과 경계 또한 있는 게 사실이다. "지성의 역사의 자료는 가장 피상적인 저널리즘으로부터 가장 심원한 과학적, 철학적 연구에 이르기까지 매우 다양한 것이다. 이러한 상황 아래서 우선 회피해야 할 커다란 유혹은, 백과사전적으로 되려는 충동이다. 역사가가 자료를 충분히 망라하려는 (결정적인 연구를 쓰려고 하는) 욕망은 아마도 바람직한 것이겠지만, 이 욕망은 관념의 영역에 적용될 때에는 위험한 환상이 된다."(휴즈, 20쪽) 나는 욕망과 위험한 환상 사이에서 적절한 줄타기를 해야만 한다.

슘페터는 《경제분석의 역사》(제1권)에서 이렇게 말했다. "과학 전체는 논리적으로 일관된 구조를 절대 가질 수 없다. 과학은 설계도에 따라 세워진 건물이 아니라 열대우림이다. 말하자면 들판을 달려가는 것처럼 개인과 집단은 지도자를 추종하거나 방법들을 이용하거나 자신의 문제에 빠져 버린다. 과학 대부분의 경계가 끊임없이 이동하고 있으며, 이 과학들을 주제나 방법에 따라 규정하려고 노력하는 시도는 의미가 없다." 그러면서 슘페터는 바로 이어지는 페이지에서 "이제 우리는 지금까지의 논의를 그만두고, 때로는 사람들 당황케 할 정도로 서로 다른 방향으로 달려가는 토끼를 잡으러 가야 한다."고 말한다.

서로 다른 방향으로 달려가는 토끼처럼 이 책도 다소 거창해 보이는 주제마다 여러 파상적인 이야기들이 이어지면서 약간 혼란스럽게 느껴질지도 모른다. 나는 혼란스러움에 대한 두려움보다는 그것이 오히려 '더 폭넓은 이해'가 될 수 있다는 '용기'를 북극성 삼아 그대로 밀고 나갈 것이다. 프리드리히 하이에크는 《자유헌정론》에서 "이 책을 쓰면서 느끼고 배운 것 중 하나는 우리가 너무 전문가들의 결정에 의탁하고, 또 전문가 자신이 어떤 문제의 조그만 측면만 상세히 알고 있을 뿐인데도 우리가 그러한 전문가의 의견을 무비판적으로 받아들이고 있으며, 이 때문에 많은 분야에서 우리의 자유가 위협받고 있다."고 말했다.(하이에크 1998(제1권), 19쪽)

일부 독자는 하에이크, 밀턴 프리드먼, 뷰캐넌, 미제스, 로버트 노직, 복거일 등 (극단적) 자유주의자들의 설파가 책 곳곳에 인용되고 있다는 사실에 거부감을 (혹은 안도감을) 느낄지도 모른다. 당혹하거나 실망할지도 모르겠다. 이 책은 산문적인 스타일을 지향한다. 우리들의 생각과 판단, 행동을 이해하는 데 작은 도움을 주려는 것일 뿐 어떤 특정한 이념이나 지향하는 가치에 대한 열광을 불러일으킬 목적으로 쓴 것이 아니다. 그런 점에서 이 책은 독자들이 기대하는 것보다 어쩌면 더 야심적일수도 있고 동시에 덜 야심적일 수도 있다.

폴 새뮤얼슨은 "경제학은 모든 사람들의 일상적 삶에서 '1001개의 퍼즐' 문제를 풀어내려고 시도하는 학문"이라고 말한 바 있다.(Samuelson, p.4)

내가 이른바 '경제학 제국주의'에 동의하는 건 아니지만 우리가 사회과학에서 보게 되는 거의 모든 종류의 주제를 경제학은 다루고 있다. 이 책은 사회과학 중에서 (그 표현이 올바르고 적절한지 여부는 논외로 하고) '사회과학의 여왕'으로 불리는 경제학을 중심으로 서술한다.

▶ 새뮤얼슨은 경제학을 배우는 목적과 관련해 "요람에서 무덤까지 모든 사람들은 살아가는 과정에서 경제학의 엄연한 진실the brutal truths of economics을 마주치게 될 것"이라며 "경제학 공부가 당신을 천재로 만들어 주지는 않겠지만 경제학 지식을 갖추지 못하면 삶의 주사위가 자신에게 불리한 위치에 놓이게 될 것"이라고 말했다.

분명히 나는 어떤 고매한 정신의 소유자도 아니고, 남들에게 펼쳐 놓을 무슨 도저한 사유의 세계를 지니고 있지도 못하다. 사회과학 주제들을 다루는 페이지마다 흥미진진하고 인상적인 스토리를 펼쳐 보일 재간도 없다. 칠흑 같은 어둠 속에서 갑자기 내리꽂히는 푸른 별빛의 전율 같은 것, 눈앞에서 바다가 쩍 갈라지는 경이 같은 것을 쓸 재간은 없다. 오직 거인들의 어깨에 올라 타, 거인들의 저작들을 북극성 삼아 긴 여정을 시작할 뿐이다.

제1부

시장 · 개인 · 경쟁

"음험한 왕국, 생명 없는 유령들"

이성
합리적 이성인가,
'제한된 이성'인가?

1

"프리츠 톨름, 그로 말하자면 그다지 굳건하지 못한 '흔들리는 갈대'였다. 그는 유약한 졸장부였고, …… 충동적인 행동파로 알려져 있는 데다, 불투명하긴 하지만 '어딘가 모르게' '저들'과 친숙하게 얽혀 있어서 공격을 받을 수 있는 허점과 아파할 수 있는 상처를 지닌 자였던 것이다."
— 하인리히 뵐, 《신변보호》

"우리들 모두나 혹은 그 대부분은 측정하거나 설명할 수 없는 것은 뭐든지 그 존재를 부정했던 저 19세기 과학의 울 안에 갇혀 있는 것 같다. 우리가 설명할 수 없는 일들은 싫건 좋건 여전히 일어나고 있다. 그럼에도 우리가 설명할 수 없는 일들은 보지 못했다. 그러는 동안 세계의 대부분은 사실을 있는 대로 볼 뿐 그 원인을 캐내는 데는 관심이 없는 어린아이, 미치광이, 바보, 신비론자들의 것이 되어 버리고 말았다."
— 존 스타인벡, 《불만의 겨울》

해부학 실험실과 산문적인 일들
경제'과학'

장면 1

로버트 하일브로너Robert Heilbroner의 책《자본주의 어디서 와서 어디로 가는가The making of economic society》에는 '경제적 인간의 해부에 대한 대담' 이라는 제목이 붙은 두 컷의 스케치 그림이 나온다. 애덤 스미스, 맬서스, 리카도, 마르크스, 베블런, 슘페터, 케인스, 마셜 등 경제학계의 별들이 한 인간을 해부학 실험실의 해부대 위에 올려놓고 현미경을 들이대며 살펴보는 장면이다.

앨프레드 마셜Alfred Marshall은《경제학원리Principles of Economics》(1890) 서문에서 "정치경제학 또는 경제학은 일상생활을 영위하는 인류에 대한 연구다. 그것은 개인적·사회적 행동에서 복지의 물적 요건 획득이나 사용과 가장 밀접하게 관련된 부분을 고찰한다. 따라서 경제학은 부富에 대한 연구이면서, 좀 더 중요하게는 인간에 대한 연구의 한 부분이다."라고 말했다.

장면 2

어느 슬럼가의 낡은 벽돌주택 문 앞 계단에 흑인 꼬마 둘이 어두운 표정으로 쭈그려 앉아 있다. 한 어린이는 무표정하게 먼 곳을 응시하고 있고, 옆에 앉은 어린이가 팔짱을 낀 채 쓸쓸하게 묻는다. "넌 앞으로 어른이 돼 하고 싶은 일이 뭐니?"(Gordon 1996, p.130)

"다른 극단에는 무서운 빈곤 속에서 꽤 오랜 시간 동안 어린아이들을 집에 홀로 있게 하는 가족들이 있다. 이처럼 '열쇠를 목에 걸고 노는latchkey' 아이들이 모두 스스로를 돌보기에는 너무 어린 나이인 것은 아니지만, 이들의 숫자는 4백만~1천만 명 사이에 이른다. ―《뉴욕타임스》 1984년 3월 19일자" (블라우 · 퍼버, 200쪽)

◢ '경제학'이라는 학문 vs '경제'라는 현실

경제적 인간의 해부와 낡은 벽돌주택의 무서운 빈곤은 학문으로서의 '경제학'과 현실의 '경제' 둘 사이의 간극을 명징하게 보여 준다. 하인리히 뵐의 《신변보호》에 등장하는 인물 프리츠 톨름을 우리가 '흔들리는 갈대'라고 말할 때 그것은 이성과 감성이 함께 작동하는(혹은 그 둘이 착종된) 현실의 인간을, 파스칼의 《팡세》를 따라 '생각하는 갈대'라고 말할 때 그것은 순수하게 학문적 의미에서 합리적 이성을 가진 경제적 인간을 뜻한다고 볼 수 있다.

루트비히 폰 미제스Ludwig von Mises는 1940년 11월 뉴욕대학교 경제학과 교수들 앞에서 발표한 연설에서, 경제학은 민족·계급·국가도 없는 순수한 합리성을 다루는 과학이라며 다음과 같이 말했다. "우리가 설명하고자 하는 가격의 형성은 수요의 기능이며, 그 거래를 실현하는 동기가 무엇이든 아무 상관이 없다. 구매하려는 사람의 동기가 이기적이건 이타적이건, 도덕적이건 비도덕적이건, 애국적이건 비애국적이건 그런 건 상관없다. 경제학은 그 목적의 질적 측면과 무관하게 다만 그 목적을 획득하는 데 부족한 수단을 다루는 것이다. 그 목적의 합리성과 상관없이 구체적인 목표를 향한 의도적 행동은 한결같이 합리적이기 마련이다. 경제학이 합리적이고 합리성을 다룬다는 바로 그 점 때문에 경제학에 어떤 책임을 묻는 건 무의미하다."(미제스, 247쪽)

　미제스는 사람들의 경제적 행동을 방대한 영역에 걸쳐 극도로 논리적이고 치밀하고 정교하게 분석한 자신의 책 제목을 '인간행동'이라고 붙였다. 미제스 학설의 가장 권위 있는 해설자인 머리 로스바드Murray Rothbard는 "미제스의 《인간행동Human Action》(1949)에 의해 비로소 경제학이 제시되었다."면서 《인간행동》은 그 기초를 행동하는 인간, 즉 질량적으로 결정되는 물리법칙에 따라 움직이는 돌이나 분자가 아니라, 성취하고자 하는 내면의 의도와 목표·목적을 갖고 있고 어떻게 그것들을 성취할지를 생각하는 개별 인간에 두고 있다고 말했다.(미제스, 280쪽)

　"경제학은 사물, 즉 유형의 물질적 대상에 관한 것이 아니다. 이것은 사람들, 즉 그들의 의미와 행동에 관한 것이다. 재화, 상품, 부, 그리고 모든 행동에 관한 개념은 자연의 요소가 아니다. 이것들은 모두 인간의 의미와 행위의 요소이다. 이 개념들을 다루려는 사람은 그 누구도 외부 세계를 쳐다보지 말고, 행동하는 인간들의 의미 속에서 이 개념들을 찾아야 한다." ▶

　'경제학은 현실의 '경제'와는 좀 떨어진 지점에 놓인 이론의 세계, 추상적 학

▶　Ludwig Von Mises(1949), *Human Action*, p.92.(이몬 버틀러, 235쪽에서 재인용)

문의 세계이다. 이성에 기반한 합리성을 고도의 추상화한 분석틀로 설명하면서 '안정적이고, 효율적이고, 유일한 균형 해解의 존재를 증명하고, 이를 통해 '경쟁적 시장'이 모든 사람에게 최선의 우월적 상태라는 점을 입증한다. 막스 베버Max Weber는 이러한 '인위적 추상'과 관련하여 "오늘날 젊은이들이 [추상적 분석을] 음험한 왕국이며 생명 없는 유령들에 지나지 않는다고 비판하는 경향이 있으나, 오히려 그러한 인위적 추상의 깡마른 손으로 진정한 생生의 피와 액이라는 고동치는 참된 현실을 보여 줄 수 있다."고 말한다.(베버 2006, 48쪽)

예컨대, 경제학원론 교과서는 소비자 행동모형에서 선택 가능한 소비묶음('기회집합choice set')을 제시하고, 소비자의 선호 체계와 관련하여 '이행성'과 '완비성'을 이성적인 행동이 갖춰야 할 '합리성'의 요소라고 학생들에게 가르친다.

"완비성의 선호를 알아내기 위해서는 사려 깊은 숙고와 노력이 수반되며, 완비성의 조건은 우리가 그런 숙고를 실제로 한다는 것을 말해 준다. 즉, 우리의 의사결정자는 오직 신중한 선택을 한다는 것이다. …… 또 완비성에 비해 이행성은 만약 경제주체가 이러한 선호를 갖지 않으면 경제이론의 상당 부분이 그 의미를 상실하고 살아남기 어렵다는 의미에서 더욱 근본적이다."▶▶

▶ Mas-Colell et al., pp.6~7. '완비성'은 제시된 상품 조합에서든 자본주의와 사회주의 같은 사회 체제 선택에서든 개개인의 가능한 모든 선호를 충분히 고려한 뒤 어느 한쪽이 더 선호되거나 양자 사이에 아무런 차이가 없다는 따위의 서수적 판단을 내릴 수 있다는 것이다. 선호에 일치하는 대안을 '선택할 자유'도 보장되어야 한다. '이행성'은 세 상품 A, B, C가 있을 때 A를 B보다 더 혹은 같게 선호하고 B를 C보다 더 혹은 같게 선호한다면, 이는 A를 C보다 더 혹은 같게 선호한다는 것을 의미하는 일관성을 나타낸다. '연속성'은 소비량이 조금 변하면 효용도 역시 조금만 변화한다는 것으로, 갑작스러운 큰 변동이 아닌 아주 미세한 변화의 연속을 뜻한다. 이 세 가정이 만족되면 두 상품 x, y 간의 선호 체계를 하나의 '함수', 즉 효용함수$[U(x, y)]$로 표현할 수 있게 된다. 그러면 한계적 분석, 즉 미분이 가능해지고, 미분을 통해 최적의 조합을

경제학 이론이나 분석에서 '합리성'이란 무엇인가?

"경제 분석은 중요한 두 단계로 구성된다. 의사결정자가 추구하는 목표들을 발견하는 것과 그것을 달성하기 위한 가장 합리적이고 효율적인 수단, 즉 한정된 자원의 최소 투입을 분석하는 것이다. 이론가는 일반적으로 각 경제주체의 목표를 단일한 것으로 환원하려고 한다. 만약 여러 가지 목표를 허용하면, 하나의 목표 달성에 적절한 수단이 다른 목표의 달성을 방해하는 경우도 생길 수 있다. 그렇게 되면 합리적 의사결정자가 따라야 하는 유일한 과정은 어떤 것도 분명하게 나타날 수 없다. 이러한 난관을 피하기 위하여 이론가들은, 기업은 이윤을 극대화하고 소비자는 효용을 극대화한다고 가정한다. 그 외 기업과 소비자가 갖고 있는 모든 다른 목표는 주된 목표로 향하는 합리적 과정을 왜곡하는 일탈로 간주된다. 이와 같은 분석에서 '합리적'이란 용어는 결코 행위자의 목표에는 적용되지 않고 수단에만 적용되며, 이러한 맥락에서 합리적인 것은 '효율적인' 것으로 정의된다. 즉, 주어진 투입에 대해 산출을 극대화하거나 주어진 산출에 대해 투입을 최소화하는 것을 의미한다. 따라서 경제이론가들이 말하는 합리적 인간은, 논리적 명제들로 이루어진 사고 과정을 가진 인간, 편견 없는 인간, 또는 감정 없는 인간을 지칭하는 것이 아니다. 일상용어로는 이들 모두가 합리적 인간을 의미할 수 있지만, 경제적 정의가 말하는 합리적 인간은 자신의 지식이 허용하는 한, 희소한 자원을 산출 단위당 가능한 최소로 투입하여 목표를 달성하려는 그런 사람들만을 지칭한다."(다운스, 26쪽)

찾아낼 수 있다.

정치경제학자 앤서니 다운스Anthony Downs는 이를 좀 더 분명히 하기 위해 오직 경제학적 관점에서만 합리적인 행위의 사례를 다음과 같이 든다. "어떤 승려가 의식적으로 신에 대한 신마르크스주의 경제학 역시 인간 행동의 근원으로서 이기주의적이고 계산적인 측면에서의 합리적 경제인을 상정한다고 설명하는 이들도 있다. 계급은 "조직화된 인간의 이익집단"이며, 사회계급은 한결같이 이기적이라는 것이다.

"마르크스는 이기주의를 강조하고, 또 계급이 그 자신의 이익을 의식할 것이라고 가정했다. 그는 당연히 공리주의자이며 합리주의라는 비판을 받았다. 라이트 밀스Charles Wright Mills는 계급 행위가 발생하기 위한 요건으로 1) 자기가 속한 계급의 이익을 합리적이라고 판단하여 그것과 일체감을 가지며, 2) 동시에 다른 계급의 이익은 부당한 것으로 인식하여 그것을 거부하고, 3) 자기의 계급이익을 실현하는 집합적·정치적 목적을 위해 집합적·정치적 수단을 사용한다는 자각과 용의를 갖는다는 것을 꼽았다. 일반적인 마르크스주의 모델의 기저에는 자유주의만큼이나 합리주의적인 정치심리학적 가정이 존재한다. — 밀스,《화이트칼라White Collar》(1951)"(프리드먼 2009, 157쪽)

 ## 그런데 인간이 합리적인가?

그러나 마르크스의 계급은 자본의 소유관계에서 비롯되는 것일 뿐, 소득의 많고 적음 또는 사회적 지위와 차별, 신분적 불평등은 따지지 않는다. 따라서 계급적 저항도 소유관계에서 비롯된다. 그런데 우리가 경험해 온 바로는, 역사적으로도 또 21세기 현재에도 현실에서 발생하는 여러 형태의

비스러운 묵상의 상태에 도달하는 것을 자신의 목표로 선택했다고 가정하자. 그는 이 목표를 달성하기 위해 마음으로부터 모든 논리적 사고와 의식적인 목표 추구를 제거해야만 한다. 이 제거 행위는 합리성에 대한 비경제학적 정의 측면에서 보면 비합리적으로 보일지 모르지만, 경제학적으로는 합리적이다."

저항과 투쟁의 요인에는 계급적 측면도 물론 있지만 그 외에 다양한 요인이 개입된다. 또한 그 저항의 행동주체가 누구인지를 묻는다면 마르크스가 살았던 150년 전과는 사뭇 다르다는 것을 어렵지 않게 알 수 있다.

인간의 판단과 행동에 대한 사전적 예측과 가설이 얼마나 위험하고 사실상 불가능한 일인지는 마르크 블로크Marc Bloch의 《역사를 위한 변명 Apologie pour l'histoire》의 다음 대목이 잘 보여 주고 있다.

"인간의 반응은 자연계의 현상에 대해서도, 그리고 또 사회적인 현실에 대해서도 항상 같은 방향으로 나아가는 벽시계의 움직임과는 전혀 다르다. 사막이 반드시 '일신교'적인 것은 아니다. 왜냐하면 사막에서 거주하는 여러 종족이 모두 동일한 정신을 보여 주는 것은 아니기 때문이다. 시골에 거주하는 사람들이 냇물이나 우물 또는 샘이 가깝다는 것을 모든 관심의 제1순위에 둘 때에는, 물이 나는 지점이 드문 곳에서는 거주지가 집중되고 물이 나는 지점이 광범위한 곳에서는 거주지가 분산될 것이다. 그러나 실제로는 안전성과 상호협동을 위해 혹은 단순한 군거성群居性에 의해서 그들은 여기저기서 물이 나는데도 불구하고 한곳에 모여들기를 좋아했다. 혹은 이와는 반대로 그들은 각자 조그만 소유지의 중심에 거소를 마련해 두고, 그들이 원한 고립의 대가로 물이 나는 곳을 찾아 멀리 돌아다니는 것을 택하기도 했다. 자연 가운데서 인간이야말로 가장 변화무쌍한 존재가 아닐까?"(블로크, 185~186쪽)

존 롤스John Rawls는 《정의론A Theory of Justice》(1971)에서 존 데이비드 마봇John David Mabbott의 논의를 빌려 "계획을 짠다는 것은 시간표를 만드는 것"이라며 다음과 같은 논리적 숙고 과정을 보인 바 있다.

"우리는 우리의 행위들을 시간상에 계열화함으로써 각 행위가 일정한 시간 동안 수행되도록 조직하고자 한다. …… 행동에 대응하는 욕구의 강도에 따라서, 그리고 그것이 다른 목적 달성에 기여하는 바에 따라서 그 행동들에 대해 시간과 정력이라는 기본적인 자원이 할당된다. 숙고를 하는 목적은 …… 우리의 목적과 관심들이 하나의 행위 체계로 효과적으로 결합될 수 있게 하는 계획을 발견하는 데 있다. 다른 목적과 충돌하는 경향이 있거나 다른 행위의 가능성을 저해하는 욕구는 제거되며, 그 자체로서 바람직할 뿐 아니라 다른 목적까지도 지지해 주는 것들은 장려된다. 그래서 계획은 하나의 계층 체계로 적절하게 배열된 하위 계획들로 이루어져 있는데, 그 계획들은 서로 보완해 주는 보다 항구적인 목적과 관심들을 고려한다."(롤스, 531쪽. Mabbott(1953))

또한 '정의의 철학자' 존 롤스는 경제학 이론과 그 이론을 설파하는 경제학자 집단이 항상 목적함수로 설정하는 만족(효용) 극대화와 관련하여, 두뇌의 합리적 '이성'과 육체적 피부로 느끼는 '감성'의 차이를 언급하며 이렇게 말했다.

"아리스토텔레스에 의하면, 좋은 사람은 필요할 경우 자신의 친구를 위해 목숨도 버린다. 왜냐하면 그는 장기간의 미지근한 즐거움보다 단기적인 강력한 쾌락을, 또 많은 햇수 동안 빈둥거리며 사는 것보다 열두 달 동안의 고귀한 삶을 택하기 때문이라는 것이다."(롤스, 712쪽)

조지 산타야나George Santayana가 주목했듯이, 우리는 쾌락과 고통이 갖는 상대적 가치를 결정해야만 한다. 수천의 쾌락이 오히려 하나의 고통만큼 값지지 못할 수도 있는 것이다. 산타야나가 《이성의 삶The Life of Reason》

▶ 여기서 우리는 고통을 통해 구원으로 가는 좁은 문을 통과하려 했던 중세에 "회초리 채찍에 입을 맞춘다"는 표현이 있었다는 것을 떠올릴 필요가 있다. 중세 수도원에서 "가시투성이 나뭇가지로 스스로를 매질하거나 모난 돌로 제 몸을 내리칠 때 고통을 참으며 비명을 삼키려는

(1905)에서 말했듯, 각 개인이 갖는 목적의 다양성은 (이성의 객관적이고 합리적인 '선택 집합'보다는) 분명 '주관적 감정의 집합' 내에서 줄곧 생겨나는 것이다.

경제적·금전적 욕망의 추구라는 인간 본성에 대해 아리스토텔레스는 《정치학Politika》에서 다음과 같이 말했다.

"순수한 평등은 일반적으로 모두 싫어하게 될 것이다. 사람의 나쁜 본성은 채울 수 없는 컵과 같다. 한때는 한 사람의 일당이 2오볼(고대 아테네 화폐 단위)로 충분했던 시기가 있었다. 그러나 이것이 습관이 되자 사람들은 더 많은 돈을 바라게 되고, 결국은 끝없이 돈을 받지 않으면 만족하지 않게 되었다. 이처럼 욕망의 본성은 끝이 없다. 대중은 욕망의 충족을 위해서 산다. 이러한 악을 구제할 방책은 재산을 평등하게 하는 데서가 아니라, 훌륭한 본성을 가진 자는 탐욕을 부리지 않도록 훈련시키고 본성이 훌륭하지 못한 자는 사회적으로 낮은 위치에 놓이되 불공평한 취급은 받지 않도록 해 줌으로써 이룩될 수 있다."(아리스토텔레스, 《정치학》, 310쪽)

경제학은 상대적 '비교우위'를 강조한다. 이는 절대우위를 가진 특정 개인이나 세력·집단만이 생존하고 더 풍족한 삶을 살아가는 사회가 아니라, 지구상에 사는 누구든지, 어떤 이념·인종·성별·계급·계층에 속하든지, 나이의 많고 적음에 관계없이, 부자든 가난한 자든 상관없이, 누구나 어떤 비교우위를 반드시 가지고 있다고 가정한다. 그에 따라 평생, 매년, 매일, 매시간, 매초마다 최적의 선택행동을 통해 자기 이익을 추구함으로써 결국 모두 공존하며 살아가는 시장경제를 주창한다. 비교우위가 단지 국제무역상의 교환, 즉 영국의 양모와 포르투갈의 포도주 얘기만은 아닌 것이다.

노력 따위는 하지 않았다. 고통에 찬 비명 또한 죄의 대가의 일부였다. "(그린블랫, 134쪽)

그런데 인간의 경제적 행동에 접근할 때 엄밀한 수리적 분석에 기초한 경제'과학science'보다는 '산문적 시각'에서 바라보는 것이 더 쓸모 있을 수도 있다. 경제적 선택 및 행동과 관련하여 '자유의 제약'이 초래하는 해악을 그 누구보다 앞장서 설파한 프리드리히 하이에크Friedrich Hayek는 《자유헌정론The Constitution of Liberty》에서 이렇게 말했다.

"독자들은 이 책에서 고상한 이념과 정신적 가치의 차원에서 자유에 대한 토론이 항상 진행될 것이라고 기대하지 않기를 바란다. 실제의 자유란 매우 산문적이고 일상적인 일들prosaic matters에 좌우되는 것이며, 자유를 지키려는 사람들은 공공생활의 세속적인 일들에 관심을 보여야 한다. 또 이상주의자들이 너무 일상적이고 비속하다고 여기기 쉬운 평범한 문제를 이해할 자세를 갖춰야 한다."(하이에크 1998(제1권), 24쪽)

그는 여기서 철학자 앨프레드 화이트헤드Alfred Whitehead의 《이성의 모험 Adventure of Ideas》(1955)의 한 대목을 인용해 덧붙이고 있다.

"불행하게도 자유의 관념은 그것을 다루는 문헌들에 의해서 그 진정한 뼈대가 거세되었다. …… 자유에 대한 개념은 자기 세대에 큰 영향을 미치는 사색적인 사람들의 머릿속에 존재하는 그림으로 축소되었다. 자유를 생각할 때 우리는 사상의 자유, 출판의 자유, 종교의 자유 등으로 제한하는 경향이 있다. …… 이것은 완전한 오류다. …… 문헌적 연구에 나오는 자유는 주로 겉모습만을 다룬다. …… 사실상 '행동의 자유'가 인간이 요구하는 기본적인 필요이다."

"신체 없는 혈액순환탐구"
칠판경제학

우리가 만약 미국경제학회American Economic Association 학술대회에 참가한다면, 경제학적 도구의 유용성을 확신하고 자신들이 그걸 사용하는 데 만족하는 수천 명의 경제학자들을 만나게 될 것이다. 그들은 경제문제뿐 아니라 사회·정치·문화 등 광범위한 문제에도 기회비용, 공급－수요 곡선, 한계비용, 한계수입, 이윤 극대화 등의 도구 개념을 적용하는 데 만족한다. 경제 연구자들이 표준적인 경제 분석 도구를 거의 모든 경제 현상 탐구의 공통적인 요체로서 생각한다는 것은, 곧 학문적 안정과 통합을 의미한다.

경제학의 역사에서 이러한 안정성과 통합적 경향에 대해 조지프 슘페터Joseph Schumpeter는 다음과 같이 인상적으로 묘사했다.

"이러한 '혁명 [역사학파와의 논쟁 이후 한계주의 혁명] 이후 20여 년 동안 논쟁과 다소 열띤 토론이 이어졌다. 그 과정에서 1890년대에는 고전적 상황의 전형적인 모

이성－합리적 이성인가, '제한된 이성'인가?

습이 또다시 출현했다. 여기에 속하는 선도적 저작들은 공통 기반의 대규모 확산을 보여 줌과 동시에 안정감을 드러냈는데, 이 두 가지 요인은 피상적인 관찰자들에게 완성태finality(구름이 갠 하늘을 배경으로 완벽한 윤곽선을 펼치는 그리스 신전의 완전함)의 인상을 창출했다."(슘페터 2013(제3권), 16쪽) 그리고 이런 상황에서 경제학자들은 "모든 것은 앨프레드 마셜 안에 있다"는 태도를 취했다.

◥ 현실과 동떨어진 이론 경제학

그러나 경제학자들의 자기만족과는 달리 《맬서스, 산업혁명 그리고 이해할 수 없는 신세계A Farewell to Alms》를 쓴 그레고리 클라크Gregory Clark는, 경제학자들의 대량 실직 사태를 은연중에 시사하고 있다.

"경제학자들의 노력의 결과물이 인류의 물질생활 운명을 예측하는 데 그다지 큰 가치가 없음에도 불구하고, 경제학자에 대한 수요 급증 등으로 경제학자들의 몸값이 한없이 치솟았다는 사실 또한 신이 인간에게 던져 놓은 묘한 아이러니가 아닐 수 없다."(클라크, 529쪽)

또한 그는 "신은 경제학자들을 골탕 먹이고 이들의 노력을 비웃음거리로 만들기 위해 경제 원리를 만들어 낸 것이 분명하다. 과학과 같은 다른 학문 영역에서는 지난 400여 년 동안 관련 지식이 꾸준히 축적되어 왔다. 초창기에 수립된 이론이 잘못된 것으로 판명되기도 했다. 그러나 오류가 있는 것으로 판명된 초기 이론들마저 새로 대체된 이론 속에 포함되었고, 이론의 수립과 대체가 수없이 반복되면서 더 많은 지식이 축적되어 결국 더 광범위한 조건 아래에서도 결과를 예측하는 일이 가능해졌다. 그러나 경제 부문은 그렇지 못하다. 경제 세계를 기술하고 예측할 수 있는 우리의 능력은 1800년에 절정을 이루었을 뿐, 그 이후로는 한 마디로 갈팡질팡, 무엇 하나 확실하게 규명하고 설명하지 못하고 있다 해도 과언이 아니다."(클라크, 527쪽)라고 덧붙였다.

그레고리 클라크는 "산업혁명 이후 국가 혹은 지역에 따라 소득격차가 더욱 심하게 벌어진 원인을 설명하고자 수립된 수많은 수리적 경제모형들은, 부와 소득의 차이를 예측하는 능력을 거의 상실했다."면서 "맬서스의 《인구론》 모형은 각 사회 간 생활수준 차이의 근원을 깔끔하게 분석하는 데 성공"했으나, 경제학적 측면에서 우리가 잘 알고 있다고 자신 있게 말할 수 있는 세상은 아프리카 사하라 지역의 원시 수렵채집사회에서부터 1800년경까지 뿐이라고 말한다.

그 이후로 경제학은 더욱 전문화되고 한층 정교하고 복잡해진 이론모형과 계량통계학적 방법론으로 무장한 재능 있는 경제학자들이 양산되었음에도, 산업혁명 이후 이해하기 힘든 아주 이상한 세계로 들어서게 되었다는 것이다. '왜 누구는 부자이고 또 누구는 가난한가?' '미래에는 우리 모두 잘살 수 있게 될까?' 등의 질문을 이해하는 데 현학적 지식으로 화려하게 장식된 경제이론은 아무짝에도 쓸모가 없으며, '빈부격차의 원인은 무엇인가?'라는 아주 평범하고 간단한 질문조차 만족스럽게 해명하지 못하고 있다는 것이다.

클라크뿐만이 아니다. 1991년 노벨경제학상을 수상한 로널드 코스Ronald Coase는 2002년 어느 강연에서, 자기만족적인 수천 명의 경제학자들이 주장하는 '자기조정적 시장self-regulated markets', 로빈슨 크루소처럼 '생산·소비 의사결정을 독자적으로 내리는 경제인'을 비판한 바 있다. 코스는 이른바 '칠판경제학'을 자주 언급했다. '칠판경제학'이란 현실과 전혀 혹은 거의 무관하고 오로지 해당 경제학자들의 논문과 칠판에만 존재하는 난해한 수학 용어로 제시된 이론경제학을 뜻한다.(오페르트벨트, 282쪽)

코스는 물리학은 이미 뉴턴 시대를 뛰어넘었고 생물학도 다윈 시대를 추월했지만, 경제학은 아직 애덤 스미스의 시장경제논리를 뛰어넘지 못했다고 지적한다.

"애덤 스미스 이래로 경제학의 변화와 물리학·화학·생물학 등 자연과학 분야에서 일어난 변화의 차이는 매우 놀랍다. 모두 위대한 사람들이지만, 오늘날 자연과학 분야의 학자들이 뉴턴, 라부아지에, 찰스 다윈에 기초한 강연을 하지는 않는다. 이들 학문에선 오늘날까지 끊임없이 변화가 이뤄지고 있다. 화학 분야에서 50년 전 사람들이 믿었던 내용을 가지고 오늘날 강의 목록을 작성하는 것은 불가능하다. DNA 연구에서의 전면적인 변화로 인해 생물학도 마찬가지다. 하지만 경제학은 마셜의 《경제학 원리Principles of economics》(1890) 또는 폴 새뮤얼슨Paul Samuelson의 《경제학 Economics》(1948)을 여전히 쓰고 있다. 문제는 핵심 내용이 전혀 변화하지 않았다는 것이다. 토머스 쿤Thomas Kuhn은 《과학혁명의 구조The structure of scientific revolutions》에서 과거의 관점에 스스로 불만을 느끼기 전까지는 과학자들이 변화를 위한 제안을 수용하지 않는다고 했다. 패러다임 이행이 필요한 때다."(Coase 2002.4)▸

주류 경제학은 완전한 자유시장과 자유경쟁이 모든 사람들의 효용을 극대화하고 항상 경쟁적 균형을 보장하며 최적의 효율을 달성한다고 믿고,

---

▸ 물론 경제학의 미래에 대한 성찰은 경제학계 내부에서도 흔히 있어 왔다. 그럼에도 비판은 이어지고, 성찰하는 자리가 또 마련되곤 한다. 성찰 자체가 하나의 경제학 탐구의 주제가 되어 버린 형국이랄까? 권위 있는 《경제학 저널The Economic Journal》은 1991년 1월에 펴낸 '경제학의 미래' 특집에서 다음 세기의 경제학을 조망하는 대가들의 글을 총망라해 실었다. 윌리엄 보몰William Baumol, 제임스 뷰캐넌James Buchanan, 밀턴 프리드먼Milton Friedman, 존 갤브레이스John K. Galbraith, 프랭크 한Frank Hahn, 조지프 스티글리츠Joseph Stiglitz 등이 참여했다.

이를 수학적으로 입증하려고 시도해 왔다. 이른바 시장에 대한 신화이다. 이에 대해 코스는 효율적 자원배분이론이 대단히 정교하면서도 복잡한 수학을 포함하고 있으나, 약 200여 년간 경제학자의 상투적 수단이 되어 왔을 뿐 새로운 독창적 발전은 거의 없었다고 비판한다.

코스는 경제학이 방법론 도구에만 몰두하면서 정작 분배, 생산, 소득, 지출 등 실질적 문제는 등한시하고 있다고 비판하며 흥미롭게도 다음의 시 한 편을 인용하였다. '말고삐를 쥐고 서둘러 가려는 사람을 본다. / 하지만 그 혈색 좋은 말은 지금 어디에 있는가? / 그는 마치, 정작 신체는 빼놓고 혈액순환을 공부하고 있다.'

 ## 가치냐, 가격이냐

"경제학자들은 찰스 다윈이 토머스 맬서스와 애덤 스미스의 책을 읽고 영감을 얻어 진화론에 이르렀다는 것에 자부심을 갖고 있다. 그러나 다윈 이후 생물학의 발전과 애덤 스미스 이후 경제학 발전은 크게 대조를 보인다. 생물학과 생물학자들은 변화를 거듭하며 복잡한 유기체 구조를 설명하면서 발전해 왔다. 경제학도 언젠가 미래에 이런 성공을 이룰 수 있겠지만 쉽지는 않을 것이다."(Coase 1998)

경제학 연구의 세계에서는 전통적으로 두 개의 큰 상반된 흐름이 이어져 오고 있다. 하나는 비주류 경제학이 흔히 분석의 기초로 삼는 노동가치에 근거한 '잉여가치Surplus 접근법'이고, 다른 하나는 주류 근대경제학이 정교하게 발전시켜 온 시장 균형가격에 기반한 '한계주의 접근법Marginalism'이다. 잉여가치 접근은 가치에, 한계주의 접근은 가격에 기반을 둔다. 또 다른 측면에서의 두 가지 상반된 접근은 신고전파경제학의 '실물적real 분석'

과 케인스주의의 '화폐적monetary 분석'이다.(박만섭 2002, 208쪽) ▶

잉여와 한계든, 실물과 화폐든 각각의 두 접근법 사이에 건너기 힘든 근본적인 심연이 존재한다는 데 이의를 제기할 경제학자는 많지 않을 것이다. 예컨대, 사과가 개화할 무렵 내린 서리가 가을철 사과와 배의 시장가격에 미칠 영향을 분석한다고 하자. 주류 경제학에서 이는 좋은 분석 주제지만, 마르크스 경제학과 케인스 경제학의 세계에서는 초점을 잃은 별 의미 없는 주제일 뿐이다.(Marglin 1984, p.115)

이 책 전체를 독해하는 데에도 도움이 될 듯하니, 두 접근법의 차이를 좀 더 살펴보도록 하자. 말이 나온 김에 덧붙이자면, 나는 독자들이 이 책을 읽어 가는 동안 때로는 자신도 미처 모르는 사이에 시장(및 개인)과 제도(및 조직), 이 둘의 차이에 관해 하나씩 깨닫게 되길 바란다.

이른바 잉여가치가 이윤으로 실현되는 정도는, 현실에서 다분히 자본가 및 경영자의 수단에 크게 좌우된다. 개별 자본가의 입장에서 보면, 이윤은 판매수익에서 비용을 뺀 나머지다. 그래서 잉여가치가 본래부터 존재하는 것이 아니라 순전히 판매 과정에서 돌출하는 것으로 느껴지고, 나아가 이윤은 노동의 착취가 아니라 자본가 개인의 능력에서 비롯되는 것으로 착각하게 된다는 것이 마르크스 경제학의 설명이다. 잉여가치의 원천이 흐려지거나 망각되기 쉽다는 것이다.

여기서 우리는 생산은 누가 어떻게 하든 관심이 없고 다만 생산된 상품이 팔리는 시장의 '교환과정'에만 초점을 맞추는 한계주의 주류 근대경제학과, 반대로 착취가 이뤄지는 장소, 즉 공장 내부의 '생산과정'으로 들어가 그

▶ 실물적 분석과 화폐적 분석에 대한 대목은 이 책 제4부 마지막 장에서 다루었다.

생산의 관계, 자본의 통제 및 노동자의 저항, 그리고 분배를 둘러싼 투쟁과 교섭을 중심에 두고 파악하는 마르크스 및 비주류 경제학의 차이를 보게 된다. 자본주의 시장경제를 움직이는 힘으로서 '보이지 않는 손'은 마르크스적 의미에서는 (착취에 따른) 잉여가치이며, 이윤은 이 잉여가치가 다른 형태로 표현된 것에 불과하다.

"경제사상사에서 가장 기이한 전환점 가운데 하나는, 리카도의 경제학이 이후 '신고전파경제학'이라고 불릴 '한계주의자들'로 대체된 것이다. 고전파경제학의 주제가 변화 및 진화와 밀접한 관련이 있는 동역학dymamics과 발전이었다면, 한계주의는 효율성 개념과 밀접히 연관된 정태적static 분석과 할당(자원 배분)을 주요 주제로 삼고 있다. '균형'을 고전파경제학이 끊임없는 변동의 [이상적인] 평균이라고 이해한다면, 한계주의는 사실상 현실 속에서 달성되거나 근사화될 수 있는 것으로 이해했다. 고전파경제학이 시장관계를 국부와 번영이라는 목적을 위한 편리한 '수단'으로 이해하는 반면, 한계주의는 시장에 의해 규정된 자원 배분 그 자체를 '목적'으로 한다."(폴리, 194쪽)

생산에 중심을 둔 경제학은, 상품이 시장에 이르기 전 생산과정에서 이미 상품에 이윤이 존재한다고 말한다. 즉, 노동가치와 잉여분배 과정에 주목한다. "자본주의 시장경제에서 자본가가 생산하는 것은 상품이 아니라 그 상품 속에 있는 이윤이다."(힐퍼딩 2011)

반면 주류 경제이론은 노동가치론에 근거하여 자본주의 생산과정 속의 신비스러운 비밀을 벗겨 내려는 작업은 "쓸데없는 일"이며, 이윤은 단순히 시장 교환과정에서 만들어진다고 주장한다. 특히 한계주의에 기반한 주류 근대경제학은 점점 더 그 탐구 대상인 현실의 인간·사회·경제가 아니라, 세상을 '바라보는 특정한 방식'으로 단지 기술적으로 정의되어 왔다. 이는 경제학적 접근방법의 우월성과 패권주의, 이른바 '경제학 제국주의economic imperialism'로 이어졌다.

정교한 경제학적 분석방법을 정치학에 접목한 정치학자 애덤 셰보르스키Adam Przeworski는 1980년대 중반에 이렇게 말했다.

"1890년대 이래 보이지 않았던, [아주 최근에 등장한] 한 적대적인 분석방법으로 모든 사회과학이 포위되어 사면초가에 빠져 있다. 즉, 사회에 관한 모든 연구에서 경제적 분석방법의 독점적 사용이 집요하게 추구되고 있다. 신자유주의 경제학자들은 모든 일은 '경제적 현상'과 '외견상 비경제적 현상'이라는 두 범주로 나뉜다고 말한다. 모든 사회적 현상을 목적지향적이고 개인의 합리적 행동으로 설명하려는 '방법론적 개인주의'의 미시적 기초가 횡행하고 있다."(Przeworski 1985)

경제학이 하나의 사유하는 방법일 뿐 절대적 교리가 아니라는 경구는, 경제학 거인들이 흔하게 한마디씩 해 왔던 말이다. 로널드 코스에 따르면, "존 메이너드 케인스John Maynard Keynes는 경제학 이론은 그 소지자가 올바른 결론을 내리도록 돕는, 어떤 주의主義라기보다는 방법이자 사유의 장치이며, 생각의 테크닉이라고 말했다."(Coase 1998) 또한 존 힉스John Hicks는 경제학은 하나의 사회과학 분과일 뿐 '과학science'은 아니라고 했고, 리오넬 로빈스Lionel Robbins는 경제학을 "희소한 자원의 대안적 사용이라는 자원 배분 원리를 통해 달성하려는 경제행위의 목적과 관련된 인간 행동에 대한 연구"라고 정의했다.

잘 알려져 있듯이, "경제학은 세상의 거의 모든 문제들을 분석하고 풀 수 있는 도구들이 들어 있는 자루이자 상자"라며 경제학 제국주의를 주창한 대표적인 경제학자는 시카고대학의 개리 베커Gary Becker이다. "별이 빛나는 창공을 보고, 갈 수 있고 또 가야만 하는 길의 지도를 읽을 수 있던 시대는 얼마나 행복했던가?"라고 말했던 게오르크 루카치의 말을 떠올려 보면, 경제학 도구상자를 좌표로 삼아 지상의 모든 것을 측정하려는 격이라고 할 수 있겠다.

베커와 같은 대학 연구실을 썼던 노동경제학 교수 에드워드 레이지어Edward Lazear의 말을 들어 보자.

"경제학은 단순히 여러 사회과학 분야 중 하나가 아니라 진정한 '과학genuine science'이다. 물리학과 마찬가지로 이론과 정책을 제시하고 견고한 실증자료로 이를 검증한다. 특히 경제학 모델은 다른 사회과학과 달리 오직 개별적으로 판단해 극대화 행동을 하는 '합리적 개인' 위에 구축하며, 균형의 중요성을 강조한다. 또 효율성의 강조는 다른 사회과학자들이 간과한 문제들을 포착해 수면 위로 드러낸다. 경제학이 갖고 있는 이런 요소는, 경제학이 이전에는 경제학 바깥이라고 여겨진 지적 학문의 영토에 침입해 들어가는 것을 허용한다." 마치 베커의 음성이 들리는 것 같지 않은가.

앨프레드 마셜도 경제학 제국주의의 단초가 될 만한 발언을 했다. 그는 경제학이 과학적 기초 위에 서 있으며, 어떤 일단의 문제들을 파악하는 데 필요한 분석과 조직화된 추론 과정은 '다른 일단의 문제들에 대해서도' 일반적으로 유용하다고 했다. "각자 자신의 편지를 별도의 우편배달부에게 배달케 하지 않고 그 대신 한 사람의 우편배달부를 보내 어떤 거리의 모든 편지를 배달하게 함으로써 얻을 수 있는 것과 같은 유형의 경제적 효과를 얻는다."(마셜, 제1권, 69쪽)고 말이다.

▶ Edward P. Lazear(2000), "Economic Imperialism", *The Quarterly Journal of Economics*, Vol.115(1). 레이지어 교수가 경제학 제국주의를 옹호하고 설파하는 반면, 영국의 대표적인 좌파 노동경제학자인 벤 파인Ben Fine은 경제학이 제국주의에서 이제는 비정상적인 경제학, 즉 괴짜경제학Freakonomics으로 이동하고 있다고 신랄하게 비판하고 있다.

이성—합리적 이성인가, '제한된 이성'인가?

의도했든 의도하지 않았든 간에, 마셜은 약 100여 년 뒤 비판에 직면하게 되는 '경제학 제국주의'의 문을 열어 제친 셈이다.

경제행동의 비합리성 주창한 '케인스 혁명'

이런 제국주의적 도구를 가진 경제학자들은 스스로 만족하고 행복하다고 여길 것이다. 하지만 이 '우아하지만 불모의 이성적 사유' 같은 경제학의 형식주의와 현실주의 결여는 비판에 직면하게 된다. 어느 경제학자는, "경제학자가 말馬을 연구한다고 할 때 그는 '내가 만약 말이라면 어떻게 행동할까'라고 속으로 묻고 나서 곧바로 효용 극대화maximize utility 행동을 하게 될 것이란 결론에 이를 것"이라면서 경제학의 현실주의 결여를 지적했다.

전통적인 순수 경제학은 경제행동과 관련된 인간의 '합리성' 증명을 시도한다는 점에서 어쩌면 철학에 가깝다. 경제 분석은 효용 및 이윤 극대화를 추구하는 소비자 및 생산자의 선택을 해명하는 데 함수와 미분을 동원하여 극한 수준까지 고도로 계산하며 최적의 선택을 찾아내려 한다. 경제학에서 수학적 방법이 널리 활용돼 온 이유도 여기에 있다. 인간을, 머릿속에 공학용 계산기를 넣고 다니면서 치밀하게 계산하여 극대화 선택을 하는, 과학적·수학적으로 엄밀하게 계산하는 '호모 이코노미쿠스Homo Economicus'로 가정하고, 수학이라는 과학적 연산방법을 통해 데카르트와 뉴턴이 제시한 인간의 합리성과 법칙을 경제행동 영역에서 증명하려 한 것이다.

여기서 잠깐 역사학자 블로크의 경구를 주의 깊게 들을 만하다.

"'호모 이코노미쿠스(경제인)가 공허한 영상映像이란 사실은, 비단 사람들이 경제인이란 오로지 자기의 이해에만 관심을 갖고 있다고 상상했기 때문만은 아니다. 최악의 착각은 자신의 이해에 대해 인간이 그토록 명백한 관넘을 가질 수 있다고 상상했던 점에 있다. 나폴레옹은 이미 '계획만큼 희귀한 것도 없다'고 갈파한 바 있다."(블로크, 184쪽)

경제학은 존 메이너드 케인스가 인간 경제행동의 비합리성, 즉 인간은 이자율이나 임금수준 등에 따라 최적의 투자와 노동공급을 결정하는 것이 아니라, 기분에 따라 심지어 그날 날씨에 따라 투자·소비결정을 달리한다고 주장하면서 이른바 '케인스 혁명'을 맞았다. 사실 인간의 현실 경제행위는 그렇게 복잡하지도 완벽히 이성적이지도 않다. 케인스 경제학 혁명은 단순히 거시경제학이나 국가의 시장 개입, 재정지출과 총수요 및 유효수요의 경제학을 넘어 좀 더 근원적으로 경제를 이해하고 분석하는 "시각과 방법론 측면의 혁명이다." ▶

"그렇다. 1936년 이전에 태어난 경제학자들은 그로부터 혜택을 얻은 행운아였다. 하지만 그보다 훨씬 전에 태어난 경제학자들은 그렇지 않았다. '그 여명의 아침에 살아 있다는 것은 축복이었다. 더욱이 젊다는 것은 천상

▶ 비슷한 동시대의 경제학 거인으로서 케인스와 대결했던 슘페터는 케인스를 다음과 같이 평가했다. "경제 분석의 역사에서, 우리가 케인스의《일반이론》을 우리 시대의 가장 훌륭한 업적으로 취급해야 하는 이유는 현대 거시경제학의 관점에서 보기 때문이며, 오직 이런 관점에서만 우리는 이 책을 공정하게 평가하고자 시도할 수 있다. 다른 관점에서라면 불공정을 피할 수 없다. 자신의 취지를 일반 대중에게 전하는 대부분의 위대한 경제학자(특히 애덤 스미스)처럼 케인스도 경제 분석의 영역에 종사하는 연구자 이상의 능력을 갖고 있었다. 그는 강력한 힘을 가진 불굴의 여론 지도자였으며, 자신의 조국에 대한 현명한 조언자이자, 자신의 관점을 성공적으로 표현한 인물이었으며, 특별히 과학적인 연구를 한 적이 없음에도 역사에서 한 자리를 꿰찬 인물이었다. 그는 비슷한 통찰을 가졌지만 용기가 부족했거나, 비슷한 용기를 가졌지만 통찰력이 부족했던 사람들이 침묵할 때《평화의 경제적 귀결Economic Consequences of the Peace》(1919)을 써서 세계적 명성을 단숨에 얻은 사람으로 여전히 남아 있을 것이다."(슘페터 2013(제3권), 685쪽)

의 축복이었다.' 《고용·이자 및 화폐에 관한 일반이론The General Theory of Employment, Interest and Money》(이하 《일반이론》)은 예기치 못한 신랄한 질병이 남해의 외딴 섬 종족을 갑자기 한꺼번에 덮쳐 말살시키듯 35세 이하의 대다수 경제학자들을 감염시켰다. 오십 넘은 경제학자들만 그 질병에 완전히 면역된 것으로 판명됐다. 그러나 시간이 지나면서 그 중간에 있던 다른 경제학자들에게도 서서히 이 열병이 밀려오기 시작했다. 그들은 자신들이 걸린 병의 상태를 깨닫지 못하거나 혹은 병에 걸린 사실을 인정하지 않으려 했다."(Samuelson 1946, p.187)

경제학의 합리성 증명이란 측면에서 보면, 경제학 탐구의 성격과 내용·본질 등은 1776년 애덤 스미스의 《국부론The Wealth of Nations》에서 시작되었다고 할 수 있으나, 그 방법론은 그보다 더 거슬러 올라가 1600년대 르네 데카르트의 《방법서설Discours de la Méthodes》과 뉴턴의 《프린키피아Principia》(《자연철학의 수학적 원리》)에 기초하고 있다고 할 수 있다. 뒤에서 언급하겠지만, 데카르트가 《방법서설》에서 증명을 마칠 때 흔히 쓴 표현 'Q.E.D.'를 스피노자 역시 《에티카Ethica》 곳곳에서 쓰고 있다.

새뮤얼슨은 1967년에 펴낸 《경제학》(제7판)에서도 제2차 세계대전 이후 10여 년간 지구상 인구의 3분의 1에 이르는 10억 명이 맹목적으로 《자본론》을 경제적 복음으로 받아들이고 있다며 심각한 우려를 나타냈다.(Lazonick, p.116) 여기서 새뮤얼슨이 쓴 '복음'이란 단어는 "일단 우리가 믿어서 마음에 품어 받아들인 뒤에는 그 어떤 질문도 할 필요가 없으며, 더 깊이 믿겠노라고 원할 필요도 없으며, 오직 믿어야 한다는 것을 신앙의 기조로 삼을 뿐 이것 이상으로 더 해야 할 것은 없다."는 솔로몬의 말과 같은 의미에서 사용되었다. '합리적 근거 없는 믿음의 영역'이라고 《자본론》을 깎아내리고 있는 것이다.

이는 라틴어 문장 "Quod erat demonstrandum"의 약자이다. 유클리드와 아르키메데스가 자주 쓰던 그리스어 문장을 라틴어로 옮긴 것으로, 직역하면 "이것이 보여져야 할 것이었다."가 된다. 이 약자는 수학에서 증명을 마칠 때 자주 사용된다.

스피노자는 '지성의 능력'에 관한 장에서 "그(데카르트)는 영혼이나 정신은 송과선松果腺이라고 불리는 뇌수의 일정 부분에 특별히 연결되어 있고, 정신은 단순히 의지하기만 해도 이 송과선을 여러 가지 방식으로 움직일 수 있으며, 또 송과선에 의하여 정신은 신체 내에서 일어나는 모든 운동과 외부 대상들을 지각할 수 있다고 주장한다."며 의학적 측면에서 정신의 의지를 설명하고 있다.(스피노자, 250쪽) ▶

데카르트는 1619년 겨울이 시작될 무렵 어느 마을에 머물며 하루 종일 난로가 있는 방에 틀어박혀 홀로 어둠 속을 천천히 걸으며 다음의 네 가지 규칙을 바탕으로 정신을 사용해 이성이 인도하는 길로 나아갔다.

"첫째, 내가 명백한 증거로써 참이라고 인식하는 것이 아니면 그 어떤 것도 참으로 인정하지 말 것. 바꿔 말하면 주의 깊게 속단과 편견을 피할 것, 그리고 내가 의심할 어떠한 이유도 갖지 않을 만큼 명석하고 명확하게 내 정신에 나타나는 것 이외에는 그 무엇도 내 판단 속에 들여놓지 말 것.

둘째, 내가 음미하는 각 문제를 되도록 많이, 그러면서도 그 문제를 가장 잘 풀기 위해서 필요한 만큼 작은 부분으로 나눌 것.

셋째, 내 사상을 차례대로 이끌어 나갈 것. 가장 단순하고 가장 인식하기 쉬운 것부터 시작하여 조금씩, 말하자면 단계를 밟아서 가장 복잡한 것의 인식에까지 올라가고, 아울러 본디 앞뒤 순서가 없는 것 사이에까지 순

▶ 송과선은 영혼이 깃드는 '제3의 눈'이자 '정신의 자리'로 불리며, 여러 종류의 세포로 구성된 내분비샘의 일종이다. 그러나 순수한 이성적 탐구의 방법과 '정신의 지도 규칙'을 설파한 데카르트조차 《성찰》에서 "인간의 생활은 흔히 특수한 일에 관해서 쉽게 오류에 빠질 수 있다는 것을 고백하지 않으면 안 되고, 또 결국에는 우리 본성의 약함을 인정하지 않으면 안 되는 것이다."라고 말했다.(데카르트, 158쪽)

서를 상정하여 나아갈 것.

넷째, 모든 경우에 그 무엇도 빠뜨리지 않았다고 확신할 수 있을 만큼 완전히 하나하나 들어 보고 살펴보고 전체적으로 모두 훑어볼 것"(데카르트, 25쪽)

여기서 첫째 규칙은 상품집합에서 최선의 선택을, 둘째는 극한의 한계적 미분을, 셋째는 자기 이익에 대한 개별 경제주체의 합리적 추론 과정을 시사한다. 넷째는 계량통계에서 '다른 모든 조건은 불변으로 가정하고'라는 원리 아래 변수들을 모형 안에 넣어, 즉 울타리 속에 넣어 통제하고 분석하는 기법을 뜻하는 듯하다.

경제학 방법론의 근본적 기초가 데카르트에서 시작되었다면, 기하학과 수학을 이용하여 선·기호·대수를 통한 명징한 분석과 추론을 강조한 그의 '이성적 판단의 규칙'을 더 상세하게 들여다볼 필요가 있다. 데카르트는 말한다.

"첫 번째 원칙은, 내가 함께 살아가야 하는 사람들 가운데서 가장 분별 있는 사람들이 보통 실생활에서 갖고 있는, 가장 온건하고 극단에서 먼 의견에 따라 나 자신을 이끌어 간다는 것이다. …… 그런 분별 있는 사람들의 의견이 실제로 어떤 것인지 알기 위해서는 그들이 실제 행하는 바에 주의해야 한다. …… 모든 극단은 나쁜 것이 보통이고, 어떤 경우에나 온건한 의견이 실행하는 데 더 편리할 뿐 아니라 아마 더 선한 것이기 때문이다.

두 번째 원칙은, 행동에 있어서 되도록 확고하고 명쾌한 태도를 취하는 것이며, 아무리 의심쩍은 의견이라도 일단 그것을 취할 결심을 했을 때는 그것이 매우 확실한 것일 때와 마찬가지로 변함없는 태도로 계속 따라야 한다는 것이다. …… 어느 숲속을 헤매게 된 나그네는 항상 같은 방향으로 되도록 곧장 걸어가야 하며, 그가 그 방향을 선택한 것이 처음에는 단순한 우연에 지나지 않았는지 모르더라도 웬만한 이유로는 그 방향을 바꾸면 안 되는 것이다. …… 설령 우리가 어느 쪽 의견이 개연성을 더 많이 지녔는지 인정할 수 없을 경우에도 역시 한쪽을 취할 결심을 하지 않으면 안 되며, 더욱이 일단 결심을 한 뒤에는 실행에 관한 한 그 의견을 다시 의심쩍게 보지 말고 매우 참되고 확실한 것으로 간주해야 한다.

세 번째 원칙은, 항상 운명보다 오히려 자기 스스로를 이기도록 노력하고, 세계의 질서보다 오히려 자기의 욕망을 바꾸도록 노력할 것, 그리고 일반적으로 우리가 완전히 지배할 수 있는 것은 우리의 사상밖에 없으며, 우리 바깥에 있는 것에 대해 최선의 노력을 다하여도 여전히 이룩하지 못하는 일이 있다면 모두 우리로서는 절대적으로 불가능하다고 믿는 습관을 기르는 것이다."(데카르트. 29~31쪽)

여기서 첫 번째 원칙은 극단을 싫어하고 조합의 중간을 선호하는 '볼록성convex'을, 두 번째 원칙은 선호의 일관성을, 세 번째 원칙은 경제에서 현실의 제약을 주어진 것으로 간주하고 그 제약 아래서 자신의 선택을 최적화하는 것과 매우 흡사하다. 세 번째의 '주어진 조건과 제약' 원칙과 관련해 데카르트는 "지금 병들어 있으면서 건강하고 싶어 하거나, 지금 감옥 안에 있으면서 자유롭고 싶어 하지 않게 돼야 한다."고 덧붙였다.

이 대목에서 거인들의 인상적인 말과 날카로운 지혜에 흥미를 느끼기보다는, 필자의 글이 인내심을 요구한다고 느끼는 독자들도 있을지 모르겠다. 그러나 이 책에 실린 대다수의 인용문들은 전문적이고 기술적인 지식 없이

▶ 효용함수나 생산함수에서 흔히 가정하는 볼록성은 어떤 극단적 상품소비를 싫어하고 여러 상품들을 묶은 조합을 선호한다는, 즉 엄밀한 합리성을 대표한다. 어느 하나에 치우치지 않고 골고루 평균적으로 소비(및 생산)하는 것이 효용(및 이윤)을 극대화할 수 있는 해解가 된다. 이런 생각의 바탕에는 어느 특정 상품의 소비(및 생산)를 증가시킬 때 한계대체율(및 한계생산)이 체감한다는 원리가 깔려 있다.

도 충분히 이해할 수 있는 것들이니, 조금만 더 견뎌 주기를 바랄 뿐이다.

경제학은 스스로 '선택의 학문'으로서 '과학economic science'이라고 주창한다. 개별 소비자는 자신의 일정한 선호를 반영하여 소비할 상품묶음을 선택해야 하고, 그 선택은 변덕스럽지 않고 일관성이 있어야 하며, 이성적으로 치밀하게 이해타산을 계산하여 판단하고 행동해야 한다고 설명한다. 그래야 인간 행동에 대한 과학적 분석이 가능하다. 그러나 앤서니 다운스Anthony Downs의 《민주주의 경제학 이론An Economic Theory of Democracy》은 부자와 빈자 등 사적 개별 경제주체와 국가라는 주체의 완전히 합리적인 행동으로부터 도출되는 결론이, 최적의 '파레토 극대화Pareto Opitmal'[특정 개인이나 집단 및 계급에만 이익이 되는 것이 아니라 모든 사회구성원들에게 최적의 이익을 가져다주는 균형 상태] 수준이 아니라 하위 최적 수준이 될 수 있음을 보여 준다. 정부는 득표 극대화라는 목표를 갖고 있으므로 가장 숫자가 많은 집단인 저소득 집단에게 유리하게 행동하게 된다. 그래서 비용과 서비스의 배분을 통해 고소득층의 소득을 재분배하는 경향이 있다. 이는 각각의 주체가 갖고 있는 몇 가지 목

▶ 미시경제학 교과서의 저자로 유명한 경제학자 할 베리언Hal Varian은 《고급미시경제학 Microeconomic Analysis》(1984) 서설에서 미시경제학의 특징을 다음과 같이 간명하게 요약하고 있다. "본서에서는 경제주체 및 그들 간의 상호작용을 분석하는 데 두 가지 분석 기법을 이용한다. 첫째는 최적화기법인데 이는 경제주체가 최적화된 행동을 수행한다는 것을 의미한다. 이를 위해 경제주체는 목적함수와 그가 당면한 제약 조건을 명시하게 된다. 두 번째는 균형분석이다. 넓은 의미에서 균형분석은 모든 경제주체의 행동이 경쟁적일 때 경제체제에서 발생하는 경제 현상을 분석하는 것이다."(베리언 1987) 여기서 균형에는 균형가격 및 균형수량이 있고, 다시 균형이 존재하는지, 유일한 균형인지, 안정적인 균형인지를 밝혀내는 과제가 뒤따르게 된다. 할 베리언은 인간 행동을 설명하고자 할 때는 언제나 분석의 기초가 되는 틀 framework이 필요한데, 경제학에서 사용하는 틀은 최적화 원리optimization principle와 균형 원리equilibrium principle 두 가지에 따라 구축된다고 명징하게 밝히고 있다.(Varian 1999, p.3)

적을 전제할 때, 실제로 도달되지 않는 더 나은 '파레토 최적pareto optimal' 이 항상 존재할 수 있음을 의미한다.

"이 결과들은 정부가 보상을 유권자들의 소득 한계효용에 입각해서 주는 것이 아니라 자신의 득표 한계수입에 입각하여 균등화하고자 하는 데서 기인한다. 정부는 자신의 바람을 실행하려고 강제를 사용할 수 있으나 사적 투표 의사결정자들은 그렇게 할 수 없기 때문에, 갈등이 발생할 때마다 득표의 균형에 의해 효용의 균형은 밀려날 수밖에 없다."(다운스, 270쪽)

'합리적 이성'에 대한 소극적 거부나 경계는 경제학자 집단 내부에서도 흔히 있어 왔다. 허버트 사이먼Herbert Simon이 '제한된 합리성bounded rationality'을 말했다면, 경제학자 조지 애커로프George Akerlof는 '지나치게 합리적이지 않은 것'이 실제로는 합리적이라고 말했다. 때로는 완전하게 합리적일 때보다 약간 비합리적일 때가 더욱 합리적일 수 있다는 것이다. 가령 내가 현재 받은 급료를 가지고 소비할 액수와 저축할 액수를 결정하려 한다고 가정하자. 정말로 올바른 결정을 하려면 경제의 장기적 전망이나 미래 세금 동향에 관한 최선의 예측, 또 나와 동일한 직업을 갖고 있는 사람들의 평생소득에 관한 대강의 추정 등 경제 상황에 대해 가능한 한 많은 정보를 파악해야 한다. 그리고 모든 정보를 파악했다면 향후 수십 년 동안의 예산 계획을 세우고 그 계획에 입각하여 이 달에 얼마를 저축할 것인지를 계산해야 한다.(크루그먼 1998, 249쪽) 그런데 이러한 엄청난 노력과 비용을 들이는 게 합리적일까?

 '동물적 충동'과 수리적 기초

이제 우리는 아직까지 명쾌하게 언급하지 않았던, 그러나 매우 중요한

이성—합리적 이성인가, '제한된 이성'인가?

한 가지 용어에 눈을 돌릴 때가 되었다. '동물적 충동'을 강조한 케인스는 《일반이론》에서 미래에 대한 무지와 시간, 이 두 세력을 물리치려면 출발의 총성이 울리기 전에 남보다 먼저 뛰어나가는 데 필요한 지능보다 더 많은 지능이 필요하다고 말했다. 진정한 장기예상에 근거해 투자하는 것은 너무 어려운 일이어서, 실제로 그렇게 하는 것은 거의 불가능하다는 것이다.

"게다가 인생은 그리 길지 않다. 인간의 본성은 결과를 빨리 보기를 원하고, 돈을 빨리 벌고자 하는 특이한 열정도 존재하며, 보통 사람은 먼 훗날의 이득에 대해서는 매우 높은 할인율을 적용한다."(케인스 2010, 193쪽)

케인스는 우리의 적극적인 활동의 대부분은, 그것이 도덕적인 것이든 쾌락주의적인 것이든 경제적인 것이든 엄밀한 수학적 기대치에 의존하기보다는 오히려 자생적인 낙관에 의존하며, 그러한 인간성의 특징에서 비롯되는 불안정성이 존재한다고 갈파했다. 우리에게는 수학적 기대치를 계산할 기초가 없기 때문이다.

"장래의 긴 세월에 걸쳐 완전한 결과가 나오는 어떤 적극적인 일을 행하고자 하는 우리 결의의 대부분은, 추측컨대 오직 '야성적 혈기'의 결과로 이루어질 뿐 수량적 이익에 수량적 확률을 곱하여 얻은 가중평균의 소산으로 이루어지는 것은 아니다. 기업은 그 설립취지서의 서술이 아무리 솔직하고 진지한 것이라 할지라도, 그것으로 동기를 부여받는 일은 없고 그저 그런 척할 뿐이다. 기업의 투자는 장래 이익의 정확한 계산을 기초로 하는 것이 아니라는 점에서 남극 탐험과 별다르지 않다. …… 투자의 장래를 추정하는 데 있어서, 우리는 투자가 그 자생적 활동에 크게 의존하는 사람들의 신경과민증이나 히스테리 또는 심지어 소화 상태나 날씨에 대한 반응 같은 것까지도 고려해야 한다. …… 일이 제대로 돌아가게 만드는 것은 인간이 타고난 활동에 대한 충동이며, 우리의 합리적 자아는 가능한 경우에는 계산을 하지만, 많은 경우 우리의 동기를 기분이나 감정 또는 요행에 맡기면서 여러 가지 선택의 대상에서 최선의 것을 선택한다."(케인스 1985, 160~161쪽)

이른바 '동물적 충동'(야성적 혈기)이 경제를 이끌어 가는 힘이라는 유명한 말이 이 대목에 나온다. 데카르트와 스피노자의 근대적 전통인 이성적이고 엄밀한 논증의 세계보다는, 소설 작품에서 흔히 보게 되는 '까닭 모를' '근거 없는' 어떤 감정의 묘사와 흡사하다. 우리는 여기서 출발 지점은 같은데도 이상하게 다르게 들리는 메아리를 듣게 된다. "인간 이성은 전지전능하지 않다. 정부는 사회를 통제하는 계획과 경제정책을 펼 게 아니라 규제를 풀고 개인의 자유와 재산을 보호하는 데 집중해야 한다."는 주류 신고전파 경제학자의 음성이 그 하나이고, "인간 이성은 전지전능하지 않다. 정확한 계산의 수리적 기초가 우리에게는 없다. 야성적 충동에 따라야 한다."는 케인스의 음성이 다른 하나이다.

경제모형을 세울 때 흔히 집어넣는 그 가정의 현실성에 대해 잠깐 살펴보자. 좌파 여성 경제학자 조앤 로빈슨Joan Robinson은 "경제이론은 도구상자a box of tools"라고 말했다. 또 수학자 푸앵카레는 "재단사는 그들이 원하는 대로 재단할 수 있지만 그들의 고객에게 맞게 재단하려고 노력하는 것이 당연하다."고 말했다.(슘페터 2013(제1권), 72쪽)

경제적 가설은 관찰자의 시각으로 틀지어진 '사실들'로 제시되지만, 엄밀하게 논리적으로 따진다면 그것은 분석가에 의해 임의로 '만들어진' 것이다. 슘페터는 순수한 경제이론의 정리는, 이를테면 고용기회에 대한 기대가 노동자의 소비재 지출에 얼마나 영향을 줄 것인지, 임금 변화가 결혼율에 얼마나 영향을 미칠 것인지 같은 관찰에 기초한 다른 일군의 경제학 정리와 분명 다르다고 말했다.

"만일 내가 수많은 조건 아래 한계비용과 한계수입(한계수입은 순수한 완전경

이성―합리적 이성인가, '제한된 이성'인가?

쟁의 경우 시장가격과 일치한다)이 일치하는 산출량 수준에서 한 기업의 즉각적인 이익이 극대화된다고 말할 때, 나는 일반논리학의 규칙처럼 누군가 그것에 준거해 행동하느냐 아니냐와 무관하게 진리인, 상황과 결과의 논리를 정식화한 것이라고 말할 수 있다. 이것은 윤리적이거나 정치적이지 않은, 논리적 이상이나 규준인 일군의 경제학 정리가 존재한다는 것을 의미한다."(슘페터 2013(제1권). 75쪽)

앨프레드 마셜은 《경제학원리》에서 경제법칙은 간명하고 정밀한 만유인력 법칙이 아니라 (밀물과 썰물이라는) 조석의 법칙과 비교되어야 한다고 말했다.▸

"인간의 행동은 아주 다양하고 불확실하기 때문에, 인간 행동에 관한 학문에서 우리가 제시할 수 있는 경향에 대한 명제는 최선의 것이라 해도 정밀하지 않고 오차가 클 수밖에 없다. 이러한 사실이 인간 행동을 명제로 제시하려는 모든 시도에 반대하는 논거가 될 수도 있다. 그렇지만 그런 시도는 거의 인간의 생활을 방기하는 것이다. 생활은 인간의 행동이며, 행동의 주변에서 자라나는 생각과 감정이다."(마셜, 제1권, 74쪽)

▸"만약 우리가 사용하는 개념으로서 이윤 극대화 조건을 공식화하려 할 때 경영자 자신이 이런 개념을 사용한다고 가정할 필요는 없다. 경영자가 그 개념을 모른다는 사실을 우리가 안다 할지라도 우리의 '이론'은 완벽하게 의미 있는 것이다."(슘페터 2013(제1권), 101쪽) 슘페터는 이런 종류의 논의에서 진리와 오류가 서로 얼마나 가까울 수 있는지를 염두에 두어야 한다고 덧붙였다.

▸▸조석 현상은 해와 달의 영향으로 하루에 두 번씩 조수가 밀려오고 밀려가는 현상으로 천문학보다 정밀성이 떨어진다. 그러나 기후변화를 예측할 수 있을 만큼 기상 작용을 잘 아는 사람은 없다. 템스 강 상류에 폭우가 내리거나 북해에 강력한 북동풍이 불면 런던교의 조차潮差는 기대했던 것과 크게 달라질 수 있다.(마셜, 제1권, 74쪽)

"보이지 않는 손"
이성의 자부심

폴 새뮤얼슨은 《경제학》에서 말한다.

"하루에 몇 센트만으로도 충분히 영양을 유지할 수 있다는 생화학자의 말은 아무런 위안이 되지 못한다. 미국에서 사회적으로 필요한 자기 예산 안에서 소비하는 사람들은 음식·의류·주거에서 최소한의 물질적 필요를 이미 훨씬 넘어선다. 30년 전 존 갤브레이스John Galbraith가 《풍요로운 사회 The Affluent Society》에서 소비자들이 어떻게 유행과 광고에 현혹되어 소비하는지 분석했다. 하지만 경제학자들은 그것이 진정한 수요든 유도된 수요든, 소비자들이 원하고 필요로 하는 것 자체에만 관심을 둔다. 셰익스피어의 리어왕은 '지금 이성은 필요한 게 아니다.'라고 했으나 경제학자들은 그러지 않는다. 차라리 어떻게 한정된 재화를 사회가 만들어 낸 다양한 요구 중에 선택해 배분할 것인지를 분석한다."(Samuelson, p.26)

이성─합리적 이성인가, '제한된 이성'인가?

"이성은 강력한 동시에 교활하다. 그것이 교활한 것은 자기 자신은 과정에 직접 관여하지 않고 여러 객체들을 상호작용하여 지치게 만들면서 오직 자신의 목적만을 실현시키는 그 매개적 활동 때문이다. - 헤겔,《논리학》
(마르크스, 제1권(상), 227쪽)

경제학, 미래를 내다보는 수정구슬?

노벨경제학상 수상자인 제라르 드브뢰Gerard Debreu는 1990년 미국경제학회 연설에서, 경제학 이론에서 논문에 대한 "가차 없는 검증과 시험"은 "경제학적 해석들을 모두 제거하고 단지 수리적 기반만을 그대로 두는 것"이라고 말했다. 결국 데카르트적 사고가 몇 세기에 걸쳐 지속되고 있는 것이다.(퍼버·넬슨 편, 34쪽) 드브뢰는 경제학에서 수학을 더욱 강조하는 건 "저항할 수 없을 것 같은 조류"라고 말했다. 드브뢰는 케네스 애로Kenneth Arrow와 함께 애덤 스미스의 주장, 곧 '보이지 않는 손'의 진리 가능성을 수리 논리적으로 입증했다고 일컬어진다.

인류의 영원한 물음은 어쩌면 이성과 감성의 대립이다. 18세기 계몽주의 이래로 인간 이성의 힘이 인류 역사 및 학문 영역을 이론적(경제학), 실천적(해방사회 설계와 건설 운동)으로 지배해 왔다면, 1960년대 중반 이후 이러한 이성의 지배에 대한 회의와 질문이 포스트모던으로 대두했다고 볼 수 있다.

이성이 죽으면 괴물이 태어난다고 했던가. 일반적으로 데카르트 이래 이성과 합리적 선택의 출발 지점은 '회의하는 인간'이었다. 데카르트는《정신지도의 규칙Regulae ad directionem ingenii》에서 다음과 같이 말했다.

"우리의 이해가 오류의 두려움 없이 지식이 될 수 있는 방법을 선언해 보자. 두 가지 방법이 있다. 직관과 연역이다. 직관은 감각의 변하기 쉬운 증거를 의미하지 않으며, 허구적 상상력의 그릇된 판단도 아니다. 주의 깊은 정신의 파악으로서, 이해하는 것에 관하여 아무런 의심도 남기지 않을 정도로 특이하고 분명한 파악이다. 바꾸어 말하면, 건전하고 주의 깊은 정신의 자명한 파악, 다만 이성의 빛으로부터 생겨나는 파악이다. 모든 사람은 직관에 의해서 자기가 존재한다는 것, 자기가 생각한다는 것, 삼각형은 세 변으로 둘러싸여 있다는 것, 구球는 하나의 곡면으로 둘러싸여진 것 등을 알 수 있다."(클라인, 274쪽)

그레고리 맨큐Gregory Mankiw의 《경제학Principles of Economics》은 경제학에 입문하는 독자들에게 이렇게 가르친다.

"여러분 중에 이런 이론모형에 대해 다소 회의적인 사람이 있을지 모른다. 사람들은 누구나 소비자이지만 물건을 구입할 때마다 예산제약선과 무차별곡선을 그리지는 않기 때문이다. 그렇다면 이 이론은 아무런 소용이 없는 것 아닌가? 물론 그렇지 않다. 소비자선택 이론이 사람들의 소비 행태를 그대로 묘사하는 것은 아니기 때문이다. 그것은 단지 하나의 모형에 불과하다. 모형은 완전히 현실적일 필요는 없다. 오히려 소비자선택 모형을 소비자의 의사결정 과정을 표현하는 하나의 은유metaphor로 보는 것이 좋을 것이다."(맨큐, 553쪽)▶

케네스 볼딩Kenneth Boulding은 1968년 미국경제학회 회장연설에서 "무차

▶ "어떤 소비자도 (유별난 경제학자를 제외하고) 이론이 제시하는 것과 같은 명확한 최적화 과정을 따라가지는 않는다. 그러나 소비자들은 그들의 소비가 금전적 제약을 받는다는 것을 알고 있다. 그리고 이러한 제약에서 가장 큰 만족을 얻기 위해 최선을 다한다는 것은 누구에게나 사실이다. 소비자선택 이론은 이런 내면적이고 심리적인 과정을 명시적인 경제이론으로 나타낸 것이다."(맨큐, 553쪽)

별곡선의 순결성"이라는 표현으로 넓은 의미의 사회적 문제에 대한 경제학의 무관심에 깊은 우려를 표명했다.(박만섭 2006) 실제로 사람들은 서로 다른 재화의 효용 사이에서 교과서에 나오는 매끄러운 무차별곡선과 같은 부드러운 함수관계를 인지하지는 않는다.

그러나 밀턴 프리드먼Milton Friedman은 이론적 모델에 대한 검증은 가정의 현실성보다는 예측의 정확성을 기준으로 이뤄져야 한다고 했다. 그는 경제이론 모형은 한껏 자유롭게 가정하되 대담하게 단순화할 필요가 있다고 주장했다. 그의 《실증경제학의 방법The Methodology of Positive Economics》(1953)에 의하면, 이론은 가정들의 집합이지만 가정 자체는 이론의 적합성 판정과 무관하며 오직 이론의 예측력, 즉 가정들로부터 논리적으로 유도된 예측이 현실의 관찰과 부합하는지 여부가 기준이 된다.

"물론 경쟁은 유클리드 선이나 점처럼 하나의 이상적인 모형이다. 어느 누구도 넓이와 깊이가 없다고 하는 유클리드 선을 본 적이 없다. 그러나 우리는 측량기사의 줄과 같은 유클리드 실물을 유클리드 선으로 간주하는 것이 유용하다는 것을 안다. 마찬가지로 순수한 경쟁이란 있을 수 없다. 모든 생산자는 비록 그 영향이 매우 작을지라도 자기 생산물의 가격에 영향을 미칠 수 있다. 중요한 것은 이 영향력이 상당히 클 것인지, 아니면 측량기사가 소위 '선'의 두께를 무시할 수 있는 것처럼 그 영향력이 무시할 수 있을 정도로 매우 작을 것인지에 있다."(프리드먼 1990, 152쪽)

그러나 '경제 수사학The Rhetoric of Economics'을 주창한 시카고대학의 도널드 맥클로스키Donald McCloskey는 경제에서 합리적 예측은 불가능하며, 이성에 기초한 완전한 기대가 가능하다는 데카르트적 근대성(모더니즘)은 경제학에서 더 이상 쓸모없고 빈곤한 방법론이라고 비판했다. 또 다른 경제학계의 거인 루트비히 폰 미제스는 "경제적 미래에 대한 예측은, 확실하게 죽음을 피할 수 없는 인간의 능력을 넘어선다."고 말했다. 그런데 경제학자들은 '경제학'을 인간의 능력 너머에 있는 것을 볼 수 있는 수정구슬이라고 여기고, 훌륭한 예측 도구로 사용해 온 것이다.(McClosky, p.487)

큰 은행에서 일하는 경제학자가 크리스마스 이후 이자율이 더 낮아질 것이라고 예상했다고 하자. 그런데 그 예측을 내놓기 전 채권을 구입하려고 은행 대출을 받았다고 하자. 이 경우 그는 비합리적이거나 자기기만적인 행동을 한 셈이다. 즉, 이자율이 떨어지면 채권 가격이 올라 수익이 높아질 것이므로 구입한 채권을 계속 보유할 것이지만, 만약 '어떤 조건이 충족돼야 한다는 비현실적 가정' 하에 이자율 하락을 예측한 것이라면, 자기가 산 선물 채권을 현물시장 가격을 받고 당장 팔아 버리는 행동을 취할 것이다. 예컨대 다른 유사한 사례를 들면, 바닷물이 전부 갑자기 사라지게 된다는 조건 아래서 해안가 어떤 바위가 32.17피트의 가속도로 해저에 추락할 것이라고 예측했다고 하자. 이러한 엄격한 예측은 역시 엄격한 경계조건 [즉, 바닷물이 사라진다는 매우 비현실적인 조건]을 수반한다. 이는 "당신이 그렇게 영리하다면 왜 부자가 되지 못하는가?"라는 질문에 답해야 하는 문제와 같다. 경제학이 그 작동의 원리로 삼는 한계적marginal 수준의 개념에서나, 평범한 사람 중 일부가 행운을 얻게 되는 평균average 개념에서나▶ 경제적 '예측 산업'은 오직 (초과이윤이 아니라) 정상이윤만을 벌 수 있을 뿐이다.(McClosky,

---

▶ 여기서 사회과학에서 흔히 제시되는 '평균' 분석에 관한 두 거인의 말은 음미할 가치가 있다. "마르크스는 언젠가 '평균' 계산은 개별 인간을 중심에 두고 생각하는 가장 명백한 방식이라고 비판했다. 그러나 평균에 대한 인식이 없다면 현대적인 사회생활에 대한 이해는 크게 약화되고 만다. 나는 이 책에서 사소한 개인의 일화에 빠지지 않고, 동시에 단순한 통계 요약에 그치는 것도 피하고자 한다."(Mills 2001, p.10)

pp.487~488)

노벨경제학상 수상자인 허버트 사이먼Herbert Simon은 경제학자 집단에 속한 자신의 입장을 '제한된 이성' 개념으로 접근한 바 있다.(Simon 1983) 직접적으로 이성의 한계를 주장하기보다 좀 더 순화된 개념을 사용했음에도, 그의 용어는 폭발적인 주목을 끌었다. 그도 그럴 것이, 기존의 경제학은 데카르트 이후 이성에 대한 맹신에 기초하고 있었기 때문이다. 마치 토머스 쿤의 《과학혁명의 구조》가 그랬듯, 스스로 이성에 기반한 '과학'으로서의 지위를 천명하고 설파해 온 경제학 체계를 뿌리부터 뒤흔들 수 있는 놀라운 패러다임 혁명이 일어난 셈이다. 이성은 흔히 경제학 교과서가 보여 주듯 수많은 가정과 가설의 기반 위에서 현실을 설명하고 장래를 내다보는 능력을 지칭한다. 이러한 관점에서 우리가 '이성의 한계'와 '제한된 이성'을 생각할 때, 가정법에 대한 다음의 언급을 들어 보는 것도 좋을 듯하다.

"'만약 기독교가 서구의 영적 세계를 정복하지 않았더라면, 그래서 고대 에피쿠로스 쾌락주의 사상이 어떻게든 살아남는 데 성공했더라면, 현재의 세계는 지금과 어떻게 달라졌을까?'라는 질문은 결코 우스꽝스럽지 않다. 그 질문을 이렇게 뒤집어 생각해 볼 수도 있다. 만약 에피쿠로스 사상이 승리를 거두고 기독교가 사라지고 말았다면, 세상이 지금처럼 장엄한 시와 예술, 음악으로 가득 찼을까?"(그린블랫, 394쪽)

◆ 사실화보다 '현실적'인 추상화

여성 경제학자 프랜신 블라우Francine Blau와 마리안 퍼버Marianne Ferber는 밀턴 프리드먼과 허버트 사이먼 사이 어딘가에 자신들의 자리를 마련하고 있다. 같은 페미니즘 경제학 그룹에 속하는 맥클로스키와는 다른 자리

여서 자못 흥미롭다. "실제로 어떤 이론이 좋은 이론인지 여부는 현실의 모습과 세부적인 면에서 얼마나 많이 유사한지, 즉 얼마나 사실적인 그림인지보다는 현실의 주요한 특징을 얼마나 잘 파악하게 해 주는지로 판단해야 한다. 사실적인 그림보다 더 깊은 통찰력을 제공하는 현대 추상미술에 비유될 수 있을 것이다."(블라우 · 퍼버, 19쪽)

시민권 이론으로 유명한 영국의 사회학자 토머스 험프리 마셜Thomas Humphrey Marshall은 아예 수리적 통계에 강한 불신을 드러낸다.

"목격자의 직접적인 설명만큼 신뢰할 수 없는 것도 없으며, 쓰면서 그것을 마음껏 즐기는 일기와 편지만큼 남을 속이는 일도 없다. 또한 가장 착실한 회계보고조차 반드시 최종적이고 절대적 진실이라고 받아들일 수는 없는 것이다. 이러한 의심스러운 자료의 잡다한 모임을 체로 걸러 남들에게 자신의 신중한 전문적 평가의 성과를 전해 주는 것이야말로 역사가의 과제이다."(립셋, 24쪽)

우리가 흔히 시카고학파에 극단적 우파 자유주의라는 명찰을 붙이지만, 시카고 내부에서 공부했거나 자세히 들여다보고 경험한 일부 사람들의 말은 사뭇 다르다.

"하버드의 배로Robert Barro 교수가 주간 《뉴스위크》에서 밀턴 프리드먼을 두고 이야기하였듯이, 학문 세계에서는 결국 '옳은 것이 최선의 복수Being true is the best revenge'이다. 그것이 시장(자유)을 옹호하는 것이든 정부(개입)를 옹호하는 것이든, 새롭고 옳은 것을 발견하고 자기검증을 위해 시카고학파는 이론과 실증의 통합을 강조하고, 이를 격렬한 워크숍 토론을 통해 재검증한다. 이론 없는 실증에 대해서도, 실증 없는 이론에 대해서도 시카고는 선험적인 의혹을 보인다. 이것이 내가 생각하는 가장 중요한 시카고적 전

이성-합리적 이성인가, '제한된 이성'인가?

통이다."(장세진 2000)

"반대자들의 역할은 그저 구색을 갖추는 정도가 아니었다. 사실 시카고 대학 경제학자들은 항상 그들이 구사하는 접근법의 정확성에 대한 자신감으로 충만했다. 하지만 그들은 시카고 전통에 활력을 불어넣기 위해서는 비판이 필요하다는 점을 알고 있었다. 저 멀리 떨어진 곳에 있는 경제학자들뿐만 아니라 같은 건물에 있는 학자들과 워크숍에 함께 참석한 다른 경제학자들에게도 말이다. 새로운 개념이 탄생하기 위해서는 반드시 훌륭한 반대자들이 필요한 법이다."(오페르트벨트, 487쪽)

밀턴 프리드먼은 시카고학파에 대해 이렇게 말했다.

"경제과학을 논할 때 '시카고'는 무척 아름답기는 하지만 위력이 거의 없는 추상성을 띠는 수학적 구조로서가 아니라, 방대한 범위에 걸친 구체적인 문제를 분석하는 도구로서 경제이론을 신중하게 사용하는 접근법을 상징한다. 다시 말해 일반화된 이론의 경험적 검증을 주장하고 이론이 결여된 사실과, 사실이 결여된 이론 모두를 거부하는 접근법을 상징한다."(오페르트벨트, 15쪽)

이야기가 시카고학파 쪽으로 살짝 빠졌는데, 다시 '경제적 이성'의 세계로 돌아오자.

앨프레드 마셜은 경제 연구의 순서와 목표에서 "경제학자는 사실에 탐욕스러워야만 하지만, 사실 그 자체는 아무것도 가르쳐 주지 않는다. 역사는 사건의 연속과 공존을 말해 주지만, 오직 이성만이 그것들을 해석하고 그로

밀턴 프리드먼은 경제학계에서 흔히 "키는 작으나, 경제학자들 중에서 우뚝 솟은short, but tall among economists" 사람으로 묘사되었다.

부터 교훈을 이끌어 낼 수 있다."(마셜, 제1권, 81쪽)고 말했다. 마셜은 그러나 경제학자는 세 가지 위대한 지적 능력, 즉 지각·상상력·이성을 필요로 한다면서 관찰 가능한 사건의 면 또는 표면 아래 있는 원인과 관찰 가능한 원인의 면, 그리고 표면 아래 있는 결과를 추적하기 위해 무엇보다도 상상력이 필요하다고 강조했다. 이른바 '경제적 이성economic reason'은 거칠게 말하자면, 자기가 원하는 것이 무엇인지 항상 '알고', 원하는 것을 얻기 위한 다양한 수단의 비용과 혜택을 '계산'하여, 일관되게 그 원하는 목표를 달성하려고 노력하는 합리적 선택rational choice을 뜻한다. 이른바 '선택할 자유'이다.

그러나 선택에 비해 '자유'는 복잡한 개념이다. 좀 더 많은 대안들과 마주친다는 것이 반드시 개인 자유의 확장을 의미하지는 않는다. 사소한 선택들의 다양성을 통해 자유가 반드시 늘어나는 것은 아니다. 좋든 싫든 해야만 하는 사소한 선택들이 끊임없이 늘어남으로써 오히려 성가시지 않고 평화로운 삶을 영위할 수 있는, 즉 선택 대안의 상실이 주는 해방의 자유를 누리지 못하는 셈이다.(센 1999b, 119쪽)

"합리성에 대한 접근 방식의 난점은 다른 데 있다. 왜 다른 모든 것을 배제하고 자기 이익만을 추구하는 것이 유일하게 합리적이어야 하는가? 자기 이익 극대화는 비합리적이지 않다거나 또는 적어도 반드시 비합리적인 것은 아니라는 주장은 결코 틀린 말이 아닐 수 있다. 그러나 자기 이익 극대화가 아닌 다른 어떤 것은 반드시 비합리적이라고 주장하는 것은 아주

▶ "인간과 관련된 학문에서는 정밀성에 도달하기가 상대적으로 어렵다. 때때로 가장 저항이 약한 길만이 선택 가능하다. 이러한 길은 언제나 사람의 마음을 유혹한다. 그리고 그 길이 언제나 기대에 어긋나는데도 그 유혹은 너무 커서 불굴의 노력을 통해 좀 더 빈틈없는 길을 발견할 수 있을 때조차 안이한 길을 따른다."(마셜, 제1권, 81쪽)

터무니없어 보인다. …… 경제이론의 표준적인 행위가정(즉, '실제로' 자기기익을 극대화한다는 것)을 대신하여 합리성이란 조건을 전투에 내보내려고 하는 것은, 마치 절름발이 당나귀의 등에 기병장비를 얹는 것과 같다."(센 1999a, 35쪽)

주류 이론경제학이 말하는 자기 이익을 극대화하는 호모 이코노미쿠스 Homo Economicus는, 끊임없이 계산하고 끊임없이 대체하면서 끊임없이 선택하는 인간이다. 인간은 항상 선택의 문제에 직면한다. 이때 어느 점을 선택할 것인가? 한계효용을 계산하고 그 대체율을 따져 봐야 한다. 그냥 이쪽 아니면 저쪽, 이런 식의 선택이 아니라 어떤 것을 선택해도 무차별한 효용을 주는 지점이 어디인지 찾아내야 한다. '선택할 자유'의 쟁취를 향해 고투해 온 시장주의 경제학자들은 그 자유는 단순한 경제적 자유를 넘어 '효율을 위한 자유'라고 주장한다. '선택하는 인간'의 이미지는 사실 세계가 근대로 접어든 이후에야, 더 엄밀하게는 자본주의적 시장이 보편화된 이후에 본격 등장한 것이다. 사유를 강조한 아인슈타인은 "상식은 열여덟 살 때까지 획득된 선입견들의 집합체"라고 했다.

"그의 전 생애를 관통해 아인슈타인은 우주의 비밀을 그의 감각보다는 사유에 의존해 이해하려고 노력했다. 그는 언젠가 '어떤 이론의 진실은 당신의 마음속에 있는 것이지 눈 속에 있지 않다.'고 말했다."(Hawking 2002, p.1166) 아인슈타인은 "하여간 나는 신은 주사위 놀이를 하지 않는다고 확신한다. 만약 신이 주사위 놀이를 한다면 신의 주사위는 언제나 특정한 수가 나오게 되어 있을 것이다'라며 "신은 난해하지 심술궂지는 않다."고 했다.(클라인, 409쪽)

▶ 케인스는 1926년 베를린에서 아인슈타인을 만나고, 그를 "셰익스피어의 눈썹을 지닌 찰리 채플린"이라고 묘사했다.(스키델스키, 1468쪽)

이쯤에서 소비의 한계효용과 그에 따른 효용 극대화를 마셜의 간단한 설명으로 이해하고 넘어가는 것이 좋겠다.

"어떤 소년이 자신이 직접 먹으려고 검은 딸기를 딸 때, 따는 행위 자체가 잠시 동안은 즐거울 수 있다. 그리고 좀 더 긴 시간 동안은 먹는 기쁨이 따는 수고를 보상하기에 충분하다. 그러나 그가 상당히 먹고 나면 더 먹고 싶은 욕망은 체감한다. 반면 딸기를 따는 일은 피로를 야기하기 시작한다. 그것은 실제 피로라기보다는 단조로운 느낌일 수 있다. 마침내 놀고 싶은 열망과 따는 일에 대한 싫증이 먹고 싶은 욕망을 정확하게 상쇄할 때 균형에 도달한다. 여기서 과일을 따서 얻을 수 있는 만족은 극대치에 도달한다."(마셜, 제2권, 23쪽)

합리적 선택인가, '비이성적 과열'인가

이제 이해를 위한 간단한 발판이 마련되었다. 이러한 "소비의 한계효용을 즉각 계산해 내는 고도의 계산기를 늘 머릿속에 지니고 다니는" 소비자를 상정하는 경제분석모형을 언급하면서 프리드먼은 당구를 예로 들었다. 마치 당구를 치는 사람이 부지불식간에 머릿속에서 물리적 각도를 계산해 공을 치듯이, 소비자들도 기회비용을 정밀하게 계산하면서 소비행동을 한다고 묘사할 수 있다는 것이다. 그런데 어떤 재화를 좀 더 많이 가질 때의 실질적인 비용은, 다른 어떤 재화를 좀 더 많이 가질 기회를 포기한다는 것이다. 합리적 결정을 내리기 위해서는 각 재화로부터 얻을 수 있는 효용과 만족이 어느 정도인지를 아는 것만으로는 충분하지 않다. 우리에게 가능한 다른 소비 대안들을 포기함으로써 우리가 잃게 되는 만족이 어느 정도인지도 알아야 한다. 즉, 경제학자들이 사용하는 '합리성'이라는 용어에는 이용 가능한 기회에 대한 지식이 포함되어 있는 것이다.

경제학자들은 엄격한 수리방정식의 수학적 해와 모든 실제 시장과정 사이의 관계를 연결시키고자 했다. "시장에 참여하는 사람들이 분명 그 어떠한 [효용함수나 생산함수의] 방정식도 풀지 못하지만 이론가들이 방정식을 푸는 방식으로 해결하는 사안을 다른 방법으로 해결한다는, 즉 일반 사람들의 경험적 방법과 경제과학자들의 이론적 방법이 동일한 균형 상황을 낳는다는 경향이 있음을 보여 주고자 했다."(슘페터 2013(제3권), 433쪽) 시카고학파의 궁극적 입장은 시장체제가 태생적으로 다른 모든 대안적 체제보다 더 큰 위력을 발휘한다는 것이다.

토머스 쿤은 "예를 들면, 경제학자들이 그들 분야가 과학인지 아닌지에 관해 사회과학의 다른 여러 분야의 학자들보다 논쟁을 덜 하는 것은 의미가 깊다. 그것은 경제학자들이 과학이 무엇인지를 알기 때문인가? 아니면 그들이 합의를 이룬 것이 경제학이기 때문인가?"라고 물었다. "[일반 자연]과학자는 그 자신의 가치관과 신념을 공유하는 청중인 동료만을 대상으로 연구하는 까닭에"(쿤. 232쪽), 스스로 경제'과학'이라고 여기는 경제학자들도 자신들의 청중이 동료 경제학자들뿐이라고 여기는 것일까?

그러나 우리가 어떤 현상을 이해하고자 할 때, 그것을 순수하게 논리적인 구성요소로 각각 분해한다면 자칫 그 현상 자체의 전체적인 모습을 놓쳐 버릴 수도 있다. 화학 구성물의 핵심은 그 구성물들의 결합에 있지, 특정한 구성요소나 각 요소들의 단순한 종합에 있지 않은 것과 마찬가지다.

앨런 그린스펀Alan Greenspan 미국 연방준비제도이사회FRB 의장이 1996년 12월 주식시장이 '비이성적 과열irrational exuberance'에 빠졌다는 논평을 냈을 때, 과거 케인스가 주식시장을 '미인 뽑기 대회'라고 말한 것과 달리, 일부 주류 경제학자들은 '거품'이라는 용어 사용의 적합성에 이의를 제기했다. 거품은 개연성이 극히 희박하거나 믿기지 않는 비합리적 행동을 암시하기 때문이라는 게 그 이유다. 대신 그들은 주택 가격과 주가의 급속한 상승을 경제적 펀더멘털Fundamental의 변화에 기초해 설명하려고 한다.(킨들버거 2009, 41쪽)

사실 금융자본의 이윤은 생산적 투자가 아니라 투기적 이득이지만, 그 이윤의 원천은 노동자들이 생산한 잉여가치라고 말할 수도 있다. 만약 금융에서의 이익이 잉여가치 같은 실물적 기초가 없는 단지 거품에 불과하다면, 거품은 언젠가는 터지게 될 것임을 누구나 알 수 있는데 그런 상황에서 어느 투자자가 그 위험한 투자에 나설 것인가?

이성에 따른 이기적 행동이 오히려 상품이 교환 거래될 시장의 형성 자체를 막아 버릴 수도 있다. 이른바 '역선택adverse selection'이 이를 시사한다. 정보비대칭이 존재하고 각자 이기적인 행동에 따라 자유롭게 자신의 행동을 선택하는 경쟁적 시장에서는, 마치 중고 자동차 시장이 점차 성능이 나쁜 자동차들로 꽉 채워지듯(이른바 '레몬시장Lemon market') 각자 자신의 이득을 위해 불리한 정보를 숨기는 행동을 하게 된다. 또 일단 화재보험 상품에 고객으로 가입한 뒤에는 화재 예방 노력을 게을리 하는 도덕적 해이, 즉 '역선택'이 나타나 사회 전체적으로 손실을 초래한다. 개별 경제주체의 입장에서는 역선택이 자기 이익의 관점에서 볼 때 합리적 행동일 수 있으나, 사회적으로 보면 그러한 행동을 하는 고객들을 일일이 찾아내 선별해야

"[중앙은행이나 정부 같은] 궁극적 대여자가 금융시장의 안정을 방어하거나 금융 불안정을 완화시킬 수 있다. 여기서 딜레마는, 자산 가격이 급락하더라도 정부가 관대한 구제책과 함께 조만간 불을 끄는 지원에 나설 것이라고 투자자들이 미리 알고 있다면, 자산과 유가증권을 매입하는 투자자들의 조심성이 줄어들 것이므로 결과적으로 붕괴가 더욱 빈번하게 발생할 수 있다는 점이다."(킨들버거 2009, 42쪽) 여기서 킨들버거는 이른바 '보험시장에서의 역선택'과 유사한 현상을 지적하고 있다.

이성―합리적 이성인가, '제한된 이성'인가?

하는 보험사의 수고 등 큰 비용을 초래하는 것이다.

경제모형이 낳은 '블랙 스완'

《블랙 스완The Black Swan》의 저자 나심 탈레브Nassim Taleb는 마르크스나 애덤 스미스의 후예들과 다른 견해를 갖고 있다. 그는 자유시장이 작동하는 것은 기술이 뛰어난 자에게 주어지는 보상 혹은 인센티브 때문이 아니라, 누구든 공격적인 시행착오 끝에 행운아가 될 수 있기 때문이며, "따라서 성공의 전략은 간단하다. 최대한 집적거려라. 그리하여 검은 백조가 출몰할 기회를 최대한 늘려라."라고 말한다.

"인생이란 한 줌에 불과한 의미심장한 사건들이 몰고 온 파장이 쌓인 결과라는 데 반대할 사람은 그리 많지 않을 것이다. 검은 백조의 역할을 따져 보는 것은 그저 안락의자에 앉아서, 혹은 바에 앉아 술잔을 기울이면서도 할 수 있을 만큼 그리 어려운 일이 아니다. 이에 각자의 경우를 생각해 보자. 우리 각자가 태어난 이래 발생한 숱한 사건들 가운데 의미심장한 것들, 신기술이나 새로운 발명품 등을 떠올려본 뒤 그것들이 처음 일어났던 당시 환경에서 우리가 예상했던 것과 실제 결과를 비교해 보라. 예상대로 된 경우가 얼마나 되는가? 직업을 선택하고, 배우자를 만나고, 고향을 떠나 새로운 곳에 뿌리를 내리고, 배신을 당하고, 갑자기 일확천금이 들어오거나 혹은 빈털터리로 전락하거나 하는 인생의 갈림길에서 내린 선택들 가운데 사전에 계획했던 대로 된 일이 과연 얼마나 되는가?"(탈레브, 24쪽)

▶ '검은 백조' 발견의 교훈을 실마리 삼아 이야기를 풀어 나간 《블랙 스완》에서 나심 탈레브는, 수천 년 동안 수백만 마리가 넘는 흰 백조를 보고 또 보면서 견고히 다져진 정설이 검은 백조

우리는 이제 이 장에서 다루고자 하는 중요한 질문과 목표에 거의 도달했다. 페미니스트 경제학자 레베카 블랭크Rebecca Blank는 여러 도전에도 불구하고 인간 행동의 합리적 선택을 강조하는 주류 경제학 표준모형은 놀랄 정도로 지속되어 왔으며, 그럴 만한 충분한 장점을 갖고 있다는 점을 잊지 않는다.

"첫째, 표준화되고 널리 수용되는 분석 도구로서 주류 경제모형은 멋진 것이다. 둘째, 경제적 인센티브가 전적으로 행동을 결정한다고 믿을 필요는 없으나, 심지어 선택이 극히 제한된 상황에서도 사람들이 최상의 안을 선택한다고 분석하는 것이 여전히 유용하며 강력한 예측 능력을 갖는다. 경제적 인센티브에 반응한다는 것은, 일관성 있고 단순하면서도 상당히 신뢰성 있는 최상의 모형이다. 셋째, 너무 많은 경제학자들이 우아한 수학으로 손쉽게 처리할 수 있는 문제들에만 집착해 온 까닭에, 흥미로운 경제학이 수학적 엄격함에 의해 제한되었지만 다루기 쉬운 수리적 형태로 직접 옮겨질 수 있다는 용이성 또한 있다."(퍼버 · 넬슨 편, 185~187쪽)

그러나 블랭크는 표준적 경제모형의 문제점 역시 빼놓지 않고 지적한다.

"가장 큰 문제는, 모든 경우 개인들이 사회적·경제적 환경에 어떻게 반응하는지를 선택으로 특징짓는다는 데 있다. 경제적 행동에 관한 전형적

단 한 마리 앞에서 무너져 버렸다며 검은 백조의 의미를 세 가지로 정리했다. 첫째, 일반적인 기대 영역 바깥에 놓여 있는 극단의 관측값으로서, 이것이 존재할 가능성을 과거의 경험으로는 확신할 수 없다. 둘째, 극심한 충격을 안겨 준다. 셋째, 검은 백조의 존재가 사실로 드러나면 인간은 적절한 설명을 시도하여 이 검은 백조를 설명과 예견이 가능한 것으로 만든다는 것이다.(탈레브, 22쪽) 검은 백조 원리에서 우리는 아는 것보다 모르는 것이 더욱 중요하다는 것을 깨우치게 되며, 많은 경우 검은 백조 현상은 예상 밖의 일이기 때문에 발생하며, 또 그래서 그 효과가 증폭된다는 것을 알게 된다.

이야기는 '능력 있는 개인'을 묘사한다. 선택하고, 정보를 끊임없이 추구하고, 더 나은 결과를 낳을 것이라는 기대를 갖고, 의식적이고 합리적으로 계획하는 인간이다. 이러한 기본 모형에는 어떤 개인도 지배받거나 억압받거나 수동적이거나 꼼짝 못하거나 아프거나 자기 능력에 대한 확신이 없거나 혹은 대안을 깨닫지 못하거나 하는 경우는 없다. 민주적이고 산업화된 서구 사회 중산층 백인으로 상정된 '대표적인 경제적 개인representative individual economic agents'은 아마 상당히 현실에 가까울 것이다. 그러나 능력 있고 통제된 서구화된 개인에서 멀어질수록 이 모형은 개인 행동 패러다임으로서 매력을 잃게 된다. 지극히 가난한 도시빈민 사회를 연구하는 사람들이나 학대받는 여성과 어린이들을 다루는 사회사업가들은, 이런 모형이 그들 고객의 행동 패턴을 설명하지 못한다고 말할 것이다. 그렇다고 쓸모없다는 뜻은 아니다. 다만 이런 모형이 가정하는 '선택에 기초한 행동'이 어떤 상황보다는 그와 또 다른 어떤 상황에서 더 지배적이라는 것을 의미한다."

(퍼버 · 넬슨 편, 188쪽)

모리스 클라인Morris Kline은 경제학이 아니라, 경제학이 그 집으로 삼고 있는 수학에서 '수학의 확실성'에 대해 다음과 같이 말했다.

"'인간 이성의 자부심'이 추락하고, 그 추락과 함께 진리의 집이 붕괴되었다. 역사의 교훈은 우리의 가장 확고한 신념마저도 독단적으로 주장되어서는 안 된다는 것이다. 실제로 그 신념들이 가장 의심스러우며, 그것들은 우리의 승리의 표시가 아니라 우리의 한계와 우리의 속박을 나타낸다."(클라인, 120쪽)

인간 행동
시장·개인 Vs 사회·관계

2

"어느 날 점심때 보트 쪽으로 가다가 인간의 발자국이 해안 모래밭에 뚜렷이 적혀 있는 것을 발견하고는 간이 떨어지고 심장이 폭발할 정도로 놀라고 말았다. 내가 인간을 만나게 될지도 모른다는 생각, 그것만으로 몸이 떨리고 인간이 이 섬에 와서 남긴 발자국을 본 것만으로도 땅속으로 기어들어 가고 싶은 정도의 심정이 되어 있는 것이다. 항상 사람을 두려워하는 불안 속에 산다는 것이 어떤 것인지를 알고 있는 사람이라면 누구든지 내 심정을 이해해 줄 것으로 믿는다."

― 대니얼 디포, 《로빈슨 크루소》

"사방은 안개투성이. 강을 따라 올라가며 깔린 안개는 초록빛 섬들과 초지 사이를 따라 흐른다. 강을 따라 내려가는 안개는 줄지어 선 선박과 거대한· (그리고 더러운) 도시 강변의 오염물 사이로 더럽혀진 채 굴러간다. 에식스 습지에도 안개, 켄트 고지에도 안개, 석탄 운반선의 취사장으로 기어들어 가는 안개, 큰 배들의 활대에 걸쳐 있고 장비 위를 맴도는 안개, 바지선과 작은 배들의 뱃전에 늘어져 있는 안개, 병실 난롯가에서 천식으로 씨근거리는 노쇠한 그리니치 연금 수령자들의 눈과 목구멍에 낀 안개, 갑판 아래 비좁은 선실에서 오들오들 떨고 있는 수습선원 녀석의 발가락과 손가락을 잔인하게 꼬집는 안개. 우연히 다리 위에 있던 사람들은 온통 안개에 둘러싸인 채, 마치 풍선을 타고 올라가서 안개 낀 구름 사이에 걸려 있는 듯이, 난간 너머로 안개 낀 아래쪽 하늘을 내려다본다."

― 찰스 디킨스, 《황폐한 집》

뒤덮은 안개
이기심과 유인

합리적 이성과 합리적 선택은, 런던의 안개처럼 경제학 교과서를 온통 뒤덮고 있는 하나의 '안개'다. 경제학의 이성과 선택, 효용 개념은 분명치 않고 뿌연 안개와도 같은 수많은 인간의 경제적 행위를 명징하게 설명해 주는 이성적 개념인데 왜 안개인가?

사람은 오직 '이익'으로만 사는가?

20세기는 '경제(학)적 이성economic reason'이 지배한 시대이자, 그러한 이성에 의문을 품은 시대이기도 하다.

"산업주의의 경제적 원리를 대변한 공리주의자들은 애덤 스미스의 제자들로서, 그들은 저절로 움직이도록 방임해 둔 경제가 자유주의 정신에 일치될 뿐만 아니라 일반 대중의 이익에도 가장 잘 합치된다는 이론을 주창하였다. 여기서 이상주의자들의 가장 강한 반발을 불러일으킨 것은 정말 변호되기 힘든 이 이론의 결함들이라기보다는, 이기적 본능을 인간 행위의 궁극적 원리라고 설명하는 숙명론, 그리고 이기심으로부터 경제와 사회생활의 여러 법칙을 수학적 필연성으로 도출할 수 있다고 믿는 태도였다. 이처럼 인간을 '호모 이코노미쿠스'로 환원하는 데 대한 항의는, 삶이란 논리적으로 다 파헤쳐지거나 이론의 틀에 종속될 수 없다는 신앙이 언제나 제기하는 항의였다."(하우저, 현대편, 111쪽)

노벨경제학상 수상자 로버트 솔로Robert Solow는 애덤 스미스 이래 경제학의 목표 가운데 하나는, 분권화된 시장경제의 혼란에 대비하는 방책을 모색하는 과정에서 어떻게 질서를 내보일 것인가에 관한 것이었다고 말했다. 그는 "남녀 경제학자들이 탐욕과 합리성의 모형에 보이는 집착에는 완전히 물불 가리지 않는 운동열 같은 중요한 요소가 있다. 즉, '나에게 무엇이든, 어떤 것이든 보여라. 그러면 나는 탐욕과 합리성으로부터 그것을 끌어낼 모형을 만들 것이다'라고 자신감을 드러냈다"(패버·넬슨 편, 211쪽)고 말했다.

역시 노벨경제학상 수상자인 조지 스티글러George Stigler는 1981년 '경제학인가 윤리학인가'라는 제목의 강연에서 '우리는 충분한 정보를 가지고 자기 이익을 추구하기 위해 영리하게 행동하는 사람들로 이루어진 세상에 살고 있다'는 관점을 잘 짜인 방식으로 방어했다. 그는 "윤리적 가치가 광범위한 지지를 받고 있고 그것이 자기이익이론과 갈등을 빚고 있긴 하지만, 결론은 실제 대부분의 경우 자기 이익 추구에 기초한 이론의 승리로 나타날 것이다. 이는 경제학자들이 아주 다양한 경제 현상에서뿐만 아니라 결혼·출산·범죄·종교 및 다른 사회적 행위에 대한 조사에서도 발견한 지배적 결과"라고 말했다.(센 1999a, 36쪽)

그러나 이론가들이 제시하는 분석적이고 흥미로운 견해에도 불구하고 '자기이익이론이 승리할 것'이라는 주장은 전형적으로 경험적 증명보다는 어떤 특별한 이론화에 기초해 있다. 자유시장의 성공은 경제에서 경제인의 행동 뒤에 놓여 있는 '동기'가 무엇인지에 대해서는 아무것도 말해 주지 않는다. 때로는 이기적 행동일 것이라고 추정된 경우조차도 '이론적으로 기대된' 결론, 즉 이기적 행동이 효율적인 결과를 낳을 것이라는 기대와 그런 논의에 기초한 사후적 해석에 기초하고 있다. 진짜 문제는 '동기의 다양성이 존재하는가?' 또는 '자기 이익 그 자체가 인간을 움직이는가?'이다.

사람은 '무엇'으로 사는가? 사람은 어떻게 '행동'하는가? 사람은 다른 사람들과 어떤 '관계'를 맺으며 사는가? 경제학을 포함해 모든 사회과학의 근본 질문은 이것이다.

또 다른 노벨경제학상 수상자 제임스 뷰캐넌James Buchanan과 고든 털록Gordon Tullock의 《동의의 계산The calculus of consent》 서문 첫 문장은 이렇게 시작된다. "정치학 이론은 '국가란 무엇인가?'라고 묻는다. 정치철학은 '국가는 무엇을 해야 하는가?'를 묻는다. 반면 정치'과학'political science은 '국가는 어떻게 조직되는가?'라고 묻는다."(Buchanan & Tullock 1962) 즉, 이론과 철학, 그리고 '과학'을 명쾌하게 구분하고 있다. 마찬가지로 (이데올로기적) 이론으로서 경제학은 시장의 효율성을 설파하고, 경제철학으로서 경제학은 시장 및 제도적 국가 개입에 대한 옹호와 비판을, '과학'으로서 경제학은 인간은 어떻게 행동하는가를 묻는다.

경제사학자 마크 블로그Mark Blaug가 1985년에 펴낸 《위대한 경제학자들Great Ecomomists Since Keynes》에 포함된 100명 중 미국 경제학자는 총 68명이며, 이 중 신고전파 및 신고전파종합에 해당하는 유파가 44명, 시카고학파가 9명으로 모두 53명이 넓은 의미에서 주류 경제학에 속한다.(홍기현·김진방 1997)

던컨 폴리Duncan Foley는 자신이 주류 경제학의 수리경제학 연구에서 좌파 경제사 연구로 전향하게 된 지적 오디세이에 대해 이렇게 쓰고 있다.

"거대한 일반균형이론의 위압적인 위세가 다방면에 걸친 경제학 방법론에 자리를 내주고 있다. 심리학자, 물리학자, 사회학자 등이 합리적 선택의 경제학 중심부에 들어와 지적 변형을 일으키고 있는 것이다. 이런 지적 다양성은 환영할 만하지만, 경제학이 전통적으로 던져 온 큰 관심사big concerns에 대한 질문이 약화되고 있는 것은 씁쓸한 일이다. 계급, 분배, 사회적 관계, 불평등, 발전 등 자본주의의 미래에 관한 질문들 말이다. 돈키호테 같은 무모한 임무가 될지 모르지만, 이런 질문들을 여전히 살아 있는 공격 대상으로 붙들고, 그 해법을 위해 학문적 에너지를 총집결시키는 것이 필요하다."(Foley 2009)

하버드대 경제학과 교수인 스티븐 마글린Stephen Marglin에 따르면, 체계적으로 잘 구축된 경제학이라는 교회는 있지만 그 교회를 어떻게 이끌어 갈 것인지를 최종 결정할 권위 있는 목사는 없다. 경제학을 지배하는 중력의 한복판은 여러 유형의 설교자들과 복음을 전파하는 실행자들로 구성된다. 물론 이런 다양성에도 불구하고 경제학의 지배적인 주된 흐름은 있다. 그 외 다른 물줄기는 약간씩 흐르는 물에 불과하다.(Marglin 2008, p.5)

경제학 거인들이 제출한 답변들은, 무수한 사실들의 근저와 배후에 깔려 있거나 깊숙한 곳에 감춰져 있는 폐부를 건드리는 날카로운 통찰과 인식을 품고 있다.

"마르크스에게는 미미한 이론적 잘못을 물리칠 정도의 참으로 위대한 하나의 업적이 별도로 존재한다. 마르크스의 분석에는 오류나 비과학적이기도 한 모든 것을 관통하여, 오류도 아니고 비과학적이지도 않은 근본적인 아이디어가 흐른다. 즉, 무수한 수의 지리멸렬한 개별 패턴들에 관한 [이를

하나로 묶어 내는 '이론'이라는 …… 아이디어가 흐른다. 그렇기 때문에 그는 그렇게도 많은 오해를 불러일으키는 저자이면서도 오늘날에도 여전히 미래의 경제이론(이를 위해 우리는 서서히 또 정성스럽게 석재와 모르타르, 즉 통계자료와 함수방정식들을 모으고 있다.)인 것을 생생하게 마음속에 그린 최초의 인물이었다. …… 경제사의 '사실'들은 '이론'과 단지 기계적으로 결합되었을 뿐이다. 그런데 마르크스의 결합은 화학적인 것이다. 그는 경제이론이 어떻게 역사적 분석으로 전환될 수 있고, 또 역사적 이야기가 어떻게 이론적 역사로 전환될 수 있는지를 체계적으로 이해하고 가르친 최초의 일급 경제학자이다."(슘페터 2011, 119~120쪽)

마르크스의 이론이 역사와 결합된 명쾌한 아이디어였다면, 애덤 스미스의 '보이지 않는 손invisible hand'은 근대경제학을 안내하는 손이었다. 그러나 그 손 자체가 어쩌면 안개였다. 어느 경제학자 모임에서 20세기 가장 위대한 경제학자로 꼽혔다는(워시, 309쪽), 노벨경제학상 수상자 케네스 애로Kenneth Arrow는 "경제사회 구성원 모두의 이기심에 기초한 자유방임 모델은 단 10분도 살아남지 못할 것이다. 자유방임의 실제 작동은 경쟁적인 기업과 개인 사이에서조차 상호 간의 의무와 약속 이행 같은 복잡한 관계에 기초한다."고 말했다.(Arrow 1982)

스티븐 마글린은 《우울한 과학Dismal Science》(2008) 서문에서, 경제학이 '우울한 과학'이 된 이유는 그 경제학적 사고방식에 있다며, 경제학자처럼 생각하면 민주주의와 공동체의 기반이 파괴된다고 지적했다.

"시장은 본질적으로 공동체의 규율과 통제를 받아야 하는 제도이다. 그럼에도 시장이 그 자체로 독립적이고 자기조정적인 시스템으로서 스스로 규율하게 된다면 공동체를 파괴하는 가장 가까운 요인이 된다."(Marglin 2008, 머리말)

마글린은 경제학 박사과정을 마친 뒤, 1963년 인도 델리에서 북쪽으로

150마일 떨어진 다비Dhabi라는 마을에 한때 거주했다. 그는 그곳에서 대학에서 배워 온 경제적 인간의 모습과는 전혀 다른 풍경을 보고 큰 충격을 받았다고 술회했다. 그 지역 주민들은 사적 이해관계나 합리적 판단 '없이' 행동하는 건 결코 아니지만 다른 사람들, 즉 지역공동체와 깊은 관계를 맺고 살아가고 있었다. 그저 태어나고 죽는 인간의 일생이 아니라, 시공간에 걸쳐 태곳적부터 이어지고 상상 가능한 미래까지 확장되는 가족·주민·마을과 연결된 삶을 살아가는 그들을 만난 경험이, 당시에는 잘 몰랐으나 책 《우울한 과학》)을 쓰게 된 오래된 질문의 시작이었다는 것이다.

이기심에 따른 '자선'

경제적 인간을 "즐거움과 고통의 명석한 계산가로서, 마치 외부 자극이 반대 방향으로 행동할 것을 지시할 때조차 오직 행복 추구 욕망이라는 동질적인 혈구血球 때문에 행동을 바꾸지 않으려 하면서 극단 사이를 오가는" 사람으로 묘사한 경제학자 소스타인 베블런Thorstein Veblen은, "공리주의적 쾌락 기계"로서의 호모 이코노미쿠스를 비판한 바 있다.

"그는 식당에서 맛있는 음식을 찾아 이리저리 옮겨 다닐 때를 제외하면 안정적으로 유지되는 그러한 균형 속에 사는 고립된, 그러나 거의 완벽한 인간 데이터에 불과하다."(Veblen, p.389)

베블런은 신고전파경제학은 단지 경제를 묘사할describe 뿐이라며, 경제적 행동을 하는 사람들이 이끌어 가는 사회가 '진화evolve'하는 모습, 즉 변화하고 발전하는 모습을 보여 주는 효과적인 이론으로서 이른바 '진화경제학'을 주창했다. 프리드먼은 그러나, 베블런의 이런 묘사는 낡은 심리학에 기초하고 있다면서, 이제 경제인의 심리에 대한 가정은 "자신의 민감한 신체기관이 수요와 공급 조건이 바뀌는 것을 탐지할 때마다 언제든 가격을 바꿀 자세가 된, 지속적인 경계alert 상태에 있는"(Friedman 1970) 것으로 바뀌어야 한다고 말했다.

경제학은 '합리성'을 증명하는 학문이다. 말로 하는 표현과 수학적 기호를 사용한 표현의 차이는 단지 종이 지면 차에 불과하다고 생각할 수도 있다. 물론 데카르트나 스피노자의 기하학적 논증·추론 방식을 따라 먼저 수학적 기호를 정의하고 이 엄밀하게 잘 정의된 기호에 기초하여 이를 연산식(방정식)으로 표현하면, 즉 그 누구도 부정하거나 이의를 제기할 수 없는 수학의 옷을 입으면 논의가 정교하고 엄밀하게 전개된다. 특히 모든 경제행동 분석은 극단적 수준까지 미세하게 행동을 나눠 분석하는 한계주의에 입각하고 있다. 그래야 그 누구도 반박할 수 없는 합리적 최적 행동인지 여부를 판단할 수 있고 또 남들을 설득할 수 있다. 여기서 말과 방정식이 적절히 어우러져 표현되고 있는 슘페터의 훌륭한 문장을 보고 넘어가자.

"한 공장에 너무 많은 노동자가 고용되어 있어서 추가로 고용된 노동자가 산출량을 감소시킬 수도 있을 때, 이는 마치 '모든 사람이 다른 누군가의 발등을 밟고 서 있는 상황'이라고 할 수 있다. 이에 대해 특정 산출량 지점을 넘어서면 한계생산성이 음수가 된다고 하든, [그러나 실제로] 고용주가 [한계적] 산출을 감소시키는 노동 증가를 선택하지 않을 것이므로 한계생산성이 제로(0) 이하로 떨어질 수 없다고 표현하든 실질적인 차이는 없다."(슘페터 2013(제3권). 475쪽)

여기서 우리가 애초 출발할 때의 목적이 무엇이었는지 다시 상기해 보자. 우리는 지금 이기심이 인도하는 합리적 이성과 합리적 선택이라는 경

▶ 여기서 한계생산성은 노동이란 생산요소에 대한 1차 도함수(미분)의 값을 의미한다.

제학의 신조가 '과학에 속하는지, 여전히 모호한 안개인지 묻고 있다. 우리는 경제학원론의 간단한 가르침, 곧 물가(P, 세로축)와 총생산(Y, 가로축)의 관계 그래프에서 물가상승으로 총생산이 증가하면 이는 곧 고용(L)의 증가(즉, 실업률 하락)를 의미하고, 이것이 다시 임금(W, 세로축)과 고용(L, 가로축)의 관계 그래프에서는 고용이 증가하면 수요-공급의 힘으로 임금이 상승한다는 설명이 통하지 않는 경제적 '현실' 세계에 살고 있다. 아이작 뉴턴은 1720년 봄 "나는 천체의 운동을 계산할 수는 있어도 사람들의 광기는 계산할 수 없다."고 말한 바 있다. 뉴턴은 그해 4월 보유하고 있던 [광란의 투기와 거품 폭발로 유명한] 남해회사South Sea 주식을 매각해 수익률 100퍼센트에 달하는 7천 파운드의 이익을 실현했다. 하지만 그해 여름 휘몰아친 광기에 그도 같이 휩쓸려 더 많은 물량의 주식을 거의 최고점에 매입했다가 2만 파운드의 손실을 입었다. 남은 생애 내내 그는 남해라는 이름을 듣는 것조차 견디기 어려워했다.(킨들버거 2009, 91쪽)

인간의 이기심과 효용(만족)과 관련하여 마셜은《경제학원리》에서 여러 가지 작은 만족 사이에서 망설이는 사람이 귓갓길에 스친 가난한 병자를 잠시 생각하고 자신의 육체적 만족을 선택할 것인지, 아니면 인정 어린 행동을 하고 타인의 기쁨에 만족할 것인지를 결정하는 데 약간의 시간을 보

"'악마는 맨 뒤에 처진 사람을 잡아먹는 법이다.' '재주껏 도망쳐라.' '맨 뒷사람이 개한테 물린다.' 이런 말들이 패닉에 대한 처방이다. 이는 사람들이 들어찬 극장 안에서 불이 났다고 고함칠 때의 모습과 비슷한 광경이다. 연쇄편지가 연출하는 과정도 이와 닮은꼴이다. 왜냐하면 연쇄편지가 무한정 확장되는 것은 불가능하고, 오직 소수의 투자자만 가격 하락이 시작되기 전에 팔 수 있기 때문이다. 물론 한 개인의 입장에서, 연쇄 과정의 초반에 참가하면서 '다른 모든 사람들도 자기들이 합리적이라고 여길 것'이라고 믿는 것은 합리적인 일이다."(킨들버거 2009, 92쪽)

내는 상황을 가정한 바 있다. 그는 "철학자는 그의 심리적 상태에 일어나는 질적 변화의 의미를 탐구하는 반면, 경제학자는 그 변화를 심적 상태 자체보다는 외면적 표출을 통해 연구한다."(마설, 제1권, 57쪽)고 말했다. 실제로 표출된, 즉 현시된 것을 보고 그 사람의 선호가 뭔지 알아낼 수 있다는 '현시선호Revealed Preference'라는 경제학 용어의 유래다.

개리 베커는 좀 더 나아갔다. 베커는 사람들이 길거리의 걸인에게 기부하는 행위 역시, 그 걸인의 모습을 보고 느낀 고통스런 마음을 자선 행위를 통해 덜어 낼 수 있으며 그렇게 덜어 낸 마음의 평안이 주는 효용이 자선으로 건네는 돈의 효용보다 클 것이라고 설명한다. 길 건너편에도 걸인이 있을 때 사람들이 일부러 건너가서 기부하지는 않는데, 이것이 바로 '이기심에 따른 자선'을 뒷받침한다고 했다. 그러나 베커는 경제적 동기에 따라 사람들이 움직이는 상황은 제시했어도, 물질적 동기를 우선시하지 않는 (엄청나게 많은) 다른 사람들의 행동 사례는 제시하지 않았다.

이에 대해 밀턴 프리드먼은 "전공 분야의 변경邊境·frontiers에 도전해 연구의 폭을 확장하는 과학자나, 믿음이 없는 자들에게 진실한 믿음을 일깨워 주려는 선교사나, 헐벗은 자에게 도움의 손길을 뻗치는 자선사업가나 모두 이를테면 그들 자신의 관점에서 자신의 가치관과 선호에 따라 판단하면서 그들 자신의 이기심을 쫓고 있는 것"(프리드먼 2009, 50쪽)이라고 설파했다.

여러 차례 노벨경제학상 후보에 올랐던 맨커 올슨Mancur Olson은 합리적 이성의 이기심 원리를 집단의 문제에까지 확장했다. 그는 "어떤 집단 내에서 경제적 동기만이 그 집단 속 개별 구성원들의 유일한 행동 동기는 아니다."라며 때로는 위신·존경·우정 등 사회적·심리적 목적을 얻으려는 욕구 때문에 집단이익을 위한 조직적 행위에 동참하기도 한다고 말한다. "이러한 사회적 동기가 존재한다는 사실이 조직 내 합리적 개인의 이기적 행동

인간 행동—시장·개인 Vs 사회·관계

을 분석하는 데 모순이 되거나 이 설명을 약화시키지 않는다. 오히려 설명을 강화시켜 준다. 왜냐하면 사회적 지위와 평판이라는 것 역시 [개인의 욕망을 충족시켜 주는 하나의] '재화'이기 때문이다."(올슨 2009, 94쪽)

기쁨이 오가는 '합리적' 이해관계

애덤 스미스에 따르면, "재산 증식은 대부분의 사람들이 자신의 처지를 개선하려고 노력하는 수단이다. 이것이 가장 통속적이며 분명한 수단"이다. 이러한 합리적 '이해관계'(이성)를 위해 욕망하는 감정적 '열정'을 억압하지 않고 오히려 활용할 수도 있다. 분열적인 열정을 건설적인 것으로 전환시키는 생각은 17세기에 이미 나타났다. 애덤 스미스의 '보이지 않는 손'이 나오기 전에 파스칼Pascal은 그 탐욕스런 본성에도 불구하고 놀라운 조화와 아름다운 질서를 이룬다는 사실 때문에 인간이 위대하다고 주장했다.

18세기 초에 이탈리아의 잠바티스타 비코Giambattista Vico는 이러한 생각을 좀 더 분명하게 표현했다. "모든 인류를 타락에 이르게 하는 잔혹함·탐욕·야망이라는 세 가지 죄악으로부터 국방·상거래·정치가 이루어지고, 이로부터 힘과 부와 지혜가 생성된다. 지구상의 인류를 멸망시킬 이 세 가지 죄악으로부터 시민적 행복이 생성된다. 이러한 원리가 신의 섭리가 존재한다는 것을 입증한다. 이러한 법칙들을 통해 전적으로 개인적인 이익만을 추구하는 인간의 열정이 시민적 질서로 전환되어 인간이 사회에서 생활할 수 있다."(허시먼 1994, 25쪽)

▶ 앨버트 허시먼Albert Hirschman은 파스칼이 《팡세》에서 자선이 아닌 이기심으로 결속된 사회가, 그 사악함에도 불구하고 기능할 수 있다고 생각했다고 말한다.

15세기 중세에서 근대로 이행하는 시대에는 금전적 열정을 어떻게 이해 관계 안으로 끌어들였을까? 《1417년, 근대의 탄생The Swerve: How The World Became Modern》의 한 대목을 보자. "이제 시대가 바뀌었다. 어떤 일을 하든 부富는 핵심적 가치로서 인정되며, 누구나 능력만 있다면 기꺼이 추구하라. 사제도 얼마든지 원하는 만큼 부를 축적해도 된다. 오직 영혼만 가난하면 되는 것이다. 고위 사제가 막대한 부를 소유하지 않고 실제로 가난하고자 한다면 그것이야말로 일종의 분별없는 행동이다."(그린블랫, 176쪽)

어느 인문학자는 20세기 말 한국에서도 돈과 소유에 대한 인간의 욕망을 '풍속'으로 여기고 사실적으로 적나라하게 묘사해야 한다고 말했다.

"변천하는 사회의 속도를 파악할 수 없을 때, 소유하는 것만으로 존재하는 사람들의 총체를 파악할 수 없을 때 소설 속 인물들은 극히 우스꽝스러운 것이 되고 곧 증발하여 버린다. 돈과 잘난 체하는 것, 혹은 풍습으로 해서 인간은 더 생생해진다. 한국 소설에 나오는 근대인들이 우리의 뇌리에 깊이 남지 않는 가장 큰 이유의 하나는 바로 이 풍속의 결여 때문인 것처럼 생각된다." ▶

"이해관계만이 분명하다"는 격언은 본래 모든 열망을 차근차근 합리적으로 추구하라는 충고로서 언급되었다. 인간 행위가 의도하는 열정이 무엇이든 간에 거기에 분별과 계산적 효율성을 주입하려는 것이었다. 그러나 인간의 이해관계와 열정의 대비는 전통적 가치의 관점에서 지극히 놀라운 다른 의미를 갖게 되었다. 즉, 탐욕이나 이익욕으로 알려진 일단의 열정이, 야망·권력욕·색욕과 같은 다른 열정에 대항하고 이들을 억제하는 데 유

▶ 김현, 1990, 《전체에 대한 통찰》, 나남, 30쪽.

인간 행동—시장·개인 Vs 사회·관계

용하게 이용될 수 있다는 것이다. 특기할 사실은 지성사에서 자주 일어난 현상으로서, 일단 등장한 이해관계 개념은 곧 유행하면서 토머스 쿤의 말처럼 하나의 패러다임이 되었고, 대부분의 인간 행위가 때론 지나치리만큼 이기심으로 설명되었다. 이해관계가 세상을 지배한다는 실증적 명제로 바뀐 셈이다.(허시먼 1994, 46~48쪽)

경제학은 개리 베커의 손을 거쳐 비로소 '예술art'이 되었다고 누군가는 말했다. 베커는 그 어떤 인간의 행동도, 심지어 가장 기초적인 혈연으로 맺어진 가족공동체에서조차 이기심이 행동의 변수라고 말한다. 그렇다면 왜 가족 구성원들은 가장의 이타적인 행위를 이용하려 들지 않는 걸까? 베커는 《가족이론A Treatise on the Family》(1981)에서 '타락한 자식rotten kid'의 정리를 제시한 바 있다. 이타적인 부모 아래서 자란 이기적인 자녀들은 속마음과 달리 겉으로는 이타적인 인상을 주는 행동을 하는 것이 그들에게 '이롭다'는 설명이다. 부모를 기쁘게 해서 이익을 얻으려면 이기적인 속셈을 숨기는 것이 최고의 이익임을 아는 것이다.

"아메리카의 윤리학자들은 인간이 동료를 위해 자기를 희생하는 것이 고상한 일이기 때문에 그러한 희생을 해야 한다고 말하지는 않는다. 그런 희생은 그 동료에게 좋은 일인 것만큼 자기 자신에게도 필요한 일이 된다고 말한다. 몽테뉴가 일찍이 말했다. '정직 자체를 위해 정직한 길을 걷지는 않는다 할지라도, 그 길이 일반적으로 가장 행복하고 유익한 길이란 것을 경험을 통해 알았기 때문에 나는 그 길을 걸어야 한다.'"(토크빌, 519쪽)

'선택할 자유'와 '합리적 바보'
선택의 역설

　'더 나은 대안의 선택'이라는 경제학원론 교과서의 가르침은, 이미 16세기 초 마키아벨리Niccolò Machiavelli의 《대화Discorsi sopra la prima deca di Tito Livio》에 다음과 같이 제출돼 있다.

　"인간이 삶에서 직면하는 모든 문제를 잘 들여다보면, 다른 대안이 등장하지 않은 상황에서 불편하다고 한 가지를 제외하기란 불가능하다. 따라서 모든 논의에서 어떤 대안이 덜 불편한지 고려하고 더 나은 대안을 선택해야 한다. 질문과 의문이 열려 있지 않은, 그 자체로 명백한 주제는 존재하지 않기 때문이다."(Buchanan & Tullock, p.43 재인용)

인간 행동—시장·개인 Vs 사회·관계

◢ '뷔리당 당나귀'의 역설

경제이론에서 시장이론은 '선택의 학문'으로 집약된다. 이에 대해서는 밀턴 프리드먼이 《선택할 자유Freedom of Choice》에서 가장 명확하고 쉽게 보여 주고 있다. 물론 여기서 선택할 자유는 경제적 자유이며, "자유에는 왜 피의 냄새가 섞여 있는지"라고 말한 어느 시인의 정치적 자유 또는 시민계급의 자유를 위한 투쟁과는 거리가 멀다.

그런데 노벨경제학상 수상자인 인도 출신의 아마르티아 센Amartya Sen은 너무 많은 선택 가능성, 즉 선택 가능한 모든 집합(조합) 중에서 최선의 선택을 하는 경제주체의 행동원리는 오히려 효용을 감소시킨다며 '합리적 바보rational fools'라는 근사한 개념을 선보였다. 슬픈 '뷔리당의 당나귀'가 말해 주듯 더 많은 선택의 자유는 때로 곤혹스럽고 당황스러운 상황을 만들어 내거나 개인의 일생을 더 불행하게 만들 수도 있다.

다른 사람이 치밀한 합리적 선택을 하려고 고민하는 동안 나는 누워서 휴식을 취하는 편이 더 나을지도 모른다. 좀 더 많은 (선택할) 자유가 좀 더 작은 행복을 주거나, 어쩌면 훨씬 작은 충족감을 줄 수 있다. 선택 대안의 상실이, 즉 끊임없이 사소한 선택을 해야 하는 성가심에서 해방되는 것이 오히려 더 큰 행복을 줄 수도 있다. 자기 이익만을 추구하는 개인은 '합

▸ '선택할 자유'와 관련해, 1300년대 물리학자 장 뷔리당Jean Buridan은 "배고프고 목마른 사람은 양쪽에 물과 음식이 놓인 가운데에서 굶어 죽고 말 것인가?"라는 아리스토텔레스의 물음을 인용하며 두 종류의 제안 사이에서 결정을 내려야 하는 행위자의 윤리 문제를 고민했다. 완벽하게 합리적인 당나귀가 두 개의 건초 더미 앞에서 어느 것을 먼저 먹을지 결정할 수 없었기 때문에 굶어 죽었다는 '뷔리당의 당나귀'는 선택논리의 역설이다.

리적 바보'가 될 수 있으며, 때로는 자신에게 불리한 결과를 가져 오는 선택을 할 수도 있다는 얘기다.

선택의 문제라고 하지만, 그 선택의 내용과 결과를 알 수 없는 경우가 흔하다. 영화 〈폴라 익스프레스The Polar Express〉의 기관사는 말한다.

"이 열차에 관한 한 한 가지 사실은 승객들이 어디로 가려고 하는지는 아무런 상관이 없다는 점이다. 문제는 오직 열차에 탈 것인지 말 것인지 결정하는 것이다."

경제 시스템에서, 찰스 다윈을 따라 생물학적 진화와 자연선택설에 따른 '적응적' 과정을 중시한 경제학자 아민 앨키언Armen Alchian은 현실 세계에 만연한 불확실성과 불완전 정보라는 조건에서 개인의 행동 동기는 '이윤 극대화'가 아니라 오히려 '정正의 이윤'을 추구하는 적응적·모방적·시행착오적 행동이라고 강조했다.(Alchian, p.211)

앨키언은 특히 치밀하게 합리적으로 의도된 결과뿐 아니라 우연과 행운도 경제적 성공의 한 수단이 될 수 있다고 말했다. "생물학적 진화의 한 사례로서, 식물의 나뭇잎은 흔히 햇볕이 많이 드는 쪽을 향해 자란다. 그것이 최적의 혹은 더 나은 조건임을 사전에 알고 그쪽을 '원하고want to' 선택한 것이 아니다. 어쩌다 우연히 어떤 나뭇잎이 햇볕을 많이 받는 쪽에 있다가 더 빨리 성장하고 자양분 흡수 체계가 더욱 성장하게 되면서 모든 나뭇잎이 일조량이 높은 쪽을 향하게 된 것이다."(Alchian, p.214) ▶

▶ 이 비유는 종종 "나뭇잎이, 마치 일조량의 극대화를 추구하기 위해 정교하게 계산해 나뭇가지에 자리를 잡는다"고 말한 것으로 오해받기도 한다. 물론 나뭇잎이 미리 계산을 한 건 아니라도 적응 과정을 통해 이제는 극대화 계산을 하고 행동하는 것으로 이해할 수도 있다. 앨키언은 이 글에서 어떤 바위 언덕에 앉아 있는 근시안적 메뚜기가 자신이 있는 곳이 바위 맨 위

롤스의 《정의론》 역시 센의 '합리적 바보'와 유사한 숙고를 보여 준다.

"주목해야 할 것은, 일반적으로 합리적인 인간은 그에게 가능한 최선의 계획을 발견할 때까지 숙고를 계속하지는 않을 것이라는 점이다. 가끔은 만족할 만한 계획, 다시 말하면 여러 가지 최소한의 조건을 만족시키는 계획을 구상하게 되면 그것으로 만족하기도 한다. 규칙대로라면 계획을 수정하여 얻게 될 이득이 반성을 위한 시간과 노력을 들일 정당한 가치가 있는 지점까지 숙고해야 한다."(롤스, 540쪽)

한계적 비용과 한계적 수입이 일치하는 지점에서 이윤을 극대화하는 최적의 생산량을 선택할 수 있다는 경제학원론 교과서의 그래프가 보여 주는 가르침과는 사뭇 다르다. 사실 최적의 결정을 내리는 데 필요한 지식을 얻는 것이 때로는 어렵고 비용도 많이 든다. 비용이 이득보다 더 클 때는 극대화하려고 고집하기보다는 차라리 '만족한' 대안(받아들일 수 있는 최소한의 기준을 충족시키는 소비)을 선택함으로써 만족할 수밖에 없다.(블라우·퍼버, 18쪽)

소득불균형 해소에 대해서도 시장주의자들은 시장에서 개인의 자유로운 선택에 맡기고 내버려 두는 것이 최상의 방법이라고 주장한다. 정부가

꼭대기인지 아니면 이 바위의 여러 다른 언덕 중 하나인지를 시행착오를 거치지 않고서는 알 수 없다고 말했다.

▶ 합리적 개인과 기업이 최적의 행동을 선택하는 원리는 어쩌면 매우 간단하다. 여러 재화들에 대하여 자신이 주관적으로 갖고 있는 한계적 대체율, 어느 기업이 갖고 있는 정해진 기술 수준에서의 노동과 자본이라는 두 투입 요소의 한계적 대체율, 그리고 한계적 효용·수입·비용을 계산해 알게 됐다고 하자. 이제 어떻게 대체하든지 항상 효용 또는 이윤이 무차별하게 되는 지점을 찾아내면 된다. 바꿔 말해, 한계적 비용과 한계적 수입이 같아지는 지점, 노동의 한계생산물과 자본의 한계생산물이 같아지는 지점, 나아가 각 생산공장의 한계비용이 모두 같아지는 지점을 찾아내면 그것이 곧 효용을 극대화하는 상품 소비량이 되고, 또 이윤을 극대화하는 생산량이 된다.

개입할 경우 오히려 개입 비용을 초래해 부정적 효과를 불러오게 된다고 가르친다. 소득을 재분배하거나 공공의료 서비스를 늘리는 정책은 오히려 근로의욕을 상실시켜 빈민을 더 고통스럽게 만들고 과잉 의료 서비스를 초래한다고 주장한다. 그러나 대부분의 환자들은 단순히 치료 자체가 무료이거나 진료비가 비싸지 않다는 이유로 병을 악화시키는 행동을 하지는 않는다.

여기서 이른바 '자기선택self-selection'과 '신호효과signalling' 개념을 살펴보자. 근로자의 능력이 '감추어진 특성'이어서 누가 어떤 능력을 보유하고 있는지 구별할 수 없다고 하자. 또 어떤 사람이 대학 교육을 받는 데 드는 비용이 그가 가진 능력의 높고 낮음에 따라 달라지며, 높은 능력의 소유자는 더 효율적으로 공부할 수 있어서 대학 교육에 드는 시간의 기회비용이 더 적게 든다고 가정하자. 즉 그 사람의 교육비는 2천만 원인 반면 낮은 능력의 소유자는 4천만 원의 비용이 든다고 할 때, 이 상황에서 그가 대학 교육을 받았다는 사실은 높은 능력의 소유자라는 '신호' 역할을 할 수 있다. 기업이 이 신호에 기초하여 대학 교육을 받은 사람에게는 1억2천만 원의 임금을 지급하고 그렇지 않은 사람에게는 9천만 원의 임금만을 지불한다고 하면, 이때 높은 능력의 소유자가 대학 교육이라는 신호를 취득함으로써 얻을 수 있는, 투입비용을 뺀 순이득은 1천만 원이 된다. 낮은 능력의 소유자라도 대학 교육을 받으면 1억2천만 원의 임금을 받을 수 있으나 이에 소요되는 비용이 4천만 원이라서 오히려 대학 교육을 받음으로써 1천만 원을 손해 보는 결과가 빚어진다. 결국 높은 능력의 소유자만이 대학 교육을 받고 낮은 능력의 소유자는 스스로 대학 진학을 포기하는 '자기선택'이 일어나게 된다. 결과적으로 기업이 대학 교육을 받은 사람을 높은 능력의 소유자로 간주하는 것이 정당화된 셈이다.(이준구, 641~642쪽)

다시 말해, 노동자들의 개별 능력을 '정확히 파악할 수 있다면' 각각의 개별 한계생산에 상응하는 보수를 지급하는 것이 효율적 자원 배분일 테지만, '파악할 수 없다면' 방법은 전체적인 평균능력을 파악해서 그에 입각해 지불하는 것이다. 그런데 높은 능력을 가진 사람일수록 대학에 가는 '자기선택' 편의bias가 있다. 이때 노동자 스스로 보내 온 능력 정보를 믿을 만한 신호라고 확신하기 어렵다면, 기업은 임금격차 같은 메커니즘을 만들어 놓고 이에 따라 노동자가 자신의 진정한true 선호와 능력을 드러내게 유도한다.

"자본은 사회적 관계이다"

이제 '경제학' 영토에 국한하지 않고 '사회', '사회적 관계' 그리고 '역사'로 이야기를 확장해 보자. 마이클 부라보이Michael Burawoy는 "모든 인간의 존재에 관한 첫 번째 전제, 따라서 모든 역사에 대한 첫 번째 전제는, 인간이 역사를 만들어 가려면 우선 생존해야 한다는 조건에 놓인다는 것이다. 다른 모든 것에 앞서 먹고 마시고 거주하고 옷을 입는 등의 다양한 것들을 해결해야 한다. 따라서 첫 번째 역사적 행동은 이러한 필수적인 것들을 얻고 충족할 수단을 생산하는 것이다. 즉, 물질적인 삶 자체를 생산하는 것이 첫 역사적 행위다."라고 말했다.

역사를 만들기 위해 남성과 여성은 생존해야 하며 생존하기 위해서 자연을 유용한 대상으로 변형시켜야 한다. 이러한 행동을 우리는 '경제적 행위'라고 부른다. '사회'는 이처럼 자연을 변형하는 과정에서 인간이 서로 간에 맺는 '사회적 관계' 속에 들어갈 때 생겨난다. 그렇게 생산 또는 재생산된 특정한 '관계'는 경제적 행위의 특징을 규정하게 된다. 즉, 생산의 양식인 셈이다. 역사는 각각 다른 생산양식으로부터 구성된다. 즉, 사람들이 자연을 변형하는 과정에서 돌입하게 되는 사회적 관계가 다르다. 다시 말해, 역사는 지배적인 생산양식의 연속적인 과정으로 그 단계가 주기화된다.(Burawoy 1979, p.14)

미셸 아글리에타Michel Aglietta는 《자본주의 조절이론A Theory of Capitalist Regulation》(1979)에서, 오늘날 과학적 경제학으로 간주하는 주요 학설에 대해 점차 증대하고 있는 불만은, 지배적 경제이론의 두 가지 주된 실패와 관련이 있다고 지적했다. 첫째, 그 분석을 행하는 주체가 살았던 시대의 경제 과정을 분석하면서 보여 준 무능함, 즉 경제적 사실들에 대한 '역사적 설명'을 제공하지 못한다는 것이다. 둘째는 경제적 '관계의 사회적 내용'을 표현하지 못함으로써 결과적으로 경제 과정에서 기능하는 세력과 그들의 갈등을 설명할 수 없다는 것이다.

"경제학의 범위 규정은 순수한 경제를 세우는 일반적 원리로부터 나오는 것이 아니라, 전적으로 '사회적 관계' 영역 내에서의 방법론적인 경계 설정으로 이뤄진다. 따라서 자본주의적 조절의 연구는 추상적 경제법칙에 대한 연구가 될 수 없다. 그것은 한편으로는 경제적이고 다른 한편으로는 비경제적인 여러 구조 속에 조직화되어 있는, 생산양식이라는 결정적 구조를 스스로 재생산하는 새로운 여러 형태들을 창출하는 '사회관계의 변화'를 연구하는 것이다."(아글리에타. 38쪽)

사회를 '관계'의 관점에서 보는 건 마르크스주의적 접근의 한 특징이다. 마르크스는 "자본은 '사회적 관계'이다"라고 짧고 명징하게 규정했다. 자본은 물질적 실체를 넘어서며, 만약 생산수단과 생활수단이 직접적 생산자의 소유인 경우에는 그것들은 자본이 아니며, 노동자의 착취수단이자 지배수단으로서 봉사하는 조건 아래서만 자본이 된다는 것이다. 《자본론》 제1권 33장 '근대 식민이론'에 나오는 다음 대목을 보자.

인간 행동—시장·개인 Vs 사회·관계

"웨이크필드가 우선 식민지에서 발견한 것은, 어느 한 사람이 화폐·생활수단·기계·기타 생산수단을 소유하더라도, 만약 그 필수적 보완물인 임금노동자가 없다면 그는 아직 자본가가 되지 않는다는 것이다. 그는 자본이 물건이 아니라 물건들에 의해 매개된 사람들 사이의 사회적 관계라는 것을 발견했다. …… 생산수단과 생활수단의 자본주의적 영혼은 경제학자의 머릿속에서는 그것들의 물질적 실체와 너무나도 긴밀히 결합되어 있기 때문에 그는 어떠한 사정 하에서도, 심지어는 자본과는 정반대인 경우에도 [그것을] '자본'이라고 부른다."(마르크스. 제1권(하). 963쪽)▶

고용주들이 공장의 생산관계에서 우월한 지위를 선점할 수 있는 이유는, 이들이 누구는 일하고 누구는 일하지 못하게 할 것인지를 결정할 권한을 갖기 때문이다. 사적 소유권은 다른 사람이 그 소유물을 사용할 권리를 제한할 수 있는 권리를 포함한다. 따라서 생산과정에서 자본재에 대한 사적 소유권을 갖게 되면 타인이 그것을 사용하게(노동자를 고용) 혹은 사용하지 못하게(노동자를 해고) 하는 권리를 갖게 된다.(보울스·에드워즈·루스벨트. 419쪽)

마셜은 《경제학원리》에서 고립된 각 개인의 경제적 행동의 동기를 완벽하게 측정할 수는 없다고 말한 바 있다.

"경제학자들은 어떤 종류의 자선 행위는 통계적으로 설명할 수 있으며, 충분히 광범위한 평균을 고려하면 어느 정도 법칙으로 환원시킬 수 있을

▶"흑인은 흑인이다. 일정한 관계 아래에서만 그는 노예가 된다. 면방적 기계는 면화로 실을 뽑는 기계다. 일정한 관계 아래에서만 그것은 자본이 된다. 이러한 관계 밖에서는 그것은 자본이 아니다. 그것은 마치 금이 그 자체로서는 화폐가 아니며, 또 사탕이 사탕 가격이 아닌 것과 마찬가지다. …… 자본은 생산의 사회적 관계이다Capital is a social relation of production. 그것은 역사적 생산관계이다." – 마르크스,《임금노동과 자본》(1849).

것으로 기대한다. 실상 광범위하고 끈질기게 관찰했는데도 법칙성을 전혀 발견할 수 없을 정도로 변덕스럽고 불규칙적인 동기는 거의 없다. …… 그러나 사실 성당이 성당의 재료인 석재 이상의 어떤 것이듯, 사회생활은 개별 구성원의 생활의 합 이상의 어떤 것이다. 대부분의 경제문제에서 최선의 출발점은 고립된 원자로서가 아니라 특정한 업종 또는 산업집단의 한 구성원으로서 개인에 영향을 미치는 동기에서 찾아야 한다. …… 만일 완벽하고 정확하게 동기를 측정할 수 있다면 경제학은 가장 후진적인 자연과학이 아니라 가장 선진적인 자연과학의 반열에 오를 것이다. 그러나 실제로 경제학은 가장 후진적인 자연과학과 동급이다."(마셜, 제1권, 67쪽)

'선한 삶'과 루소의 사슴
이타적 마을

인류 최초의 근대인은 데카르트라고 하지만, 애덤 스미스로부터 비로소 근대 인류 역사가 시작된다고도 할 수 있다. 스미스로부터 개인의 발견, 개인의 행복과 타인의 행복 간의 관계, 개인과 사회의 관계라는 관점이 생겨났다. 그러나 1759년의 애덤 스미스는 아직은 신의 그림자에서 완전히 벗어나지 못한 근대인이었다.

"우주라는 거대한 체계의 관리, 즉 모든 합리적이고 분별 있는 존재들의 보편적 행복을 돌보는 것은 신의 업무이지 인간의 일은 아니다. 인간에게 할당된 것은 훨씬 하찮은 부분이지만, 인간의 약한 능력이나 편협한 이해관계에 견주어 보면 이러한 할당은 매우 적절한 것이다."(스미스 1996, 424쪽)

그럼에도 스미스는 인간 외부의 신으로부터 인간 내부의 마음속 양심이라는 내면의 거울을 들여다보기 시작했다. 즉, 마음속 위대한 재판관이자 관찰자로서의 윤리와 동정, 그리고 마음의 평정을 갈구하는 '가슴속의 위대한 동거인'을 강조했다.

스미스는 개인의 이기심과 이웃에 대한 이타심을 다음과 같이 비유하였다.

"중국이라는 대제국이 그 무수한 주민과 함께 갑자기 지진으로 사라져 버렸다고 상상해 보자. 그리고 세계의 이 부분과 어떠한 관계도 맺지 않았던 유럽의 어떤 인도주의자에게 이 가공할 만한 재앙의 소식이 전해졌을 때 그가 어떤 영향을 받을지 상상해 보자. …… 만약 그가 내일 그의 새끼 손가락을 잃게 된다면 오늘밤 그는 잠들지 못할 것이다. 그러나 1억 이웃형제의 파멸이 있었더라도, 만약 그가 그것을 직접 본 것이 아니라면 그는 깊은 안도감 속에서 코를 골며 잘 것이다."(스미스 1996, 245쪽)

 좋은 삶을 위한 경제학

경제에서 '윤리'의 문제는 유인(긍정적 및 부정적 인센티브)의 문제로 이어진다. 통념에 반하는 것으로 들릴지 모르지만, 일반적으로 "개인들이 스스로 선택한 노력 수준에 따라 시장에서 얻는 소득수준이 달라진다"는 표준적인 경쟁적 시장모델에서보다 평등주의 정책에서 유인 왜곡의 가능성이 훨씬 더 적게 나타날 수 있다. 평등한 의료 제공이 그 대표적인 예이다.

사람들은 대부분 병을 키우길 원치 않으며, 통상적으로 무료라는 이유로 제공받을 수 있는 특별한 의료설비를 더 많이 이용하지는 않는다. 물론 무료로 또는 지원금을 제공하여 의료설비를 이용할 수 있도록 하면, 사람들의 질병 예방 노력을 약화시키는 유인 왜곡 효과가 나타날 수 있다. 그러나 대부분의 환자들은 단순히 치료가 무료라는 이유로 병을 악화시키는 모험을 감행하지 않는다. 민간 보험회사라면 누가 유전적으로 질병에 걸리기 쉬운지 찾아내는 데 상당한 유인이 있다. 이런 고객을 배제하면 이윤을 높일 수 있기 때문이다. 그러나 유전적으로 질병에 걸리기 쉬운 사람에게 무료 의료 혜택을 제공하는 사회정책은 (유전적인 요인이라서 질병 예방 노력의 약화를 초래하지 않으므로) 유인 문제라는 가혹한 장벽과 충돌하지 않는다.(센 1999b, 251쪽)

아리스토텔레스는 "인간은 사회적 동물"이라고 설파하면서도, 그러한 인간 본성 외에 행동의 도덕적 규범으로서 '좋은 삶good life'과 정의justice를 주창했다.

"국가란 같은 장소에서 함께 살기 위한 공동체가 아니며, 교환을 순조롭게 하거나 서로 간에 옳지 못한 일을 하는 것을 막기 위해 생겨난 공동체도 아닌 것이 분명하다. 실제로 이것들은 국가가 존재하기 이전에 있어야 하는 조건들이다. 국가를 구성하는 것은, 가정과 부족들이 좋은 생활을 하도록, 즉 완전하고 자족적인 생존을 이룩하도록 하기 위한 것이다. …… 따라서 정치적 공동체는 사회적 생활을 위한 것이 아니라 '좋은 행동'을 위해 존재한다. 이를 통해 우리는 '정의'의 올바른 개념을 얻을 수 있다."(아리스토텔레스, 《정치학》, 353쪽)

존 메이너드 케인스도 주창했던 '좋은 삶'을 위한 경제학은 어떤 것일까? 《장미의 이름Il Nome della Rosa》에서였던가. 움베르토 에코는 "기억하라. 선하다는 것은 실로 어려운 일이니."라고 말했다. 경건과 금욕, 세속적인 것들에 대한 경멸만이 '좋은 삶'의 진정한 의미는 아닐 것이다. 마셜은 사회를 연구하는 과제에서 가장 크게 요구되는 것은, 순수하게 지적이며 때로는 비판적인 능력이라면서 "그러나 경제 연구는 동정심, 특히 스스로를 자신의 동료뿐만 아니라 다른 계층의 처지에서 생각할 수 있게 해 주는 비범한 동정심을 요구할 뿐 아니라 촉진시킨다."(마셜, 제1권, 89쪽)고 말했다.

이기利己 이외의 모든 것을 완전히 "터무니없는 헛소리"로 치부한 제러미 벤담Jeremy Bentham에 대한 묘사를 보자.

"(벤담은) 운동 삼아 선반을 써서 나무로 연장이나 세간 따위를 만들고 있는데, 같은 방법으로 사람을 만들어 낼 수는 없을까 공상한다. 그는 시 같은 것은 별로 좋아하지 않으며, 또 셰익스피어를 읽고 거기서 거의 단 한 가지라도 교훈적인 우의寓意를 끌어낼 줄은 모른다. 그의 집은 증기의 힘으로 난방을 하고 불을 밝히고 있다. 그는 대체로 모든 사물에 있어서 자연적인 것보다는 인공적인 것을 좋아하는 그런 부류의 사람이며, 사람의 정신은 전능이라고 생각하고 있었다. 그는 집 밖의 경관, 즉 푸른 들이나 나무 따위는 아주 경멸했으며, 또 모든 것을 항상 '효용utility'을 가지고 따지는 사람이었다. – 윌리엄 헤즐릿, 《시대의 정신》(1825)"(홉스봄 1996a, 341쪽)

여기서 잠시, 문학작품 속으로 시선을 돌려 보자. 찰스 디킨스는 1854년 《어려운 시절Hard Times》에서 1790년대 이래 영국 사회의 경제철학적 지도원리로 부상한 벤담의 '공리주의功利主義'를 명시적으로 지목하며 비판한 바 있다.

"현실적인 인간, 사실과 계산의 인간, 둘 더하기 둘은 넷이지 그 이상도 이하도 아니라는 원칙에 따라 살아가는 인간이며 넷 이외의 다른 숫자를 생각하도록 설득될 수 없는 인간" 그래드그라인드 씨는 학생들에게 "이 세상은 사실만을 원한다"고 선언한다. "자, 내가 원하는 것은 사실이오. 이 학생들에게 사실만을 가르치시오. 살아가는 데는 사실만이 필요한 거요. 사실 이외에는 어떤 것도 심지 말고 사실 이외의 모든 것을 뽑아 버리시오. 사실에 기초할 때만 이성적으로 생각하는 인간을 만들 수 있는 거요. 학생들에겐 사실 이외의 어떤 것도 전혀 도움이 되지 않소. 이것이 내가 내 자식들을 키우는 원칙이고, 이것이 내가 이 학생들을 교육시키는 원칙이오.

인간 행동–시장·개인 Vs 사회·관계

사실만을 고수하시오. 선생!"(디킨스, 10쪽)

붉은 벽돌의 도시, 기계와 높은 굴뚝의 도시인 코크타운은 '사실'의 위업이었다. 그 거리에는 꼭 닮은 사람들이 같은 시각에 같은 포장도로에서 같은 소리를 내며 같은 일을 하기 위해 출퇴근하면서 살고 있었다. 그들에게 매일은 어제와 내일과 똑같았고, 매해는 작년이나 내년이나 똑같았다. 코크타운에서는 심하게 일하는 것 외에는 어떤 것도 볼 수 없었다. 도시의 유형적인 면 어디나 사실, 사실, 사실, 무형적인 면 어디나 사실, 사실, 사실뿐이었다. 숫자로 서술할 수 없거나 가장 싸게 사서 가장 비싸게 팔 수 있다고 증명할 수 없는 것은 존재하지 않는 것이고, 존재해서도 안 되는 것이었다.(디킨스, 42~43쪽)

마르크스는 벤담에 대해 이렇게 언급한 바 있다.

"개에게 무엇이 유용한지를 알려면 우리는 개의 본성을 연구해야 한다. 그 본성 자체는 효용원리에서 연역될 수는 없다. 인간의 모든 행동과 움직임, 관계 등을 효용의 원리에 따라 비판하는 사람이라 하더라도 그는 먼저 인간의 본성 일반을 다루어야 하며, 다음으로 각각의 역사적 시대에 따라 변용된 인간의 본성을 다루어야만 한다. 벤담은 이를 충분히 다루지 않았다. 대단히 무의미하고 소박하게도 그는 근대적 상점 주인, 특히 영국의 상점 주인을 정상적인 인간으로 삼고 있다. 더욱이 그는 이 야드 자를 과거,

---

제러미 벤담은 인생의 목적은 '최대다수의 최대 행복'의 실현에 있다며, 쾌락을 조장하고 고통을 줄이는 공리주의를 주장했다. 그는 '쾌락의 수량적 계산법'을 만들려고 시도했고, 소득과 재산으로 만들어지는 쾌락과 행복은 소득의 양이 늘수록 줄어든다는 한계효용을 내세웠다. 행복 증진을 위한 경제적 자유방임을 주장하고, 한계효용이 체감하는 한 다른 조건이 동일하다면 좀 더 평등하게 부를 분배하는 것이 사회 전체 효용을 증가시킨다고 보았다.

현재, 미래 모두에 적용하고 있다. ─《자본론》1권"(배런 1984, 80쪽)

 사슴을 잡을 것인가, 토끼를 잡을 것인가

사실과 효용으로 대표되는 벤담의 공리주의는 개별 경제주체의 이익의
총합이 곧 사회 전체의 이익으로 '구성된다'고 주장한다. 그러나 여기엔 흔
히 '구성의 모순'이 발생한다. 폴 새뮤얼슨은《경제학》첫 장에서, 경제학을
연구하는 사람이 알아야 할 가장 기본적이며 중요한 원리가 '구성의 모순'
이라고 말한다. 둘 더하기 둘은 넷이지 그 이상도 이하도 아니라는 원칙이
'구성'이라면, 사회경제 전체적으로 보면 넷 이외의 다른 숫자가 된다는 것
이 '모순'이다.

그렇다면 찰스 디킨스의《어려운 시절》은 당대의 비참한 현실에 천착한
사회 비판 소설일까? 벤담에 대한 디킨스의 비판적 논평과 묘사에도 불구
하고, 아놀드 하우저Arnold Hauser는 찰스 디킨스를 '소시민'으로 묘사했다.

"그는 일생 동안 위로부터의 위험뿐만 아니라 아래로부터의 위험에 대해
서도 자기를 방어할 필요가 있다고 믿은 프티부르주아로 일관했다. 그에게
인생의 내용을 이루는 본질은 일, 노력, 절약, 안정의 획득, 근심 없는 상태
및 명예였던 것이다. 겸손한 번영의 상태에, 절대적인 외계로부터 차단된 목
가적인 생활에, 훈훈한 방이나 아늑한 응접실 혹은 안전한 목적지로 손님
을 데려다 주는 역마차의 안락한 보호 상태에 행복이 있다고 그는 생각했
다. …… 실제로 그는 '모든 것은 민중을 위해서, 그러나 아무것도 민중과
함께하지 않는다'는 원칙을 고수했다. 디킨스는 그 정치적 진보성과 기존
상황에 대한 반대에도 불구하고, 자본주의적 지배체제의 여러 전제를 의심
없이 받아들이는 일개 온순한 시민인 것이다. 노동계급의 여러 요구, 점차

자라나는 저 커다란 미래의 세력은 단지 그를 얼떨떨하게 할 뿐이었다."(하우 저, 현대편, 126~127쪽)

두 마을이 있다. 한 마을은 '남을 도울 줄 아는' 사람들이 사는 마을이고 다른 마을은 '자기만 아는', 즉 이기적인 사람들만 모여 사는 마을이다. 남을 도울 줄 아는 사람들 마을의 어느 부부 사이에서 자기만 아는 돌연변이 아이가 하나 태어났다고 가정하자. 자기만 아는 사람은 번거롭게 남을 돕는 수고를 들이지 않으므로 다른 사람들보다 물질적으로 월등히 풍요로워진다. 이제 마을 사람들은 그 사람의 행동 패턴을 배워 나가게 된다. 자기만 아는 사람의 수는 점점 늘어날 것이고, 남을 도울 줄 아는 사람들이 사는 마을에서 자기만 아는 사람이 번성하는 것을 막을 도리가 없다. 다시 말해, 이기적인 사람이 이타적인 사람들만 모여 사는 마을에 들어오면 거기서 살아남을 수 있을 뿐만 아니라, 자신의 행동 전략을 마을 전체에 퍼뜨리게 된다. 이처럼 '남을 도울 줄 아는' 사람들이 사는 마을을 가리켜 우리는 "진화적으로 안정적이지 않다"고 말한다.

반대로, '자기만 아는' 사람들이 모여 사는 마을에 어느 날 갑자기 남을 도울 줄 아는 사람이 한 명 등장했다고 하자. 그 사람은 마을 사람들에게 음식을 먹여 주러 돌아다닐 것이다. 하지만 어느 누구도 그에게 음식을 먹여 주지 않을 것이므로 정작 그는 배고픔에 허덕일 것이고, 물질적으로 훨씬 덜 넉넉한 '남을 도울 줄 아는' 사람의 행동 전략을 아무도 배우려 하지 않을 것이다. 마을에 홀연히 나타난 그는 굶주림에 시달리다 죽고 말든지, 혹은 자신보다 더 넉넉한 자기만 아는 사람들의 행동 전략을 배우게 될지도 모른다. 아무튼 이 마을은 또다시 모든 사람들이 '자신만 챙기는' 마을이 되어 버린다. 다시 말해, 이기적인 사람들만 사는 마을에서 이타적인 사람은 살아남을 수 없다. 우리는 자기만 챙기는 사람들이 사는 마을을 "진

화적으로 안정적"이라고 부른다.(최정규, 32~34쪽)

이와 유사하게 마키아벨리는 《군주론Il principe》에서, 일반적으로 '현실에서' 행해지는 것을 행하지 않고, '마땅히' 행해야 할 것을 행해야 한다고 고집하는 군주는 권력을 유지하기보다는 잃기 십상이라며, "어떤 상황에서나 선하게 행동할 것을 고집하는 사람이 선하지 않은 많은 사람들에게 둘러싸여 있다면 그의 몰락을 불가피하다."(마키아벨리, 106쪽)고 말했다.

그렇다면 우리 사회에서 많은 사람들이 남을 돕는 성향을 가진 것은 어떻게 설명할 수 있을까? 일반적인 경제이론은 무임승차라는 도덕적 해이 및 기회주의 문제에 집중한다. 그런데 왜 어떤 사람들은 무임승차가 가능한 상황에서도 다른 행동을 할까? 이는 경제이론에서의 반란이다. 장 자크 루소Jean-Jacques Rousseau는 《인간불평등 기원론》(1755)에서 사슴 사냥에 나선 사냥꾼들의 선택 문제를 제기한 바 있다.

"사냥꾼들이 사슴 사냥을 성공리에 마치려면 각자 자신이 맡은 길목을 충실하게 지키고 서 있어야 한다. 그러나 자기가 맡은 길목을 지키고 있는데 토끼 한 마리가 자기 옆을 지나가는 경우, 이를 본 사냥꾼이 자기 길목을 내팽개치고 토끼를 쫓을 가능성이 있다는 걸 부정할 수 없다."(최정규, 102쪽)

두 사냥꾼이 사슴 사냥에 협동하면 큰 사슴을 잡아 각자 큰 몫을 나눌 수 있지만, 어느 한 사람이 '둘이 협력해야만 잡을 수 있는' 사슴을 포기하고 토끼를 잡는 쪽으로 선택을 바꾸면, 혼자서 토끼를 잡을 순 있겠지만 둘이서 사슴을 잡았을 때보다 더 적은 몫을 갖게 된다.

인간 행동—시장·개인 Vs 사회·관계

교환
무정부적 시장과 강도귀족

3

"아무도 들어가서는 안 되고, 또 들어갈 수도 없습니다. 들어가고 싶
어도 들어가지 못합니다. 장서관은, 그 안에 소장되어 있는 진리 그
자체처럼 불가사의한 방법으로, 그 안에 소장되어 있는 허위처럼 교
묘하게 스스로를 지켜 냅니다. 장서관은 정신의 미궁이며 지상의 미
궁인 것입니다. 혹 들어갈 수 있었다고 하더라도 나오는 것은 뜻 같
지 않습니다."

― 움베르토 에코, 《장미의 이름》

"그 물고기를 보면 무슨 생각이 나?"
"다른 물고기들이 생각나."
"다른 물고기들을 보면?"
"다른 물고기들이 생각나지."

― 움베르토 에코, 《푸코의 추》

"고요한 거래"
교환과 자유계약

움베르토 에코의 '장서관'과 '다른 물고기들'은 시장에서 이루어지는 여러 가지 다른 상품들 간의 교묘한 교환 과정을 연상케 한다. 애덤 스미스는 시장에서의 교환 행위를 '위胃의 용량', '사치품' 그리고 '보이지 않는 손' 개념에 의탁하여 다음과 같이 설파했다.

"토지의 개량과 경작으로 한 가족의 노동이 두 가족의 식량을 공급할 수 있을 때, 그 사회는 전체 노동의 절반으로 사회 전체 식량을 충분히 공급할 수 있게 된다. 그러므로 그 나머지 반, 또는 적어도 그들 중 대부분은 다른 물건을 마련하는 일, 다시 말하면 인간의 다른 욕망과 기호를 만족시키는 일에 종사할 수 있다. 의복·주거·가구·마차는 이러한 욕망, 기호의 주요 대상이라고 하겠다. 부자라고 해서 가난한 이웃보다 더 많은 식량을 소비하지는 않는다. 음식에 대한 욕구는 모든 사람들의 작은 위장 용량에 한정되어 있다. 하지만 편의품과 장식품에 대한 욕구는 무한하고 일정한 한계도 없는 것 같다. 따라서 다 소비할 수 없을 만큼 많은 식량을 지배하는 사람들은, 언제나 그 잉여분을 다른 종류의 욕망을 만족시키는 것과 흔쾌히 교환하려고 한다. 가난한 사람들은 식량을 더 확실하게 획득하기 위해 부자들의 이런 기호를 만족시켜 주려 노력하고 서로 경쟁한다. 그리하여 건물·의복·마차·가구에 실용적으로 혹은 장식용으로 사용될 수 있는 모든 종류의 재료, 즉 땅속에 깊이 매장된 화석·광물·귀금속 보석에 대한 수요가 일어난다."(스미스 2003, 193~194쪽)

 ## 교환이 만들어 내는 '공동체'

지주든, 농민이든, 하인이든 그 누구나 자연적 이기심과 탐욕에서 비롯된 시장 교환 행위를 하지만, 이는 의도하거나 알지 못하면서도 사회의 이익을 증진시킨다고 스미스는 말한다. "'눈은 배보다 크다'는 소박하고 평범한 속담은 지주에게서 잘 입증된다. 지주의 위의 용량은 농민의 위의 용량 정도밖에 받아들이지 못할 것이다. 그는 나머지를 농민과 하인들에게 나눠 주지 않을 수 없다. 농민들은 생필품을 이렇게 지주의 사치로부터 얻어 낸다. 그것을 지주의 정의감이나 인간애에서 기대하는 건 헛된 일이다. 이들은 '보이지 않는 손'에 인도되어, 토지가 모든 주민들에게 평등한 몫으로 분할되었을 경우 행해졌을 것과 거의 같은 만큼의 생활필수품을 분배하게 된다."(스미스 1996, 330쪽)

▶ 스미스가 위장의 용량을 말했지만, 아리스토텔레스는 《정치학》에서 이미 효용-utility과 한계효용-marginal utility 체감에 대한 기초적인 사유를 보여 주고 있다. "사람들은 부와 재산, 권력, 명성 등에 대해 한정 없이 지나칠 정도로 욕심을 낸다. 이런 방식으로 행동하는 사람에게는

그러나 애덤 스미스가 비유로 든 '위장의 한계'는 당대 사상가의 시대적 한계이기도 했다는 점을 지적하는 건 어렵지 않다. 누구나 동시대의 제약 속에서 사유하고 글을 쓸 수밖에 없다. 1776년에 《국부론》을 쓸 당시 애덤 스미스가, 1798년 《인구론》을 펴낼 당시 맬서스가, 1817년 《정치경제학과 조세의 원리》를 쓴 리카도가, 1867년 《자본론》 제1권에서 노동자의 영구적 궁핍화(착취론)라는 암울한 예언을 할 때 마르크스가 훗날의 엄청난 기술 진보나 식량문제로부터의 해방, 고임금 노동자와 저임금 노동자의 양극화 및 이중노동시장을 어떻게 상상이나 했겠는가.

자본주의사회는 '교환'을 통해 스스로를 생산공동체로서 실현한다. 다시 그러한 생산공동체는 교환 행위로 자신을 표현한다. 왜냐하면 사적 소유 와 분업으로 분해된 사회는 교환을 통해서만 비로소 하나의 전체로 통합 되기 때문이다.

"마르크스가 저고리는 교환관계 바깥에서보다 교환관계 안에서 더욱 유 용하다고 말한 것처럼, 우리는 교환이 특정한 사회적 맥락에서는 다른 사회 적 맥락에서보다 더 큰 의미를 갖는다고 말할 수 있다. 교환에 의해 비로소 사회적 관련이 만들어지는 곳에서는, 다시 말해 사적 소유와 분업에 의해 개인들이 한편으로는 분리되고 다른 한편으로 상호 의존하고 있는 사회에 서, 교환은 사회적 생활 과정을 가능하게 만드는 기능을 획득한다."(힐퍼딩 2011,

---

다음과 같은 말을 해 줄 수 있다. '이 문제들에 관해서는 현실이 당신에게 답변을 줄 것이다.' …… 모든 쓸모 있는 물건들은 그것들이 너무 많아지면 사람에게 어떤 해독을 끼치거나 적어 도 아무런 이득도 주지 않게 될 것이다. 그런데 영혼의 선good은 저마다 그 양이 크면 클수록 그 효용도 크다."(아리스토텔레스, 《정치학》, 486쪽)

21~22쪽)

　루돌프 힐퍼딩Rudolf Hilferding은 《금융자본론Das Finanzkapital》에서 호메로스의 《오디세이》를 비유 삼아 좀 더 자세히 설명한다.

　"교환은 재화를 상품으로 전환시킨다. 상품은 더 이상 개인적 욕구를 충족하는 것을 목적으로 하지 않으며, 개인적 욕구와 함께 생겨나서 소멸하는 대상도 아니다. 상품은 사회를 위한 것이며, 그 운명은 사회의 신진대사의 필연성에 의존하기 때문에 오디세이의 운명보다 더 파란만장하다. 외눈박이 폴리페모스는 오늘날 뉴포트 [영국 남부 웨일스에 있는 세계 최대 석탄 수출 항구였던 곳] 의 100개의 눈을 가진 아르고스적 세관원에 비교할 수 없다. 아름다운 키르케도 독일의 육류 검사관에 비교할 수조차 없다. 재화가 상품이 되는 것은, 이들 재화의 생산자들이 독립적인 생산자로서 서로 대면하는 하나의 특정한 사회적 관계에 참가하기 때문이다. 처음에는 하나의 자연적이고 전혀 문제가 없는 사물이었던 재화가 하나의 사회적 관계를 표현하게 되며, 하나의 사회적 측면을 획득한다. 따라서 우리는 생산공동체이며 노동공동체로서의 이 사회를 지배하는 법칙을 발견해 낼 필요가 있다."(힐퍼딩. 24쪽)

　다른 사람들과 전혀 경제적 교환을 하지 않으면서 필요한 모든 물품을 혼자 힘으로 생산하려고 노력하는 사람이 있다면, 그는 얼마나 생산할 수 있을까? 아마도 극심한 고독과 견디기 힘든 노동에 시달리다 잔인하고 짧

　분업은 자본주의 시장경제에서 가장 핵심적인 요소 중 하나이다. 애덤 스미스도 이를 의식한 듯 글래스고의 어느 핀 공장 사례를 《국부론》의 첫 장에 제시하면서 특히 강조하고 있다. "첫 번째 사람은 철사를 펴고, 두 번째 사람은 곧게 다듬고, 세 번째 사람은 자르고, 네 번째 사람은 뾰족하게 하고, 다섯째 사람은 머리를 붙이기 위해 가늘게 끝을 가는" 작업을 상세히 서술하면서, 하나의 핀을 만드는 일이 약 18개의 독립된 작업으로 분할돼 이뤄지고 있다고 설명한다.

은 생을 마감하게 될 것이다. 제임스 뷰캐넌은 시장이 경제적 상호교환의 그물을 제공하고 있다며, "오늘날 우리는 경제적으로 시장에 가깝게 또는 멀리서 참여하는 다른 모든 사람들의 경제활동에 크게 의존하면서 존재한다. 그러나 이 사실을 알려고도 하지 않는 것이 보통이다."(뷰캐넌, 32쪽)라고 말했다.

뷰캐넌의 비유는 분명하고 흥미로우며 인상적이다.

"나는 과일상을 개인적으로는 모르므로 그의 행복에는 아무런 특별한 관심도 없다. 그도 나에게 이러한 태도를 가진다. 그가 극심한 빈곤에 처해 있는지 아주 부자인지 아니면 틈이 날 때 어디에 있는지 나는 알지 못하며 알 필요도 없다. 그럼에도 불구하고 우리 둘은 교환을, 그것도 우리 모두 '공정하다'고 인정하는 교환을 신속하게 끝낼 수 있다. ─ 뷰캐넌《자유의 한계》(1975)"(보울스 · 진티스 1994, 213쪽)

이 말은 밀턴 프리드먼이 "빵을 사는 사람은 그 빵을 만드는 원료인 밀을 공산주의자가 재배했는지 공화주의자가 재배했는지, 입헌주의자가 재배했는지 파시스트가 지배했는지 알 수 없다. 흑인 또는 백인이 재배했는지도 알 수 없다. 이것은 '시장'이라는 비인격체가 경제적 행위와 정치적 행위를 어떻게 분리시키는지를 보여 주는 사례이고, 사람들이 경제행위에서 생산성과 관계없는 것으로 차별 대우를 받는 것으로부터 어떻게 보호되는지를 보여 주는 예이다."(프리드먼 1990, 38쪽)라고 했던 말과 의미는 물론 어투까지 거의 흡사하다.

 교환 후의 가치 합이 이전보다 크다

14세기 아랍의 지리학자 이븐 바투타ibn Battuta는 지금의 러시아 볼가 강유역을 따라 이루어진 장거리 무역을 다음과 같이 묘사했다.

"여행자들은 각자 가져온 물건을 내려놓고 …… 야영지로 되돌아간다. 다음날 그곳에서 자신이 전날 내려놓은 물건들 앞에 모피 더미가 놓여 있는 것을 발견하게 된다. 만일 이들이 자신이 가져온 물건을 모피와 교환하는 데 만족하면 물건은 그대로 두고 모피를 가져가면 되고, 교환 조건에 만족하지 않으면 물건과 모피를 그 자리에 그대로 둔다. 마을 주민들이 여전히 교환을 원하면 그 물건 앞에 좀 더 많은 모피를 얹어 놓고, 그렇지 않으면 자신들이 놓아 둔 모피를 거두어 간다. 그들은 이런 식으로 상거래를 한다. 거래하는 사람들은 상대방이 누구인지, 상대방이 사람인지 유령인지조차 알지 못한다. 상대방을 한 번도 보지 않은 채 거래가 진행되기 때문이다."

고대 그리스 역사학자였던 헤로도토스도 기원전 5세기 즈음 카르타고인과 리비아 인 사이에 이루어진 이와 유사한 방식의 교환을 묘사하면서 이를 '고요한 거래silent trade'라고 불렀다.(보울스 · 에드워즈 · 루스벨트, 256쪽)

돈을 고도의 철학과 미학의 높이에서 사유했던 게오르그 짐멜Georg Simmel은 교환의 철학적 · 형이상학적 의미를 탐구하면서 좌파 경제학을 비판하고 주류 근대경제학의 교환 중심적 사유를 옹호했다. 짐멜은《돈의 철학Philosophie des Geldes》(1900)에서 "교환은 하나의 생활양식"이라고 말한다.

"모든 상호작용, 즉 모든 대화, 모든 사랑(비록 그것이 거절당한다 할지라도), 모든 시합, 다른 사람을 흘끗 보는 모든 행동은 교환으로 간주되어야 한다. …… 교환은 상대방이 소유하고 있지 않은 자신의 고유한 감정을 만족시키기 위해 이루어지며, 교환 이후의 가치 합계가 교환 이전의 가치 합계보다 더 크다. 이는 교환을 통해 각자 자신이 소유하고 있는 것보다 더 많은 것을 상대방에게 제공한다는 것을 의미한다. …… 무엇보다도 경제적 가치의 교환은 희생의 관념을 포함하고 있다. 우리가 사랑과 사랑을 교환할 때 우리는 어떤 효용도 희생하지 않는다. 우리들이 토론 속에서 지적 자원을 공유할 때 그것 때문에 그 자원들이 감소되지는 않는다. …… 인간들이 교환하는 키스의 개념이 우리로 하여금 두 입술의 운동과 촉감을 넘어서는 어떤 것으로 간주하도록 그릇된 방향으로 인도하듯, 현실에서 일어나는 두 행위를 교환이라는 개념 아래 포괄함으로써 사람들은 교환하려는 당사자들이 경험하는 것을 넘어서 다른 어떤 것이 일어난 것으로 생각하기 쉽다."(짐멜, 105~106쪽)

교환 이후의 가치 합계가 교환 이전의 가치 합계보다 더 크며, 교환은 각자 자신이 소유하고 있는 것보다 더 많은 것을 상대방에게 제공한다는 짐멜의 독특한 주장은, "이것은 교환이 생산 자체만큼이나 생산적이고 가치 창조적이라는 점을 명백히 밝혀 준다."(짐멜, 107쪽)는 말로 귀결된다. 생산과정에서 노동만이 가치를 창출한다는 마르크스주의 노동가치설을 반박하고 있는 것이다.

짐멜의 상상력과 노동가치설 비판은 라이트 밀스가 《사회학적 상상력 The Sociological Imagination》(1959)에서 "상상력의 토대는 장인정신"이라고 말한 것을 떠올리게 한다. 사회과학 지식은 자주 권력자의 지배권을 정당화하는 데 봉사하지만, 동시에 이런 지식이 기존 질서와 지배자를 비판하거나 그 정체를 폭로하여 권력의 정당성을 박탈함으로써 민중을 위한 대항 이데올로기로 사용될 수도 있다는 것이다.

자유로운 교환거래와 계약에 대한 여러 설명과 묘사는, 현실의 인간 행동을 둘러싸고 거인들이 한껏 펼친 지적 상상력에 기반하고 있다. 밀스는 《사회학적 상상력》 제1장에서, 슘페터는 다양한 현실 측면의 구조물을 만들었고, 베블런은 놀랍고 역설적인 통찰력을 보여 주었으며, 마르크스는 질적으로 가장 뛰어난 지적 탁월함을 드러냈다고 평가했다. 밀스는 이어 "상상력은 개인의 일생, 그 사회의 구조, 역사라는 세 꼭짓점 사이에서 자유롭게 관점을 변화하여, 개인의 문제를 사회구조의 문제로, 사회구조의 문제를 개인 실존의 문제로, 혹은 역사의 문제로 해석해 내는 능력"이라고 말했다.

가령, 여가의 문제는 일의 문제를 고려하지 않고서는 언급조차 할 수 없다. 만화책만 보는 아이들 때문에 갈등을 겪는 가정의 고민도, 현대 가족이 처한 어려운 상태를 사회구조상의 새로운 제도와의 관계 속에서 고려하지 않고서는 문제로 정립될 수 없다. "법인 기업조직의 경제 속에서 일하고 있는 사람들의 생애"라는 측면에서 접근하지 않고서는 오늘날 개인의 삶이 직면한 '사적 생활' 영역에서의 문제 역시 진술하고 해결하는 것이 불가능하다.

똑같은 자본주의 '노동분업'에 대해서도, 그것을 설명하는 상상력과 분석은 큰 차이를 보인다. 밀스는 분업 현상을 '사회적 구조'에 얽혀 들 수밖에 없는 개인과 사회구조의 상호작용으로, 에밀 뒤르켐Emile Durkheim은 개인들 간의 '연대'라는 관점에서, 마르크스는 이와 전혀 달리 '소외'로 파악했다.

밀스에 따르면, 예컨대 한 사회가 산업화되면 농부는 노동자가 되고, 경제 위기를 맞게 되면 실업자가 될 것이며, 전쟁이 나면 군인이 될 수도 있다. 이처럼 개인의 생애와 사회의 역사가 맞물려 있으므로, 개인은 자신이

베블런의 인류학적 · 역사적 접근은 너무나 포괄적이어서 그는 '경제사상사의 진정한 이단아'로 불리곤 한다. 그의 제자인 경제학자 웨슬리 미첼Wesley Mitchell은 그를 '다른 세계에서 온 방문객'이라고 부르면서, "사회과학 분야에서 어느 누구도 환경의 미묘한 속박으로부터 그처럼 정신이 자유로운 사람은 없었으며, 그만큼 탐구 영역을 넓힌 사람 또한 볼 수 없었다."고 말했다.

경험하는 문제들을 역사적 변동과 사회제도의 작동과 관련하여 파악할 수 있다. 뒤르켐에 따르면, 분업을 통해 개인은 전문성을 증가시키고 타인의 도움을 받는다. 즉, 분업은 상호의존을 촉진해 생산성을 증가시킨다. 반면, 마르크스에 따르면 분업으로 인해 노동자들은 단순반복 작업을 하게 되며, 분업으로 생산해 낸 상품과 그 이익은 자본가의 몫이 된다. 자신이 만들어 낸 상품으로부터 소외된다는 것이다.

 ## 아리스토텔레스의 교환적 정의正義

앞서 '노동가치'를 잠깐 언급하였는데, 이제 인류 역사에서 거인들이 제기한 가장 오래된 질문 중 하나인 '교환이란 무엇인가'를 둘러싼 정의正義 혹은 이와 연관된 '노동가치'를 살펴보자. 다음은 아리스토텔레스가 《니코마코스 윤리학Ethica Nicomachea》 제5장에서 교환과 보상의 정의로운 상태를 해명하기 위해 언급한, 저 유명한 '교환적 정의commutative justice'의 한 대목이다.

"사람들은 나쁜 것을 나쁜 것으로 갚으려 하고 좋은 것은 좋은 것으로 갚으려 한다. 그런데 비례적 보답은 대각선적인 어떤 관계적 연결에 의하여 분명히 드러난다. 예컨대 a를 집짓는 사람, b를 구두 만드는 사람, c를 집, d를 구두라고 하자. 이 경우 집 짓는 사람은 구두 만드는 사람에게서 구두를 얻는 대신 자신의 제작물인 집을 그에게 준다고 하자. 집과 구두, 이 두 제작물 간에는 비례적 균등이 있어야 한다. 그렇지 않으면 거래가 성립되지 못한다. …… 사실 교환을 위하여 서로 관계하는 것은 두 의사 사이가 아니라 한 명의 의사와 한 명의 농부처럼 일반적으로 서로 다르고 균등하지 않은 사람들끼리이다. 그러나 교환이 이뤄지려면 이들은 균등해져야 한다.

교환-무정부적 시장과 강도귀족

이런 까닭에 교환되는 모든 것은 서로 비교가 가능해야 한다. 이 목적을 위해 화폐가 생겼다. 화폐는 몇 켤레의 신발이 집 한 채와 혹은 일정한 양의 식량과 맞먹는가를 계산할 수 있게 해 준다. 집 한 채 혹은 일정한 양의 식량과 교환할 수 있는 신발의 숫자는, 집 짓는 인력의 양과 신발 만드는 인력의 양의 비에 대응하는 것이어야 한다. 그렇지 않으면 도대체 교환이니 공동 관계니 하는 것이 있을 수 없다."(아리스토텔레스, 《니코마코스 윤리학》, 114~115쪽)

여기서 아리스토텔레스는 재화의 구매와 판매에서 정당한 가격, 즉 교환적 정의가 존재해야 한다고 주장하고 있다. 여기서 식량과 신발의 교환 비율이 농부와 신발 제조공의 인력 비율과 같거나, 신발과 주택의 비율이 신발 제조공과 주택업자의 비율과 같다면 정의가 지켜진 셈이다.

경제학은 사람들이 합리적·이성적 판단과 의사결정을 내리고 이에 따

아리스토텔레스는 이어 "농부와 신발 만드는 사람의 경우 이들 각자의 제작물이 교환을 위해 균등하게 되었을 때, 그 거래는 서로 더하고 덜함이 없는 보상적인 것이 될 것이다. 물론 우리는 교환이 끝난 직후에 비례가 어떻게 되었는지를 따져 볼 것이 아니라 교환에 앞서 비례가 잘되도록 생각해야 한다."고 말했다. 나아가 "모든 물품은 어떤 한 가지 기준이 되는 것으로 계산될 필요가 있다. 그런데 바로 이 한 가지 것은 모든 것을 연결시켜 주는 실제 수요 대상"이라며 이른바 '가치의 척도'(뉴메레르numeraire ·모든 교환에서 표준이 되는 상품)를 제시했다.

물론 여기서 교환적 정의는 또 다른 경제 분야의 정의, 즉 임금에 대한 분배적 정의distributive justice와는 성격을 달리한다. 아리스토텔레스는 신발과 주택을 만드는 생산자의 숫자를 고려했는데, 이로부터 약 2천 년이 흐른 뒤 또 다른 인류 지성들은 투입된 사람(생산자)의 수가 아니라 투입된 '노동'(존 로크), 투입된 '노동시간'(카를 마르크스)을 기초로 유용한 재화의 가치를 해명하게 된다. 아리스토텔레스는 인류 역사에서 지성의 문을 거의 최초로 체계적으로 만들고 또 열었던 사람이다. 그의 《니코마코스 윤리학》과 《정치학》은 인간의 이성과 합리성, 분석 방법에 관한 엄밀한 개념 정의 및 그에 기초한 논리 전개, 사회적·가족적·국가적·정치적 질서에서의 위계와 지배를 둘러싼 옹호와 반론, '이성과 열정'이라는 인간의 행동·선택·판단의 근본 문제 등 윤리학·정치학·경제학·철학에 걸쳐 폭넓은 사유와 탁월한 설명을 전개하고 있다.

라 행동한다고 가정한다. 자유시장에서 중요한 것은 그래서 '자유계약'이다. '자유'와 '계약' 모두 강조된다. 즉 국가와 제도적 제약이 없고, 어떠한 신분적 제약도 종교적·이념적·성별 제약과 차별도 없는, 누구나 자유로운 상태에서의 계약을 전제로 한다. 그런데 개별적 혹은 집단적인 상호 간 '계약에 의한 사회'라 하더라도 그 계약의 내용이 문제가 된다. 모든 계약서가 발생 가능한 모든 상황을 염두에 두고 이행과 불이행에 따른 책임을 다 열거할 수는 없다. 그러려면 계약서가 무한정 필요할 것이며, 이는 사실상 불가능한 일이다. 대표적으로 임금노동계약은 (결코 명시적일 수 없는) '암묵적 계약'이다. 이 책 제3부 제4장에서 보겠지만, 이 암묵적 계약으로부터 '효율임금'이론이 도출된다.

 ## 경제민주화의 요체는 노동(생산)

지금까지 우리가 생산의 문제를 검토하지 않은 것을 이상하다고 여기는 독자도 있을 것이다. 옳은 지적이다. 여기서 잠시 멈춰 교환 과정 이전에 상품이 생산되는 과정으로 거슬러 올라가 보자. 노동'시장'의 관점에서 보면 단지 수요와 공급이 문제가 되겠지만, 자본의 비밀을 파헤치려면 '출입금지' 팻말이 선명히 붙어 있는 자본의 근거지, 즉 공장 내부로 들어가 살펴봐야 한다. 생산과정, 곧 공장 안에서 맺어지는 생산의 사회적 관계 속에서 집단적 힘의 관계와 세력이 어떻게 작동하는지 들여다봐야 한다는 것이다.

프리드먼은 빵을 흑인이 만들었는지 백인이 만들었는지 아무도 상관하지 않는 것이 바로 시장의 위대한 덕목이라고 예찬했지만, 마르크스는《자본론》에서 "밀을 맛보고 누가 그 밀을 경작했는지를 알 수 없는 것과 마찬가지로, 이 노동과정을 보아서는 그것이 어떠한 조건에서 행해지는지 알 수 없다. 즉, 노예 감시인의 잔인한 채찍 밑에서인지, 자본가의 주의 깊은 눈초리 밑에서인지, 또는 킨킨나투스(고대 로마의 장군으로 은퇴 후에는 농사를 지었다.)가 자신의 작은 토지를 경작하여 이 과정을 수행하는지, 그렇지 않으면 돌로 야수를 쳐 죽이는 미개인이 이 과정을 수행하는지 도무지 알 도리가 없다."(마르크스, 제1권(상), 235쪽)고 말했다. 마르크스적 의미에서 생산의 사회적 관계는 기술·자원·노동에 대한 통제를 관할하는 특정한 사회제도와 관련된 것으로서, 이는 잉여생산물에 대한 착취, 나아가 그 착취의 비밀을 폭로하는 것으로 연결된다. 반면에 "전통적인 신고전파경제학의 식단 차림표에 따르면, 생산은 그저 주어진 자료로만 간주해야 하는 하나의 미스터리다. 신고전파의 블랙박스 분석 방법은, 오직 시장에서 가격과 자원의 할당에 대한 결정만이 경제 분석의 타당한 영역이라고 규정한다."(Green 1988, p.299)

오직 생산된 것의 교환만 분석할 뿐이라는 것이다. 또한 생산과정을 생산의 사회적 관계, 즉 계급·세력·집단·갈등·타협·제도·권력 등이 개입되는 관계의 관점에서 보지 않고, 개별 노동자와 개별 자본이 서로 오직 이익의 관점에서 자신들이 가진 인적·물적자본을 교환하는 자연적 과정으로 본다. 이런 관점에서는 주어진 자원을 각자 이익에 따라 교환하면 되므로 사회적 갈등도 존재하기 어렵다.

"매우 놀라운 논리적 통찰력을 발휘하여 토렌즈Torrens는 미개인의 돌에서 자본의 기원을 발견하고 있다. '미개인이 자기가 추격하는 야수를 향하여 던지는 최초의 돌멩이에서, 그리고 그가 손이 닿지 않는 과일을 따기 위해 잡았던 최초의 막대기에서 우리는 어떤 물품을 추가로 손에 넣으려고 다른 어떤 물품을 취득하는 것을 보는데, 여기서 우리는 자본의 기원을 발견한다.' – 토렌즈, 《부의 생산에 관한 시론》"(마르크스, 제1권(상), 414쪽) 영어 단어 'stock'(나무줄기)이 '자본'과 동의어인 이유도 이 최초의 막대기stick로 설명될 수 있을 것이다.

그동안 국내의 경제민주화 논쟁 역시 시장교환 영역에서 자본 사이(대자본과 중소자본 간)의 민주화, 독점과 집중에서 더 많은 유효경쟁으로의 이행을 강조하는 공정한 시장질서 민주화, 소수 거대 자본가와 다수 소액주주 자본가들 사이의 분배민주화 차원에서 일어나고 이해되었다. '생산 영역 민주화'에 주목한 사람은 많지 않았다. 그러나 경제의 핵심은 '생산'이다. 기업(자본)의 생산관계와 생산과정의 민주화 및 통제가 경제민주화의 요체이다. 이는 곧 '노동' 문제를 핵심으로 한다. 단지 분배 교환 과정 측면에서의 시장질서와 공정성을 넘어서야 하는 것이다.

그러려면 한국의 생산 영역에서 노동과 자본의 생산함수는 어떻게 구성되고 있는지, 그 함수의 수식방정식은 어떤 모습(선형, 비선형 등)인지, 생산함수 중 노동 변수의 형태(정규/비정규 등)가 생산에 미치는 영향은 어떠한지 파악할 필요가 있다. 특히 작업장의 생산 영역을 바꾸는 '산업민주주의'를 핵심 기치로 내거는 경제민주화 논쟁이 활발하게 일어나야 한다. 사실 생산과정을 배제한 경제 분석은, "자본주의적 생산과정을 유치원에서 또는 주연 배우인 자본가가 없는 상황에서 관찰"(마르크스, 제1권(상), 414쪽)하는 격이다.

노벨경제학상 수상자로서 주류 경제학자 집단에 속하는 로널드 코스는 '경제학자들로부터 경제학을 구하자'고 외쳤다. 그의 나이 102세 때이다. "칠판 앞을 떠나 사회를 직시하라"는 늙은 거인이 경제학자들에게 남긴 마지막 당부였다.

"20세기에 경제학은 비로소 하나의 분과 영역을 확고히 구축했다. 경제학자들은 '자신들만 읽는' 독점적인 논문과 글을 쓸 경제학 역량을 공유하게 되었고, 이와 동시에 경제학의 패러다임은 점차 추상적·이론적 접근에 기울고 현실 경제의 실질적 문제는 포기하는 쪽으로 전환되었다. 오늘날 실제 상품의 '생산과정'은 경제학에서 주변화되었다. 패러다임 질문은 자원

교환—무정부적 시장과 강도귀족

배분에서 정태적 분석에 그친다. 경제학자들이 비즈니스 기업 분석에 사용하는 도구는 너무나 추상적이고 사변적이어서 기업가정신이나 경영자에게 새로운 생산물을 만들어 소비자에게 싼 비용에 제공하려는 매일의 노력에 대해 어떤 지침을 주기 어렵다."(Coase 2012)

이와 유사하게 존 버널John Bernal은 《과학의 역사Science in History》에서 "사회과학에 요구되는 것은 정교한 기법을 덜 사용하는 것, 그리고 문제의 핵심을 교묘히 회피하지 않고 과감히 대결하는 용기이다. 그러나 이것들은 오늘의 사회과학을 만들어 온 사회적 근거를 무시하는 [무시해야만 한다는] 것을 의미하기도 한다."(배런 1984, 6쪽)고 말했다.

"조용한 삶"
독점과 강도귀족

"'합병은 점차 근대 상업체제의 영혼이 되어 갔다.' — 런던 노동자대학 학장 A. V. 다이시(1905)

'자본과 생산단위를 융합시키려는 시도는 …… 파멸적인 경쟁을 제거함으로써 가능한 최대 이윤을 획득하려는 관점을 가지고 항상 가능한 최대한의 생산·관리 그리고 판매비용 절감을 목적으로 해야만 한다.' — IG 파르벤 창설자 카를 뒤스베르크(1903)

'이 지점에서 자본은 격동하는 진보의 시기로 돌입하기 시작한다.' — I. 헬판트 박사(파르부스Parvus로 알려진 망명 러시아인, 1901)"(홉스봄 1998, 119쪽)

영국 역사가 크리스토퍼 힐Christopher Hill은 1600년대 잉글랜드 인민의 삶을 다음과 같이 서술했다.

"누구나 독점 벽돌로 지은 집에 산다. 창문 역시 독점 유리로 만든다.

난방은 독점 무쇠로 만든 난로에 독점 석탄을 태워 해결한다. …… 글을 쓸 때도 독점 종이 위에 독점 펜을 사용한다. 독서를 할 때도(독점 촛불 아래 독점 안경을 쓰고) 독점 책을 읽는다."(애쓰모글루, 375쪽) 대런 애쓰모글루Daron Acemoglu는 '독점'을 경제적 번영을 가로막는 착취적 형태라고 말한다.

경쟁이 능사가 아니다?

독점을 빠르고 쉽게 이해하는 길은 그 반대편의 경쟁을 들여다보는 것이다. 기업은 이윤을 극대화하는 생산량이 얼마만큼인지 어떻게 알 수 있을까? 맨큐의 《경제학》에 따르면, 이윤이 극대화되는 생산량은 한계수입과 한계비용이 일치하는 지점에서 결정된다. 이는 자기 회사 상품생산의 한계수입과 한계비용을 알면 간단히 결정할 수 있다. 또 (이윤 극대화가 아니라) 평균총비용이 최소가 된다는 의미에서 '효율적인' 생산량도 다음과 같이 알아낼 수 있다. "산출량이 낮을 때는 한계비용곡선이 평균총비용곡선 밑에 있기 때문에 평균총비용이 하락한다. 그러나 두 곡선이 교차하는 생산량 수준을 넘어서면 한계비용이 평균총비용보다 높다. 이 생산량 수준을 지나면 이제부터는 평균총비용이 상승하기 시작한다. 따라서 두 곡선이 만나는 점에서 평균총비용이 '최소가 된다.'" 여기까지는 완전경쟁시장에서의 행동이다.

그러나 독점시장 구조에서 기업의 행동은 다르다. 독점생산물의 시장 판매가격은 최종 마지막 생산물 한 단위의 가격으로 결정되고, 이에 따라 기업이 기존에 이미 생산한 모든 독점생산물의 가격도 이 가격에 팔리게 된다. 따라서 독점시장 구조에서 기업이 이윤을 극대화하는 시장 공급 생산량은 완전경쟁시장에서 시장에 공급되는 생산량보다 '항상' 적게 된다는 논리적 추론이 뒤따르게 된다. "독점은 언제나 경제 전체에 나쁘다"는 결론은 이렇게 명징하게 도출된다.

영국 경제학자 존 힉스는 "모든 독점이윤 중에서 최고의 것은 조용한 삶이다."라고 갈파했다. 이 말은 독점기업은 상품시장이라는 경쟁 세력의 처벌 기능을 두려워할 필요가 없기 때문에 비효율적으로 되기 쉽다는 뜻을 함축하고 있다. 대부분의 기업 인수합병은 효율성에서 이득을 추구해서라기보다는 사실상 시장에 존재하는 경쟁자를 사라지게 함으로써 독점구조를 만들기 위해 이루어진다. 대형 유통 할인점이 다른 경쟁사 점포가 들어서는 것을 사전에 차단할 목적으로 얼마 떨어지지 않은 장소에 똑같은 자기 할인점을 차리는 것이 대표적이다. 자본은 경쟁을 피하고 항상 독점적 이익을 추구한다. 인수합병으로 인해 시장에서 당장 손실이 발생하더라도 장기를 고려해 독점을 추구하기도 한다.

"평온한 자본과 위험한 투자 가운데 자본의 실제 모습은 어느 쪽이었을까? [발자크의] 고리오 영감의 파스타는 스티브 잡스의 태블릿으로 바뀌고 1800년의 서인도제도 투자는 2010년 중국이나 남아프리카에 대한 투자로 바뀌었을지 모르지만, 과연 자본의 심층적인 구조가 실질적으로 변화했다고 할 수 있을까? 자본은 결코 조용한 법이 없다. 자본은 적어도 형성기에는 언제나 위험 추구적이고 기업가적이다. 그러나 충분히 축적되면 자본은

▶ "The best of all monopoly profits is a quiet life."(Hicks 1935) 순수 시장경제 이론가들은 순수경쟁의 속성을 전지전능하고 이상적으로 합리적이며, 통화량의 변동 같은 외부적 충격이 오면 상품가격이나 임금수준 등이 그에 맞춰 즉각 신속하게 반응하는 능력(이른바 '가격의 신축성')을 갖춘 것으로 만들려고 노력했다. 이러한 신축성으로부터 이탈하게 되면 '마찰'이라고 불렀다. 존 힉스는 《가치와 자본Value and Capital》(1939)에서 경쟁 가설의 포기는 "경제이론 대부분을 난파"로 이끄는 위협이라고 했다.

늘 지대로 바뀌는 경향이 있다. 이는 자본의 사명이자 논리적 귀결이다."(피케티, 141~142쪽)

그런데 허시먼은 소비자의 입장에서 볼 때 경쟁이 항상 좋은 건 아닐 수 있다고 다소 놀라운 주장을 개진했다. "소비자들은 경쟁이 존재하므로 제품의 품질 개선이 이루어질 것이라고 생각하고, 있지도 않은 개선된 제품을 찾는 데 시간을 허비하고 만다. 이런 상황에서는 생산자는 경쟁을 없애기보다는 경쟁을 유지하는 것이 공통의 이익이 된다."(허시먼 2005, 53쪽)

여러 기업이 경쟁을 하게 되면 환상, 즉 다른 경쟁사의 제품을 구매하면 불량제품으로부터 탈출할 수 있다는 근거 없는 기대를 부추기게 된다. 그런 점에서 경쟁이나 제품의 다양화는 낭비이자 눈속임에 지나지 않을 수 있다. 왜냐하면 이러한 경쟁이 일어나지 않는 상황이라면 고객들은 기업에 좀 더 효과적인 압력(목소리Voice)을 가하거나, 있지도 않은 이상적인 제품을 찾아 헤매면서 에너지를 낭비하는 일도 없을 것이기 때문이다. ▶ 현실과는 별개로, 이런 논리는 그 자체로 다소 뜻밖이다.

공기업 독점과 공기업 민영화 문제도 이 독특한 관점으로 생각해 볼 수 있다. 나이지리아의 공공철도는 활발한 경쟁에도 불구하고 불 보듯 뻔한 비효율을 교정하지 못하는 지속적 무능력을 적나라하게 보여 준다.

"민간 트럭과 버스 수송이라는 손쉬운 대안이 있으므로, 공공 철도운

▶ 경쟁적이라는 정치제도도 이와 같은 비판에 노출되어 있다. 급진적 비판가들은 안정적인 정당체제를 가진 사회에서 거대 정당들 간의 경쟁이 실제로는 '진정한 선택적 대안'을 제공하지 못한다고 주장한다. 경쟁적 정당체제가 없었더라면 일어날 수도 있는 혁명적 가능성이 '경쟁적으로 비치는' 정당체제 때문에 집권당에 대한 순치된 불만족 수준으로 그치고 만다는 것이다.(허시먼 2005, 55쪽) 한국에서 해방 이후 거대 주요 야당으로 존재해 온 민주당의 존재를 이런 관점에서 볼 수도 있을 것이다.

송은 자신의 약점을 고치려 하기보다는 약점에 빠져들게 된다. 민간 수송 수단이 가능해지면서 철도 서비스의 질 저하는 이제 더 이상 철도가 장거리 수송을 독점했을 때처럼 경제에 심각한 사안이 아니다. …… 공공기업이 제공하는 서비스를 손쉽고 편안하게 대체할 수 있는 대체물의 존재가 좀 더 나은, 혹은 최고의 성과를 촉진하는 자극제가 되기보다는 고객들에게 '선택의 여지가 없을 때 최고로 잘 운영되던' 소중한 환류 메커니즘을 없애 버린 것이다. …… 고객들이 경쟁체제로 옮겨 감에 따라 생기는 이익이나 손실에도 공공기업은 둔감하다. 오히려 공공기업은 자신들이 제공하는 서비스에 목을 매고 있는, 다른 대안이 없는 일반 대중들이 '불같이 일어나는' 것에 더 민감하다."(허시먼 2005, 73~74쪽)

느슨한 현실 경제에서는 완전경쟁보다는 엄격한 독점이 오히려 더 나을 수 있다는 주장이다. 《자본론》 역시 경쟁이 야기하는 환상을 지적한다.

"경쟁은 이윤율의 불균등을 균등화시킬 수 있을 뿐이다. 불균등한 이윤을 균등화시키려면 이윤은 이미 상품가격의 한 요소로서 존재해야만 한다. 경쟁은 이윤을 창조하지 않는다. 요컨대 경제학자들이 경쟁을 설명해야 하는 것이 아니라 거꾸로 경쟁이 경제학자들의 모든 불합리성을 설명해야 하는 부담을 안고 있다."(마르크스, 제3권(하), 1066쪽)

▶ 경제학은 일반적으로 이윤이든 노동력의 가격인 임금 같은 상품가격이든 명목금액이 아니라 인플레이션을 고려한 실질가격에 더 큰 관심을 두며, 또한 금액의 크기 자체보다는 그 비율 rate, 즉 증가율 및 감소율에 더욱 관심을 둔다. (대체)탄력성이나 시간에 따른 자본량K의 변화율($\Delta K/K$)이 대표적이다. "화폐임금은 유효수요의 부족을 방지할 만큼 빨리 증가하지만, 그 증가율은 총이윤에 포함돼 있는 감가상각준비금의 증가율에 못 미칠 정도로 서서히 증가한다. 이에 따라 이윤과 임금 간의 총체적인 분할이 유지되기 때문에 자본스톡의 노후화가 유지되고 전체 과정이 가속화될 수 있다. 따라서 자본 형성은 붕괴하지 않고 단지 저하될 뿐이다. 실

◆ 거대기업이 살아남는 법

사실, 한국에서 독점적 시장구조는 대기업 집단과 재벌체제가 형성·유지·강화되는 구조적 기반이었다. 이러한 독점적 구조는 규모의 경제 측면과 무관하지 않다. 경쟁이 가져다줄 효율을 막고 소비자 후생을 저해한다는 점에서 독점이 비판받고 있지만, 한국의 시장처럼 인구가 극도로 밀집된 환경에서는 소비자들이 일정 공간 안에 매우 많이 밀집되어 있기 때문에 기술개발과 투자로 신제품을 생산했을 때 그 비용 대비 편익이 매우 크다. 물론 여기서 독점을 옹호하려는 것은 결코 아니다. 이후 적절한 대목에서 이야기할 기회가 또 있겠지만, 나는 적어도 이 책에서 독점이든 경쟁이든, 좌파든 우파든 어느 쪽을 옹호하거나 반박할 의도가 없다. 그건 이 책의 목적과 거리가 멀다.

한국경제의 전환점이 되었던 1973년 1월 '중화학공업화 선언'은 오늘날 더욱 강화되고 있는 대기업 재벌체제 형성, 사회경제적 불평등 심화와 양극화, 하청 비정규 노동 및 외주화의 기원이었다. 한국의 대표적인 진보적 사회학자 김진균은 '한국 산업사회구성체'라는 독특한 개념을 이용하여, 재벌 대기업과 내부·외부 하청 관계라는 산업사회구성체 구조의 해명을 시도한 바 있다. 그는 "1973년 중화학공업화 선언에 따른 독점자본의 중공업 진출은 독점자본 강화의 새로운 계기가 되었다."며, 대기업 및 중화학공업화는 수출을 지향하는 정부의 계획에 맞추어 '자립적 산업구조와는 관계없이 저임금 노동력을 기반으로 해외시장 규모 확대에 맹목적으로 부응함

질임금이 차츰 더 느리게 증가하여 마침내 하락하는 결과를 낳는 동시에 일반 물가 수준의 상승은 더욱 급속히 가속화한다."(아글리에타, 247쪽)

으로써 주로 소비재 분야에 집중되어 온 반면, 국내시장에서는 거의 독과점의 위치를 굳혀 왔다고 진단했다.(김진균 1988, 218쪽)

전 세계 대학에서 읽히는 초·중급 미시경제이론 교과서 저자로 유명한 경제학자 할 베리언Hal Varian은, 2002년 《뉴욕타임스》에 기고한 글에서 저 유명한 코스의 1937년 논문(《기업의 본질The Nature of the Firm》)을 언급하며 이렇게 말했다.

"만약 시장이 자원 배분의 가장 최선의 수단이라면 왜 기업과 사업장 안에서 이것을 사용하지 않는 것인가? 조립 생산라인에서 작업하고 있는 노동자가 그 옆 동료 노동자를 상대로 자신이 부분 조립한 제품의 가격을 얼마로 정한 뒤 서로 교환하는 협상을 왜 하지 않는가?"(Varian 2002)

물론 그런 협상은 거의 일어나지 않는다. 작업장은 시장을 이용하지 않고 위계로 조직되거나, 교섭·명확한 계약보다는 명령과 통제 체계를 이용한다. 즉, 역설적이게도 자본주의의 근원적 단위는 자세히 들여다보면 계획경제의 양상을 많이 띠고 있다. 무수히 많은 소규모 기업들 사이의 경쟁을 강조하는 베리언이 이 글에서 말하고자 한 것은, 위계와 명령 체계에 의존하는 거대기업의 비효율성이다.

그런데 어떻게 거대기업들은 여전히 글로벌 경제를 지배하는 기업조직으로 시장에서 활동하고 있는 것일까? 이에 대해 경제학자 베넷 해리슨 Bennett Harrison은 지배적인 통념과 달리, 거대기업이 거대한 또는 작은 기업들과의 합병과 전략적 제휴를 통해 여전히 살아 있고 더욱 성장하고 있다고 설명하고 있다. 우리 시대에 거대기업은 아웃소싱 등 날렵함lean을 통

2010년 《대한기계학회저널》에는 1973년 중화학공업화 선언을 '한국의 산업혁명'이라고 지칭한 글이 실리기도 했다.

해 자신의 기업권력을 강화하고 있다. 다운사이징downsizing이 제너럴모터스GM, 아이비엠IBM, 제너럴일렉트릭GE 등 거대기업의 일상적인 표준처럼 여겨지고 있지만, 소규모 신생 기업들이 일자리를 더 많이 만들고 기술혁신도 거기에서 분출하고 있으며 거대기업은 점차 퇴출되고 있다는 주장은, 현실이라기보다는 신화에 불과하다고 해리슨은 실증을 동원하여 역설한다.(Harrison 1997)

오일러 정리
갈등과 조화

시장주의 경제학자들은 '팡글로스Pangloss 박사의 경제학', 곧 '지금 상태가 모두에게 최선'이라는 낙관주의를 바탕으로 갈등과 대립이 없는 '조화로운' 경제 세계를 주창한다. 진보를 주창하는 세력이 사회경제의 원천적 대립과 갈등을 그 사유 기반으로(더 정확히는 근본모순으로) 삼는다면, 보수적 사유에서는 갈등 없이 조화롭고 모든 사람의 공공이익이 증진되는 공리주의의 평화와 조화가 강조된다.

"유난히 조화와 화해를 강조하는 사람일수록 그 자신이 용서받아야 할 사람"이라는 말이 있다. 자신이 취득한 기득권이 정당성과 거리가 있고, 타인의 고통과 희생으로부터 자유로울 수 없는 사람일수록 유독, 어떤 때에는 필사적으로 조화와 화해를 부르짖고 때로는 강요한다는 얘기다. 주류 경제학에서 주창하는 '보이지 않는 손'의 조화도 그러한 것은 아닐까?

교환−무정부적 시장과 강도귀족

19세기의 발명품, 이익(추구)

상품이 지배하는 시장경제가 어떻게 사회를 침식하고 뒤흔들어 놓았는지, 사회가 그러한 시장의 가공할 팽창과 습격을 막고 스스로를 보호하기 위해 어떤 운동(노동조합과 공장법·사회법 제정, 중앙은행 설립 등 시장에 대항하는 각종 제도의 도입 등)을 하며 맞섰는지 역동적으로 보여 준 책이 칼 폴라니Karl Polanyi의 《거대한 전환The Great Transformation》(1944)이다.

"우리가 그 붕괴를 똑똑히 목도한 바 있는 19세기 문명의 독특한 특징은, 바로 그것이 경제라는 기반에 의존하고 있다는 데 있다. …… 모든 유형의 사회가 경제적 요소에 의해 제한받지만, 19세기 문명이 경제적 문명이었다는 말은 이와 완전히 구별되는 의미를 갖고 있다. 이 말은 오로지 19세기 문명만이 인간 행동의 무수한 동기들 가운데 역사상 어떤 인간 사회에서도 효과를 가지는 것으로 인정되는 법이 거의 없었던 하나의 동기, 더욱이 일상생활에서 사람들의 행동과 행위를 정당화하는 수준까지는 결단코 올라선 적이 없는 그 동기를 스스로의 기초로 삼았다는 의미를 담고 있기 때문이다. 그 동기란 바로 이익을 얻고자 하는 것이다."(폴라니, 152쪽)

흔히 경제학자들은 시장논리가 여러 인간 사회의 복잡한 문제들을 매우 쉽고 간단하게 해결할 수 있는 강력한 해법이라고 말한다. 행동의 유인(인센티브)만 시장에 던져 주면 시장 참가자들의 판단과 행동을 원하는 방향으로 바꿀 수 있다는 것이다. 물론 시장 역시 하나의 제도이다. 빈민 문제도 시장이 알아서 챙기도록 하면 만사가 스스로 해결된다는 식이다.

"이렇게 이익이라는 동기를 한 문명 전체의 기초로서 작동하게끔 만든 메커니즘은 그 효과 면에서 실로 유례를 찾기 힘든 것으로, 아마도 순식간에 지구의 일부를 뒤덮어 버린 가장 거친 종교적 열광의 폭발 정도만이 그에 비견될 것이다. 불과 한 세대 만에 온 인간 세상이 그 메커니즘의 영향력을 고스란히 받아들이고 그 앞에 무릎 꿇고 말았다. 잘 아는 바와 같이, 그것은 19세기 전반 영국에서 산업혁명의 여파 속에서 성숙한 모습을 갖추게 되었다. 그것은 약 50년 후에 유럽 대륙과 미국에 도착한다. …… 시장경제·자유무역·금본위제는 모두 영국적 발명품들이었다. 이러한 제도들은 20세기에 들어오면 세계 도처에서 붕괴된다. 파시즘 체제로 귀결되고만 독일·이탈리아·오스트리아 등은 그저 그 붕괴가 좀 더 정치적이고 극적이었을 뿐이다. 하지만 마지막 단말마의 순간에 벌어졌던 여러 에피소드들이 제아무리 후끈하고 눈이 빙빙 돌 만큼 어지러운 것이었다고 해도, 그 문명을 초토화시켜 버린 장기적 요인들을 연구하려면 역시 산업혁명의 고향, 영국으로 돌아가야만 한다."(폴라니, 153쪽)

요컨대 폴라니는 우리가 알고 있듯이, 인간의 행태는 원시적 상태에서나 역사 전체를 통틀어서나 (19세기 사상가들이 '경제적 합리성'이라고 묘사했던 원칙이나 시장제도에 대한) 찬양의 관점에 함축되어 있는 것과는 사실상 거의 정반대였다고 말한다.

"프랭크 나이트Frank Knight의 '인간의 행동 동기에서 특별하게 경제적인 것이란 없다'는 원칙은 단지 일반적 사회생활뿐 아니라 심지어 경제생활 자체에도 적용된다. 애덤 스미스가 원시시대 인간을 묘사하기 위해 그토록 자신 있게 내밀었던 교역하려는 성향이라는 것은, 인간의 경제활동에서 공통적으로 나타나는 경향이기는커녕 지극히 드문 것이다."(폴라니, 587쪽)

 "잉여가치(착취)는 없다" 오일러 정리

지금까지 우리는 시장을 인간사의 많은 문제들을 해결하는 만병통치약

교환─무정부적 시장과 강도귀족

같은 것으로 묘사했다. 이제 시장 메커니즘이 효율을 넘어선 분배 문제에 대해서는 어떤 처방을 내리는지 알아보자. 말하거나 글을 쓸 때 무릇 진실을 말해야 하겠지만, 자신의 머릿속에 들어 있는 모든 것을 남들에게 말해야 하는 건 아니다. 경제학원론 교과서에서 보게 되는 '코브-더글러스 생산함수'를 만들어 낸 코브Cobb와 더글러스Douglas 두 사람(한 사람은 경제학자이고 다른 한 사람은 수학자이다)의 머릿속에는 '분배' 문제에 대한 이데올로기적 함축이 분명히 들어 있었다고 나는 생각한다.

2014년 전 세계 경제학계를 뒤흔들어 놓은 책《21세기 자본Capital in the Twenty-First Century》에서 토마 피케티Thomas Piketty는 역사적 현실은 완벽하게 안정적인 자본-노동 소득분배율이 시사하는 관념보다 훨씬 더 복잡하다고 말한다. 통념과 달리 국민소득 중 자본의 몫의 안정성은 결코 자본/소득 비율의 안정성을 의미하지 않으며, 자본/소득 비율은 시기나 국가에 따라 매우 다양한 수치를 보일 수 있고, 따라서 자본 소유의 엄청난 국제적 불균형이 나타날 수 있다는 것이다.

"코브-더글러스 생산함수는 제2차 세계대전 이후 일부는 긍정적이고 일부는 부정적인 이유로, 그리고 단순하다는 이유로 경제학 교과서들에서 큰 인기를 끌었다. 하지만 무엇보다도 그 인기의 원인은 자본-노동 소득분배율의 안정성이 사회질서에 대한 상당히 평화롭고 조화로운 견해를 제시했기 때문이었다. 사실 소득에서 자본이 차지하는 몫의 안정성은 비록 그것이 사실로 밝혀진다 해도 결코 조화로움을 보장하지 않는다. 왜냐하면 그 안정이 자본 소유와 소득분배의 극단적이고도 옹호할 수 없는 불평등과 함께 나타날 수 있기 때문이다."(피케티, 263쪽)

이데올로기 관점에서 볼 때 경제학원론 교과서는 시장의 완벽함과 아름다움, 효율성, 나아가 시장이 모든 참여자들의 생활수준 향상과 공정을 보장하는 제도라는 점을 증명하는 것으로 가득 차 있다. 시장경제학은 각자에게 그 또는 그가 소유한 생산수단이 생산에 기여한 정도에 따라 분배 몫을 받는 것이라고 주장한다. 사실 전통적으로 경제학은 더 많은, 더 효율적인 생산을 탐구하되 사회의 분배 상태는 근본적인 탐구 주제가 될 수 없다고 여겨 왔다. 경제학은 경제과학이며, 분배 문제는 가치판단이 개입되고 개인, 사회, 역사에 따라 달라지는 비과학적 윤리학이나 철학의 주제라는 것이다.

그러나 마르크스주의 노동가치이론이 확산되면서 경제학이 분배 문제에도 눈을 돌려야 하는 상황이 됐다. 노동가치론은 생산자들을 혁명으로 이끌 불길한 사상이었다. 사회적 가치를 생산하는 원천이 오직 노동에 있다는 주장을 반박할 수 있는 도구가 필요했다. '코브-더글러스 생산함수'는 생산물을 간단히 미분하여 자본과 노동의 한계생산성, 즉 두 생산요소가 가치 생산에 각각 기여한 몫을 분해해 도출할 수 있으며, 분배 몫은 그 생산성에 정확히 비례해 결정된다고 주장한다. 결국 노동만이 가치의 원천이 아니고, 투입된 자본 역시 스스로 가치 생산에 기여한 만큼을 이윤 몫으로 분배받는 것이 수리적으로 증명되며, 따라서 이제 '착취'라는 불온한 말은 존재할 수 없게 된다. 그리고 시장은 이런 분배를 자동적으로 보장하는 정의롭고 공정한 시스템이 된다.

생산자가, 아래첨자 t로 표시된 특정 시점time에서 노동(L_t)과 자본(K_t)을 결합(결합하는 기술 수준은 A_t)해 Y_t를 생산하는 함수의 형태를 $Y_t=A_t \cdot F(K_t, L_t)=A_t \cdot K_t^{\alpha} L_t^{1-\alpha}$라고 하자. 이것이 전형적인 코브-더글러스 생산함수의 정식화된 형태이다. 이 함수에서 규모에 대한 수확 불변일 때, 노동은 불변이

"생산에서 자연의 역할은 수확체감 경향을 보이지만, 인간의 역할은 수확체증 경향을 보인다. 즉, 노동과 자본의 증가는 일반적으로 조직의 개선을 가져오며, 그것은 노동과 자본의 작

고 자본만 1단위 추가 투입하거나 그 반대로 자본은 불변이고 노동만 1단위 추가 투입해 생산한 각각의 한계생산물(즉, 각 요소의 생산 기여분)에 각각 노동과 자본의 전체 투입량을 곱해 주면 총생산물(Y_t)이 완전 배분된다. 이것이 수학자 오일러의 이름을 딴 이른바 '오일러Euler 정리'이다. 완전 배분되고 남는 '잉여'는 없다. 즉, 잉여가치 착취는 논리적으로 존재할 수 없으며, 노동과 자본 모두 각자 생산에 기여한 몫만큼 정확히 가져간다는 '수리적 이데올로기'이다. 제임스 뷰캐넌은 "이러한 신고전파의 논리 구조는 그 설명력이 매우 강하며, 또 심미적으로 아름답기까지 하다."고 말한다. (뷰캐넌 1996)

생산함수가 풀지 못하는 '농장 일꾼 역설'

여기서 자본의 한계생산성을 결정하는 것은 이론상 금융중개시스템(은행과 금융시장)의 기능이다. 즉, 그 기능은 자본을 가장 효과적으로 활용하는 방법, 다시 말해 각각의 사용 가능한 자본 한 단위를 생산성이 가장 높은 곳(필요하다면 지구 반대편이라도)에 투자해 투자자에게 가장 높은 수익을 안겨

업 효율성을 향상시킨다. 만일 수확체증법칙의 작용과 수확체감법칙의 작용이 균형을 이룬다면, 우리는 수확불변(규모에 대한 보수 불변)의 법칙을 얻게 된다. 이 경우 생산량의 증가는 노동과 자본의 증가와 비례한다."(마셜, 제1권, 407쪽)

로버트 솔로는 노동과 자본 두 요소의 단순한 수량적 물적 투입이 생산에 기여한 부분 이외에도 총생산물에는 '잔여분', 즉 노동과 자본 둘의 기술적 결합방식에 의한 생산성(총요소생산성) 요소가 포함돼 있음을 밝혀냈다. 토머스 홉스Thomas Hobbes는 《리바이어던Leviathan》에서 다음과 같이 말했다. "저술가들은 행위의 정의를 교환적 정의와 분배적 정의로 구분한다. 그들에 따르면, 교환적 정의는 산술적 비례에, 분배적 정의는 기하학적 비례에 기초한다. …… 분배적 정의는 각자에게 각자의 몫을, 즉 같은 자격을 가진 사람에게 똑같은 편익을 분배하는 것을 의미한다. 이것은 '공정equity'이라 부르는 것이 정확하며, 또한 자연법의 하나이다."(홉스, 155쪽)

줄 수 있는 방법을 찾는 것이다. 자본의 수익률(한계생산성)은 한 사회가 소비하고자 하는 다양한 상품과 서비스를 생산하기 위해 자본과 노동을 결합시킬 수 있는 이용 가능한 다양한 기술의 종류에 달려 있다. 이 문제를 생각할 때 경제학자들은 흔히 생산함수 개념을 사용한다. 이는 해당 사회에 존재하는 기술적 가능성들을 반영한 수학 공식이다. 생산함수의 특징 중 하나는 자본과 노동 사이의 대체탄력성을 정의하는 것이다. 즉, 필요한 상품과 서비스를 생산하기 위해 노동을 자본으로, 자본을 노동으로 대체하는 것이 얼마나 수월한지 그 정도를 측정하는 것이다.(피케티, 261쪽)

나아가 부르주아경제학은 성과연동임금이나 생산한 제품 수에 따라 임금을 지급하는 개수임금제를 주창하는데, 이에 대한 비판을 들어 보자.

"생산에 대한 기여가 더 크기 때문에, 혹은 실물이나 가격 기준으로 더 많이 생산하기 때문에, 더 높은 임금을 받아야 한다는 논리는 부르주아경제학의 발상이다. 더 많이 생산하므로 더 많이 받아야 한다는 부르주아경제학의 분배원리와, 더 많이 생산한다고 해서 더 많이 받을 이유는 없다는 마르크스주의의 분배논리 사이에 도덕적 판단은 일단 배제하기로 하자. 물질적 유인이 생산 증대에 미치는 효과를 부정할 생각은 없으나, 반대로 가족공동체는 능력에 따라 생산하고 필요에 따라 소비하는 질서가 지배해도 아무 갈등이 없다."(정운영 1993, 170쪽)

사실 프레더릭 테일러Frederick Taylor가 1911년에 펴낸 《과학적 관리법The Principles of Scientific Management》은 당시 '노동자 착취공장'의 노동조건에 대한 사회적 논란이 커지는 와중에 이에 대응해 씌어졌다.(테일러, 29쪽)

"과학적 관리법은 고용주와 노동자 모두가 최대 번영을 이루는 데 기본 목적을 둔다. …… [이 책을 읽고 나서] 노동자들도 고용주들이 공정하게 많은 수익을 거두는 것을 못마땅해 하고, 노동으로 얻은 성과가 모두 자신들의 공이며 고용주들이나 사업에 투자된 자본은 노동의 성과에 거의 또는 전혀 영향을 미치지 않는다고 여기는 태도를 조금씩 바꾸게 되기를 기대한다. …… 과학적 관리법에 따라 일하려면 경영자가 노동자가 맡은 일의 상당 부분을 떠맡고 수행해야만 한다는 점을 이 글은 분명히 보여 줄 것이다."(테일러, 22·38쪽)

이윤은, 착취가 아니라 과학적 관리법이라는 직무를 경영자가 떠맡아 수행하는 데서 나오는 자본의 정당한 몫임을 주장하고 있는 것이다.

분명히 '(자원) 배분allocation'과 '(생산물) 분배distribution'는 전혀 다른 개념이다. 시장은 가격을 통하여 효율적으로 '자원들을 배분'한다. 그렇지만 과연 시장이 '공정하게 분배'도 하는 것일까? 애덤 스미스는 분배의 공정성에 관한 의문도 제기했다. 그는 《국부론》(1776)을 출간하기 10여 년 전 강의 중간에 이런 말을 했다고 한다.

"불쌍한 농장 노동자는 토양과 계절의 모든 불편함과 싸워야 한다. 계속적으로 무자비한 날씨에 노출되고 동시에 가장 가혹한 노동을 해야 한다. 그래서 사회의 모든 틀을 떠받치고 나머지 사람들의 편리함과 용이함의 수단을 제공하는 그는 그 몫이 아주 작고 이름도 없이 죽어 간다."

인간 삶에서 가장 필수적인 제품들을 공급하는 자들이 가장 적은 보상을 받는 현상, 이것을 오늘날 '농장 일꾼 역설Farmworker Paradox'이라고 한다. 시장이 필수 재화에 낮은 가치를 부여하는 '다이아몬드와 물의 역설'과 같은 맥락이다. 일부 경제학자들이 이 문제를 붙들고 분투해 오고 있으나, 대다수 경제학자들은 오히려 이 문제를 그냥 회피하거나 아니면 정당화하는 연구를 하고 있다.(Perelman 2003)

◆ 교환적 정의와 분배적 정의, 그 '열망의 격차'

계급들 사이의 분배 문제는 고전파경제학에서 가장 중요한 문제들 중 하나였지만, 신고전파경제학에서는 (갈등을 수반하는) 이 문제가 단순한 배분의 문제 아래 포섭되었다. 여기에는 오일러 정리를 활용한 존 베이츠 클라크John Bates Clark의 '보상의 한계생산성 이론'(《부의 분배Distribution of Wealth》(1899))이 결정적으로 작용했다. 한계생산성 이론은 직업적 경제학자들에게 빠르게 승인되었다.

"한계주의는 몇몇 사람의 눈에는, 자본주의를 변호하고 사회개혁을 방해할 준비가 된 반동적 괴물로 자라날 정치적 함의를 획득하기조차 했다. 그러나 논리적으로 이 주장은 아무런 의미가 없다. 한계원리 자체는 분석수단이다. 만일 50년만 늦게 태어났더라면 마르크스도 당연히 그것을 사용했을 것이다. 미적분학의 용도가 수학이나 물리학 분야에서 어느 학파나 집단을 특징짓는 데 사용될 수 없는 것과 마찬가지로, 경제학의 학파를 특징짓는 데 사용될 수는 없다. 사후적으로 보더라도 한계주의는 정책이나 사회철학과는 아무런 관련도 없다. 그러한 관련을 갖게 된 것은, 한계 분석의 '결과'에 주어진 정치적·도덕적 해석일 따름이다. 클라크는 이러한 비난으로부터 자유롭지 못했다. 그는 더 나아가 한계생산력 '법칙'에 따라 이루어지는 분배는 '공정'하다고 주장해 버렸다. 그리고 이 주장은 전문가들의 눈에 '클라크적 한계주의'와 자본주의 변호론 사이의 관념 결합으로 비쳤다."(슘페터 2013(제3권). 219쪽)

클라크의 목표는 그 자신이 분명히 한 것처럼, 시장을 통해 이루어지는 소득분배에 대한 설명뿐 아니라 그것의 '정당화'였다. 투입된 생산요소들이 한계생산물 가치를 받는다는 법칙을, 각 요소들이 생산에 기여한 만큼의 보수를 받는다는 원칙으로 변화시켜야 한다는 것이 클라크의 생각이었다.(폴리, 204쪽) 오일러 정리와 클라크의 한계생산성에 따른 분배의 원칙은 "시장을 통한 분배가 사회를 안정시킨다"는 것으로, 시장경제에 대한 광범위한 지지를 형성하는 핵심 원리가 된다.

이제 생산물 분배에서 벗어나 자원 배분의 효율성 쪽으로 이동해 살펴보기로 하자. 개인들의 선호를 반영해 자원을 최적으로 배분하는 경제 시스템을 고안하고 증명하는 것은 경제학자의 직업적 과업 중 하나이다. 경제학은 "가장 필요로 하는" 사람에게 자원을 배분하는 것이 희소한 자원을 최적으로 활용하는 가장 간단하고 효율적인 방법이며, 시장의 가격이 이를 조정해 준다고 말한다. 시장에서 무엇을, 얼마나, 어떻게 생산할지도 오직 가격변수 하나에 의존해 결정된다는 것이다.

그런데, 그렇다면 개인들의 다양한 선호는 어떻게 설명될 수 있을까? 경제학은 개인의 욕망은 충족시켜 줘야 할 대상일 뿐 그 선호가 왜 형성되었는지, 그것이 윤리적·사회적·생태적 측면에서 옳고 바람직한지는 전혀 따지지 않는다. 스티글러는 1977년에 이를 '취향에 관하여 다툴 필요는 전혀 없다De Gustibus Non Est Disputandum'라는 제목의 논문으로 간명하게 표현했다. 선호는 외부적으로 주어진 것일 뿐이며, 사람들이 술과 담배를 선호한다면 왜 좋아하는지, 그것이 좋은 것인지 아닌지 따질 필요가 없다는 것이다. 1백만 원의 돈으로 고급 모피 옷을 구입하든, 아프리카의 굶어 죽는 아이들을 위해 쓰든 아무런 차이가 없다. 단지 각자의 욕망을 충족시켜 주면 그만이다. 다만, 자원을 어떻게 효율적으로 이용하여 모피 옷이든 자선행위든 욕망을 충족시켜 줄 수 있을지를 고민할 뿐이다.(변형윤·이정전, 123쪽)

"경제학자들은 술에 대한 수요의 크기와 강도, 그리고 이에 따른 시장에서의 결과에 관심을 가질 뿐, 사람들이 음주를 하는 이유에는 관심을 두지 않는다. 경제학자들은 사람들이 철학 서적을 구매하는 것이 지식에의 갈증 때문인지 아니면 단순히 잘난 체하고 싶기 때문인지를 알지 못한다. 경제이론에서 중요한 것은 일정한 수의 책들이 어떤 가격에서 구매된다는 것일 뿐이다. 미제스는 '시장에서 무기에 대한 수요가 법과 질서의 편에 선 사람들에게서 나오는지, 아니면 범죄자들이나 혁명가들에게서 나오는지는 별로 중요하지 않다. 유일하게 결정적인 것은 수요가 일정량만큼 존재한다는 사실이다. 경제학은 행동 자체만을 고려할 뿐, 어떤 행동에 이르게 한 심리적 사건에는 아무 의미를 두지 않는다.'고 말했다."(버틀러, 239쪽)

선호를 결정하는 요인들이 무엇인지 분석하는 작업은 결코 간단하지 않을 것이다. 그렇지만 사람들이 사회적 진공 상태에서 상호작용하는 것은 분명 아니다. 사람들의 기호나 행동은 의심할 바 없이 사회적 태도와 규범의 영향을 받는다. 이러한 자원 배분 이후 나타난 시장에서의 결과를, 비록 불평등하더라도 희소한 자원을 최적으로 이용한 결과이므로 용인해야 하는 것일까?

좌파 경제학자 밥 로쏜Bob Rowthorn에 따르면, 갈등은 자본주의 시스템에서 풍토병처럼 항상 발생하는 현상이다. 즉, 노동과 자본 사이에는 어떤 생산기술을 사용할지, 하루 노동시간의 크기를 어떻게 정할지, 분배 몫을 어떻게 정할지를 둘러싼 갈등이 항상 존재한다. 이 갈등들은 상호 연관돼 있으며, 한 영역에서의 갈등은 다른 영역의 갈등에 영향을 미치고, 이 모든 갈등은 일정한 정도로 임금과 상품가격에 영향을 미친다.(Rowthorn, p.215) 로쏜은 특히 자본가가 목표로 삼은 이윤 몫과 실제로 얻는 (생산물의 상품가격에서 임금비용, 세금, 해외 부품 수입 비용을 빼고 남은) 이윤 몫과의 차이를 이른바 '열망의 격차aspiration gap'라고 명명했다.

이러한 노동과 자본의 갈등에 국가의 통화정책도 중요한 영향을 미친다. 국가의 정책적인 통화량 조절은 인플레이션 유발(또는 억제)을 통해 상품에 대한 소비자의 수요에 영향을 미치게 되며, 이러한 상품수요의 변동은 작업장에서 노동과 자본의 갈등에 다시 그 효과를 미친다. 즉, 상품수요가 계급 갈등의 조정자regulator 역할을 하는 셈이다. 풀어서 말하면, 노동의 입장에서 보면 시장에서 해당 제품에 대한 낮은 수요는 다수 노동자들의 전투성을 약화시키고 좀 더 온건한 노동조합 지도자의 입지를 강화시킨다. 또한 사용자의 입장에서는 상품가격을 올릴 수 있는 능력을 떨어뜨리고, 목표로 삼는 이윤 몫의 크기를 줄이도록 강제한다. 요약하자면, 시장에서의 수요가 하나의 규율discipline로 작용하여, 조직노동과 거대자본의 힘을 취약하게 만들고, 노동과 자본이 각자 요구하는 몫을 상대방에게 관철시킬 수 있는 힘을 저지한다.(Rowthorn, p.237) 그러한 규율 기능을 수행하는 시장 수요 뒤에 국가의 통화정책이 있다는 얘기다.

시장
경쟁과 사회계획

4

"일등을 했다구? 좋은 일이다. 열심히 공부해라. 기회는 얼마든지 있다. 미국, 불란서 어디든지 갈 수 있다. 내 돈 한 푼 안 들이고 나 랏돈이나 남의 돈으로 얼마든지 공부할 수도 있다. 돈 없는 건 걱정 할 필요가 없다. 흔한 것이 장학금이다. 머리와 노력만 있으면 된다. 부지런히 공부해라. 부지런히. 자신을 가지고. …… 따라서 그가 성 공할 확률은 대단히 높다. 많은 것들 중에서 어느 하나만 적중하면 된다. 그런데 문제는 적중하느냐 않느냐가 아니라 적중하건 안하건 간에 아무런 차이가 없다는 데 있다. 적중하건 안 하건 간에 그는 그가 처음 출발할 때에 도달하게 되리라고 생각했던 곳으로부터 사 뭇 멀리 떨어져 있는 곳에 와 있음을 깨닫는다." — 서정인, 《강》

"이제부터 당신과 저는 형식상의 친구입니다. 그러나 우리는 서로 야만적 경쟁, 즉 이익을 위한 싸움을 웃음으로 덮고 있다는 사실을 말씀드려야겠습니다." — 존 스타인벡, 《불만의 겨울》

시장의 신화 1

1944년 '필라델피아 선언'으로 탄생한 국제노동기구ILO는 "노동은 상품이 아니다."라고 천명하고 있다. 그럼에도, 상품은 오직 시장에서만 존재하는 재화와 서비스임에도, 경제학에선 일상적으로 '노동시장labour market'이라는 표현을 사용하고 있다. 과연 시장은, 수백 쪽에 이르는 두꺼운 경제학원론 교과서가 첫 장부터 마지막 장까지 누누이 가르치는 대로 "인류가 발명한 가장 나은, 또 유일하게(?) 효율적인" 자원 배분 메커니즘일까?

◥ 모든 것을 시장에 맡기라

시장은 과연 우리를 행복하게 하는가? 물론 경제도 수치나 방정식, 통계의 학문을 넘어 철학과 정의의 문제를 점차 다루기 시작하고 있다. 그러나 여전히 공해 문제도 시장을 통해 해결할 수 있으며 놀랄 만큼 많은 해결책을 보여 줄 것이라는 주장도 흔하다. 기술혁신에 의한 공업화 및 산업화가 온난화 등 여러 새로운 문제들을 초래했지만, 동시에 탄소 배출을 획기적으로 감축할 수 있는 기술혁신도 가능케 할 것이라는 얘기다. 폴 새뮤얼슨과 함께 《경제학》을 쓴 윌리엄 노드하우스William Nordhouse는 '지구온난화 경제학Global Warming Economics'을 주창하며 기술이 온난화 문제를 해결하는 수단을 제공하고 있다고 말한다.

시장논리를 더욱 확대하면, 스티븐 래빗Steven Levitt이 《슈퍼 괴짜경제학Superfreakonomics》에서 주장하듯이 "오염을 줄이는 것이 큰돈이 된다면 오염을 줄이는 기술적 진보가 갑작스럽게 일어날 것"이고 이 기술을 통해 지구온난화도, 지금이야 요란하게 걱정하지만 언제 그랬냐는 듯 간단하게 해결될 수 있다. 시장에 내버려 두면, 즉 이윤 동기가 작동하면 가격기구를 통해 모든 복잡한 문제들도 쉽게 풀린다는 것이다. 따라서 주류 경제이론은 가격의 자유로운 변동과 움직임을 통제하려는 시도는 부작용만 초래할 뿐이라고 주창한다. 밀턴 프리드먼의 통화주의나 주류 경제학의 모든 분석은 사실상 이런 결론으로 집약된다.

(사적 이익을 추구하는 시장에서 공공자원인 공유지는 망가질 수밖에 없다는) '공유지의 비극'도 시장에서 사적 재산권을 명확히 해 주기만 하면 해결된다. 로널드 코스는 갈등하는 당사자들 사이에 소유권만 잘 정의한다면 모든 시장

▶ '통화주의'는 국가의 케인스주의적 자유재량 금융·재정정책(총수요 관리, 세금정책 등)은 분석이 불가능하다고 주장한다. 외생적으로 정치적 변수와 판단으로 이루어지는 것이므로 과학적 분석 대상에서 벗어난다는 것이다. 따라서 통화주의는 이런 영역을 줄여야 하며, 시장의 실물상품 생산량에 정확히 비례해 통화를 공급해야 한다는 '준칙rule'을 역설한다.

참여자들 간의 (어떤 제도적 개입이 없이도!) 자율적이고 자발적인 협상을 통해 상호 이익 증진이 언제든 가능하다고 수리적으로 증명한 바 있다. 자유로운 시장이란 결국 사적 소유라는 자본주의 사회체제를 '시장'이라는 덜 과격한 용어로 말하고 있을 뿐이다. 사적 재산권이 명확하게 정의되거나 보장되지 못하면 시장경제는 자원의 효율적인 최적 이용을 근본적으로 기대할 수 없게 된다. 오염 등 외부효과를 내부화하려 할 때도 사적 재산권이 명확하게 설정되어야 한다. 덧붙여, 주류 신고전파경제학의 경제이론 모형에는 흔히 노동조합은 빠져 있다. 집단적 노동조합은 시장을 규제하는 '제도'라는 점에서 경제 분석의 대상이 아니라고 보기 때문이다.

밀턴 프리드먼은 《선택할 자유》에서 돈과 이기심에 대해 "자본주의사회에서 돈을 인간 행동의 가장 고상한 동기로 볼 수는 없지만 그것은 다른 어떤 것보다도 깨끗한 동기가 될 수 있다."고 말한다. "이기심이란 근시안적 이기주의가 아니다. 이기심이란 구성원의 흥미를, 관심을 끄는 것이며, 가치 있다고 생각되는 것이며, 그들이 추구하는 목표"라는 것이다.(프리드먼 2009, 50쪽)

개리 베커도 선교사의 자선사업은 물론이고 결혼 및 자녀 출산 등의 가족 구성, 심지어는 범죄조차 이기심에 기초한 효용 극대화 행동으로 설명할 수 있다고 주장한다. 사랑하는 사람에게 주는 선물, 자식에게 물려주는 유산, 곤궁한 자에게 베푸는 자선 역시 제공받는 사람들이 주는 이익 및 제공하는 사람이 느끼는 만족과 효용에 따라, 즉 합리적이고 계산이 가능한 어떤 기초 아래 선물·유산·자선이 이뤄진다는 설명이다.

신고전학파의 시장에 대한 신뢰는 "완전경쟁 하의 일반균형은 파레토 최적이다"라는 '후생경제학의 제1원리'에 논리적 기초를 두고 있다. 애로Arrow와 드브뢰Debreu가 발전시킨 이 기본 정리는 스미스의 '보이지 않는 손'에서 그 '손'의 정체가 바로 가격 체계이며, 완전경쟁에서 가격 체계의 조정은 스미스가 직관적으로 인식한 효율성을 달성한다는 점을 수학적으로 증명하고 있다. 반면, 스티글리츠는 '보이지 않는 손'이 보이지 않는 이유는 그것이 존재하지 않기 때문이라고 말했다.

시장에서의 '선택할 자유'는 정치적 민주주의와도 연결된다. "젊은 미국인은 그 어떤 것에 대해서도, 그 누구에게도, 그 어떤 전통에 대해서도, 또 어떤 직책에 대해서도 존경심을 가지고 있지 않다. 존경심을 가지고 있다면 단지 상대방의 개인적 업적에 대해서뿐이다. 미국인은 이것을 민주주의라고 부르고 있다. 미국인은 자기 앞에 서 있는 교수에 대해 다음과 같이 생각한다. 그는 그의 지식과 방법을 우리 아버지의 돈을 받고 나에게 파는데, 이것은 채소 장수 아주머니가 우리 어머니에게 양배추를 파는 것과 조금도 다를 것이 없다. 그것으로 끝이다. 어떤 미국 젊은이도 이 교수로 하여금 자신에게 '세계관'이나 자신의 삶을 영위하는 데 기준이 될 규칙들을 팔도록 할 생각은 하지 않을 것이다."(베버 2006, 72쪽)

칼 폴라니는, 푸줏간 주인은 자기 이익 때문에 열심히 일하지만 그 결과로 우리가 저녁 식사를 할 수 있다고 말한 애덤 스미스의 그 '보이지 않는 손'은, 자기 이익이라는 이름 아래 우리에게 서로를 잡아먹는 끔찍한 식인 의식儀式을 강요하려 드는 그런 것이 아니다. 우리가 '인류라는 거대한 사회'와 같은 공동체 질서의 일원이라는 도덕적 존재임을 말해 주려 했다."(폴라니, 339쪽)고 말했다. 사실 자유주의자를 비롯해 학문 세계에서 이 '보이지 않는 손'에 열광해 온 이유는, 이기심이라는 행동원리 그 자체가 아니라, 그 이기심이 타인과 사회 전체에 이익을 준다는 그 메시지 때문이다. 한편, 일반균형이 존재하면 이 상태에서의 자원 배분은 효율적이라는 이른바 '후생경제학 제1원리'는 '보이지 않는 손'의 현대적 해석이다. "이 질서의 상태에서 개인의 사익과 공익은 조화를 이루게 된다. 이와 같은 시장의 힘에 대한 신뢰를 이론적으로 정당화시켜 주는 것이 바로 '후생경제학 제1원리'이다."(이준구, 568쪽)

베버는 여기서 교수가 지도자가 될 필요는 없으며, 학문은 단지 자기성찰과 사실관계 인식에 기여하고자 전문적으로 행하는 '직업'으로 여겨야 한다고 말했다. 학문은 [가치중립적인 것이지] 세계의 의미에 대한 현인과 철학자의 사색의 일부분이 아니라는 것이다.

◆ 현재가 항상 최선이다

시장주의 경제학자들은 볼테르의 1759년 풍자극 《캉디드Candide》에 나오는 팡글로스Pangloss 박사처럼 "모든 것이 언제나 최선의 상태"라는 낙천적 생각에 따라 언제나 지금 상태가 모두에게 최선이라는 '팡글로스 경제학'을 주창한다.

"모든 사건들은 가능한 최선의 세상 안에서 서로 연결되어 있다네. 왜냐하면 결국, 만일 자네가 퀴네공드를 사랑했다는 이유로 엉덩이를 발로 차이고 아름다운 성에서 쫓겨나지 않았다면, 만일 자네가 종교재판에 회부되지 않았다면, 만일 자네가 아메리카 대륙을 누비고 다니지 않았다면, 칼로 남작을 찌르지 않았다면, 엘도라도 낙원에서 끌고 온 양들을 잃어버리지 않았다면, 여기서 이렇게 설탕에 절인 레몬과 피스타치오 열매를 먹지 못했을 테니까 말이야."(볼테르, 《캉디드 혹은 낙관주의》, 206~207쪽)

현재가 항상 균형이고 최선의 상태라는 말이다. 여기서 균형은 경제학 교과서의 이곳저곳에서 흔히 증명하고 강조하는 이른바 최적의 균형, 즉 시장에서 이루어지는 상품교환 게임에 참여하는 모든 참여자들이 가장 최선의 상태라고 여기는 균형점이 된다. 시장 참여자 그 누구에게도 이 지점으로부터 '이탈할 경제적 유인이 없는' 균형이라고 할 수 있다. 이것이 던지는 경제

▶ 케인스는 《일반이론》에서 "전통적인 경제이론이 갖는 유명한 낙관주의는 경제학자로 하여금, 자기 밭을 경작하기 위하여 이 세상을 등진 후에 세상만사를 자유방임 상태로 내버려 두기만 하면 모든 것이 '가능한 세상에서 최선 중의 최선'이 된다고 가르치는 캉디드처럼 여겨지도록 만들었다"며 "고전파 이론은 우리에게 경제가 움직여 주기를 '원하는 것'을 제시한다. 그러나 경제가 실제로 그렇게 움직인다고 생각하는 건, 우리가 당면하는 여러 어려움을 없는 것으로 간주하는 것과 같다."(케인스 1985, 33쪽)고 말했다.

시장–경쟁과 사회계획

철학적 메시지는 뚜렷하다. 현재보다 더 나은 다른 사회와 세상을 설계하고 기획하고, 이 사상을 기반으로 대안적 사회를 쟁취하려고 싸우는 건 헛수고가 되기 십상이라는 보수적 이데올로기의 수리이론적 설파인 셈이다.

특히 계량통계분석은 과거 데이터 변수에만 의존할 뿐 장래 사회경제구조의 '변화'를 모형 안에 정확히 포함하기 어렵다. 그래서 "현재가 항상 최선"이라는 식이 될 공산이 크다. 다윈의 《종의 기원》의 점진적 진화 상태나 마셜의 "자연은 도약하지 않는다"는 관점도, 또 경제학에서 효용함수나 생산함수를 '연속함수'로 가정하여 미분해서 잘게 쪼개 분석하는 방식도, 급진적 변화나 '도약이 없는' 상태를 그 배경에 깔고 있다. 이런 철학에서 도출되는 결론은 정치적 시장 개입, 즉 국가의 금융·재정정책은 생활수준 향상에 아무런 영향을 미치지 못하고 기껏해야 경제 불안정을 더 높일 뿐이라는 이야기로 이어진다.

그러나 현실에서 거의 모든 경제문제는 시장을 통한 해결이냐, 국가·제도를 통한 해결이냐의 문제로 집약된다. 케인스는 《일반이론》에서 "만약 우리 정치가들이 자유시장원리 교과서에서 더 나은 세상을 만드는 데 도움을 받지 못했다면, (국가 재정지출을 통한) 피라미드 건설이나 지진, 심지어 전쟁까지 부를 증가시킬 수 있다."(케인스 1985, 128쪽)고 말했다. 대규모 공공사업을 벌여 기업의 가동률을 높임으로써 실업자를 고용하듯, 역사상 불황에 빠진 나라가 대규모 전쟁을 통해 디플레이션을 극복하고 경기를 회복시킨 것은 바로 이 때문이다.(오노 요시야스, 199쪽)

이에 대해 미제스는, 케인스 추종자들은 자신들의 우상이 행한 과정을 흉내 내면서 풍자법에 호소하고 여러 가지 해석이 가능한 모호한 용어로 반대자들을 칭함으로써 그들을 이상하게 만들고 있다고 케인스의 '기교'를 깎아내렸다.

"많은 사람들이 감탄하여 말한 케인스의 '화려한 문체'와 '언어의 정복'은 실상은 값싼 수사적 술법이었다. 케인스의 말 중 가장 유명한 것은 '고대 이집트는 두 가지의 활동, 즉 피라미드의 건축과 귀금속을 탐색했다는 점에서 이중으로 행운이었고, 그 신화적인 부富도 의심의 여지없이 이들 활동의 덕택이었다. 이 활동의 과실들은 소비를 통하여 인간의 필요를 충족시키는 것이 아니기 때문에, 풍족하다고 해서 값어치가 떨어지지는 않는 것들이다. 중세는 사원을 세우고 만가를 노래했다. 두 개의 피라미드, 두 개의 장엄한 미사는 하나에 비하여 두 배로 좋지만, 런던과 요크 간의 두 개의 철도는 그렇지 않다(케인스 1985, 130쪽)이다. 오스카 와일드나 버나드 쇼의 연극에나 나옴직한 이 경구는, 땅을 파게 하고 저축에서 돈을 빼서 지불하면 '유용한 재화와 용역의 실질국민소득이 증가할 것'이라는 명제를 어떤 방식으로든 증명하지 못하고 있음이 분명하다. 오히려 반대자로 하여금 논쟁으로 보이는 것에 대답도 못하게 하거나, 또는 번쩍이는 위트에 대항하여 논리적·추론적 논법을 사용해야 하는 곤란한 입장에 놓이게 한다."(미제스, 75쪽)

조지 오웰George Orwell은 《1984》에서 "모든 행위의 결과는 그 행위 자체 속에 포함된다."(오웰, 38쪽)고 했다. 여기서 마음에 새겨야 할 것은, 실제로 무슨 일이 벌어졌는가보다는 그 진정한 의도가 무엇이었는가에 있다.

"로빈슨 크루소의 공리公理는 그 정의定義상 경제행위의 절대적 합리성의 대수학Algebra이며, 또 그 행위는 다른 모든 경제행위자에게까지 확대되는 것이므로 말할 것도 없이 그 체제는 완전히 합리적이라는 사실이 발견된다. 이 세상의 모든 것은 최선을 다하려고 한다. 한계주의의 이론 구성 전체가 이러한 터무니없는 동어반복으로 이뤄져 있다. 따라서 이것은 하나의 이데올로기 이외의 아무것도 아니다. 즉, 아무런 과학적 성격도 지니지 않은 보편적 조화의 이데올로기이다."(아민, 35쪽)

이에 대한 반박을 맨커 올슨의 목소리로 들어 보자.

"시장실패라는 용어는 양립할 수 없는 말을 서로 짜 맞추어 효과를 내려는 모순어법이며, 자유방임은 자유주의자들이 이전에 그렇다고 생각했던 것보다도 더 좋다. 논리적으로, 사람들이 자유롭게 거래하는 한 우리는 자동적으로 모든 가능한 세상의 제일 효율적인 상태에 도달한다. 어느 누구도 이념적 기반에서 이러한 생각을 침 뱉듯이 버려서는 안 된다."(올슨 2010, 117쪽)

◀ 사회는 기어가는가, 비약하는가

좀 더 중간 입장의 목소리도 얼마든지 있다. 노벨경제학상 수상자인 폴 크루그먼Paul Krugman은 《경제학의 향연Peddling Prosperity》에서 "현실 시장경제는 고도로 불완전한 체제다. 그러나 인간이 생각해 낸 다른 어떤 체제보다 더 낫다."고 말한 바 있다. '자본주의의 다양성'을 강조하는 제도주의 경제학자 로베르 부아예Robert Boyer는 현존하는 시장은 지역이나 시기에 따라 작동하는 방식이나 그 제도적 구성이 크게 다르며, 이에 따라 그 시장의 경제적 성과 역시 큰 차이를 보이고 있다는 점을 강조한다. 그러므로 "언제나 지금이 곧 최선의 상태"라는 팡글로스 박사의 견해에 작별을 고해야 한다Farewell to Dr. Pangloss고 주장한다.(Boyer 1997)

반박과 옹호에도 불구하고 '팡글로스 경제학'은 현재가 가능한 최선이고, 항상 더 나은 최선의 상태를 향해 나아가고 있다는 찰스 다윈의 진화론과 맥락을 같이한다.￢

￢ 진화를 장엄한 것으로 생각하는 경향은 《종의 기원》의 마지막 문장에서 볼 수 있다. "자연과의 투쟁에서, 즉 기아와 죽음에 뒤이어, 우리가 생각할 수 있는 가장 고귀한 일, 다시 말해 고

"현존하는 종류는 일반적으로 그 체제의 단계상, 전체로서는 낡은 형태보다도 고등으로 보인다. 그리고 그것들은 후기의 더 개량된 형태가 생존경쟁에서, 더 오래되고 좀 더 개량되지 못한 형태를 정복한 높은 위치에 있었음이 분명하다."(다윈, 485쪽)

팡글로스는 교수형에 처해질 위험에 처한 순간에도 "이것은 모든 가능한 세계 중에서 최선의 것"이라고 말했다. 마찬가지로 자신들이 곧 자승자박에 빠질 것임을 알지 못하는 경제학자들은, 그들이 최선의 가능한 상태에 도달했다고 말했다. 실제로 폭풍우의 구름이 몰려오고 있던 1929년 대공황 당시, 그들은 창밖을 내다보고 그것을 알아차릴 수도 있었으나 서로 축배를 드는 데에만 열중하고 있었다. 건물 바깥에 몰려든 검은 구름들은 서로 겹쳐지고 뒤엉켰으며, 어떤 경제학자들은 천둥소리를 듣기 시작했지만 앞으로 일어날 심한 폭풍우를 예견하지는 못했다.

《블랙 스완The Black Swan》이라는 도발적인 이야기를 선보인 경제학자 나심 탈레브는 "역사는 기어가지 않는다. 사회도 기어가지 않는다. 역사와 사회는 비약한다."고 말했다.

등동물의 출현이 나타나는 것이다. 생명은 그 여러 가지 능력과 함께 맨 처음에 조물주에 의해 소수의 것, 혹은 단 하나의 형태로 불어넣어졌다는 이 견해, 그리고 이 행성이 확고한 중력의 법칙으로 회전하는 동안 그토록 단순한 시작으로부터 극히 아름답고 이와 같이 지극히 경탄할 만한 무한의 생명이 진화했고, 또한 지금도 진화하고 있다는 이 견해 속에는 장엄함이 깃들어 있다."

화폐 신용에 대해 마르크스는 "불건전한 어음 거래나 단순히 어음 제조를 목적으로 하는 상품 거래로 [판매·교환] 과정 자체가 매우 복잡해지기 때문에, 사기당한 생산자의 희생으로 유지되고 있는 경우에도 매우 건실하고 환류가 원활한 듯한 사업의 외관을 평온하게 지속할 수 있다. 그렇기 때문에 사업은 언제나 바로 파국 직전에 거의 지나칠 정도로 건전하게 보였다." (마르크스, 제3권(하), 593쪽)고 말했다.

"역사는 파열구에서 파열구로 이동한다. 다만, 그 사이에 작은 진동을 일으킬 뿐이다. 그런데도 역사학자를 포함하여 우리 인간은 예견 가능하도록 한 발 한 발 전진하는 세계를 믿고 싶어 한다. 이것을 깨달은 후 내게는 신조가 하나 생겼다. 우리는 '뒤돌아보는 쪽으로 발달된 거대한 기계'라는 것, 인간은 자기기만에 탁월한 존재라는 것이다. 나의 일그러진 인간상은 해가 갈수록 강화된다."(탈레브, 57쪽)

마르크스는 《자본론》에서 말했다. "속류경제학에서는 부르주아 세계가 있을 수 있는 모든 세계 중에서 최선의 것이라는 것을 증명하려는 친절한 선의 때문에 진리에 대한 사랑과 과학적 탐구욕이 전혀 불필요해지고 있다."(마르크스, 제3권(하), 1040쪽)

자비롭고 전능한 사회계획자
시장의 신화 2

애덤 스미스가 "우리가 매일 저녁 식사를 마련할 수 있는 것은 정육점 주인과 양조장 주인, 그리고 빵집 주인의 자비심 때문이 아니라, 그들 자신의 이익을 위한 그들 자신의 계산 때문이다. 우리는 그들의 자비심에 호소하지 않고 그들의 이기심에 호소하며, 그들에게 우리 자신의 필요를 말하지 않고 그들에게 유리한 것을 말한다."(스미스 2003, 17쪽)라고 말했을 때, 그는 도덕철학과 경제과학의 분리를 염두에 두었던 것일까?

이 유명한 이야기의 명백성과 현실성은 쉽게 반박하기 어렵다. 이것이 자본주의적 사회가 작동하고 스스로를 재생하는 진정한 방식이라고 수많은 경제학자들이 믿고 수리적으로 증명해 왔기 때문이다. "그러나 이기심의 추구가 긍정적인 이득이 된다는 주장을 뒷받침하기 위해서 스미스는 [노동과 자본의] 적대적 시장 관계가 분업을 지탱할 수 있는 유일한 방식이고, 우리의 저녁 식사를 보장하는 수단으로서의 사적 소유관계가 수반하는 분배적 불평등과 도덕적 폭력을 받아들이는 것 말고는 어떤 대안도 없다는 것을 보여 주어야 했다. 스미스는 이 주장을 제기하는 데 실패했다."(폴리, 64~65쪽)

경제학의 신神 혹은 그림자, 시장

'상품'은 순수하게 이론적으로 볼 때 자본주의 시장경제에서만 존재하는 대상이다. "상품은 인간의 경제적 욕구를 충족시키는 다양한 수단 중의 하나에 지나지 않음에도 불구하고, 경제학 연구에서 거의 독점적인 영역을 확보하고 있다. 또한 이러한 경향이 경제의 전반적인 발전 과정과 어떠한 관계를 가지고 있다고 가정한다면, 상품은 그것이 생산되고 소비되는 사회를 가장 현저하게 특징짓는 주요한 요인이 된다는 사실을 인식하게 된다."(정운영 1986, 14쪽)

《자본론》에는 공산주의, 사회주의 같은 용어가 거의 등장하지 않는다. 《자본론》 제1권은 자본주의 시장에서의 '상품 분석'에 초점이 맞춰져 있다. 《자본론》은 사회주의 정치경제학이 아니라 자본주의 정치경제학을 다루고 있다. 1867년 마르크스가 《자본론》 제1권 첫 문장에서 "자본주의적 생산양식이 지배하는 사회의 부富는 '상품의 방대한 집적'으로서 나타나며, 개개의 상품은 이러한 부의 기본 형태로 나타난다. 그러므로 우리의 연구는 상품 분석으로부터 시작된다."고 한 것과, 평론가 김우창이 '산업화시대의 욕망'을 이야기하며 "세상 어디를 보아도 물건이 없는 곳이 없다. 사람이 둘러보는 세계에서 물건은 세계를 이루는 가장 두드러진 이정표의 하나이다."(김우창 1982, 27쪽)라고 한 것은, 100년의 시차를 두고 두 사람이 근대 산업

사회의 한 측면을 사회과학적으로 또 인문학적으로 표현한 것이다.

사실《자본론》은 노동가치론에 따른 잉여가치 착취라는 비밀을 상품에서 찾아냈다는 점에서 계급투쟁의 혁명적 성격을 띠고 있긴 하나, 이데올로기적이라기보다는 학술적 분석 저작에 가깝다. 일반적으로 계급투쟁의 역사나 역사적 유물론 등 마르크스의 학설이 매우 뚜렷하고 명징해 보인다고 여길지 모르나, 불분명한 대목이 많다는 지적도 적지 않다.

"마르크스의 핵심 학설의 세부적인 면은 때때로 균형을 잃고 있거나 모호한 경향이 있었다. 이런 점을 스스로도 잘 알고 있던 마르크스는, 한번은 자신을 발자크의《알려지지 않은 걸작Unknown Masterpiece》의 주인공에 비유한 적이 있다. 그 주인공은 자기 마음속에 떠오른 그림을 그리려고 캔버스에 가필을 끊임없이 반복하다가 결국에는 형체 없는 색채 덩어리를 만들어 냈다."(벌린, 18쪽)

마르크스는 발자크와 셰익스피어의 작품을 즐겨 읽었다고 하는데, 마르크스가 그토록 대중들의 열광을 불러일으킨 독특한 요소로서 그 혁명적 논리 이외에 문학적으로 빼어난 특유의 수사학적 표현들을 거론하는 지식인도 흔히 있다.

"그(마르크스)가 혁명이란 결론(그는 이 결론을 많은 다른 가능한 도식으로부터도

마르크스에 관한 가장 빼어난 평전이라고 일컬어지는 책《칼 마르크스 : 그의 생애와 시대Karl Marx : His Life & Environment》(1978)에서 이사야 벌린은 다음과 같이 정곡을 찌른다. "마르크스는 방대한 양의 자료를 면밀히 검토해 그중에서 옳고 독창적이며 중요해 보이는 것을 전부 추려 낸 다음, 그 자료를 근거로 사회를 분석하는 새로운 학설을 만들어 냈다. 그 학설의 장점은 아름다움이나 일관성에 있는 것도, 정서적 혹은 지적 힘에 있는 것도 아니다. 그것의 진정한 가치는 단순한 기본 원리들을 포괄적이면서도 상세하고 현실성 있게 결합한 비범함에 있다."(벌린, 34쪽)

마찬가지로 도출할 수 있었을 것이다.)에 도달하기를 원했기 때문이 아니라, 그의 분석이 그 결론을 요구했기 때문이다. 만약 계급투쟁이 역사의 주제이고 동시에 사회주의의 새벽을 실현할 수단이라면, 또 위에서 말한 두 계급만이 존재해야 한다면 이 두 계급의 관계는 원리적으로 적대적일 수밖에 없는데, 그렇지 않았다면 사회적 동학에 관한 마르크스의 체계에서 동력이 상실되었을 것이다."(슘페터 2011, 80쪽)

　시장의 신비를 벗겨내고자 《시장의 탄생Reinventing the Bazaar》을 썼다는 존 맥밀런John McMillan은 "경제학 이론으로는 시장의 신비를 벗겨 낼 수 없다"고 말했다.　교과서에 담긴 경제학 이론은 시장이 어떻게 돌아가는지 제대로 설명해 내지 못하기 때문이다.

　경제학은 시장 연구로 이뤄져 있다. 하지만 교과서는 시장을 추상적으로 묘사할 뿐이다. 수요와 공급의 법칙은 가격이 어떤 역할을 수행하는지 설명해 주지만 가격이 어떻게 결정되는지에 대해서는 침묵하고 있다. 수요와 공급은 매입자와 매도자가 어떻게 한데 모이는지, 그들이 어떤 협상 과정을 거치는지, 매입자가 상품 가치를 어떻게 평가하는지, 합의점이 어떻게 도출되는지 등에 관한 질문을 비켜 가고 있다. 이런 기이한 현상을 세 노벨경제학상 수상자가 지적한 바 있다. 조지 스티글러는 이를 "혼란의 근원"이

　자유시장 옹호론자도 시장의 특성을 종교로 해석한다. 자유주의자 조지 길더George Gilder는 "오늘날 자본주의경제의 진정한 영적 자본은 물질적인 것이 아니라, 도덕적·지적·정신적인 것"이라고 주장했다. 그는 기업가정신이 종교적 신앙과 문화의 심연에서 비롯된다며 "산상수훈(마태복음)의 달콤하고 신비로운 위안을 구현하고 충족시키는 것도 기업가정신"이라고 말했다. …… 신학자 하비 콕스Harvey Cox는 시장 추종자들을 비웃으며 "시장이란 신비로움과 위엄이라는 점에서 신과 같다"(맥밀런, 19쪽)고 말했다. 경제성장이론에서는 산상수훈에 나오는 황금률Golden Rule에 빗대어 '자본축적의 황금률'이란 개념을 사용하고 있다.

라고 규정했고, 더글러스 노스Douglass North는 "신고전파경제학이 그 바탕에 깔고 있는 중앙기구, 다시 말해 시장을 별로 언급하지 않고 있다"는 특이한 사실을 지적했다. 로널드 코스는 시장이 경제학 이론에서 "그림자 역할"을 맡고 있다면서 "시장에 대한 토론 자체가 완전히 사라졌다"고 한탄했다.(맥밀런 2010, 20쪽)

"오스카르 랑게Oscar lange는 이를 더 훌륭하게 묘사했다. 시장은 인간이 사용한 최초의 컴퓨터이며, 스스로 인간의 경제활동의 균형을 맞추어 주는 자동규제 장치라는 것이다. 조르주 다브넬Georges d'Avenel은 자기 시대 언어를 사용하여 이렇게 표현했다. '만일 어느 나라에서 그 어떤 것도 자유롭지 않다고 해도 가격만은 자유로우며 어떤 것에도 예속되지 않는다. 화폐와 토지 및 노동의 가격, 모든 곡물 및 상품들의 가격이 언제나 변함없이 자유롭다. 어떤 합법적인 제약도 그 어떤 개인 사이의 담합도 가격을 굴종시키지는 못한다.' 이런 판단들의 이면에는 누구에 의해서도 조정되지 않는 시장이 경제 전체의 모터 역할을 하는 장치라는 암묵적인 전제가 깔려 있다. 이 주장에 의하면, 유럽의 성장 내지 세계의 성장은 다름 아닌 시장경제의 성장이고, 이것은 점점 더 많은 사람들과 점점 더 많은 근거리 및 원거리 무역이 시장이라는 합리적인 질서 내에 이끌려 들어가는 것을 말하며, 이 전체가 세계의 단일성을 만들어 간다는 것이다."(브로델, 2–1권, 314쪽)

자원 배분의 효율적인 제도 메커니즘과 관련하여, 시장(경제)은 인류가 적어도 지금까지 고안해 낸 발명품 중에서 최상의 발명품이다. 이것을 보여

맥밀런은 이런 비판 후, 수요와 공급의 블랙박스를 활짝 열고 시장의 움직임에 대해 들여다본 연구로서 대표적인 것이 게임이론과 효율임금이론 및 정보경제학(조지 애커로프, 조지프 스티글리츠 등)이라고 말한다.

주는 것이, 금융시장에서 어느 이름 모를 부자가 저축한 돈이 금융 중개기관(은행)을 통해서 달동네 빈곤층 천재 소년의 하버드대 등록금으로 차입되어 사용될 수 있다. 최적의 자원 배분이 이렇게 이뤄진다. 굳이 저축할 사람, 내 돈을 쓸 사람을 스스로 찾아다닐 필요도, 자원의 최적 배분을 위해 어떤 조직이 노력할 필요도 없다. 주류 경제학은 수요-공급이라는 시장의 힘이 균형과 효율을 보장한다는 강고한 믿음을 바탕에 깔고 있다. 사실 "앵무새도 훈련하면 경제학자로 만들 수 있다. 오직 앵무새에게 두 가지 용어, 즉 수요와 공급만 가르치면 된다."는 말이 있을 정도다.

돈, 토지, 기계 등 한정된 자원을 누가 가장 효율적으로 잘 사용할 수 있을 것인가? 자원 배분의 목적은 여기에 있다. 답은 간단하다. 그 비용을 가장 많이 치를 용의가 있는 사람에게 배분하면 된다. 그가 합리적 경제인인 이상 지불한 돈 이상의 수익을 얻으려고 그 자원을 가장 효율적으로 사용할 것으로 우리는 기대할 수 있으며, 결국 그 자원을 가장 필요로 하는 사람이라고 확신할 수 있다.

맨큐는 해변에 접한 토지를 배분하는 문제를 가지고 가격기구에 의한 자원 배분, 즉 왜 시장이 경제활동을 조직하는 가장 좋은 수단인지 설파한다. "해변에 있는 토지의 양은 제한되어 있으므로 누구나 해변에 사는 즐거움을 누릴 수는 없다. 그렇다면 누가 이 자원을 사용하게 될 것인가? 누구든 더 높은 가격을 지불하려는 사람이 해변의 토지를 차지할 것이다."(맨큐, 102쪽) '1원 1표'의 시장원리에 따라 배분하면 그 땅의 자원을 최적으로 사용하는 방법이 된다는 말이다.

노동과 자본의 '보이지 않는 악수'

경제학자 아서 오쿤Arthur Okun은 노동과 자본은 상품생산 과정에서 경쟁력의 원천으로 이른바 '보이지 않는 악수the invisible handshake'를 필요로 한다고 말했다.(Okun 1981) 애덤 스미스의 '보이지 않는 손'이 적어도 노동시장에서는 제대로 작동하지 못했다며, 더 많은 임금과 고용 안정 그리고 더 높은 노동생산성을 가져다주는 악수가 필요하다는 것이다. 노동계약은 외견상 적정한 임금을 제공하는 고용주와 적정한 노동을 제공하는 노동자 간의 자발적 교환 형태를 띠고 있으나, '암묵적 계약'이다. 바꿔 말하면, '불완전 고용계약'이다. 게임이론에 비유하자면, 보이지 않는 악수는 매서운 매hawks 혹은 유순한 비둘기doves가 되기보다는 현명한 올빼미owls로 행동하는 것이 최선이다.

그러나 노동과정은 똑같은 이유로, 즉 노동자는 사람이기 때문에 작업장의 생산과정에서 자신의 노동력을 얼마나 지출할 것인지, 태만하지 않고 얼마나 열심히 일할 것인지를 사전에 확정하기 불가능하다는 바로 그 이유로, 위계와 통제가 작용하는 노동력 '추출' 과정으로 묘사되기도 한다.

"고용주가 노동시간을 생산적 노동으로 전환시키는 과정은 교환exchange이라기보다는 추출extraction이라고 보는 것이 정확하다. 왜냐하면 그 과정은 시장의 조건과 다른 경우가 많기 때문이다. 노동과정을 통제하고 피고용자들에게서 노동을 추출하기 위해 고용주들은 노동을 위계적으로 조직한다."(보울스 · 에드워즈 · 루스벨트, 391쪽) 노동력상품은 시장에서 교환되는 것이라기보다는 노동과정labour process, 즉 위계가 존재하는 어떤 '과정'으로 보아야 한다는 얘기다.

생산공장 영역에서 노동가치 추출value extracting의 노동과정을 집중 연

시장-경쟁과 사회계획

구해 온 좌파 경제학자 윌리엄 라조닉William Lazonick은, 일본의 도요타 완성차조립회사와 그 부품회사들이 맺는 전략적 제휴가 부품회사들의 기술혁신과 더 작고 유연한 기업조직에 인센티브를 제공하는 것으로 경쟁력을 높이고 있다면서, 이 역시 '보이지 않는 악수'를 표현하는 것이라고 말했다.(Lazonick 1991)

이 같은 맥락에서 이제 '완전한 시장'이 금과옥조로 삼는 '경쟁'을 보자. 토머스 맬서스Thomas Malthus의 《인구론An Essay on the Principle of Population》(1789) 첫 장은 '경쟁'을 시사하고 있다.

"사회 개선에 대한 연구에서 자연스럽게 떠오르는 방법론은 다음 두 가지다. (1) 인류 진보의 장애 요인 탐구 (2) 이러한 장애 요인이 전부 또는 일부라도 제거될 가능성 검토. 이 논문의 주 목적은 인간 본성과 밀접하게 연관된 한 원인에서 비롯된 결과를 검토하는 것이다. 이 원인은 인간 사회가 시작된 이래로 끊임없이 강한 영향력을 발휘해 왔지만 학자들은 이 문제를 거의 주목하지 않았다. …… 내가 말하는 원인이란 모든 생물은 그들이 얻을 수 있는 영양분 이상으로 끊임없이 증가시키려는 경향이 있다는 것이다. 프랭클린 박사는 모든 동식물은 저마다 무리를 짓고 생존자원을 획득하기 위해 경쟁하기 때문에 번식이 제한될 뿐 그 이외에 그들의 번식을 제한할 요인은 없다고 말했다."(맬서스, 17쪽)

라조닉은 자본주의경제는 역사, 제도, 사회, 관계, 권력, 위계, 조직 등의 관점에서 연구해야 하며 순수한 추상적 이론의 시장경제 분석에서 벗어나야 한다고 주장했다.

"맬서스는 사회과학에 수학적 주장과 모델을 명시적으로 도입한 최초의 저자 가운데 한 명이었다. 신학적 혹은 철학적 주장들에 호소하기보다는 수학적으로 입장을 제시한 맬서스의 수사적 구조는 주목할 가치가 있다."(몰리, 72쪽)

마르크스의 《자본론》 제3권 제10장(경쟁과 시장가격)에는 다음과 같은 말이 나온다.

"한 집단의 각 구성원이 그 집단 전체의 이익과 소유물 중 일정 비율 이상을 결코 가질 수 없다면, 그는 이 전체 이익을 증대시키기 위하여 곧 단결할 것이다. 이것이 독점이다. 그러나 각자가 비록 총액을 감소시키는 방법으로라도 어쨌든 자기 몫의 절대액을 증대시킬 수 있다고 생각한다면 그는 가끔 그렇게 할 것이다. 이것이 경쟁이다."

1821년에 이미 독점과 경쟁뿐 아니라 (뒤에서 상세하게 보겠지만) 맨커 올슨의 집단행동이나 게임이론의 한 측면까지 정확히 보여 주고 있는 것이다.

이쯤에서 시장 균형가격에 대한 마셜의 간명한 설명을 들어 보고 넘어가는 것이 도움이 되겠다.

"언제든지 가격이 36실링을 크게 상회한다면, 구매자들은 그 가격에서 공급이 수요보다 훨씬 많을 것이라고 생각할 것이다. 따라서 전혀 구매를 못 하고 시장을 떠나야 한다면 높은 가격을 지불할 용의가 있는 구매자들도 기다리게 된다. 그리고 기다림으로써 그들은 가격이 하락하는 데 기여한다. 다른 한편 가격이 36실링 밑으로 크게 하락할 때는, 곡물을 팔지 못한 채 시장을 떠나야 한다면 그 가격이라도 수용할 용의가 있는 판매자들도 그 가격에는 수요가 공급을 초과할 것이라고 생각할 것이다. 따라서 그들은 기다릴 것이고, 기다림으로써 가격이 상승하는 데 기여한다. 그렇게 36실링이라는 가격은 진정한 균형가격이라고 불릴 만한 일정한 자격을 가지고 있다."(마셜, 제2권, 26쪽)

"맥주 시장은 균형가격에서 청산된다. 균형가격에서는 초과공급도 초과수요도 존재하지 않는다는 말이다. 하지만 노동시장에서는 균형 상태에서조차 노동의 공급이 수요를 초과하며, 초과공급 상태에서도 가격을 떨어뜨리는 힘이 존재하지 않는다. 즉, 여기서 우리가 보고 있는 것은 시장이 청산되지 않는 상태에서의 균형이다. …… 노동과정을 좀 더 완전하게 이해하려면 사회적 조직체로서의 기업을 분석해야 한다. 거기서 등장하는 행위자들은 피와 살을 가진 사람들이기 때문에 이들의 행동을 그래프로 요약할 수는 없다."(보울스·에드워즈·루스벨트, 410~411쪽)

 최선의 자원 배분 형태

이제 이 꼭지의 제목으로 내건 '자비롭고 전능한 사회계획자'라는 말을 이해할 발판이 마련되었다. 아리스토텔레스는 《정치학》에서 "우리는 좋은 지배자를 '선량한' 그리고 '사려 깊은' 사람이라고 부르며, 정치가는 '사려 깊은' 사람이어야 한다고 말한다."(아리스토텔레스, 《정치학》, 340쪽)고 했다.

흔히 경제학에선 모든 사람들의 이익을 대변하는 자비롭고 전지전능한 사회계획자benevolent, almighty social planner가 존재하는 세계를 가정한다. 그런 뒤에 이 사회계획자가 자원을 배분한 결과는, 이 사회계획자 없이 모든 개별 소비자와 생산자가 시장에서(즉, 무정부적 분권화 상태에서) 각자 이익을 추구하며 교환하고 경쟁하는 과정에서 형성되는 이른바 '경쟁적 시장균형' 모형의 해解와 일치한다는 점을 증명한다. '안정적'이고 '유일한' 해가 '존재'한다는 것이다. 다시 말해 앨프레드 마셜이 말한, 이른바 분권화된 '대표적 개인'과 '대표적 기업'행동의 시장 상호작용의 결과로 나타난 경제적 성과 및

"신고전파경제학의 입장은 경제가, 서로 다른 수많은 개인들로 구성되어 있음에도 불구하고, 본질적으로 어떤 단일하고 일관된 효용함수를 극대화하는 '단일한 개인'이 있는 '것처럼' 작동한다는 것이다. 한계주의경제학의 수많은 수학적이며 개념적인 복잡성이 이런 주장들을

자원 배분이, 사회계획자의 명령경제와 일치한다는 뜻이다.

여기서 눈치 빠른 독자는 금방 이해했겠지만 자비롭고 전능한, 마치 신과 같은 존재가 경제를 계획해 집행하는 것과 똑같은 최선의 성과를 자유로운 시장의 개별 경제주체들에게 맡겨 놓았을 때도 달성할 수 있으므로, 이제 "자유로운 시장이 최선"이라는 결론이 입증된 셈이다.

제1차 세계대전 이후 케인스주의적 정책, 곧 국가의 적극적인 재정·통화 개입이라는 현실 경제정책에 대응해 주류 경제학은 그런 개입 없이도 아무런 위계 없이 자유로운 개인들로 분권화된 시장이 국가가 해결해야 하는 문제까지 스스로 교정하면서 똑같이 유익한 효과를 가져올 수 있다고 수리적으로 증명해 왔다. 이른바 '분권화된 경제'의 최적화다. 예컨대 시장 임금수준이 균형에 이르지 않아 비자발적 실업이 초래되고 있다면, 이때 실업자 자신이 팔 수 있는 노동시간의 가치는 이를 고용해 생산에 활용하려는 잠재적 기업이 고려하는 가치보다 낮기 때문에 둘이 적절한 협상을 통해 임금·고용계약을 맺게 되고, 결국 길거리에서 서성거리는 비자발적 실업자는 한 명도 존재하지 않게 될 것이라고 주장한다.(Olson 1996) 국가의 적극적인 노동시장 개입정책은 쓸모없다는 것이다.

그러나 올슨은, 둘이 '왜' '어떻게' 적절한 임금 협상에 나서게 될지는 논리적으로 말해 주지만, 언제 그 둘이 협상에 나설지에 대해서는 명쾌한 답을 제공하지 못하고 있다. 그래서 케인스는 "폭풍이 몰아치는 계절에 경제학자가가 할 수 있는 일이란 고작 잠잠해질 때까지 기다리기만 하는 것인

논증하기 위해 등장한다. 신고전파 경제학자들이 자주 쓰는 한 가지 손쉬운 방법은 모든 개인들이 서로 동등하다identical고 가정하는 것이다. 그러면 그들을 '대표적 행위자representitive agent'로 환원할 수 있게 된다."(폴리, 200쪽)

가?"라고 물으며 "장기에 우리는 모두 죽는다"고 비꼬았다.

누가, 어떻게, 언제, 어떤 상품을 노동·자본·토지 등 생산요소를 사용해 가치 있는 상품을 만들고, 누가 이를 소비(분배)할 것인가? 이것이 경제문제다. 시장이 완전 작동한다면, 가상적 모델 세계의 자비롭고 전능한 사회계획자가 사회주의 명령경제처럼 경제를 계획하고 자원 배분을 집행해 수요와 공급을 통제했을 때와 같은 결과를 만들어 낼 것이다. "시장은 인류가 지금껏 자원 배분 형태로 고안한 제도 중 최고"라는 것이 모든 경제학원론 교과서의 가르침이고 경제학에서 배우는 최종 결론이다. 시장이 효율적이란 말을 입증하기 위해 온갖 그래프와 수식, 미분과 적분 그리고 자연로그와 지수함수 등이 동원된다.

복거일은 "대부분의 사람은 자유시장의 원리에 대해서는, 자신들이 그것으로부터 혜택을 받을 경우에도, 오히려 크게 받으면 받을수록 관심이 없거나 비판적이다."라고 사뭇 날카롭게(?) 지적했다. 그의 머릿속에 자리 잡고 있는 자유시장의 상象은, "누구의 선택에 대해서도 그것의 타당성을 묻지 않는다는 뜻에서" 자유시장은 어느 사회적 제도나 기구보다 자유주의적이다. 그럼에도 자유시장은 사회의 다수 집단으로부터 쉽게 불신과 미움의 표적이 되며, 자유시장으로부터 얻을 것이 가장 많은 소수 집단들이 그것의 가장 줄기찬 비난자라는 밀턴 프리드먼의 탄식이 자유주의자들의 귀에 울린다.(복거일 1990, 300쪽)

"그리도 역설적이게도, 자유시장의 적들(사회주의자와 공산주의자)은 소수 집단들(흑인, 유대인 등)로부터 그 인구 비율에 맞지 않게 많이 충원되었다. 그들은 시장의 존재가 동료 시민들의 태도로부터 자신들을 보호했음을 깨닫는 대신, 잔여적인 수준에 그치는 차별의 원인을 그릇되게 자유시장에게로 돌린다." — 밀턴 프리드먼.

복거일은 또 안타까움을 토로한다.

"시장의 작용을 이해하기 어렵다는 사실은 자유주의자들을 어느 사회에서나 소수로 만드는 요인이다. 그리고 적은 사람들이 시장의 성격과 작용을 이해하려고 애쓴다는 점, 그들 가운데 아주 적은 사람들만이 현실에서 그것이 작용하는 모습을 제대로 보는 데 성공한다는 점, 앞으로도 그럴 것이라는 점은 자유주의자들을 거의 절망으로 내몬다."(복거일 1990, 317쪽)

로크의 도토리
소유권과 효율

영국 케임브리지 작은 언덕의 습한 늪지대에 일리Ely라는 마을(일명 '일리의 섬')이 있다. 중세 봉건시대에 잉여생산물을 이용해 이곳에 최초의 대성당이 지어졌고, 이 건물은 지금도 남아 있다. 17세기에 이르자 이 지역의 많은 토지를 소유한 베드포드 공작이 용지 개발의 수익성을 알아차리고 투자회사를 조직해 배수 공사를 시작한 결과, 이 지역은 습지에서 배수 시설이 잘된 비옥한 농토로 탈바꿈했다. 당연히 그 공작은 큰돈을 벌었다. 찬란하고 위엄에 찬 대성당이 봉건주의를 상징한다면, 배수로는 투자자에게 거대한 이윤을 남기는 자본주의를 대표한다. 이 마을을 사례로 들며 새뮤얼 보울스Samuel Bowles는 말한다.

"일리 섬에는 잉여생산물이 다르게 사용된 결과가 그대로 남아 있어, 봉건주의와 자본주의 간의 차이를 확인할 수 있다. 대성당은 금방 눈에 띄기 때문에 지나치기 어렵다. 그러나 배수로는 자신이 바라보고 있는 곳이 어디이며 찾고 있는 것이 무엇인지 알고 있지 못하면 그냥 지나치기 쉽다. 이와 마찬가지로 봉건주의 경제체제가 어떻게 작동했는지를 이해하기는 쉽지만, 자본주의를 이해하는 것은 우리가 어디를 봐야 하고, 무엇을 찾아야 하는지를 알지 못하면 훨씬 어렵다. 자본주의를 이해하기 위해 우리가 주목해야 할 것은 계급과 잉여생산물이다.ˮ(보울스 · 에드워즈 · 루스벨트, 184쪽)

 ## 소유권이 창출하는 가치

대체로 신고전파 경제이론의 논문들이 결론에서 도출하는 내용은, 재산소유권을 명확히 할 때만 시장은 비로소 효율적일 수 있다는 것이다.▸

데이비드 고든David Gordon은 1976년에 발표한 논문 〈자본주의적 효율성, 사회주의적 효율성Capitalist Efficiency and Socialist Efficiency〉에서 신고전파경제학의 파레토 효율Pareto efficiency 개념을 '수량적 효율성'으로 규정했다. 주어진 물적 투입 요소의 조합으로부터 유익하고 가치 있는 물적 산출물을 최대한 만들어 내는 것이 효율의 목적이라는 얘기다. 여기서 그 반대편의 '질적 효율성' 문제, 예컨대 노동소외나 상품으로서의 노동 취급 그리고 계급관계의 재

▸ 해롤드 뎀세츠Harold Demsetz와 아민 앨키언Armen Alchian이 대표적이다. "뎀세츠는 명확히 명기된 소유권의 출현이야말로 시장이 제 기능을 수행하기 위한 전제조건임을 일반화했다. …… 앨키언과 뎀세츠의 논의는 노동자와 사용자 사이에 존재하는 노동계약이 갖는 계약의 불완전성이 갖는 의미를 진지하게 사유했던 거의 최초의 분석이었다."(블로그, 16 · 72쪽) Demsetz(1967), "Toward a Theory of Property Rights", *The American Economic Review*, Vol.57(2). Alchian & Demsetz(1973), "The Property Right Paradigm", *The Journal of Economic History*, Vol.33(1).

생산 등은 수량적 효율성으로는 해결될 수 없다. 질적 효율성은 자본주의적 기업과 견줘 노동자자주관리 기업이 갖는 바람직한 측면의 핵심이다.

소스타인 베블런은 《자본의 본성에 관하여On the Nature of Capital》에서 영리기업이 수익 창출 능력을 금융 및 주식가치 등으로 자본화하는 과정에서 핵심이 되는 것은 기계설비의 가격이 아니라 그 기업이 소유하고 있는 이른바 '굿윌good will'이라고 말한 바 있다.

"굿윌이라는 포괄적 항목에 들어가는 것은 모두 '비물질적 부', '무형자산'이라는 공통점이 있다. 이 말의 가장 중요한 의미는 이러한 종류의 자산들이 그 소유자에게만 쓸모가 있고 공동체의 입장에서는 아무런 쓸모가 없다는 것이다. 넓은 의미에서 굿윌의 범주에는 고객 사업자들과의 안정된 관계, 정직한 거래자라는 평판, 법적 특권과 독점권, 상표, 브랜드, 특허권, 지적 소유권, 특별한 과정들을 배타적으로 사용하고 그 권리를 법이나 비밀조약 등으로 보호받는 것, 특정 자원에 대한 배타적인 통제권 등이 모두 들어간다. 이 모든 항목들은 그 소유자들에게는 경쟁자들을 앞설 수 있는 차등적 이점을 가져다주는 것이지만, 공동체나 국가의 부엔 아무런 이점도 가져다주지 않는 것이다."(베블런, 104쪽)

베블런은 자본재라는 물질적 장비의 소유자는 그 소유권으로 말미암아 단지 공동체의 무형자산, 즉 비물질적 장비에 대한 사용권만 얻는 게 아니라, 그것을 남용하고 방기하며 심지어 다른 사람이 쓰지 못하게 할 권리까지 얻게 된다고 말한다. 이렇게 비물질적 장비를 쓰지 못하게 할 권력으로 인해 그 소유자는 사람들의 섬김을 받는 권력뿐만이 아니라 소득을 얻을 능력 또한 얻게 된다.(베블런, 55쪽)

'소유권'은 '근대'를 표상하는 개념 중 하나이다. 톨스토이의 우화 〈사람에게는 얼마만큼의 땅이 필요한가〉에 나오는 주인공 빠흠의 행동과 달리, 존 로크John Locke는 1690년에 펴낸 《통치론Two Treatises of Government》에서 사람의 소유에는 한정이 있다고 말한다. 좀 길지만 《통치론》 제5장 '소유권에 관하여'를 인용한다.

"대체 어떻게, 어떤 인간이, 어떤 물건의 소유권을 갖게 되었는가? …… 대지와 인간 이하의 모든 피조물은 만인의 공유물이지만 사람은 누구나 자기 자신의 일신에 대해서는 소유권을 갖고 있다. 이 신체에 대해서는 본인 이외의 어느 누구도 아무런 권리를 갖지 못한다. 그러므로 자연이 공급해 준 대로의 상태에 있는 것으로부터 끄집어낸 것은 무엇이든 간에 그는 그것에다 그의 노동력을 투하한 것이며, 또한 무엇인가 자기 자신의 것을 첨가한 것이 되는데, 이렇게 함으로써 그것은 그의 소유물이 되는 것이다. 즉, 그의 노동에 의해서 다른 사람들의 공유 권리를 배제하는 그 무엇인가가 그것에 첨가된 것이다. …… 오크나무 아래에서 주은 도토리와 숲 속 나무에서 따 온 사과를 먹고 사는 사람은 확실히 그런 것들을 자기 것으로 차지하게 된 것이다. 따라서 어느 누구도 그 열매가 그의 것이 된 것을 부정할 수 없다. 이와 같이 수집하는 노동이 가해졌다는 사실이야말로 그 것들을 공유물과 구별 짓게 한 것이다. 도토리와 사과를 자기 것으로 만드는 데 있어서 모든 인류의 동의를 얻지 않았다고 해서 그는 아무런 권리도 갖지 못한다고 말하는 사람이 과연 있을까?"(로크, 《통치론》, 49~51쪽)

로크는 이어서, 만일 도토리처럼 땅 위에 있는 과실들을 줍기만 하면 소유권이 생긴다고 하면 누구나 자기가 원하는 만큼 '독점'할 수 있게 되는

▶ 빠흠은 더 많은 땅을 차지하려고 하루 종일 죽어 쓰러질 때까지 들판을 달렸으나, 결국 그가 차지한 땅은 자신의 몸을 뉘일 만큼에 불과했다.

것 아니냐고 묻는 사람이 있겠지만, 결코 그렇게 되지는 않을 것이라고 대답한다. 소유권을 부여하는 자연법이 그 소유권의 한계 역시 정해 준다는 것이다.

"적어도 물건이 상하여 못쓰게 되기 전 생활에 도움이 되도록 이용할 수 있는 한에 있어서는, 누구나 그것에 노동력을 투하함으로써 자기 소유권을 확정시킬 수 있다. 그러나 그것을 초과하는 것은 모두 그에게 할당된 몫 이상의 것이며 다른 사람의 것이다. 이 세계에는 오래전부터 풍부한 천연자원이 있어 왔으나 그것을 소비하는 사람들의 수는 그리 많지 않았다는 사실, 한 사람의 인간이 아무리 부지런히 힘을 쓴다 할지라도 천연자원 중 매우 적은 부분밖에 손에 넣을 수가 없으며, 그것을 독차지함으로써 다른 사람의 생활을 침해하는 일도 드물었다는 사실, 특히 이성으로 정해진, 자기에게 도움이 되는 범위 내에서라는 그 한계를 지키는 한에 있어서 그러했다는 사실 등을 고찰해 본다면, 그처럼 확립된 소유권을 둘러싸고 시비와 논쟁이 벌어질 만한 여지는 그 당시에는 거의 없었을 것으로 생각된다."(로크, 《통치론》, 53쪽)

로크의 견해에 대해 1970년 극단적인 자유주의 철학자로 하버드대 교수를 지낸 로버트 노직Robert Nozick이 소유권에 대한 질문의 방식과 관련하여 논한 대목을 살펴보자. 꽤 길다.

"로크는 소유자가 없는 대상물에 대한 재산권을, 누가 그것에 자신의 노동을 섞음으로써 발생하는 것으로 보았다. 이 견해는 많은 질문들을 야기한다. 노동이 섞일 수 있는 대상물의 경계는 무엇인가? 한 우주인이 개인적으로 화성에 택지를 조성한 경우, 그는 화성 전체에 노동을 가한 것이고 그래서 전 화성을 소유하게 되는가? 단지 특정한 조그마한 터인가? …… 짐작컨대, 처녀지에서 한 지역 주위에 울타리를 치면, 그 울타리와 그리고 그 울타리 바로 밑 땅에만 소유권이 부여될 것이다. 아마도 로크의 아이디어는 어떤 대상에 노동을 가하면 그 대상이 개선되어 좀 더 가치 있는 것으로 바뀐다는 것일지 모르겠다. 그리고 그렇게 부가적으로 창출한 가치는 누구나 소유할 권리가 있다.(이때 '노동은 즐거운 것이 아니다'라는 견해가 강조된다. 그렇다면 누군가 물건들을 힘들지 않게 만들었다면, 또 만드는 데 전혀 비용이 들지 않았다면, 그때는 생산물에 대해 좀 더 미약한 소유권을 부여해야 하는가?) 여기서, 가령 물에 떠다니는 목재에 에나멜페인트를 칠한 경우처럼, 어떤 것은 오히려 노동을 가할 경우 그것이 덜 가치 있는 것이 될 수도 있다는 사실은 눈감아 두자. 왜 소유권은 한 사람의 노동이 생산해 낸 부가가치뿐 아니라 대상 전체에까지 확장되어야 하는가? 이와 관련하여 현실적이고 논리적으로 일관된 부가가치 소유권에 대한 제도는 지금껏 고안된 바 없다. 만약 사람의 노동을 가해 가치를 부가할 수 있는, 소유자가 없는 대상물의 수가 제한돼 있을 경우, 이때 결정적 요점은 소유자가 없던 대상물의 사유화가 타인의 상황을 악화시키는지 여부에 있다. 그래서 로크는 '충분한 양의, 그리고 똑같이 좋은 품질의 것들이 다른 사람들을 위해 남아 있어야 한다'는 단서를 달았다. 충분하지 않고 제한돼 있다면, 한 사물이 한 사람의 소유권에 귀속될 때 다른 모든 사람들의 상황도 변하게 된다. 이전에 그 사물을 자유롭게 사용할 수 있었던 반면, 이제는 더 이상 그럴 수 없게 되는 셈이다. 그러나 타인의 상황 변화가 꼭 '악화'를 의미하지는 않는다. 만약 내가 코니아일랜드의 모래 한 톨을 사유화하면 다른 사람들은 그 한 톨의 모래를 그들이 원하는 대로 처리할 수 없게 된다. 그러나 여전히 사유화할 수 있는 모래는 무수히 남아 있다. 내가 사유화한 모래알을 사용해 가치를 추가하는 다른 어떤 행위를 한 뒤, 그것으로 그 모래알 사용의 자유를 상실시킨 데 대한 보상을 타인에게 해 줄 수도 있다."(노직, 220~222쪽)

◆ 욕망의 효율

2014년 출간되자마자 전 세계적으로 돌풍을 불러일으킨 젊은 프랑스 경제학자 토마 피케티의 《21세기 자본》 같은 책이 말해 주듯 소득불평등과 양극화가 점점 더 심화되고 있는 지구상에서, 로크의 말은 아득한 중생대 빙하기 시절 얘기처럼 들린다. 로크의 다음과 같은 말은 지금 들으면 잠꼬대 같기도 하다.

"토지의 어떤 일부분이라도 울타리를 치고 개간하여 점유하는 일은, 다른 어떤 사람에게도 손해를 주지 않았다. 왜냐하면, 이 땅 위에는 아직 토지를 손에 넣지 못한 사람이라 할지라도 마음껏 이용하고도 남을 만큼의 전과 다름없이 충분한 토지가 남아 있었기 때문이다. 누군가 공유지에 울타리를 쳐서 점유한다 해도 다른 사람의 몫으로 남겨진 토지가 조금도 감소되는 건 아니었다. …… 또한 자기 혼자 힘만으로 처리하기에 곤란한 정도의, 그가 아무리 부지런히 일을 해도 미처 손이 미칠 수 없을 정도의 토지를 분명히 바라지 않았다. 자연은 소유권의 한도를 인간의 가능한 노동과 의식주의 편의 정도를 고려하여 적절하게 규정하고 있다. 즉, 어떤 사람의 노동으로도 모든 토지를 개간해 점유할 수는 없었으며, 그가 소비할 수 있는 것도 매우 적은 부분에 지나지 않았다. 그 시대 사람들은 경작할 남은 땅이 없어 곤란을 겪기보다는, 오히려 자기의 동료들로부터 떨어져 광막한 들판에서 갈 곳 모르고 헤매게 될 위험이 더 컸던 것이다."(로크, 《통치론》, 56쪽)

로크는 여기서 머무르지 않았다. "인간이 자기가 필요로 하는 것 이상을 갖고 싶어 하는 욕망을 갖게 되면, 단지 인간 생활에 유용한지 유용하지 못한지에 의해서만 결정되는 물건의 본래 가치는 이제 변하게 된다. 그리하여 소모되고 부패되어 버리는 일 없이 오랫동안 간직할 수 있는 황금색 금속 한 조각이 커다란 고깃덩어리나 산처럼 높이 쌓인 많은 양의 곡식과 동일한 가치가 있는 것으로 사람들이 모두 시인하게 되었다."(로크, 《통치론》, 57쪽) 화폐경제의 등장과 함께 생물학적 차원을 넘어선 욕망이 형성되기 시작한 다는 것이다.

여기서 우리는, 인류의 출현과 폭력적 욕망에 대한 아서 쾨슬러Arthur Koestler의 소설 속 한 문장을 본다.

"무대를 떠나고 있는 우리가 무슨 권리로 우월감을 가진 채 글레트킨을 내려다보고 있는가? 네안데르탈인이 지구상에 처음 나타났을 때 원숭이들 사이에는 틀림없이 웃음이 떠돌았을 것이다. 고도로 문명화된 원숭이들은 가지에서 가지로 우아하게 옮겨 다녔지만, 네안데르탈인은 거칠게 땅에 매여 지냈다. 평화롭고 포만감에 찬 원숭이들은 정교한 놀이를 하거나 철학적 명상 속에서 벼룩을 잡았다. 네안데르탈인은 곤봉으로 이리저리 치면서 세계를 짓밟고 다녔다. 원숭이들은 나무 꼭대기에서 즐거운 듯 그를 바라보다 호두를 집어던졌다. 때때로 원숭이들은 공포에 사로잡혔다. 원숭이들은 우아하고 세련되게 과일과 부드러운 식물을 먹었지만, 네안데르탈인은 날고기를 먹어 치우고 동물들과 자기 동료들을 학살했기 때문이다. 그는 늘 서 있는 나무들을 베어 내고, 바위들을 시간 숭배의 장소로부터 다른 곳으로 옮겼으며, 정글의 모든 법칙과 전통을 위반했다. 그는 동물적 품위 없이 거칠고 잔혹했다. 고도로 문명화된 원숭이들의 관점에서 보면 그것은 역사의 야만적 퇴보였다."(쾨슬러, 305~306쪽)

다시, 소설에서 나와 로크로 돌아오자. 그러나 로크는 또다시 경제 발전(생산된 총부가가치의 증가)과 생활수준 향상이라는 중요한 메시지로 곧바로 이어 간다.

"여기서 내가 한마디 더 첨가하고 싶은 것이 있으니, 그것은 곧 자신의 노동으로 어떤 토지를 자기 것으로 만드는 사람은 인류의 공동재산을 감소시키기는커녕 오히려 그것을 증가시켜 준다는 사실이다. 그 까닭은 울타리로 둘러싸여 경작된 1에이커의 토지에서 산출되는, 인간 생활을 유지하는 데 필요한 식량은 그 이전 황폐한 채로 방치된, 같은 정도로 기름진 1에이커의 공유지에서 산출되는 식량보다 열 배는 더 많을 것이기 때문이다. 그러므로 그 경작자는 실로 90에이커의 토지를 인류에게 추가로 부여했다고 말할 수 있을 것이다."(로크, 《통치론》, 57쪽)

제2부

민주주의·집단·윤리

"깨지고 상처받기 쉬운 약속들"

불평등
자본주의인가, 민주주의인가?

1

"인간의 주요한 적이란, 여러분! 숲입니다. 숲은 우리보다도 더 힘이 세고, 공화국보다도 힘이 세고, 혁명보다도 더 힘이 세고, 전쟁보다도 더 힘이 셉니다. …… 만일 인간이 싸움을 중지한다면 60년도 안 걸려서 숲이 유럽을 뒤덮을 것입니다. 숲은 이곳에도, 거리에도, 문이 열린 집 안에도, 창문으로 가지를 들이밀고 있게 될 것입니다. 피아노들도 그 뿌리 속에 들어갈 것입니다."

— 앙드레 말로, 《희망》

"'하나의 메타포로서 '에덴에서의 추방'은 인간 진화의 역사를 적절하게 묘사하고 있다. 인간이 에덴에서 추방된 후에 여가 시간, 공동체 조직, 노동의 분화를 바탕으로 문명이 생겨나고 예술과 기술이 탄생할 수 있었다. '이제 그대들은 낙원을 떠난 것을 괴로워하지 않을 것이다. 그대의 마음속에 더 행복한 낙원을 지니게 될지니 …… 그들은 손을 잡고서 이리저리 방황하며 천천히 에덴을 가로질러 쓸쓸한 길로 들어섰다.'— 존 밀턴, 《실락원》"

— 칼 세이건, 《에덴의 용》

"한 어려운 조합"
민주주의와 자본주의

만물을 상품화하는 경제제도로서 '시장'은, 앙드레 말로가 《희망L'Espoir》
에서 스페인 내전에 참가한 가르시아의 입을 빌려 이야기한 숲과 유사하다
고 할 수 있을까? 또 시장에서 거래되는 상품이 전 지구를 뒤덮고 있는 지
금, 시장은 인간의 주요한 적이 아니라 70억 명에게 이득과 행복을 가져다
주는 제도일까?

정치적 민주주의와 시장경제(및 경제성장)의 관계와 상호작용, 더 정확하게
는 '민주주의와 자본주의'의 관계는 사회과학의 핵심 질문 중 하나이다.

"역사적으로 민주주의와 시장자본주의는 나란히 발달해 온 것이 사실이
지만, 이 둘 사이에는 근본적인 긴장 관계가 존재한다. 사회적 선택에 있어
동등한 비중을 지닌 시민의 참여가 특징인 민주주의와, 생산수단의 사유
와 자유로운 처분 그리고 시장을 통한 가격 결정과 자원 배분으로 특징지

불평등─자본주의인가, 민주주의인가?

어지는 자본주의는 상충적인 원칙에 입각하고 있기 때문이다."(송호근 외, 12쪽)

　한국의 2012년 대선을 민주화 세력과 산업화 세력의 대결 구도로 보는 해석, 서민과 노동계급의 이익과 요구가 정치적으로 대표되지 못하는 '노동 없는 민주주의' 문제 역시, '자본주의와 민주주의'의 관계 문제의 연장선에 놓여 있다. 최장집은 1998년에 이 문제를 '한 어려운 조합'이라고 표현했다.

자본주의를 이끈 열정적 이해관계

　'자본주의와 계급타협'에 천착한 애덤 셰보르스키는 정치적 민주주의 가 경제성장을 촉진하는가 아니면 방해하는가에 대해 그동안 사회과학자 들이 알아낸 것이 놀라울 정도로 거의 없다며, "정치적 제도가 경제성장에 중요한 역할을 하지만 단지 정치체제의 관점에서만 생각한다면 의미 있는 차이를 포착해 낼 수 없다"고 말했다.

　'어려운 조합' 이야기를 좀 더 진전시키려면 한 가지 발판이 필요하다. 근 대 자본주의 성립사를 '열정과 이해관계' 두 축으로 설명한 허시먼의 주장 을 살펴보자. 앨버트 허시먼은 자본주의의 태동을 '열정과 이해관계(이성)'의 개념으로 설명하면서, 자본주의의 금전욕의 사상적 뿌리를 추적했다. "[봉건 제에서 막 벗어나던 무렵인] 17세기 당시의 지도적 철학자들은 자본주의가 인간의 나 쁜 성향을 억누르고 좋은 면을 활성화시킨다는 이유로 자본주의를 찬양 하였고, 그렇게 되면 인간 본성의 파괴적이고 불길한 요소를 억누를 수 있 다는 기대도 있었다."(허시먼 1994, 71쪽)

　자본주의적 경쟁이 주로 금전욕에 있다고 할 때, 새뮤얼 존슨은 《라셀라 스The History of Rasselas, Prince of Abissinia》에서 다음과 같이 말한다.

　"탐욕은 단순하고 다루기 쉬운 악덕이다. 인간의 다른 과도한 심리적 특질은, 사람의 성향이 각기 다른 만큼 그 작용 양상도 사람마다 다르다. 그래서 가령 어느 한 사람에게는 자존심을 세워 주는 것이 다른 사람에게는 자존심을 상하게 하는 것이 될 수 있다. 하지만 탐욕스러운 사람의 경우, 그의 호감을 사는 데는 언제나 하나의 확실한 방법이 준비되어 있다. 즉, '돈만 가져다주어라. 그러면 그는 어떤 것도 거절하지 않으리라'는 것이다."
(존슨, 188쪽)

재산에 대한 욕심은 매우 불변적(즉, 고정적)이며 지속적이다. 금전욕은 경제학에서 말하는 한계효용체감의 법칙에서 예외인 것일까? 몽테스키외 Charles De Montesquieu는 《법의 정신De l'esprit des Iois》에서 "하나의 상행위는 곧바로 다른 상행위로 이어져 조그마한 것이 조금 큰 것으로, 다시 아주 큰 거래로 이어진다. 돈을 조금 벌어 보려는 사람도 이내 많이 벌어 보려는 욕심을 갖게 된다."고 말했다. 또 "인간의 방식이 부드러운 곳에는 항상 상거래가 존재하고, 또 상거래가 존재하는 곳에는 인간의 방식도 부드러운 것이 지극히 일반적이다. 상거래는 날마다 관찰할 수 있는 야만적 방식을 다듬고 부드럽게 한다."(허시먼 1994, 65쪽)고도 했다.

열정과 이해관계는 1848년 《공산주의자 선언Communist Manifesto》(《공산당 선언》)에서, 중세의 종교적 '열정'과 근대 부르주아 세계의 '이해관계'의 대립이란 형태로 웅변적이고 신랄하게, 또 계급투쟁이라는 으스스한 말에 견줘 꽤 낭만적으로 묘사된다.

"부르주아지는 자신들이 지배권을 획득한 곳에서는 어디서나 모든 봉건적·가부장적·목가적 관계를 파괴했다. 부르주아지는 사람을 그의 타고난 우월자에게 얽매어 놓고 있던 온갖 봉건적 속박을 가차 없이 박살내 버렸다. 그리하여 사람과 사람 사이에 앙상한 이해관계, 즉 냉혹한 '현금 거래' 이외의 그 어떤 관계도 남겨 놓지 않았다. 종교적 광신과 중세 기사의 정열과 속물적 감상주의 등 가장 성스러운 황홀경을 이기적 계산이라는 차디 찬 얼음물 속에 집어넣어 버렸다. 그것은 인격적 가치를 교환가치 속으로 해체했으며, 그 무수한 없앨 수 없는 자유들의 자리에 무모한 단 하나의 파렴치한 자유, 즉 상거래의 자유를 내세웠다. …… 굳어지고 녹슬어 버린 견고한 모든 것은 대기 속에 녹아 버린다. 신분적인 요소와 정체된 것은 모두 사라지고, 신성한 것은 모두 모욕당한다. …… 한마디로 부르주아는 자신들의 모습대로 세계를 창조하는 것이다."

마키아벨리는 효과적인 진실과, 존재하지 않았던 이상적 공화정과 군주정을 본질적으로 구분하였다.ᐟ 도덕철학자나 정치철학자들은 이제까지 이상적인 것들만 설파하고 군주가 처한 실제 세계에 대한 지침은 제공하지 않았다는 것이다. 군주나 국가의 본질을 설명하는 데 요구되던 이런 과학적·실증적 접근의 필요성이, 개인이나 인간 본성의 연구에서도 요구되었다.

"그러나 마키아벨리의 언급은 산발적이고 비체계적이다. 17세기에 이르러서야 상당한 변화가 나타난다. 수학과 천문학의 발달에 힘입어 물체와 천체의 움직임에 관한 법칙을 알게 되었듯, 인간 행동에 대한 법칙도 발견할 수 있다는 희망을 갖게 되었다. 스피노자는 《정치론Tractatus Politicus》에서 실제의 인간이 아닌 기대하고 희망하는 인간으로 인식하는 철학자들을 비판한다. 그는 《에티카》에서도 인간의 감정과 행위를 혐오하고 비난하는 사

▶ "이론이나 사변보다는 사물의 실제적인 진실에 관심을 기울이는 것이 더 낫다. 많은 사람들이 현실 속에 결코 존재한 것으로 알려지거나 목격된 적이 없는 공화국이나 군주국을 상상해 왔기 때문이다. '인간이 어떻게 살고 있는가'와 '인간이 어떻게 살아야 하는가'는 너무도 다르다."(마키아벨리, 105쪽) 엄혹한 현실을 도덕의 문제로부터 분리시킨 현대 사회과학의 기원은 마키아벨리이다.

람들을 비판하고, 인간의 욕구와 행위를 선분이나 평면 또는 물체와 같이 고찰할 것을 주장한다."(허시먼 1994, 22쪽)

존 스튜어트 밀은 1767년 《정치경제학 원리The Principle of Political Economy》 제1권에서 '이기심'에 의한 개인 행위가 공익에 대한 '열정'이나 미덕보다 낮고, 특히 피지배자들이 공공이익에 관심을 두는 행위보다도 낮다고 말했다.

"날마다 기적이 일어난다면 자연의 법칙은 더 이상 법칙일 수 없고, 모든 사람이 자신의 이익을 무시하고 공익을 위해 일한다면 정치가는 당혹해할 것이다. …… 모든 사람들이 서로 다른 방향에서 국가의 이익을 도모한다면 궁극적으로 국가를 파멸시킬 수도 있다." 인간이 자신의 이익을 추구하게 되면 "이해관계가 그를 기만하지 않기 때문에" 잘살게 된다는 것이 "이해관계는 분명하다"는 경구의 본래 의미이다.

다른 한편으로는, 이런 행동이 다른 사람에게 분명하고 예측 가능하게 비춰짐으로써 다른 사람들에게도 이익이 된다. 이런 이유로 이해관계에 의한 상호이익의 가능성이 정치의 영역에서 나타나게 되었고, 이는 '경제의 원리'가 된 것보다 훨씬 이전의 일이었다.(허시먼 1994, 55쪽)

물론 더 말할 나위 없이, 애덤 스미스의 《국부론》이야말로 서구의 정치·경제사상사에서 처음으로 도덕철학자들이 한결같이 억제의 대상으로 간주했던 인간의 '열정passion'이 비로소 경제적 이득의 합리적 추구를 지향하는 '이해관계', 즉 이기심self-interest과 동화되기 시작했음을 보여 주는 저작이라고 허시먼은 말한다.

흔히 경제학은 이성을 다루고, 문학작품은 감성적이고 한다. 그런데 이성과 감성은 둘 중 하나의 선택의 문제일까? 권위 있는 도덕교육 철학자 피터스Richard Stanley Peters는 다소 철학적인 표현이지만, 이성을 사용하는 것은 '열정적인 비즈니스'라고 말한 바 있다.

"아리스토텔레스가 이성 그 자체만으로 움직일 수 있는 건 아무것도 없다고 말했으나, 그는 냉정한 이성을 사용하는 건 곧 열정을 매개 삼아 비즈니스(사업·거래)를 하는 것이라는 점까지는 제대로 깨닫지 못했다."는 것이다. 피터스는 이성과 열정을 명확하게 구분하려는 태도에서 벗어나, '이성의 삶the life of reason'은 열정의 삶과 조화를 이루며, 비판적 사고는 '이성적 열정rational passions'에서 비롯된다는 사실에 주목했다.(Peters 1970)

피터스의 열정적인 비즈니스, 다시 말해 자본축적의 얼굴을 한, 이성을 향한 '열정'을 오히려 경제학의 적으로 설정한 사람은 마르크스다.

"경제학 영역에서의 자유로운 과학적 연구는 다른 모든 영역과 동일한 적(무지와 미신)만을 상대하는 것이 아니다. 그것이 취급하는 대상의 독특한 성격 때문에, 경제학은 사람의 가장 난폭하고 가장 야비하고 가장 악의적인 정념, 즉 사적 이익이라는 분노의 여신을 투쟁의 적으로 소환한다.─칼 마르크스'(윤소영, 23쪽)

마음을 쉽게 바꾸는 근대인의 가변적 성격을 우려하던 당시에, 금전욕은 비록 혐오스럽고 야비한 것일지라도, 만족을 모르는 욕심은 그래도 '불변적'이라는 이유에서 미덕으로 자리 잡았다. 돈에 대한 이러한 급격한 사고의 변화가 오래된 사상과 판단의 틀에서 벗어나 확신이 되기 위해서는 완강한 이익 욕망에 또 다른 특성을 부여할 필요가 있었는데, 이 새로운 특성은 곧 돈이 다른 사람에게 해를 끼치지 않는다는 점이었다.(허시먼 1994, 61쪽) 명예, 우정, 혈연관계, 애정보다는 돈으로 관계가 지속되는 사회로 이동하면서 "사람을 가장 순수하게 움직이게 하는 것은 돈뿐"이라는 말까지 생겨났다. 열정은 광폭하고 위험하지만 물질적 이익을 추구하는 건 단순하고 무해하다는 것이다. 물론 이러한 '열정적 이해관계'가 훗날 1848년《공산주의자 선언》을 초래하게 된다.

민주주의는 자본주의에서만 작동한다

민주주의와 자본주의를 탐구하는 이야기가 조금 길어졌다. 자본주의적 금전 욕망의 역사적 기원을 살펴보았으니 이제 본래 주제로 돌아오자. 세이무어 마틴 립셋Seymour Martin Lipset은 《정치적 인간Political Man》(1960)에서 민주주의는 자유사회(자본주의 시장경제)에서만 작동할 수 있다고 시사한다.

"민주주의는 이해관계와 정치적 견해를 달리하는 여러 세력과 집단이 자신들의 이해를 실현하고 좋은 사회를 건설하는 데 사용하는 단순한 도구가 아니다. 민주주의는 현재 작동하고 있는 좋은 사회 그 자체이다. 오직 자유사회 내부에서 일어나는 주고받는give-and-take 투쟁의 과정만이 사회의 생산물이 소수 권력자의 손에 축적되지 않게 하고, 사람들이 자신을 개발하고 자녀들을 박해의 두려움 없이 기를 수 있게 해 준다."(Lipset, p.403)

다소 늦은 감이 있지만, 민주주의를 경제이론의 관점에서 접근하기 위해 우선 필요한 것은 '민주주의란 무엇인가'에 대한 엄밀한 정의이다. 좀 길지만 애덤 셰보르스키의 다음 문장이 민주주의에 대한 가장 설득력 있고 정교한 묘사일 것 같다.

"스페인 민주화를 주도한 수상 아돌포 수아레스Adolfo Suárez는 '미래는 쓰여져 있지 않다. 왜냐하면 오직 인민들만이 미래를 써 내려갈 수 있기 때문이다.'라고 선언하였다. …… 민주주의는 정당들이 선거에서 패배할 수 있어야 하는 체계이다. 이익, 가치, 의견이 다른 많은 정당들이 있다. 규칙으로 조직되는 경쟁이 있다. 그리고 주기적 승자와 패자가 있다. …… 민주주의는 후안 린츠Juan Linz가 정의한 것처럼 시한부적 정부이다. 갈등은 확립된 규정 아래 주기적으로 종결된다. 즉, 갈등은 최종적으로 해결되기보다 종결되며 일시적으로 정지된다. …… 민주적 상호작용의 주역들은 집단적으로 조직된다. 즉, 그들은 집단적 이익을 형성하고 그것을 촉진시키기 위하여 전략적으로 행동할 수 있는 능력을 가지고 있다. 나아가 그들이 행동하고 있는 제도적 틀 내에서 특정한 방식으로 조직된다. 대표하기 위해서 정당들은 반드시 지도자와 추종자들로 나뉘어야 한다. 말 그대로 대의제는 대중이 아니라 개인들을 의석에 앉히는 것이다. 대표하고 대표되는 관계는 민주적 제도의 본질적 성격에 의해 사회에 부과되는 것이다. 민주주의 하에서 개인들은 자신들의 이익을 위하여 직접적으로 행동하지는 않는다. 그들은 자신들의 이익을 보호해 줄 대표에게 이를 위임하는 것이다. 대중들이 지도자에 의하여 대표되는 것이야말로 민주주의 제도에서 집단적 조직의 방식이다."(셰보르스키 1995, 28~30쪽)

여기서 포착되는 민주주의의 두 가지 핵심적 특징은 민주적 과정의 결과는 불확실하며, 사전적으로ex ante 결정되지 않는다는 것이다.

"민주주의는 갈등을 처리하는 체제이다. 민주주의 하에서 결과들은 참여자들의 행동에 따라 결정되지만, 어떠한 단일한 세력도 어떤 일이 발생할 것인지를 통제할 수 없다. 특정한 갈등의 결과들은 경쟁하는 정치 세력 중 어느 누구에 의해서도 사전에 알려지지 않는다. 그러나 이런 불확실성이 민주주의의 혼란과 무정부성을 뜻하는 것은 아니다. 행위자들은 무엇이 가능한지 알 수 있고, 무엇이 일어나기 쉬운지를 알 수 있다. 민주주의는 단지 마지막 순간에만 불확실한 것이다. 그들이 알 수 없는 것은 자신이 승리할지 패배할지, 즉 어떠한 특정 결과가 일어날 것인지이다. 그러므로 민주주의는 끝이 열려 있는 체계, 또는 규칙에 의거하여 조직화된 불확

실성의 체계이다."(셰보르스키 1995, 32쪽)

우리 내부의 민주주의로 시선을 돌려 보자. 1987년 민주화 및 노동자대투쟁 이후 노동과 자본, 국가는 각각 각축장에 들어섰다. 노동과 자본 사이에, 국가와 노동 사이에, 자본과 국가 사이에, 또 노동개혁 세력 내부에서도, 자본의 각 분파 내부에서도, 나아가 시민사회 에서도 민중과 시민 사이에 치열한 각축이 전개됐다. 각축의 결과에 따라 한국 사회가 어느 쪽으로 변화하게 될지 결정될 것으로 여겨졌다. 그러나 10여 년간의 각축 와중에 터진 외환 위기와 세계화 물결 속으로 모든 세력이 빨려들어 가면서 각축은 동력을 잃고, 이제는 정치경제적 제도로 사회가 유지·강화되는 방향으로 '제도화'되었다고 할 수 있다.

민주주의 내에서 투쟁의 결과는 주어진 한계 안에서 불확실하며, 특히 투쟁의 결과는 계급적 위치에 의해 유일하게 결정되지 않는다. 또 민주주의 내에서 투쟁은 특정한 결과를 산출하는데, 그것은 민주주의가 투쟁을 종결시키는 체제이기 때문이다. 특별한 제도들, 예컨대 선거·단체교섭·법원 등은 때때로 일시적임에도 불구하고 사회 내에서 발생하는 집단 간 갈등이 무엇이든지 종결시키는 기제를 이룬다. 민주주의는 투쟁과 갈등이 빈

덧붙여 "대부분의 갈등이 민주적 제도화를 통해 처리되고, 어느 누구도 사후적으로 결과를 통제할 수 없으며, 결과는 사전적으로 결정되어 있지 않고 단지 제한적인 예측 가능성만을 갖고 있으며, 관련된 정치적 세력들의 순응을 야기할 때, 우리는 민주화가 공고화되었다고 말할 수 있다."(셰보르스키 1995, 81쪽)

안토니오 그람시Antonio Gramsci가 말한 '시민사회'는 흔히 헤게모니라는 말과 함께 쓰이는 어려운 학술용어이지만, 사실 그 개념이 담고 있는 내용은 동네, 시장, 사무실, 길거리를 거니는 일상의 평범한 대중들의 삶의 영역을 말하는 것이다. 단지 정치적 사회와 경제적 수준의 생산 작업장 등과 구분하는 용어일 뿐이다.

불평등—자본주의인가, 민주주의인가?

번하게 일어나는 체제이지만 명백한 규율에 따라, 특수한 방식으로, 종종 특정한 기간 내에 종결짓도록 한다.(셰보르스키 1995, 187쪽)

여기서 사유가 여러 갈래로 종횡무진할 때에는 무릇 하나의 경구, 즉 "해결해야 할 문제를 회피하는 것은 권고할 만한 일이 아니다."라는 것을 잊지 말아야 한다. 다시 '정치경제학'으로 돌아가자.

자본주의 시장경제의 바깥?

자본주의와 민주주의의 관계는 20세기 내내 사회과학의 중요한 테마 중 하나였다. 새뮤얼 보울스와 허버트 진티스Herbert Gintis에 따르면, 자본주의 경제는 기업을 소유한 자본에게 사회적으로 중대한 세 가지 유형의 권력을 부여한다. 첫째는 생산에 대한 지휘, 둘째는 투자에 대한 지휘, 셋째는 국가 경제정책에 대한 영향력 행사이다. 이를 통해 경제생활에 대한 민주적 통제 범위에 실질적인 제한이 가해진다.(보울스 · 진티스 1994, 119쪽) 여기서 흥미롭게도, 셋째 '국가정책에 대한 지휘'에 대해서는 보울스와 정반대 편에 서 있는 밀턴 프리드먼도 이를 강조하면서 정부와 기업의 동맹을 비판한 바 있다.

"기업은 많은 힘을 행사한다. 그러나 그들이 힘을 행사하는 전형적인 방

―――――――

이들은 "우리는 자본이라는 용어를 의도적으로 모호하게 사용한다. 우리는 바로 이 권력이 어디에(소유자, 주주, 경영자, 이사회, 부자 등)소재하는지, 심지어 도대체 자본이라는 것이 궁극적으로 사람에 의해 소유될 수 있는 것인지조차 시사하지 않는다."고 말했다. 신고전파 경제학자 데니스 로버트슨Dennis Robertson은 기업과 기업의 지휘구조를 "무의식적인 협력의 바다에 떠 있는 의식적 권력의 섬"이라고 묘사했다.

법은 시장을 통해서보다는 정부의 영향력을 통해서이다. 크라이슬러 사는 자금 문제 해결 및 자사 노동자에 대한 고임금 지불을 정부를 통해 성공시켰다. 미국 철강회사들은 자사 제품을 외국 철강 가격보다 비싸게 팔 수 있는 일을 역시 정부 정책을 통해 성취해 냈다."(프리드먼 2005, 75쪽)

신고전파 기업이론에 따르면, 그러나 어떤 개인이나 집단이 실제로 경제와 기업을 지휘한다 하더라도, 실제 지휘하는 사람은 이론적으로 확정되어 있지 않으며 사회적 중요성도 없다. 경쟁시장 체제에서는 자본가가 노동자를 고용할 수 있는 것과 마찬가지로 노동자도 자본을 빌릴 수 있기 때문이다. 즉, 자본주의 시장경제에서 생산수단 소유에 따른 계급 구분은 의미가 없다는 주장이다. 지휘의 소재지가 사회적으로 중요하지 않은 이유는, 기업 내에서 자원이 합리적으로 배분된다면 지휘의 소재지가 어디든 동일한 생산조직을 낳을 것이며, 시장 경쟁은 자원을 합리적으로 배분하지 않는 기업을 시장에서 제거하기 때문이다.

참고로, 제라르 뒤메닐Gérard Duménil과 도미니크 레비에 따르면, 현대 자본주의는 자본과 노동이란 두 계급의 대립이 아니라 '3극 계급 형세'를 보이고 있다. 즉, 소유자로서의 자본가계급, 고임금 상위 분파로서 기업 내부의 임원 등 관리자계급, 그리고 저임금노동자로 주로 구성되는 민중계급으로 나뉜다는 것이다.(뒤메닐·레비 2014, 35쪽) 이들은 자본가와 관리자계급 이 둘 사이의 우파적 타협이 '신자유주의적 타협'이라면, 관리자계급과 민중계급 이 둘 사이의 좌파적 타협이 곧 제2차 세계대전 이후 성립된 '케인스주의적 타협'이었다고 말한다.

반면, 사회주의 이론 체계에서 공산주의는 계급이 폐절된 사회이다. 어쨌든 우리는 자본주의와 사회주의를 말할 때 머릿속에 이미 계급의 구분선을 떠올린다. 서구의 기독교사회당 같은 정치조직은 이러한 맥락 속에 위치해 있다.

"(19세기 말 영국 독립노동당 창립자인) 하디James Hardie에게 기독교는 사회주의적 신념의 기초였고, 사회주의는 '산업체제 속에서 기독교의 구현'에 다름 아니었다. 하디 스스로 철학과 경제학의 복잡한 이론보다는 성서와 러스킨, 칼라일 등 기독교사회주의자들의 가르침에서 …… 혹은 번스의 시에 나타난 단순한 인도주의에 더욱 많은 것을 빚지고 있으며, 나사렛 예수의 단순한 메시지가 그의 사상의 근원임을 고백하고 있다."(고세훈, 86쪽)

사회민주주의 또는 영국 노동당은 사회주의/자본주의라는 (계급적) 구분에 기초한 사회 선택도, 계급이 소멸된 사회도, 생산수단의 국유화도 더 이상 핵심 문제나 처방전으로 제기하지 않는다. 생산수단을 누가 소유하는지는 중요하지 않으며, 이제 생산은 시장에 맡기고 국가는 생산물을 세금과 재정지출을 통해 재분배하는 역할을 잘 수행하면 된다는 사고이다.

최근 주목받고 있는 '사회적 경제'와 '경제민주주의론'에서는 "시장경제 안에서는 노동조합이, 시장경제 바깥에 있는 사회적 경제에서는 협동조합이 경제민주주의를 실현할 핵심 주체"라고 전제한다. 자본주의 시장경제 비판은 제2차 세계대전 이후 주로 유럽식 사회민주주의를 중심으로 이뤄져 왔으나, 1990년대 이후엔 사회민주주의라는 정치체제적 접근과 관점을 달리하여 "자본주의 시장경제체제 안에서 시장경제 바깥의 공간을 사유하는" 방식이 확산되고 있다. 이른바 '사회적 경제' 혹은 '협동조합 모델' 등이 그것이다.

물론 사회민주주의의 기본 전제는, 자본주의의 비합리성을 극복하기 위해, 즉 생산수단의 사적 소유에 내재된 권리로 인해 야기되는 복지의 손실을 피하기 위해, 생산수단의 국유화가 반드시 필요한 건 아니라는 것이다.(셰보르스키 1997, 187쪽) 사회민주주의가 자본주의 시장경제 바깥을 사유하는 모색의 과정에서 나오는 것이라면, 사회적 경제는 시장과 상품, 이윤논리가 작동하는 자본주의 공간 내부에서의 비영리 및 공동체라는 또 다른 공간을 찾아내고 확장하자는 움직임이라고 할 수 있다. 이제 자본주의 시장체제의 근본적 혁파나 다른 체제로의 이행 및 변혁을 지향하는 것이 어렵다고 판단하기 때문으로 보인다.

사회민주주의가 과거의 어떤 역사로만 남을 뿐 현실적 지향으로서의 의미를 잃어 가고 있는 셈이다. 이런 식으로 굳어지다 보면 결국 인류가, 개인들이 꿈꾸는 사유의 공간이 오직 시장 안으로 제한될 수도 있을 것이다. 이것이 곧 자본주의 시장경제의 역사적 승리로 귀결될까? 21세기 들어 전세계적으로 일어나고 있는 수많은 도전과 봉기들은, 자본주의 시장경제의 확산과 만물의 상품화에 대한 도전과 응전의 성격을 띠고 있다. 2000년대 발생한 이슬람 세계에서의 분쟁과 민주화 봉기, 2011년의 '월 스트리트를 점령하라Occupy Wall Street' 시위 등 시장 바깥을 생각하는 개인과 집단·세력들의 투쟁과 저항이 터져 나오고 있다. 그러나 새로운 체제 건설을 표방한 싸움이라기보다는 단지 지금 벌어지는 시장의 횡포와 질주에 대한 본능적인 저항의 의미가 더 큰 것 같다.

1848년의 유령
자유와 평등

민주주의에는 부르주아 민주주의의 정치적 '자유'와 사회민주주의의 경제적 '평등'이 있다. 프랑스혁명에서 자유와 평등은 "혁명의 본질 그 자체, 하나의 사건을 위한 다른 두 개의 말—프랑스 역사학자 르페브르Lefebvre"(무어, 497쪽)이었다. 그러나 자유가 평등을 포함하고 있는 것은 아니며, 평등이 곧 자유를 내포하고 있는 것도 아니다.

우리 인간은 평등에 대한 열망을 잠시도 버린 적이 없다. 어떻게 보면 세계사는 평등의 확장사라고 이름 붙일 수도 있다. 그러나 역설적이게도 평등의 가장 위대한 적은 다름 아닌 '자유'였다. 근대 이후의 모든 사회문제는 자유와 평등 사이의 대립 관계를 어떻게 풀 것인지로 모아졌다고 해도 지나친 말은 아니다. 자유주의의 역사적 승리는 자유를 일단 절대적 가치로 붙박아 놓은 상태에서, 평등에 어느 정도의 관용을 베풀 것인지 쪽으로 논의의 흐름을 이끌고 있다.

 자유냐 평등이냐, 민주주의의 딜레마

18세기 프랑스에서 일어난 자유와 평등의 기치를 내건 혁명의 물결 속에서 "부르주아는 정치적 민주주의 외에는 아무것도 원하지 않았으며, 혁명이 경제적 평등의 문제를 진지하게 다루기 시작하자마자 곧 자기들의 전우[농민 및 도시 노동자]를 저버렸다. 당시 사회는 모순과 긴장으로 가득 차 있었다. …… 부르주아는 더 낮은 계층(농민, 도시빈민 등)의 도움에 힘입어 혁명을 승리로 이끌지만, 곧 자기 동맹자를 버리고 과거의 적 편에 서게 된다."(하우저, 제3권, 26쪽)

평등 문제에 천착해 온 사회과학자 박호성에 따르면, 자유와 평등은 근대사의 본질적 개념이다. 자유민주주의 하에서 계급적 불평등은 태생적이다. '자유경쟁'의 구호 가장자리에는 언제나 빈부격차와 사회적 불평등이 음습하게 공존하고 있다. '개인'의 개념은 본질적으로 보편적이고 평등주의적이다. 개인으로서의 인간은 모두 평등한 권리와 평등한 가치를 지닌 평등한 존재다. 그러나 자유민주주의적 개인주의가 표방하는 개인은 '거인'이다. 자유민주주의는 '힘의 논리'에 뿌리박고 있기 때문이다. 이 힘은 자본에서 나온다. 자유주의적 개인주의는 결국 '거인주의'로 귀결된다.(박호성, 394쪽)

초기 자유주의는 재산의 유무에 따라 정치적 평등조차 거부하였다. 소유의 불평등은 천부적 인권 개념으로 신성시되었다. 평등은 단지 구체제의 특권계급이 누리던 모든 지위와 특권을 이제 부르주아계급도 동일하게, 합법적으로 향유할 수 있다는 의미로 통용되었다. 이것이 프랑스혁명의 역사적 한계였다. 그것은 말하자면 호랑이의 자유만을 옹호하였다. 여기서 자유와 평등은 숙명적으로 대립한다.

에릭 홉스봄Eric Hobsbawm은 인류 역사에서 '평등' 개념이 본격적으로 실천과 투쟁의 영역에서 출몰하기 시작한 건 1848년부터라고 말한다. '자유로부터의 억압'에 대한 최초의 본격적인 '평등'의 반발은 유럽을 뒤흔든 1848년 민중혁명의 물결이었다. 유럽 전역이 혁명의 열기에 휩쓸리자 이에 맞춰 마르크스와 엥겔스Friedrich Engels가 급히 발표한 《공산주의자 선언》을 필두로 자유에 대한 반란이 본격적으로 조직화되기 시작했다. '하나의 유령이 유럽 대륙을 배회하고 있다'는 기치 아래 다양한 사회주의 조류들이 대오를 정비한 셈이다. 이런 상황에서 자유주의적 부르주아계급은 경제적 평등이 아닌 정치적 평등만을 인민대중에게 허용함으로써, 한편으로는 자유주의적 지배 세력의 경제적 기득권을 온존시키면서 다른 한편으로 사회주의 세력의 변혁적 예봉을 미연에 무력화시키는, 절묘한 정치적 타협책을 동원했다. 그러나 그것마저도 실은 적지 않은 주저와 불안 속에서 이루어졌다.(박호성, 393쪽)

1848년의 상황에 대한 다른 묘사를 보자.

"1848년 초, 프랑스의 저 유명한 정치사상가 알렉시스 드 토크빌Alexis de Tocqueville은 국민의회에서 일어나서, 유럽 사람들이면 거의 누구나 품고 있던 감정을 이렇게 토로했다. '우리는 지금 화산 위에서 잠자고 있습니다. 땅이 다시 흔들리고 있는 것이 보이지 않습니까? 혁명의 바람이 불고 있으

"1831년에 빅토르 위고는 이미 '혁명의 둔탁한 소리가 들려온다.'고 썼다. '이 혁명은 아직은 땅속에 묻혀 있지만, 파리Paris라는 광산의 중심 수갱竪坑으로부터 그 지하 갱도를 유럽의 모든 왕국 밑으로 뻗치고 있다.' 1847년에는 그 소리가 점점 커지고 가까워졌다. 그리고 1848년에 마침내 폭발했다."(홉스봄 1996a, 448쪽)

며, 폭풍우는 지금 지평선 저 위까지 다가왔습니다.' 거의 같은 무렵, 두 사람의 독일 망명객, 30세의 카를 마르크스와 28세의 프리드리히 엥겔스는 토크빌이 동료 의원들에게 경고했던 바로 그 프롤레타리아혁명의 원칙들을 또박또박 정리해 나가고 있었다. 그들은 그런 원칙들을 담은 강령을 기초하도록 몇 주일 전에 독일 공산주의자동맹의 지시를 받았다. 그 강령은 1848년 2월 24일경 독일어로 '공산주의자 선언'이라는 표제 아래 런던에서 익명으로 간행되었다.'(홉스봄 1996b, 26쪽)

'민주적' 불평등의 폭주

민주주의는 평등보다는 자유의 가치에 더 어울리는 조합이다. 여기서 자유와 평등에 대한 '민주주의자' 토크빌의 말을 들어보자.

"현대인(1830년대 미국)은 자유보다 평등에 훨씬 더 열렬하고 완강하게 집착한다고 한다. …… 자유에서 얻어지는 이익은 시간이 경과해야만 나타난다. 그래서 언제나 그 이익이 발생하는 근본 원인을 잘못 이해하기 쉽다. 평등에 의한 이익은 즉각적이다. 정치적 자유는 '일정한 수'의 시민에게 고양된 기쁨을 주는 일이 자주 있다. 평등은 '모든' 사람에게 날마다 작은 기쁨을 수없이 부여한다. 평등의 매력은 순간마다 느껴지며 모든 사람이 누

"1848년을 유럽이 전환에 실패한 전환점의 해라고 말하는 것은 사실과 거리가 멀다. 유럽은 (전환은 했으나) 혁명적으로 전환하지는 않았던 것뿐이다. 유럽이 혁명적으로 전환하지 않았기 때문에 혁명의 해만이 홀로 덩그렇게 눈에 띄게 되는 것이다. 혁명의 해는 한 전주곡이기는 해도, 오페라 그 자체는 아니다. 그것은 한 시대의 대문 서(序)이었다. 그러나 대문을 통과하는 사람이 다음에 부닥칠 풍경의 성격을 짐작할 수 있게 해 주는 그런 건축양식으로 된 대문이 아니었다."(홉스봄 1996b, 28쪽)

릴 수 있다. 아무리 고상한 정신의 소유자라 할지라도 그것에 무감각하지 않으며, 가장 저속한 사람들도 그것을 좋아해서 미쳐 날뛴다. 그러므로 평등이 조성하는 정열은 강렬하고 전반적임에 틀림없다. 인간은 약간의 희생을 감수하지 않고는 정치적 자유를 누릴 수 없다. 즉, 위대한 노력 없이는 결코 그것을 획득할 수 없다. 그러나 평등의 기쁨은 저절로 제공되는 것이며, 일상생활의 사소한 사건에서도 그것을 느낄 수 있게 된다. 그리고 그것을 누리기 위해서는 생활하는 것 이외에 아무것도 요구되는 것이 없다."(토크빌, 498쪽)

민주주의 사회에서 경제문제에 관한 의사결정은 크게 보아 다음의 네 가지 과정을 통해 이루어진다. 시장 가격기구를 통한 의사결정, 다수결을 통한 정치적 의사결정, 이해집단 간 교섭에 의한 의사결정, 그리고 공공관료에 의한 의사결정이다. 우리는 어떤 의사결정 과정이 어떤 문제에 적용되어야 할지를 결정해야 한다. 또 민주주의적이며 사회구성원 전체의 '파레토 최적'의 결정이 이루어질 수 있는 제도를 만들어 가야 한다.

롤스는 《정의론》에서 "정치적 평등과 양립할 수 없을 정도로 벌어진" 재산과 부의 분배상 격차가 [시장 가격기구의 의사결정에서보다는] 일반적으로 법적·정치적 체계로 허용되어 왔다고 강조했다.

"공공자원은 정치적 자유의 공정한 가치 실현에 요구되는 제도를 유지하는 데 쓰이지 않았다. 본질적인 잘못은 민주주의적 정치 과정이 기껏해야 규제된 경쟁이라는 사실에 있으며, 이는 이론적인 면에서조차 가격이론이 진정한 경쟁시장에 귀속시켰던 바람직한 성질마저 갖지 못한 것이다. 나아가 정치체제에 있어서 부정의不正義의 결과는 시장의 불완전성보다 훨씬 더 심대하고 오래 지속된다. 정치권력이란 순식간에 쌓여 불평등이 생겨난다. …… 경제적·사회적 체제의 불평등은 유리한 역사적 조건 아래 존재해 온 어떠한 정치적 평등도 곧 해치게 된다. 보통선거권만으로는 불충분한 대응책이 될 수밖에 없다. 왜냐하면 정당이나 선거의 자금이 공공기금이 아니라 사적인 기부금으로 조달될 경우, 정치적 의회는 지배적인 이해관계의 요구에 예속되기 때문이다."(롤스, 307쪽)

자본/소득 비율(β)과 저축률(s), 연평균 자본수익률(r), 경제성장률(g) 사이의 간단한 수식을 기반으로 자본주의 기본 법칙을 도출한 뒤, 지난 300여 년에 걸친 부와 소득불평등의 역사적 추이를 방대한 자료를 동원해 추적한 피케티가 《21세기 자본》에서 얻은 결론은, 부와 소득의 불평등에 관한 어떤 경제적 결정론도 경계해야 한다는 것이다.

"부의 분배의 역사는 언제나 매우 정치적인 것이었으며, 순전히 경제적인 메커니즘으로 환원될 수는 없다. 불평등의 역사는 경제적·사회적·정치적 행위자들이 무엇이 정당하고 무엇이 부당한지에 대해 형성한 표상들, 이 행위자들 사이의 역학관계, 그리고 이로부터 도출되는 집합적 선택들에 의존한다. 불평등의 역사는 관련되는 모든 행위자가 함께 만든 합작품이다. 부의 분배의 동학이 수렴과 양극화가 번갈아 나타나도록 하는 강력한 메커니즘을 가동시킨다는 것, 그리고 불안정하고 불평등한 힘이 지속적으로 승리하는 것을 막는 자연적이고 자생적인 과정은 없다는 것이다."(피케티, 32~33쪽)

불평등을 약화시키고 평등으로 수렴하도록 만드는 시장의 자기조정 메커니즘은 존재하지 않는다는 것이다.

피케티는 "미래에 우리를 기다리는 것은 과거 어느 때보다 더 극심한 불평등의 신세계일 수도 있다."고 말한다. 다음은 피케티의 책에서 가장 인상적인 대목 중 하나이다.

"실제로 그런 극단적인 [소득의]불평등이 지속 가능한지 아닌지는, 이를 억

불평등─자본주의인가, 민주주의인가?

제하는 장치가 얼마나 효과적인지 뿐만 아니라 이를 정당화하는 수단이 얼마나 효과적인지에도 달려 있다. 아마도 후자가 주된 영향을 미칠 것이다. 가령 불평등이 부자들이 가난한 사람들보다 더 열심히 혹은 효율적으로 일하기로 한 '선택'의 결과인 것처럼 보인다거나, 혹은 부자들이 더 많이 벌지 못하도록 막으면 [오히려] 사회의 가장 궁핍한 구성원들에게 불가피하게 해를 끼칠 수도 있다는 이유로 불평등이 정당화될 경우, 소득의 집중이 역사상 최고치를 기록할 수도 있다."(피케티, 317쪽)

"생각만큼 푸르지 않은 초원"
자유주의와 자본주의

"인간의 본성을 변혁하는 일은 그것을 제어하는 일과 혼동되어서는 안된다. 이상사회에서는 사람들이 현상금(경쟁을 통한 재산 축적)에 대해 아무런 관심을 갖지 않도록 교육되거나 고취되거나 양육될 수 있겠지만, 보통 사람이나 사회적으로 중요한 일부 사람들까지도 사실상 치부致富의 열정에 깊이 빠져 있는 한 그 경기를 규칙과 제한의 범위 내에서 연출하도록 허용하는 것이 현명하고 분별 있는 정치기술이다."(케인스 2010, 378쪽)

◆ 새로운 자유를 창조하는 장벽

자유방임 자유주의의 가장 이성적인 옹호자인 루트비히 폰 미제스는 "1백 년 이상 자유방임주의란 용어는 전체주의적 독재의 선구자들을 격분

시키는 말이었다. 이 전체주의 열광자들의 눈에는 이 용어가 자본주의의 모든 악덕들로 가득 차 있는 것으로 보였다."며, 1930년대 《사회과학 백과사전Encyclopaedia of the Social Sciences》 제9권에 옥스포드대 교수 콜George Douglas Howard Cole이 쓴 '자유방임주의' 항목을 정면 공격한 바 있다.

"콜 교수는 자유방임주의는 통속적인 경제학에나 있을 뿐이며 이론적 파산이자 시대착오적이고 편견으로만 생존할 뿐이라고 했다. 그러나 그 주장이 요점에서 완전히 빗나갔다는 사실은 감추지 못하고 있다. 콜 교수는 시장경제가 무엇인지 또 어떻게 돌아가는지 알지 못한다는 사실만으로도 이 문제를 논할 자격이 없다."(미제스, 54쪽)

미국의 급진적 공동체주의 정치철학자 마이클 왈저Michael Walzer는 1984년 어느 글에서 자유주의를 '분리의 예술'이라고 비판한 적이 있다.

"나는 자유주의를 사회적·정치적 세계의 지도를 그리는 특정한 방법으로 생각할 것을 제안한다. 옛날 자유주의 이전의 지도는 강과 산, 도시와 읍은 있지만 경계는 전혀 없는 대체로 미분화된 땅덩이를 보여 주었다. 사

혼히 우리는 자유방임 경제철학을 애덤 스미스의 것으로 이해하지만, 이를 논리적이고 체계적이고 세부적으로 굳건히 정초하고 정립한 사람은 미제스와 조지 스티글러 등이다. 미제스와 스티글러 역시 주목받아 마땅하다. 예컨대, 우리는 흔히 카인을 '인류 최초의 살인자'라고 말한다. 그러나 살인으로 이어지는 열정을 보인 '카인의 후예'는 카인의 5대 직계후손인 라멕이다. "인간으로 직접 이어지지 않았던 직립보행 원인들의 두개골에 난 상처들로 미루어 짐작컨대, 우리 조상들은 심지어 에덴동산에서조차 인간과 비슷한 수많은 동물들을 죽였던 것처럼 보인다. 카인의 후예이자 라멕의 아들들이 '청동과 철의 기술'과 악기를 발명했다고 한다. …… 그리고 살인으로 이어지는 열정은 결코 줄어들지 않았다. 라멕은 이렇게 말했다. '나에게 상처를 입힌 남자를 내가 죽였다. 나를 상하게 한 젊은 남자를 내가 죽였다. 카인을 해친 벌이 일곱 갑절이면, 라멕을 해친 벌은 일흔일곱 갑절이다.' 그 이후로 살인과 발명 간의 끈끈한 관계는 오늘날의 우리에게까지 이어진다."(세이건 2006, 119쪽)

회는 유기적이고 통합된 전체로 표현되었다. 이러한 세계를 보면서 자유주의 이론가들은 분리의 기법을 설파하고 실천하였다. 그들은 선을 그었고, 상이한 영역들을 표시하였으며, 지금도 우리에게 친숙한 사회·정치적 지도를 만들어냈다. 자유주의는 장벽의 세계이며, 각각은 새로운 자유를 창조한다."(보울스·진티스 1994, 41쪽)

이와 달리 미제스는, 자유방임주의는 근면하고 효율적인 사람들이 근면하지 않고 비효율적인 경쟁 상대보다 나아지는 것을 막거나 상품 및 노동자의 이동을 제한하는 모든 법들의 폐지를 의미하며, 모든 인류에게 이익이 될 새로운 사회적·정치적 제도의 정교화에 노력을 기울일 뿐 "파벌 및 당파를 만들어 그것에 붙인 명칭이 아니다."라고 강조했다. 말하자면, 특정 집단이나 계급, 특정 이해집단에게만 이익이 되는 것이 아니라 모든 사회구성원에게 이익을 가져다주는 관점이자 가치 지향이라는 것이다.

모든 사람에게 최적이라는 '파레토 효율'의 관점은 우파 경제학이 사람들의 마음을 얻는 데 사용하는 가장 강력한 설득의 무기가 된다. 여기서 한마디 덧붙이자면, 개인적 수준의 상상력은 공상이나 기껏해야 자유주의적 사유에 그칠 수 있으나, 계급적·조직적 상상력으로 발전하게 되면 그 상상력은 사회와 정치를 바꾸는 힘이 될 수 있다. 흔히 좌파 이론가들은 철학이나 이론이 대중을 사로잡는 즉시, 그것이 '해방의 가슴과 두뇌이자 물질적 무기'가 된다고 말한다. "철학이 프롤레타리아트에게서 물질적인 무기를 발견하듯이, 프롤레타리아트는 철학에서 자신의 정신적인 무기를 발견한다." 이 말은 우파에게도 마찬가지다. 파레토 효율의 강력한 철학은 시장에 대한 굳은 신념과 자유시장을 방어하기 위한 투쟁의 힘으로 작용한다.

영국 노동당 당수였던 해롤드 라스키Harold Laski 교수는 1945년에 계획된 정부의 투자 방향에 대해 "투자자의 저축은 영화보다 주택에 사용되어야

불평등—자본주의인가, 민주주의인가?

한다."고 말했다. 이에 대해 미제스는 "사람들에게 더 좋은 집이 영화보다 훨씬 중요하다는 라스키 교수의 견해에 동의하는지 여부는 중요하지 않다. 사실 소비자들은 영화 입장권을 사기 위해 자신의 돈을 씀으로써 또 다른 선택을 해 왔다."며 "만약 노동당에 표를 몰아줘 권력을 쥐게 했던 그 대다수의 영국 국민들이 영화를 보지 않고 더 안락한 집과 아파트에 돈을 더 많이 쓴다면 이윤을 추구하는 사업가들은 어쩔 수 없이 집과 아파트를 짓는 데 더 많이 투자하고 허황된 영화를 만드는 데는 덜 투자하게 될 것이다."(미제스. 63~64쪽)라고 말했다. 시장에서 소비자의 자유로운 선택과 선호에 의한 시장조정이 더 중요하다는 말이다.

지금으로부터 170여 년 전인 1846년 영국의 주간지 《이코노미스트The Economist》는 한 기사에 "각자 처한 상태에 누가 책임이 있는가? 바로 개인들 자신이다individual who blame of oneself"라는 제목을 달았다. 자유방임주의의 핵심은 경제활동의 자유, 계약의 자유, 재산권의 보호 등이다. 이들은 "어떤 경제적·사회적 해악도 그냥 내버려 두면 저절로 치유된다는 입장"을 견지했고, 따라서 국가가 나서서 가난한 사람들을 돕거나 사회문제에 개입하는 것은 "조화를 향해 나아가는 자연의 작용을 깨뜨리는 행위"라고 봤다.

우리는 여기서 '자연' 및 '자연적natural'이라는 용어와 개념이 경제학에서 흔히 사용되고 있다는 사실을 새삼 깨달을 필요가 있다. '자연법칙'은 우리가 지금 논의하고 있는 주제의 궤도에서 크게 벗어나는 것이 아니다. 경제학에서 '자연'은 하나의 질서 있고 규칙적인 법칙의 의미로 흔히 쓰인다. 인위적인 제도적 개입의 반대편에서 쓰이는 자연가격, 자연실업률, 자연성장률 등이 대표적이다. '자연'의 지적재산권은 아리스토텔레스의 《자연학 강의》에 있다. 애덤 스미스는 상품의 자연가격에 대해 "모든 상품의 가격이 마치 중력 작용에 의한 것처럼 끊임없이 귀착되는 중심가격"이라고 말했다.

홉스와 로크 시대의 철학자 및 경제학자들은 자연에서 작동하는 만유인력의 법칙만큼이나 사회의 작동에서 보편성을 갖는 법칙을 발견하고자 했다. 레옹 왈라스Léon Walras가 시장 균형가격을 바람에 흔들리는 호수의 물 높이에 비유한 것처럼, 경제학자들은 경제학 개념들을 현실에서 우리가 경험하는 자연현상에 빗대어 설명하고자 했다. 즉, 이론적·추상적인 균형이 아니라 균형이 실제로 존재한다는 점을 강조하고자 한 것이다.

케인스주의적 타협이라는 저 먼 '초원'

민주주의의 도래는 현실적으로, 반복적으로 그리고 불가피하게 실망을 불러일으킨다는 점은 안타깝지만 역사적 경험이 입증하는 바이다.

"나의 초원은 푸르리라고 생각했던 것만큼 푸르지 않았다." 민주정치의 일상생활은 경외감을 불러일으키는 큰 장관이 아니다. 오히려 하찮은 야망을 가진 자들 간의 끊임없는 다툼, 자신의 잘못을 숨기고 다른 사람들을 오도하기 위한 수사학, 권력과 돈의 어두운 연결, 정의를 가장하지조차 않는 법과 특권을 강화하는 정책 등으로 얼룩져 있다.(셰보르스키 1997, 288쪽)

복거일은 '현실주의자'란, 꿈을 갖고 있고 세상을 아는 사람이라고 말한다. "(내 말은) 현실주의자와 이상주의자를 구분하는 것은 별 뜻이 없다는 거야. 꿈이 있어야 비로소 현실이 보인다는 거지. 현실이란 것은 그냥 보이는 것이 아니고, 세상을 바라볼 수 있는 어떤 관점을 가졌을 때 비로소 보인다는 거야. 그 관점을 부여해 주는 것이 꿈이라는 거지."(복거일 1987, 317쪽)

이탈리아의 정치사상가 노베르토 보비오Norberto Bobbio는 "민주주의에 대한 약속은 항상 깨지고 쉽고, 비난받기 쉽고, 상처받기 쉽다."고 말했다. "민주주의는 반대를 전제로 하는 정치체제이다. 모든 구성원의 동의를 기대할 수 있을 때 민주적 사회가 도래한다는 주장은 잘못된 것이다. 민주주의는 경쟁의 법칙에만 동의할 것을 요구한다. 민주주의는 동의가 아니라 반대·경쟁·논쟁이 존재하는 정치체제다. …… 진정한 민주주의자가 되려면 최선을 쟁취하는 것에 대한 환상을 가져서도 안 되고, 또한 가장 나쁜 것을 허용해서도 안 된다고 나는 여전히 확신하고 있다."(보비오 1989, 87 · 90쪽)

민주주의는 사회에 정열을 퍼뜨리고 상황이 아무리 불리하더라도 기적을 일으킬 수도 있는 가능성으로 가득 찬, 그럼에도 의심스러운 생존력을 가진, 근본적으로 그러한 딜레마를 지닌 제도일지도 모른다.

보비오는 민주주의의 약속이 깨진 이유 중 하나가 '보이지 않는 권력'에 있다고 말했다. 보이지 않게 감시하는 공권력 등 각종 민주주의의 제도적 권력 안에서, "복종하는 사람은 무엇이나 다 볼 필요는 없다. 그러나 보호하는 사람은 아르고스Argos의 눈과 같은 수천의 눈을 갖고 있을 필요가 있다. 보호자가 널리 내다보며 볼수록 복종하는 자는 장님이 되기 마련이다."

(보비오 1989, 124쪽)

"민주주의 체제와 독재 체제의 본질적 구분은, 오직 민주주의 체제에서만이 시민들이 피를 흘리지 않고 정부를 갈아 치울 수 있다는 사실이라고 했던 카를 포퍼Karl Popper의 언명을 나는 결코 잊지 않고 있다. 아주 빈번히 조롱거리가 되기도 했던 민주주의의 형식적 규칙들은, 사회적 갈등을 폭력에 호소하지 않고 해결하기 위해 고안된 공존의 테크닉을 역사 위에 최초로 선보였다. 이러한 규칙들이 존중되는 곳에서만이, 적대자가 전멸되어야 하는 원수로서가 아니라 내일 우리 자리를 대신해 줄지도 모르는 반대자로서 존재할 수 있게 된다."(보비오 1992, 135쪽)

그러나 우리의 역사적 경험은, 민족과 혁명의 이름으로 구질서와 구체제를 끌어내린 세력이 그 후 또 다른 '새로운 사회'를 건설하는 데까지는 이르지 못한 채, 단지 구체제를 단절시켰다는 그 역할과 의미에 그친 경우가 많았다.

민주주의와 자본주의의 모순적 관계는, 식료품상의 딸에서 "여성은 결코 돌아서지 않는다"는 의미의 '철의 여인'이 된 마거릿 대처의 사례에서 잘 드러난다. 대처가 1987년 9월의 어느 인터뷰에서 "사회 같은 것은 없다There's no such thing as society. 오직 개인과 가족이 있을 뿐이다."라고 했던 말은, 경제와 사회의 구분을 극적으로 보여 준다.

1980년 대처와 로널드 레이건을 필두로 이루어진 신자유주의 경제·노동 정책의 확산은 영국 노동당과 미국 민주당에까지 퍼져 나갔다. 1996년 4월 13일자 영국《가디언The Guardian》지는 당시 런던에서 이루어진 빌 클린턴과 토니 블레어의 회담에 대해 "둘은 마치 이란성 쌍둥이 같았다like twins seperated at birth"고 묘사한 한 논평자의 발언을 인용했다. 두 사람이 거의 같은 정책노선을 취했다는 평이었다. 기존의 케인스주의적 계급타협, 즉 자본주의와 민주주의의 동맹에 의한 사회공동체를 거부하고, 이기심을 추구하는 합리적 개인을 사회경제의 원리로 선포한 것이다.

노동과 자본 사이의 케인스주의적 계급타협의 핵심은 완전고용과 평등이라는 이중적인 프로그램이었다.

"완전고용은 총수요의 관리, 특히 정부 지출을 통해 고용의 수준을 조정한다는 것이고, 평등은 복지국가를 구성하는 각종 사회적 서비스를 통해 달성된다. 따라서 케인스주의적 타협은 일차적으로 거시경제적 관리에서 정부가 적극적인 역할을 수행한다는 것을 의미한다. 나아가 국가는 사회적 서비스의 제공자로서 그리고 시장의 규제자로서 다양한 사회적 영역에 개입한다. 그 결과, 생산의 사회적 관계는 정치제도를 통해 매개되었다. …… 한마디로 생산과 분배의 사회화가 케인스주의적 타협의 두드러진 특

징이 되었다."(송호근 외, 14쪽)

민주주의와 자본주의 사이의 관계에서 우리는 전혀 예상하지 못한 돌발적인 결과를 애쓰모글루에게서 보게 된다. 애쓰모글루는《국가는 왜 실패하는가Why Nations Fail》에서 유럽 제국들이 아프리카에서 흑인 자치구역을 설정한 진정한 의도를 '자치의 함정과 역설'로 설명하고 있다.

그에 따르면, 원주민에게 자치구역을 주었지만 독립적인 삶을 꾸려 가기에는 워낙 좁은 지역이라서 '정부가 의도했던 대로' 원주민은 백인 경제권에서 생계유지 수단을 찾을 수밖에 없어, 결국 값싼 노동력을 백인 경제권에 공급하게 되었다고 한다. 민주주의적 자치를 내건 해방이, 낙후된 그 지역의 발전 과제를 다른 사회가 더 이상 떠맡지 않아도 되게 하고, 전체 공동체가 조달해 확보한 경제적 잉여와 세금을 그 낙후 지역에 투입하지 않아도 되게 만들었으며, 스스로 발전을 꾀하라고 떠넘겨 버림으로써, 이 지역은 낙후의 악순환에 빠져들게 되었다는 것이다.

협력
개인인가, 집단인가?

2

"원장님께서도 설마 그 눈에 보이는 철조망을 제거해 버린 것으로 이 섬에서 진실로 모든 철조망이 자취를 감춘 것으로 믿고 있지 않으시겠지요. 이 섬에 관한 한 그 철조망은 눈에 보이는 것뿐 아니라 눈에 보이지 않는 것이 더욱더 근원적으로 원생들을 지배하고 있다는 것을 충분히 짐작하고 계시겠지요. 아니 원장님께선 사실 그 눈에 보이는 철조망을 제거하심으로써 다른 한편으로는 보다 더 높고 튼튼한 철조망으로 섬을 은밀히 둘러싸고 싶으셨던 것인지도 모릅니다. 선택과 변화가 전제되지 않은 필생의 천국이란 오히려 견딜 수 없는 지옥일 뿐입니다. 진정한 천국이라면 전 그것을 누리고자 하는 사람에게 먼저 선택이 행해져야 할 것이고, 적어도 어느 땐가는 보다 더 나은 자기 생의 실현을 위해 그 천국을 버릴 수도 있어야 하는 것으로 믿고 싶습니다. 천국이란 실상은 그것의 설계나 내용이 얼마나 행복스러워 보이느냐보다는 그것을 누리고자 하는 사람들의 선택 행위와 내일의 변화에 대한 희망이 어느 정도까지 허용될 수 있느냐에 더욱 큰 뜻이 실릴 수 있기 때문입니다. 형식만 있었을 뿐 원생들의 진정한 선택이 있을 수 없었던 그 마지막 정착지로서의 천국 (필생의 천국) 그것은 원생들의 천국이 아니라 다만 그들이 그렇게 믿어 주기를 바라면서 거의 일방적으로 그것을 점지해 주고 싶어하신 원장님이나 그 원장님과 같은 생각을 가진 분들 ─ 섬 바깥에서 이 섬을 적들의 천국이라고 말하게 될 바로 그 사람들의 천국일 뿐인 것입니다."

─ 이청준, 《당신들의 천국》

당신들의 천국
이탈과 목소리

천국은 그것을 이룩하고자 하는 사람들이 그것을 완벽하게 만들어 갈수록 그것을 살아야 하는 사람들에게는 오히려 숨 막히는 지옥이 되어 버릴 수도 있다고, 이청준의 《당신들의 천국》은 말한다.

조직 및 집단, 그리고 그에 속한 한 구성원으로서의 개인, 이 둘 사이에서 도대체 '자유란 무엇인가? 문학에서는 개인의 자유에 대한 열망을 흔히 다루지만, 경제학에서는 바다 위의 등대나 건강보험 같은 공적 상품(집단적 재화)을 그 집단에 속한 각각의 이기적인 개인들이 공동으로 협력해 공급할 수 있는지에 초점을 맞추어 왔다. 이는 임금 인상이나 정부 정책과 관련된 노동조합의 조직적 파업에 개별 조합원들이 파업의 목적을 달성하는 데 필요한 만큼 참여할 것인지, 나아가 독재를 무너뜨리고 민주정부를 세우려는 투쟁에 그 사회의 개별 시민으로서 참여할 것인지의 문제에도 적용될 수 있다.

◆ 합리적 개인은 혁명에 참가하지 않는다

로널드 코스는 어느 집단에서나 공공재의 가치가 그 비용을 확실히 초과한다면, 선호와 가치 부여의 차이에 따른 이해 충돌로 갈등하는 사람들 사이에 (명확히 정의된 각자의 사유재산권에 기초한) '협상'의 가능성이 항상 반드시 존재하며, 이 협상의 결과 그 공공재가 공급됨으로써 모든 구성원이 이득을 본다고 주장했다. 반면 맨커 올슨은 "그렇지 않다"고 말한다. 올슨은 집단들이 각각 공동이익을 추구하기 위해 행동한다는 오래된 신념은 틀린 것이라고 설파한다.

맨커 올슨의《집단행동의 논리The Logic of Collective Action》첫 페이지는 다음과 같은 말로 시작된다.

"한 집단 내에서 모든 개인이 그들의 집단적 목적을 달성하게 된다면 개인적인 이익도 얻을 수 있기 때문에 그들이 합리적이고 이기적일지라도 그 목적을 달성하려고 행동한다는 사실은 진실이 아니다. 실제로 한 집단의 개별 구성원 수가 아주 적지 않다면, 그리고 그들의 공통이익을 위해 개인들을 행동하게 만드는 강제나 다른 어떤 특수한 고안물이 없다면 …… 합리적이고 이기적인 개인들은 자신의 공통적 또는 집단적 이익을 성취하기 위해 자발적으로 행동하지 않을 것이다. …… 이러한 점은 심지어 한 집단 내에서 공동선善과 그것을 성취하는 방법에 대한 만장일치의 동의가 있을 때조차도 여전히 사실이다."(올슨 2003, 14·15쪽)

올슨의 이야기는 조직과 개인의 관계 및 상호작용 문제를 "합리적 개인들의 이기심에 의한 자유로운 선택행동"이라는 경제학의 일반적 분석틀 속에서 독창적으로 해명했다는 점에서 매우 놀라운 통찰을 포함하고 있다.

이러한 주장으로부터 도출되는 정치적 메시지는, 이기적 개인들은 혁명을 일으키거나 민주주의와 시민권을 지키기 위한 싸움, 다른 측면에서는 개인의 삶을 위협하는 그러한 행동에 참여하지 않을 것이라는 점이다. 그러나 개인이 참여의 이익과 비용을 계산하여 대체로 참여를 포기할 것이라는 올슨의 주장이 역사적으로나 경험적으로 항상 들어맞는 건 아니다. 오히려 그렇지 않음을 역사는 입증한다. 즉, 개인은 이기적 및 이타적인 동기에서 투표·시위·파업·자선 참여를 포함하여 다양한 사회적 실천에 진정으로 자발적으로 참여한다.

올슨의 논리에 따르면, 노동자들에겐 노동계급 일반의 이익을 도모할 '집합적' 재화collective goods와, 자신의 개별 작업장 수준에서 획득할 수 있는 '선택적' 재화selective goods를 동시에 얻는 투쟁의 역할이 부여된다. 전투적이고 정치적인 노동운동은 전자를 향한 투쟁으로 흔히 국가와 자본의 강력한 탄압을 받게 되고, 자본은 좀 더 순응적으로 자기 이익을 추구하는 노동자에게 더 많은 특수한 '선택적 재화'를 향유하게 해 주면서 분할통치를 꾀하기 마련이다. 이런 지반과 구조 위에서 노동운동 지도부와 노동대중 사이에 괴리가 발생하고 심화되기도 한다.

참고로, 어떤 재화는 그 소비에 대한 제약이 있는지 여부에 따라 특정 집단 사람들에게는 '집합재'이지만, 동시에 다른 집단 사람들에게는 사적인 '선택적' 재화가 되기도 한다. 예컨대 가두 퍼레이드는 그 행렬을 내려다볼

▶ 흔히 공포가 주는 효과는, 이미 어떤 저항 행동을 한 뒤 권력이 실제로 가하는 혹독한 탄압과 모진 처벌에 대한 두려움보다는 사전적인 '위협 효과'에 있다. 독재자들이 그들이 휘두르는 물리적 권력보다는 그것이 자아내는 공포를 통해 극히 미미한 저항의 싹마저 짓밟아 버린다는 사실을 우리는 경험적으로 목격하고 깨달아 왔다. 그런 점에서 반대파에 속하던 사람이 너무나 쉽게 특정 당파를 따를 경우, 그 당파 사람들은 그에게 감사를 표하기는커녕 그의 나약함을 경멸하는 태도를 보일 수도 있다.

수 있는 높은 건물에 사는 사람들에게는 집합재이지만, 길거리 지정 좌석권을 구입해야만 볼 수 있는 사람에게는 사적인 재화이다.

여기서 공공재와 집합재의 차이를 좀 더 살펴보자. 등대나 도로 같은 '공공재'는 그 누구도 그 재화의 이용으로부터 배제되지 않으며(배제 불가능성), 또 누군가 사용한다고 해서 다른 사람들이 사용할 수 없거나 사용 가능한 양이 줄어드는 것이 아니라는(비경합성) 특징을 갖는다. 집합재 역시 유사한 성격을 갖지만, 집합재는 특정한 집단에 속한 구성원들(조합원, 회원 등)에게만 이득을 주며, 때로는 일부 구성원이 집합재의 혜택을 더 많이 향유할수록 다른 구성원의 몫이 줄어들 수 있다. 나아가 등대와 도로 같은 공공재는 국가가 공공서비스로 제공하는 반면, 집합재는 민간단체나 조직의 구성원들이 집합재를 만들어 내는 데 드는 각자의 비용(예컨대 파업 동참에 따른 무노동 무임금)을 감수하고 공동으로 협력해야만 실제로 공급될 수 있다.

물론, 일부가 비용을 감수하고 집합재 공급을 위해 참여했으나 다른 일부 구성원의 기회주의적 행동으로 인해 집합재 공급에 실패해 이득을 얻지 못한 채 비용만 부담할 위험도 있다. 이때 각 개인들은 집합재가 제공될 경우 얻을 수 있는 각자의 이득과, 이를 위해 자신이 치러야 할 비용을 계산해 무임승차할 것인지 참여할 것인지 선택하게 된다.

집단행동의 논리

이런 상황에서 비용과 편익을 고려해 "자발적이고 이기적이고 독자적인 구성원 개인의 행동에 따라" 집합재가 좀 더 쉽게 공급되는 데 필요한 조건은 '소집단', 곧 집단의 구성원이 상대적으로 적어야 한다는 것이다. 구성원이 적을수록 집합재가 실제로 공급될 수 있다는 '확신'이 크고, 이에 따라 집합재의 이득을 누리기 위한 행동에 나설 '유인 동기'를 갖게 된다. 그러나 이때 개인들의 참여로 집합재 획득에 성공하더라도 행동에 참가하지 않은 다른 구성원의 혜택을 배제할 수 없으며, 참여자들은 자신들이 만들어 낸 집합재 이득의 '전부가 아니라' 일부만을 얻게 된다. 이 때문에 전체 집단이 '최적'이라고 여기는 집합재의 양(예컨대 더 많은 임금을 쟁취하는 데 필요한 일정한 기간의 파업 지속)을 획득하기 전에, 합리적인 개별 참가자들은 집합재 획득을 위한 행동을 도중에 중단하게 된다.

올슨은 위의 결론, 즉 소집단의 효율성을 다음과 같이 비유한다. 어떤 문제를 해결하기 위한 탐구 모임이 있다고 하자. 참석자의 수가 많은 모임의 경우, 참가자는 자신의 노력이 탐구의 결과에 그리 큰 영향을 주지 못할 것이고, 자신이 쟁점이 되는 문제의 탐구에 쏟는 노력이 많든 적든 그 모임이 내릴 결정에 똑같은 영향을 받을 것이라는 점을 안다. 따라서 문제를 주의 깊게 고찰하려는 유인 동기를 갖지 못한다. 즉, 모임의 규모가 커질수록 이 집합재를 달성하고 향상시키기 위해 들이는 기여는 더 작아진다. 사회든 경제든 정치 영역에서든 조직체들이 흔히 소집단으로 전환하려는 건 무엇보다 이러한 이유 때문이다. 그래서 위원회·소위원회 등 소규모 지도자 집단이 형성되며, 이들 집단은 일단 형성되고 나면 결정적인 역할을 담당하게 되는 경향이 있다.(올슨 2003, 82쪽)

《돈의 철학》을 쓴 게오르그 짐멜 역시 "구심력 있게 조직된 소규모 집단들이 일반적으로 자신들의 모든 에너지를 효율적이고 집중적으로 이용하는 반면, 대규모 집단에서의 힘은 흔히 잠재적으로만 남아 있다."(올슨 2003, 85쪽)고 말했다.

집단의 규모와 그 집단에 속한 개인의 행위, 이 둘 사이의 상관관계를 분석하는 논의에는 몇 가지 어려움이 뒤따른다. 우선 부분적으로는, 집단 내의 각 개인들이 그 집단이 추구하는 집합재(임금 인상을 위한 파업, 특정 산업에서 제품 가격 인상을 위한 산출량 제한의 담합, 수입 관세율 인하를 위한 특정 협회의 로비 등)에 대하여 서로 상이한 가치를 부여한다는 사실이다. 이럴 때 가장 큰 문제는 공급되는 집합재의 양이 얼마나 될지가 아니라, 과연 조금이라도 집합재가 공급될 수 있을 것인가이다.

사실 올슨은 소규모 조직의 효율성이 아니라 '대규모 조직' 분석에 관심이 있었다. 올슨 스스로 "이 책에서 나는 대부분의 대규모 경제 조직체가 특별한 제도를 발전시켜야만 했던 것은, 그들이 조직 전체에 걸쳐 있는 집합재를 공급하는 데 있어서 뒤따르는 개별 구성원들의 참가 문제를 해결하기 위한 것이었음을 입증할 것이다."(올슨 2003, 100쪽)라고 말했다.

강제적인 노동조합 형태인 클로즈드 숍closed shop이나 국가의 강제적인 세금 징수 등의 '제도'가 발생하게 된 기원을 경제학적으로 해명하려고 시도한 셈이다. 이처럼 강제하는 사회경제적 제도가 생겨난 이유는, 합리적 개인들이 상호작용하는 시장에 맡겨 놓아서는 바람직한 집합재가 생산되기 어렵기 때문이라는 설명이다. 사회와 제도·시장이라는 주제를 탐구한 두 거인 맨커 올슨과 칼 폴라니가 각각 지향하는 가치가 무엇인지 아는 독자라면 이미 간파했겠지만, 올슨이 '시장논리 속에서' 제도를 설명하였다면 폴라니는 '시장에 대항하는' 운동으로서의 사회제도를 역사적으로 설명한 셈이다.

"조직과 집단 안에서 모든 개별 행동 주체는 기회주의적 무임승차자가 되고자 한다. 또 마음으로는 질서와 체제에 저항하더라도 실제로 참여해 행동하지는 않는 저항자가 되고자 한다. 따라서 우리는 다수의 사람들이 공공재 공급에 비용을 분담하리라고 기대해서는 안 된다. 공공재를 가짐으로써 이득을 보는 '충분히 큰' 집단의 경우, 자발적 상호작용의 결과는 공공재를 어떻게든 공급하지 않는 것이 된다. 보조금이라는 유인이 주어지지 않는 한, 자발적으로 공급되는 공공재의 양은 집단의 관점에서 합리적이고 충분한 최적의 수준에 근접하지 못한다."(올슨 2010, 141쪽)

결국, 집단은 다만 두 가지 상황에서만 이러한 집단행동의 어려움을 극복하고 공동의 이익을 추구할 수 있다. 하나는 집단 구성원의 숫자가 적을 경우이고, 다른 하나는 선택적인 유인이나 제재가 존재할 경우이다. 노동조합이나 협회·단체 등 대다수 집단과 조직은 구성원이 많기 때문에 공동의 이익에 따라 집단행동을 하는 것이 매우 어렵다.

◤ 항의할 것인가, 이탈할 것인가

이번에는 제도가 아니라, 집단(및/또는 조직)과 개인을 서로 대비하면서 인간 행동을 분석한 거인 앨버트 허시먼의 설명을 들어 보자. 다음은 허시먼의 저 유명한 '이탈Exit'과 '항의(목소리 내기·Voice)' 사이의 선택, 그리고 '충성심Royalty'에 대한 설명이다.

"[제품 A의 고객 혹은 조직단체 A의 구성원 중 한 명이 자신의 제품과 조직에 불만이 생겼을 때] 이탈할 것인지 말 것인지는, '항의'가 얼마나 유효할 것인가의 전망에 달려 있다. 고객이 항의가 충분히 유효할 거라고 확신하면, 그들은 이탈을 연기할 공산이 크다. 그러므로 제품 품질에 대한 수요의 탄력성, 즉 이탈은 고객들이 항의를 택할 능력과 의향에 달려 있다. 일단 이탈을 하게 되면 항의할 기회를 상실한다. 반면 그 반대는 성립되지 않으므로, 이탈은 특정 상황에서는 항의가 실패한 이후 최후의 선택 반응일 것이다. …… 제품 A 혹은 조직단체 A의 구성원 중 한 명으로서 눈앞의 다른 우수한 제품이나 조직단체를 마다하면서 이탈하지 않는 또 다른 부류의 고객이 있을 수 있다. 이들은 자신들의 신념, 그리고 이에 덧붙여 타인들의 불평이나 항의가 합해지면 일을 성사시킬 수 있을 거라고 믿는 부류이다. 여기서 이야기하는 타인들이란, 항의의 비용이 높아져서 다시 되돌아가는 것이 낫다고 생각하면 거리낌 없이 다른 제품 B로 돌아서는 사람들이다. 마지막으로, 제품 A를 버리지 않는 부류의 또 다른 고객은 '충성심' 때문이다. 이 충성파들의 상당수는 제품 A의 정책과 관행을 바꾸는 행동에 적극 참여하지만, 이외의 나머지 사람들은 단순히 이탈하기를 거부하고 상황이 좋아질 것이라는 확신에서 고생을 견딜 것이다. 항의는 상황을 '내부로부터' 변화시키려는 시도인데, 이처럼 매우 넓고 다양한 종류의 활동을 포함한다."(허시먼 2005, 66쪽) 여기서 이탈이 '이것 아니면 저것(either—or)' 식의 확연한 구분만을 요구하는 것이라면, 항의는 기본적으로 계속 새로운 방향으로 발전하는 '예술'이다.

물론, 일반적으로 상호 자유계약에 기초한 시장은 '목소리 내기'보다는 '이탈(퇴장)'을 촉진하며, 따라서 욕망하는 목적을 성취하기 위한 수단으로서 정치 참여와는 다른 대안을 제공한다. 결국 시장에 대한 사람들의 광범위한 의존은, 높은 수준의 정치적 참여와 활기찬 민주적 문화를 유도할 수 있는 조건들을 훼손하게 된다.(보울스 · 진티스 1994, 221쪽)

앞서 보았듯, 허시먼에 견줘 맨커 올슨은 이기적이고 강제되지 않은 개인들은 오직 가장 절박한 상황에서만 공통의 목표를 충족시키기 위해 공동관계를 시작할 것임을 증명했다. 올슨의 논리 세계에서는, 참여의 비용이 존재하고 각 개인이 기회의 성공에 기여했든 그렇지 않았든 간에 모두 그 성공으로부터 이익을 얻게 된다면 각 개인은 참여하지 않는 것이 합리적이다.

반면, 허시먼은 "항의는 이탈과 견주어 비용이 더 많이 드는 경향이 있고, 자신이 구매하려는 물품을 생산하는 회사 혹은 자신이 속한 조직 내에서 행할 수 있는 영향력과 협상력의 조건에 달려 있다. 따라서 소비자들은 구매하는 재화나 서비스의 수가 증가함에 따라 점점 더 항의를 택할 여유가 줄어들 것이다."(허시먼 2005, 68쪽)라고 말한다. 이는 수많은 소비상품 속에서 복잡한 일상을 살아가는 현대 동시대인일수록 혁명적인 항의나 봉기에 나서기 어렵다는 점을 시사한다. 다만, 여러 경제 발전 단계에서 항의와 이탈 중 어느 것을 선택할지와 관련하여, 재화의 종류가 많고 다양한 경제에선 항의보다는 이탈을 선호하겠지만, 이 경제에서 대다수 소비자가 사용하는 표준화된 내구성 소비재가 점점 더 중요해지면 항의 역시 증가하게 될 것이다. 이는 소비자운동의 활발한 전개가 보여 준다. 또 항의는 조직 중에서도 기업보다는 가족, 노조, 공동체, 정당 등에서 쉽게 발견할 수 있다.

사실 집단행동론에서는 집단적 재화goods를 만들어 내는 것뿐 아니라, 오염이나 쓰레기 같은 '비재화bads'를 어떻게 집단적으로 생산되지 않게 할 것인가의 문제가 더 중요하게 또 빈번히 대두된다. 올슨이 집합재를 거의 처음 언급하면서 분석을 시도했다면, 러셀 하딘Russel Hardin은 그것을 꼼꼼히 읽은 뒤에 정반대로 올슨이 거의 놓친 비재화에 주목했다. 마치 올슨이 아프리카의 현재 실측 지도를 그려 보였다면 하딘은 과거 아프리카 지도처럼 "이곳에 가면 큰 호랑이가 있다"는 식으로 탐구 분야를 더 세심하게 보여 준 셈이다.

"만약 전력 공급 체제가 무더운 평일 오후 5시에 모든 냉방기의 80퍼센트를 운영할 정도의 수용 능력을 갖고 있고, 정전 사태를 막기 위해 각 가정이 자발적으로 무작위로 매주 하루씩 냉방기 사용을 삼가기로 약속했다고 하자. 이기적인 가정이라면 규칙을 어기고 냉방기를 사용하는 것이 합리적일까? 십중팔구 그럴 것이다. 그 가정의 속임이 정전이나 전기 공급 차질에 영향을 미칠 가능성은 매우 적기 때문이다. 만에 하나 정전이 실제로 빚어져 그 불편의 비용이 매우 커진다 해도, 그 비용은 내가 냉방장치를 켜는 것이 실제로 정전을 야기할 확률이 극히 적다는 이유로 크게 할인될 것이다. 어떠한 합리적인 추측에서도 그럴 확률은 틀림없이 1퍼센트 미만일 것이다. 따라서 우리의 한 가정만이 관련되는 한, 비록 모든 가정이 그렇게 한다면 정전 확률이 높아질지라도 무더운 평일마다 냉방기를 켜는 위험을 무릅쓸 가치가 있다."(하딘, 117쪽)

집단 속 또 다른 집단
비정규직의 모호성

아라비아 속담에 "사람은 그들의 부모보다 그들의 시대를 더 많이 닮는다"는 말이 있다. 여기서 부모가 개인을 은유한다면 시대는 집단을 표현한다고 할 수 있다. 우리가 사는 시대와 우리를 둘러싼 집단, 즉 시대정신을 우리는 어떻게 만들고 닮고 배우고 또 확장하는 것일까?

▶ 19세기 프랑스 역사학자 쥘 미슐레(Jules Michelet)는 《민중Le Pueple》이란 책에서 "현재에만 자신의 사고를 닫아 두려는 사람은 현재의 진면목을 이해하지 못한다."고 말했다. 그러나 이 책에 대해 역사학자 마르크 블로크는 "훌륭한 책이지만 19세기 그 시대의 과도한 열정에 감염되어 있다."고 말한다.(블로크, 51쪽)

 **개인과 집단을 잇는 '합리적' 강제**

집단과 개인에 관한 분석, 좀 더 학술적으로 표현하자면 국가 등 집단이 마련한 결정과 제도에 대하여 개인이 어떻게 합리적 계산에 기초해 '동의'하는지를 탐색한《동의의 계산Calculus of Consent》 대표적인 사람이 제임스 뷰캐넌James Buchanan과 고든 털록Gordon Tullock이다.

"개인적 선택과 집단적 결정 사이에는 어떤 가교가 있다. 시장에서 개인을 오직 가계와 소비자로서 다루는 경제학 분과 외에, 공공부문인 국가 또는 노동조합 등에서의 집단적 행동 형성에 틀림없이 존재하는 '개인적 의사결정'을 무시하는 경향이 있었다. 인간 [여기서는 개인] 은 사적 행동뿐만 아니라 집단적 행동을 결정하는 데에도 유일한 궁극적 선택자로 인식된다."(뷰캐넌·털록, 22쪽)(집단에 대한 분석은 이 책의 제1부 제2장 '인간 행동 분석'과 밀접하게 연관된다.)

"우리는 그 계산법을, 우리가 분석한 개인(대표적 혹은 평균적 개인)이 자기 이익에 따라 움직이고, 헌법적 결정에서 그의 동료들도 비슷하게 움직이며, 집합적 선택을 위해 선택된 규칙 집합 내에서 개개 참여자들이 똑같이 안내받는다고 가정했다. 우리가 암시했듯이, 인간의 동기에 관한 이 가정은 우리의 분석 중에서 아마도 가장 논쟁적인 부분일 것이다."(뷰캐넌·털록, 571쪽)

집단적 행동에는 때로 '강제'가 필요하기도 하다.(물론 이 장에서 우리의 목적은 강제뿐 아니라 '동의'에도 있다.) 모든 상황 아래서 개인이 노동권(노조 회비를 내지 않고도 일할 기회를 얻을 수 있는 권리)을 갖는다면, 확실히 그는 싸우지 않을 권리(병역을 회피할 권리) 및 자신의 돈을 자신에게 쓸 권리(원치 않는 정부 사업에 세금을 내지 않을 권리)도 가져야 한다. 노조를 지지하든 않든, 병역의 의무를 이행했든 안 했든, 세금을 납부했든 안 했든 상관없이, 해당 집단의 모든 사람에게 혜택이 돌아간다는 점에서 단체교섭, 전쟁 그리고 기본적인 정부 사업은 유사하다. 이 세 가지에는 모두 강제성이 포함되어 있으며, 또 포함되지 않으면 안 된다.(올슨 2003, 136쪽)

프리드리히 하이에크는 '자유사회'를 유지시킬 수 있는 오직 하나의 원리는, 모두에게 평등하게 적용할 수 있는 일반적이고 추상적인 규칙의 집행을 제외한 "모든 강제의 엄격한 금지"라는 신념을 평생 동안 고수했다. 이런 신념 아래, "모든 법률 아래서 자유의 원리에 반하여 노동조합이 행사할 수 있도록 허용된 강제는, 주로 동료 노동자들에 의한 강제라는 사실은 아무리 강조해도 지나치지 않다."고 강조했다. 그는 "노동조합이 고용주에게 행사할 수 있는 진정한 강제력은, 다른 노동자들을 강제할 수 있는 일차적 권력의 결과"라며 "만약 노동조합이 원하지 않는 지지를 강요할 권력을 상실한다면, 고용주에 대한 강제력 행사는 그 힘을 상실할 것"이라고 말한다. 노동조합은 노동자들이 자신들의 이익에 반하여 집단행동을 지지하도록 강제함으로써만 '소유자를 착취하고' 기업의 거의 모든 수익을 장악할 수 있다는 것이다.

그러나 하이에크는 그러한 집단적 행동으로부터 나온 총이득이, 고용된 노동자든 아니든 간에 공평하게 분배되는 거의 불가능한 경우를 제외하고는 모든 노동자에게 이득이 되기 어렵다고 말한다. 그 이유는 노동자들은 공급을 제한함으로써, 즉 노동의 일부를 배제시킴으로써만 자유시장의 임금수준 이상으로 실질임금을 상승시킬 수 있기 때문이다. 따라서 높은 임금으로 고용될 수 있는 사람들의 이득은 결과적으로 저임금 직종에 고용된 사람들, 또는 실업자들의 이해와 항상 대립하게 된다.(하이에크 1998(제2권), 122~123쪽)

하이에크는 노동조합이 장기적으로 모든 노동자들이 획득할 수 있는 실질임금수준을 본질적으로 변화시키지 못하고, 사실상 그것을 상승시키기보다는 하락시킬 가능성이 크다고 주장했다. 그 주요 원인은, 지배적인 '완전고용' 교리가 명시적으로 실업에 대한 모든 책임을 노동조합에 떠넘기는 대신에, 완전고용을 유지시킬 의무를 화폐 당국 및 재정 당국에 부과하는 데 있다. 실업 양산을 막기 위해 화폐 당국 및 재정 당국이 취할 유일한 방법은, 노동조합이 야기하는 실질임금의 초과상승에 대해 인플레이션으로 대응하는 것뿐이다.(하이에크 1998(제2권), 139쪽)

나중에 제4부 맨 끝에서 화폐와 인플레이션에 대해 좀 더 상세하게 말할 기회가 있겠지만 여기서 간단히 인플레이션의 효과를 짚고 넘어가도록 하자.

인플레이션은 종종 혼란스럽고 무질서한 방식으로 사회집단 간에 다양한 재분배의 결과를 낳았다. 우리는 왜 그토록 우파 경제학자와 부유층 및 기득권층이 20세기 내내 인플레이션을 가장 나쁜 경제적 질병이라고 우려하면서 경기 안정화를 추구하고 통화주의에 집착했는지, 그 이유를 다음과 같은 말에서 금방 확인할 수 있다.

"1913~1950년 프랑스의 인플레이션은 연평균 13퍼센트 이상이었는데, 이는 이 기간 전체로 보면 물가가 100배 상승했음을 의미했다. 마르셀 프루스트가 1913년《스완네 집 쪽으로》를 출판했을 때, 국가가 발행한 채권은 저자가 그해 여름을 보낸 카부르의 그랜드호텔만큼이나 탄탄한 듯 보였다. 1950년에 이르러 그 국채의 구매력은 과거의 100분의 1이 되었고, 그 결과 1913년의 [국가에 돈을 빌려 준] 자본 소득자와 그 후손들은 사실상 가진 게 아무것도 없게 되었다."(피케티, 161쪽)

이론가의 세계를 넘어 통화주의의 구체적인 실행자로서, 1979년 8월 미 연방준비제도이사회 의장에 취임한 폴 볼커Paul Volker가 전례 없는 수준으로 갑자기 이자율을 끌어올린 이른바 '1979년의 쿠데타'는 20세기 역사상

인플레이션에 대한 가장 강력한 대응이었다.

 ## 노동시장의 근린궁핍화

여기서 집단으로서의 노동조합과 노동시장 주변부에 거대하게 집적되고 있는 비정규 노동을 '집단의 관점'에서 살펴보자. 비정규 노동의 존재와 규모, 노동조건은 비정규직이 노동조합으로 조직되든 그렇지 않든 노동조합이라는 집단의 행동 논리와 무관할 수 없다. 비정규 노동 확산의 설명변수로 서비스업의 증가 추세▸같은 경제적 환경이나 구조의 변화를 꼽을 수도 있고, 정보기술(IT) 혁명 같은 기술적 요인을 들 수도 있으며, 노동조합 등 노동 세력 내부 행위자들의 조직적 요인을 중심으로 비정규 노동을 설명할 수도 있다. 관련 법률 등 제도적 요인, 사용자와 노조의 전략적 선택, 나아가 노동에 대한 자본의 분할지배와 통제라는 관점 등 다양한 설명 요인이 있다. 실업 문제의 원인으로 물가 측면에서 신축적이지 못한 가격 경직성, 일자리 탐색 과정에서의 마찰적 요인, 효율임금 요인, 노동조합의 존재 등 여러 설명 요인이 존재하듯, 비정규 노동 문제 역시 매우 복잡하다.

비정규직은 매우 추상적이고 모호하면서도 포괄적인 개념이다. '비정규'란 말이 포괄하는 대상자들의 내부를 들여다보면 노동조건과 고용 안정, 위계 구조 등 조건이 제각각이고 분포가 매우 넓어 동일한 비정규고용 내

▸ 서비스 경제의 경우, 서비스 상품(이발 서비스, 자동차 주유 서비스, 할인점 계산점원 서비스 등) 생산함수에서 이윤의 크기는 투입자본보다 투입노동의 양과 질이 결정적으로 좌우한다. 따라서 투입되는 노동비용을 줄이고 신축적이고 유연하게 조정하는 일이 기업의 핵심 과제로 등장하게 되며, 이에 따라 비정규 노동 수요가 증가하고 있다는 설명이다.

부에서도 차이가 매우 크다. 그 내부에 또 다른 상층부과 하층부가 존재하는 셈이다. 대체로 상층부 비정규 노동은 '조직과 힘의 세력관계'를 바탕으로 하는 노사관계'industrial relations를 통한 문제 해결이 가능하다. 그러나 그 외 하층부에는 특별한 싸움도 해 보지 못한 채 조용히 분노와 박탈감을 삭이며 일하고 있는 수많은 비정규 노동이 있다. 이들은 노사관계 영역에서 싸움을 시도해도, 또 설혹 이긴다 해도 얻어 낼 물질적 토대가 없는 중소 사업장 비정규직으로, 그들 스스로 이 점을 잘 알고 있다.

사회학자 존 골드소프John Goldthorpe는 제2차 세계대전 이후 케인스주의적 계급타협, 즉 민주주의와 자본주의의 동맹 속에서 소득의 평등과 수렴이 진행되었으나, 1980년대 들어 노동시장 유연화와 비정규 노동이 확산됨에 따라 평등과 수렴의 경향은 종말을 고했다고 선언한 바 있다. 서구 사회에서 국가와 자본, 노동 세력이 서로 타협하고 '정치적 교환'을 해 왔던 코포라티즘corporatism 경향이 후퇴하면서 '이중경제구조dualism'가 나타나고 있다는 것이다. 그는 특히 조직노동은 시장의 힘으로부터 자신들의 고용과 경직성을 지키기 위한 보호막으로 '더 많은 비정규 고용' 같은 유연한 노동과 이민노동을 오히려 요구하는 태도를 보이고 있다고 지적했다. 노동시장에서 '근린궁핍화beggar-my-neighbour'가 일어나고 있다는 것이다.(Goldthorpe, pp.330~332)

애덤 셰보르스키는 프롤레타리아 개념은 동심원 구조를 갖는다고 말했다.

"핵심부에는 본래적 의미의 육체적인 산업노동자가 위치하며, 둘레에는 생산수단으로부터 유리된 다양한 범주의 사람들이 떠다닌다. 그리고 맨 주변부에는 생산수단을 소유하나 그들의 생활 상태가 오직 겉치레로만 프롤레타리아와 구분되는 사람들이 있다."(셰보르스키 1995, 80쪽)

비정규직은 그 모호함 때문에 전략적 대응 방안이나 해법을 모색하는 것이 결코 쉽지 않다. 어쩌면 그 모호함이 비정규직을 사용하는 자본의 전략일 수도 있다. 비정규직 범주를 들여다보면 대기업과 관련된 기업에 종사하는 상대적 고임금의 상층 노동자부터 저 끝 일용직까지 다종다기하다. 소수의 상층부 비정규 노동자들만이 '조직된 집단'으로서 머리띠를 두르고 철탑에 올라 싸울 뿐, 대다수는 조용히 불우한 처지를 한탄하고 있을 뿐이다. 그런 점에서 "계급투쟁은 계급의 투쟁으로 들어가기 이전에 계급 (내부의) 형성을 위한 투쟁"이라고 말한 셰보르스키의 말은 옳다. 계급이 정치 영역에서 출현하려면 정치적 행위자로 조직되어야 하며, 이는 곧 정치적 계급투쟁이 여러 계급 사이의among 투쟁이기 이전에 계급에 관한about 투쟁이라는 것이다.

만약 계급이 형성되는 과정이라면, 그 계급이 집단적 이익대표체제로서 결성하거나 선택하는 정치적 정당은 사회의 세력관계가 응축되어 있는 집합체이다. 그런데 개인이 아닌 집단, 나아가 이 집단이 세력화한 정치적 이해대표에 대해 자유주의 경제철학자들은 매우 뿌리 깊은 불신을 갖고 있다. 밀턴 프리드먼이 《자본주의와 자유Capitalism and Freedom》에서 한 다음과 같은 말은 통렬한 듯하지만 뭔가 결여돼 있다는 느낌을 준다.

"가난한 농부를 도와야 하는 이유는 충분히 있다. 그것은 그가 농부이기 때문이 아니라 가난한 사람이기 때문이다. 즉, 그 정책은 가난한 사람들을 도와주도록 고안되어야지 특정 직업에 속하기 때문이라든지, 특정 연령계층에 속하기 때문이라든지, 특정 임금수준 집단에 속하기 때문이라든지, 특정 노동조직에 속하기 때문이라든지, 특정 산업에 속하기 때문에 도와주는 것이어서는 안 된다. 이 점이 바로 농산물 가격 정책, 일반 노인정책, 최저임금법, 노동조합법, 관세제도 등 수많은 정책들이 갖는 결점이다."(프리드먼 1990, 234쪽)

프리드먼은 강력한 노동조합이 그 조합원들을 위해 확보하는 이익은, 기본적으로 다른 노동자들의 희생에 의한 것이라고 주장한다. 해당 조합원의 임금 인상이 생산비용 증가로 이어져 기업의 이윤을 줄이게 되고, 그에 따른 투자 감소로 좀 더 열악한 처지에 있는 실업 노동자들을 위한 일자리 창출을 줄어들게 만든다는 논리다.

'집단·세력·조직·사회·관계'에 대한 불신과 거부, 그리고 개인의 자유로운 판단과 행동을 거의 무제한적으로 옹호한 자유주의 사상의 거인들 목록은 얼마든지 더 작성할 수 있다. 미제스의 제자 머리 로스바드는 자유 사회에서는 공갈blackmail조차도 불법이 아니라고 말했다. 공갈은 '상대방에 대한 어떤 정보를 공개하지 않는다는 서비스'의 대가로 돈을 받는 행위이며, 사람이나 그 재산에 대한 폭력이나 폭력의 위협이 개입되지 않기 때문이라는 것이다.(노직, 115쪽)

하베이 로드의 전제
집단과 정치

개인과 집단은 '시장경제'와 '정치'라는 말로 다시 표현할 수 있다. 시장은 개인을, 정치는 집단을 대표하기 때문이다. 이제 우리가 하려는 작업은 정치적 집단을 경제의 시야에서 파악해 보려는 하나의 시도이다.

경제학에서 경제변수의 크기가 일정하게 유지되는 정상상태stationary state는 경제활동에 참여하는 모든 사람의 '효용의 크기' 측면에서 매우 중

▶ '정상상태'라는 유명한 가상의 상태에 대해 마셜은 이렇게 정의했다. "정상상태라는 이름은 생산과 소비, 분배와 교환의 일반적 조건이 정지해 있다는 사실에서 유래한 것이다. 그러나 이 상태도 하나의 생활양식이기 때문에 그 내부는 운동으로 충만해 있다. 비록 각 개인이 청년에서 장년으로 성장하거나 장년에서 노년으로 쇠락할지라도 인구의 평균연령은 일정하게 유지될 수 있다. 인구 1인당 동일한 크기의 재화들이 수많은 세대에 걸쳐 동일한 계층에 의해, 동일한 방식으로 생산될 것이다."(마셜, 제2권, 63쪽)

협력─개인인가, 집단인가?

요하다. 애덤 스미스는 1776년 《국부론》에서 "인민의 절대다수인 노동빈민의 생활 상태가 가장 행복하고 안락하게 보이는 것은 사회가 진보하고 있을 때이다. 즉, 사회가 이미 최고로 부유해졌을 때가 아니라 계속 더 부유해지고 있을 때이다. 노동자의 생활은 사회가 정태상태[정상상태]에 있을 때는 어렵고, 쇠퇴 상태에 있을 때는 비참하다. 진보하고 있는 상태가 사실상 사회의 모든 계층 사람들에게 즐겁고 만족스런 상태이다. 정태상태는 활기가 없고 쇠퇴 상태는 침울하다."(스미스 2003, 97쪽)고 말했다.

◢ 1원 1표 vs 1인 1표

흔히 신고전파경제학은 거시경제의 작동을, '정태적 균형 상태'steady state에 있는 경제에 외생변수가 충격으로 던져지면 이에 경제가 반응하여 시장적 조절이 이뤄지는 과정으로 설명한다. 이러한 균형적 접근 방식은, 주체들의 분권적인 의사결정이 서로 충돌하지 않고 하나의 질서를 창출한다는

"보편적 조화라는 이데올로기에 집착한 결과, 경제과학은 일반균형이론의 옷을 입지 않을 수 없다. 이 이론은 진보와 변화가 체제의 외부에서 발생된다고 보는 점에서 필연적으로 정태적인 것이 될 수밖에 없다. 내적인 동학, 즉 자본주의 체제의 기본적 본질인 잉여 및 이윤의 근원, 이로부터의 '자본축적'은 사라져 버리지 않을 수 없다."(아민, 37쪽) 흔히 '정태적Static' 분석은 시간(t)의 변화 및 변수들 간의 상호 영향에 대한 고려 없이 어떤 특정 시점에서 변수들의 관계만을 보여 준다. 따라서 정태적 분석에는 '그 이외 다른 모든 변수는 불변'이란 조건이 덧붙여진다. 이와 달리 '동태적Dynamic' 분석은 시간의 변화가 변수로 고려되며 변수 상호 간에 동시에 미치는 역동적인 영향이 고려된다. 정태적 분석에서는 언제 어디서든 경제가 균형 상태에 있다는 태도를, 동태적 분석에서는 시간의 변화와 불확실성을 고려할 때 경제가 균형으로 향해 가는 길path을 찾는 동학적인 태도를 보이게 된다. '동태적 효율'은 서로 상호작용해 영향을 주는 모든 변수가 각각 최적의 수준에 있는 상태이다.

것으로서, 시장가격이라는 파라미터parameter[매개변수]가 그 조정 역할을 한다.(김영용 2010, p.43)

한편, 노벨경제학상 수상자인 스웨덴의 군나르 뮈르달Gunnar Myrdal은 균형으로부터의 이탈이 경제가 균형으로 접근하도록 하지 않고 오히려 더 멀어지게 할 것이라고 보았다. 즉, "그는 경제적 변화에 적당한 비유는 균형으로 돌아가는 시계추라든가 누워 있는 계란이 아니라, 오히려 언덕을 구르는 눈덩이 같은 것이라고 주장했다."(블로그, 287쪽)

정태적 균형이라는 다소 낯선 용어를 설명한 것은, 이 장의 주제인 정치와 시장을 좀 더 명쾌하기 이해하기 위해서이다. 정치적 과정은 '미결정성indeterminacy'을 그 특징으로 한다. 경제적 변수가 경제모델 안에서 함수적 관계에 의해 균형으로 조정되는 '결정'을 특성으로 한다면, 이와 달리 정치적 과정은 집단과 계급·세력·이해관계자들 간의 갈등과 투쟁, 타협을 그 핵심 원리로 하면서 제도가 형성되고 또 수정되고 변경·폐기되는 과정이다. 이른바 불확정성의 영역인 셈이다. 여기서 우리는 "정치는 살아 꿈틀거리는 생물이다"라는 말을 확인하게 된다.

자본주의 시장은 흔히 근대 민주주의와 함께 근대성의 놀라운 발명품이라고 일컬어진다. 그러나 이 둘은 상충적인 원리에 입각하고 있다. 즉, 사회적 선택에서 동등한 비중을 지닌 시민의 참여가 특징인 민주주의와, 생산 수단의 사유와 자유로운 처분 그리고 시장을 통한 가격 결정과 자원 배분으로 특징지어지는 자본주의는 그 지배 원리가 전혀 다르다. 이러한 상충 때문에 민주주의가 자본주의를 붕괴시키거나 아니면 자본주의가 민주주

▶ 여기서 말하는 '파라미터적 조정'이란 흔히 경제학 교과서에서 가격변수에 의한 조정, 즉 임금률·소득분배율·이자율·저축률·환율 등에 의한 조정을 일컫는 것으로 이해될 수 있다.

의를 손상시킬 것이라는 우려가 항상 제기되곤 했다.

시장은 강자가 지배하는 '1원 1표' 원리로 작동한다. 여기서 정치경제학의 근본 질문 중 하나는, 이런 원리가 '1인 1표'의 정치적 민주주의 원리와 어떻게 상호 양립할 수 있는가이다. 민주주의와 시장의 상호작용을 날카롭게 통찰한 정치학자 애덤 셰보르스키는 "개인들은 시장적 행위자이면서 동시에 시민이다. 그런데 시민으로서 선호하는 자원 배분은 시장을 통해 도달하는 배분과 일반적으로 일치하지 않는다. 시장은 자신이 소유한 자원을 가지고 배분을 위한 표를 던지는 메커니즘이며, 자원이 항상 불평등하게 분배된다. 반면에 국가는 시장적 결과와 다르게 분배할 수 있는 권리를 갖고서 자신이 소유하지 않은 자원을 배분하는 체제"라고 말했다.

이처럼 '민주주의'와 '시장자본주의' 사이에는 근본적인 긴장 관계가 존재한다. 정치적 민주주의와 경제적 자본주의 사이의 모순은 근대 사회과학(정치·사회·경제학)의 핵심 연구 주제였다. 오늘날 한국에서도, 서구 정치경제학의 전통 속에서도 '어떻게 하면 민주주의와 자본주의를 조화시킬 것인가'의 문제가 핵심 과제로 남아 있다. 이와 관련하여 자유주의자들은 그들의 논리 구조 자체에 따라 거시경제에 대한 국가의 관리가 시장을 마비시켜 경제성장을 방해한다는, 때로는 의도하지 않은 결론에 이르게 된다. 자유주의자들은 민주주의와 자본주의가 서로를 필요로 한다는 생각과 이 둘이 공존할 수 없다는 확신, 그 사이에서 덫에 걸리기도 한다.

이에 따라 제기된 것이 이른바 '민주자본주의'라고 할 수 있다. 이것은 계급타협, 또는 사회민주주의라는 이름으로 제기되어 왔다.

"민주주의와 자본주의의 결합은 하나의 타협으로 이루어져 있다. 즉, 생산수단을 소유하지 않은 이들은 사적 소유제에 동의하고, 반면에 생산수단을 소유한 사람들은 다른 집단들이 산출물의 배분과 자원 할당에 대해 좀 더 효과적으로 압력을 가할 수 있도록 허용하는 정치적 제도들에 동의한다."(셰보르스키 1985, 267쪽)

국유화처럼 국가가 반드시 생산수단의 소유권을 확보해야 하는 건 아니다. 간접적인 통제 방식을 통해 국가는 경제 전체를 합리화할 수 있다. 오히려 국가가 특정 산업을 소유하게 되면 사회주의 정부는 어쩔 수 없이 하나의 자본주의 기업으로 행동할 수밖에 없으며 '시장의 혼돈'에 휘말려 들어갈 뿐이다. 직접적 소유 대신 개별 기업이 경제 공동체의 일반이익에 입각해 활동하도록 영향을 미침으로써 모든 사회주의적 목표를 성취할 수도 있다. 국유화의 핵심은 소유의 이전이라기보다는 권한의 이전에 있다. 만약 필요한 때 국가가 개인 기업을 통제할 수 있고 시장의 힘이 제멋대로 분출되는 것을 진정시킬 수 있다면, 직접적 소유란 불필요하고 바람직하지 못한 것이 될 것이다. 이것이 바로 케인스 혁명 이후 사회민주당의 좌우명이 되었다.(셰보르스키 1985, 56~57쪽)

 계급정치 압도하는 '생산성 정치'

자본주의적 민주주의의 타협에 정치적·이데올로기적 토대를 제시한 사람은 바로 케인스다. 케인스는 국가가 사유제와 민주적 경제관리를 조화시킬 수 있다는 전망을 펼쳐 보였다. 이렇듯 케인스주의가 계급타협의 (물질적) 토대를 제공했고, 그 타협이 노동자를 대표하는 정당들에게 자본주의 사회 내에서 권력을 잡을 수 있는 정당성을 제공했다. 그런데 계급타협의 경우 자발적 타협도 있을 수 있겠지만, 자본의 이윤 압박과 수익성 둔화에 직면하면 사정이 달라진다.

"더 이상 저항할 수 없는 상황이 되면 노동자들에게는 자신들의 운명을

협력-개인인가, 집단인가?

기업에 맡기고 기업의 수익성을 제고시킴으로써 자신들의 조건을 개선시키는 것만이 유일하게 선택 가능한 대안이 된다."(브레너, 172쪽) 이른바 '생산성 동맹'이라는 '생산성 정치'의 문제가 대두하는 것이다.

2010년대 들어 도처에서 확산되고 있는 협동조합 흐름의 바탕에는 수익만을 좇는 '주식회사' 중심의 경제체제에 대한 회의가 깔려 있다. 협동조합은 1인 1표의 의결권을 원칙으로 한다는 점에서 주식회사에 비해 자본을 모으기가 쉽지 않고, 위험(리스크)을 감수하려 하지 않기 때문에 사업 기회에 대한 모험을 감행하기도 어렵다. 그럼에도 간헐적이고 주기적인 글로벌 경제 위기 속에서 주주 중심의 경제가 바람직한지에 대한 의문이 확산되고 있는 것이다.

흔히 정치는 평등의 가치가 지배하는 민주주의 영역이고, 정치가의 행동 원리를 지배하는 건 공동체와 공동이익, 전체 구성원을 위한 이타적 가치라고 여겨져 왔다. 케인스는 경제가 자연법칙에 따라 움직이는 것이 아니며, 경제적 위기는 완화될 수 있고, 국가가 수요 관리를 위한 반경제주기 counter-cyclical 정책을 추진한다면 자원 낭비와 경제적 고통을 경감할 수 있다고 주장했다. 현재 주어진 자본과 노동의 총량 안에서 경제가 본래의 능력 이하로 생산하고 있다면, 적절한 정부 정책은 경제체제가 충분한 생산 잠재력에 근접할 때까지 산출을 증가시키는 것이다. 정부는 노동력과 기계의 불완전고용을 줄이고 완전고용과의 간극을 메울 수 있는 능력을 지니고 있다. 따라서 완전고용은 그 어느 시기에도 추구할 수 있는 실제적 목표가 된 것이다.(셰보르스키 1985, 270쪽)

이와 달리 제임스 뷰캐넌은 거꾸로 투표 및 민주주의 정치 분석에조차 주류 경제이론의 시장가설과 분석 도구를 이용했다. 그의 '공공선택 이론'은 정치도 경제적 재화의 생산·교환에서와 마찬가지로 각 정치인 또는 정치적 집단(정당)의 이기심에 기초한 효용 극대화 선택이 지배하고 관철되는 영역일 뿐이라고 주장한다. 그야말로 새로운 '정치경제학'이다. 이로부터 이른바 '정치적 경기순환political business cycle' 개념이 나온다.

'정치적 경기순환'은 선거를 앞두고 경기부양을 위해 돈을 마구 찍어 내 실업률을 줄이는 것으로, 선거가 끝난 뒤 급속한 인플레이션으로 몸살을 앓는 국가들이 대표적이다. 좀 다른 의미에서의 정치와 경제의 관계이긴 하지만, 미국과 유엔이 아랍 산유국에 군사적 개입을 하지 않고 대신 자본 투자 금지·철수, 석유 수입 금지 같은 경제적 제재를 단행하는 것도 마찬 가지다. 경제적 제재로 해당 국가의 국민들이 경제적 곤궁에 시달리게 되면 그 나라의 정치권력은 다음 선거에서 재선하기 어렵기 때문에 결국 제재에 굴복하게 된다.

마르크스는 아시아 국가에서 정치적으로 끊임없이 흥망이 반복되고 왕조가 쉴 새 없이 교체되었으나, 그와 대조적으로 경제구조는 단순재생산을 반복해 왔다고 말했다.

"자급자족적인 공동체의 단순한 생산조직은 아시아 사회의 불변성의 비밀을 해명하는 열쇠를 제공한다. 이 사회의 경제적 기본 요소들의 구조는 (정치라는 상공에서 일어나는) 폭풍우에 의해서는 조금도 영향을 받지 않는다."

(마르크스, 제1권(상), 456쪽)

그러나 고대·봉건 왕조와 달리 자본주의 사회경제에서는 정치의 상공에서 일어나는 폭풍우가 경제를 뒤흔든다. 폴란드 경제학자 미할 칼레츠키Michal Kalecki는 1943년에 〈완전고용의 정치적 측면Political Aspects of Full Employment〉이라는 글에서 정치적 경기순환은 단지 추상적인 개념이 아니며, 실제로 미국에서 1937년 후반에 경기 붐이 갑자기 끝난 것은 정부 지출의 돌발적인 삭감 때문이었고, 이러한 침체 속에서 정부가 재빨리 지출 중

가로 급선회했다고 말했다. 이러한 정치적 경기순환 속에서 완전고용은 오직 경기 붐의 최절정 국면에서 나타나고, 침체는 상대적으로 온건하게 짧은 기간에만 이어질 것이다.

케인스 이론에서 정치(인)에 대해 논한 유명한 대목이 케인스가 태어난 지명에서 가져온 '하베이 로드Harvey Road의 전제'이다. 케인스는 고도의 판단 능력을 가진 지적 엘리트의 필요성을 강조했다. 그는 정치가나 관료가 철저하게 도덕적으로 고결하고 공익을 위해 일할 것이라고 가정했다. 이 가정을 케인스가 태어난 곳의 이름을 따 '하베이 로드의 전제'라고 한다.(오노 요시아스, 172쪽)

케인스의 가정은 현실적으로 타당한 것일까? 소설가 복거일은 "사회라는 거대한 몸속의 가장 아픈 부분은 정치와 돈이 만나는 자리"라고 말했다.(김현 1992, 63쪽) 하베이 로드의 전제와 복거일의 말 그 사이에 아래 비유를 언급할 수 있겠다.

정치와 경제의 구분과 관련하여, 뷰캐넌과 털록은 자신들의 작업은 "[정치와 경제로 설정된] 울타리 주위의 경작되지 않은 땅을 가꾸려는" 노력이라고 주장한다. 그러면서 시인 로버트 프로스트가 농사에서 "좋은 울타리는 좋은 이웃을 만들지만, 울타리의 경계선에 너무 가깝게 골을 파게 되면 이웃 관계는 위험에 처하게 된다."고 한 말을 비유로 들었다.(Buchanan & Tullock, p.20)

규범

윤리인가, 공리公理인가?

3

"바람이 거대한 바닷물을 내리칠 때 다른 사람이 겪는 가혹한 시련을 육지에서 가만히 지켜보는 것은 안심이 된다. 누군가의 곤경이 즐길 만한 쾌락거리라는 것이 아니다. 당신을 괴롭히는 것을 바라봄으로써 당신이 거기에서 벗어나 있다는 사실을 깨닫고 위안을 받는 것이다. 평원에서 싸우는 전사들이 격렬하게 부딪치는 광경을, 그 위험과는 완전히 무관한 입장에서 바라보는 것 또한 위안이 된다. 그러나 현자의 가르침으로 충분히 방비된 안전한 고지를 점하는 것보다 더 축복인 것은 없다. 그 고요한 성역에서 다른 사람들이 삶의 방향을 찾아 정처 없이 떠돌며 지적인 탁월함과 지위를 놓고 다투며 밤낮 없이 으뜸가는 부를 차지하고 권력을 지키기 위해서 무던히 애쓰는 것을 내려다보는 것 이상의 축복은 없다."

            – 루크레티우스, 〈사물의 본성에 관하여〉

"정의는 하나의 권력이다. 그리고 그 권력은 창조할 수 없다면 적어도 파괴라도 할 것이다. 그러므로 앞으로의 문제는 혁명이 있을 것인가에 관한 것이라기보다는 그 혁명이 유익할 것인가 아니면 해로울 것인가에 관한 것이다."

            – 루이스 디킨슨, 〈정의와 자유〉

'벵골 기근'과 경제학의 빈곤
윤리와 정의

케인스가 쓴 〈마셜 전기Alfred Marshall, 1842~1924〉에 의하면, 마셜은 경제학을 시작할 무렵, 가난에 찌들고 삶에 지친 초췌한 남자의 초상화 하나를 고서점에서 구입해 성스러운 수호신처럼 모셔 놓고 매일 그 얼굴을 쳐다보면서 자신이 이론적 유희에 빠지는 위험을 경계했다고 한다. 마셜의 제자인 아서 세실 피구Arthur Cecil Pigou는 경제학은 "음침한 뒷골목의 불결함과 궁핍한 삶의 암울함에 분개하는 사회적 정열"에서 시작된다고 말했다. 스승과 제자 둘 다 효율성이나 합리성보다는 인간 존재의 비참한 생활을 경제학 연구의 원점으로 생각했던 것이다.(시오노야 유이치 2006, 14쪽)

▶ 유이치는 복지국가의 목표는, 인간존재를 비참한 생활에서 구해 내 '탁월한 삶'으로 향상시키
는 데 있다고 주장한다. 경제사회에서 '정의'는 '효율'을 강력히 제약하게 되는데, 탁월은 자유

규범-윤리인가, 공리公理인가?

애덤 스미스는 도덕철학 교수였다!

참고로, 경제학 역사에서 경제학자의 학문적 성취뿐 아니라 개인의 인간적·정서적 측면까지 포함하여 매우 짧게 그러면서도 흥미롭게 보여 주는 책으로 로버트 스키델스키Robert Skidelsky가 쓴《존 메이너드 케인스John Maynard Keynes 1883~1946》맨 뒤편에 수록된〈경제학자 인명사전〉, 그리고 빼어난 경제학 방법론과 경제사 연구자인 마크 블로그의《위대한 경제학자들》을 꼽을 수 있다.

마셜은《경제학원리》서문에서 다음과 같이 말했다.

"경제학자는 윤리적 힘도 고려해야 한다. 윤리적 영향을 전혀 받지 않은 상태에서 세심하고 정력적으로 그러나 비정하고 이기적으로 금전상 이득을 추구하는 경제인의 행동과 관련된 추상적 과학을 구성하려는 시도가 실제로 있었다. 그러나 그러한 시도는 성공적이지 못했으며, 철저하게 수행되지도 못했다. 왜냐하면 경제인을 완전히 이기적인 인간으로 취급할 수는 없기 때문이다. 인간이 노력하고 또 희생을 감내할 때, 가족을 위한 비이기

의 조건 아래 달성된 경제와 인간의 질로서 효율과 정의가 지향해야 할 가치가 된다. 즉, 경제적 자유와 시장의 효율이라는 원칙은 정의와 탁월이라는 이중의 견제를 받을 필요가 있다는 것이다.

▶ 슘페터와 하이에크는 케인스와 대결했던 대표적인 경제학자로 알려져 있다. 그러나 슘페터는 케인스의 방법에 대해서는 공감하지 않았지만 케인스에 대한 뛰어난 전기 에세이를 썼다. 또 하이에크는 케인스의《전비 조달론How to Pay for the War》을 긍정적으로 평가했고, 케인스는 당시 유보를 달긴 했지만 하이에크의《노예의 길The Road to Serfdom》을 지지했다. 제2차 세계대전 중에 케인스는 하이에크가 케임브리지에 집을 구하도록 도와주었고 영국 학술원에 선출되도록 지원했다.(스키델스키, 1488쪽)

적 욕망보다 더 강력한 동기는 있을 수 없다."(마셜, 제1권, 28쪽)

전통적으로 경제학 연구 영역에서는 오직 시장 효율성 아래서 자원 배분을 논하고 자기 이익을 추구하는 개인과 기업들의 이윤 및 효용 극대화 추구를 고려할 뿐, 인권·사회적 관계·민주주의·형평성·공평성 등 사회와 제도 속의 여러 요소들은 다른 영역으로 치부하고 있다. 그러나 이상하게 들릴지 모르지만, 경제학의 시조들(애덤 스미스와 앨프레드 마셜)은 경제학을 경제의 부富뿐만 아니라 인간을 탐구하는 학문이라고 말했다. 마셜의 위의 언급은 스미스의 도덕철학 전통에서 비롯된다.

"마셜은 《경제학원리》에서 고전학파의 생산비 이론을 윌리엄 스탠리 제본스William Stanley Jevons의 한계효용이론에, 추상적 이론을 역사에, 과학을 도덕에 접합시켰다."(스키델스키, 1452쪽)

경제학의 주제는 오랫동안 윤리학의 한 분야로 여겨졌다. 아마르티아 센이 1987년에 쓴 책에 따르면, 영국 케임브리지대학에서는 꽤 최근까지도 경제학을 도덕철학 우등졸업시험의 한 분야로 가르쳤다고 한다.(센 1999a, 17쪽) 애덤 스미스는 애초에 글래스고대학의 '도덕철학자'였고, 케인스는 1938년 해로드Roy Forbes Harrod에게 보낸 편지에서 "리오넬 로빈스Lionel Robbins가 말하고 있는 것과 반대로 경제학은 본질적으로 윤리학이며, 자연과학이 아니다. 경제학은 내적 성찰과 가치판단을 요구한다."고 적었다.(시오노야 유이치 2006, 34쪽)

윤리학과 경제학이라는 이 장의 주제에서 좀 빗나갈 수 있지만, 로빈스에 대해서는 간단히 말해 두고 넘어가는 것이 좋겠다. 이 책에도 서너 번

▶ 유이치는 사회과학을 공부하는 데는 철학, 정치학, 경제학, 사회학이라는 네 학문 분야의 지식이 모두 필요하다고 말했다.(시오노야 유이치 2006, 15쪽)

등장하는, 경제학의 연구 대상과 방법론에 관한 가장 일반적이고 유명한 구절은 리오넬 로빈스의 에세이 〈경제이론의 본질과 의의Essay on the Nature and Significance of Economic Science〉(1933)에서 나온 것이다. 로빈스는 "경제학은 대안적 이용이 가능한 희소한 자원의 배분과 만족이라는 목적 사이의 관계를 둘러싼 인간 행동을 연구하는 과학"이라고 정의했다.(Robbins 1933) 짧은 문장 속에 여러 명사와 수식어가 거미줄처럼 얽혀 복잡해 보일지 모르지만, 결국 "각 개인의 효용 극대화를 연구하는 과학"이라는 얘기다. 여기서 로빈스는 "두 연구(경제학과 윤리학)를 단순한 병렬이 아닌, 다른 형태로 결합하는 것은 논리적으로 불가능해 보인다."고 했다.

리오넬 로빈스의 이 에세이에서, 주어진 시간을 생산활동과 여가 향유에 배분하는 그 유명한 로빈슨 크루소('고립된 개인')가 등장한다. "그(리오넬 로빈스)는 로빈슨 크루소가 사는 섬에서 돌아올 생각을 하지 않고 거기서 그냥 경제학에 대한 정의를 만들어 낸다."(스위지. 17~18쪽) ➤

사미르 아민Samir Amin은, 신고전파경제학의 기본 개념은 외딴섬에 사는 로빈슨 크루소의 행동에 관한 일련의 공리들에 기초하여 만들어진 것이라고 설명한 바 있다.

"다시 말해 개별적으로 고립된 인간이 (사회가 아닌) 자연과 직면하고 있으며, 경제학은 인간과 물질과의 관계, 즉 욕구와 희소성의 과학이 되고 만다. 그런데 로빈슨 크루소는 결코 사회를 형성하지 않으므로 인간들이 부를 생산하고 분배할 때의 인간관계, 즉 사회의 경제적 메커니즘의 진정한 영역이 한계주의에서는 처음부터 사상되어 버린 셈이다."(아민. 35쪽)

➤ 스위지는 이와 달리 경제학은 생산과 분배를 둘러싼 '사회적 관계들'을 연구해야 한다고 주장한다.

도덕철학 교수였던 애덤 스미스는 250여 년 전 《도덕감정론Theory of Moral Sentiments》에서 개인과 이웃에 대해 다소 혼란스러운 어투로 다음과 같이 말했다.

"우리와 특별한 관계가 없는 사람이 죽었다는 소식을 듣는 것은 우리 자신이 직면하는 매우 하찮은 불행보다도 우리에게는 걱정이 덜 되고, 소화불량과 휴식의 방해도 덜 일으킨다. 그러나 우리의 그 작은 불행을 막기 위해서 또는 우리 자신의 파멸을 막기 위해서 이웃을 파멸시켜서는 안 된다. …… 모든 사람은 그 중요성에 있어서 그 자신에게는 전 세계일지 몰라도, 나머지 사람들에게는 전 세계의 매우 하찮은 부분에 불과하다. 비록 자신의 행복이 전 세계의 행복보다 중요하더라도, 그의 행복은 다른 모든 사람들에게는 단지 그 이외의 다른 어떤 사람의 행복보다 더 중요하지 않다."(스미스 1996, 157~158쪽)

윤리학의 실종, 경제학의 빈곤

경제학과 윤리학은 역사적으로 어느 지점까지는 서로 보조를 맞추다가 갈라지기 시작한다. 그리고 경제학의 빈곤이 시작된다. 지나친 단순화의 위험을 무릅쓴다면, 빈곤한 경제학 분석의 한 예로 '벵골 기근'을 떠올릴 수 있다. "기근은 식량은 있으나 구입할 능력이 없는 곳에서 발생한다."

아마르티아 센은 인도 벵골 기근에 대해 "굶어 죽은 사람들은 식량이 없어서가 아니며, 또 이들의 식량에 대한 법적 권리와 생존권이 침해된 것이 아니라 아예 식량에 대한 법적 권리를 갖고 있지 못했기 때문"이라고 날카롭게 지적했다. 1943년 5백만 명가량이 기아와 관련된 질병으로 목숨을 잃은 벵골 기근의 근본 원인은, 식량 부족이 아니라 파레토 최적의 효율을 달

규범―윤리인가, 공리公理인가?

성하려는 시장의 작동에 의한 것이며, 곡물은 있으나 구입할 돈이 문제였다는 것이다. 또한 이는 식량을 구입할 임금을 얻기 위한 노동의 문제이기도 했다. 여기서 센이 말하는 자유freedom 및 '자유로서의 경제 발전'은 '(구입할) 능력으로서의 자유로 표현된다.

"기아와 기근이라는 현대 세계의 비극적인 실제 문제를 인과적으로 분석할 때, 유용한 식량이 점점 더 풍부해지는 상황에서도 기근이 발생할 수 있다는 사실은, [오히려] 일반균형이론이 강조하고 초점을 맞추었던 상호 의존의 패턴을 도입함으로써 더 잘 이해될 수 있다. 즉, 기근은 종종 식량 공급과 거의 관계가 없으며, 그 대신 경제의 일반적 상호 의존 관계를 통해 기근을 발생시키는 선행 요인들이 경제 내부 어딘가에 존재한다."(센 1999a, 25쪽)

우리가 오늘날 '제3세계'라고 부르는 지역을 삼켜 버린 1876년과 1899년 후기 빅토리아시대의 초대형 한발과 기근 사태를 세밀하게 추적한 《엘리뇨와 제국주의로 본 빈곤의 역사Late Victorian Holocausts》에서 마이크 데이비스 Mike Davis는 다음과 같이 말했다.

"문제는 가난한 농민 수천만 명이 끔찍하게 죽었다는 게 아니라, 19세기 경제사에 대한 전통적 지식과 상당히 모순되는 이유와 방식으로 그들이 사망했다는 사실이다. 문제의 50년 동안 서유럽에서는 평화 시 기근이 항구적으로 사라졌다. 그런데도 상당수 식민지에서는 기근이 충격적일 정도로 증가했다. 증기를 동력으로 사용하는 운송수단과 근대적인 곡물시장이 생명을 구해 주는 좋은 일을 했다는 산뜻한 주장들이 제기되었다. 바로 그때 특히 영국령 인도에서 수백만 명이 철로 옆과 곡물 저장소 앞에서 죽었다. 이 사실을 어떻게 평가할 수 있을까? …… 우리는 '옴짝달싹 못하던 기근의 나라들'을 살펴보는 게 아니다. '근대 세계체제'의 외부가 아니라 바로 그 근대 세계의 경제와 정치구조에 강제로 통합당하는 과정에서 수백만 명이 죽었다. 그들은 자유경쟁 자본주의의 황금시대에 죽었다. 앞으로 보겠지만 정말로 많은 사람들이 애덤 스미스와 제러미 벤담, 존 스튜어트 밀의 신성한 원리를 엄숙하게 적용하는 과정에서 살해당했다."(데이비스, 33쪽) 데이비스는 여기서 '제국주의'를 지목하고 있다.

데이비스에 따르면, 이 빅토리아시대의 대기근 사태가 자본주의적 근대화의 역사를 구성하는 필수 요소(즉, 제국주의적 수탈)였음을 명확하게 인식한 20세기 경제사학자는 1944년 《거대한 전환》을 펴낸 칼 폴라니뿐이었다. 폴라니는 그 마지막 50년 동안 기근이 발생한 실제 원인은 지역의 소득 붕괴와 결합한 곡물의 자유시장 제도였다고 썼다.

"문제는 엄청나게 치솟아 버린 가격 때문에 사람들이 곡물을 살 수 없었다는 데 있었다. 자유롭지만 불완전하게 조직된 시장에서는 물량이 부족할 경우 가격이 치솟기 마련이다. 이전 시대에는 지역마다 있는 소규모 가게들이 흉작에 대처하는 방편을 제공했다. 그러나 그런 가게들은 이제 사라졌거나 대규모 시장으로 흡수되었다. 자유롭고 공정한 교환 체계 아래서 인도인 수백만 명이 죽었다."(데이비스, 34쪽)

지금까지 우리는 경제와 윤리 사이의 문제를 기근을 통해 보았다. 여기서 철학적인 방향으로 약간 논점을 틀어 보자. 이스라엘의 경제학자 슐로머 메이틀Shlomo Maital은 모리스 알트먼Morris Altman의 책 서문에서 찰스 다윈이 지배하는 경제학과 '이사야의 정의'를 서로 대비해 언급하고 있다.

"《종의 기원》에서 다윈은 고등동물인 인간의 생산은 자연의 적자생존, 전쟁 그리고 기근과 죽음을 직접적으로 따를 수밖에 없다고 말한다. 그러나 나는 사회조직의 실증적 원리로서나 인류 삶의 질 향상을 위한 규범적 원리로서나 모두 이를 거부하고 대신 《성경》의 '이사야'를 채택한다. 다른 조건이 같다면 다윈과 이사야의 사회 중에서 어떤 사회가 더욱 풍요로운

규범-윤리인가, 공리公理인가?

가? 어느 사회에서 살기 원하는가?"(Altman 2001)

경제학자는 아니지만, 경제학과 윤리학의 통합을 잘 요약한 노벨문학상 수상자 버트런드 러셀Bertrand Russell의 말은 '좋은 삶'의 한 측면을 되돌아보게 한다.

"본질적 가치에는 세 가지 원천이 있다. 첫째, 사적 소유가 가능하지만 적어도 이론적으로는 모든 사람들에게 충분히 공급할 수 있는 재화가 있다. 식료품이 여기에 속한다. 둘째는, 사적일 뿐만 아니라 그 논리적 성격으로 봐서 누구나 일반적으로 소유할 가능성이 없는 재화이다. 명성, 권력, 부 등으로 이런 재화에선 경쟁적 성격을 피할 수가 없다. 셋째는, 어떤 사람이 소유하더라도 다른 사람들이 함께 즐길 수 있고 그들의 만족을 전혀 방해하지 않는 내재적 가치가 있는 것으로, 이 범주에는 건강, 아주 쾌청한 날씨에 느끼는 살아 있다는 기쁨, 우정, 사랑, 창조의 기쁨 등이 포함된다."(시오노야 유이치 2006, 187쪽)

'사회정의'를 논리적으로 해명하려고 할 때 우리는 어떤 정의의 원칙을 그 판단 기준으로 삼을 수밖에 없다. 즉, 사회경제에서 발생하는 이득(및 잉여)의 분배를 결정해 줄 사회체제를 선정하고 적절한 분배의 몫에 합의하는 데 필요한 어떤 원칙들의 체계가 요구된다. 이런 원칙들을 제시한 대표적인 저작이 존 롤스의 《정의론The Theory of Justice》(1971)이다.

"소득과 부의 분배가 역사적 및 사회적 행운에 의해 이루어지는 것을 허

M. Altman(2001), *Worker Satisfaction and Economic Performance : Microfoundations of Success and Failure*, M. E, Sharpe. 〈이사야〉에 나오는 한 대목이다. "선행을 배우며 정의를 구하며 학대 받는 자를 도와주며 고아를 위하여 신원하며 과부를 위하여 변호하라 하셨느니라."

Bertrand Russell(1954), *Human Society in Ethics and Politics*.

용할 이유가 없는 것과 마찬가지로, 천부적 자산의 분배에 의해 소득과 부의 분배가 이루어지는 것도 허용할 이유가 없다. 노력하고 힘쓰며 일반적인 의미에서 가치 있는 존재가 되고자 하는 의욕 그 자체까지도 행복한 가정 및 사회적 여건에 의존한다."(롤스, 121쪽)

롤스는 '사상 체계' 제1의 덕목을 진리라고 한다면, 정의는 '사회제도'의 제1 덕목이라고 말한다.

"이론이 아무리 정치하고 간명하다 할지라도 그것이 진리가 아니라면 배척되거나 수정되어야 하듯이, 법이나 제도가 아무리 효율적이고 정연하다 할지라도 그것이 정당하지 못하면 개선되거나 폐기되어야 한다. 모든 사람은 전체 사회의 복지라는 명목으로도 유린될 수 없는 정의에 입각한 불가침성을 갖는다. 그러므로 정의는 타인들이 갖게 될 보다 큰 선을 위하여 소수의 자유를 뺏는 것이 정당화될 수 없다고 본다. 다수가 누릴 보다 큰 이득을 위해서 소수에게 희생을 강요해도 좋다는 것을 정의는 용납할 수 없다. …… 우리가 결함 있는 이론을 그마나 묵인하게 되는 것은 그보다 나은 이론이 없을 경우인데, 이와 마찬가지로 부정의는 그보다 큰 부정의를 피하기 위해 필요한 경우에만 참을 수 있는 것이다. 인간 생활의 제1덕목으로서 진리와 정의는 지극히 준엄한 것이다."(롤스, 36쪽)

윤리의 문제를 들여다볼 때 우리가 놓치지 말고 검토해야 할 또 한 명의 거인이 있다. 이 책 몇 곳에서 언급된 이른바 '공공선택이론'으로 노벨경제학상을 수상한 제임스 뷰캐넌이다. 뷰캐넌의 윤리는 분배의 윤리가 아니라 생산의 윤리, 노동의 윤리다. 제임스 뷰캐넌은 경제 및 노동윤리와 관련해 노동을 할 것인지 아니면 여가를 즐길 것인지 선택하는 문제에는 하나의 '외부효과'가 있다고 말한다. 일을 더 하려는 개인의 선택은 단지 자기 자신의 개인적인 프로테스탄트적 소명이나 직업윤리를 넘어, 수확이 체증하고

규범─윤리인가, 공리소理인가?

시장 규모가 커지는 효과를 통해 다른 사람들에게 외부 편익을 제공한다는 것이다. 물론 반대로 일을 덜 하는, 즉 여가 선택은 타인들에게 외부적 손해를 발생시키는 것이 된다.(뷰캐넌 1996, 44쪽)

뷰캐넌은 이러한 상호의존성을 고려할 때 우리는 노동과 저축을 더 많이 하자고 윤리적으로 "설교하는 사람에게 감사해야 한다"고 덧붙인다.

"햇살이 따사로운 스페인식 별장에서 휴일을 편하게 즐기는 사람은, 그 시간에 과세되는 소득을 창출할 수도 있는 귀한 시간을 게으르게 보냄으로써 동료에게 사회적으로 큰 비용을 부담시키고 있음을 알아야 한다. …… 그러나 로빈슨 크루소가 그의 시간과 에너지를 매일 저녁 조수의 물결에 휩쓸려 떠내려가곤 했던 모래성을 쌓는 데 허비했던 건 그와 관련된 다른 사람들이 전혀 없기 때문에 윤리적인 것과 무관하다."(뷰캐넌 1996, 152·158쪽)

결국 뷰캐넌은 전통적인 분배의 윤리가 아니라 오히려 그와 정반대로 더 많은 '생산의 윤리'를 외친 셈이다.

"경제학은 곡선이 아니다"
경제학 보수주의

"어디선가, 헤겔은 세계사적으로 몹시 중요한 사건과 인물은 두 번씩 나타난다고 썼다. 그러나 그는 이렇게 덧붙였어야 한다. 첫 번째는 비극으로, 두 번째에는 희극으로 나타난다고."

카를 마르크스가 《루이 보나파르트의 브뤼메르 18일Der 18te Brumaire des Louis Napoleon》의 첫머리에 쓴 말이다. 무엇이 비극이고 무엇이 희극인지에 대한 의견은 다를지라도, 경제학 주류의 변천과 관련해서도 이 말은 꽤 일깨우는 바가 있다.

자폐증 걸린 경제학

하이에크와 마찬가지로, 온정적 간섭주의와 평등주의는 따뜻해 보이지

규범-윤리인가, 공리公理인가?

만 종국적으로 '가난에 이르는 길'이라고 역설했던 루트비히 폰 미제스는 1952년에 다음과 같이 썼다.

"오늘날 미국뿐 아니라 다른 나라에서도 학계에서 만족스럽지 못한 것은, 많은 교수들이 맹목적으로 베블런·마르크스·케인스주의의 오류들을 신뢰하고 소위 진보적인 정책에 반대하는 것 중 지지할 수 있는 것은 아무것도 없다고 학생들에게 주입하려고 한다는 사실이 아니다. 오히려 해악은 이들의 주장이 학문 분야의 어떤 비평으로도 도전받지 않고 있다는 사실에 있다. 그들에 동의하는 사람들만이 사회과학 분야 교수나 강사로 임명되고 그들의 사상을 지지하는 교과서들만 사용된다. 문제의 핵심은 어떻게 부적절한 교수들과 형편없는 교과서들을 없애 버릴 것인가가 아니다. 그것은 어떻게 간섭주의, 통화팽창주의, 사회주의의 주장을 거부하는 경제학자들의 사상을 학생들이 들을 수 있게 해 줄 수 있는가이다."(미제스 1998, 182쪽) ▶

《루이 보나파르트의 브뤼메르 18일》이 나온 지 17년이 지난 1869년에 재판을 찍으면서, 마르크스는 서문에서 다시 이렇게 말했다.

"마침내 황제의 망토가 루이 보나파르트의 어깨에 걸쳐지는 순간, 나폴레옹(나폴레옹 1세)의 동상은 방돔Vendome 기념주 꼭대기에서 떨어져 산산이 부서질 거라고, 나는 이 책의 마지막에 썼었다. 그것은 이제 현실이 되었다."

1980년대 이래 경제학은 완전히 거꾸로 물구나무서서 미제스의 말이 정반대의 모습으로 현실이 되었다. 간섭주의·통화팽창주의·사회주의의 주장을 '거부하는 경제학자들의 사상'이 아니라, 그것을 '주장하는 경제학자

▶ "사회주의와 간섭주의 주창자들이 오늘날 우리 교수 집단에서 누리고 있는 것과 똑같은 기회를 진정한 경제학자도 받을 수 있게 하자. 이 나라가 아직 전체주의로 가지 않은 한, 이것은 그다지 무리한 요구는 아니다."(미제스 1998, 193쪽)

들의 사상'을 들을 수 있게 해 달라는 학생들의 촉구가 일어나고 있는 것이다. 비주류 경제학자 및 케인스주의자들은, 미제스 부류의 신자유주의 경제학이 강단과 정책 분야 모두에 걸쳐 패권을 쥔 상황을 '자폐경제학'이라고 비판하고 있다.

질문 전구를 갈아 끼우는 데 몇 명의 경제학자가 필요할까요?

대답 1 주류 경제학자 두 명이 필요합니다. 한 명은 사다리의 존재를 가정해야 하고, 다른 한 명은 전구를 갈아야 하니까요.

대답 2 케인스학파 몽땅 다 필요합니다. 왜냐하면 고용과 소비를 창출해야 하고, 총수요곡선을 오른쪽으로 이동시켜야 하니까요.

대답 3 통화주의자 아무도 필요 없습니다. 필요하다면 보이지 않는 손이 고장 난 전구의 불균형 상태를 고치게 될 테니까요.

대답 4 마르크스 경제학자 아무도 필요 없습니다. 전구는 그 내부에 혁명의 맹아를 품고 있으니까요.

— 경제학 유머 사이트 JokEc(Jokes about economists and economics)

'후자폐적 경제학운동the post-autistic economics movement'은, 학자가 아니라 학생들에 의해 새로운 패러다임이 모색되었다는 점에서 경제학 역사에

2000년 6월 프랑스의 인문·사회과학대학 에콜 노르말 쉬페르외르École normale supérieure 학생들이 경제학 교육에 대한 공개서한에서 △우리는 상상 속의 세계로부터 탈출하고 싶다. △우리는 무소불위의 수학 사용에 반대한다. △우리는 경제학적 접근 방식의 다수성을 지지한다고 발표했다. 그리고 대학에서 주로 가르치는 주류 경제학을 '자폐적 경제학autistic economics'으로 규정하고 그 대안으로 '후자폐적 경제학'을 제안했다.(박만섭 엮음(2005), 《경제학, 더 넓은 지평을 향하여》, 이슈투데이, 편집자 서문)

규범―윤리인가, 공리公理인가?

서 전대미문의 사건이다.(홍태희 2007) '후자폐적 경제학운동'을 추진하는 학생들은 그들이 배우고 있는 경제학이 과연 현실경제를 잘 설명하고 있는지를 회의하며, 기존 경제학의 진리성을 비판하고 대안경제학 및 좀 더 다양한 경제학 교육을 요구하고 있다. 그들의 눈에 비친 오늘날의 주류 경제학은 마크 블로그의 지적처럼 병들어 있으며, 그 병명은 자폐증autism이다.

자폐증 환자들은 외부와의 소통을 끊고 자기 세계에 몰입하는 특징을 보인다. 강한 자기도취적 성향을 나타내는 자폐증 환자들은 현실을 본인이 원하는 형태로만 받아들이고, 본인의 관심 영역에만 집착하며, 그 외의 세계는 존재 자체마저 인정하려 들지 않는다. 환자들은 자신의 자폐적 세계를 오히려 현실 세계로 느낀다. 학생들의 눈에 비친 경제학과 경제학자들은 바로 자폐증을 앓고 있는 존재이다.(홍태희 2007)

2005년 스페인 마드리드의 아우토노마Autnoma대학 교정 벽에는 "경제학은 곡선이 아니라 사람들에 관한 것!"이라는 문구가 씌어져 있었다.

 경쟁의 본래적 보수성?

이제 이 장의 주제인 '경제학 보수주의'를 좀 더 직접적으로 얘기해야 할 지점에 들어섰다. 여기서 핵심은 '경쟁'이다. 주류 신고전파경제학은 주로

후자폐적 경제학운동 주창자들이 보기에 경제학자들은 경제학의 영역이라고 여기는 영역만 강박적으로 고집하며, 다른 분야와의 상호작용에는 지극히 소극적이다. 본인들이 경제학에 적합하다고 여기는 표현 방식과 접근 방식, 즉 수학적·통계학적 표현에는 과도하게 집착하나, 여타의 사회과학적 접근에는 관심도 이해력도 갖지 못한다. 균형이나 합리성 등으로 이루어진 추상적 세계를 현실로 받아들이고, 실제 경제 현실에 대해서는 오히려 무관심하다는 것이다.

정태적인 경제 분석에서 시장경제가 항상 최선의 '균형' 상태에 있다고 주장한다. 시장 경쟁에서 조금이라도 뒤처진 기업은 즉각 퇴출된다는 완전경쟁시장을 사고의 바탕에 깔고 있다. 뒤에서 다시 보겠지만 신고전파경제학은 기업가정신에 관한 어떤 이론도 사실상 갖고 있지 않았기 때문에, 시간의 변동에 따른 동학적(동태적) 혁신의 측면보다는 정태적 '균형'에 초점을 맞춰 왔다.▶

"'자유기업 체제'가 지닌 최고 덕목 중 하나인 활기찬 경쟁에 대해, 경쟁시장을 옹호하는 저작물들이 이처럼 무관심하다는 것은 진정 놀랄 일"이라고 개탄한 허시먼의 '경쟁 찬미'를 들어 보자.

"소비자가 이탈Exit을 할 수 있고 자주 이 방법을 이용하는 것은 정상적인 (불완전한) 경쟁의 특징이다. 정상적 경쟁에서 기업은 경쟁자는 있지만, 가격을 매기고 품질의 정도를 결정할 수 있다는 점에서 (또, 그 연장으로서 품질을 떨어뜨릴 수도 있다는 점에서) 어느 정도 재량권이 있다. 이탈의 방식이 특별히 막강한 힘을 갖고 있다는 생각이 많은 이들에게 만연되어 있다. 태만한 경영자에게 이윤 손실을 입히게 되므로 이탈은 기가 막힌 정신집중 효과를 야기하는 것으로 예상된다. 그러나 경쟁에 관한 방대한 양의 문헌을 면밀하게 조사한 결과에 근거하여 판단하건대, 시장적 선택이 실제로 정확히 어떻게 운용되고 있는지에 대해 사람들은 별로 큰 관심을 기울이지 않

▶ 물론 여기서 '동학적'이란 의미는 역사적 시간이라기보다는 이론적 시간에 가깝다. "기업은 성장하고 절정에 도달하고 그 뒤에 아마도 정체되고 쇠퇴할 것이다. 그리고 전환점에서 생명의 힘과 쇠퇴의 힘은 평형 또는 균형을 이룬다. …… 우리는 먼저 고무줄에 매달려 있는 돌이나 대야 속에서 서로 밀면서 정지해 있는 여러 개 공의 물리적 균형에 상응하는 좀 더 단순한 힘의 균형에 주목하려 한다."(마셜, 제2권, 15쪽)

았다. 대부분의 저자들은 경쟁의 '압력'이나 '규율'을 일반적으로 언급하는 데 만족한다. …… 존 갤브레이스의 조롱 섞인 표현대로 '젊고 활기찬 것들이 늙고 병든 것을 끊임없이 대체하는' 생물학적 과정으로서 미국 경제를 바라보는 견해에서는, 경쟁이 어떻게 '일시적이면서 회복 가능한' 뒤처짐을 치유할 수 있는지를 밝힐 여유 공간을 확보하고 있지 않다. 내가 확신하는 한, 체계적이든 아니든 경험적이든 이론적이든 그 어떤 연구도 효율성, 성과 그리고 성장 기준에서 뒤처졌던 기업이 경쟁을 통해 일상적 기준으로 되돌아올 수 있다는 것에 주목하지 않았다."(허시먼 2005, 47~48쪽)

경쟁의 복합적인 기능과 관련하여 1930년대 제도주의 경제학자 존 모리스 클라크John Maurice Clark는 "경쟁의 또 다른 희망적 사항은, 회복 불능 상황에 이르기까지 자원이 고갈되는 실패가 오기 이전에 기업은 경쟁을 통해 생산과정과 생산물의 비효율성에 깊은 주의를 기울인다."는 점을 적절하게 지적했다.

그런데 이러한 경쟁은 뜻밖에도(?) 보수주의로 이어진다. 다음은 1950~60년대 미국 민주당 상원의원을 지낸 미국 시카고대학 경제학 교수 폴 더글러스Paul Douglas가 한 말이다.

"시장에 대한 불간섭 원칙[경쟁 옹호]은 실제에 있어서는 대기업을 위해 길을 치워 주는 것이었다. (이해 당사자 간의) 교섭력·정보·소득에서의 불균등은 무시되었고 독점·유사독점 그리고 불완전경쟁의 현실은 하찮거나 없는 것으로 취급되었다. 비슷하게 생산자와 소비자 사이의 이해 충돌은 무시되었고, 민간 사기업들이 사회적 비용을 공동체나 환경에 전가할 가능성도 무시되었다. 더렵혀진 공기와 물, 그리고 소음은 영향력 있는 보수주의자들에게는 중요하지 않은 것으로 보였다. 더욱이 시장의 수요는 소득의, 정말로는 최저생존을 초과하는 잉여소득의 분배에 바탕을 둔 것이었으므로 시장에 대한 불간섭 원칙은 현대사회의 모든 정의롭지 못함을 반영했다. ……
나의 동료들의 의견은 정부를 정의·경찰 그리고 무력이라는 18세기의 기
능들에 국한시키고 싶어 했는데, 나는 이것들이 그때에도 불충분했고 우
리 시대에는 분명히 그렇다고 생각했다."(복거일 1990, 17쪽)

더글러스의 말은, 호황기에는 주류 경제학의 주장과 달리 자본가들 사이
에서 진정한 유효경쟁이 제대로 일어나지 않고 오히려 동맹을 맺거나 독과
점 경향을 띠게 되는 측면을 언급하는 것으로 보인다. 오히려 손실의 시기
에 경쟁이 치열하게 격화된다.

"만사가 순조롭게 진행되는 동안에는 일반적 이윤율의 균등화에서 본
것과 같이, 경쟁이 자본가계급의 우애의 실천으로서 작용하여 자본가들은
각자 투입한 몫에 따라 공동의 노획물을 공동으로 분배한다. 그러나 문제
가 이제 이윤의 분배가 아니라 손실의 분배가 되면 각자는 될 수 있는 대
로 이 손실의 자기 몫을 줄이고 그것을 타인에게 전가시키려고 한다. 손실
은 자본가계급 전체로서는 불가피하다. 그러나 각자 얼마를 부담해야 하는
가는 이제 힘과 술책의 문제가 되며, 경쟁은 적대하는 형제들 사이의 투쟁
이 된다. 각 개별 자본가의 이해와 자본가계급 전체의 이해 사이의 대립이,
이전에는 이러한 이해의 동일성이 경쟁에 의하여 실천적으로 관철된 것처

복거일은 "이 진술보다 더 신랄하게 보수주의 경제이론의 약점을 지적한 글도 드물다."고 말
했다. 그는 또 다른 예로, 밀턴 프리드먼의 주장("만일 자유로운 사람이 당신이나 다른 사람들이 나쁘다
고 여기는 어떤 행동을 한다면, 그들이 그 행동을 하지 못하도록 강제하는 것은 원칙적으로 그르다. 당신이 할 수 있
는 것은 자유로운 대화로 그들을 설득하려고 애쓰는 일뿐이다.")에 대한 폴 새뮤얼슨의 비판을 들고 있다.
새뮤얼슨은 "위의 명제를 '자신의 미적 감각에 맞게 머리 기르기'로 대치한다면 거의 모든 사
람들이 동의할 것이다. 그러나 만약 '5백만 명의 적절히 특정화된 사람들을 가스로 죽이는 일
로 대치해 보라. 이제 누가 그 주장에 동의할 것인가?"(복거일 1990, 17쪽)라고 말했다.

규범─윤리인가, 공리公理인가?

럼, 표면에 나타난다."(마르크스, 제3권(상), 301쪽)

경제학이 기반하고 있는 경쟁적 적자생존의 사회진화론 역시 그 논리상 보수적인 경향을 띨 수밖에 없다.

"오늘날에는 거대한 골짜기가 패거나 내륙지방에 긴 절벽이 형성되는 원인을 하찮고 사소한 것이라고 결코 말하지 않게 되었다. 자연도태는 보존된 생물에게 모두 유리한 극히 미미한 유전적 변화의 보존과 축적에 의해서만 작용할 수 있는 것이다. 그리고 현대의 지질학이 거대한 골짜기가 단 한 번의 큰 홍수로 패었다는 견해를 추방시킨 것처럼, 자연도태도 새로운 생물의 구조가 급격한 변화를 일으켜 왔다는 신념을 추방하고 말 것이다."
(다윈, 90쪽)

인간의 현실 세계에서 가능한 것은 혁명적 단절보다는 오직 점진적 개선뿐이라는 주장이다. 실증 계량경제학은 단지 경제주체들이 어떻게 행동하고 있으며 어느 정도의 유의한 상관관계를 갖고 상호작용하고 있는지 그 크기를 측정하는 데 목적을 두고 있다. 이런 방법론 역시 지금의 경제 현실과 작동을 그대로 용인하거나 좀 더 적극적으로는 정당화하는 데 기여하는, 그 자체로 방법론상 정치적으로 보수적인 측면을 지닌다. 영국의 《케임브리지 경제학저널Cambridge Journal of Economics》 제1권(1977)에서 존 이트웰John Eatwell은, 마르크스주의 경제학자 모리스 도브Maurice Dobb의 타계에 맞춰 쓴 짧은 글에서 "경제학 연구는 생산적 열매를 맺지fruit-bearing 못한 채 단순히 빛을 밝혀 주는light-bearing 데 쓸 시간이 없다"는 말을 특히 강조하고 있다. 현재의 세상을 해석하는 데 머물러서는 안 된다는 뜻이다.

▶ 모리스 도브, 《정치경제학과 자본주의Political Economy and Capitalism》(1937) 서문.

경쟁이 예찬할 만한 것인지 비판의 대상인지, 혹은 본래 보수적 지향을 갖는지 진보적 지향을 가질 수도 있는지에 대한 판단은 우리를 괴롭히는 곤란한 질문 중 하나이다. 사실 관점의 차이는 중요하지만, 때로는 사태의 본질적 측면은 여전히 하나이거나 혹은 사태의 진실이 아예 드러나기 어려울 수도 있다.

"고대 천문학자와 점성술사들은 하늘에 보이는 밝은 별들을 이리저리 이어서 여러 가지 모양을 만들어 내고자 무척 노력했다. 이렇게 해서 생긴 것이 별자리다. 그러나 별자리는, 실제로는 어둡지만 가까이 있기 때문에 밝게 보이는 별이나, 멀리 있지만 원래 밝아서 밝게 보이는 별들을 마음대로 무리를 지어 만든 것에 불과하다. 옛 소비에트의 중앙아시아에서 본 밤하늘의 별자리나 미국 중서부에서 본 그것이나 그 모양에서 아무런 차이를 발견할 수 없다. 별들까지의 거리가 워낙 멀기 때문이다. 그러므로 옛 소비에트와 미국은 천문학적 관점에서 동일한 지점인 것이다. 우리가 이 지구에 발을 붙이고 사는 한, 관측자의 위치를 아무리 옮겨 본다 해도, 별자리 하나를 이루고 있는 별들의 실제적인 3차원적 분포는 결코 알 길이 없다."

(세이건 2007, 391쪽)

규범―윤리인가, 공리公理인가?

부자의 위장
한계소비성향

케인스는 《일반이론》에서 저소득층의 한계소비성향(새로 늘어난 소득 중에서 저축하지 않고 소비에 쓰는 비율)이 부자보다 높은 반면, 사람의 소화기관인 위장은 부자나 가난한 자나 모두 같다는 점을 강조했다. 이런 논리에 기반하여 그 자연스러운 귀결로서 재분배 경제정책과 소득정책(다시 말해 실업정책) 및 수요정책을 촉구한 바 있다. 한계소비성향이 높은 저소득층에게 분배를 더 많이 할수록 소비를 통해 경제가 확장 국면으로 들어서고 성장할 수 있다는 것이다.

 재분배의 경제적 효율

케인스의 논리는 사실 스승 마셜에게서 터득한 것이다. 마셜은 《경제학

원리》에서 "1실링은 가난한 사람보다는 부자에게 더 작은 쾌락 또는 기타 만족을 나타내는 척도다. 가난한 사람이 이 돈을 지출하고 나면, 그는 부유한 사람보다 화폐 부족으로 더 많은 고통을 겪을 것이다. 이 비용 지출로 가난한 사람의 마음속에 측정되는 편익은 부유한 사람의 그것보다 더 크다"(마셜, 제1권, 61쪽)고 했다. 여기서 우리는 소득분배와 관련해, 이윤 중 임금으로의 배분 몫이 노동자들에게 많아질수록 경제가 번영하게 된다는 간단하면서도 놀라운 사회경제정책 메시지를 도출해 낼 수 있다.

국가가 조세라는 제도를 통해서든 아니면 주먹을 써서든 부자의 돈을 빼앗아 다른 사회경제적 약자와 취약층을 돕는다고 하자. 이것을 국가기구가 수행하든 다른 누가 수행하든지 그건 별로 중요하지 않다. 부자의 소득이 1만 원 감소했을 때의 한계효용 감소분은, 동일한 1만 원의 소득에 대한 가난한 자의 한계효용 증가분보다 상대적으로 적을 것이 분명하다. 그렇다면 가난한 사람이 그 1만 원을 차지하고 소비하는 것이 사회적 총효용을 증가시킨다고 할 수 있다. '한계소비성향' 측면에서 보더라도 빈곤층은 1만 원을 대부분 소비에 쓸 것이므로 경제 전체의 소비 증가를 통해 생산을 자극하는 경제성장 효과를 가져온다. 저소득층에 대한 재분배 제도가 사회적 평등뿐 아니라 경제적 효율에서도 더 바람직한 셈이다.

그러나 이것이 경제적·사회적 원리가 되어야 하는가라는 질문에 이르면 답은 그리 간단하지 않다.

"한계주의경제학은 본래 공리주의에 기초를 두고 있기 때문에, 부유한 사람들로부터 가난한 사람들로의 소득재분배에 대한 강력한 논거를 가지고 있다. 이것은 경제정책이 사회 내에 있는 개인 전체의 효용을 극대화해야 한다는 생각에 기초를 두고 있다. 공리주의자들 대부분은 높은 소득을 얻는 부자의 한계효용이 그렇지 않은 빈자의 한계효용보다 낮으므로, 부자로부터 가난한 자로의 소득 이동은 사회의 총효용을 증가시킬 것이라 믿었다. 그러나 현대 신고전파경제학자들은 소득분배와 관련된 이와 같은 공리주의적 분석을 대체로 거부하고 있다. 각 개인들의 효용을 객관적으로 비교할 수 없다는 이유에서다. 이와 같은 교의에 따라 경제학은 파레토 개선(다른 사람의 상황을 악화시키지 않고 몇몇 개인의 상황을 개선하는)만을 권고할 수 있다고 본다. 하지만 불행하게도 현실의 경제문제 가운데 파레토 개선으로 해결될 수 있는 문제는 별로 없다."(몰리, 214쪽)

1만 원의 이전에 따른 부자의 효용 감소분이 얼마나 될지, 가난한 자의 효용 증가분이 얼마나 될지 절대적 수치로 계산해서 비교하기 어려우며, 어떤 경우엔 부자의 효용 감소분이 더 클 수도 있고 그런 경우엔 사회 전체의 파레토 효율 개선이 이뤄지지 않는다는 것이다.

한계효용이 측정 가능한지 여부는, 단순한 학술 논쟁을 넘어서 우리의 구체적인 삶에 직접적인 영향을 미치는 논쟁이 된다. 미제스의 제자이자 추종자인 머리 로스바드는 "미제스는 한계효용 개념이 측정될 수 있다는 생각을 통렬하게 반박했다."고 주장했다.

"한계효용은 효용의 양을 나타내는 어떤 신비한 단위를 가정하지 않고 개인이 자신의 가치를 선호순에 따라 배열하는 절대적으로 서수적 서열임을 증명했다. 개인이 자신의 효용을 측정하는 것이 말도 안 되는 소리라면, 사회 안의 사람들 간의 효용을 비교하려는 것은 더 말도 안 된다. 그런데도 국가통제주의자와 평등주의자들은 금세기에 들어와 각양각색의 방법으로 효용론을 사용해 보려고 했다. 만약 모든 사람의 달러에 대한 한계효용이 돈을 더 많이 축적함에 따라 떨어진다고 말할 수 있다면, 달러에 대해 별로 가치를 두지 않는 부자에게서 정부가 1달러를 받아 달러를 높이 평가할 가난한 사람에게 줌으로써 사회적 효용을 증진시킬 수 있다고 과

연 말할 수 있겠는가?"(미제스, 270쪽)

 부자의 경제적 위장에는 한계가 없다

효용이 완벽하게 측정될 수 없다는 미제스의 주장은, 한계소비성향 개념에 기초한 케인스의 소득재분배 같은 평등주의적 정책이 소용없는 일임을 보여 주고 있다. 효용을 완벽하게 측정해 계산할 수 있는지 여부를 중시한 미제스의 순수 논리에 우리가 더 귀를 기울여야 하는지, 아니면 현실의 소득불평등을 줄일 실제적인 정책 처방에 좀 더 주목해야 할 것인지는 우리의 선호에 달려 있다.

우리는 여기서 1990년대 이후 횡행하고 있는 신자유주의 경제원리를 '부자의 위장의 한계'라는 대목과 연관 지어 살펴볼 필요가 있다. 뒤메닐과 레비는 신자유주의를 '계급적 현상'으로 해석한다. 신자유주의는 생산적 투자도 하물며 사회적 진보도 아니며, 더 많은 소득과 권력을 추구하려는 상위 소득계층의 계급적 야망과 권력 추구를 목표로 한 사회질서라는 것이다.

"가장 고소득 층위, 즉 자본주의적 소유자 및 상위 관리자 분파에 이롭게 설정된 새로운 계급적 목표가 국내적이고 국제적인 신자유주의적 자본주의의 전반적인 동역학을 규정하고 있다. …… 상위 특권적인 소수에게 유리한, 소득의 거대한 집중이 새로운 질서로부터 나타났으며, …… 새로운 소득분배와 계급권력의 형세가 등장한 것이다."(뒤메닐·레비 2014, 26쪽)

뒤메닐과 레비는 또, 금융 및 금융기관은 자본가계급의 상위 분파로서 그 지위를 가지며, 자본의 제도적 관리자라고 본다.

"신자유주의는 1970년대의 구조적 위기의 결과로 출현한 새로운 국면의 자본주의다. 그것은 자신들의 헤게모니를 강화하고 그것을 전 지구적으로 확장시킬 목적으로 자본가들이 상위 관리자, 좀 더 구체적으로는 금융 관리자와의 동맹을 통해 실행하고 있는 전략이다. …… 그들의 목표는 소수 특권층의 소득과 부 그리고 국가에 대한 지배력을 확보하는 것이었다."(뒤메닐·레비 2014, 17~18쪽)

신자유주의는 자본가계급의 소득과 권력의 회복을 향해 작동하는 사회경제질서라는 것이다. 부자의 생물학적 위장에는 한계가 있을지라도 화폐와 권력이라는 욕망의 위장에는 끝 지점이 없는 것일까?

분배
경제인가, 사회인가?

4

"우리는 늘 가난한 사람에게 복이 있으며 부자들은 천국에 들어가기 어려울 것이라고 말하오. 그런데 왜 공연히 가난한 사람들까지 잘살게 해 천국에 들어가기 어렵게 만들어 놓아야 하나요? ……그렇다고 해서 가난한 사람들에게 권력까지 줄 필요가 어디 있소? 차라리 먼지 속에서 죽어 천국에서 깨어나게 하는 편이 훨씬 낫지."

– 그레이엄 그린, 《권력과 영광》

"모든 것이 그렇게 손쉽고 단순하지는 않을 것이었다. 그 생활은 결코 그가 바로 최근까지 예상하고 상상하던 것처럼은 되지 않을 게 뻔했다. 그는 어리석은 아이들 같은 단순한 사고방식으로, 집에 돌아가기만 하면 그것으로 만사가 잘될 것이라고만 생각하고 있었던 것이다. 군인 외투를 농민 옷으로 갈아입기만 하면 모든 일은 예정대로 되어 나가고, 그에게 불평을 할 사람도 없고, 그를 비난하는 일이 없을 것이고, 모든 게 저절로 잘 풀려 그는 평화스러운 농부가 되어 모범적인 가장이 되어 살아 나갈 것이라고 …… 그러나 사실은 겉보기만큼 단순하지는 않은 것이었다."

– 숄로호프, 《고요한 돈강 2》

"홉스의 버섯들"
경제와 사회적 관계

"한 사회가 공업화되면 농부는 노동자가 되고 봉건영주는 그 지위를 완전히 상실해 버리거나 아니면 실업가實業家로 변모한다. 전쟁이 터지면 일개 보험회사 외무사원이 로켓 발사원이 되기도 하며 상점의 점원이 레이더원이 되기도 한다. 또 아내는 독수공방 신세가 될 것이고 아이들은 아버지 없는 집 안에서 자라게 될 것이다."(밀스 1959, 338쪽)

한 개인의 인생과 한 사회의 역사는, 두 가지를 한꺼번에 이해하지 않고서는 파악하기 어렵다.

"개인에게 '사회'라는 추상적 개념은 그가 자신의 동시대인들, 자신의 앞선 모든 세대들과 맺는 직접·간접의 관계들 전체를 의미한다. 개인은 혼자서도 노력할 수 있다. 그는 혼자서도 노동하고 사고하고 감정을 느낄 수 있다. 그러나 사회의 틀 밖에서 개인에 대해 인식하고 이해하는 것은 불가능하다. 그는 자신의 육체적, 지적, 감정적 존재를 위해서 아주 많은 것을 사회에 의존하고 있기 때문이다. 그의 생활이 가능한 것은 사회라는 작은 단어 뒤에 숨어 있는 과거와 현재의 수많은 인간들의 노동과 그 성과를 통해서인 것이다."(윤소영, 15쪽) 앨버트 아인슈타인이 〈왜 사회주의인가Why Socialism〉(1949)라는 글에서 한 말이다.

경제적 관계의 '무정부성'

경제학 교과서를 읽어 본 독자라면 잘 알겠지만, 경제분석이론에서 개인과 기업은 단지 소비자 및 생산자로만 나타날 뿐이다. 계급도, 세력도, 집단도, 그리고 '사회'도 경제원론 교과서의 세계에는 없다. 사회를 단순히 사람들이 모여 있는 공동체라고만 말할 수 있을까? 우리가 어떤 인간 집단을 사회라고 부를 수 있는 것은, 해야 할 업무(노동)의 분배양식 때문이다. 우리는 상품경제가 독자적·사적 노동과정의 존재로 특징지어지는 업무의 분배양식임을 알고 있다. 사회적 응집은 이 사적 노동의 '사회적 승인'이라는 특별한 절차에 의해 획득되는데, 이러한 승인은 노동생산물에 사후적으로 영향을 미쳐 상품이 되게 한다.(아글리에타, 224~225쪽) 이른바 '생산의 무정부적 성격'을 말하고 있는 대목이다.

마르크스는, 주류 신고전파 근대경제학이 시장조정의 방식으로 떠받드는

─────────────

신고전파의 표준적 경제이론에서 교의로 삼는 '경쟁적 시장균형'은 동시에 파레토 최적을 보장한다. 즉, 시장은 청산되고, 모든 참가자의 자원은 각자에게, 그리고 경제사회 전체적으로도 최적 배분된다. 과소 및 과잉은 존재하지 않으며 자본주의 시장의 근원적 성격인 무정부성으로 인해 시장실패가 자동적으로 초래되는 건 아니라고 강조한다.

'규제되지 않은 시장'이 갖는 결핍 중 하나를 이미 인식한 바 있다. 그는 자본주의 기업을 "자본주의적 무정부 상태의 바다 위에 떠 있는 '계획된 경제'의 섬들"이라고 보았다. 즉, 마르크스는 "특정한 작업을 특정 노동자에게 장기적으로 맡기고 기계에 완전히 종속되게 하는 개별 작업장의 노동분업을 찬양하는 부르주아의 의식은, 동시에 같은 힘으로 생산과정을 사회적으로 통제·규제하려는 모든 의식적 노력을 감퇴시킨다. '개별' 소유권과 자유, 스스로 결정하는 개별 자본가의 천재성 같은 신성한 것들에 갑자기 생산의 '사회적' 성격이 내습하는 것이다. 이처럼 자본주의 생산양식이 지배적인 사회에서, 노동의 '사회적 분업'의 무정부성과 개별 작업장의 '노동분업'에서 보이는 독재는 서로 상호간에 그 조건을 규정한다."(Ha-Joon, Chang, p.116)고 말했다.

마르크스주의 경제학자 모리스 도브는 경제적 '무정부 상태'로서 자본주의경제는 경제에 유동성을 부여하지만, 이는 시장조정 실패에 따른 경제적 '불안정성'을 그 대가로 요구한다고 통찰했다. 특히 경쟁적 기업에 의한 잘못된 판단은 그런 모든 기대가 똑같은 방향으로 작동하는 까닭에 경쟁적 시장에서 상쇄되지 않는다고 일갈한 바 있다. 즉, 애덤 스미스가 '보이지 않는 손'과 같은 무정부적 상태가 최선의 사회를 가져다준다고 믿은 반면, 마르크스주의자들은 무정부 상태가 공황과 자원 배분의 실패 및 혼돈을 초래한다고 말한다. 똑같은 무정부 상태를 두고 전혀 다른 결론을 제출한 셈이다.

이와 관련하여 "새로운 패러다임을 채택한 과학자는 해석자이기보다는 차라리 '거꾸로 보이는 렌즈를 낀 사람'과 비슷하다"고 한 토머스 쿤의 말을 새겨들을 만하다.

"아리스토텔레스와 갈릴레오가 흔들리는 돌을 보았을 때, 거기서 아리스토텔레스는 속박 상태의 낙하 현상을 보았고 갈릴레오는 진자를 보았다고 말함으로써 야기되는 곤란한 점들이 있다. 사실 아리스토텔레스와 갈릴레오는 둘 다 진자를 보았으나, 서로가 보았던 것에 대한 해석에서 차이가 있었던 것이다."(쿤 1999, 177쪽)

자본주의적 생산은 무정부적 성격을 근본 특성으로 갖는다. 계획이 없고, 개별 생산자 스스로 그것이 시장에서 팔릴 수 있을지에 대한 객관적 확신 없이 자의적 판단에 기초해 상품을 생산하기 때문이다. 이와 관련해 마르크스는 《자본론》 제1권(下)에서 "상품 가치가 상품의 모습에서 화폐의 모습으로 건너뛰는 것은 상품의 '필사적인 도약salto mortale'이다. 만약 이 도약에 실패한다면 상품 자체로서는 고통스러울 것이 없으나 상품 소유자에게는 분명히 고통스러운 일"이라고 말했다.

◀ 교환에 '관계'를 끌어들인 경제사회학

전통적으로 '경제'와 '사회'는 서로 다른 영역으로 이해된다. 막스 베버는 책 제목을 '경제와 사회Wirtschaft und Gesellschaft'라고 붙였다. 칼 폴라니는 《거대한 전환》에서 '시장(즉, 경제)'과 '사회'를 구분한 뒤 근대 세계 이후 시장

▶ 다윈은 《종의 기원》의 마지막 대목에서 이렇게 적었다. "나는 이 책에서 제시된 견해들이 진리임을 확신하지만 …… 오랜 세월 동안 나의 견해와 정반대의 관점에서 보아 왔던 다수의 사실들로 머릿속이 꽉 채워진 노련한 자연사학자들이 이것을 믿어 주리라고는 전혀 기대하지 않는다. …… 그러나 나는 확신을 가지고 미래를 바라본다. 편견 없이 이 문제의 양면을 모두 볼 수 있을 젊은 신진 자연사학자들에게 기대를 건다."(쿤 1999, 216쪽)

▶ 상품이 당시의 사회적 필요를 초과하는 규모로 생산된다면 사회의 노동시간의 일부는 낭비된 것이며, 이 상품량은 자기가 실제로 포함하고 있는 사회적 노동량보다도 훨씬 적은 양을 시장에서 대표하게 된다. 그러므로 이 상품들은 자기의 시장가치 이하로 처분되어야만 하며, 심지어는 그 상품의 일부는 전혀 판매되지 않을 수도 있다.(마르크스, 제3권(상), 219쪽)

이 사회를 침식하고, 사회가 자기 보호를 위한 여러 제도(노동조합 등)를 만들어 내는 '이중운동double movement'을 해 온 역사를 통찰력 있게 묘사한 바 있다. 이렇듯 인간의 경제적 삶은 사회학적 접근을 통해 이해하고 설명할 수도 있다. 사회학자 마크 그라노베터Mark Granovetter는 '경제적 삶의 사회학'을 연구해 온 대표적인 거인이다.(Granovetter & Swedberg 1992)

경제와 사회의 차이를, 엄밀한 정의가 아니라 지금 쉽게 머리에 떠오르는 용어나 개념들을 가지고 한번 생각해 보자. 사회학 교과서에 흔히 나오는 단어는 위계, 계층, 집단적/계급적 행동, 강제, 힘/권력, 통제, (분할)지배, 구조, 각축적 교환contested exchange, 제도 등이다. 지금 우리의 머릿속에는 '불평등한 자원의 지속적인 배분으로 구조화된' 어떤 사회의 그림이 대략 그려질 수 있다. 또 사람(들)과 사람(들)과의 '관계'가 사회학의 한복판에 있는 주제임을 어렵지 않게 도출해 낼 수 있다.

그런데 경제학 교과서는 어떤가? 경쟁적 시장, 효율적 자원 배분, 합리적 개인, 파레토 최적, 선택할 자유, 제약 조건에서 최적 선택, 균형, 한계효용/비용, 무차별곡선, 한계대체율 등이 페이지마다 나온다. '개인들'이 각자 '이익'에 따라 '경쟁적'으로 '교환'하고, 노동자는 자기 선호에 따른 효용 극대화를 위해 노동 공급과 여가 사이에서 '선택'하며, 자본가는 이윤 극대화를 위해 생산량을 선택한다. 집단이나 제도에 따른 강제된 행동이 아니라, 개인들이 자유롭게 선택하는 과정에서 '더 이상 그 누구도 그 지점에서 이탈하지 않으려 하는' 파레토 최적의 균형점에 도달할 수 있다. 사회학 세계에서의 '각축적 관계'가 아니라, 비용과 편익 및 가격 신호에 기초한 합리적 계산을 통해 상품을 필요로 하고 자신이 가진 자원을 공급하는 '경쟁적 교환'의 세계이다.

특히, 사람들과의 관계에서 '경제적 관계'는 시장에서 개인들의 이기적 동기가 촉발하는, 계약에 기초한 일시적 교환 관계일 뿐이다. 여기서 적절한 비유를 하나 드는 게 좋겠다. 밀턴 프리드먼은 "빵을 사 먹는 사람은 그 빵이 백인의 밀로 만들었는지 흑인의 밀로 만들었는지, 기독교인의 밀로 만들었는지 유대인의 밀로 만들었는지 알지 못한다. 밀 경작자는 가능한 한 자기의 자원을 가장 '경제적으로' 효율적으로 사용하는 데 관심이 있을 뿐 '사회'가 피부 색깔에 대해, 종교에 대해, 또 노동자의 여러 특성에 대해 어떤 태도를 취하는지에 대해서는 상관할 필요가 없다."(프리드먼 1990, 139쪽)고 말한다.

　반면 '사회적 관계'는 공동체 및 사람들 간의 장기적이고 지속적인 상호 작용이며, 또한 여기서 맺어지는 관계의 저변에는 단순한 이익이나 효율성을 넘어 지배와 위계·통제·권력 등이 작용한다. 경제와 사회의 이러한 접근 방법의 근본적인 차이를 넘어서 통합하려는 시도 중 하나가 그라노베터 등이 대표하는 '경제사회학'이라고 할 수 있다. 참고로 영미와 달리 독일의 사회과학 세계는 전통적으로 순수 경제이론보다는 '경제사회학' 전통을 갖고 있다. 베버, 슘페터, 짐멜 등에서 우리는 이를 뚜렷이 확인할 수 있다. 이 전통에서는 시장을 보는 관점도 다르다. 추상적인 계약과 교환의 장소로서의 시장이 아니라, 역사적으로 형성·변화하는 갈등과 충돌, 투쟁이 일어나는 역동적이고 동학적인 시장을 다룬다. 그러나 놀랄 일은 아니지만, 슘페터가 경제사회학에 대해 다음과 같이 말했다는 사실도 우리는 들어볼 필요가 있다.

　"경제학자들이나 사회학자들은 서로의 영역을 침범하지 않고는 더 이상 나아갈 수 없는 단계에 왔다. 그러나 이 두 집단 사이의 협력이 실제로 특별히 밀접하고 풍부하다든지, 서로 협력을 한다면 두 집단 중 하나가 더 나아질 것이라는 뜻은 아니다. 상호풍부화는 상호불모화로 쉽게 귀결될 것이다."(슘페터 2013(제1권), 90쪽)

◆ 사회를 이롭게 하는 '보이지 않는 손'?

인간은 원초적 자연 상태에서 누구에 대한 의존 없이 제멋대로 자라나 행동하는 버섯이라고 토머스 홉스Thomas Hobbes는 말했다. 그는《시민론De Cive》(1642) 제8장 '시민에 대하여'에서 자연 상태로 돌아가서 볼 때 인간은 "땅에서 각자 여기저기 갑자기 솟아나 스스로 성숙해 자라는 버섯mushrooms과 같다. 이 버섯은 주변의 다른 버섯들에 대해 어떠한 의무도 갖지 않는다."고 말했다. 이기적이며, 다른 사람들과 사회적 관계를 맺지 않는 자연적 고립 상태의 인간이다. 이런 개별 인간상은 '만인에 대한 만인의 투쟁'을 거쳐 1776년 애덤 스미스에 의해 '보이지 않는 손'의 우아한 이론으로 발전된다.

아놀드 하우저는 경제구조를 토대로 사회적 관계가 형성되고 이에 따라 정신문화 세계가 구축되는 과정을 역사적으로 보여 준다.

"중세 초기 경제의 가장 뚜렷한 특징이자 이 경제가 당시 정신문화에 가장 깊이 영향을 끼친 측면은, 자급에 필요한 한도를 넘어서 생산하려는 의욕이 전혀 결여되어 있었다는 사실, 따라서 기술적인 발명이나 생산체제의 개혁을 일체 외면한 채 전통적인 생산방법과 구래의 생산 속도가 언제까지나 온존되었다는 사실임이 틀림없다. 당시의 경제가 자기에게 필요한 만큼만 생산하는 순수한 지출경제이고 따라서 경제성이라든가 이윤이라는 개념이나, 계산과 투기에 필요한 감각, 또는 주어진 자원을 목적에 맞게 합리적으로 사용한다는 관념 따위는 전혀 눈에 띄지 않는다. 경제가 이처럼 전통주의적·비합리주의적이었던 데에 상응하여 사회 형태도 정체적이어서 계층 간 장벽은 견고했다. 사회를 구성하는 여러 신분의 구별은 단순히 의미가 있는 정도가 아니라 신의 뜻에 의한 것으로 생각되었다. …… 시장이 없고 초과생

분배─경제인가, 사회인가?

산에 대한 보상이나 이윤의 가망이 전혀 없는 경제체제에서 상인적인 경쟁원리가 대두할 여지가 없는 것과 마찬가지로, 이렇게 고정된 신분사회에서는 정신적인 경쟁이라는 관념이나 독자적인 자기 것을 만들어 내어 남에게 내세우려는 욕망 같은 것이 발생할 여지도 없었다."(하우저, 제1권, 247쪽)

소극적인 경제 원리와 정체적인 사회구조에 호응하여 학문과 예술에서도 고루한 보수주의가 지배하게 되었다는 것이다.

중세는 흔들림을 모르는 안정된 시대요, 굳센 믿음의 시대이며, 자기들의 진리 개념이나 도덕률의 타당성을 꿈에도 의심치 않고, 정신의 모순이나 양심의 갈등도 모르고, 새로운 것에 대한 충동이나 옛날 것에 대한 권태를 조금도 느끼지 않는 시대였다. "그런 뒤, 이윽고 (중세 말기에 이르러) 왕들은 자기의 법률고문이나 경제 전문가, 비서와 재정 담당자들을 주로 시민계급 출신자 중에서 뽑으려 했고, 그 선택에서 첫째 조건이 되는 것은 개인적인 실력이었다. 이 경우에도 경쟁 능력, 목적을 위해 수단을 가리지 않는 태도, 개인적인 관계에서 사무적인 관계로의 전환 등 화폐경제의 주도 원리가 승리한 것이다."(하우저, 제1권, 336쪽) 이는 마키아벨리의 《군주론》이 던진 권모술수라는 현실주의의 충격을 보여 준다.

사실 오늘날 불평등의 심화는 어쩌면 자연스러운 것이다. 이 자연스러운 과정을 저지하거나 역전시키려면 어떤 다른 제도적 개입이나 힘이 작용해야 한다. 시장에 대한 국가의 개입이나 노동조합의 집단적 단결 및 교섭이 대표적이다. 밀스는 《파워엘리트The Power Elite》에서 다음과 같이 말했다.

"회사나 국가기관, 군대조직에 등의 위계적인 조직들이 보여 주는 공통된 특징은, 이들 각 조직 꼭대기의 지위 점유자들이 상호 교환되고 있다는 점이다. 여기에서 빚어지는 하나의 결과는 위신이 누적적인 성격으로 나타난다는 것이다. 예컨대 우선 군인으로서 높은 지위를 차지했기 때문에 퇴역 후에도 어느 회사 중역이 경영하는 어떤 교육기관의 책임을 맡게 되어 자연히 여기에서도 지위를 얻게 됨으로써 그만큼 위신을 증대시키게 된다. 이렇게 해서 얻어진 위신은 결국 정치질서에서의 위신으로 그 모습을 바꾸게 된다. 부나 권력과 마찬가지로 위신이라는 것도 이처럼 누적적인 경향을 지니고 있다. 그것을 획득하면 획득하는 만큼, 더 많은 지위를 획득할 수 있게 된다. 더구나 권력·부·위신과 같은 가치는 상호 이행될 수 있는 것으로서, 부자는 가난한 사람보다도 권력을 더 쉽사리 획득할 수가 있고 높은 지위를 가진 사람은 지위를 갖지 못한 사람에 비해 부를 얻을 수 있는 기회를 훨씬 더 많이 잡게 된다."(밀스 1979, 24쪽)

한편, 이와 관련해 피케티는 자신의 책 《21세기 자본》이 서 있는 기반으로서, 자본수익률과 성장률의 미세한 차이가 장기적으로 수십 년 또 한 세대 이상 아주 오랜 기간에 걸쳐 누적되면 사회 불평등 구조와 동학에 '강력하고 상당하고 심층적이고 근본적인' 불안정한 영향을 미칠 수 있다는 원리를 강조하고 있다. 어떤 의미에서는 모든 것이 누적적인 성장과 누적적인 수익의 법칙에 따른다.

경제적 자유주의자가 자기 선호만을 추구한다면, 사회적 자유주의자는 타인과 집단을 고려하며 분투하는 사회적·정치적 휴머니스트라고 할 수 있을까? 송호근은 "인류의 지성적 실험들이 휴머니즘으로서 시장의 이미지를 우리에게 선보일 날도 기대해 봄직하다. 그때까지 사회학자는 인간의 이기심과 욕망을 한껏 자극하는 시장의 잔혹성과 끊임없이 싸움을 계속하여야 할 의무가 있다."고 말했다.(송호근 1992, 5쪽)

애덤 스미스는 1759년에, 부자는 그들의 자연적인 이기심과 탐욕에도 불구하고, 또 그들이 고용하고 있는 수천 명의 노동을 통해 도모하는 유일한 목적이 그들 자신의 공허하고 만족될 수 없는 욕망의 충족임에도 불구하고, 자신들의 개량의 산물을 가난한 사람들과 나누어 가진다고 말했다. '보이지 않는 손'에 인도되어 구체적으로 의도하거나 알지 못하면서도 사회의 이익을 증진시키게 된다는 것이다.

그로부터 200년 뒤, 1953년 사이먼 쿠즈네츠Simon Kuznets가 《소득과 저축에서 소득 상위계층이 차지하는 비중Shares of Upper Income Groups in Income and Savings》에서 제시했던 데이터는 애덤 스미스의 주장을 뒷받침하며 갑자기 강력한 정치적 무기가 되었다. 쿠즈네츠는 복음의 전달자였다. 그 복음은 소득 불평등이 감소하고 있다는 것이었다.

"쿠즈네츠가 보기에는 머지않아 성장이 모든 이에게 이득이 될 터이므로 참고 기다리는 것으로 충분했다. 1956년 로버트 솔로가 경제의 '균형성장 경로' 달성에 필요한 조건을 분석한 데서도 비슷한 낙관론을 찾아볼 수 있다. 이 경로는 생산, 소득, 이윤, 임금, 자본, 자산 가격을 비롯한 모든 경제 변수가 같은 속도로 움직이는 성장의 궤적이다. 이에 따르면 모든 사회 집단이 성장으로부터 같은 수준의 혜택을 보며 정상 궤도에서 크게 벗어나는 경우는 없다. 그래서 쿠즈네츠의 견해는 불평등의 악순환에 관한 리카도와 마르크스의 생각에 정면으로 반대하는 것이며, 19세기의 종말론적인 예언들과 완전히 상반되는 것이다."(피케티, 20~21쪽)

"그(지주)의 위胃의 용량은 그의 거대한 욕망에 비례해서 크지 않으며, 단지 가장 비천한 농민의 위의 용량 정도밖에 받아들이지 못할 것이다. 나머지를 그는 가장 능숙한 방법으로 자신이 사용할 그 적은 곡식의 양을 마련하는 농민들에게, 이 적은 양이 소비될 장소인 저택 안에 살고 있는 하인들에게, 상류 사람들의 가정에서 사용되는 모든 다양한 자질구레한 물건들을 공급하고 정돈하는 사람들에게 나누어 주지 않을 수 없다. 이런 사람들은 자신들의 생활필수품을 이렇게 지주의 사치와 변덕으로부터 얻어 낸다."(스미스 1996, 330쪽)

'허시먼의 터널'과 마태효과
불평등

1950년대 사이먼 쿠즈네츠는 불평등을 연구하는 과정에서, 특정 시기에 여러 국가의 소득불평등 그래프가 위로 볼록한 곡선 모양을 나타내는 것을 발견했다. 경제 발전은 초기에는 불평등을 초래하지만, 점차 성장을 거듭하면서 소득 균등화 쪽으로 이행한다는 쿠즈네츠의 '거꾸로 된 U자 가설'이다. 경제학자들은 이 곡선을 제시하면서 경제 발전 과정에서는 소득 집중 현상이 심화되지만 이를 '견뎌 내고' 일단 부유한 국가 대열에 합류하면 부를 좀 더 공정하게 분배할 수 있게 된다는 '믿음'을 설파했다.(여기서 핵심은 사회 저소득층의 불평등에 대한 인내, 그리고 수용의 효과에 있다.) 그러나 최근 몇십 년 간 부유한 국가들에서 보듯, 성장을 거듭하면서도 불평등은 더욱 심화하는 경향이 나타나고 있다.

◆ 밀물이 들면 모든 배가 다 떠오른다?

허시먼의 이른바 '터널효과tunnel effect'는 경제성장과 분배 불평등 문제를 2차선 일방통행의 터널에 비유해 명징하게 드러내고 있다.(허시먼이 터널을 비유로 쓴 것은, 일반적으로 터널 안에서는 차선 변경이 금지돼 있다는 사실을 강조하기 위한 것으로 보인다.) 경제성장 초기에 터널 속 두 차선 중 한쪽 차선이 움직이면 다른 차선에서 기다리는 사람도 본인의 차선이 곧 움직일 것이라는 기대를 갖게 된다. 즉, 경제성장의 혜택을 남들이 얻더라도 그 혜택이 곧 본인에게 돌아올 것이라는 생각에 소득불균형을 어느 정도 수용하지만, 시간이 지나도 옆 차선만 움직이고 자기 차선은 정체 상태에 머물러 있으면 좌절감으로 불만이 쌓이게 되고 터널 안에서 차량 소통을 규제하는 교통공무원을 불신하기에 이른다. 그 결과, 터널 안에선 규칙에 대한 무시가 판치고 불안과 혼잡이 더해지며 정체는 더욱 심해진다.(Hirschman 1973)

'허시먼의 터널' 안에서 일어나는 소요는 경쟁과 평등의 문제를 정확히 보여 주고 있다. 홉스는 《리바이어던Leviathan》에서 다음과 같이 말했다.

"자연은 인류를 육체적·정신적 능력 면에서 평등하게 창조했다. 따라서 남보다 더 강한 육체적 능력을 지닌 사람도 이따금 있고, 두뇌 회전이 남보다 빠른 경우도 더러 있지만, 모든 능력을 종합해 보면 인간들 사이의 능력 차이는 거의 없다. 있다 하더라도 다른 사람보다 더 많은 편리와 이익을 주장할 수 있을 만큼 두드러지지는 않다. 육체적으로 아무리 약한 사람이라도 음모를 꾸미거나 같은 위험에 처해 있는 약자들끼리 공모하면 아무리 강한 사람도 충분히 쓰러뜨릴 수 있기 때문이다. 정신적 능력의 경우엔 체력보다도 더 큰 평등성이 있다고 나는 생각한다. 물론 예외는 있다. 언어를 도구로 하는 여러 학예, 특히 과학이라는 확실한 보편적 규칙에 따라 일을 처리하는 기량에는 사람마다 차이가 있다. 하지만 이런 기량을 지닌 사람은 극소수에 불과하고, 또 그 능력이 발휘될 수 있는 영역도 매우 제한되어 있다. 인간의 분별력은 경험에서 생기므로, 같은 시간 동안 똑같이 몰두한 일에 대해서는 모든 사람에게 똑같이 그 분별하는 힘이 생겨난다. 이런 평등성을 부정하는 것은 사람이 자신의 지혜에 대해서 갖는 자만일 뿐이다."(홉스, 129쪽)

홉스는 곧이어, 분배와 자기 몫에 대한 요구, 그리고 파괴와 침략·정복을 피할 수 없게 만드는 경쟁의 주된 요인이 이러한 평등에 있다고 지목한다.

"이런 능력의 평등에서 목적 달성에 대한 희망의 평등이 생긴다. 즉, 누구든 똑같은 수준의 기대와 희망을 품고 목적을 설정하고, 그 목적을 이루기 위해 노력한다. 두 사람이 서로 같은 것을 원하지만 그것을 똑같이 누릴 수 없다면, 그 둘은 서로 적이 되어 상대편을 무너뜨리거나 굴복시키려 한다."

홉스는 평등이 만인에 대한 만인의 투쟁과 경쟁을 야기한다고 말했으나, 경제학에서는 그 인과 순서가 역전된다. 시장에서의 경쟁이 초래하는 불평등과 관련하여, 오히려 경제학은 애덤 스미스의 《국부론》에서 이끌어 낸 '적하효과trickle-down effect'를 하나의 보편적 원리로 삼아 경쟁이 평등을 가

"아리스토텔레스는 《정치학》에서 지배에 적합한 사람이 따로 있고 남을 섬기는 데 적합한 사람이 따로 있다고 주장하고, 이런 불평등을 학설의 기초로 삼았다. 여기서 지배에 적합한 사람은 철학적 지식이 있는 지혜로운 철인을, 남을 섬기는 데 적합한 사람은 몸은 강건하지만 철학자가 아닌 사람들을 뜻한다. 즉, 누구는 주인이고 누구는 노예인 이유는 그들이 동의해서가 아니라 그들의 지적 능력이 서로 다르기 때문이라는 것이다. 그러나 그의 주장은 이성에 위배될 뿐 아니라 경험에도 위배된다. …… 그리하여 나는 제9의 자연법을 다음과 같이 설정한다. '모든 사람은 타인을 본질적으로 자신과 평등한 존재로 인정해야 한다.' 이 계율의 위반은 '자만'이다."(홉스, 158쪽)

적하효과는 흔히 "밀물이 들면 모든 배가 다 떠오른다A rising tide lifts all boats"는 1963년 케네디 John F. Kennedy 대통령이 했던 말에 비유된다. 당시 케네디의 댐 건설 프로젝트를 두고 특정

분배-경제인가, 사회인가?

져온다고 주장한다. 이 문장 앞에 '불행하게도'라는 수식어를 붙일지 여부를 판단하려면 충분한 고민이 뒤따라야 할 것이다. 아무튼, 경제학은 경쟁이 성장을 가져온다면서 그 성장의 이름으로 불평등 분배를 정당화해 왔으며, 초기 경제성장 과정에서는 불평등이 오히려 성장의 원동력이 된다는 말까지 수리적으로 입증하고 설파해 왔다.

이와 달리 20세기 초 영국의 진보적 정치학자 해롤드 라스키는 더 많은 경쟁이 아니라 더 많은 사람들에게 혜택을 주는 체제인가 여부를 사회 선택의 기준으로 삼았다.

"국가의 이름으로 최고의 강제권력을 행사하는 사람들은, 그렇게 해서 혜택을 받는 부분이 더 많은 충족을 얻을수록 결과적으로 나머지 부분들도 달리 얻을 수 있는 것보다 더 많은 충족을 얻는다고 주장해야 한다. 예컨대, 국가가 생산수단을 사적으로 소유하는 현 체제를 유지시키는 경우가 그렇다. 그 경우 생산수단을 공적으로 소유하는 사회주의 같은 대안 체제보다 현행 체제를 유지함으로써 영향을 받는 모든 사람들에게 전체적으로 더 큰 충족을 가져다주어야 하는 것이다. 이런 사실이 입증될 수 있는 경우라야 그러한 충족을 향유하는 데 있어서 처우의 차별이 정당화될 수 있다."(라스키, 26쪽)

라스키는 또한, 국가가 이런 차별을 유지할 경우, 그 혜택에서 직접 제외되는 사람들에게 그 타당성을 승복시킬 필요가 있다고 지적했다.

"노예 소유주들이 노예제가 궁극적으로 노예들에게 혜택을 주는 것으

지역 선거구를 위한 정책이란 비판이 일자 케네디가 한 말로서, 경제가 성장하면 시장 참여자 모두가 그 혜택을 고루 나누게 된다는 주장이다. 흔히 부유층 및 고임금 계층에 대한 세금 감면 정책을 옹호하는 논리로 사용된다.

로 생각한다고 해서 노예제가 옹호되는 것은 아니다. 생산수단의 소유주들이 사유재산제도가 궁극적으로는 생산수단을 소유하지 못하는 사람들에게도 혜택을 주도록 운용되는 제도라고 생각한다고 해서, 그 제도가 충분히 정당화되는 것은 아니다. 다시 말하면, 불평등은 그 불평등으로 혜택을 보는 사람들의 동의를 얻었다는 이유로 타당한 것이라고 입증되는 것은 아니다."(라스키, 27쪽)

케인스는 《평화의 경제적 귀결Economic Consequences of the Peace》(1919)에서 제1차 세계대전 이전에 성립된 자본의 거대한 축적은 부가 평등하게 분배되는 사회에서는 결코 생겨날 수 없다고 했다. 케인스 자신이 세계대전 이후 대공황 경제의 처방으로 '소비 증대의 수요 경제학'을 주창했으나, 이와 달리 그 이전 시기의 경제에선 소비가 아니라 저축이 경제 발전의 원천이었다는 뜻이다.

"그[케인스]는 19세기 사회에서는 증대된 소득이 그것을 거의 사용하지 않을 [소비에 쓰지 않고 저축할] 사람들의 손에 쥐어지도록 편성되었다고 말한다. 신흥 부자들은 대단한 소비를 감당할 만큼 성장해 있지 않았으며, 당장의 소비에서 오는 만족보다 투자에서 오는 재력을 택하였다. 자본의 급속한 형성과 모든 사람의 일반적인 생활수준을 다소 꾸준하게 향상시킨 것은, 바로 부의 분배에서의 불평등이었다. 케인스의 견해에 따르면, 자본주의 체제 정당화의 주요 근거를 제시한 것은 바로 이러한 사실[불평등을 통한 경제성장]이다."(롤스, 396쪽)

있는 자는 풍족해지고, 없는 자는 빼앗기리

흔히 경제적 양극화를 얘기하지만 노벨상이라는 학문의 영역에서조차 학문적 성취에 대한 매우 불균형적인 평판과 명성이 나타난다. 사회학의 대가 로버트 머튼Robert Merton은 "무릇 있는 자는 받아 풍족하게 되고 없는 자는 그 있는 것까지 빼앗기리라."라는 《마태복음》의 말씀을 따 '마태효과Matthew effect' 이론을 내놓았다.(Merton 1968)

노벨상 수상자(주로 자연과학 분야)의 논문과 책이 인용되는 메커니즘을 분석해 본 결과, 여러 과학자들이 똑같이 독창적이고 뛰어난 이론이나 법칙을 내놓았더라도 우연한 기회에 어느 한 사람의 글이 한두 번 인용되기 시작하면, 나중에는 그 사람의 업적만 주로 인용될 뿐 다른 학자들은 잊혀지고, 자주 인용된 그 사람이 노벨상을 타게 된다는 것이다. 비록 학문적 성취는 백지 한 장 차이일지라도, 그에 따라 주어지는 보상과 명성은 한 사람에게 쏠린다는 얘기다. 한 노벨물리학상 수상자는 "세상은 명성을 부여하는 문제에서 참 기이하다. 이미 유명해진 사람에게 명성을 부여하는 경향이 있다."고 말했다.(Merton 1968) 이처럼 우리가 흔히 보게 되는 승자독식(슈퍼스타의 경제학)은 어떤 의미에선 인간 행동의 효율성을 보여 준다. 즉, 사람들은 누구나 짧은 인생을 살면서 모든 것을 다 경험할 수는 없으며, 가장 뛰어난 지성과 글을 선택해 만나고 읽는 것이 합리적인 선택이기 때문이다.

그러나 전혀 다른 관점에서이긴 하지만, 승자독식에 대한 다른 견해도 있다.

"인간이 현실의 사건을 이해할 때 범하는 또 다른 오류는 '말 없는 증거silent evidence'다. 즉, 인간의 역사는 검은 백조Black Swan를 감출 뿐 아니라 검은 백조를 만들어 내는 능력도 감추는 것이다. '말 없는 증거'를 무시하는 경향은 재능을 비교하는 일에 항상 도사리고 있다. 특히 승자독식이 이루어지는 분야에서는 더욱 그렇다. …… '슈퍼스타 역학'에서는 고전 문학 작품 혹은 대작이라는 것도 전체 문학작품 속에서는 극히 일부를 차지할 뿐이다. 발자크의 뛰어난 재능과 성공은 재능 없는 작가에게는 그런 능력도 없다는 명제가 충족되는 경우에 한해 성립한다. 그러나 만약 세간의 주목을 받지 못한 채 사라져 버린 문학적 걸작들이 10개 이상 존재한다면? 또 손으로 씌어진 원고 중에 이런 수준을 갖추었으면서도 사라져 버린 것들이 매우 많다면? 만일 이것이 사실이라면 애석하게도 발자크는 수많은 동료 중에서 극히 일부만 행운아로 선택되는 불균형의 수혜자일 뿐이다. 더 나아가 우리는 발자크 한 사람만을 추앙함으로써 그 밖의 대가들을 푸대접한 셈이다. …… 대중의 뇌리에서 철저히 잊혀진 수천 명의 작가를 생각해 보라."(탈레브, 186·191쪽)▶

불평등에 대한 우리의 논의는 이제 '공동체'에 대한 이야기로 이어진다.

경제학은 리오넬 로빈스가 경제학의 탐구 대상에 대해 쓴 고전적 글이나 로버트 루카스Robert Lucas의 '섬 모형islands model'처럼▶ 로빈슨 크루소의 행동 분석을 통해 혼자 생산하고, 저축하고, 소비하고, 자본을 축적하고, 늙어 죽을 때까지 평생소득과 평생소비의 균등화를 통한 소비효용 극대화

▶ '말 없는 증거의 오류'는 역사의 전체 과정을 살피지 못하고 그중에서 장밋빛 과정만을 본다는 것이다. "우리는 역사책에 이름을 남긴 사람들을 기리지만, 이 역사책은 이름을 남기지 않은 공헌자들 덕택에 씌어진 것이다. 게다가 역사책은 이름 없는 공헌자에 대해서는 침묵한다. 우리 인간은 얼마나 껍데기에만 집착하는 족속인가. 우리 인간은 얼마나 불공평한 존재인가."(탈레브, 32쪽)

▶▶ 루카스의 섬 모형은 이른바 '합리적 기대'를 통해 화폐통화정책의 무력성 명제를 입증한 모형으로 유명하다. 각각 한 사람씩 살고 있는 물리적으로 고립된 N개의 섬(즉, 시장)에서 생산과 화폐를 매개로 한 산출물 구입이 일어난다고 하자. 장기적으로는 이때 통화량 변동에 의한 가격 수준 변화가 있더라도 인플레이션에 대한 섬 거주자들의 합리적 기대 때문에 산출에 아무런 영향도 가져오지 못한다. 즉, 필립스 곡선이 수직이라는 주장이다. Lucas, Jr.(1972). "Expectations and the Neutrality of Money", *Journal of Economic Theory* 4(2).

를 이루는 것을 추구한다.▶▶▶

그러나 경제학자 맥클로스키는 어떤 인간도 섬이 아니라고 역설한다.

"어떤 인간의 죽음이라도 나를 위축시킨다. 왜냐하면 나는 인류에 포함되어 있기 때문이다. 놀랍게도 현재 문학에서 인식되는 다른 사람의 삶의 유일한 가치는 다른 사람이 죽는 것을 보게 되는 엄청난 불행이 아니라, 유산 등을 통하여 생존자에게 생긴 현금 소득이다. 경험적으로, 단지 금전적인 이득은 불행에 비하면 왜소한 것이다."(퍼버·넬슨 편, 109쪽)

인간이 무릇 섬이 아닐 때 공동체에 속한 개인으로서 우리는 타인과 어떤 관계를 맺으며 살아가는 것일까? 마이클 왈저는 《정의의 영역Spheres of Justice》(1983)에서 '공동체를 위한 [경제적 상품의] 조달'을 강조했다.

"[이기적인 개인이 아니라 사회공동체의 구성원으로서] 멤버십이 중요한 것은, 정치적 공동체의 구성원들이 서로서로 빚을 지고 있는 반면, 공동체 바깥의 어느 누구에게도 같은 정도의 빚을 지고 있지 않기 때문이다. 그들이 빚지고 있는 첫번째 것은 안정과 복지의 공동조달이다. 이런 주장은 반대가 될 수도 있다. 즉, 공동조달이 중요한 것은, 그것이 우리에게 멤버십의 가치를 가르쳐 주기 때문이다. 우리가 서로를 위해 조달하지 않는다면, 그리고 구성원과 타인 간의 어떠한 차이도 인식하지 못한다면, 우리가 정치적 공동체를 형성

▶▶▶ 우리는 사람들이 돈을 저축하거나 화폐를 보유하는 동기와 관련해, 소득에 발생할 수 있는 부정적인 '일시적 충격'에 대비해 자금을 저축한다(예비적 동기)고 설명할 수도 있으며, 반면에 일시적인 쇼크에 대한 대비가 아니라 주로 '생애주기'를 염두에 두고 부를 축적하는 것으로 설명할 수도 있다. 가령 은퇴에 대비한 저축으로서, 직장에 다닐 때의 임금소득과 거의 동일한 생활수준 혹은 그것의 일정한 비율을 은퇴 후에도 유지하기 위해 모든 사람이 자신의 임금수준에 어느 정도 비례하는 자본을 축적하는 것으로 생각할 수 있다. 이것이 곧 '평생소비의 균등화'이다.

하고 유지할 아무런 이유도 없을 것이다."(보울스·진티스 1994, 326쪽)

장하준 영국 케임브리지대학 교수가 2013년 신문 인터뷰에서 "복지를 국민이 공동구매하듯 부담해야 한다."고 말한 것도 월저의 이야기와 유사해 보인다. 일반적으로 복지는 탈상품화를 일컫는데, 장하준은 '복지상품'처럼 말하고 있다. 소비자와 경제주체들이 함께 부담을 하여 공동으로 구매하는 상품이라는 것이다. 단지 정치적인 시혜 측면을 넘어 경제공동체가 공동으로 복지 재화를 마련해 공공재처럼 공급하자는 뜻이다.

프리드리히 하이에크는 살아 있는 동안 자식들이 더 나은 사회적 지위를 확보할 수 있게 해 주는 것보다 재산을 물려주게 하는 것이 사회에 덜 해롭다는 근거에서 상속제도를 옹호한 바 있다. 이에 대해 케인스는 "소득의 불평등을 정당화하는 데 약간의 이유가 있다 하더라도 그것이 유산의 불평등에 그대로 적용되는 것은 아니다. 나 자신은 소득과 부의 상당한 불평등을 정당화하는 사회적 및 심리적 이유가 있다고 생각하지만, 그것이 오늘날 존재하는 것 같은 큰 격차를 정당화할 수는 없다."고 말했다.

덧붙여 케인스는 금전적 불평등이 인간의 다른 잔인한 물리적 폭력성의 표출보다는 낫다는 꽤 놀라운 견해를 밝힌 바 있다. 인간이 동포시민에 대하여 군림하는 것보다는, 차라리 자신의 은행 잔고에 폭군 노릇을 하는 편이 더 바람직하다는 것이다.

"위험한 인간의 성벽性癖 중에는 치부와 부의 사유 기회가 존재하므로 비교적 무해한 방향으로 유도될 수 있는 것이 있으며, 그 성벽이 이 방면에서 만족되지 못하는 경우 그것은 잔인성이나 개인적인 권력, 권세의 무모한 추구 및 그 밖의 여러 가지 형태의 개인적 세력을 부여하고 증가시키는 것에서 그 돌파구를 찾게 될 것이다. 때로는 은행 잔고가 지배 군림의 대체물이 될 수도 있다."(케인스 1985, 378쪽)

안정적인 해解의 부재
분배와 사회후생함수

불평등 문제를 해결하는 방법에는 정치적 해결과 시장을 통한 해결이 있다. 그런데 자본주의사회에서는 주로 시장을 통해 분배 문제를 해결해야 하며, 정치적으로 해결할 수 없다는 주장이 있다. 민주주의사회에서 쓰이는 대표적인 정치적 해결 방법, 즉 다수결 방식에는 누구나 승복할 수 있는 분배 방법이 존재하지 않기 때문이라는 것이다.

다수결로는 '분배'할 수 없다

경제학자 단 어서Dan Usher는《민주주의의 경제적 선결과제The Economic Prerequisite to Democracy》(1981)에서 다음과 같이 말했다.

"지금 15명이 3천만 원을 나누어 가지기로 했다. 첫째, 각자 2백만 원씩 똑같이 나누는 방법이 있다. 그러나 모든 사람이 이기적으로 행동한다면 15명 중에서 몇몇이 짜고 결탁하여 다수결 수단을 이용해 그들의 독점적 이익을 도모할 수 있다. 8명이서 짜고 자기들끼리만 3천만 원을 나누는 것이다. 그러나 소외된 7명이 공모해 앞의 8인방 중 1명만 꾀어 내 다수파를 형성할 수도 있다. 한 사람을 꾀어 내 9백만 원을 주고 나머지 2100만 원을 각자 나누는 식이다. 물론 이 분배 방법을 깰 수 있는 새로운 정치적 연합 전선은 항상 가능하다. 다시 말해서, 정치적으로 안정적인 해解가 존재하지 않는다는 것이다."(변형윤 · 이정전, 117쪽)

물론 어서 교수가 시장을 통한 분배가 가장 효율적이라거나, 정치적 분배는 하지 말아야 한다고 주장했다고 섣불리 생각하는 건 위험하다. 여기서는 단지 그가 시장을 통한 해결의 안정성을 주장했다는 사실만을 기억하자. 분배 문제를 고찰하는 입구에 막 들어선 지금, 시장은 차별을 스스로 해소한다는 주류 경제학의 가르침을 떠올려 보자.

케네스 애로는 〈노동시장에서 인종차별의 몇 가지 모델Some models of Racial Discrimination in the Labor Market〉에서, 고용에서 노동력을 인종 차별하는 기업주는 경쟁 기업에 비해 이윤이 낮아지게 되고, 결국 차별을 하지 않는 기업만이 시장에서 살아남게 된다고 말한다. 즉, 완전경쟁에서는 장기적으로 차별이 존재할 수 없게 된다는 이론이다. 그러나 대부분의 인류 역사에서 억압과 박해, 차별, 불평등, 인종장벽이 무너진 것은 결코 자연스러운 경제 발전의 결과가 아니었다. 그 뒤편에 오랜 기간의 정치적 소요와 저항이 있었음을 역사는 수많은 사건 목록을 통해 우리에게 알려 준다.

중세에는 불평등이 뚜렷한 대조를 이루었다.

"재난과 빈곤 같은 것도 그것을 줄일 수 있는 방법이 오늘날보다 훨씬 적었다. 그것은 훨씬 더 무섭고 잔혹했던 것이다. 질병과 건강은 훨씬 더 뚜렷한 대조를 보였고, 겨우내 추위와 어두움도 훨씬 더 쓰라리게 느끼는 고통이었다. 모피로 안을 댄 저고리와 밝은 불빛, 포도주와 즐거운 담소, 안락한 침대 등은 영국 소설에 그토록 오랫동안 살아남은 완벽한 행복 묘사의 표본이었다. 그런가 하면 한편으로는 삶의 모든 것이, 비참한 것이건 자랑스러운 것이건 남김 없이 공개되었다."(호이징가, 11쪽)

유럽 대륙과는 달리 중세를 거치지 않은 미국 사회의 독특한 가치를 '미국 예외주의'로 역설한 세이무어 립셋은, 《미국사의 구조The First New Nation》(1963)에서 '평등과 경쟁이 조화를 이루는 미국'을 말한다.

"미국인의 타인 지향성, 비위 잘 맞추기, 별로 잘 알지 못하는 사람 사이에서나 연상 및 연하 관계에서도 친근한 첫 이름을 부르는 습관, 남의 감정을 상하지 않게 신중히 노력하는 것, 이 모든 것은 미국인의 가치에 모든 인간은 서로 존경해야 한다는 도덕적 명령이 깊이 뿌리박혀 있다는 사실을 반영하고 있다. 이 두 개의 강조, 즉 평등과 업적성에 대한 강조가 미국에서 분명하게 연결되어 있다. 미국 캘리포니아의 중학교에서 1년을 보낸, 학교 성적이 매우 좋은 어느 캐나다 소녀는 고향인 벤쿠버에서는 성적이 좋지 못한 학급 친구들을 멸시하였으나, 캘리포니아에서는 학교 성적이 좋건 나쁘건 동급생들을 훨씬 더 존경하는 습성을 발전시켰다고 말한다. 이러한 새로운 존경심은 미국 학교에서 배운 것인데, 그 때문에 이 소녀의 지적 관심이나 더 많이 배우려는 태도가 조금도 감소하지 않았다고 한다. 오히려 미국 학교에서는 공부를 더 잘하려는 욕구와 능력이 모자라는 사람들 역시 존경하는 욕구, 이 두 요소가 공존하고 있다고 느꼈다는 것이다."(립셋 1982, 353쪽)

"미국에서는 상층 중산계급의 교육받은 사람들은 정치 내지 그런 차원의 문제를 택시 운전사, 미용사 또는 그런 종류의 직업 수준의 사람들과도 담론하나, 영국에서는 상층 중산계급

미국 특유의 문화적 가치를 통해 평등과 경쟁, 분배를 설명할 수도 있지만, 미국의 경제구조와 생산양식 위에 구축된 일상으로서의 사회적 삶을 들여다볼 필요도 있다. 폴 배런Paul Baran과 폴 스위지Paul Sweezy는 '독점자본주의'라는 경제적 구조에서 나타나는 일상생활의 비합리적 체제를 날카롭게 묘사한 바 있다.

"예를 들어, 범죄는 인구 증가율보다 훨씬 빨리 증대했다. 아마도 그 위에 더욱 병리적인 (그리고 두려운) 것은, 폭력이 더 커다란 정도로 가장 선진적인 자본주의국가의 분위기 그 자체에 충만해 있다는 것이다. 《뉴욕타임스》 1963년 5월 20일자는 도시 주민들이 대낮에도 공원을 이용하기를 두려워하고 있다고 보도하고 있다. 필라델피아 시의 전 시장이었던 딜 워어즈는 말한다. '형제애의 도시라는 필라델피아에서조차 나는 열쇠를 채운 택시를 타지 않고 밤에 길에 나가는 것을 생각할 수 없다.'"(배런·스위지 1984, 317쪽)

배런과 스위지가 묘사한 미국 자본주의의 1950~60년대 풍경을 불평등 심화라는 시각으로 깊이 들여다본 또 다른 분석이 있다. 다음은 한 사회에서 큰 재산을 차지하는 대부호의 대도약과 기회 그리고 누적적 상승가도를 밟게 되는 과정을 묘사한 밀스의 《파워엘리트》의 한 대목이다.

"필자가 알고 있는 범위 내에서는, 자신의 봉급이나 임금을 절약함으로써 대부호의 지위에 올라선 사람은 한 명도 없다. 대부호가 되려는 사람은 어떠한 길을 통해서든지 큰돈을 자기 수중에 넣고 기회를 가질 수 있는 전략적인 지위를 지배해야 할 뿐만 아니라, 여기저기서 상당한 액수의 돈을

사람들이 지금도 사회적 척도에서 자신보다 훨씬 밑에 있는 사람들과 허물없이 상호작용하는 것을 어려워하고 있다. 미국과 비교할 때 영국은 1960년대까지도 엄밀히 계층화된 사회로 존속하고 있다."(립셋 1982, 354쪽)

움직일 수 있어야 한다. …… 대도약을 한 번 이루고 커다란 기회를 잡게 되면 일단 상승가도를 밟게 된다. 유리한 조건이 차례로 쌓아 올려지게 된다. 더 큰돈을 손에 쥐고 좀 더 중요한 경제적 위치를 차지할수록 큰 벌이를 획득할 기회가 많아지고 확실해지는 것이다. 더 큰 재산을 지니는 만큼 그 사람의 신용(즉, 다른 사람의 돈을 사용할 기회)은 증대되고 따라서 더 큰돈을 저축해야 하는 모험을 해야 할 필요도 적어지게 된다. 실제로 이렇게 이익을 축적하게 되면 드디어는 위험조차도 위험하지 않게 될 뿐만 아니라, 마치 정부의 세수입과 같이 확실한 것으로 된다. 최상층에서 이익이 축적되는 것과 대응하여 최하층에서는 빈곤의 악순환이 존재한다. 이익 축적의 사이클은 객관적인 기회에 대해서뿐만 아니라 심리적 상태에 대해서도 적용되기 때문이다. 하류계급과 출세하지 못한 사람의 지위에서는 귀찮게 붙어 다니는 여러 가지 제약이 관심의 결여와 자신감의 상실을 가져오지만, 다른 한편 출세한 사람에게는 계급과 지위에 동반되는 객관적 기회의 증대가 상승에의 관심과 자신감을 가져오게 된다. 원하기만 하면 손에 넣을 수 있다는 자신감은 그렇게 하는 것을 가능케 하는 객관적인 기회를 발생시키며, 또 반대로 피드백하여 그러한 객관적 기회의 창출을 돕게 된다. 정력적인 희망은 계속해서 성공을 가져오고 반대로 재미없는 실패의 연속은 성공하려는 의지를 단절해 버리고 마는 것이다."(밀스 1979, 161~162쪽)

◥ 효율성 안에 담긴 공정성

물론 노동자의 노동이 모든 사회적 가치를 창출하는 원천이지만 이를 전부 노동자들이 가져가는 사회는 필연적으로 지속될 수 없다. 확대재생산을 위해 자본을 추가 투자해야 하고, 기계의 감가상각비용을 보전해야 하며 신기술 개발에 쓸 자본 투자도 필요하다. 경제이론은 생산물은 소비되거나 저축되거나 둘 중 하나로 반드시 흘러간다고 가정한다. 나아가 모든 저축은 투자로 이어진다고 가정한다.

앞서 제1부 제3장의 '오일러 정리'에서 본 것처럼, 존 베이츠 클라크의 '한계생산성에 따른 배분'에도 불구하고, 자원 배분의 '효율성'은 그 자체로는 분배의 '공정성'에 대해서는 아무것도 말해 주지 않는다. 오히려 피에로 스라파Piero Sraffa는 《상품에 의한 상품생산Production of Commodities by Means of Commodities》(1960)에서 자본주의 상품생산사회에서 노동 몫과 자본 몫의 분배가 (효율성이나 공정성 차원을 넘어) 생산성 기여도뿐만 아니라 노동과 자본의 힘의 관계, 즉 교섭력에 따라 결정된다는 점을 행렬벡터와 수열 중심의 간단한 수리모형으로 증명해 보이고 있다.

경제학자는 흔히 분배와 복지 문제는 자신들의 탐구 영역 밖에 있다고 말한다. 물론 복지가 최대의 효율적 생산과 결코 무관할 수 없다는 점은 명확하다. 그럼에도 지나친 단순화를 무릅쓴다면 경제학자의 유일한 관심은 효율, 즉 최대 생산에 이르는 최선의 방법을 찾는 것에 있다.

"그러나 경제학자가 법질서, 정치적 안정 및 인간의 심리학에 관한 원칙

경제성장을 위해 투자와, 투자를 위한 저축을 얼마나 해야 하는지를 결정하는 건 매우 중요한 질문이다. 특히 저축의 주체는 주로 그럴 능력이 있는 자본가이므로 자본가에게 배분되는 몫을 노동의 몫에 비해 어느 정도로 해야 하는지가 중요하다.

좌파 여성 경제학자 조앤 로빈슨은 스라파의 《상품에 의한 상품생산》은 "고도로 정제된 증류수"라고 말했다. 이 책은 단 95쪽에 불과하다. 스라파는 이 책 서문에서 "이처럼 짧은 저작을 준비하는 데 어울리지 않는 긴 시간이 소요되었다. 이 책의 중심 명제들은 1920년대 말에 구체화되었지만 표준상품, 결합생산물과 같은 특정한 논점들은 1930년대와 1940년대 초에 완성되었다. 1955년 이후의 기간에 산더미 같은 초고로부터 이 책이 엮어졌다."고 말했다.

들을 자신의 방정식의 상수常數로 상정할 경우, [즉, 변수가 아니라 상수로 넣어 사실상 그것을 배제할 경우] 그저 이론 기하학을 축조하고 있는 것에 불과하다. 그런 기하학은 정신적 고행으로서는 제아무리 값어치를 가진다고 해도, 우리가 살고 있는 현실 세계와는 위태롭게도 유리되어 있는 것이다. 그 까닭은 정치가가 최대의 생산에 관심을 기울인다고 해도 상품들이 만들어지는 조건, 상품들이 분배되는 방식(이 두 가지는 복지의 요건들이다.)은 최대 생산의 문제에서 분리될 수 없기 때문이다. 정치가의 세계는 감정이 통하지 않는 특정한 상수들이 그의 편의대로 항구적으로 고정되어 있는 정적靜的 세계가 아니다."

(라스키, 28쪽)

어쩌면 케인스 경제학을 가장 잘 실현한 사람은 히틀러다. 히틀러는 아우토반 건설과 군수물자 생산공장 건설로 실업자 수백만 명을 해소했다. 자본주의가 망하지 않도록 단기적으로 국가가 개입해 인플레이션으로 소비를 진작시켜 자본가를 구출하자는 케인스의 이론은 나중에 국가독점자본주의로 발전한다. 신고전파는 케인스를 좌파로 몰아붙여 쫓아내려 했으나, 케인스는 한계주의에서 출발한 뒤 나중에 자유방임은 종말을 고했다고 선언한 자본주의의 구원투수였을 뿐이다.

1929년 대공황 이후 전 세계 경제에 도입된 계급타협을 보면, 자본 쪽은 노동자에게 상대적인 완전고용과 최소한의 생활수준을 보장하고 또 생산성 이득의 한몫을 주는 것뿐 아니라 노동조합을 정치적·경제적 절차로 수용하는 데 동의했다. 반면, 노동은 생산과 투자에 대한 자본가의 통제를 받아들이고, 이윤 척도를 자원 배분에 대한 근본 지침으로 승인했다. 그런데 1990년대부터 질주하고 있는 '세계화' 흐름과 그 경제사회학의 학술적 표현으로서의 신자유주의는 이러한 타협을 전면적으로 와해시키고 있다.

이제 우리는 분배에서의 평등과 벤덤의 최대다수의 최대행복, 그리고 사회후생함수를 서로 교직해 살펴볼 지점에 이르렀다. 알렉시스 드 토크빌은 《미국의 민주주의De la democratie en Amerique》첫 문장을 생활 상태의 평등에 관한 얘기로 시작했다. 그는 "평등"을 모든 현상을 꿰뚫는 원인이자 또한 결과로서, 핵심 요인이라고 지목한다.

"내가 미국에 머무는 동안 나의 관심을 끈 신기한 일들 가운데 국민들 생활 상태의 전반적인 평등만큼 강렬하게 나를 놀라게 한 것은 없다. 이 기본적인 사실이 사회의 모든 과정에 작용하는 엄청난 영향력을 나는 단시일 안에 발견했다. 그것은 여론에 독특한 방향을 제시하고 있으며, 법률에 특이한 경향을 부여하고 있다. 또한 통치당국에 새로운 규율을, 그리고 피치자에게는 독특한 습관을 나누어 준다. 그 영향력이 그 나라의 정치적 성격과 법률의 범위를 훨씬 넘는다는 것, 그리고 그것은 정부뿐만 아니라 민간 사회에도 마찬가지 영향을 미친다는 것을 나는 곧 깨닫게 되었다. 또한 그것은 여론을 형성시키고 새로운 감정을 발생시키며 신기한 습관을 길러내고 그것이 만들어지지 않은 것이라도 무엇이든지 수정한다. 미국 사회를 연구할수록 나는 이 평등한 생활 상태가 모든 다른 사실들의 원천으로 보이는 기초적인 사실이라는 것을 더욱 깨닫게 되었다."(토크빌, 19쪽)

벤덤의 사회철학은 최대다수의 최대행복, 즉 사회의 전체 효용 극대화를 추구하는 철학이다. 이러한 벤덤의 사회 상태를 어떻게 달성할 수 있는가라는 질문에 대한 답변이 200여 년 뒤 롤스와 노직에 의해 제출되었다.

롤스의 사회후생함수 vs 노직의 '분배적 정의'

이야기를 좀 더 간명하고 명징하게 진행하기 위한 편리한 도구로서 간단한 함수를 살펴보자. 이 함수는 롤스의 함수와 직접적으로 연관되며, 그 뒤 곧바로 이어지는 노직의 분배철학을 이해하는 데 필요한 지도를 미리 확보하는 의미도 있다.

어떤 사회가 a와 b라는 단 두 사람으로 구성돼 있다고 가정할 때, U_a와 U_b는 각각 a와 b 두 사람의 효용Utility을 나타낸다. '사회후생함수Social Welfare function'는 $f(U_a, U_b)$로 표시하자. 이 함수의 수식 형태는 각자의 주관적인 가치판단 여부에 따라 결정된다.

먼저, 이 함수의 기본 수식 형태를 덧셈, 즉 $f(U_a, U_b)=U_a+U_b$로 나타낼 수 있다. 두 사람의 효율을 단순히 합하되 이 수식 형태를 $\alpha U_a+\beta U_b$로 바꿔 생각해 볼 수도 있다. 여기서 α와 β는 모두 양수로, 두 사람의 효용에 대해 각각 부여한 가중치다. 가중치의 숫자 자체는 크게 중요하지 않다.(물론 가중치의 합은 항상 1이 돼야 하므로 한쪽에 높은 가중치를 부여하면 다른 쪽의 가중치는 낮아진다.)

이제, 수식이 곱셈으로 연결되는 구조를 갖는다고 생각해 보자. 즉 $f(U_a, U_b)=U_a \times U_b$라 하자. 여기에선 U_a 또는 U_b 어느 한쪽이 아무리 크다 하더라도 다른 한쪽인 U_b 또는 U_a가 1보다 작다면, 사회 전체의 효용은 상대적으로 더 큰 효용을 가진 한 사람의 효용보다 오히려 더 작아진다. 여기에 가중치를 부여한 $\alpha U_a \times \beta U_b$ 형태는 위에서 설명한 것과 같은 방식으로 이해하면 된다.

사회후생함수는 자신의 가치판단에 따라 누구든 마음대로 만들 수 있다. 극단적인 평등주의자는 $U_a=U_b$를 주장할 것이고, 누군가는 함수식에 뺄셈을 넣을 수도 있을 것이고, 지수함수 또는 로그함수 따위로 구성할 수도 있을 것이다.

존 롤스는 자신의 사회후생함수를 $f(U_a, U_b)=maxmim\{U_a, U_b\}$로 표현했다. U_a와 U_b 둘 중에서 가장 작은minimum 효용을 선택($min\{U_a, U_b\}$)해서 바로 그 사람의 효용을 극대화시키는maximize 소득분배 유형을 선호한다고 공표한 셈이다. 이 간단한 함수가 내포하는 놀라운 점은, 수억 명이 사는 한 사회의 후생 수준이 그 사회에서 가장 나쁜 처지에 놓인 한 사람의 효용 수준으로 결정된다는 데 있다. 롤스의 세계에서 가장 불우한 사람들the worst-off group은 최대한 더 잘살 수 있어야 하는 '권리'를 갖는다. 그들이 단지 부자들의 선행이나 자비심 따위에 의존하도록 두는 것이 아니다. 즉, 롤스는 사회에서 "불평등이 용인될 수 있는 조건"을 말하고 있다.

여러분은 각자 자신의 사회후생함수를 어떻게 구성할 것인가? 그러나, 애초 이 장을 출발할 때 설정한 목적, 즉 시장을 통한 분배 문제 해결인가, 정치적 해결인가에 다가서려면 우리는 이 질문에서 한 걸음 더 나아가야 한다. 이제 함수라는 발판은 걷어치워도 된다. 우리는 소비자로서 상품집합 중에 어떤 것을 구입할지 선택하는 것과 마찬가지로, 어떤 사회에 살 것인지도 각자의 선호에 따라 선택할 수 있게 되었다.

"롤스의 《정의론》은 한편으로는 사유재산권과 그 교조주의적 광신자들을 견제하고, 다른 한편으로는 천년왕국에 대한 또 다른 교조주의적 광신자들을 견제하면서 자유주의 전통의 중심적인 이상들을 취하여, 그것들을 20세기의 환경 속에서 더욱 쓸모 있는 것으로 손질하는 데 있었다."(레드헤드 엮음, 258쪽)

롤스의 함수는, 국가의 권한과 능력을 최소화해야 한다며 '최소국가minimal state'를 주창한 극단적 자유주의자 로버트 노직과 극명한 대조를 이룬다. 노직은 부자의 자발적인 선행이나 자비심에 의한 부의 이전만이 정의로운 것이라고 주장한다. 노직의 다음과 같은 논의는 분배의 정의를 둘러싼 경제철학의 질문과 답변의 훌륭한 모범을 보여 준다. 지면을 좀 더 할애해 비교적 상세히 따라가 보자.(노직, 232~237쪽)

n명의 개인들(i)이 있고, 이들은 협동하지 않고 그들 각자의 노력만으로

살아간다고 상상해 보자. 각 i는 급료·보수·수입 등으로 S_i를 받는다. 각 개인이 독자적으로 활동함으로써 얻는 것의 총합 S는 $S=\sum_{i=1}^{n}S_i$이다.

이제 협동을 하게 되면 그들은 S보다 더 큰 총합 T를 얻을 수 있다. 롤스에 따르면 분배적 사회정의는 이 협동의 이익이 어떻게 분배 또는 할당되어야 할 것인가의 문제가 된다고 노직은 말한다. 이 문제는 다음 두 가지 방식으로 이해될 수 있다. 첫째, 총합 T가 어떻게 할당되어야 하는가? 둘째, 사회적 협동에서 비롯된 증가분, 즉 사회적 협동의 이익인 $(T-S)$가 어떻게 할당되어야 할 것인가? 후자는 i가 T보다 더 작은 총합 S로부터 자기 몫 S_i를 받는다는 것을 전제한다.

이 두 방식은 크게 다르다. 각 i가 S_i를 갖는 비협동적 분배와 결합되는 두 번째 방식에서, '공정하게 보이는' $(T-S)$의 분배는 역시 '공정하게 보이는' 첫 번째 방식의 전체 T의 분배를 그대로 가져오지 않는다. 다른 한편으로 공정하게 보이는 전체 T의 분배는, 그러나 특정 개인 i에게 그의 몫 S_i보다 적은 것을 줄 수 있다. 첫 번째 방식에 $T_i \geq S_i$(여기서 T_i는 i번째 개인이 가질 T의 몫이다.)라는 제약을 가한다 해도 위의 가능성은 배제되지 않는다. 롤스는 이 두 가지 방식을 구분하지 않은 채 총합 T의 분배 방식에만 관심이 있는 듯한 인상을 준다. 롤스는 첫 번째 방식에 초점을 맞추는 것이 타당하다고 주장하기 위해, 사회적 협동은 큰 이익을 산출하며, 비협동적 분배분 S_i는 어떠한 협동적 분배분 T_i보다 매우 적기 때문에 사회적 정의를 논할 때 무시될 수 있다고 말할지 모른다. 하지만 이는 분명히 처음부터 상호협동을 시작하는 사람들이 협동의 이익을 분배하는 문제에 대해 서로 합의한 방식이 아님을 주목해야 한다. 이상이 노직이 전개한 논리다.

노직은 말로 풀어 다시 설명한다. 그는 "사회적 협동이 왜 분배적 정의의 문제를 창출하는가?"라고 물은 뒤, 로빈슨 크루소처럼 혹은 각각의 소규모 공장 생산처럼 독자적으로 일하고, 사람들 사이의 협동은 오직 시장에서의 자발적 교환에 의해 연쇄적으로 이뤄지는 상황을 가정한다. 역시 매우 길지만 그대로 인용한다.

"10명의 로빈슨 크루소가 서로 다른 섬에서 2년 동안 홀로 일한 연후에 서로의 존재를 발견하고 20년 전에 남겨진 무전기를 통해 서로의 재산 상태에 관해 알게 되었다고 하자. 이제 한 섬에서 다른 섬으로 물자의 이동이 가능하다면, 서로에 대한 권리를 주장할 수 있지 않을까? 최소의 재산을 가진 자는 궁핍을 근거로, 또는 자신의 섬은 자연자원이 부족하다는 이유로, 또 자신은 생래적으로 자활력이 약하다는 것을 근거로, 다른 사람들이 자신에게 조금씩 보태 주어야 한다고 공정과 정의에 대한 권리 주장을 하지 않을까? 이들은 각 개인이 갖는 비협동적 몫의 차이는 천부적 능력의 차이에서 오지만, 이 차이는 정당한 것이 아니라면서 정의의 과제는 이 자의적 사실들과 불평등한 요소들을 교정하는 것이라고 주장할 수 있다. 그러나 중요한 것은, 그러한 주장은 분명 취할 만하지 않다는 점이다. 사회적 협동이 없는 사회에서 각 개인들은 타인의 도움 없이 자신의 노력으로 얻은 바를 받을 응분의 자격이 있다. 즉, 다른 누구도 이 소유에 반대하는 정의의 권리 주장을 할 수 없다. 이런 상황에선 누가 무엇에 대해 권리를 갖고 있는지 투명할 정도로 명백하므로 정의의 이론은 필요하지 않다(!) 나는 이것이 정의의 올바른 이론, 즉 '소유 권리론'the entitlement theory of justice 이 적용될 명백한 경우라고 말하겠다. 이와 달리 사회적 협동은 물을 혼탁하게 만들며, 누가 무엇에 대한 권리가 있는지를 불분명하게 또는 불확정적이게 한다. 사회적 협동생산의 경우 협동하는 독립적 개인들이 기여한 바를 밝혀 낼 수 없으며, 모든 것은 모든 사람의 공동노력의 산물이라고 말할 수 있다. 즉, 모든 사람들이 생산물 전체에 대해서든 부분에 대해서든 동일하게 유효한 권리claims를 지니며, 적어도 누구도 다른 누구보다 뚜렷하게 더 강한 권리를 갖지 않는다. 그러나 어떤 방식으로든 이 협동적 생산물의 전부를 분배할 것인지가 결정되어야 하며, 이것이 분배적 정의의 문제이다."(노직, 233~234쪽)

앞서 '평등과 경쟁이 조화를 이루는 미국'이라는 립셋의 말을 언급했으나, 사실 평등과 자유의 의미는 미국과 유럽이 각기 달랐다. 데이비드 포터David Potter는 《풍요로운 사람들People of Plenty》(1954)에서 "미국인이 갖는 평등이라는 이상과 실천은 개개의 인간에게는 사회 내에 자기 자신의 자리를 만들 기회, 그리고 신분적 지위 체계로부터의 해방을 의미한다."고 말했다. 기회와 사회적 관계에서의 평등을 강조하는 미국인의 평등 개념은, 소득의 평등을 요구하지 않는다는 점이 강조돼야 한다. 립셋에 따르면, 포터는 다음과 같이 덧붙였다.

"미국인에게 평등이라는 용어의 의미는 유럽인과 전적으로 다르다. 유럽인이 평등을 주장할 때에는, 모든 인간은 부 권력 내지 부러움의 수준에서 동일한 위치를 차지해야 한다는 것을 의미하기 십상이다. 그러나 미국인은 기회의 평등에 역점을 두고 있으므로 이상과 같은 의미로 평등을 인식하는 일은 없었다. 평등의 본질로서 무한한 자유의 위도latitude를 강조하는 것은, 평등을 이론적인 상황만이 아니라 현실적인 것으로 만드는 데 필요한 수단으로서 자유의 강조를 포함하고 있었다."(립셋, 356쪽)

각 개인의 기회균등 이데올로기에 대한 강조는, 사실상 미국인으로 하여금 소득과 부의 극심한 불평등 상황에 대해 비교적 무감각하게 느끼도록 만들었다. 이러한 강조가, 자국을 '계급 없는 사회'로 여긴 미국인들이 정치적 및 그 이외의 수단을 통해 경제 체계 내의 불평등을 감소시키려는 노력을 저해하는 데 기여한 것이다.

제3부

발전·제도·통제

"바로 이곳이 자본주의의 영역"

제도와 구조 그리고 개인

1

"우리의 삶은 서로에게서 빌린 것이니, 인간은 주자走者처럼 삶의 횃불을 따라가는 것이다."
— 루크레티우스

"개인이란 무엇인가? 확대경 없이는 거의 볼 수 없는 원자이며 땅위의 한 얼룩점에 불과하다. 셀 수도 없고 시작도 끝도 없는 영원에 비하면 1분이라는 시간도 못 되며, 증발하고 바람에 밀려다니는 대해의 물 한 방울에 불과하며, 모였다 흩어졌다 하는 먼지 속 티끌에 불과하다. …… 한 무더기의 빛, 세계의 횃불이 있다는 건 거짓이다. 모두들 저마다 고독한 자신의 빛을 가지고 있다. 내 빛은 사라졌다. 세상은 버림받은 사람으로 넘치고 있다. 인간에게는 마땅히 존경을 받으며 은퇴해야 할 시기가 온다. 극적인 것도 아니며 자신이나 가족에게 벌을 주는 것도 아니다. 단지 이별을 하고 목욕을 하여 기분을 좋게 하고 그리고 면도날을 들고 따뜻한 바다로 가는 것이 그것이다."
— 존 스타인벡, 《불만의 겨울》

"불에 녹지 않는 동전"
제도와 조직

슈페터는 《자본주의·사회주의·민주주의Capitalism, Socialism and Democracy》에서 "사회적 구조와 형태 그리고 태도는 불에도 잘 녹지 않는 동전과 같다. 그것은 일단 형성되면 아마도 한 세기 이상 오래 지속된다."고 말했다. 사회적 구조와 형태는 관행과 관습을 의미할 수도 있고, 슈페터 본인이 동의할지 모르지만 적극적으로는 '제도'라고 할 수도 있을 것이다.

사람들의 경제적 행동의 동인動因은 시장인가 제도인가? 자유 대 제도 (구조), 개인 대 집단 간의 갈등과 조화라는 문제를 어떻게 사유할 것인가는, 근대 이후 거의 모든 사회과학 사상의 근본적인 물음이었다. 이는 문학 등 인문학에서도 마찬가지다. 자유·개인을 대표하는 기득권 자본가와 제도·집단·구조·세력을 옹호하는 노동자 쪽이 사상의 시장에서뿐 아니라 현실에서 서로 맞서 유혈적인 무장투쟁과 전쟁을 벌이기도 했다. 아무튼

여전히 인류는 이 문제를 이론적으로든 물리적 전투에서든 아직 말끔하게
해명하거나 정리하지 못하고 있다.

▲ 제도가 시장을 왜곡시킨다?

제도에 대한 극단적인 저항과 반감은 다음과 같은 대목에서 여실히 볼
수 있다.

"'눈물의 시대는 끝이 났다. 빈민가는 하나의 추억에 지나지 않을 것이
다. 우리는 감옥을 공장으로, 유치장을 공산품과 농산물 저장창고로 만들
것이다. 이제 남성들은 성실하게 살아갈 것이며, 여성들은 밝고 명랑하게,
아이들은 웃으며 지낼 것이다. 이제 지옥은 영원히 채워지지 않은 채, 오
지 않는 손님을 기다려야만 할 것이다.' 이 말은 복음 전도사인 빌리 선데
이Billy Sunday가 1920년에 입법된 금주법을 찬양한 설교였다. 금주법은 우
리 자신들을 위한 조치였다. 알코올은 확실히 위험한 물질이다. 음주로 인
해 목숨을 잃는 사람이 얼마나 많은가? 그러나 금주법이 궁극에 가서는
어떻게 되었는가? 음주 행위가 범죄가 된 후 대량으로 생겨난 범죄자들을
수용하기 위해 수많은 형무소와 유치장을 신축하지 않을 수 없게 됐다. 알
카포네라든가 벅스 모란 같은 자들이 재산을 강탈하거나 술을 밀매하는
행위로 악명을 떨치게 되었다. 그렇다면 도대체 누가 이 악당들과 거래를
하였단 말인가? 그들은 존경받은 시민들이었다. 그들은 한 잔 마시기 위해
법을 위반해야만 했다."(프리드먼 2009, 226쪽)

프리드먼의 요점은 간단하다. 정부는 국민이 섭취하는 식품과 국민이 종
사하는 활동에 관한 장단점을 일반 대중이 잘 알 수 있도록 해 주면 그만
이다. 국민에게 충분한 정보를 제공하는 것으로 정부는 그 임무를 다하는

것이다. 어떤 것을 선택할지는 국민이 자유롭게 결정할 수 있도록 하자는 것이다.

노벨경제학상 수상자인 로버트 솔로Robert Solow 교수는 노동시장은 (시장이라고 이름을 붙였지만) 하나의 '사회적 제도'라고 말한다.

"시간당 임금수준과 일자리의 숫자는 다른 일반적 상품의 가격수준이나 수량과는 전혀 다르다. 임금과 일자리는 사람들이 자기 자신을 내면적으로 들여다보는 일과 매우 깊이 연관된다. 노동시장에서 이 두 가지는 사람들이 자신의 사회적 위치를, 또 (실직자라면) 사회로부터 공정하게 탈락했는지를 생각하고 평가하는 것과 연관된다. 따라서 우리는 일반적 상품시장에서의 재화 선택, 그리고 시장가격에 즉각 반응해 수요와 공급을 변화시키는 행동이, 노동시장에서 항상 통용되는 표준적 관습이 될 수 없음을 깨닫는다. 노동력을 사고파는 사람은, 단순히 초과수요와 초과공급이 존재한다는 이유만으로 합리화될 법한 불공정 대우를 잘 용인하려 들지 않는다. 이러한 공정성에 대한 감정으로부터 촉발되는, 또 가격 변동 등 경제적 환경 변화에 즉각 반응해 선택을 바꾸기 어렵다는 사실로부터 촉발되는 인간 행동을 고려하려면, 노동시장에서의 수요와 공급 개념을 재규정해야 한다."(Solow 1990, p.22)

경제학자들이 제도를 정의하면서 해결해야 할 두 가지 문제가 있다. 첫째, 제도는 그것이 부과하는 제약이 강제되지 않는다면 아무런 의미가 없다. 따라서 제도는 그것을 안정적으로 작동시킬 강제 혹은 실행의 문제를 해결해야 한다. 둘째, 제도의 가장 중요한 속성 가운데 하나가 안정성이지만 이러한 안정성도 장기적으로는 쇠퇴하기 마련이며, 결국 새로운 제도가 구래의 제도를 대신하게 된다. 이러한 제도 변화의 문제 역시 제도의 장기 흥망성쇠를 이해하기 위해 반드시 설명되어야 한다.

전후 서구 선진자본주의 국가들과 동아시아 국가들의 경험이 시장 기제로만은 설명될 수 없음은 의심의 여지가 없다. 제도들은 어떻게 경제적 성과에 영향을 미치는가? 시장의 작동과 그에 따른 경제적 성과의 개선은, 경제학자들이 즐겨 사용하는 수요-공급 모델을 통해 확인할 수 있다. 경제를 둘러싼 외생변수의 변화가 가격 파라미터[변수]에 영향을 미치고 이것이 다시 경제주체의 행위를 변경시키는 과정을 통해 내생변수에 영향을 미친다. 즉, 그 가격 변화에 대해 경제주체의 수요곡선이나 공급곡선이 매우 민감하게 반응할 때(유연성이 높고 탄력성이 높은 경우) 시장은 자원 배분 기제로서 더할 나위 없는 기능을 수행한다.(김영용 2007)

시장이 가격 변동에 따른 수요-공급의 변화 같은 신축성을 개선함으로써 이득을 얻는 것과 달리, 제도는 오히려 그것을 제약함으로써 이득을 가져다준다. 제도란 "인간 행동에 관한 제약"으로 이해된다. 제도주의 경제학자 더글러스 노스의 정의에 따르면, 제도란 "인간이 고안한 공식적 및 비공식적 제약"이다. 따라서 '제약이 성과를 낳는다'는 주장은 전통적인 경제학의 틀로는 쉽게 이해할 수 없는 일종의 역설이다. 제도란 인간들의 상호작용을 통해 창발하는 자생적 질서지만, 일단 구축된 질서는 다시 인간들의 상호작용을 일정한 방향으로 유형화시킨다. 이러한 제약은 인간의 기회주의적 행동이나 타인을 고려하지 않는 의사결정, 그리고 케이크 분배를 둘러싼 타인과의 갈등 문제를 완화시키거나 해결할 수 있다. 따라서 제도는 죄수의 딜레마라든가 외부효과, 지대 추구[*]를 억제하여 시장 실패를 치유

▶ 외부효과External effects는 어떤 경제활동과 관련하여 다른 사람에게 의도하지 않은 혜택이나 손해를 가져다주면서도 이에 대한 대가를 받지도 않고 비용을 지불하지도 않는 상태이며, 지대 추구rent seeking는 토지의 경우 물리적 공급 제약이란 특성으로 인해 지대가 발생하듯, 경

하고 경제적 성과를 개선시킬 수 있다.(김영용 2007)

자유시장이론은 국가와 제도가 시장에 개입하면, 경제주체들의 선호와 선택, 유인을 바꾸면서 가격변수 등 시장왜곡을 일으킨다고 주장한다. 그러나 자본주의는 자유시장 만능의 논리(이윤과 효용의 극대화)만으로 작동하기 어렵다. 시장의 논리에는 신용이나 계약의 제도적 강제 같은 비시장 논리가 뒷받침돼야 한다. 자연환경, 가족, 국가와 같은 비시장적인 환경과 제도의 기초 위에서만, 혹은 그것과 상호작용함으로써만 시장논리는 작동될 수 있다.(정성진 2002)

케네스 애로는 제도주의적 주류 근대경제학자에 속하지만, 로버트 솔로처럼 제도 등 '비시장적 요인'이 시장에 미치는 강력하고 긍정적인 효과를 충분히 깨닫고 있었다. 경제와 시장에서 '균형의 교란'과 '균형으로의 복귀'와 관련하여, 그는 "시장이 최적 상태 도달에 실패하는 경우, 사회는 적어도 어느 정도 그 간극을 알아차리고 '비시장적인 사회적 제도'가 작동하여 그 간극을 메우게 된다. 이 과정이 꼭 의식적인 것만은 아니다."(허시먼 2005, 44쪽)라고 말했다.

허시먼은 이에 대해, 자유방임시장주의자나 국가개입주의자들은 시장과 비시장적 힘을 엄격하게 양립적으로 구분하여, 자유방임주의자들의 선이 개입주의자들에게는 악이 되고, 반대로 개입주의자들의 선이 자유방임주의자들에게는 악이 되는 것처럼 이해한다고 지적한다. 여기서 요체는 두

제주체들이 자신의 이익을 위해 자원을 희소하게 혹은 독점적 상태로 만들려 하는 행위를 일컫는다. 특히 경제성장을 위해서는 협력과 이를 가능케 하는 신뢰의 공급이 필수불가결하다. 성장은 생산성으로 결정되고, 생산성은 분업의 함수이며, 분업은 다시 교환에 의존하는데 교환 과정에서 신뢰가 필수 전제이기 때문이다.

힘 사이에 서로 결합할 수 있는 가능성의 공간이 열려 있다는 것이다. 물론 이것이 시장적 힘과 비시장적 힘을 조합하면 불균형 또는 최적 미달 상태가 제거될 수 있다는 뜻은 아니며, 두 힘이 서로 어긋나게 작용할 가능성도 배제할 수 없다.

 제도의 놀라운 권력

우리가 잘 알다시피, 사회적·경제적 환경이나 토대, 제도적 요인을 앞세워 사회와 경제를 설명하는 방식을 경계하는 사회과학자들도 많다. 사회제도적 설명변수들이 그 결과인 종속변수에 얼마나 어떻게 영향을 미치는지를 살피는 일반적인 사회학적 방법론, 즉 결정론적 설명을 반박한 카를 포퍼Karl Popper의 이야기를 들어 보자. 물론 포퍼가 여기서 반박하는 대상은 마르크스의 결정론, 곧 '경제주의가 법칙처럼 인도하는 공산주의의 도래'이다.

"우리가 살아가는 일생 동안에 쌓인 더 우연적인 경험들이, 우리의 생각과 행동에 영향을 미치고 있다는 점을 결정론자는 인정해야 한다. 베토벤은 어느 정도는 음악교육과 전통의 '산물'임이 분명하다. 그러나 더 중요한 국면은 베토벤은 (제도의 산물일 뿐만 아니라 동시에) 음악의 '생산자'이며, 그리하여 음악적 전통과 교육의 '창조자'가 되었다는 사실이다. 베토벤이 작곡한 선율 하나하나가 모두 유전과 환경적 영향으로 결정되었다고 고집을 피우는 결정론자와 입씨름을 할 생각은 없다. 경험적으로 조사할 수 있는 일련의 환경적 영향이나, 확인할 수 있는 유전적 요소로만 (베토벤의 선율을) 설명할 수 없다는 것을 모든 사람이 인정한다. 나는 베토벤의 작품에 흥미로운 사회학적 측면이 있다는 것을 부정하지 않는다. 소규모에서 대규모로 확대된 심포니 오케스트라의 변화가 사회정치적 발전 과정과 연결돼 있다는 것은 널리 알려져 있다. 당시 오케스트라는 제후들의 개인 취미에서 벗어나 음악에 대한 관심을 점차 키워 갔던 중산층의 지원을 부분적으로 받게 되었으며, 이런 종류의 사회학적 설명의 중요성을 나도 인정한다. 그러면 좀 더 정확히 말해 나의 공격 목표는 무엇인가? 그건 다름 아닌 사회학적 측면을 과장해 일반화하는 것에 대한 공격이다. 우리가 베토벤의 심포니 오케스트라를 사회학적으로 설명하는 건, 베토벤을 자신을 해방시키는 부르주아의 대표자로 묘사하는 건, 비록 그것이 맞는 이야기라 하더라도 별 의미가 없다. 그런 설명으론 베토벤의 음악적 천재성을 제대로 설명할 수 없을 것이다."(포퍼 1996, 290~291쪽)

제도를 경제 발전 모형에 주요 변수로 집어넣어 그 상관계수가 매우 높다는 것을, 풍부한 역사적 사례를 통해 입증해 온 경제학자가 미국 MIT대학의 대런 애쓰모글루Daron Acemoglu이다. 그는 "신석기혁명 이래 온 세상의 주요 정치·경제적 발전상을 설명하는 데 유용한 간단한 이론"으로 '착취적 경제제도'와 '포용적 경제제도'를 제시했다. 즉, 경제 번영과 후진성을 '제도'의 효과로 설명한 것이다.

"남한의 경제적 성공에 견주어, 성장을 짓누르고 수많은 주민을 굶주림으로 몰고 간 북한의 경제 재앙은 충격적이라 할 만하다. 남북한이 왜 이토록 완연히 다른 운명의 길을 걸었는지는 문화나 지리적 요인, 무지로 설명할 수 없다. 그 해답은 '제도'에서 찾아야 한다."(애쓰모글루, 117쪽)

애덤 스미스의 《국부론》의 길을 따라, 성공 사례에서 경제 발전 과정을 찾아 온 전통적인 접근과 달리, 애쓰모글루의 《국가는 왜 실패하는가?》는 발전에 실패한 국가들의 사례를 추적한다. 그에 따르면, 포용적 경제제도는 사유재산이 확고히 보장되고, 누구나 교환 및 계약이 가능한 공평한 경쟁 환경을 보장하는 공공서비스를 제공하며, 새로운 기업의 참여를 허용하고, 개인에게 직업 선택의 자유를 보장하는 제도이다. 이러한 제도를 만들고 집행하고 명령할 수 있는 강압적인 역량을 가진 것이 바로 '정부'라는 제도이다. 결국 포용적인 경제제도는, 정부가 필요할 뿐 아니라 정부에 의존하고 정부를 이용한다. 또 포용적 경제제도는 '포용적 시장'의 발달로 이어져, 자원이 한층 더 효율적으로 배분되고 교육을 받고 기술을 습득하려는 의욕에 불을 지피며 기술혁신을 증진시킨다.

여기서 더 나아가, 제도를 '사회적 관계'라는 사회적 모형 속에 집어넣은 뒤 분석한 밀스의 《파워엘리트》를 보자. 그는 제도야말로 권력과 부와 명예를 확보하는 데 필요한 발판이며, 동시에 권력을 행사하고 부를 축적·유지하면서 좀 더 나은 명예를 실현하기 위한 주요한 수단이라고 말한다.

"엘리트란 단지 소유할 가치가 있는 것, 즉 돈이라든가 권력이라든가 명예 그리고 이러한 소유물이 가져오는 생활양식을 최대한 갖고 있는 사람들이라고 말할 수 있다. 그러나 엘리트란 그저 단순히 많은 것을 소유한 사람이라고는 할 수 없다. 거대한 영향력을 가진 어떤 제도 속에서 그들이 차지할 수 있는 지위 없이는, 이러한 것들을 제대로 소유할 수 없기 때문이다. 만일 오늘날 미국 사회에서의 최고 권력자 10명과 부유한 사람 100명, 그리고 유명 인사 100명을 현재 그들이 차지하고 있는 제도적 위치에서 또는 인간이나 돈과 같은 자원으로부터 그리고 그들에게 항시 초점을 맞추고 있는 매스미디어로부터 이탈시킨다면, 그때는 이들도 별 수 없이 하나의 무력하고 가난하고 평범한 인간이 되고 말 것이다. 권력이라는 것은 어느 특정 개인의 것이 아니며, 부라는 것도 재산을 많이 모은 자의 개인적인 수중에 들어 있는 것이 아니고, 명성 역시 특정 개인의 퍼스낼리티의 내부에 숨어 있는 것이 아니기 때문이다. 유명하게 되기 위해, 돈을 많이 모으기 위해, 또는 권력을 획득하기 위해서는 주요한 제도로 들어갈 필요가 있다. 즉, 제도 내에서 차지하는 지위가 그처럼 귀중한 경험을 얻게 해 주고, 이것을 유지할 만한 기회를 더 많이 부여할 수 있기 때문이다."(밀스 1979, 24~25쪽)

자본주의 시장경제의 무정부적 생산과 유통, 경쟁 과정에서 민간 기업이 사람들의 선택행동과 유인을 바꾸는 것은 매우 지난한 고투이기 십상이다. 그러나 관련된 '제도'를 만들거나 바꾸면, 이에 따라 모든 사람들의 행동 유인을 금방 바꿀 수 있다. 그것이 제도를 만들고 변경하는 정치권력의 힘이다.

노동조합 활동 보장, 비정규직 간접고용 축소, 장애인 고용 비중 확대 등 소득재분배와 양극화 해소를 위해 전국의 노동조합들이 교섭을 하고 1년 내내 파업을 벌이며 고투하고 있다고 하자. 만약 대규모 물품을 조달하고 구매하는 서울시 같은 공공기관이 납품 업체에게 응찰 및 계약의 전제 조건으로 노동조합 활동 보장 등의 가이드라인을 제시하면, 대다수 업체들은 그 조건을 충족시키려고 노력할 것이다. 노동조합이 오랫동안 분투해도 달성하기 어려웠던 과제를 이윤동기에 기초한 인센티브 제도를 통해 즉각 손쉽게 관철시킬 수 있는 것이다. 마찬가지로, 교육부는 대학수능시험 수학 과목 출제 문제 중 한두 개의 난이도를 예년보다 크게 높이거나 낮춤으로써, 강남 지역 학원가의 연간 매출액을 대폭 증가 또는 감소시킬 수 있다.

일순간에 그리고 전면적으로 세상을 바꿀 수 있는 제도의 놀라운 권력이다.

돛대와 기관차
구조와 '홈이 파인 길'

흔히 사회과학에서 역사적 사건이나 사회경제적 이슈를 해석할 때의 차이는, 관련 지식이나 지적 능력이 아니라 대체로 방법론과 접근 태도의 차이에서 비롯된다.

"대부분의 사람들은 태양계를 당연시하는 것과 마찬가지로 자본주의를 당연시한다. 자본주의도 결국은 지나가는 것이어서 종말을 맞을 것임을 인정하는 사람을 오늘날 가끔 보기도 하지만, 대부분의 사람들은 이러한 생각을 마치 태양이 결국은 차갑게 식어 버릴 것이라는 생각과 같은 것으로 여긴다. 이런 관점으로는 체제의 틀 안에서 일어나는 일은 이해하고 비판할 수 있어도, 체제 자체에 일어나는 일은 이해할 수도 평가할 수도 없다."(스위지, 42쪽)

 분절된 노동에 갇힌 개인들

바로 앞 장에서 우리는, 사람들이 제도가 만들어 놓은 '홈이 파인 길'을 따라 움직이는 경향에 주목한 바 있다. 무릇 사회과학의 방법론 및 접근 태도에서 가장 흔하고 극명한 대조는, '개인'을 잔잔하고 평온한 바다를 항해하는 배의 돛대로 삼는 방법론과, '집단적 계급'을 역사와 사회변동의 기관차로 삼는 접근이다. 미제스의 제자이자 추종자인 머리 로스바드는 미제스, 하이에크, 뵘바베르크Böhm-Bawerk 등으로 대표되는 오스트리아학파에 대해 다음과 같이 말했다.

"광범위한 '계급'이 아니라 '개인'을 분명하게 관찰함으로써 오스트리아인들은 고전파경제학자들을 쩔쩔매게 만들었던 '가격의 모순'을 쉽게 해결할 수 있었다. 시장에서 어떤 개인도 결코 계급으로서 빵과, 계급으로서의 다이아몬드 중에서 선택해야 되는 때는 없다는 것이다." (미제스, 251쪽)

개인주의가 경제적 '구조'에 대한 반항으로 대두된 것은 틀림없다. "개인주의는 단순히 경제적 자유주의를 문학 영역에 옮겨 놓은 데 불과한 것이 아니라, 그 자체의 논리에만 내맡겨진 경제와 결부되어 나타난 삶의 기계화·평준화 및 비인간화에 대한 하나의 저항이기도 했다. 즉, 개인주의는 자유방임주의를 정신생활 속에 옮겨 오기는 하지만, 동시에 인간을 자신의 개인적인 성향으로부터 분리시켜 자신과 관계없는 무차별한 기능의 담당

뵘바베르크는 흔히 자본에 시간 개념을 포함시킨 경제학자로 언급된다. "(뵘바베르크는) 자본재는 단순히 '동결된 노동frozen labour'(기계에 포함된 노동)이 아니라 동결된 시간이기도 하며, 이윤과 이자에 대한 설명은 바로 시간 및 시간선호에서 발견될 수 있다고 주장했다. (아리스토텔레스 이래로 고리대금업에 대한 비난에 대하여 시간선호time preference 개념으로 마침내 그 해답을 찾은 사람이 뵘바베르크이다.) 그는 자본은 단순히 동질의 것도 일정한 양도 아니라고 했다. 자본은 시간의 차원을 가지고 있는 복잡한 격자무늬 구조이며, 경제성장과 생산성 증가는 단순히 자본의 양을 추가하는 데서 오는 것이 아니라, '점점 더 긴 생산과정'을 형성하는 시간 구조에서 온다. 시간선호율이 낮을수록 사람들은 기꺼이 현재의 소비를 희생하고, 미래의 어떤 날 소비재로 훨씬 더 크게 보상할 것으로 보이는 이 긴 과정에 저축하고 투자하려고 한다." (미제스, 262쪽)

자로, 표준화된 상품의 구매자로, 나날이 더욱 획일화되어 가는 세계에서 이름 없는 단역으로 만드는 사회질서에 반항한다."(하우저, 제3권, 84쪽)

'구조'를 이해하기 위한 하나의 사례로 노동시장의 '구조'를 간단히 살펴보자. 1980년대 초, 데이비드 고든, 리처드 에드워즈Richard Edwards, 마이클 라이히Michael Reich 등 좌파 제도주의경제학자들은 급진적 시각에서 노동시장 '분절' 구조(이른바 '분단노동segmented work')를 제시한다. 노동시장이 임금과 고용 안정 등의 측면에서 상이한 직무들로 나뉘어 서로 이동하기 어려운 세 가지 층, 곧 상층 1차 독립 노동시장 / 중간층 1차 종속 노동시장 / 하층 2차 노동시장으로 구조화되어 있다는 것이다. 이들은 노동시장이 노동자의 노동공급과 기업의 노동수요라는 두 가지 시장의 힘(마치 가위의 윗날과 아랫날이 함께 작동하듯이 어느 쪽이 더 지배적인 우위를 갖고 있다고 말할 수 없는)이 작용하여 형성되는 교환시장이 아니라, 제도·구조·위계·통제·권력 등의 '사회적 요인'이 핵심 원리로 작용하는 시장이며, 특히 기업(자본)의 노동수요가 시장을 좌우하는 지배적 변수라고 강조한다. 이 과정에서 내부 노동시장 및 분단된 노동시장이라는 제도와 구조가 형성, 강화된다.

노동시장의 구조는 정치적 세력에도 큰 영향을 미친다. 고든·에드워즈·라이히의 《분절된 노동 분할된 노동자Segmented Work Divided Workers》(1982)는, 고용 안정·직무·임금 등의 측면에서 상층부의 '독립적 1차 노동자' / 중간층의 '종속적 1차 노동자' / 하층의 '2차 노동자'로 그 지위가 명확히 구분되고 다른 층으로의 이동이 거의 불가능한 분절된 노동'이 정치에 미친 영향에 주목하고 있다.

"소득이 낮고 고용이 불안정한 대다수 2차 노동자들은 기존 경제제도에 참여해 얻는 대가가 비교적 적었기 때문에, 기존의 정치제도에도 비교적 참여율(낮은 투표율)이 낮았다. …… 노동의 분절화는 정치적으로 계급의식적 노동계급을 향한 운동을 가로막고, 계급정치를 파편화시키고, 노동계급 전체를 극적으로 약화시켰다. 우리가 현재의 경제적 위기와 이에 대한 노동자들의 반응을 이해하려면, 노동시장의 분절화 구조라는 렌즈를 통해서 최근의 사태를 파악해야 한다."(고든 외 1998, 288쪽)

배런과 스위지의 다음과 같은 말은 경제적·사회적 '구조'를 파악하는 방법론의 한 측면을 보여 준다.

"과학적인 이해를 얻기 위해서는 연구 대상인 현실의 여러 요소와 양상의 모델을 설정하고, 이 모델을 분석해야 한다. 이러한 모델의 목적은 거울처럼 현실의 형상을 제공하는 것도 아니고, 현실의 모든 요소를 그 정확한 크기와 비율에 따라 포괄하기 위한 것도 아니다. 그보다는 결정적인 요소를 찾아내서 집약적으로 탐구하는 데 이용하기 위한 것이다. 우리는 비본질적인 것을 사상하고 중요한 것을 명확하게 파악하려면 중요하지 않은 것을 없애 버려야 한다. 또한 우리는 우리의 관찰 영역과 정확성을 증대시키기 위해서 과장해야 한다. 하나의 모델은, 비현실적이란 말이 가장 일반적으로 사용되고 있는 의미에서 비현실적이며, 또한 비현실적이어야 한다. 그럼에도 불구하고, 어떤 의미에서는 역설적이지만, 그것이 좋은 모델이라면 현실을 이해하는 관건을 제공해야만 한다. …… 이것이 독점자본주의 경제모델을 구축하면서 우리가 지도 원리로 삼아야 할 일반적인 생각이고 목적이다. 표면에 걸친 외피가 아무리 다양할지라도, 자본주의 체제를 자본주의 체제로 규정짓는 양상들을 무대 중심으로 끌어내어 초점을 맞추고자 한다."(배런·스위지 1984, 23~24쪽)

다음과 같은 묘사는 개인의 사적 소유와 그 반대편의 제도적 규제·규약과 관련해 지금 우리 시대가 당면하고 있는 적절한 과세의 문제, 또 토지와 주택 등 자산 불평등 문제의 기원을 정확히 드러내 준다.

"1789년부터 1848년까지는, 토지에 어떤 일이 일어났는가에 따라 대부분 인간들의 생사가 좌우되었다. 정치혁명이든 경제혁명이든 어느 쪽도 토지를 못 본 체할 수 없었고, 토지의 소유 및 보유와 농업에 대한 충격은 가장 파국적인 것이었다. …… 세계의 전통적 농지제도와 농촌의 사회관계라는 꽁꽁 얼어붙은 거대한 만년설이 기름진 경제성장의 토양을 뒤덮고 있었다. 이 토양이 이윤을 추구하는 사기업에 의해 경작되게 하려면 무슨 일이 있어도 이 얼음장을 녹여야만 했다. …… 첫째, 토지가 사적 소유와 자유로운 매매가 가능한 일종의 상품으로 변해야 했다. 둘째, 시장을 위해 토지의 생산적 자원을 개발하려는, 즉 이윤 동기에 의해 움직이는 계급의 사람들이 토지를 소유해야 했다. 셋째, 증대하는 비농업 부문 경제를 위해 방대한 농촌인구 중 적어도 일부는 자유롭게 이동하는 임금노동자로 전환되어야만 했다. 생각이 더 깊거나 더 급진적인 일부 경제학자들은 또 다른 네 번째 변화가 있어야 한다는 사실을 알고 있었다. 그건 불가능하지는 않더라도 대단히 어려운 변화였다. 토지마다 비옥도가 다른 까닭에, 좀 더 기름진 땅의 소유자는 불가피하게 특별한 이익(지대地代)를 누리게 되고 다른 사람들이 이 부담을 안게 될 터인데, 이 부담을 어떻게 (예컨대 적절한 과세, 토지 소유 집중화 방지법 제정, 또는 심지어 국유화에 의해) 제거하거나 경감시킬 것인지가 격렬한 논란거리로 등장했다."(홉스봄 1996a, 214~215쪽)

마르크스는 경제적 생산수단의 '소유'를 구획선으로 삼아 사회경제적 계급을 나누었지만, 라이트 밀스는 사회적 및 '심리적' 계급을 주장했다. 파워 엘리트를 파편화된 개개인이 아니라 사회적 구조와 질서 속에서 규명하는 것이다.

"엘리트들은 그들 자신이 상류사회 계급의 중심적 그룹이라고 생각하고, 다른 사람들에 의해서도 그렇게 느껴질 수 있다. 그들은 정도의 차이는 있지만, 긴밀하게 결합된 사회적·심리적 실체로서 스스로 자신을 하나의 사회계층으로 자각하는 구성원인 것이다. …… 이들 엘리트들은 하나의 사회계급이라는 자각을 가지고 있으며, 동료들에게는 다른 계급 사람에게 취하는 행동과 또 다른 성격의 행동을 하기 마련이다. 엘리트들끼리는 서로를 받아들이고 이해하고 결혼도 하며, 또 행동과 사고에 있어서 완전히 일치한다고까지는 말할 수 없어도 적어도 유사한 경향을 보인다. 그러나 우리는 이러한 정의에 의해 엘리트들이 사회적으로 널리 인정된 의식적인 구성원일 뿐인지, 아니면 엘리트의 대다수가 명백하고 뚜렷하게 구분되는 하나의 계급에서 연유한 것인지 여부를 미리 단정 지을 필요는 없다."(밀스 1979, 25쪽)

밀스는 자본가나 지배계급 이데올로기를 누가 기획·생산·유통·소비시키는지에 집중하기보다는, 또 강제와 지배, 동의와 순응의 마르크스적 분석 관점과 달리, 오직 현실에서 나타나는 모습을 중시한다.

"엘리트라는 것이 좀 더 고귀한 도덕적 성격을 가지고 있는 사람들이라는 식의 관념은, 특권적 지배층으로서 현실적인 위치를 차지하고 있는 엘리트의 이데올로기에 불과하다. 이러한 이데올로기가 엘리트 자신에 의해서 만들어진 것인지, 아니면 다른 사람들에 의해 만들어진 것인지는 그렇게 큰 문제가 아니다."(밀스 1979, 29쪽)

 독점자본에 갇힌 "활력 있는 다수"

이 책의 흐름을 어느 정도 익힌 독자라면 짐작하겠지만, 대체로 각 주제의 후반부에서는 한국 사회 내부로 시야를 돌려 왔듯이 이제 우리 내부의 경제구조를 살펴볼 차례가 되었다. 한국 경제를 구조적으로 인식하는 대표적 접근이 중소기업 문제를 독점자본의 '구조' 속에서 보는 관점이다.

윤진호는 이미 1988년에 대기업과 중소기업의 관계가 이른바 '이중구조'가 아니라, 직간접적 지배-종속관계를 통한 유기적 구조를 이루고 있다고 주장한 바 있다.

"오늘날 한국에서 중소기업의 문제는 단순히 규모 상의 문제가 아니라, 독점자본주의 하에서 중소자본의 문제로 제기된다. '독점자본-중소기업-노동계급'이라는 전체 구조 속에서 분석할 필요성이 그것이다. 이 경우 독점자본의 중소기업 수탈은 그 자체로서도 존재하지만, 그 기저에는 독점자본이 중소기업과의 하청이나 유통관계를 통해, 그 아래 광범하게 존재하는 노동자를 우회적으로 이용하는 관계에 있다는 것을 의미한다. …… 3차 산업의 확대는 일부 논자들이 주장하듯이 결코 주변화 과정이 아니며, 오히려 독점자본과의 긴밀한 관련 아래 이루어진다. 독점자본의 발전은 그 주변에 다양한 관련 산업을 형성한다. 사회적 분업의 진전과 더불어 다양한 가공공업과 부품공업이 발전할 뿐만 아니라, 이들 다양한 상품의 판매에 종사하는 상업·보험·금융업도 확대된다. 영세기업에 종사하는 임시노동자 역시 독점자본의 축적 기반으로 간접적으로 수탈되고 있는 셈이다. …… 독점자본은 이를 자신의 광범한 그물망 속에 포섭하면서 자신의 축적 기반 및 저임금 유지의 기반으로 삼고 있다. 이러한 과정에서 영세산업은 독립성을 잃고 독점자본의 지배 하에 편입된다."(윤진호, 164쪽·186쪽)

이러한 구조적 틀 속에서 보면, 자영업자와 같은 개인서비스업 등 3차 산업의 이상적인 비대 현상은, 자본제 부문에서 '배제된' 주변 민중의 팽창을 뜻하는 '주변화'를 의미하는 것이 아니다. 또한 산업구조의 근대화를 의미하는 것도 아니다. 오히려 "독점자본에 의해 지배되는" 중소영세자본 및 그 가장 낮은 자리를 차지하는 불안정취업 노동력의 확대를 의미할 뿐이다.

이러한 기업 간 관계에서의 위계 구조는 미국이라고 예외가 아니다.

1960년대에 라이트 밀스는 "주식회사는 바야흐로 재산을 가진 부유한 계급의 조직화된 권력의 중심점이 되고 있다"며 기업의 내부와 외부에서, 또는 다른 기업과의 관계에서, 심지어 세상 모든 사람들 사이에서도 그들의 위신은 자기 기업을 통해서 얻어진 것들이라고 말했다.

"존 갤브레이스에 의하면 실업가의 위신은 그가 지닌 재산이나 수입보다는 (물론 이러한 것이 중요하기는 하지만) 오히려 그가 지배하고 있는 회사의 크기에 따라 정해지는 것이다. 조그만 규모의 회사를 가지고 있는 실업가는, 설사 그가 연간 1백만 달러의 수입을 올린다고 해도 2만 달러의 수입밖에 없는 대기업 사장보다 사회적 위신의 서열이 아래에 놓이게 되며, 전국적인 위신 역시 그러하다. …… 오늘날에는 기업체야말로 실업가의 사회적 위신을 가늠하는 기초이며, 다른 사람의 위신을 측정하는 척도로서 간주되고 있다. 또한 이들 인사들이 누리고 있는 사회적 지위로부터 비롯된 대부분의 특권도 바로 여기에서 얻어진 것이다."(밀스 1979, 121~123쪽)

윤진호와 밀스의 옛 논리에 어떠한 결함이 있는지는 여기서 중요한 것이 아니다. 연이어서 이와 좀 다른 관점을 보여 주는 1890년대 영국 마셜의 이야기를 들어 보자. 물론 마셜의 '숲 속 어린 나무'가 훨씬 더 중요하거나 현실적이라는 말을 하려는 건 아니다.

"우리는 숲 속의 어린 나무들이 성숙한 경쟁 상대들의 유해한 그늘을 뚫고 자라는 것에서 교훈을 얻을 수 있다. 많은 어린 나무들이 도중에 쓰러지고 소수만이 살아남는다. 그러한 소수의 나무들은 해마다 더욱 강해지고, 키가 자라면서 좀 더 많은 햇빛과 공기를 획득하게 된다. 그리고 마침내 주변 나무들보다 더 높게 자라 영원히 자랄 것처럼 성장함에 따라 영원히 더욱 강해질 것처럼 보인다."(마셜, 제1권, 404쪽)

이처럼 마셜은 경쟁적 시장에서 신생 중소기업의 성장을 산림에 비유해 생물학적으로 설명했는데, 미국에는 중소기업이 일자리 창출의 기계라는, 즉 작은 기업일수록 더 많은 고용을 창출한다는 실증적 연구들이 흔히 있다. 중소기업이 경제의 독과점화와 경직화를 개선하고 경제에 활력을 제공하는 '활력 있는 다수the vital majority'의 역할을 하고 있다는 것이다. 그런데 왜 한국에서는 소규모 기업들이 창의와 혁신의 상징이 아니라 빈곤, 비참, 곤궁, 저효율의 상징이 되는 것일까? 창의, 혁신의 주체인 인적자본이 대부분 대기업 및 공공부문에 몰려 있는데, 이러한 거대 조직 속에서 그들의 창의와 혁신이 사장되고 있는 것일까?

자본주의경제는 주기적으로 나타나 괴롭히는 경기순환 및 위기 빈발에 직면해, 한편에선 대규모 법인기업으로의 생산 집중과 독점화 경향을 보이는 동시에, 다른 한편으로 주변부 하청과 외주화 전략을 통해 주변부 기업 및 주변부 노동시장을 광범위하게 유지·확대한다. 그러면 상품시장에서의 수요 불안정을 주변부에 전가할 수 있고, 불경기에도 비용을 절감하면서 유연하게 초과생산 능력을 유지할 수 있다. 주변부 노동자를 간접적으로 고용함으로써 잠재적인 노동조합을 우회할 수 있고, 중심부 기업에서 고용하는 것보다 부가 급여를 절약할 수 있다. 나아가, [역사적으로] 표준화가 어려워 노동자를 감독하기 쉽지 않은 제품들은 주변부 하청 생산에 맡겼다. 주변부 기업은 진입장벽이 낮아 쉽게 과밀해졌고, 이러한 경쟁으로 인해 많은 하청기업들은 중심부 기업의 독점적 착취에 취약해졌다.(고든 외 1998, 262쪽)

이제 우리는 구조의 문제에서 출발해 어떻게 '조직'이 발생하게 되는지 말하는 대목까지 왔다. 이른바 '거래비용 경제학'으로 노벨경제학상을 수상한 올리버 윌리엄슨Oliver Williamson에 따르면, 노동계약이든 교환거래계약이든 경제적 인간은 곧 '계약하는 인간'으로 나타난다. 불확실성이 지배하는 시장경제에서 효율적인 기업과 작업조직 및 지배 구조는 계약하는 전통을 따르게 되며, 이에 따라 계약에 수반되는 각종 거래비용을 절감하기 위한 '조직'(기업조직)이 필요해졌다는 설명이다. 개별 경제주체들의 자유로운 교환이 지배하는 시장과 달리 '조직'이 발생하게 된 기원에 관한 획기적인 논의였다.(Williamson 1985)

스탠포드대 아오키 마사히코Aoki Masahiko 교수는, 윌리엄슨을 조직에서의 위계라는 문제조차 신고전파경제학의 '효율성' 기반 위에서 방어하고 옹호하는 데 가장 포괄적인 논의를 진전시킨 사람으로 꼽는다. 즉, 윌리엄슨의 《자본주의 경제제도The Economic Institutions of Capitalism》(1985)에 따르면, 위계적으로 짜인 공장 작업조직이나 기업조직은 전문화 경제의 이점을 이용하고, 외부의 기술적·경제적 충격을 중앙에서 처리하는 경제를 통해 거래비용을 절감한다. 중앙 집중적 위계 조직은 관리자가 중앙에서 조정을 통해 재고를 줄이고 공장 간 수송비용을 줄이는 효율적 조직이라는 것이다.(Marglin and Schor 1991) 이는 제도주의자들이 조직의 관료적 위계를 효율성보다는 노동통제를 위한 제도로 해석하는 것과는 전혀 다른 관점이다.

제도를 다루고 있는 이 장에서 우리가 놓치지 말고 기억해야 할 경구가 하나 있다.

"역사의 주장은 그 성질상 인간이다. 좀 더 적절히 말하자면 인간들이다. 눈에 보이는 풍경의 특징, 도구 혹은 기계의 배후에, 또는 겉으로는 차갑기 그지없는 문서나 그것을 제정했던 사람과는 얼핏 전혀 무관한 듯 보이는 제도의 배후에서 역사가 파악하고자 하는 것은 인간들이다."(블로크, 193쪽)

이제 지금까지 살펴본 위계 문제는 자연스럽게 규율과 순응, 그리고 동의의 문제로 넘어간다.

불만의 관리자
규율과 동의

존 스타인벡John Steinbeck은 대공황과 농업의 기계화에 밀려 땅을 빼앗기고 이주 길에 오른 조우드 일가의 비참한 노정을 통해 자본주의사회의 모순과 결함을 고발한 《분노의 포도The Grapes of Wrath》에서 이렇게 말한다.

"어떤 지주들은 자기들 [소작인] 이 해야 하는 일이 하고 싶은 일이 아니기 때문인지 몹시 친절했고, 또 어떤 지주들은 잔인한 일을 하는 것이 싫었는지 억지로 화를 내기도 했다. 또 어떤 사람들은 아주 냉정했다. 그런 사람들은 냉정의 이치를 터득하지 않고는 지주 노릇을 할 수 없다는 것을 벌써 오래전에 깨닫고 있는 듯했다. 여하튼 그들 모두는 자신들보다 더 크고 힘센 무엇에 이끌리고 있는 것이었다. 마치 은행이나 회사가 생각이나 감정을 가진 무슨 괴물이나 되는 존재여서 자기들에게 고약한 일을 하도록 강요하고 있다는 말투였다. 자기들은 그저 시키는 대로만 하는 대리인이며, 은행이나 회사는 어떤 불가항력의 기계 같은 조직체로서 모든 것을 지배한

다는 그런 식이었다."(스타인벡, 44~45쪽)

자본주의의 생산에서 끊임없는 가치 증식 논리에 이끌려 행동하고 판단하는 물신적 인간을 적절하게 묘사한 대목이다.

 ## 우리 몸에 박힌 규율이라는 '가시'

레닌은 구조와 그 속에서 사는 개인을 극도로 배타적으로, 또 불신에 찬 눈으로 보았다. "차르 체제 혹은 자본주의 아래서는 혁명가가 나올 수 없으며 자생적인 것은 근본적으로 반혁명적이다." 그에 따르면 구조와 개인 두 개념 사이에는 어떠한 상호작용도 매개도 혼란도 없다. 있다면 구조에 의한 개인의 '오염'뿐이다. 이 때문에 변혁은 대중의 참여와 연대가 아니라, 고도의 훈련과 목적의식으로 무장된 직업 혁명가에 의해 지도돼야 했고, 또 (그럴 때) 성공했다.

'구조'는 레닌의 혁명이론에서가 아니라, 오히려 그 반대편의 부르주아 경제권력 강화에 더 강고한 힘을 행사한다. 독점재벌 대기업의 사주는 국민에 의해 선출되지도, 국가 자격시험을 통과하지도 않았으나 거대한 경제권력을 행사하고 있다. 그의 권력은 자본주의 제도에서 수많은 사람들의 고용과 소득이라는, 그 가족의 생과 사까지 결정할 중요한 의사결정을 내린다는 데 있다. 그렇다면 이처럼 특정인의 권력 행사를 용인하는 자본주의 시장제도 도입에 사람들은 어떻게 합의하고 그 유지·존속·강화에 동의하고 순응하는 것일까? 이것이 1776년 《국부론》 이후 혹은 그 이전 존 로크와 토머스 홉스 시절부터, 아니면 고대 아리스토텔레스 시절로 거슬러 올라가 정치학·사회학·경제학·철학 등 사회과학이 해명해야 할 중요한 질문 중 하나이다.

적절한 비유일지 모르지만, 서울대학교를 '한국의 명문대 1위'라고 명시한 제도적 규정은 존재하지 않는다. 단지 한국인들이, 학부모와 학생들이 마음속에서 그렇게 규정하고 있을 뿐이다. 대학 서열이 제도로서 정해진 것이라면 그 제도를 바꾸거나 없애는 방식으로 대학 서열을 깰 수 있겠지만, 사람들 마음속에 오랜 기간 공고히 굳어진 서열일 때는 사정이 다르다. 인간의 본성과 제도에 관한 어려움도 이와 유사하지 않을까?

우리는 흔히 각종 정치·경제·사회적 제도를 둘러싸고 제도의 생성을 위해, 때로는 제도의 변경 혹은 폐지를 위해 투쟁한다. 그러나 제도화는 곧 규율과 그 규율에 대한 '순응'을 의미하기도 한다. 적어도 정치에서는 '동의'가 매우 중요하다. 고통스러운 개혁일수록 폭넓은 지지와 광범위한 협의 그리고 때로는 선거를 통한 승인이 필요하다. 1976년 정부의 긴축정책을 지지한 이탈리아 공산당은, 1백만 명의 노동자들에게 긴축의 필요성을 설명하는 야간학교 경제학 강의를 듣게 했다.

"나는 영국에 사는 가장 가난한 사람조차도 가장 위대한 사람처럼 살 인생을 갖고 있다고 생각한다. 그러므로 …… 한 정부 아래에 살고자 하는 모든 사람은 우선 그 자신의 동의에 의해 그 정부 아래로 편입되어야 한다.─1647년, 토머스 레인스보러 장군"(보울스·진티스 1994, 56쪽)

자본주의 시장경제에서 노동조합 지도자는 흔히 반란자로 묘사되고 인식되지만, 반란을 잠재우는 역할을 수행하기도 한다.

"그는 노동자들의 불만을 조직하지만, 그 불만들을 그저 깔고 앉아 있기도 한다. 노조 조직을 유지하기 위해 그 불만을 활용하기도 한다. 즉, 노동조합 지도자는 불만의 관리자이다. 그는 산업현장에서든 노조 내부에서든 파괴적으로 진행될 수 있는 불만을 오히려 일상적으로 흔히 있는 것쯤으로 만든다. 전쟁 기간에는 파업을 억제하고, 반면 경제 호황기에는 불만을 앞세워 공장점거 투쟁에 나서기도 한다. 현대 미국 사회의 경제 침체와 전쟁, 호황의 리듬 속에서 노조는 불만과 격정을 조절하는 역할을 하고, 노조 지도자는 산업 영역에서 자본과의 적대적 대립을 제도적으로 조정하는 역할을 한다."(Mills 2001, p.9)

여기서 노동을 둘러싼 제도를 역사적 맥락에서 간단히 살펴보자. 인간이 야생동물의 후예라고 인정한다면, 우리는 인간이 더 많은 금전을 위해 필연적으로 더 많은 노동을 하는 존재가 아니라고 언제든 주장할 수 있다. 역사적으로 고대·중세·봉건사회에서 노동을 기피하고 특히 타인(자본)에 종속된 노동을 기피하는, 즉 스스로 자신을 통제하는 노동을 추구하는 것이 인간의 본성이고 습성이었다고 하자. 이제 이윤 증식 논리가 지배하는 근대 자본주의에서 하나의 노동윤리가 필요해진다. 노동에 대한 선호와 동기를 인위적·제도적으로 만들어 내고 유도하기 위한 사상과 철학이 요구되는 셈이다. 노동규율, 거대한 산업예비군, 그리고 특히 노동력상품을 싸게 판매하지 않을 수 없도록 하는 무산계급의 대량 창출 또한 이런 노동윤리의 필요와 무관하지 않다. 또한 임금노동계약에 기초한 관계라는 특수성에서 비롯된 것이긴 하지만, 노동법을 제도적으로 만들어 노동자들에게만 휴일 유급근로와 하루 및 일주일의 최대 노동시간 제한을 두고, 노동 세력이 집단적으로 의사결정 과정에 참여하는 노사정위원회를 국가기구로 두는 등의 특별한 조처도 노동윤리 형성과 무관하지 않다. 이러한 조처는 그러나 빵가게 주인 같은 자영업자나 농민·의사 등에게는 제도적으로 제공하지 않는다.

노동에 대한 규율을 다룬 소설의 한 대목을 보자.

"형은 점심을 굶었다. 점심시간이 삼십 분밖에 안 되었다. 우리는 한 공장에서 일했지만 격리된 생활을 했다. 공원들 모두가 격리된 상태에서 일만 했다. 회사 사람들은 우리의 일 양과 성분을 하나하나 조사해 기록했다. 그들은 점심시간으로 삼십 분을 주면서 십 분 동안 식사하고 남는 이십 분 동안은 공을 차라고 했다. 우리 공원들은 좁은 마당에 나가 죽어라 공만 찼다. 서로 어울리지 못하고 간격을 둔 채 땀만 뻘뻘 흘렸다."(조세희 1993, 91쪽)

자본주의사회에서 노동에 대한 규율은, 중세에 마녀사냥이나 교수대 처형을 통한 규율과 흡사하다. 둘 다 강제적으로 주어진 규율을 넘어, 스스로 동의하고 내면화해 각자의 의지가 되었다는 점에서 그렇다.

"그리고 끊임없이 형 집행이 거행되었다. 교수대의 광경이 주는 잔인한 흥분과 거친 연민은 민중의 정신생활에 중대한 영향을 미쳤다. 도덕적 선고라는 명목의 잔인한 광경이었으며, 무서운 범죄를 막기 위해 더 무서운 형벌을 고안해 내는 식이었다. 이는 '사람들 마음을 격동시켜 보는 사람 모두에게 동정의 눈물을 흘리게 했다.' 1411년 부르고뉴 공포정치 중에 파리에서 목이 잘린 망사르 뒤부아 경은 용서를 구하는 자기 사형집행인에게 용서를 베풀고 심지어 그에게 입을 맞춰 달라고 청하기까지 한다. '그것을 지켜본 수많은 군중은 뜨거운 눈물을 흘렸다.' …… 제후들은 옛 위용을 말해 주는 휘장을 두른 채 처형당했다. 왕의 시종장이었던 장 드 몽테귀는 두 명의 나팔수를 앞세운 채 수레 위에 높이 앉아 교수대로 향한다. 그는 반은 붉고 반은 흰 긴 양말을 신고, 발에 황금박차를 걸치는 등 평상시의 화려한 외관을 그대로 갖춘 채이며, 목이 잘린 시체로 교수대에 매달려 있을 때에도 발에는 황금박차가 빛난다."(호이징가, 13~14쪽)

민중은 반역죄로 잡힌 관리들에게 가혹한 고문이 가해지는 것을 구경하는 데 물릴 줄을 몰랐다. 가련한 죄수들은 속히 끝내 달라고 애원했지만, 사람들은 민중이 보다 오래도록 고문 광경을 즐기게 하기 위해 형 집행을 질질 끌었다.(호이징가, 31쪽)

처형 장면을 지켜보는 사람들은 물론이고 교수대에 선 사람까지도 어떤 쾌락을 느끼는 듯한, 마치 축제와도 흡사한 기쁨을 보였다는 대목은 우리를 놀라게 한다. 엘리아스 카네티Elias Canetti는 《군중과 권력Masse und Macht》(1960)에서 유목민 떼나 민족이 개인에게 내릴 수 있는 사형 가운데 추방과 공동살해로서의 공개처형이 두드러진다고 말한 바 있다.

"추방의 처벌은 아주 가혹한 고독을 맛보게 하는 형태의 극형이었다. 자기가 소속된 집단에서 쫓겨난다는 것은 고문과도 같았으며, 특히 원시적인 사회에서 그것을 견디고 살아갈 사람은 거의 없다. …… 온갖 형태의 공개처형은 공동살해라는 옛 관례와 관계가 있다. 진짜 사형집행인은 처형대 주위에 몰려 있는 군중이다. 군중은 격한 흥분에 들떠 그 구경거리를 처음부터 끝까지 지켜보려고, 멀건 가깝건 간에 도처에서 모여든다. …… 중세에 처형은 화려하고 장엄하게, 더구나 되도록 뜸을 들여 집행됐다. 때로는 희생자가 경건한 일장 연설을 늘어놓으면서 구경꾼들에게 훈계를 하기도 했다."(카네티, 54~55쪽)

자본주의사회에서 노동규율과 명령, 그리고 그것의 내면화와 동의를 말하고 있는 지금, 우리는 "명령의 가시荊에는 규율이 있다"는 카네티의 말을 새삼 떠올리게 된다. 기업조직에서 노동자들의 몸과 마음속엔 명령의 가시가 항상 축적된다. 공개적 규율 속에서 자발적 충동은 억압되고 무슨 명령이든 무조건 삼켜야 한다. 결코 싫증을 내거나 지쳐서는 절대 안 된다. 그가 수행하는 일체의 명령에 대해 가시가 남는 것은 당연하다.

"이처럼 강제적인 성격을 지닌 상태의 개선은 오직 승진을 통해서만 가능해진다. 승진하면 곧 스스로 명령을 해야만 한다. 이를 함으로써 그는 자기가 가진 여러 가시의 일부를 해소하게 된다. 그의 입장은 (비록 제한된 것이기는 하나) 역전된 셈이다. 그는 한때 자신에게 요구되었던 바를 다른 사람에게 요구해야만 한다. 전체로서의 상황은 그 옛날 그대로이다. 변한 것이 있다면 그것은 단지 그 상황 속에서 그가 차지하는 새로운 위치이다. 그가 지녔던 명령의 가시는 이제 명령으로서 그 모습을 드러내고 있다. …… 우리들이 어떤 관점에서 명령을 고찰하든 명령이란 오랜 세월을 거치는 동안 오늘 우리가 보는 바와 같이 단단하게 짜인 완성된 형태를 갖추게 되었고, 그 형태로서의 명령이 인류의 공동생활에서 가장 위험한 유일한 요소가 된 것은 부인할 수 없다. 우리는 이 명령에 저항하여 명령의 지배를 허물어버리는 용기를 가져야 한다. 인류가 명령이라는 무거운 짐을 짊어지지 않고도 살 수 있는 수단과 방법을 발견해야만 한다. 명령이라는 가시는 모름지기 우리들 몸의 밖에 머물러야 하고 결코 피부 속을 뚫고 들어가서는 안 된다. 우리가 괴로워하는 명령의 가시는 가볍게 두드리기만 해도 우리 몸에서 흩날려버려지는 솜털로 바뀌어야 한다."(카네티. 367 · 389쪽)

 ## 성공이 실패를 낳는 자본주의 역설

슘페터는 자본주의 시스템 내부에 대한 구조적 사고를 통해 자본주의의 장래를 내다보았다. 그는 70여 년 전 《자본주의·사회주의·민주주의》에서 '자본주의는 생존할 수 있는가?'라고 묻고, "자본주의가 경제적 실패의 무게를 견디지 못하고 붕괴한다는 생각은 틀렸다. 오히려 자본주의 체제의 바로 그 성공이, 오히려 이 체제를 보호하는 사회제도들의 토대를 침식하여 불가피하게 그 존속을 불가능하게 만든다."고 말했다.(슘페터 2011, 196쪽)

이에 대해 조반니 아리기Giovanni Arrighi는 슘페터가 '이중의 테제'를 제기한 것으로 해석했다. 여기서 슘페터가 주장하고자 했던 것은 "자본주의가 다시 한 번의 성공적 운영을 하지 말아야 할 어떤 '순수한 경제적' 이유는 없다."는 것이다.(아리기 2009, 545쪽) 그러나 성공이 실패를 가져온다는 슘페터의 통찰은, 현실의 경험으로 어느 정도 입증된 측면도 있다. "[잃어버린 20년이 시작되기 직전인] 1980년대 말 일본의 베스트셀러 서적 가운데 하나가《일등국가 일본 : 미국에 대한 교훈》이었다. 태국, 말레이시아를 비롯한 아시아 국가의 부동산 가격과 주가 거품이 꺼지기 수년 전 세계은행은《동아시아의 기적》을 발간했다."(킨들버거 2009, 193쪽) 또한 미국의 '신경제' 논의가 나오고 얼마 되지 않아 2000년 주식시장이 붕괴했다.

자본주의경제의 성장과 파멸의 논리에 대한 슘페터의 다음 비유는, 흡인력 있는 특유의 필체를 여실히 드러낸다.

"자동차가 브레이크를 갖추고 있기 때문에 그렇지 않을 때보다 더 빨리 달린다는 말은 역설적이다. 소매업의 경우 문제가 되는 경쟁은 동일한 형태의 점포들이 늘어나는 것으로부터 발생하지 않는다. 오히려 피라미드 구조의 소규모 점포들을 조만간 파괴할 수밖에 없는 백화점, 대형 연쇄점, 슈퍼마켓으로부터 일어난다. 이것이 본질이다. 단순히 경쟁의 격화나 완전경쟁으로의 진입이 아니다. 이런 자본주의의 전형적인 본질적 요소를 간과한다면 (시장의 완전경쟁에 대한 찬사는) 사실과 논리에서는 옳다 하더라도, 마치 주인공 덴마크 왕자가 빠진 연극《햄릿》과 같다."(슘페터 2011, 187쪽)

슘페터는 완전경쟁보다는 적절한 거래 제한과 규제로, 파국으로 점철될 수밖에 없는 전혀 통제되지 않는 질주로 얻어 낼 수 있는 것보다 더 건실하고 더 많은 총생산량 확장이 달성될 수도 있다고 말했다. 사실 정부의 각종 경제적 규제는 환경, 사회경제적 안정, 지역 균형발전 등 공공성을 목적으로 한다. 즉, 규제는 중장기적으로 '지속 가능한 성장'을 위한 '성장정책' 중 하나라는 것이다.

발전과 저발전 그리고 신화

2

"식민지들은 구주歐洲 정신의 뒷간들이니, 사람이 바지를 내리고 푸근하게 앉아서 자신의 똥 냄새를 맡을 수 있는 곳이오. 그가 마음껏 크게 으르렁거리면서 그의 가냘픈 먹이 위에 덮쳐, 드러내 놓은 기쁨으로 그녀의 피를 마셔 댈 수 있는 곳이오. 그렇지 않소? 그가 부드러움 속에, 사지들과 자신의 금지된 생식기의 털처럼 곱슬거리는 머리칼의 받아들이는 어둠 속에, 그저 뒹굴고 발정하고 자신을 내쏟을 수 있는 곳이오."

— 토머스 핀천, 《중력의 무지개》

"새벽으로 만든 집 / 황혼으로 만든 집 / 먹구름으로 만든 집 /······ 옛날에 그랬듯이, 제가 걸을 수 있도록 / 기쁨으로, 제가 걸을 수 있도록 / 기쁨으로, 풍성한 먹구름과 함께 제가 걸을 수 있도록 / 기쁨으로, 풍성한 소나기와 함께 제가 걸을 수 있도록 / 기쁨으로, 풍성한 식물들과 함께 제가 걸을 수 있도록 / 기쁨으로, 꽃가루 길을 따라 제가 걸을 수 있도록······"

— 인디언 작가 스콧 모마데이, 《새벽으로 만든 집》

엘리자베스 여왕의 비단양말
경제성장

오늘날 미국과 서유럽의 평균소득은(2001년 기준) 1세기 전보다 10~30배 더 높고, 2세기 전보다는 50~300배까지 더 높다. 기원후부터 산업혁명 전 야까지 평균성장은 생존 수준 위로 올라가지 못한 채 낮은, 매우 낮은 증가율을 보였다. 오늘날 평균적인 생활수준이 시간과 국가에 따라 엄청난 격차를 보인다는 사실은, 인간의 후생과 관련해 경제학자들에게 커다란 사명을 부여한다. 로버트 루카스는 1988년에 "(경제학자가) 경제성장 주제에 대해 한번 생각하기 시작하면 그 밖에 다른 주제를 생각하기 매우 어렵다." 고 말했다.(Romer 2001, p.7)

경제협력개발기구OECD에서 인류 역사를 통틀어 경제성장과 관련된 각종 지표를 수집·추정하는 작업을 하는 데 독보적 공헌을 한 경제학자 앵거스 매디슨Angus Maddison이, 기원후 세계와 각 지역의 1인당 소득수준지

발전과 저발전 그리고 신화

표를 작성한 것을 보면, 산업혁명 이전까지는 세계 어디서나 소득 성장률이 거의 미미했다.(Maddison 2001)

◀ 성장의 한계 혹은 실체

사실, 1800년도를 살았던 일반인들의 평균적 생활수준은 구석기 혹은 신석기시대 선조들의 생활수준에서 크게 향상된 부분이 없었다고 해도 과언이 아니다. 1800년 이전 세계경제가 모든 동물에서 확인할 수 있는 자연경제 수준에서 크게 벗어나지 못한 상태였다고 보는 그레고리 클라크는 "이 수준에서는 인간과 동물 세계를 구분할 수 있는 뚜렷한 요인이 없다"며, 1800년 이전의 정체된 경제에 '맬서스 트랩Malthus trap'이란 이름을 붙였다.(클라크, 31쪽)

'맬서스 트랩'은 1954년에 역사학자 아놀드 토인비Arnold Toynbee가 이미 강조한 바 있다. "지금까지 봐서는 산업혁명과 과학의 '풍요의 뿔'이 맬서스식의 비관적인 예측을 배신하고 풍부함을 나타내게 했지만, 지구 표면의 넓이에 한도가 있는 한 언젠가는 인류의 식량공급 증대가 한계에 달할 때가 오고 말 것이다. 더구나 이 한계에 달하는 시기는, 아이들을 한껏 낳는 농민들의 습관이 극복되기 전에 밀어닥칠 우려가 있다."(토인비, 1076쪽)

슘페터는 "루이 14세가 가졌더라면 기뻐했을 테지만 가질 수 없었던 것(예컨대 현대 치과 의술) 중에는 현대의 노동자도 이용할 수 있는 것이 분명 몇 가지 있다. …… 엘리자베스 여왕은 비단양말을 가지고 있었다. 자본주의적 업적은 전형적으로는 여왕에게 더 많은 비단양말을 마련해 주는 데 있지 않고, 공장의 여공들이 끊임없이 줄어드는 노력의 대가로 비단양말을 손에 넣을 수 있게 해 주는 데 있다."(슘페터 2011, 159~160쪽)라고 자본주의 발전을 묘사했다.

밀턴 프리드먼도 "산업 발전이나 기계의 발달 등 현대의 모든 위대한 기적은 부유한 사람들에게는 상대적으로 거의 의미 없는 것이다. 고대 그리스의 부자들은 현대식 수도 시설에서 그닥 혜택을 입을 것이 없었을 것이다. 물 나르는 하인들이 수도가 하는 일을 대신해 주었기 때문이다. 텔레비전이나 라디오도 마찬가지였을 것이다. 로마의 귀족들은 자기 집에서 일류 음악가와 배우들의 공연을 즐길 수 있었다. 그뿐 아니라 일류 예술가들을 가신으로 자기 집에 상주시킬 수 있었다. 부유층은 교통수단과 의학의 발전은 환영했겠지만, 그 밖에 서구 자본주의가 이룩한 위대한 업적은 주로 일반 대중의 이익으로 돌아가는 것이었다."(프리드먼 2009, 192~193쪽)

근대와 현대인들을 고대와 중세인들에 견준다면 엘리자베스의 비단양말이나 그리스의 수도 시설 이야기를 할 수 있겠지만, 앞뒤 세대로 간격을 좁히면 이야기가 달라진다. 즉, 경제의 성장과 발전이 개인들 간에는 '세대 사이'의 문제, 다시 말해 소비와 저축의 조정 및 '정의로운 저축의 원칙'에 대한 논란으로 이어질 수 있다.

가계저축은 기업의 기계나 다른 생산수단에 대한 순투자로 이어지고, 정부저축(세금 수입)은 학문과 교육, 도로 건설 투자로 이어진다. 그런데 어느 세대에 좀 더 고율의 세금을 매기고, 과소비를 억제하며, 고가 사치품에 특별소비세를 매기는 정책으로 소비를 억압할 경우, 우리는 세대들 간의 정의 문제에 이르게 된다. 1920~1960년대 프랭크 램지Frank Ramsey와 찰링 코프만스Tjalling Koopmans 같은 여러 경제학자들이, 한 개인이 태어나서 죽을 때까지의 모형이나 세대 간에 연속 중첩되는 좀 더 현실적인 모형 등을 통해, 이러한 문제를 경제성장의 맥락 속에서 매우 이론적이고 수학적으로 해명하는 작업을 했다. 경제행위의 궁극적 목적인 소비수준을 극대화할 수 있는 '최적의 저축률(또는 자본축적의 황금률 수준)이 어느 정도인지를 찾는 문제 풀이에 나선 것이다.

발전과 저발전 그리고 신화

여기서 이해를 돕기 위해 한 가지를 덧붙이고자 한다. 신고전파경제학은 소비와 저축을 중심으로 경제의 성장과 변동을 설명하는 데 반해, 케인스경제학은 기업의 투자와 화폐정책을 그 근간으로 삼는다. 여기서 비롯되는 경제성장과 관련된 근본적인 질문 중 하나가 저축이 과연 투자와 일치하느냐의 여부다. 1950~60년대 이른바 '케임브리지 논쟁'에서 영국 케임브리지 경제학자들(조앤 로빈슨, 니콜라스 칼도어Nicholas Kaldor 등)은 자본가가 소유한 총 자본량을 어떻게 측정할 것인지를 둘러싼 논쟁에서, 저축과 투자의 불일치 같은 케인스가 주장한 단기적 경기변동의 중요성을 강조했다. 반면, 미국 매사추세츠 케임브리지에 기반을 둔 경제학자들(로버트 솔로, 폴 새뮤얼슨 등)은 저축률과 성장률이 항상 완벽한 균형을 이루는 균형성장경로 balanced growth path를 제시하면서 투자와 저축의 일치 및 노동과 자본의 완전고용을 주장한 바 있다.

존 롤스는《정의론》에서 다음과 같이 말한다.

"어떤 사람들은 세대마다 각기 다른 행운이 주어지는 것은 정의롭지 않다고 생각했다. 헤르첸Herzen의 말처럼, 인간의 발전은 일종의 연대기적인 불공정이다. 왜냐하면 후속 세대 사람들은 동일한 대가를 치르지 않고서도 선행 세대의 노동으로부터 이득을 보기 때문이다. 그래서 칸트도 기이하게 생각한 것이, 선행 세대들은 후속 세대들만을 위해 그들의 부담을 감당해야 하는데, 오직 마지막 세대만은 완성된 건물 속에 거주하는 행운을 가지게 된다는 사실이다." 여기서 '정의로운 저축의 원칙'이란, 정의의 문제로서 한 사회가 얼마만큼 저축해야 하는가의 문제로 대두된다.

"존 메이너드 케인스가 빈자들의 노고가 다음 세대의 좀 더 큰 복지로 정당화된다고 말하지 않았다는 것에 주목하는 것으로 충분하다. 이것은 효율성이나 더 큰 이익의 총합에 대한 정의의 우선성과 합치한다."(롤스, 383·397쪽)

로마클럽이 1972년에 출간한 《성장의 한계Limits to Growth》는 과연 지구가 인구·생산·오염의 지속적인 팽창을 지탱할 수 있을지 회의했다. 책이 출간되자 그야말로 전 세계가 충격에 빠졌다. 인구·생산·오염이 기하급수적으로 증가하며 친환경 기술, 수확량이 높은 곡물, 지구의 자연적인 흡수 역량 같은 반작용 활동보다 훨씬 빠른 속도로 확산되고 있다는 뜻이었기 때문이다. 맹렬한 반박이 뒤따랐다. 반발의 선봉에 선 사람들은 경제학자들이었다. 그들은 가격신호를 통한 시장의 자체 조정 능력과 기술혁신을 통한 오염 감소 가능성에 대한 고려가 이 '성장의 한계' 모델에 빠져 있다고 주장했다. 즉, 인류가 한계와 곤궁에 처하면 기술혁신을 통해 자원을 대체할 수 익성 있는 대안을 찾아낼 것이라는 주장이었다.(쇼어, 77쪽)

발전의 대표적 지표인 국내총생산GDP은, 그 실질적 내용은 그대로인 채 단지 명목상 수치만 증가 혹은 감소하는 경우도 흔하다. 보수가 지급되지 않는 가사노동의 가치를 GDP 집계 항목에 넣지 않는 것이 그 한 사례다. 경제학자 아서 세실 피구가 제시한, 요리사와 결혼함으로써 국민소득을 감소시킨 신사 이야기, 또 이와 마찬가지로 아내가 제공한 집안일 서비스에 대해 일부러 그 대가를 지급함으로써 국민소득이 어마어마하게 늘어나는 경우도 쉽게 상상할 수 있다.(배런 1984, 74쪽) 사람들이 질병에 걸려 병원 서비스를 더 많이 이용하게 되거나, 오염을 배출하는 산업의 생산이 증가하는 사례에서 보듯, 경제적 변화의 방향이 진보라기보다는 퇴보의 단계로 이행하고 있는데도 GDP는 이를 '경제성장'으로 보이게도 한다.

◆ 자본주의 에피소드

사실 경제학이론에서 발전에 대한 경제 분석은 가장 흥행한 주제인 반

발전과 저발전 그리고 신화

면, 빈곤에 대한 분석은 드물다. 어쩌면 '빈곤'에 대한 최초의 분석은 맬서스의 《인구론》일지 모른다. 맬서스는 "애덤 스미스가 《국부론》에서 행한 연구 주제는 '국가의 부의 성질과 원인에 대한 고찰'이다. 그러나 여기에는 그보다 흥미로운 또 다른 주제가 있는데, 애덤 스미스는 이를 앞의 주제와 뒤섞어 놓았다. 어느 나라에서든 가장 많은 수를 차지하는 사회 하류층의 행복과 안락에 영향을 끼치는 원인들에 대한 고찰이 바로 그것이다."라고 말했다.(맬서스, 422쪽) 국가 '빈곤'의 성질과 원인에 관한 고찰이 필요하다는 것이다.

경제 발전과 빈곤의 이야기를 하려면, 자본주의 역사에 대한 개관이 필요하다.

"자본주의라는 개념에 포함된 가장 본질적인 요소로서 타인의 노동력의 기업적 활용과 생산수단의 소유를 통해 노동시장을 지배하는 것, 즉 한마디로 노동을 일종의 봉사에서 하나의 상품으로 변형시키는 것을 든다면, 자본주의 시대는 14세기 및 15세기부터 시작되었다고 해야 할 것이다."(하우저, 제1권, 339쪽)

페르낭 브로델Fernad Braudel은 자본주의는 '장기지속'적인 구조를 가지고 있다고 주창했다. 자본주의는 더 이상 감탄을 불러일으키는 존재는 못 되지만 하나의 발전을 마감하는 마지막 단계도 아니라는 것이다. "이 책[(물질문명과 자본주의)]을 통해서 나는 잠재적인 자본주의는 역사의 첫 새벽부터 윤곽이 잡혔으며 수세기 동안 발전하고 지속되었다고 주장했다. 자본주의를 예고하는 표시들은 이미 오래전부터 찾아볼 수 있었다. 도시와 교환의 급증, 노동시장의 등장, 사회의 밀도, 화폐의 보급, 생산의 증대, 원거리 시장 혹은 달리 말하면 국제시장. …… 기원후 1세기에 인도가 원격지의 말레이 군도를 지배 또는 적어도 그곳으로 침투했을 때, 로마가 지중해 세계 전역을 힘으로 장악했을 때, 9세기에 중국이 지폐를 발명했을 때, 11~13세기 사이에

서유럽이 지중해를 회복했을 때, 16세기에 세계시장이 형성되었을 때, '자본의 전기傳記'는 그럭저럭 시작되었다고 할 수 있다. 그러나 장기지속이라고 해서 완전한 부동不動을 의미하는 것은 아니다. 장기지속이란 반복적인 움직임의 연속을 말한다. 거기에는 많은 변형과 복귀, 쇠퇴와 정비, 정체 등이 동반된다. 이러한 급변들 가운데에도 자본주의의 핵심은 여전히 똑같은 채 남아 있다. 오히려 변화를 통해 자신을 유지해 나가는 것이 자본주의의 자연스러운 속성이 아니겠는가? 자본주의는 이런 변화들로부터 힘을 얻어내는 가운데, 세계 어느 곳에서든지 어느 시대에서든지 경제적 가능성의 경계를 짓는 일종의 포락선包絡線 수준으로 그 자신의 운명의 폭을 축소시키기도 하고 확대시키기도 한다.″(브로델, 3-2권, 853~854쪽.)

조반니 아리기는 《장기 20세기The Long Twentieth Century》에서 장기지속되는 역사적 자본주의의 핵심 특징은, 상이한 공간과 시간 속에서 자본이 취한 구체적 형태의 차이가 아니라, 오히려 자본의 유연성과 절충주의라고 말했다. "이 점이 자본주의 전체사에서 핵심적인 성질이라는 것을 강조할 필요가 있다. 시련이 있을 때마다 드러내는 유연성, 변환과 적응의 능력이 그것이다. 13세기 이탈리아로부터 오늘날의 서양 세계에 이르기까지 자본주의에 일정한 통일성이 있다면 나는 그것이라고 생각한다. - 페르낭 브로델″(아리기, 36쪽)

인류 역사의 사회경제사를 그 누구보다 탁월하게 분석·묘사한 하우저는 자본주의의 시작이 15세기 르네상스기였음을 시사한다.

"르네상스 경제의 새로운 점은, 한층 더 목적에 부합하는 더 나은 생산 방법이 알려지는 즉시 재래적인 생산 방법을 포기할 태세가 되어 있었다는 사실 자체가 아니라, 재래의 전통까지도 주저 없이 희생시키는 그 철저함과 일체의 경제생활의 요인을 수적으로 계량화해서 장부에 기입하는 비정할 정도의 객관성에 있다. 이 비정한 물질주의적 사고방식은 노동자를 단순히 투자와 수익성, 이익 가능성과 손실 가능성, 그리고 차변과 대변이라는 복잡한 체계 속의 일부분으로 생각한다.(하우저, 제2권, 37쪽)

사실 우리에게는 발전의 빠르고 늦음을 가릴 객관적이고 과학적인 판단 근거가 없다. 쿠즈네츠는 지구에서 경제성장은 세계 인구의 1퍼센트보다 약간 많은 인구를 가진 국가에서 시작되었으며, (산업혁명 이후 1950년대 말까지) 175년 동안 확대되어 세계 인구의 20퍼센트 내지 25퍼센트의 인구를 차지하는 나라들의 경제를 변형시켰다면서 "그 파급 속도는 과연 빠른 것일까 느린 것일까? 우리는 이 속도를 판단할 수 있는 아무런 수단도 갖고 있지 않다."고 말했다.(쿠즈네츠, 308쪽)

산업혁명 당시의 놀라운 사회적 급변에 대해 토크빌은 어리둥절해하며 다음과 같이 표현했다.

"이처럼 더러운 하수구로부터 인간 근면의 가장 커다란 흐름이 흘러나와서 온 세상을 기름지게 한다. 이 더러운 하수구로부터 순금이 흘러나온다. 여기서 인류는 가장 완전하고 가장 야만적인 발전을 이룩하며, 문명은 기적을 행하고 문명인은 거의 야만인으로 변하게 된다. - 1835년, 알렉시스 드 토크빌"(홉스봄 1996a, 46쪽)

쿠즈네츠는 왜 고대의 많은 방대한 제국, 예컨대 페르시아·로마·중국 등에서 경제성장의 불꽃이 일어나지 않고 영국이라는 작은 섬나라에서 시작됐는지 질문을 던지면서 다음과 같이 말했다. "(영국은) 새로운 기회를 개발하는 데 충분한 정력의 집중을 가능케 하는 사회적·지적 활동의 기반을 가지고 있었다. 세계의 인구 및 기술 상태에서 어느 정치 단위(국가)가 당시 표준에 비해 크다면, 그것은 아마 가장 효율적인 단위가 되기에는 지나치게 크다고 볼 수 있다. 다시 말해, 방대한 정치 단위를 형성하고 유지하기 위하여 정치적·사회적 변혁의 발달이 필요하다면, 실제로 진화된 정치적 구조는 경제적 변화 지향을 지속적으로 추진하는 데 유리하지 못할 경우가 많을 것이다."(쿠즈네츠, 307쪽)

홉스봄에 따르면, 1840년이 지나서야 산업혁명의 사회적 영향에 대한 방대한 양의 공식·비공식 문헌들이 쏟아져 나오기 시작했다. "수많은 당황하고 놀란 관찰자들. 영국에서는 그 낱말(산업혁명) 이전에 사실이 존재했다. …… 그러나 산업혁명은 시작과 끝을 갖는 에피소드가 아니었다. 그 후로 혁명적인 변화가 규범화되었다는 사실이 산업혁명의 본질이었기 때문에 그것이 언제 '완료'되었는지를 묻는 것은 무의미하다. 그것은 현재도 계속 진행 중이다."(홉스봄 1996a, 47~48쪽)

19세기 초 당시 프랑스 시민적 행위의 전형을 "부유해지자!"로 묘사한 이도 있었다.

"소설가 발자크는 '루이 필립이 지배한다고 믿는 것은 잘못이며 국왕도 이를 잘 알고 있다. 헌법 위에는, 신성하고 존경받고 견고하고 상냥하고 우아하고 아름답고 위엄 있고 젊고 전능한 5프랑짜리 화폐가 있다!'고 말했다."(허시먼 1994, 119쪽)

당시 발자크는 자본주의로의 거대한 전환의 물결 속에서 그 자신의 근본적인 보수적·정치적 태도에도 불구하고 진보의 전위용사가 되었다.

"동시대인들이 대부분 당대의 상황에 안주하고 있었던 데 반해 발자크는 그것이 위기 상황이요 그대로는 지속될 수 없는 상황임을 파악하고 있었다. …… 발자크는 시민계급의 심리를 폭로함으로써, 자신이 원하지도 생각지도 않게 근대 사회주의의 한 선구자가 되었다."(하우저, 제2권, 203쪽)

▶ 엥겔스는 1888년 어느 편지에서 다음과 같이 말했다. "이처럼 발자크가 자신의 계급적 공감 및 정치적 편견과 반대되는 작품을 쓰지 않을 수 없었다는 것, 그가 좋아하는 귀족들의 멸망의 필연성을 인식하고 그들을 이렇게 멸망해 마땅한 인물로서 묘사했다는 것, 그리고 그가 미래의 참다운 인간들을 당시 현실에서 볼 수 있었던 바로 그 계급 내에서 보았다는 것—이것

◆ 과정 중인 질문, 세계화

앨버트 허시먼은 경제 발전을 통해 물질적 이익(이해관계)을 추구함으로써 명예·권력·지위 등의 "열정을 다스릴 수 있게 된다"는 생각을 홉스와 루소를 들어 비판한다.

"홉스가 말한 대로 '모든 사람들은 본성적으로 명예와 고위직을 추구하지만 생활에 필수적인 대상을 얻는 데 어려움이 별로 없는 사람들만 실제로 그럴 수 있다.' 그러나 좀 더 깊이 이 생각을 이해한다면 경제성장이 가속화되면 상당한 변화가 있을 것임을 예측할 수 있다. 홉스에게 열정의 추구는, 경제학자들의 용어로 소득에 탄력적이다. 따라서 보통 사람들도 소득이 높아지면 좀 더 광범위하게 열정적인 행위에 빠질 것으로 기대된다. 곧, 원래 명예나 고위직에 대한 인간들의 관심을 다른 데로 돌리기 때문에 반기던 경제성장이 결국에는 더 심한 열정적 행위를 야기한다는 것이 홉스의 논리다. 루소도 이런 역동적 관계를 이해하여 다음과 같이 말하고 있다. '인간이 사회생활을 하면 모든 것이 달라진다. 처음에는 필수적인 것이 만족되어야 하고 그 다음에는 불필요한 것을 찾게 된다. 그 다음에 쾌락, 엄청난 재산, 나중에는 신하 그리고 노예를 얻으려 할 것이다. 욕구는 멈추거나 만족되지 않는다. 가장 놀라운 사실은 자연적(생물학적) 욕구가 줄어들수록 열정은 더 강해지는데, 더 나쁜 것은 이들을 만족시킬 힘도 더 강해진다는 것이다."(허시먼 1994, 121~122쪽)

이 장을 시작하면서 제시한 "경제성장 주제에 대해 한 번 생각하기 시작

을 나는 리얼리즘의 가장 위대한 승리의 하나로, 그리고 발자크의 가장 위대한 특징 중 하나로 여기는 바입니다."(하우저, 현대편, 50쪽)

하면 그 밖에 다른 주제를 생각하기 매우 어렵다"는 루카스의 말을 다시 한 번 상기하는 게 좋겠다. 경제 발전은 여러 등산로로 이어지는데, 이제 '세계화' 쪽으로 난 산길을 선택할 차례다.

홉스봄은 전 지구적 세계화의 시발점을 1880년경으로 잡는다.

"100주년은 19세기 후반의 발명품이다. 미국혁명 100주년(1876)과 프랑스 혁명 100주년(1889) 사이의 어느 지점에서(둘은 일상적인 만국박람회에서 기념되었다.) 교육받은 서구 세계의 시민들은 세계 최초의 철교 건설과 미국의 독립 선언 그리고 바스티유의 폭풍 사이에서 태어난 이 세계가 벌써 한 세기가 지나 버린 것을 알게 되었다. 1880년대의 세계는 진정한 의미에서 전 세계 적인 것이었다. 세계 대부분의 지역들이 알려지게 되었으며, 거의 대부분이 지도화되었다. 무시할 만한 예외가 있지만, 탐험이란 더 이상 '발견'이 아니라 남극과 북극처럼 가장 열악하고 비우호적인 물리적 환경을 지배하려는 시도로 유형화될 수 있었다."(홉스봄 1998, 87쪽)

역사적으로 지구상에서 자본주의는 일국적 또는 특정 지역적 공간보다는 세계적 규모에서 발생, 전개, 축적되는 과정이다. 따라서 자본주의는 그 제국주의적 성격 분석이 필수적이라고 주장하는 일단의 사람들이 있다. 트로츠키주의자로 흔히 불리는 한국의 대표적인 좌파 경제학자 정성진은, 오늘의 세계를 여전히(!) '자본주의'와 '제국주의' 용어와 개념으로 이해하는 것이 매우 중요하다며, 자본주의와 특히 제국주의 개념의 복권을 주창하고 있다.▸

▸ "낱말들은 때때로 기록보다 더욱 효과적인 증거가 된다. '공업' '공업가' '공장' '중간계급' '노동 자계급' '자본주의' '사회주의' '프롤레타리아' '경제공황' '공리주의' '통계학' '사회학' '이데올로 기' '파업' 등 …… 우리는 이러한 낱말들이, 즉 그러한 명칭이 부여된 사실과 개념들이 존재하

"20년 전만 해도 우리가 살고 있는 세계를 자본주의라고 이름 붙이는 것은 불온시되었다. 자본주의라는 말 자체가 우리가 살고 있는 세계가 자본이 지배하는 세계이고 자본이 노동을 착취하는 세계라고 암시하는 것으로 여겨졌기 때문이다. 그 당시 우리 사회에 자본주의라는 이름을 붙였던 것은 지배 체제에 저항하는 민중과 비판적 지식인의 몫이었다. 그런데 이처럼 자본주의라는 용어를 터부시했던 우리 사회의 지배계급들이 오늘은 대놓고 우리 사회를 자본주의라고 부르고 있다. 예컨대, 국제 금융자본의 대명사인 조지 소로스George Soros는 얼마 전 출판된 자신의 책 제목을《세계 자본주의의 위기The Crisis of Global Capitalism》라고 달았다. 자본가들이 기업의 목표가 국부나 공익 증진이 아니라 사적 수익의 극대화에 있다고 거리낌 없이 천명하게 된 것은 극히 최근의 일이다. 이는 아마도 소련 동유럽 블록이 붕괴된 다음 자본가들의 자신감이 강해진 때문일 것이다."(정성진 2002, 15~16쪽)

오늘날 자본주의는 재벌과 독점이라는 불완전경쟁이 지배하고 있지만, 독점이 아니라 경쟁 그 자체가 자본주의에 특유의 역동성은 물론이고 불균등성과 불안정성을 동시에 초래한다. 우리는 오늘 우리가 살고 있는 자본주의적 생활 방식이 인류가 오래전부터 원래 그렇게 살아 온 방식이라고 생각하기 쉽지만, 사실 자본주의의 역사는 아무리 소급해 보아도 지금으

지 않는 현대 세계를 상상해 봄으로써, 인류가 농경·야금술·문서·도시 및 국가를 창안했던 먼 옛날 이래로 인류 역사상 가장 커다란 변혁인 1789~1848년에 걸쳐 일어난 혁명의 심대함을 헤아릴 수 있다."(홉스봄 1996a, 11쪽)

정성진은 "일부 진보 진영이 도리어 자본주의와 제국주의 개념들을 시대에 뒤떨어진 진부한 것으로 치부하는 개탄스런 작풍을 정정하기 위해" 이 글을 썼다고 밝히고 있다.

로부터 약 500년 전인 1492년 콜럼버스의 아메리카 대륙 발견 이후에야 탄생했다고 할 수 있다.

"비록 오늘은 자본주의가 세계를 제패하고 있어 자본주의 이외 다른 삶의 방식을 꿈꾸는 것이 몽상처럼 보이지만, 자본주의는 불가피한 숙명이 아니라 역사적으로 특수한 체제 그리고 유한한 체제, 따라서 거부될 수 있는 체제로 이해하는 것이 필요하다. 요컨대 자본주의는 역사 발전의 특정한 단계에서 나타난 역사적으로 특수한 사회이며, 결코 인간 본성에 근거한 초역사적 체제가 아니다."(정성진 2002, 18~19쪽)

생산력 발달과 생산관계의 모순과 질곡으로 자본주의 이후 사회주의와 공산주의가 필연적으로 도래하게 된다는 유물론적 '역사주의'의 역사법칙까지는 아니더라도, 자본주의는 역사의 여러 단계 중 하나라는 점에서 역사적(곧, '역사로서의 자본주의')이라는 얘기다.

미국의 대표적 지배이데올로그 중 한 사람인 《뉴욕타임스》 칼럼니스트 토머스 프리드먼Thomas Friedman은 1999년 3월 28일자 칼럼에서 다음과 같이 주장했다.

"세계화는 곧 미국이다. 시장의 보이지 않는 손은 보이지 않는 주먹 없이는 작동할 수 없다. 맥도널드는 F-15 제조업체인 맥도널 더글러스 없이는 번창할 수 없다. 또한 실리콘밸리의 기술을 위해 세계를 안전하게 보호하는 보이지 않는 주먹은 미 육군과 공군, 해군과 해병대이다."(정성진 2002, 18~19쪽)

'세계화' 역시 하나의 질문이다. 정확하고 어떤 논란도 있을 수 없는 '사실facts'로서의 세계화가 우리에게 다가와 존재하는 것이 아니다. 폴 허스트 Paul Hirst와 그레이엄 톰슨Grahame Thompson은 세계화의 새로운 형태란 이미 확정된 '사실'이기보다는 논쟁의 한 과정으로서 '질문'일 뿐이라고 말한다.(Hirst & Thompson, 1996) 여기서 논쟁과 질문이 뜻하는 바는, 세계화 구호와 흐름에도 불구하고 여전히 정치적으로 국민국가의 경계와 주권은 소멸되지 않거나 공고하다는 반론들과 관련된다.

세계화가 함축하는 국민국가적 및 사회경제적 의미에 대해서는 오래전부터 정치적 견해에 따라 극명하게 엇갈린 답변이 제출돼 왔다. 라틴아메리카의 대표적인 종속이론 논객 도스 산토스Dos Santos는 1970년에 주변부 저개발 종속국가들의 경제적 후진성은 자본주의와의 통합 부재에서 기인하는 것이 아니라면서 "오히려 정반대로 주변부 국가들의 완전한 발전을 가로막는 가장 심각한 장애는, 그들이 국제적 체계의 발전법칙에 협력하는 방식에서 비롯된다."고 말했다. 자본주의적 통합으로서의 세계화는 세계적 규모에서의 불균등 교환과 종속을 가져올 뿐이라는 이야기이다.

최후의 단계, 최고의 단계
자본주의의 다양성

경쟁자본주의·독점자본주의·국가독점자본주의·후기자본주의·주변부 종속자본주의 등은, 자본주의 경제 발전이나 시장경제 구조와 성격의 변화 등을 단계적으로 구분하여 제도적·정치경제학적으로 설명하는 방식이다. 이러한 설명은 경제와 시장 구성체의 성격 변화에 초점을 맞추고 있다.

이후 21세기에는 '자본주의의 다양성' 논의가 급부상했는데, 한편에서는 각 국가별 자본주의의 다양성 논의보다는 미국 제국주의의 패권을 중심으로 여전히 전 지구적 규모의 자본주의를 분석해야 한다는 시각도 있다. 이러한 좀 더 근본주의적인 시각에서는, 자본의 지배가 전면화되면서 노동력의 재생산은 물론이고 소비, 욕망 심지어 꿈까지 인간 삶의 모든 측면이 상품과 시장의 논리에 포섭되고 있다고 본다. 대량실업과 불완전취업의 구조화, 고용 불안 심화, 실질임금의 절대적 저하, 노동시간의 절대적 연장 등이 더 이상 제3세계적 현상이 아니라 오늘날 선진자본주의 내부에서 전개되고 있는 일이며, 따라서 21세기 자본주의는 공황의 세계화, 궁핍의 세계화라는 것이다.

어떤 자본주의인가

"마르크스의 지적·정치적 평판이 땅에 떨어진 이 시점에서, 세계가 1914년 이래 가장 마르크스적 양상으로 전개되고 있는 것은 역설적이다. 장기간의 번영과 상대적으로 평등한 분배가 공존했던 자본주의의 황금시대(그래서 마르크스를 논박하는 증거가 되었던 시대)는 자본주의 역사에서는 오히려 예외적인 시대로 기록될 것이다."(정성진 2002)

좀 더 정치경제학적으로 자본주의의 시기별 역사 단계를 구분하는 설명 방식도 있다. 알다시피 '독점자본'과 '제국주의'는 레닌의 머릿속 사유 개념이다. 레닌이 근대 자본주의경제를 기업 관계에 따라 경쟁자본주의와 '독점자본주의'로 구분하고 후자를 질적으로 새로운 자본주의로 부른 사실은 잘 알려져 있다. 레닌은 또한 '제국주의'를 자본주의 최후의 단계로 규정했다.

반면, 슘페터를 잇는 진화경제학자들은 '기술'과 '제도'의 특성에 따라 자본주의를 구분하였다. 예컨대 산업혁명을 주도한 면직물 산업의 패러다임 이후, 증기력과 철도, 전기와 철강, 석유와 자동차, 그리고 최근의 정보통신산업 패러다임으로의 기술 변화가 그것이다. 덧붙여, 리처드 에드워즈 등의 '관료적 통제', 데이비드 고든 등의 '사회적 축적구조론'은 노동과 자본의 관계를 중심으로 자본주의 사회 구성체 혹은 사회 구성을 보는 관점이다.

이쯤에서 무슨무슨 자본주의라는 온갖 거미줄이 눈앞을 가로막는 산길에 이른 듯한 느낌을 갖는 독자들도 있을지 모르겠다. 서둘러 우리가 지금 있는 곳이 어디인지 다시 파악하고, 다가서야 할 목표 지점을 재확인하는 게 좋겠다.

경제성장은 중립적 과정이 아니라 '권력 과정'이다. 가진 자들일수록 성장을 주창하고, 경제가 성장하면 이들의 권력은 더욱 강화된다. 성장의 꼭짓점은 없다. 성장할수록 약자들의 상쇄력countervailing power은 더 취약해진다. 문제는 경제성장 그 자체가 아니다. 오히려 그 성장을 추구하는 방식에 있다. 자본주의도 기계도, 문제는 그 자체가 아니라 그것이 운용되고 사용되는 방식이다. '어떤' 자본주의냐가 문제다.

자본주의와 양립할 수도 있으나 흔히 그 반대편에 존재하기 마련인 민주주의는 상쇄력의 제도화로서, 계급적 힘의 관계를 변화시키는 데 그 원초적 매력이 있다. 시장의 힘에 맞서는 다른 힘(상쇄력) 중 대표적인 것이 '집단·세력의 제도화된 힘'이다. 정치 영역의 지배 원리는, 시장에서의 각 개인이 아니라 집단과 숫자의 힘(선거 득표율 등)이다. 여기서 정치적 민주주의는 시장의 제약을 넘어설 수 있는 가능성으로서 주어지는 것이다. 반면 자본주의 시장은 열패자들을 초래하는 제약의 공간이다.

지금 우리는, 바로 이러한 생각 속에서 자본주의적 제도의 다양성에 대한 이해를 높여 가고 있다. 예컨대 민주주와 자본주의의 결합, 노동친화적 자본주의경제, 노동-자본-국가가 협력하고 함께 참여하는 코포라티즘corporatism적 경제 같은 것 말이다. 우리는 미국, 독일, 일본, 영국의 경제가 금융 및 교육, 직업훈련, 노동시장제도 등에서 큰 차이를 보인다는 것을 이해하고 있다. 상이한 제도적 구조들은 경제의 작동 방식에 큰 영향을 미친다. 어느 한 제도가 다른 제도들보다 명백히 낫다고 말하기는 힘들다. 다만 선택이 필요하다.

"나의 마지막 충고는 문제를 정확히 설정하라는 것이다. 문제를 시장 대정부의 대립 구도로 보지 말고, 시장과 정부 사이의 적절한 균형을 추구하며, 다양한 중간적 경제조직 형태의 가능성(지방정부나 협동조합 등에 기반한 조직을 포함하여)을 염두에 두라는 것이다. 불완전하고 비용이 드는 정보, 불완전한 자본시장, 불완전한 경쟁, 이것이 시장경제의 현실이다. 선택을 함에 있어서 시장경제와 아무 상관없는 모형에 기초한 이데올로기와 정리에 현혹되어서는 안 된다는 것이다."(스티글리츠, 387쪽)

2001년 피터 홀Peter Hall과 데이비드 소스키스David Soskice가 주장한 영미형 '자유시장경제', 독일·일본·스웨덴의 '조정된 시장경제' 같은 이른바 '자본주의의 다양성Varieties of Capitalism' 논의에 주목해 보자. 좀 더 들어가면, 똑같은 '조정된 시장경제'라 하더라도 노동과 자본의 타협과 조정을 둘러싼 제도적 장치들의 고유한 차이에 따라 독일형, 일본형, 스웨덴형 등으로 구분할 수도 있다. 이는, 역시 자본주의의 다양성을 주창해 온 또 다른 경제학자 데이비드 코츠David Coates의 '현대 자본주의 유형'이 제시하는 방식이다.

동시대에 지구상에 공존하고 있는 유력한 선진자본주의 시장경제의 다양한 유형을 국가별 및 지역별로 어떻게 구분하고 분류할 것인가? 오늘날의 '자본주의의 다양성' 논의는 경쟁자본주의, 독점자본주의, 제국주의 식으로 시간적 지평에서 역사적 이행 단계를 구분했던 기존의 관점과 전혀

여기서 '정리'는 후생경제학의 기본정리theorem 등을 뜻한다. "시장에 대한 신념은 부분적으로는 분석 결과, 즉 이론에 근거하고 있으며 부분적으로는 경험적 증거에 근거하고 있다. 시장에 기반을 둔 제도를 지지하는 것은, 대개 여러 가지 차원에서 시장이 잘 작동해 왔다는 사실에 근거를 두고 있다. 그러나 많은 사람들에게 이러한 관찰만으로는 설명이 불충분하다. 사람들은 그 사실이 우연이나 운이 아니라 경제구조의 근본적 귀결임을 확인하고 싶어 한다. 그러한 확신을 주는 것이 후생경제학의 기본정리의 목적이다. 그러한 확신들의 근거가 되었던 표준적 정리들을 자세히 살펴본 결과, 그 정리들은 시장을 청산하는 보이지 않는 손에 대해, 또는 그와 연관된 분권화에 관한 논의에 대해, 나아가 효율성과 형평성 문제를 분리할 수 있다는 점에 대해 이론적 근거를 제공하지 못한다."(스티글리츠, 340쪽)

다르다는 것을 우리는 눈치 챌 수 있다.

동시대의 지평에 서서 국제적 수준에서 자본주의 시장경제 체제의 여러 모습을 비교하는 자본주의 다양성 논의는, 상대적 비교를 통해 자국 시장 경제의 모습을 더욱 잘 이해하고 그 위치를 평가하며, 그 기반 위에서 미래 를 위해 어떤 경제적 제도와 정책이 필요한지를 알 수 있게 해 준다.

정복할 위기인가, 궁극적 전복인가

여러 형태의 다양한 자본주의가 지구상에 공존하는 구조는 13세기, 17 세기, 18세기에도 마찬가지였다고 주장하는 경제사학자가 있다. 바로 페르 낭 브로델이다. 브로델은 《물질문명과 자본주의Civilisation matérielle, économie et capitalisme》에서 상업자본주의, 산업자본주의, 금융자본주의 식으로 단계 별 발전 또는 연속적 도약으로 파악하는 것은 오류라고 말했다. 그에 따르 면, 상업·산업·은행업이 부채꼴처럼 펼쳐져 있는 모습, 즉 여러 형태의 자 본주의가 공존하는 모습은 13세기 피렌체, 17세기 암스테르담, 18세기 이전 의 런던 등지에서 이미 볼 수 있었던 현상이다.

19세기 초가 되면 기계류의 사용으로 산업이 고수익 영역이 되었고 이 영역에 자본주의가 대규모로 집합했던 것 같다. 그러나 자본주의가 반드 시 이 영역에만 한정되었던 것은 아니다. 선택의 자유를 가지고 있으며, 어 느 순간에라도 방향을 선회할 수 있다는 것이야말로 자본주의의 활력의 비밀이다. 물론 적응 능력, 민활성, 반복적인 힘 등을 갖고 있더라도 자본주 의가 모든 위험에서 벗어나 있는 것은 아니다. 커다란 위기가 닥치면 많은 자본가들이 몰락한다. 그러나 이때에도 다른 자본가들은 살아남고, 이를 이용해서 제자리를 잡는 자본가들도 있다. 모든 것이 바뀌지만 그러는 가운데 자본주의는 계속 이어진다.

"위기는 자본주의 발전의 핵심이며 인플레이션, 실업 등은 자본주의의 중앙화 및 집중화를 강화한다. 이것은 발전의 새로운 단계의 시작이지 결코 자본주의의 최종적인 위기가 아니다. – 헤르베르트 마르쿠제Herbert Marcuse가 1960년대에 한 말."(브로델, 3-2권, 862쪽)

제국의 시대, 혹은 레닌이 언급했던 '제국주의'는 자본주의의 '마지막 단계'가 아니었다. 레닌은 결코 실제적으로 사태가 그러했다고 주장하지 않았다. 그는 단지 그의 영향력 있는 소책자 초판에서 그것을 자본주의의 '최후의 단계'라고 불렀을 뿐이다. 그가 사망한 이후 그것은 다시 '최고의 단계'로 바뀌었다.(홉스봄 1998, 85쪽) 비록 세계의 거대한 부분이 혁명에 의해 근본적으로 상이한 형태로 옮아 갔더라도, 역사 일반도 특정한 자본주의 역사도 어떤 시점에서 마감되는 것은 아니다.

"역사는 '현재까지도 가난하게 살고 있는 국가에 제시할 만한 경제 발전 모형이란 것이 서구 사회에 존재하지 않는다'는 사실을 우리에게 알려 준다. 경제성장을 보장해 주는 간단한 처방약 같은 것은 없으며, 아주 유능한 외과의사라 하더라도 빈국이 겪고 있는 가난을 깔끔하게 도려내지는 못한다. 이런 맥락에서 본다면, 빈곤에 허덕이는 제3세계 중 적어도 일부 빈국의 경제성장을 보장하기 위해 서구 사회가 취할 수 있는 유일한 정책이 하나 있다면, 그것은 이들 국가에서 탈출한 이주민을 받아들이는 일이다."(클라크, 531쪽)

우리는 자본주의 시장경제의 결함을 흔히 이야기한다. 시인 김수영이 "나는 자본주의보다 처妻와 출판업자가 더 싫다."고 했을 때, 그는 자본주의의 결함을 그 누구보다 정확하고 은유적으로 지적했다. 그러나 자본주의는 어쩌면 그보다 훨씬 더 중요한 역동성을 갖고 있다. 마르크스는 무엇보다 자본주의의 충분한 성숙이야말로 사회주의 혁명의 물질적 기반이라고 확신했다. 하지만 그는 자본주의적 성숙이 동시에 자유주의 또는 자유민주주의의 성숙을 동반한다는 점을, 다시 말해 그것이 결국 자본주의 체제의 유지 존속에 기여할 수도 있다는 측면을 제대로 이해하지 못했다. 자본주의가 스스로 발전하고 스스로 개선하는 능력이 없다고 보는 건, 현재 자본주의경제 사회에 대한 비현실적인 관념이다. 자본주의 역시 끊이지 않는 변동의 사회이다.

"자본주의는 본질적으로 경제적 변천의 과정이다. …… 혁신이 없으면 기업가도 없고, 기업가의 사업 성취가 없으면 자본주의적 이윤도 자본주의적 추진도 없다. 끊이지 않는 산업혁명, 즉 진보의 분위기야말로 자본주의가 존속할 수 있는 유일한 환경이다. …… '안정 자본주의'라고 하는 것은 어울리지 않는 명사의 모순이다. – 슘페터, 《경기변동론》(1939)"(토인비, 1071쪽)

혁명, 자본, 제국으로 이어지는 '장기 19세기'에 관한 3부작을 쓴 홉스봄은 그 누구보다 자본주의의 역동성을 통찰하고 있었다.

"자본주의를 옹호하는 자들조차 한때는 자신들이 맥없이 무너질 때가 다가왔다고 생각했지만, 혁명은 오히려 세계 자본주의가 유지될 수 있는 주요한 보루로 남게 되었다. 낡은 질서는 도전을 물리쳤다. 그러나 자본주의는 1914년 이전과는 매우 다른 그 무엇으로 자신을 변형시킴으로써 그렇게 할 수 있었다."(홉스봄 1998, 575쪽)

만화가 알 캡Al Capp이 그린 〈릴 애브너Li'l Abner〉는 1930년대부터 1970년대까지 미국의 다수 신문에 만평으로 실린 풍자 카툰이다. 이 만화의 주인공 릴 애브너는 애팔래치아 산맥의 도그패치Dogpatch라는 빈곤한 산골마을에 사는 가공의 인물로 설정돼 있다. 1948년 이 만화에 새로 등장한, 이곳에 사는 '심무Shmoos'는 지수적指數的으로 자신을 복제생산만 하고 아무것도 소비하지 않는 신비로운 생명체다. 심무는 특히 인간이 원하는 모든 것을 열심히 생산해 낸다. 우유와 달걀뿐 아니라 구운 돼지고기와 소고기, 프라이드 치킨도 만들어 낸다. 이처럼 관대하고 박애적인 심무의 본성, 그리고 믿기 어려울 정도의 유용성은 당연히 자본주의와 서구 사회에, 나아가 문명 자체에 큰 위협이 된다.(Wright, p.3)

좌파 이론가 대니얼 싱거Daniel Singer는 2001년에 다음과 같이 말했다. "로자 룩셈부르크Rosa Luxemburg의 말대로 자본주의 체제가 살아남기 위해서는 항상 정복할 새로운 땅이 있어야 한다면, 여행이 막바지에 이르렀다는 것은 자본의 지배가 황혼기에 접어들었다는 말이 아닐까? 자본주의 체제가 새로운 일자리를 창출하는 데 갈수록 어려움을 느끼고 있는 것 같고, 금융자본이 암세포처럼 급격히 팽창하고 있으며, 엄청난 규모의 투기가 이루어지고 있다는 것은, 자본주의 체제의 파멸이 임박했음을 보여 주는 징후가 아닐까? 이런 투기 열풍, 금융상의 지표로만 나타나는 허구 세계로의 도피 행각을 볼 때, 자본의 지배는 새로 정복할 땅이 있을 때까지만 지속될 수 있다고 주장한 저 로자 룩셈부르크의 선견지명을 떠올리지 않을 수 없다. 이제는 중국과 러시아를 삼켰으니 (물론 완전히 소화해 버린 것은 아니지만) 더 이상 갈 곳이 많지 않다. 의제자본擬制資本[금융적 가공자본]의 터무니없는 팽창은 어쩌면 궁극적인 전복을 예고하는 첫 번째 조짐, 예컨대 인위적 수단으로 생명을 연장하려는 몸부림을 보여 주는 징후일지도 모른다."(정성진 2002, 73쪽)

▶ '붉은 로자'로 불린 혁명가 로자 룩셈부르크는 20세기 초에 "사회주의냐 아니면 야만이냐"라는 슬로건을 제창한 바 있다.

"마음의 탈식민화"
저발전과 발전

어느 날 젊은 신참 조교수와 경력이 오래된 나이 든 노교수, 두 경제학자가 함께 길을 걷고 있었다. 때마침 조교수가 땅에 떨어진 100달러 지폐를 보고 허리를 굽혀 주우려 했다. 그러자 옆에 있던 노교수가 즉각 제지하며 말했다. "그만두게. 이게 진짜 100달러 지폐라면 이미 다른 사람이 주워 갔을 것 아닌가."

이 100달러 지폐 은유는, 애초 신고전파경제학에서 주창하는 완벽한 시장에 대한 믿음이 극단적으로 표현된 이른바 '효율적 시장가설', 즉 투자 판단과 관련된 적절한 모든 정보가 시장에 즉각 효율적으로 전달되기 때문에 주식시장의 어느 투자자든지 전문 분석가의 판단에 따라 투자하든 임의로 주식 종목을 꼽아 투자하든 수익률은 마찬가지라는 점을 설명하는 과정에서 만들어졌다. 시장에서 개별 경제주체들이 최적화 행동을 할 때

정상 수준을 넘어서는 수익은 결코 얻을 수 없다는 가설로, 길거리에 100 달러 지폐가 떨어져 있는 일도 거의 없을 것이고, 설령 떨어진다 해도 곧바로 다른 사람이 주워 갔을 것이라는 얘기다.

100달러 지폐를 주울 기회

1996년 경제 발전에 관해 쓴 어느 글의 제목으로 이 우화를 뽑은 맨커 올슨은, 어떤 나라들은 부국이 되었는데 왜 다른 나라들은 여전히 가난에서 벗어나지 못하는지를 설명하는 하나의 은유로 이 이야기를 제시했다. 발전국가들 또 발전국가의 경제학자들이 대개 효율적 시장가설을 앞세운 개발전략을 설파하면서 행운의 100달러 같은 건 존재할 수 없다고 말하지만, 사실은 저개발 상태에 있는 국가와 사회들은 100달러를 주울 수 있는 나름대로의 경제적 지혜와 제도를 가지고 있다는 주장이다.(Olson 1996)

우리는 흔히 시장경제의 확대를 '발전'을 의미하는 경제적 변화 과정으로 가정하곤 한다. 이제 우리는 그러한 특별한 표현을 삼가야 할 것인가? 이것이 이번 장의 물음이자 주제이다. 역사적으로 주류 경제학은 경제 발전이 자유로운 시장의 힘과 개인의 창의력으로 커다란 희생 없이 성취되었음을 입증하고자 애써 왔다. 또 어마어마하게 많은 보수를 받는 경제학자들은 여러 관찰과 보고서를 통해 자유시장을 경제 발전에 이르는 가장 권장할 만한 길로 안내하고 권고해 왔다. 발전의 수레바퀴 아래서 혹은 뒤편에서 저개발 국가, 사회, 지역, 계층이 어떻게 자본주의 발전에 기여했는지에 대해서는 거의 아무런 언급도 하지 않았다.

아프리카 등 제3세계의 바람직한 경제 발전 유형을 연구해 온 하버드대 경제학자 스티븐 마글린은, 지배적인 지식에 저항하고 '마음의 탈식민화'를 해야 한다고 주장한다. 그는 빈곤국가 문제에 대한 서구의 우월한 지식 적용에 대해서도, 또 발전에 대한 저항이 무지와 미신에 기초한 것이라는 전통적인 주장에 대해서도 의문을 제기한다. 그는 세상을 이해하는 서로 다른 방식을 둘러싼 갈등이 존재함을 (우열의 차이 없는 공존을) 이해하고, 발전에 대한 전략과 방식이 아니라 발전 개념 자체를 재검토하자고 주창한다.

"서구적 지식이 전통적 지식과의 갈등에서 최종 승리한 것은 그 우월한 인식론적 힘 때문이 아니라, 지난 500년 역사에서 경제적·정치적 상승과 문화적 역사가 주는 지위에 따른 것이다."(Marglin 1990)

소설 《중력의 무지개Gravity's Rainbow》에서 "식민지들은 구주歐洲 정신의 뒷간들"이라고 한 토머스 핀천Thomas Pynchon의 말은 "후진 세계는 항상 고도로 발전된 서구 자본주의의 필요불가결한 배후지였다."(칠코트, 129쪽)는 폴 배런의 '후진성의 뿌리'에 대한 언급을 떠올리게 한다. 후진성의 기원과 종속이론이란 말에 당장 "곰팡내 나는 빛바랜 잡동사니를 꺼내는 격"이라고 여길지 모르겠다. 이미 한물간 이론으로 치부되고 있으나, 폴 배런이나 로널드 칠코트Ronald Chilcote 등의 종속이론 관점에서 자본축적은 발전이 아니라, '더 많은 규모의 착취'를 의미한다.

찰스 킨들버거Charles Kindleberger가 편찬한 《국제적 기업The International

"자, 이젠 그만 이 지루하고 암울한 추억의 파편으로 가득 찬 서랍을 닫아야 할 때가 되었다. 곰팡이 냄새와 함께 별의별 하찮은 잡동사니들로 꽉 차 있는 서랍—어차피 한 사람의 추억이란 으레 그런 골동품 서랍 같은 것이다. 녹슨 열쇠, 빛바랜 엽서나 사진, 빨간 단추, 옷핀, 책갈피의 검은 손때, 레코드 판, 한 짝뿐인 벙어리장갑, 조그만 돌멩이 …… 가령, 그 따위 별의별 물건들은 서랍의 주인에게 저마다 은밀하고 애틋한 추억의 기념물로 남아 있겠지만, 타인들의 눈에는 다만 하찮고 구질구질한 잡동사니에 지나지 않는 법이니까." 임철우(1993),《등대 아래서 휘파람》, 한양출판, 322쪽.

Corporation》(1967)은 미국 정부가 자국 기업 보호를 위해 카리브 해 지역과 중앙아메리카에서 군사력을 배경으로 개입한 정황을 간결하게 드러내고 있다. 실제로 미국 해군대장 스메들리 버틀러Smedley Butler가 1931년에 발표한 성명은 유명하다.

"나는 1914년 미국 석유자본에게 멕시코를 안전한 장소로 만드는 데 협력했다. 아이티와 쿠바에서 내셔널시티은행이 안심하고 영업할 수 있도록 조력한 것도, 국제 금융업자인 브라운브라더스를 위해 니카라과를 정화한 것도 바로 나다. 미국 모기업의 권익 보호를 목적으로 온두라스에 압력을 가한 적도 있다. 지금 그와 같은 행동을 회고해 보면 나는 시카고의 갱인 알 카포네에게 몇 개의 모범을 보여 주었다고 말할 수 있을 것 같다."(박현채, 253쪽)

1953년에 당시 제너럴모터스GM 사장이었던 찰스 윌슨Charles Wilson은 "국가에 좋은 것은 GM에도 좋은 것이고, GM에 좋은 것은 국가에도 좋은 것"이라고 말한 바 있다. 특정한 거대 소수 독점기업들의 활동이 미국 경제 전체의 모든 구성원들에게 이익이 된다는 데에는 쉽게 동의하기 어렵다. 하지만 "경제계획이나 정책 결정은 정부의 몫이다. 그리고 이를 노동조합 지도자나 경제학자들도 인정한다. 그러나 그 실질적인 내용은 거대기업을 위한 것이고 또 거대기업에 의해 만들어진다."(Marglin 1984, p.142)

종속이론과 제국주의

이제 우리는 대략 50년 전으로 돌아가 당시 전 세계 사회과학계를 풍미했던 하나의 강력한 학설, 즉 앞에서 간간이 언급하며 지나쳤던 종속이론 개념과 그 분석 방법을 짧게 돌아볼 것이다. 물론 단순한 지적 회고담을 넘어 지금 현재 지구 인간들의 삶이란 시야 속에서 말이다.

저개발이란 단순하게 개발의 결핍 상태는 아니다. 개발이 있기 전에는 저개발도 존재하지 않았다. 또한 개발과 저개발은 일부 지역이 다른 지역들보다 더 개발되었다거나 덜 개발되었다는 의미에서의 비교적 관계만은 아니다. 개발과 저개발은 근대 이후 지난 수세기 동안 자본주의적 발달의 역사적 과정을 통해 빚어진 현상이다. 즉, 개발된 상태에 있는 국가들의 개발 과정과 역사적 연관 속에서만 저개발을 제대로 파악할 수 있다.

좌파 사회학자 마이클 부라보이는 식민지에서 탈식민지로의 이행 과정을 '생산의 정치'라는 시각에서 분석하면서 '저발전의 은밀한 장소'를 다음과 같이 묘사한다.

"마르크스에 따르면 본원적 축적은 확대 축적의 전사前史였다. 로자 룩셈부르크는 자본축적에서 이러한 정식화에 근본적으로 도전하면서, 자본주의의 지속적 팽창은 비자본주의적 생산방식의 통합에 달려 있다고 주장했다. 그럼에도 그녀는 필연적으로 비자본주의적 생산방식의 해체가 초래될 것이라는 정통 견해를 고수했다. 그렇게 자본주의는 자신의 지속적인 확장에 필요한 조건들 자체를 파괴했다. 그렇지만 역사가 보여 주듯이 전 자본주의적 생산방식들이 자본주의의 진전으로 저절로 해체되는 것은 결코 아니다. 그보다는 오히려 그것들은 지배적인 자본주의 생산방식의 필요에 따라 재창출되고 재편된다."(부라보이, 276쪽)

▶ "노동과정은 사람들이 유용한 물건을 생산하기 위해 맺게 되는 사회적 관계이다. 나는 노동자들과 사용자 사이의, 그리고 각각 사이의 사회적 관계를 '생산 내부의 관계'라고 일컫고자 한다. 이것은 노동과 자본 사이의 착취 관계와는 구별되어야 한다. 착취 관계는 생산관계의 일부이며, 생산관계는 또한 착취를 조직하는 단위들 사이의 관계까지를 포함하는 것이다. 그러한 생산관계는 잉여의 취득과 분배를 모두 포함한다."(부라보이, 23쪽)

대표적 종속이론가인 안드레 군더 프랑크Andre Gunder Frank는 1960년대에 "저발전은 본래적인 것이나 전통적인 것은 아니다. 현재의 발전 국가들은 비록 그들이 미개발undeveloped된 때는 있었으나 저개발underdeveloped된 적은 없었다."고 말했다.

종속의 뿌리를 살펴볼 때 경제학 이론의 측면에서 리카도의 비교우위를 빼놓을 수 없다. 포르투갈의 폼발Pombal 후작은 일찍이 1755년에 다음과 같이 썼다.

"포르투갈 왕국은 마지막 숨을 가쁘게 몰아쉬고 있었다. 영국이 이 국가를 종속의 상태로 단단하게 결박 지었기 때문이다. 영국은 정복이라는 거추장스런 일도 하지 않고 포르투갈을 점령했다. …… 포르투갈은 기력을 상실한 채 철저하게 영국이 원하는 대로 움직였다. …… 1754년의 포르투갈은 스스로의 존속에 필요한 것들조차 생산하지 못하는 실정이었다. 일상생활의 필수품 3분의 1가량을 영국이 공급했다. 영국은 포르투갈의 상업 전반을 지배하는 주인이 되었다. 리스본에 온 영국인들이 브라질의 상업에까지 독점의 손을 뻗쳤다. 외국인들이 거대한 재산을 긁어모아서는 갑자기 사라지곤 하다 보니 포르투갈의 부는 고갈되고 말았다."(프랑크, 20쪽)

그러나 여러 해가 지난 뒤인 1817년에 데이비드 리카도David Ricardo와 그의 추종자들은 비교우위의 원리를 주장하면서, 영국의 양모와 포르투갈의 포도주 무역을 그 실례로 지적하였다. 다만, 리카도가 다음과 같은 언급도 빼놓지 않았음을 기억할 필요가 있다.

"그렇지만 경험이 보여 주는 바에 따르면 자본이 그 소유자의 직접적 통제 아래 있지 않을 때, 자본은 상상 속에서 또 실제로도 불안을 느낀다. 즉, 굳어진 관습을 그대로 간직하고 있는 자신들이 자기의 출생지이며 친척들이 사는 나라를 떠나 낯선 정부와 새로운 법률에 맡겨져야 하는 데 대한 자연적 혐오감과 불안이 있고, 이것이 자본의 유출을 억제한다. 그것은 대부분의 자본가들로 하여금, 그들의 부의 더 유리한 용도를 외국에서 찾기보다는 그들 나라의 더 낮은 이윤율에 만족하게 한다."(리카도, 207~208쪽)

경제학자들이 좋은 이론적 근거로 활용하기 이전에, 그 스스로 순진했던 리카도는 "축적하라, 축적하라!"고 모세의 예언처럼 외치는 자본의 끊임없는 가치증식 본성이나 그에 따른 제국주의적 팽창을 아직은 깨닫지 못했던 것이다.

아무튼 그 결과는 어떠했는가. 포르투갈은 포도주를 영국은 직물을 생산했으나, 영국은 공업화되었고 포르투갈은 그렇지 못했다. 포르투갈은 공업화에 역행해 더욱 저개발화된 반면, 영국에서는 반대의 현상이 일어났다.

그러나 종속이론이 막 대두하기 전에 루트비히 폰 미제스는 제국주의적 팽창이 자본주의적 현상이나 산물이 아니라는 점을 지적하고자 했다. 미제스 학설의 대표적 해설가인 이몬 버틀러Eamonn Butler는 인도와 여타 대영제국에서의 투자수익률이 영국 본토보다 더 낮았다는 사실을 지적하며, "제국주의 팽창의 주요 동기가 필수적인 경제적 필요 혹은 '착취'가 아닌 것은 분명하다."고 말했다.

"미제스에 따르면, 타국의 영토를 강점하는 것은 기업가들의 본업이 아니다. 교역이 자유롭다면 그들은 시장에서 원료를 살 것이고 광산과 플랜테이션을 직접 소유할 필요는 없을 것이다. 거기에 어떤 '경제적 필연성'이 있는 것은 아니다. 단지 '정치적 필연성'이 이를 설명할 수 있을 것이다."(버틀러, 171쪽)

특히 미제스는 《인간행동》에서 자본의 자유로운 이동은, 사람의 자유로운 이동이 제약되어 있다는 점을 고려할 때 [자유의 그 고유한 의미에서] 더욱 현실적이며, 이런 자유가 가져올 경제적 이득을 거의 다 제공할 대안이라는 점을 강조했다.

종속과 제국주의 두 용어가 거의 항상 붙어 다닌다는 것은 두말할 필요가 없다. 프랑스의 조절이론가 아글리에타는 "제국주의는 세계의 수많은 사람들에 의해 경험되고 수많은 저서에서 기술된 난해한 실재"라며, "제국주의만큼 레닌을 동요 없이 충실하게 따르는 것보다 더 치명적인 영역은 없다."고 말한다.(아글리에타, 53쪽) 제국주의는 정치적 열정을 분출시키는 용어이긴 하지만 항상 이론적인 개념은 아니며, 그 안에 가득 찬 경제주의 등 교조주의가 오랫동안 이론적 연구를 불모화시켰다는 비판이다. '불균등 교환', '주변부'와 '중심부' 등 제국주의의 그 어떤 개념도 제국주의의 완전한 의미를 포착하는 데 실패했다는 것이다.

그럼에도 제국주의는 다른 연구자들에게는 여전히 강력한 분석적 개념 도구이다. 19세기 가뭄이라는 거대한 수레바퀴와 계절풍의 수수께끼를 추적하면서, '증발해 버린 19세기 비밀의 역사'를 자본의 투기와 빅토리아 시대 제국주의 정치의 유령을 통해 파헤친 마이크 데이비스는 다음과 같이 말한다.

"엘니뇨 가뭄의 충격은 19세기 최악의 전 세계적 경기 침체로 증폭되었다. 미국 역사학자 에릭 포너Eric Foner는 이렇게 쓰고 있다. '자본의 시대에 열광적 경제 팽창이 1873년 끼익 하는 소리를 내며 멈추었다.' 미국 철도 주식에 꼈던 투기적 거품이 꺼지면서 경제 위기가 급속히 전 세계로 퍼져 나갔다. 월 가에서 가상의 자본이 결딴나자 맨체스터의 목화 거래소에서 실제 가격이 폭락했고, 펜실베이니아·남웨일스·작센·피에몬테 등의 산업 중심지에서 실업이 폭등했다. 디플레이션은 머지않아 열대의 농민들도 위협했다. 철도가 미국과 러시아의 대초원을 개방하고 수에즈 운하가 유럽과 아시아의 거리를 단축시키면서 농산물 수출이 엄청나게 증가했는데, 이로

써 이들 열대 식민지의 주요 산물에 대한 식민 모국의 수요가 급락했던 것이다."(데이비스, 107쪽)

1876년부터 1878년까지 전 세계적 가뭄 시기에 인도의 기근 사태를 해명하기 위해 제국의 과학이 동원되었다. 1869년 천문학자 조지프 로키어Joseph Lockyer가 창간한 영국 주간 과학전문지 《네이처Nature》는 계절풍과 강우 그리고 태양흑점Sun-spots의 변동 사이에 주기성이 있다는 주장을 흥분 속에 열렬히 제기했다. 특히 런던의 과학자와 경제학자들은 태양흑점이 인도 기근 사태의 원인을 설명해 줄 뿐만 아니라, 경기순환의 비밀 엔진을 해명하는 열쇠라고 주장하고 나섰다. 임금 대비 자본의 과잉축적이 아니라 태양이 비밀이라는 것이다.

"이 '대불황' 시기(1873~1896) 가장 주목할 만한 특징은 그 보편성이었다. 즉, 평화를 유지하고 있는 나라들에나 전쟁에 말려든 나라에나 모두 영향을 미쳤다. 통화가 안정되고 있는 나라, 통화가 불안정한 나라, 자유로운 상품교환제도 아래 있는 나라, 상품 교환을 다소간 제한하고 있는 나라, 이 모든 나라들에 영향을 미쳤다. 불모의 땅 뉴펀들랜드 섬이나 래브라도의 주민에게나, 동인도와 서인도의 햇빛 따사롭고 풍성한 사탕 재배 도서島嶼들의 주민에게도 그것은 감내할 수 없는 큰 재난이었다."(홉스봄 1996b, 21쪽)

당시 신고전파 수리경제학의 창시자 중 한 명인 윌리엄 제본스가 마침 '태양흑점과 상업의 위기'를 주제로 두 편의 논문을 《네이처》에 발표했다. 태양이 인도와 중국 농업에 영향력을 행사함으로써 전 세계의 경기순환을 추동한다는 파격적인 이론이었다. 제본스가 1879년 1월 《더 타임스The Times》에 보낸 편지의 한 대목이다.

"태양 복사에너지의 증가는 열대지방의 기상에 긍정적 영향을 미친다. 그리하여 중국, 인도, 기타 열대 국가들에서 연이어 풍년이 든다. 몇 년에 걸쳐 번영이 지속되며 6억 명에서 8억 명의 주민이 우리가 제조한 상품을 엄청나게 구매한다. 랭커셔와 요크셔의 무역 호조 속에서 제조업자들은 기존의 생산수단을 최대한 활용하며, 이어서 새로운 기계와 공장을 들여오고 짓기 시작한다. 서유럽에서 적극적 산업 활동의 열기가 폭주하는 가운데 태양 복사가 서서히 이지러지기 시작한다. 우리의 제조업자들이 엄청난 양의 상품을 공급하려는 바로 그 순간에 인도와 중국의 기근 사태가 갑작스럽게 그 수요를 차단해 버린다."

오늘날에는 기괴해 보이기까지 하지만, 당시 이 논문은 특정한 정치적 목표와 긴급성을 가지고 있었다. 제본스는 자유무역에 대한 대중적 믿음이 심각하게 훼손되고 있다고 경고했다. 제본스는 마르크스에 맞서, 1870년대 전 세계적 경기 불안정이 자본주의 제도의 실패가 아니라 그 기원이 엄연히 천문학적 현상에 있음을 입증하려 한 것이다.

" ' [1870년대와 1890년대에 발생한 전 세계적 가뭄의 원인과 관련하여] 베일을 걷어 올릴 때마다 다른 많은 것들이 밝혀졌다. 그들은 서로 맞물려 있는 상호 의존적인 수수께끼의 연쇄상을 인식했다. 그것은 마치 DNA의 이중나선과 유사한, 기상학적 미스터리다. – 알렉산더 프레이터Alexander Frater, 《계절풍 연구》(1991)' 계절풍 강우와 열대지방의 가뭄을 태양이 통제할 것이라고 생각하며 들떴던 초기의 환호는, 유명했던 태양흑점의 상관관계가 혼란스런 통계적 안개 속으로 사라져 버리면서 이내 당혹과 좌절로 바뀌었다."(데이비스, 345쪽)

토인비도 이에 대해 《역사의 연구》에서 언급한 바 있는데, 그는 "여러 가

이른바 '태양흑점설'로 1880년대에 '주기에 대한 열광cyclomania'이 지배했다. 태양흑점 주기가 비와 곡물의 유동성을 조절하고, 이를 바탕으로 환율과 주가도 조정한다는 것으로, 당시 정치경제학은 태양 물리학의 한 분야임이 폭로되고 말았다.(데이비스, 359쪽)

지 이유로 경기순환 설명에 있어서는, 외부적 교란 요소의 영향을 가능한 한 가볍게 볼 수 있게 하는 것이 바람직하다."고 말했다.

"'기후-곡물 수확' 주기와 일부 경제학자에 의해 밝혀진 경제적·산업적 주기 사이에 상호관련이 있다는 설이 주장된 적이 있다. 빅토리아 시대에 이 방면의 선구자인 윌리엄 스탠리 제본스가 경기순환은 태양흑점의 출현과 소멸로 나타나는 태양 방사능 변동의 영향을 받는다는 기발한 생각을 했는데, 제본스 자신도 후년에 '경기의 주기적 변동은 사실 심리적인 성질의 것이며 의기소침, 희망, 흥분, 어긋난 기대, 공황 등의 변화에 의존한다'고 시인했다."(토인비, 1006쪽)

'태양흑점'은 1980년대 들어서부터는, 로버트 루카스의 '합리적 기대'에서 중요한 기능을 담당하는 '경제의 펀더멘털'과 명확히 대립되는 일반적인 불확실성을 지칭하면서, 이른바 '자기실현적 기대self-fulfilling prophecy'라는 경제학의 새로운 탐구 영역을 낳았다.

부유한 연구자들이 제시한 '빈곤' 해결책

옆길로 샌 느낌이다. 다시 '자본주의와 발전'으로 돌아오자. 자본주의는 어떤 인격이나 제도가 아니다. 원하거나 선택하는 것이 아니다. 그것은 하나의 생산양식을 통하여 작용하는 논리, 즉 맹목적이고 집요한 축적의 논리다.(보, 173쪽) "자본주의 생산의 역사적 여명기에는 탐욕과 부자가 되려는

일간지 《한겨레》 2014년 1월 4일자 인터뷰에서 채현국 효암학원 이사장은 "사업을 해 보니까 …… 돈 버는 게 정말 위험한 일이더라. 사람들이 잘 모르는데, '돈 쓰는 재미'보다 몇 천 배 강한 게 '돈 버는 재미'다. 돈 버는 일을 하다 보면 어떻게 하면 돈이 더 벌릴지 자꾸 보인다. 그

욕망이 지배적 정열이다. …… 축적하라! 축적하라! 이것이 모세이고 예언 자이다." 그러나 마르크스는 이 지배적 정열이 인간 본성의 발로가 아니라, 체제의 소산이라고 주의 깊게 지적하고 있다.

"자본가가 부로서의 부를 얻으려는 정열은 수전노의 경우와 같다. 그러 나 수전노의 경우는 단순한 우상숭배지만, 자본가의 경우는 단지 수레바 퀴 중 하나에 불과한 사회 기구의 결과이다."(배런·스위지, 47쪽)

세계적 규모에서 자본의 운동과 축적이라는 제국주의적 접근으로 보면 제3세계 종속이론이 여전히, 어쩌면 21세기에 오히려 더욱 적실하다고 주 장할 수 있을지도 모른다. 비교우위에 기초한 자유무역이라는 자본주의 경 제학 자체가 본질적으로 제국주의 경제학일 수 있다. 미국의 세기가 끝났 다는 주장도 있으나 미국 헤게모니의 구조적 권력은 재정적자와 무역수지 등 경제지표만으로는 측정될 수 없으며, 달러 금융과 정보 및 문화, 군사력 등에서 여전히 비대칭적인 힘을 가지고 있으며, 미국 헤게모니가 약화된 것 이 아니라 재조직되고 강화되고 있다는 주장도 있다.(정성진 2002)

맨커 올슨은, 자유무역 같은 표준적 시장이론은 "다리를 2개만 가진 아 주 좋은 의자"와 같다고 말했다. 제3의 다리가 없는 이유는 경제학이라는 학문이 상대적으로 성공적인 경제에서 시작되고 발전되었기 때문이다.

"경제이론이 전개된 모든 나라들은 통상 당연히 수용되는 한 가지 특성 을 공유하고 있다. 다만, 이 제3의 지지대가 너무 평범해서 눈에 띄지 않기

매력이 어쩌나 강한지, 아무도 거기서 빠져나올 수가 없다. 어떤 이유로든 사업을 하게 되면 자꾸 끌려든다. 정의고 나발이고, 삶의 목적도 다 부수적이 된다. 중독이라고 하면, 나쁜 거라 는 의식이라도 있지. 이건 중독도 아니고 그냥 '신앙'이 된다. 돈 버는 게 신앙이 되고 권력이, 명예가 신앙이 된다."고 말했다.

때문에 수요와 공급이라는 두 다리가 의자를 지탱하는 것처럼 보인다. 제3의 지지대는 경제학자들이 기술하는 그 사회 내에 존재하였으나 이론이나 교과서에는 존재하지 않았다. 그러나 경제학이 제3세계에 주목하려면 그 제3의 다리가 필요하다. 제3세계 학생들이 경제이론에 관한 역작을 접하면 너무나 일반적이어서 지구가 아닌 다른 행성에서도 유용하리라는 인상을 받는다. 그러나 이 역작들은 제3세계 학생들에게 왜 빈곤에 대한 설명으로 가득 찬 책을 읽어야 하는지, 왜 그 책이 부유한 환경에서 저술되었는지에 대해 말해 주지 않는다. 이 질문은 우리가 지금부터 다루고자 하는 것이다."(올슨 2010, 229~230쪽)

올슨은 그 자체로 경제 번영을 가져온다는 시장이 세계 도처에 있는데도 왜 지구상 곳곳에 소득이 낮은 국가가 많은가라는 의문을 던진다. 대답은 간단하다. 어떻게 그 사회가 풍요를 가져오는 빠른 성장을 추구하는 시장의 유형을 고안하고 가질 수 있느냐에 달려 있다는 것이다. 여기서 경제적 성공을 보장하는 시장 유형을 위한 조건은 두 가지다. 첫째, 안정적이고 잘 정의된 사유재산권을 가질 때다. 이 권리는 사자와 독수리 같은 강제력을 가진, 즉 힘의 어두운 측면을 가진 정부가 없으면 보장되기 어렵다. 둘째, 그러나 그 정부가 세금 등으로 강탈하지 않아야 한다. 이 두 가지가 갖춰지면 집단은 '넓고 큰 이해관계' 속에서 공공재를 제공하기 위한 집단행동이 가능해진다는 것이다. 요약하자면, 공산주의 같은 사회에서(또, 지배적 정치권력의 존재 아래서) 공급되는 공공재, 그리고 사적 소유의 자본주의가 함께 어우러지는 시장이 올슨이 주창하는 '경제 번영으로 가는' 시장의 유형이다.

우리가 이미 흘러간 옛 노래로 여겨지는 저발전과 종속을 다시 검토한 이유를 좀 더 분명히 제시할 때가 되었다. 사실 1960년대 배런이나 스위지가 제시하고 묘사한 독점자본이나 여러 종속이론가들이 던진 질문은 여전히 유효하며, 어떤 의미에서는 그들이 비판하고자 했던 소득분배 불평등은 현재 훨씬 더 악화되어 있다고 할 수 있다.

1970년대 초 도스 산토스는 중심부의 발전과 지배뿐만 아니라 그러한 제국주의 중심부의 팽창 대상이 되는 주변부 그 자체의 내적 발전 문제를 규명하는 데 집중해야 한다고 강조한 바 있다. 국제적 수준의 불균등 발전을 고려할 때, 그러한 "모순적 현실에서 중간적인 해결책은 공허하고 유토피아적인 것으로 증명되었으며,"(칠코트, 105쪽) 민중봉기 전략을 통한 민중혁명정부 모델이 민족주의 노선의 실패와 국가 내부의 다국적기업의 영향 등 변화한 역사적 여건에 더 적합하다는 것이다. 1980년대 한국 변혁운동의 역사적 여건도 산토스가 말한 이러한 맥락과 크게 다르지 않았다. 실제로 당시 운동 논객이나 활동가들의 책장에 산토스의 글이 꽂혀 있었던 것은 전혀 놀라운 일이 아니다.

어쩌면 발전과 저발전의 '종속'이라는 테제는 갑오농민전쟁 이후 한국 근현대사의 가장 핵심적인 문제로 제기된 질문 중 하나이다. 외세가 한국 사회에 살고 있는 사람들의 삶의 문제에서 가장 시급히 해결해야 하는 선결 과제인가, 아니면 노동과 자본의 대립 같은 문제가 더 근본적인가의 문제는 해방 이후에도 계속 이어져, 1980년대 말 가장 극단적인 대립과 논쟁의 형태로 이론과 실천 영역에서 대두되었다. 가나 독립운동을 지휘하여 아프리카의 지도자로 일컬어지는 콰메 은크루마Kwame Nkrumah는 1968년 "제3세계는 모든 것을 의미하지만 동시에 아무것도 의미하지 않는 잘못 사용된 표현"이라며 다음과 같이 말했다.

"세계의 투쟁과 긴장의 원인은 냉전이라는 종래의 정치적 맥락, 즉 민족국가와 강대 진영의 정치적 맥락이 아니라 혁명적 민중과 반혁명적 민중이라는 관점에서 파악되어야 한다. 그것은 피억압자와 억압자 사이, 그리고 자본주의 길을 추구하는 자들과 사회주의 정책에 몰두하는 자들 사이의 최후까지의 싸움이다."(칠코트, 23쪽)

1980년대 한국에서도 민족의 길, 민중의 길, 자본주의의 길, 사회주의의 길이 서로 중첩되거나 또 구분되면서 쟁투를 벌이지 않았던가. 어쩌면 제3세계라는 말처럼, 모든 것을 의미한 듯 보였지만 사실은 아무것도 의미하지 못한 공허한 쟁투였다고 돌이키는 사람도 있을 것이다.

 저개발에 의존하는 개발, 이중구조

이제, 저개발과 '이중구조'를 살펴보자. 이중구조는 흔히 소득 불평등과 임금의 양극화, 고임금과 고용 안정이 보장된 정규직과 차별받는 비정규직의 '이중경제dual economy' 구조를 뜻한다. 이른바 전통적 농업 부문에서 도시산업으로 저임금 노동력의 무한공급을 제시한 노벨경제학상 수상자 아서 루이스Arthur Lewis가 그려 낸 이중경제는, 마치 망망대해에 위치한 조그만 섬처럼 거대한 시골풍의 전통적 부문에 둘러싸인 소규모 도시풍의 산업화된 경제활동 부문을 뜻한다. 이중경제가 경제개발 과정에서 나타나는 자연스러운 모습이라는 것이다.

그러나 2차 시장은 경제성장 과정에서 '피할 수 없는' 것이 아니라, 양극화나 2차 노동시장처럼 오히려 적극적으로 '필요한' 존재이다. 근대 부문의 성공은 낙후된 부문의 존재를 필요로 하는 것을 넘어 '전제'로 한다. 서로 점차 양쪽 극점으로 점점 더 확연히 분리되는 각각의 별다른 세계가 아니라, 오히려 근대 부문과 고임금·고용 안정·1차 노동시장·고소득층은 하위층의 존재를 필요로 하며, 이를 기반으로 형성되고 유지·강화된다는 뜻이다. 이중경제 체제는 경제 발전을 위해 국내 또는 세계 다른 지역의 저개발에 의존하거나 심지어 이를 조장하기도 한다. 여기서 핵심은, 역사적으로 이성과 지식과 무기를 가진 국가 및 계급·인종들이 착취를 위해 대부분 이를 의도적으로 조장한다는 사실이다.

《국가는 왜 실패하는가?》는 이중경제가 자연발생적인 것도 불가피한 필연도 아닌 유럽 식민지배 정책의 산물이었다는 점을 보여 준다. 애쓰모글루에 따르면, 어느 선교사가 1869년에 쓴 편지는 당시 경제적 역동성과 남아프리카 농민의 번영상을 여실히 보여 준다. 잉글랜드로 보낸 편지에서 선교사는 "랭커셔 면직물 구호기금으로" 46파운드를 모금했다고 신명이 난 어조로 기록했다.

"이제 아프리카 농민이 잉글랜드의 가난한 면직물 근로자 구호를 위해 기부할 수 있는 수준에 이른 것이다. …… 그러나 1890년에서 1913년에 이르는 동안 아프리카 경제 호황은 느닷없이 제동이 걸리더니 이내 뒷걸음질 치고 만다. 아프리카 농촌의 번영과 역동성이 송두리째 흔들린 데는 두 가지 요인이 있었다. 첫째, 아프리카 원주민과 경쟁하던 유럽 농민의 반목이었다. 성공한 아프리카 농민은 유럽인도 생산하던 작물의 가격을 끌어내렸다. 유럽인의 해법은 아프리카 농민을 시장에서 쫓아내는 것이었다. 두 번째 요인은 한층 더 사악했다. 유럽인은 호황을 누리기 시작한 광업 부문에 값싼 노동력을 투입하고자 했고, 값싼 노동력을 지속적으로 공급받으려면 아프리카인을 궁핍하게 하는 수밖에 없었다. 향후 수십 년 동안 유럽인은 이런 음모를 차근차근 추진한다."(애쓰모글루, 378~380쪽)

그 결과, 아프리카 원주민들이 이전 50년간 이루었던 경제적 성과는 모조리 원점으로 퇴보하고 말았으며, 원주민은 쟁기마저 팽개치고 다시 호미를 들어야 했다.

눈이 내리지 않는 지역에는 민주주의가 없다고도 하고, 불볕의 적도 지역과 북반구의 정치·경제·문화·생활수준의 차이를 기후적·지정학적 조건의 문제로 설명하기도 한다. 그러나 지정학을 넘어선 정치가 그러한 차이의 열쇠임을 보여 주는 수많은 문헌들이 있다. 에릭 윌리엄스Eric Williams는 1944년에 쓴 《자본주의와 노예제도Capitalism And Slavery》에서 다음과 같이 말했다.

"18세기에 리버풀이 노예 수송에 필요한 배를 건조하여 번창할 수 있었다면, 같은 시기에 맨체스터는 노예를 구입할 목적으로 면직물을 제조해 번창할 수 있었다. 맨체스터 면직물 공업이 성장하도록 처음에 자극을 준 것은 아프리카와 서인도의 시장들이었다. 이 도시의 성장이 리버풀의 성장과 밀접한 관계가 있었으며, 이는 리버풀이 바다와 세계시장으로 통하는 문호 역할을 했기 때문이다. 노예무역에서 얻은 자본은 일단 리버풀에 쌓였다가 내지로 흘러들어 오면서 맨체스터에 생기를 불어넣었다. 아프리카로 갈 맨체스터의 면직물 상품은 리버풀의 노예무역선에 실렸다."(프랑크, 38쪽)

1857년 런던의 《더 타임스》조차 "우리 영국은 노예제도에서 생긴 이윤의 큰 몫을 차지한다. 그러면서도 우리는 스토우Stowe 여사[흑인해방의 어머니'로 불리는 《톰 아저씨의 오두막집Uncle Tom's Cabin》을 쓴 작가]를 환영하고 그녀의 책에 눈물을 적시고 노예제도를 반대하는 대통령을 위해 기도한다. 그리고 다른 한편에서는 톰 아저씨와 그의 동료 수난자들이 따서 말린 목화를 가지고 이윤을 벌어들이고 있다."고 썼다.

윌리엄스는 영국의 자본주의가 서인도의 노예제도를 파괴했지만 계속해서 브라질과 쿠바 그리고 미국의 노예제도 위에서 번창했다고 덧붙였다. 일단 어느 국가의 풍부했던 자원이 고갈되거나 그 생산물 시장이 영구적으로 혹은 일시적으로 사라지면, 자본가들은 조용히 천막을 접고 발전의 새로운 국면, 즉 저개발의 새로운 국면에서 찾아오는 기회를 좇아 어느 곳

이든 달려가 또 한 번 일을 벌이는 것이다.(프랑크. 40쪽)

애쓰모글루에 따르면, 노예무역의 철폐는 아프리카에서 노예제도를 사라지게 한 것이 아니라 노예의 재배치로(아프리카 내부로) 이어졌을 뿐이다.

"이제 노예는 아메리카 대륙이 아니라 아프리카 내부에서 신음해야 했다. …… [영국 등 유럽에서 법으로 노예무역이 금지된 이후] 19세기 내내 아프리카 노예제도는 위축되기는커녕 오히려 확대된 것으로 보인다. …… 열강들의 아프리카 쟁탈전 이후 공식적인 식민지 시대가 도래해서도 노예제도는 근절되지 않았다. 유럽인은 노예제도를 퇴치하고 철폐해야 한다는 명분으로 아프리카를 잠식했지만, 현실은 사뭇 달랐다. 아프리카 식민지 대부분 지역에서 노예제도는 20세기를 한참 지나서도 살아남았다."(애쓰모글루. 371쪽)

아메리카 노예무역 제도의 유산으로 노예무역이 철폐된 이후에도, 아프리카 국가마다 스스로 내부에서 노예를 잡고 법으로 노예를 만들었으며 농장에 강제동원한 노예를 기반으로 한 정권이 극성을 부렸다. 그리고 그 노예를 쟁탈하려는 종족 간 내전이 끊임없이 이어졌다.

 아무도 원하지 않은 '발전'

저개발과 제도가 밀접하게 상호 관련되었다는 측면에서 제3세계 개발원조의 역사를 돌이켜 보면, 과거 50년 동안 해외 개발원조가 쏟아부어진 가난한 나라들은 숱하게 '국가 실패'를 경험했다. 무엇이 고장 나고 잘못됐기 때문일까? 개발원조 과정에서 무슨 일이 일어난 것일까?

"아프간 인민 대다수가 탈레반 정권의 악몽을 딛고 미래를 향해 나아가고 싶어 했다. 국제사회는 이제 아프가니스탄에 대규모 해외 원조만 유입되면 그만이라고 여겼다. 유엔 및 여러 유력 비정부기구의 대표가 수도 카불에 모여들었다. 여하튼 으레 해 오던 의식이 되풀이되었다. 수많은 구호 단원과 수행원들이 전세기를 타고 마을에 도착했고, 온갖 비정부기구가 나름대로 목표를 가지고 모여들었으며, 국제사회의 각국 정부와 대표단이 고위급 회담을 시작했다. 이제 아프가니스탄에 수십억 달러가 유입되고 있었다. 하지만 사회간접자본이나 포용적 제도 발전에, 또 절실하게 필요했던 학교 등 공공서비스 구축에 사용되는 원조금은 거의 없었다. 쑥대밭이 된 기간산업은 뒷전이었고, 첫 지원금은 유엔 등 국제기구 관리를 실어 나르는 항공기 전세에 사용되었다. 이어 운전기사와 통역관이 필요했다. 영어가 가능한 몇 안 되는 관료와 교사를 고용해 운전과 안내를 맡겼다. …… 지난 반세기 내내 수천억 달러가 개발원조 명목으로 전 세계 여러 정부에 흘러들어 갔지만 대부분 부대비용과 부정부패로 낭비되기 일쑤였다. 물론 해외원조 중단은 비현실적이고 인간적 고통만 키울 뿐이다. 대단히 비효율적이라 해도 그럴 만한 욕구가 있는 한 해외원조는 계속될 것이다. 거대한 거미줄처럼 얽혀 있는 온갖 국제기구와 비정부기구가 현상 유지를 위해 끊임없이 자원을 요구하고 동원할 것이다. 대부분이 헛되이 사용된다 해도, 가령 해외 원조 10달러마다 몇 푼이라도 전 세계 가난한 사람들에게 전달되는 것은 사실이며, 끔찍한 고통을 덜어 주는 데 그 몇 푼이라도 도움이 될 것이기 때문에 아예 없는 것보다는 낫다. 포용적 정치·경제제도가 필요하다는 교훈은 세계 불평등과 빈곤의 뿌리를 이해하고 헛된 희망에 기대를 걸지 않기 위해서 중요한 일이다. 문제의 뿌리가 제도에 닿아 있기 때문에 수혜국의 제도라는 테두리 안에서 주어지는 해외 원조는 지속 가능한 경제성장을 촉진하는 데 아무런 도움이 되지 않는다."(애쓰모글루, 634~638쪽)

그러나 칼 폴라니는 마르크스주의자들이 인도 등지에 대한 19세기 말 제국주의의 착취적 성격을 지나치게 강조함에 따라, "문명의 퇴보라는 훨씬

더 중요한 문제를 우리가 볼 수 없게 되었다."고 말한 바 있다. 토착 사회가
재앙을 겪은 이유는 희생당한 문명의 기본 제도들이 급속하게 폭력적으
로 붕괴했기 때문이며(그 과정에서 어떤 힘이 작용했는지의 여부는 별로 중요해 보이
지 않는다.), 그 제도들은 완전히 다르게 조직된 사회에 시장경제가 가해졌다
는 사실 때문에 붕괴했다. 노동과 토지가 상품으로 전환되었는데, 이것은
유기적인 사회의 문화제도 전부를 해체하는 간단한 공식일 뿐이다. 19세기
후반기에 인도 민중은 랭커셔에서 착취당하고 굶주리면서 죽은 게 아니며
"그들 다수는 인도의 촌락공동체가 파괴되면서 죽어 갔다."는 것이다.

　민중들이 본격적인 시장경제나 산업주의industrialism를 원치 않았다는 얘
기는 적지 않다. 자본주의 이전 근대 농민 집단에 대한 향수를 책 곳곳에
서 은연중 드러내고 있는 듯한 배링턴 무어Barrington Moore는 다음과 같이
말했다.

　"참으로 공산주의적 산업화 과정에서 민중 집단의 짐이, 그보다 선행한
자본주의 하에서의 짐보다 가벼워졌다고 주장할 수는 없다. 이 점에서 어
느 곳의 민중이든 그들이 산업사회를 원했다는 증거는 없으며, 오히려 원
치 않았다는 충분한 증거가 있음을 상기하는 것이 좋을 것이다. 실제로 모
든 형태의 산업화는 지금까지 위로부터의 혁명, 무자비한 소수의 작품이었
다."(무어, 503쪽)

　아무튼, 이 장에서 저발전과 종속이론이 철 지난 혹은 무모한 이론에 불
과한 것이 아니며, 여전히 우리가 살고 있는 세계를 이해하는 좋은 열쇠 중
의 하나일 수 있다는 생각이 들었다면, 애초의 의도는 어느 정도 성공을
거둔 셈이다.

지배와 위계 그리고 규율

3

"나는 과거의 착취와 야만이 오히려 정직하였다고 생각한다. 햄릿을 읽고 모차르트의 음악을 들으면서 눈물을 흘리는 (교육받은) 사람들이 이웃집에서 받고 있는 인간적 절망에 대해 눈물짓는 능력은 마비당하고, 또 상실당한 것은 아닐까? …… 지배한다는 것은 사람들에게 무엇인가 할 일을 준다는 것, 그들로 하여금 그들의 문명을 받아들이게 할 수 있는 일, 그들이 목적 없이 공허하고 황량한 삶의 주위를 방황하지 않게 할 어떤 일을 준다는 것이다."

— 조세희, 《난장이가 쏘아올린 작은 공》

"'자유는 다른 재화와 다르다 …… 수요가 크면 클수록 그 비용이 저렴해지는 상품은 유일하게 자유뿐이다'라는 폴란드 잠언가 제르지 렉Jerzy Lec의 말에 우리는 전적으로 동의한다."

— 까갈리츠키, 《생각하는 갈대》

"자유란 무슨 선물로 얻어지는 게 아닐세. 독재 체제 속에서 살면서도 자유로울 수가 있다네. 그 독재에 대항하여 싸우는 단 한 가지 경우에 말일세. 자기 자신의 정신으로 생각하고 자기 정신을 타락시키지 않고 간직하고 있는 자는 자유롭네. 스스로 옳다고 생각하는 것을 위해 싸우는 자는 자유롭네. 그러나 세상에서 가장 민주적인 나라에 살면서도 정신적으로 게으르고 둔하고 굴종적이라면 자유롭지 못하지."

— 실로네, 《빵과 포도주》

"자본 폭군"
지배와 자유

자본주의사회에는 정치권력의 지배뿐만 아니라 경제적·사회적 지배라는 또 다른 영역이 있다. 이 장에서 경제적 지배가 우리 삶에 매우 중요한 권력으로 작용하고 있다는 점이 분명하게 드러나기를 바란다.

"하나의 가치 체계가 유지되고 전승되기 위해 인간은 구타당하고 위협받으며, 감옥과 강제수용소로 보내지고, 기만당하고 매수되며, 영웅으로 만들어지고, 신문을 읽도록 장려되고, 벽을 등지고 서서 총살당하고, 때로는 사회학까지 배우게 된다. …… 우리는 사람이 어떻게 세계를 이해하며, 그가 본 것에 대하여 무엇은 하려고 하며 무엇은 하려고 하지 않는지에 대한 어떤 개념을 갖지 않고서는 아무것도 할 수 없다. 이 개념을 사람들이 그것에 이르게 된 과정과 분리시키고 그 역사적 맥락에서 분리하여 그 자체로서 하나의 독립적인 요인으로 보는 것은, 소위 불편부당하다고 하는 연구자가 흔히 지배 블록이 자신들의 가장 야수적인 행위를 합리화하기 위해 내놓는 정당화에 굴복하는 것을 의미한다. 두렵게도 이것은 바로 오늘날의 수많은 아카데믹한 사회과학이 저지르고 있는 일이다."(무어, 484~485쪽)

돈, 가장 매혹적인 지배 수단

아놀드 하우저는 《문학과 예술의 사회사Sozialgeschichte der Kunst und Literatur》(현대편)에서 자본의 지배를 다음과 같이 다소 마술적으로 묘사한 바 있다.

"왕은 군림할 뿐 통치하지 않기를 바란 것은 실상 '마음껏 돈을 벌라'는 마어魔語로, 부르주아의 좀 더 넓은 층을 매혹한 도구였다. …… 돈은 공사公私의 전 생활을 지배하며, 모든 것이 돈 앞에 굴복하고 돈에 봉사하며 돈에 의해 더렵혀진다. 정부는 토크빌의 말처럼 상사商社를 대변한다. 기업은 자체의 이해와 목적을 추구하고 자체의 논리법칙에 따라가는 하나의 자율적 유기체가 되며, 자기와 접촉하는 모든 사람을 노예로 삼는 폭군이 된다. 사업에의 완전한 몰두, 회사가 경쟁하여 번영하고 확장되게 하기 위한 기업가의 자기희생, 그의 절대적이며 무자비한 성공에의 노력은 무시무시한 편집증적 성격을 띠게 된다. 원래는 사람이 만든 체제가 이제는 그것을 지탱하는 사람들에게서 독립하게 되며, 사람의 힘으로는 그 움직임을 막을 수 없는 하나의 메커니즘으로 변한다. 근대 자본주의의 두려운 점은 [시장]기구의 이런 자율적 운동에 있으며, 발자크가 무섭게 묘사한 그 마성魔性은 이렇게 해서 나타난다. 이해관계가 복잡해지고 뒤얽히는 만큼 싸움은 점점 더 거칠고 가열되며 괴물은 점점 여러 가지로 모습을 바꾸며 파멸은 점점 더 불가피해진다."(하우저, 현대편, 10~11쪽)

마르크스가 "모든 견고한 것은 대기 중에 녹아내린다."고 적절하게 말했듯이, 근대 이후 경제적 시장이 세계를 지배하면서 모든 것이 임시적이고 영구적으로 믿을 수 없는 것처럼 보이게 되었다. 회의와 비관주의가 세상을 풍미하게 되고 목을 조르는 듯한 생활의 불안감이 자본주의 세계에 가득 차게 되었다.

흔히 지배라고 하면 정치적·민족적·인종적·종교적·이데올로기적 지배 따위를 생각하기 쉽다. 이와 달리 지배에 대한 새로운 관점, 즉 '경제적 측면의 지배' 개념을 최초로 제공한 사람은 막스 베버다. 베버는 《지배의 사회학Soziologieder Herrschaft》 제1장 '지배의 구조와 기능'을 탐색하는 첫머리에서 권력과 지배를 이렇게 갈파한다.

"구체적 내용이 없는 가장 일반적인 의미에서의 지배는 사회 행위의 가장 중요한 요소가 된다. 실제에 있어서 모든 사회 행위가 지배적 구조는 아니다. 그러나 지배는 어떤 형태건 매우 두드러진 역할을 하며, 인간이 미처 깨닫지 못하는 영역에서도 활발히 작용한다. …… 지배조직의 강력한 영향력은 사회 행위의 모든 영역에서 예외 없이 나타난다. …… 지배의 존속은 과거의 장원제도나 오늘의 자본주의 대기업 같은 경제적 사회조직에서 특히 결정적인 역할을 했다."

앞으로 검토하겠지만 지배는 권력의 특수 형태다. 다른 형태의 권력이 그렇듯이, 지배도 지배권 행사를 통해 자신을 위한 충분한 재화의 조달 등 순수한 경제적 이익을 추구하는 배타적·통상적 목적만을 겨냥하지는 않는다. 그러나 물질적 재화의 처분권이나 경제적 권력은, 가장 통상적이고 또 조직적으로 노리는 지배의 산물이며, 동시에 지배의 가장 중요한 일상적 수단이다. 지배의 유지를 목적으로 한 경제적 수단의 동원 방법이 지배구조 형태에 결정적인 영향을 미칠 만큼, 지배와 경제적 권력 수단의 관계는 밀접하다. 대다수의 가장 현대적이고 가장 중요한 경제공동체는 지배 형태의 구조를 갖고 있다. 결론적으로 지배의 구조는, 그 본질이 어떤 특정 경제 형태와 명백한 밀착성은 거의 없다 해도, 경제 연관적인 계기에 큰 영향을 받으며, 대체로 경제적 결과로 파행된 것이라고 할 수 있다."(베버 1981, 9~10쪽)

다른 모든 형태의 지배와 달리 자본주의 지배는 자체의 비인격적인 impersonal 성격 때문에 통제될 수가 없다. 자본주의 지배는 진정한 지배자가 누구인지 파악할 수 없고, 따라서 윤리적 요구를 강요할 수도 없는 간접적인 형태로 나타나는 것이 일반적 외형이다.

"주식회사의 중역은 주주의 이익을 진정한 주인으로 받아들여야 할 입장이기 때문에 자기 공장의 노동자와 인격적 관계를 갖기가 지극히 힘들다. 경쟁력과 시장(노동시장, 금융시장, 상품시장 등)은 비인격적이고, 윤리적 혹은 반윤리적도 아닌 '몰윤리적'인 것이며, 여기에서는 이른바 윤리와는 거리가 먼 배려가 결정적 지점에서 인간 행동을 좌우한다. 참가한 인간들을 지배하는 건 비인격적 도구다. 자본주의가 노동자나 저당 채무자에게 강요하는 이 같은 '주인 없는 노예 상태'는 하나의 제도로서는 윤리적으로 논의할 여지가 있는 것이지만, 원칙적으로 지배하는 자의 측면이건 지배받는 자의 측면이건 참가자의 인격적 관계는 아니다. 경제적 실책에 대한 처벌도 객관적 상황에 따라 수행되도록 되어 있는 바, 바로 이 점이 결정적인 지점, 즉 비인격적인 물질적 목적에 헌신하는 예종隷從의 성격을 지니고 있는 것이다."(베버 1981, 291쪽)

물질적 예종, 즉 물질에 노예처럼 예속되어 복종하는 것을 자본주의사회에서의 지배의 특징으로 꼽은 건 베버뿐만이 아니다. 영국의 경제사가인 리처드 토니Richard H. Tawney는 1931년에 펴낸 책《평등Equality》에서 "자본을 사회의 폭군으로 만드는 것은, 대부분 자본의 위력에 짓눌린 자들의 자본 숭배" 탓이기도 하다는 점을 깨달아야 한다고 갈파했다. 사회적 불평등은 부유한 사람이 가난한 사람을 착취하기 때문만이 아니라, 너무나 많은 가난한 사람들이 그들의 가슴속에서 부유한 사람들을 찬미하기 때문에도 끊임없이·지속된다. 무정부주의자 피에르 조제프 푸르동Pierre Joseph Proudhon 또한 이와 유사하게 "평등이 극복해야 하는 최대 장애물은 부유한 자의 귀족적 자부심이 아니라, 오히려 가난한 자의 수양되지 않은 undisciplined 이기주의다."(박호성, 404쪽)라고 말했다.

맨커 올슨은 좀 더 멀리 고대사회까지 거슬러 올라간다. 그는《지배권력과 경제번영Power and Prosperity》에서 인류사에서 노예제가 처음 등장하게 된 문명의 조건을 언급하면서 "아리스토텔레스가 노예제도를 자연의 법칙으로 간주했다는 점을 넘어 더 중요한 건, 고대에는 노예 자신도 그렇게 여겼을 것이라는 점"이라고 말했다.

자유, 근대 경제의 뿌리

이제 우리는 지배의 반대편에 난 자유의 문을 열고 들어간다. '반대편'이라고 했으나 사실은 '다른 쪽에 있는 문'이라는 표현이 더 정확할지 모르겠다. 경제적 시장에 관한 한 '시장의 지배'와 '계약의 자유'는 서로 모순되는 것이라기보다는 오히려 보완적이고 수렴적일 수도 있다. 이 말이 불편하게 느껴진다면 둘이 서로 꼭 양자택일적인 것만은 아니라는 정도로 해 두자.

자유의 가치는 무엇일까?

"전 역사에 걸쳐 웅변가와 시인들은 자유를 칭송해 왔지만, 아무도 왜 자유가 그렇게 소중한지 말하지는 않았다. 자유에 대한 모든 제약은 새로운 시도의 횟수를 줄일 것이고, 따라서 진보의 속도를 떨어뜨릴 것이다. 행위의 자유는, 그것이 각 개인에게 더 큰 만족을 주기 때문이 아니라 개인의 자유로운 행위가 허용될 때 그 사회는 우리가 아는 다른 어떤 질서보다 더 많이 우리에게 봉사하게 되며, 그 때문에 우리는 자유가 보장되는 진보하는 사회를 추구한다."

'자유로운 시장', '선택할 자유', '자유기업' 등 경제학적 자유의 개념과 관련해, 앨프레드 마셜은 '경쟁'이라는 경제학적 개념을 '자유'로 바꾸어야 한다고 제시한 바 있다. 이기심에 기초한 경쟁보다는 이기심과 이타성을 동시에 가지고 있는 인간 본성을 고려할 때 '자유Freedom' 개념이 더욱 적절하다는 것이다.

"분명 지금 이 순간에도 인간들은 실제보다 훨씬 더 이타적인 기여를 할 수 있다. 그리고 경제학자의 최상의 목표는 이러한 잠재적인 사회적 자산이 최대한 신속하게 개발되고 가장 현명하게 활용될 수 있는 방법을 찾아내는 것이다. 그러나 분석 없이 경쟁 일반을 비방해서는 결코 안 된다. 경제학자는 인간의 본성을 감안한 상태에서, 경쟁의 제한이 경쟁 자체보다 더 반사회적이지 않을 것이라고 확신하기 전까지는 경쟁의 발현에 대해 중립적인 태도를 견지해야 한다. …… 이제 우리는 '경쟁'이라는 용어가 현대적 산업 활동의 특징을 묘사하는 데 적합하지 않다고 결론지을 수 있다. '산업과 기업의 자유' 또는 간단하게 '경제적 자유'라는 표현이 옳은 방향을 지시하고 있다."(마셜, 제1권, 49쪽)

자유 이데올로기에 대한 아놀드 하우저의 다음과 같은 묘사는 기업가의 자유와 금전적 이익 추구 정신을 감격적인 필치로 생동감 있게 전달하고

H. B. Phillips(1945), "On the Nature of Progress", *American Scientist* Vol. 33.

있다.

"새로운 유형의 자본가, 즉 산업 경영자는 경제생활에서의 새로운 기능과 더불어 새로운 재능 그리고 무엇보다도 새로운 노동규율 및 노동에 대한 새로운 평가를 발전시켰다. 그는 상업적인 이익을 어느 정도 보류하고라도 기업의 내부적인 조직화에 전력을 집중했다. 합목적성과 계획성 및 타산성이라는 원칙은 이제 그야말로 절대적인 것이 되었다. 기업가는 자기가 고용한 노동자나 종업원과 똑같이 스스로 무자비하게 이 원칙에 복종하며, 자기 직원들과 똑같이 자기 기업의 노예가 되었다. 노동을 하나의 윤리적인 가치로 끌어올려 이를 찬양하고 숭배하는 것은 근본적으로 성공과 이익을 위한 노력의 이데올로기적 변형이자, 노동의 열매에서 가장 적은 몫을 차지하는 노동자들까지도 감격해서 협력하도록 자극하려는 시도 이외에 아무것도 아니다. 자유라는 이념 역시 같은 이데올로기의 일부이다. 기업가는 자기 사업의 위험한 본성에 비추어 완전한 독립성과 행동의 자유를 누려야 하며, 어떤 외부적 간섭으로 활동이 방해를 받거나 어떤 국가적 조처로 인해 경쟁자보다 불리한 위치에 서서는 안 된다. 근대 경제는 '자유방임주의' 원칙이 도입되면서 비로소 시작된 것이며, 개인적 자유라는 관념도 이러한 경제적 자유주의 이데올로기로서 처음으로 뿌리를 내리게 되었다."(하우저, 제3권, 83쪽)

위에서 말한 자유의 소중함과 가치에 비하면, 자유가 무엇이냐는 질문은 누구도 적절한 대답을 쉽게 제출하기 어려운, 사회과학자들을 괴롭히는 질문 중 하나이다. 경제학자 중에서 이 질문에 답하려는 시도는 거의 찾아보기 어렵다. 에이브러햄 링컨Abraham Lincoln은 "세계는 단 한 번도 자유라는 말에 대한 훌륭한 정의를 가진 적이 없다. 미국 인민은 지금 그 정의가 매우 절실하다. 우리 모두 자유를 선언한다. 그러나 같은 말을 쓰면서도 우리는 같은 것을 의미하지 않는다."고 어려움을 토로했다. 몽테스키외도 비슷한 고충을 털어놓았다.

"자유라는 말보다 더 다양한 의미를 인정하며 인간 정신에 다양한 인상을 주는 말은 없다. 어떤 사람들은 그들이 부여했던 전제적 권력을 소유한 사람을 폐위시키는 수단으로 그것을 받아들이며, 다른 사람들은 그들이 복종해야 할 우월자를 선택할 권리로 받아들인다. 또 다른 사람들은 무기를 소지할 권리 및 폭력을 사용할 수 있는 권리로, 마지막으로 다른 일부는 자국민 또는 자국법에 의해 통치 받을 특권으로 받아들인다."(하이에크 1998(제1권), 29쪽)

물론 자유는 사람과 사람과의 관계에서 비롯되는 '다른 사람의 강제로부터의 자유'만이 아니다. 시카고학파의 창시자로 일컬어지는 프랭크 나이트 Frank Knight 교수는 《경쟁의 윤리학The Ethics of Competition》 중 〈자유의 의미〉에서 경제학자답게 저 유명한 로빈슨 크루소 비유를 들어 "만약 로빈슨 크루소가 구덩이에 빠져 있거나 정글 숲에 갇혔다면, 그가 자신을 자유롭게 하거나 자유를 회복해야겠다고 말하는 것은 확실히 자유의 정확한 용법일 것이다."(하이에크 1998(제1권), 33쪽)라고 말했다. 크레바스에 빠져 헤어나지 못하고 있는 등반가도 비유적으로 '부자유스러운' 상태에 있다는 것이다.

현대 '자유시장'의 가장 강력한 이데올로그인 하이에크는 자유가 가져다주는 장점은 시간이 흐른 뒤에나 볼 수 있으며, 그 장점들의 근원을 사람들이 오인하기 쉽다면서 토크빌을 인용하고 있다.

"자유로움의 기교보다 더 풍부한 경이는 없다. 그러나 자유의 습득보다 더 험난한 것도 없다. …… 일반적으로 자유는 폭풍 속의 어려움과 함께 확립된다. 그리고 그 혜택은 자유가 한참 숙성한 뒤에야 비로소 인정된다.─토크빌, 《미국의 민주주의》"(하이에크 1998(제1권), 98쪽)

"붉고 푸른 거미줄"
기업이란 무엇인가

    토머스 홉스의 《리바이어던》 중 〈원활한 무역을 위한 정치체제〉 대목엔 "국내에서 상품을 사들이기 위해 배 한 척을 세내어 빌릴 수 있는 상인은 거의 없다. 외국에서 사들인 상품을 수입하는 경우도 마찬가지다. 따라서 그들은 결속하여 하나의 단체를 결성할 필요가 있다. 그리고 이 단체의 모든 사람들은 각자의 투자 비율에 따라 이익을 나누거나……"라는 말이 나온다.(홉스, 233쪽) 선박업의 예를 들어 근대 초기의 위험분산 투자와 여러 투자자의 참여로 설립되는 주식회사의 기원을 보여 주고 있다.

    기업은 하나의 '조직Organization'이다. 시장이 하나의 제도이듯, 근대적 기업조직 또한 하나의 제도이다. 개별 경제주체들이 각각 판단하고 행동하는 시장과 달리, 기업은 조직의 성격을 갖는다. 그런데 본래 경제학에는 조직, 집단, 세력, 노동조합, 단체 같은 '조직'을 다루는 이론적·개념적 도구가 없

지배와 위계 그리고 규율

었다. 모든 것이 애덤 스미스 이래로 로빈슨 크루소 같은 개별 경제주체들의 독립적인 행동과 그것들의 합으로서 '시장'이라는 구성주의에 기초한다. 이러한 전통에 반기를 든, 그래서 놀라운 주목을 받은 두 사람이 로널드 코스와 허버트 사이먼이다.

'보이는 손', 대기업의 경쟁력

코스는 27세의 나이에 '기업이란 무엇인가?', '기업은 왜 존재하는가?'라는 질문을 던지고 그에 대한 답변을 〈기업의 본질The Nature of the Firm〉이란 작은 논문으로 엮어 제출했다. 코스 이전까지 경제학은 개별 소비자와 (추상적인 생산자로서) 개별 기업을 다룰 뿐, 사람과 물건들이 서로 관계를 맺고 결합하는 '조직'으로서의 기업은 거의 다루지 않았다. 이후 노벨경제학자 수상자인 허버트 사이먼이 현대 경제가 '시장'이 아니라 '기업'이라는 조직에 주로 지배받는다는 사실을 에둘러 표현했다.

허버트 사이먼은 지구로 오고 있는 한 화성인을 상정했다. "우주공간에서 지구로 접근하는 그에게 망원경이 하나 있다. 경제사회 구조를 들여다볼 수 있는 망원경이다." 망원경을 통해 기업은 푸른 부분으로 확연히 구분된다. 시장 거래는 빨간 선으로 나타난다. 따라서 경제는 빨갛고 푸른 거미줄처럼 보인다. 대다수 거래는 기업 내에서 이뤄진다. 기업조직들이 화성인의 눈에 비친 광경 중 대부분을 차지하는 것도 그 때문이다. 그가 지구의 모습을 화성으로 전송한다면 어떻게 표현할까? "푸른 점을 서로 잇는 붉은 선의 네트워크"가 아니라 "붉은 선들로 상호 연결된 커다랗고 푸른 부분들"일 듯싶다. 사이먼은 다음과 같이 덧붙였다. "푸른 부분들이 기업이고 기업들을 서로 잇는 붉은 선이 바로 시장 거래라는 사실에, 다시 말해 시장경제

라는 구조에 화성인은 깜짝 놀랄지 모른다."(맥밀런, 297쪽 ; Simon, H, 1991)

영국의 애덤 스미스는 1776년 《국부론》에서 기업조직 형태에서 치명적인 결점 하나를 발견했다. 기업 경영자가 "자신의 돈이 아닌 다른 사람의 돈을 관리한다"는 점이었다. 스미스는 경영자가 자신의 돈일 때와 달리 '다소 느슨하게' 관리할 것으로 생각했다. 그는 기업의 미래에 대해 비관적이었다. 관리가 잘 이뤄지지 않으리라는 판단에서였다. 그는 "태만과 낭비가 판칠 것"이라고 우려했다. 이는 주식회사에서 소유와 통제의 분리 문제, 곧 주인-대리인 문제의 일단을 드러내고 있다.

그러나 그 후 200여년 뒤 앨프레드 챈들러Alfred Chandler는 '법인 경영자 혁명managerial revolution'이란 개념을 통해 대기업 경영자를 '보이는 손visible hand'으로 명명했다. 애덤 스미스의 '보이지 않는 손'을 뒤집어 넘어선 셈이다.

기업가에 대한 고전적 이미지는, 자신의 돈뿐 아니라 경력까지 내걸고 사업과 부딪쳐 나가는 모습이다. 슘페터의 '기업가정신'이나, 앨프레드 챈들러가 말한 '보이는 손'으로서의 현대 거대법인 기업 경영자가 주도하는 경제가 대표적이다. 기업들이 1차 원재료와 최종 소비를 연결시키는 격리된 조직 영역들의 긴 사슬에서 중간 투입물이 전달될 때 발생하는 '거래비용'을 수직적 통합을 통해 내부화해 감축하고, 동시에 더욱 계량화하는 과정에서 탄생한 경제는 '규모의 경제'가 아니라 '속도의 경제'였다.

챈들러는 《보이는 손The Visible Hand》(1977)에서 다음과 같이 말했다.

"규모에서 귀결된 경제라기보다는 속도로부터 귀결된 경제, 비용은 낮추고 노동자당 및 기계당 산출물은 증대시키는 경비 절감이 가능해진 것은, 노동자의 수와 생산장비의 가치와 양이라는 시설물 규모 때문이 아니라 …… 처리량의 빠르기와 그에 따른 양적 증가 때문이었다. …… 속도의 경제를 얻는 데 중심적이었던 것은 새로운 기계의 개발, 더 나은 원료, 그

리고 에너지의 강도 높은 적용이었다."(아리기, 414쪽)

《보이는 손》은 현대의 대기업을 옹호하고 나선 책이다. 애덤 스미스의 '보이지 않는 손'의 신봉자들은 20세기에 수직 통합된 현대 대기업이 출현하자 혼란을 겪게 되었다. 보이지 않는 손의 자유로운 완전경쟁시장 논리에 따르면, 수직 통합된 거대한 생산자(대기업)는 자유시장의 원동력을 저해하는 것이다. 그러나 챈들러는 이와 달리 현대 경제를 움직이는 '보이는 손'으로서 수직 통합된 대기업이 경쟁력에서 필수불가결한 요소라고 주장했다.(워맥 외, 60쪽)

"예를 들어 기업의 행동을 모형화할 때 목적함수는 이윤 극대화이며 제약 조건은 기술적 제약과 시장 제약이다. 반면 가계의 행동을 모형화할 때 목적함수는 효용 극대화이며 제약 조건은 예산 제약이다. …… 우리는 일부 가계 혹은 일부 기업의 행위가 서로 상충되는 때의 경제 체제에 관한 분석은 다루지 않는다. 그러나 실제로 이러한 최적화 문제와 관련된 여러 가지 목적함수 및 제약 조건을 모두 알 수는 없다. 기업의 경우, 우리는 기업의 목적을 명시적으로 이윤 극대화라고 보고 있으나 기업이 당면한 기술적 제약을 미리 다 충분히 알 수는 없다. 그런데 소비자의 경우에는 이와 정반대 상황이 전개된다. 이때의 제약 조건은 예산 제약임을 분명하게 알 수 있으나, 소비자의 목적함수에 대한 충분한 서술은 힘들다. 그러나 이러한 정보 부족 현상이 경제행위 분석을 불가능하게 만드는 것은 결코 아니다."(베리언 1987, 22쪽)

그러나 마크 블로그는 《경제학 방법론The Methodology of Economics》에서

▶ 그러나 분배를 둘러싼 노동과의 각축과 계급적 투쟁 측면에서 말하자면, 자본은 이윤 극대화를 목적함수로 하는 것이 아니라 (노동 몫에 대한) 이윤 몫 극대화를 목적으로 한다는 가설도 존재할 수 있다.(A. Shaike 1978)

"경제학 교과서에서 상정하는 기업은 금전적·비금전적 수익 극대화를 추구하는 간명하고 우아하고 내적으로 일관된 정의를 갖고 있으나", 이는 비현실적인 이상적 형태라고 말했다.

"현실의 영리기업은 실제로 다양한 변수로 구성되는 함수를 극대화하는 모형을 갖는다. 이 변수에는 이윤뿐 아니라 여가 활동, 명예, 유동성, 통제력 등이 포함된다. 극대화 목표는 이윤 자체라기보다는 최소한의 이윤 조건 속에서 판매량을 극대화하는 것이라는 주장도 있으며, 아무것도 극대화하지 않고 이윤 목표를 조정해 가면서 단지 '만족'을 추구한다는 견해도 있다. 또 시장 불확실성으로 인해 극대화를 추구할 수 없고 오직 주먹구구식으로 기업을 운영할 수밖에 없다는 견해도 있다. 나아가 기업은 극대화를 원치 않으며 그 대신 시장에서 경쟁자들보다 한 발 더 앞서 나가 생존을 추구한다는 견해도 있다."(Blaug 1980, p.175)

코스는 〈기업의 본질〉에서 "거래비용이 존재하는 경우에는 시장이 가장 효율적인 자원 분배의 메커니즘은 아니다."라는 혁명적인 답변을 제출했다. 거래비용이 존재한다면 시장 가격기구를 사용하는 것보다는 기업이라는

그러나 경제이론은 흔히 대표적 가계representative household, 대표적 기업representative firm을 상정해 분석한다. 시장에서 소비자는 모두 동등한identical, 즉 동일한 목적 아래 행동하며, 기업 역시 동일한 목적을 위해 행동한다고 가정하는 것이다. 이를 통해 시장 안에서 파레토 효율이 달성되고 있는지 판단할 수 있다고 본다. "(대표적 생산자를 설정할 때) 우리는 이제 막 사업에 뛰어들어 고군분투하는 신규 생산자를 선택하지 않을 것이다. 다른 한편으로 우리는 이례적으로 장기간 지속된 능력과 행운에 힘입어 광범위한 사업과 거의 모든 경쟁사들에 대해 우위를 제공하는 잘 정비된 거대한 작업장을 결합시킨 기업도 선택하지 않을 것이다. …… 대표 기업은 어떤 의미에서는 평균적인 기업이다. 무작위로 추출한 한두 기업을 관찰함으로써 그것을 알 수는 없다. 그러나 광범위한 조사를 한 뒤에 개인회사건 주식회사건 최선의 판단 아래 이러한 특별한 평균을 대표하는 하나의 기업을 선택할 수 있다."(마셜, 제1권, 407쪽)

위계적 체제를 사용하는 것이 더 경제적일 수 있다는 것이다.(Coase 1937)

경제학자들은 '개별' 주체들이 '시장'에서 완전경쟁하는 신화에 몰두하기 때문에, 흔히 주식회사 같은 '집단적' 조직 혹은 '제도적' 존재에 대한 분석은 연구에서 배제해 왔다. 경제학자들이 주식회사를 무시하고 있는 동안, 기타 사회과학자들은 주식회사 연구에 많은 시간과 정력을 투자해 왔다.

"우리가 아는 한, 그들 중 어느 누구도 현대의 주식회사는 고전적 기업가의 대형화에 불과하다는 명제를 지지하지 않았다. 벌Berle과 민즈Means에 따르면, '주식회사 제도가 계속 살아남기 위해서는 거대 주식회사의 지배권을 완전히 중립적인 전문 경영진에 맡겨야 한다. 사회의 여러 이해집단 간의 다양한 요구를 조정해야 하고, 개인적인 탐욕보다는 공공 정책에 기초함으로써 각각의 집단에 기업소득 흐름의 일부분을 할당해야 한다고 생각한다.'"(배런 · 스위지 1984, 29쪽)

기업과 한 몸이 된 기업가

라이트 밀스는 《파워엘리트》에서 "부의 주요한 단위는 재산이 아니라 거

Berle and Means, *The Modern Corporation and Private Poverty*(1932). "고전적 기업가와 타이쿤tycoon(일군의 거대 금융기업가)은 모두 지독한 개인주의자였지만, 주식회사 경영인은 조직인 organizational man이다. 타이쿤은 거대 주식회사의 부모이고, 현대의 경영인은 거대 주식회사의 자식이다. 타이쿤은 외부의 높은 곳에 서서 주식회사를 지배하고, 경영인은 내부인이며 주식회사의 지배를 받는다. 전자에게 주식회사란 치부 수단에 불과하지만, 후자에게는 회사의 이익이 경제적 · 윤리적 목적이다. 전자는 회사에서 도둑질하고, 후자는 회사를 위해 도둑질한다. …… 현대의 경영인은 회사의 성장을 위해 헌신하고 있다. 그는 회사인company man이다."(배런 · 스위지 1984, 36쪽)

대한 주식회사 기업이다. 재산을 소유하는 개인은 여러 가지 형태로 기업체에 달라붙어 있다."고 말했다. 밀스에 따르면, 기업이 곧 재산의 원천이며, 영속적인 권력과 재산을 가져다주는 위신의 기초이다. 실제로 오늘날 거대한 재산을 지니고 있는 개인이나 가족은 대기업과 일체화되어 있다. 그들의 재산은 그 대기업 속에 존재하고 있는 것이다. 밀스는 주식의 지분 등을 매개로 한 기업권력의 물질적 기초를 언급하고 있는 셈이다. 그러나 대부호나 기업권력이 단순히 지위의 정점에 홀로 서서 군림하고 있는 것은 아니다. 이들은 기업조직과 국가의 위계질서 그리고 대리인들을 통해 더 보강되고 있다.

"법률가들은 거대기업의 부호들에게 생각할 수 있는 한의 모든 보호색을 입혀서 본질적으로 무책임한 성격의 존재로 만들어 그들이 가지고 있는 권력을 위장시켜 준다. 또한 전문적인 홍보 담당자는 대부호가 순진하고도 착한 행동을 하는 시골 소년과 같은 존재라는 이미지를 만들어 내거나, 혹은 '사람들에게 일자리를 제공하는' 수완을 갖고 있으면서도 일반 사람들과 아무런 차이가 없는 위대한 발명자이자 '산업정치가'라는 이미지를 일반인들에게 주입시켰다. 변한 것은 대부호들이 예전처럼 쉽게 자신을 보여주지 않는다는 것이다. 실제로 폭로시대의 기록자들은 미국 사회의 최정점에 있는 자들의 실태를 널리 일반에 알려 주었다. 그러나 그 이후로는 그런 폭로를 찾아볼 수 없게 되었다. 체계 있는 정보가 결여되어 있고 '인간적인 흥미'를 일으키는 말초적 사건에 우리의 관심이 너무 끌리고 있기 때문에, 우리들 사이에서는 이미 대부호 같은 존재는 별로 문제가 되지 않거나 혹은 이미 존재하지 않는 것처럼 생각하게 되었다."(밀스 1979, 168~169쪽)

라이트 밀스는 대부호에 대해, 한편으로는 도둑, 다른 한편으로는 혁신자라는 두 가지 대조적 이미지를 갖는 것이 반드시 모순된 것만은 아니며,

많은 점에서 두 가지 모두 사실을 말하고 있다고 일깨운다. 관점의 차이만 있을 뿐이라는 것이다.

"대기업(대부호는 그 일부이지만)에 대한 학자들의 견해가 변화한 것을 더듬어 보는 것도 흥미로운 일이다. 대기업가의 사상이 출판물에 나타나기 시작하자 학술 잡지나 서적의 논문도 저널리즘의 폭로 기사에 호응하기 시작했다. 1930년대에는 대기업가에게 도둑놈 같은 남작(강도귀족robber baron)이라는 불명예스러운 명칭이 붙여졌으며 대기업체라는 것도 불명예의 비참한 길을 더듬고 있는 것으로 생각되었다. …… 대기업은 학자들에게 거액의 돈을 주어 자기 회사의 역사책을 편찬하도록 하고 있다. 각 기업체의 역사책에서는 무뢰한 같은 기업가상이 건설적인 경제계의 영웅으로 묘사되고 그 영웅들의 위대한 사업으로 이 세상 만인이 이익을 얻고 있는 것으로 설명되고 있다. …… 대부호에 대한 이 같은 조잡한 이미지는 가끔 비판의 대상이 되기도 했다. 그러한 이미지가 나타내는 것 자체가 틀려서가 아니라, 기업이라는 사물을 합법성 내지 도덕성 그리고 인격이라는 관점에서 말하고 있다는 점이 비판의 대상이 되었으며, 이들처럼 많은 재산을 지닌 괴물들이 그 시대와 그 장소에서 어떠한 경제적인 기능을 달성하느냐의 관점에서 문제를 바라보아야 한다는 주장이 나오게 되었다. 바로 이러한 견해(그것을 가장 교묘하고도 적절하게 요약한 것이 조지프 슘페터였지만)에 의하면,

---

Matthew Josephson(1934), *The Robber Barons : The Great American Capitalists 1861-1901*, New York. 거대 주식회사가 최초로 출현한 것은 19세기 후반, 금융과 철도 분야에서였다. '강도귀족'이란 표현은 그 당시 미국 대실업가의 약탈적인 습성이나 대중 복지에 대한 무관심이 봉건영주와 흡사하다는 일반 민중의 감정을 반영한 것이다. 마크 트웨인은 이 시대를 모든 것에 금박을 입혀 부를 과시하는 '금칠갑시대Gilded Age'라고 비꼬았다.

재산이 많은 이 괴물들은 자본주의의 전성기를 통해서 소용돌이쳤던 '부단한 혁신의 질풍노도'의 중심에 서 있었던 사람들로 간주되었다. 그들은 개인적 영민함과 남다른 노력으로 새로운 기술 내지 비용 효율적 기술(혹은 오래된 기술의 새로운 사용 방법)을 자기 속에 체현시켜 사기업을 만들어 냈고, 마침내 거대한 연합체를 이룩하였다는 것이다. 이들의 기술과 그 기술이 동반했던 사회 형태야말로 자본주의 진보의 원동력이었다는 것이다."(밀스 1979, 135~137쪽)

기업이라는 법 인격체뿐 아니라 '기업가'에 대한 분석도 필요하다. 더 나아가 기업가를 이해하려면, 우선 그 기업가가 부를 이룬 나라의 경제적·정치적 구조를 이해해야 한다.

"카네기의 행운을 설명하는 데는 그의 어머니가 매우 현실적인 인물이었다는 사실보다, 그의 청년기에 사회의 전반적인 경제 상황이 유리했다는 사실이 한층 더 중요하다. 코모도어 반더빌트가 아무리 냉혹한 인간이었다 하더라도, 만약 그 당시 정치가 전혀 부패하지 않았더라면 그가 전 미국의 철도를 지배하고 다스리는 일은 거의 불가능했을 것이다. 미국의 대부호를 이해하는 데는 [텍사스의 전설적인 석유재벌] 해롤드슨 헌트의 심리적 자질보다는 석유의 지리적 분포와 당시 조세 체계를 이해하는 것이 한층 더 중요하고, 존 록펠러의 유아기보다는 미국 자본주의의 법률적 구조와 법률 기관의 부패를 이해하는 편이 더 정확하며, 헨리 포드의 무한한 에너지보다는 자본주의 기구의 기술적 진보를 이해하는 편이 더 중요할 것이다."(밀스 1979, 139쪽)

오늘날 대중의 면전에서 높은 생활수준을 유지해야 하는 것은 주식회사 그 자체이다. 거대한 본사 사옥을 짓고, 직원들에게 해마다 더 호화로운 사무실을 제공하며 회사 소유 제트기와 캐딜락으로 그들을 실어 나르고 무제한의 경비 계산을 인정한다.

"체이스맨해튼은행의 새로운 60층 건물을 생각해 보자. 뉴욕의 새로운 획기적 사건이라는 표제 하에 이 은행이 발행한 팸플릿에는 다음과 같이 씌어져 있다. '813피트의 높이로서, 이른 아침 태양이 스스로 뒤로 물러설 만큼 고층의 체이스맨해튼은행 건물은, 건축학의 이상이 완성되고 현대 경영이 높은 수준에 이르렀음을 의미하고 있다. 그것은 단순히 기능할 뿐만 아니라 표현하도록 고안되었다. 날카롭게 치솟은 이 건물은 일시적인 필요보다는 한 시대를 구획하고 있는 것이다. 개인 사무실과 응접실을 장식하기 위해 선택된 공정은, 최신의 추상적 인상주의에서 원시적인 미국적 양식에 이르기까지 아주 다양하다. 이것은 이 은행에 대한 전 세계적 관심뿐만 아니라, 미국사에서 이 은행이 수행하고 있는 풍부한 역할까지 암시하고 있다.'"(배런·스위지 1984, 47쪽)

기업가에 대한 이해와 관련해 덧붙일 만한 것이 있다. 경제학자들은 1980년대 이전까지는, 기업가가 오직 이윤 극대화를 추구한다고 설명하면서도 노동자에게 임금을 올려 줄 가능성에 대해서는 거의 확실히 주목하지 않았다. 즉, 이윤 극대화를 위해서는 필요하다면 임금을 높여 줄 가능성이 이론적으로 존재한다는 점을 놓쳐 왔다. 지금 간단히 살펴볼 문제가 바로 이것이다. 독자들은 좀 더 뒤에서 '효율임금'이란 이름으로 이 대목이 다시 등장하는 것을 볼 것이다.

"자본주의적 기업들은 순익(이윤)에 관심을 가질 뿐, 그들의 비용 가운데 얼마가 임금이고 얼마가 구매된 투입물인지에는 관심을 갖지 않는다. 결과적으로 자본주의 기업들은 부가가치에 특별한 관심이 없다. 부가가치 증대는, 이를 통해 이윤이 증대되지 않는다면 개별 기업들에게 아무런 이득이 되지 않는다. 반면에 경제학자들은 전체 경제의 부가가치 증대가 그 경제의 경제적 생산을 측정하는 좋은 척도이기 때문에 부가가치 증대에 매우 많은 관심을 갖는다. 한 경제의 국내총생산은 기본적으로 그 경제의 부가 가치를 측정하는 것이다."(폴리, 35쪽)

앨프레드 챈들러가 '경영자 혁명'이라고 말한, 회사 고위 간부 전문 경영자들의 정신세계의 풍경은 어떨까? 《포춘Fortune》지 1954년 5월호에는 '경영자들은 왜 책을 읽지 않는가?'라는 제목의 기사가 실렸다.

"최고 간부들 대부분은 희곡이라든가 고전문학, 철학서, 시와 같은 것은 거의 읽지 않는다. 이러한 영역에 손을 내미는 사람들은 자연히 외경과 불신이 혼합된 동료들의 시선을 받게 되며, 경영자 무리의 웃음거리가 된다."

'우리가 모르는 것', '빈껍데기 전문가', '헛똑똑이'를 내세워 삶의 불확실성과 '블랙 스완(검은 백조)'을 주창한 나심 탈레브는 말했다.

"내가 세계 역사상 최강 국가의 손꼽히는 비즈니스 스쿨에서 본 바에 따르면, 세계 최강 기업의 경영진들이 그곳에 와서 자신들이 돈벌이한 이야기를 떠들어 대는데 그 사람들 역시 세상이 어떻게 돌아가는지 알지 못할 가능성이 짙어 보였다. 그때 나는 회사의 경영자라는 사람들이 세상이 어떻게 돌아가는지 알 필요가 없다는 것이 자유시장 체제의 힘이라는 것을 깨달았다."(탈레브, 66쪽)

라이트 밀스는 《파워엘리트》에서 1950년대 거대기업 경영자들을 다음과 같이 묘사했다.

"회사 간부들의 교제 범위를 보면 예술이라든가 문학을 애호하는 사람들과는 거의 아무런 관계를 맺지 않는다. 심지어 이들 가운데는 한 페이지 이상쯤 되는 보고서나 편지 같은 것도 손수 읽기를 싫어하는 사람들도 있다. 문장에 대한 혐오는 특수한 예외적인 것으로 볼 수 있다. 긴 연설은 대단히 싫어한다. 그들은 정말로 간소화된 시대, 요약본이나 두서너 줄의 메모지로 살아가고 있다. 그들은 보고서 같은 것도 다른 사람에게 읽히고 자신은 요약된 것만을 청취한다. 그들은 독자라든가 필자이기보다는 이야기하는 사람이고 듣는 사람이다. 그들의 지식 대부분은 의회라든가 다른 분야의 친구들에게 얻어듣는 것들이다."(밀스 1979, 189쪽)

'시계 제조공' 헨리 포드
시간 규율과 계급관계

"(1850년대 폴란드계의 미국) 이주민들에게 공식적인 영어 문장으로 '호각 소리가 들린다. 서둘러야겠다'라는 말을 처음 가르쳐 준 것은 '사회'로서의 미국이 아니라 돈을 벌기 위한 수단으로서의 미국이었다."(홉스봄 1996b, 328쪽)▶

공장 체제가 시작되면서 자본가들은 노동자들의 무질서하고 방만한 노동 생활을 통제하기 위하여 시간을 관리하기 시작했다. 시간을 지키지 않는 노동자를 골라내어 특별히 무거운 벌금을 매기는 방식으로 노동규율 확립과 통제에 나섰다. 시간표는 오래된 유산이다. 그 정확한 모형은 아마

▶ '호각 소리'는 미국의 유명한 농기구 제조회사인 인터내셔널 하비스터International Harvester 사의 브로셔에 나오는 아침 작업을 시작하는 풍경이다.

도 수도원에서 유래되었을 터인데, 그 형태가 급속히 확산되었다.

가시와 화살, 시장의 명령

17세기 영국의 노동시간 리듬을 묘사한 에드워드 톰슨Edward Thompson 의 글 〈시간, 노동규율 그리고 산업자본주의Time, Work-Discipline, and Industrial Capitalism〉(1967)를 보자.

"자신의 노동 생활을 스스로 통제할 수 있는 곳에서의 노동 패턴은 한바탕 일을 하고 한바탕 노는 것의 반복이었다. (이러한 패턴은 오늘날에도 자영업자, 즉 예술가·작가·소농업인 그리고 아마도 학생에게 남아 있는데, 이것이 '자연적인' 인간의 노동 리듬이 아닐까?) 전통에 따라 월요일이나 화요일에는 수동 방직기를 돌리면서 '시간이 많아, 시간이 많아.' 하는 느린 노래를 불렀다. 노래는 목요일과 금요일에는 '너무 늦었어, 너무 늦었어.'로 바뀐다."(Thompson, p.73)

"(수도원에서) 땀 흘려 일하는 생활에도 적극적인 의미를 부여하게 되었음은 틀림없고, 노동에 대한 이러한 새로운 관계는 무엇보다도 수도원 생활이 누리고 있던 인기와 관련된 것이었다. 수도원의 규율을 일관하는 이 정신은 중세 이후 시민계급적 노동윤리에서도 그 흔적이 드러난다. …… 서양에 조직적인 노동 방법을 처음으로 가르쳐 준 것은 수도원이었다. 중세 산업의 대부분은 그들에 의해 만들어진 것이다. …… 시간관리가 최초로 행해진 것도 여기에서였다. 즉, 하루의 시간을 합리적으로 배분하고 이용하며 시간의 경과를 재 종을 쳐서 이것을 알리는 것 등이 수도원에서 처음 행해졌다. 분업의 원리는 생산의 기초가 되고 개개의 수도원 내부뿐만 아니라 어느 정도까지는 수도원들 상호 간에도 실시되었다."(하우저, 제1권, 235~236쪽)

한국에서도 1970년대 중반 이후, 크리스찬아카데미에서 1965년부터 펴낸《월간 대화對話》지에 석정남 〈불타는 눈물〉(공장의 불빛), 유동우의《어느 돌멩이의 외침》같은 여공과 행상인 등의 노동자들이 직접 자신의 가족 배경과 사회의식을 적은 수기, 일기, 수필 등이 수록되었다. 그들의 삶의 세계를 꿰뚫어 볼 수 있는 생생한 전기적 기록 자료이다.

톰슨에 따르면, 작업 규율이 도입·강화된 산업자본주의에서 익숙한 광경, 즉 시간표·시간관리인·작업감시원·벌금 등을 이미 1700년에 볼 수 있었다.

"제철소 감시원은 시계를 '다른 어떤 사람도 바꿔 놓을 수 없도록 잠가 놓으라'는 지시를 받았다. 그의 임무는 다음과 같다 : '매일 아침 5시, 감독관이 근무 시작을 알리는 벨을 울린다. 감독관은 8시에 아침식사 벨, 한 시간 반 뒤에 근무 벨, 12시에는 점심식사 벨, 오후 1시에 작업 재개 벨을 울리며, 8시에 작업 종료와 함께 모든 문을 잠근다.'"(Thompson, p.82)

시간 규율의 역사에 대한 톰슨의 서술은 이어진다.

"숙련공들이 회중시계를 가질 수 있게 되기 오래전에, [영국의 청교도파 목사이자 저술가인] 리처드 백스터Richard Baxter와 그의 동료들은 개개인의 내면에 도덕적인 시계moral time-piece를 나누어 주고 있었다. 백스터는 《기독교 지도서》에서 '시간 아껴 쓰기'라는 기본 선율을 여러 가지로 변주했다. '1분 1초를 가장 소중한 물건처럼 써라. 그리고 그것을 완전히 활용하는 것을 의무로 하라.' 여기서 시간을 금전으로 보는 관념이 뚜렷하게 드러난다."(Thompson, p.87)

베르너 좀바르트Werner Sombart는 1953년에 쓴 책에서 시계 제조공의 이미지를 사용해, 그 이전의 상업적 물질주의의 신을 축출하고 대신 제조업 기업가를 내세웠다. "근대의 경제적 합리주의가 시계의 메커니즘과 비슷하다면 누군가 태엽을 감아 주는 사람이 있어야만 한다."

시간 규율은 포드 자동차의 헨리 포드Henry Ford에 이르러 절정에 도달했는데, 흥미롭게도 포드는 시계 수리공으로 일한 경력이 있었다. "포드는 지방에서 쓰는 시간과 철도 표준시간이 다르다는 점에 착안해, 두 개의 다이얼로 두 가지 시각을 모두 알려 주는 시계를 고안했다. 이것은 불길한 시작이었다."(Thompson, p.89)

일반적으로 노동시장의 한 측면, 특히 기존 고용된 노동시장을 수요-공급의 힘으로 보지 않고 노사관계industrial relation로 접근하는 시도는, 이 시장에서 이루어지는 상호작용이 자유로운 개인의 자발적 계약이 아니라 세력과 힘의 관계에서 나온다고 본다. 여기서 노동과 사용자는 각각 개별 주체가 아니라 '조직organization'으로 등장한다. 자본주의사회에서 모든 계급은 '관계'로 정의된다. 예컨대 사촌이라는 단어는 어떤 사람을 가리키지만, 그에게도 사촌이 되는 또 다른 누군가가 없다면 성립될 수 없다. 자신이 자신의 사촌이 될 수는 없다. 이와 마찬가지로 계급도 혼자서는 존재할 수 없으며, 다른 계급과의 관계에서만 존재한다.

"각각의 경제체제에는 독특한 일련의 계급관계가 존재한다. 그리고 이 계급관계는 그 체제의 노동과정을 조직하고 통제하는 특정 방식과 관계가 있다. 이 계급관계와 노동과정의 통제 방식 간의 조합을 법적으로 정의한 것이 재산권이다. 다시 말해, 각 체제는 누가 노동과정을 통제하고 잉여생산물을 장악하는지를 결정하는 계급관계와 더불어, 그 체제에 상응하는 노동과정 조직 방식과 재산권 확립 방식을 가지고 있다. 인류의 긴 역사를 통해 변형된 체제까지 합하면 경제체제는 수천 가지에 달할 것이고, 미래에는 지금은 상상하지 못하는 새로운 경제체제가 등장할 수도 있다."(보울스·에드워즈·루스벨트, 187쪽·190쪽)

오늘날 자본주의사회에서 사는 사람들은 대개 여전히 위계적으로 조직된 직장에서 대부분의 시간을 보내고 있다. 일자리를 찾는다는 것은 평등한 계약관계로 들어가는 문제가 아니다. 그것은 어떤 위계질서 혹은 어떤 고용주 밑에서 일할 것인지를 결정하는 문제다. 자본주의경제에서 시장과 위계는, 대립하면서도 서로 경합하는 두 조직화 방식이 아니다. 수평적 차원과 수직적 차원, 즉 경쟁과 명령은 서로 보완하고 강화시키면서 시스템 전체를 지탱하고 있다.

명령과 복종, 지배관계와 관련해 카네티는 특유의 인문적 필치로 명령을 화살과 가시에 비유해 정확히 꿰뚫고 있다. 명령에는 몸을 찌르는 날카로운 '가시'가 있어 명령에 복종한 자의 내면에 박히게 된다는 것이다.

"어떤 반대도 용납하지 않는다는 것이 명령의 속성이다. 명령은 논의, 설명, 의혹의 대상이 되어서는 안 된다. 명령은 그 자리에서 이해되어야만 하기 때문에 명료하고도 간결하다. 그 이해가 조금이라도 늦어지면 명령의 힘은 감소된다. 실행이 뒤따르지 않는 명령은 되풀이될수록 그 생기의 얼마쯤을 잃게 마련이고 마침내는 쇠진해지고 무력해진다. …… 어떤 명령도 자극과 가시荊로 이루어져 있다. 자극은 그 수령자에게 이행, 그것도 명령의 내용대로의 이행을 강요한다. 가시는 명령을 수행하는 자의 내면에 남는다. 명령이 기대한 바처럼 정상적으로 수행되면 가시는 조금도 눈에 띄지 않는다. 가시는 숨겨져 있고, 누구에게서도 의심을 받지 않는다. 아마 그것이 밖으로 나타나게 되는 것은 명령을 따르기 전에 어떤 조그마한 저항이 있을 때일 것이다. 그러나 가시는 명령을 수행하는 사람의 가슴속에 깊이 박혀서 그대로 남게 된다."(카네티, 353~354쪽)

또한 명령은 반동을 초래하거나 그 자체로 어떤 불안을 포함하고 있는 화살과 같다. 적의敵意를 품고 있는 화살은 큰 공간을 일직선으로 꿰뚫으며, 화살에 맞으면 그것을 뺀다 하더라도 상처가 박힌다.

"명령은 화살과 같은 것이다. 화살은 활에서 쏘아져 나가 과녁에 맞는다. 명령을 내리는 사람은 명령을 내리기 전에 표적을 노린다. 화살처럼 그의 명령은 일정한 인물에 겨냥된다. 화살은 명중된 사람의 가슴에 그대로 박혀 있지만, 화살을 맞은 사람은 화살이 지니고 있는 위협에서 해방되기 위해서 화살을 뽑아 버려야 한다. 명령이 전달되는 과정도 마치 화살을 맞은 사람이 화살을 뽑아서는 바로 그 화살을 다시 자신의 활에 걸어서 쏘아 내는 것과 같은 모습을 띠고 있다. 그 화살에 맞은 상처는 낫지만 흔적은 여전히 남게 된다. 어떤 흔적이든 제각기 그 나름의 내력을 지니고 있다. 그리고 그것은 이와 같은 하나의 특별한 화살의 흔적인 것이다."(카네티, 358쪽)

"시장과 위계는 사회를 조직하는 두 가지 다른 양식으로 간주된다. 시장은 수평적 평등 위에 서 있다. 구매자와 판매자 간의 자발적 교환이 이루어진다는 말은, 거래 당사자들이 원하기만 하면 언제든지 거래를 포기할 수 있다는 뜻이다. 따라서 시장은 위계에 대비되는 것이며, 경제체제는 둘 중 어느 하나의 방식으로만 조직되어야 한다고 생각되곤 한다. 하지만 이윤을 창출하는 기업은 시장에서 경쟁적 우위에 서기 위해 많은 노력을 하는데, 그중 중요한 것이 기업 내부에 거대하면서도 잘 짜인 위계 구조를 구축하는 것이다. 시장은 노예제도와 봉건적 위계를 몰아낸 동시에, 전통적인 명령/지배 관계도 추방했다. 하지만 정확한 사실은, 그렇게 하면서도 시장은 그 내부에 노동자와 고용주 간의 명령과 복종 관계 등 복잡한 구조를 내포하면서 등장했다는 것이다. 기업은 이윤의 상당 부분을 쏟아부어 위계 구조를 유지시킬 수 있는 다양하고 정교한 방식들을 개발하고자 노력한다."(보울스 · 에드워즈 · 루스벨트, 443쪽)

 신뢰가 없는 곳에는 계약도 없다

시장과 위계의 구분 자체가 희미해지고 있다고 주장하는 사람들도 있다. 포드주의 대량생산 이후 혁신과 숙련, 변화에 대한 유연한 적응을 특징으로 하는 이탈리아 중북부의 제3섹터 전문기업 같은 '유연적 전문화' 생산 방식을 주장한 마이클 피오레Michael Piore와 찰스 세이블Charles Sabel은, 《제2

차 산업분기점The Second Industrial Divide》(1984)에서 시장 경쟁(경제)과 공동체 협력(사회)은 화해 단계에 접어들었다고 말했다.

"해결책은 협의의 생산활동을 공동체에서의 광범위한 삶과 융합하는 것이다. 사람들에게 자신이 누구인지를 가르쳐 주는 경험과, 어떤 기술을 습득해야 하고 어떻게 협동해야 하며 공동체의 명예를 위해 경쟁에서 무엇을 하면 안 되는지를 가르쳐 주는 경험은 동일한 경험이다. 유연적 전문화는 고전 정치경제학이 갖는 하나의 가정, 즉 경제는 사회로부터 분리돼 있다는 가정을 위반하면서 작동한다. 시장 모델에 의한 기업은 교환관계를 통해 다른 단위들과 연결된다. 반면, 위계 모델에 따르면 기업은 그 자체로 자율적이다. 유연적 전문화에서는 사회가 어디서 끝나는 것인지, 그리고 경제적 조직이 어디서 시작되는 것인지에 대해 말하기 어렵다."(강석재·이호창 편역, 82쪽)

경제 행동을 둘러싸고 인간들이 서로 맺는 관계, 즉 '사회적 관계' 그리고 이 관계에서 비롯되는 위계Hierarchy의 바탕에는 생산수단의 소유 문제가 깔려 있다.

"자본주의의 본질은 기업가정신이나 이익을 목적으로 일련의 교환거래를 조달하기 위한 화폐 사용에서가 아니라 특수한 생산양식에서, 좀 더 명확하게는 생산수단의 소유 방식과 생산과정과의 관련에서 나타나는 인간

▶ 영국의 좌파 경제학자 로빈 머레이Robin Murray는 1988년에 어느 글에서 다음과 같이 말했다. "포드주의적 전망(좌파와 우파의 전망 모두)은 작업장, 정당, 세미나실 그리고 스튜디오에서 항상 도전받아 왔다. 그 도전은 1968년 유럽과 미국에서 폭발했다. 산업적일 뿐만 아니라 문화적이기도 한 이 저항은 노동과 소비에 대한 포드주의의 정의, 포드주의에 의한 도시의 형성과 자연 파괴를 공격했다."(강석재·이호창 편역, 97쪽)

지배와 위계 그리고 규율

들 사이의 사회적 제 관계를 가리킨다. 즉, 자본주의는 단지 시장을 위한 생산 체제, 즉 상품생산 체제가 아니라 노동력 그 자체가 상품이 되고 기타의 교환 대상 상품과 마찬가지로 시장에서 매매되는 체계이다."(도브 1980, 14쪽)

어떤 사회집단이 계급이 되는 데 필요한 공통의 이해는, 때로 상정되는 것처럼 소득 크기의 유사성에 기인하는 것은 아니다. 계급은 반드시 같은 소득수준의 사람들로 성립되는 것은 아니며, 특정 소득수준 또는 그에 가까운 사람들이 반드시 같은 목적으로 결합되는 것도 아니다.

"(계급의 근저에 있는 공통적이고) 기본적인 것은 전체로서의 그 집단이 생산 과정에 대하여, 그러니까 사회의 다른 사람들에 대하여 갖는 관계이다. 곧 잉여노동(실제 생산자의 소비를 충족시키는 것 이상의 노동)의 성과를 착취·배분하는 특정한 양식을 수반하는 관계이다. 잉여노동이 지배계급의 삶의 원천이므로, 모든 지배계급은 노동과정에 대한 이 특수한 관계를 자신의 존속에 결정적으로 중요한 것이라고 생각할 것이다. 또 일하지 않고 살기를 바라는 신흥계급은, 자신의 앞날과 번영과 명망이 타인의 잉여노동에 대한 청구권을 획득할 수 있는가에 달려 있음을 인식하지 않을 수 없다. 프리드리히 엥겔스는 《반뒤링론Anti-Duhring》에서 다음과 같이 말하고 있다. '노동의 유지비를 초과하는 노동생산물의 잉여와, 이 잉여로부터 비롯되는 사회적 생산 자금 및 저축 자금의 형성과 그 증가는 일체의 사회적·정치적·지적 진보의 기반이었고 지금도 그렇다. 이 자금은 어떤 특권계급의 소유였으며 이와 더불어 정치적 지배와 정신적 리더십도 이 계급의 손에 장악되었다.'"
(도브 1980, 22~23쪽)

존 맥밀런은 "완전 자유시장은 민속 풋볼과 같다. 자유방임적인 대소동이 판치는 것이다. 진정한 시장은 미식축구와 같다. 대소동이 일어나도 그 안에 나름대로 질서가 갖춰져 있다."고 말했다.(맥밀런, 28쪽) 비공식적인 규칙이 일부 공식 규칙으로 보완될 때 시장은 비로소 잠재력을 발휘할 수 있고, 거래가 효율적으로 이뤄지며 복잡한 흥정이 제대로 성사될 수 있다는 것이다. 여기서 비공식적 규칙은 거래 당사자들 간의 신뢰 따위를 뜻한다.

사람들은 고립적인 로빈슨 크루소의 자기 이익 극대화 행동뿐 아니라, 손실을 입을 게 뻔한 행동도 흔히 한다. 경제뿐 아니라 사회를, 계약과 교환뿐 아니라 신뢰와 제도를 고려하며 사는 삶이 인생이기도 하다. 토머스 홉스는 1651년에 "신뢰가 없는 곳에는 계약도 있을 수 없다."고 썼다. 노벨 경제학상 수상자인 케네스 애로가 지적했던 것도 바로 이 점이었다. 보울스·에드워즈·루스벨트는 애로에 대해 다음과 같이 말한다.

"현대사회에서 신뢰, 상대방에 대한 배려, 동료에 대한 존경 등은 개인의 이익 혹은 정부의 제재에 대한 두려움만큼 중요할 수 있다. 어떤 제도가 가장 적절할지 우리는 예측할 수 없다. 어쩌면 그런 제도는 없을지도 모른다. 그러나 기존의 제도가 문제를 해결할 수 있을지는 여전히 의문스럽다. 애로는 경제의 기초와 사적 재산권 사이에 긴장이 나타날 수 있음을 가장 통찰력 있게 지적했다. 여기서 그는 19세기 중반에 마르크스가 지적했던 바로 그 문제를, 혁명에 대한 언급 없이 오늘날의 경제 언어로 이야기하고 있다."◀

여기서 자유로운 교환계약과 신뢰 사이의 문제를 노동과 자본이 결합되는 미시적인 생산 영역으로 확장해 보자. 캐네스 애로는 "세계에서 볼 수 있는 경제적 후진성 대부분은 상호 신뢰의 결핍으로 설명할 수 있다."고 주

◀ "정보는 재산권을 확립하기 어려운 자원이다. 우리는 이제 막 사적 재산권 체계와 정보의 수집 및 유포 사이에 존재하는 모순에 직면하기 시작했다. 경제의 근본적인 결정 요인과 법적 관계 사이에 긴장이 증가할 수 있다. ─케네스 애로, 1999"(보울스 · 에드워즈 · 루스벨트, 686~687쪽)

장했다.

노동자에 대한 자본가의 지휘 효과는 노동계약을 종결시킬 수 있는 자본가의 힘에 궁극적으로 달려 있다. 자본가에게 문제가 되는 것은 실제로 수행되는 노동의 단위비용(즉, 임금 및 노동을 통제·감시하는 데 들인 관리 인력과 감시 기술 등에 투입한 비용)을 극소화할 수 있는 통제 전략을 찾는 것이다. 다른 모든 사정이 같다면, 일하지 않고 게으름을 피우는 행위가 탐지될 확률이 높을수록, 그리고 노동자 자신이 해고 때문에 입게 될 소득의 손실(태만의 기회비용)이 더욱 커질수록, 노동자는 더 열심히 일할 것이다. 이에 따라 일반적으로 사용자는 노동력 지출을 극대화하기 위해 더욱 많은 임금을 지불할 것인가, 아니면 노동자를 더욱 심한, 그래서 더 비용이 드는 감시에 종속시킬 것인가 하는 문제에 부닥치게 된다.

▶ 애로는 '신뢰truthfulness'와 책임이 우리의 모든 경제생활에서 가장 중요한 덕목이라며 신뢰에 기초한 선물과 교환 행위를 역설했다.(Arrow 1972)

통제와 효율 그리고 노동

4

"멀리서 보면 그리운 것이면서도 막상 가까이 가려 하면 무섭고 껄끄러운 게 고향이 아니던가. 이기고 돌아가야 할 길이기에 더욱 먼 길이었다. …… 그에게 변한 것은 없었다. 리어카는 여전히 무거웠고 새벽마다 내 방 창으로 다가오는 삽 소리 또한 여전하였다. …… 나는 지하철역으로 가는 이른 새벽의 길목에서 서울의 오지로 불리던 상계동의 역사를 뒤집어엎고 장대하게 일어선 아파트 숲 아래로 리어카 하나가 개미처럼 기어가고 있는 것을 보았다."

– 이희재 만화 《새벽길》

"우리는 가난하지만 / 노동자이다 / 우리는 강인한 손을 갖고 있다.… 우리 깨치고 나아가 / 마침내 그것을 보리라. …… 그날이 오면 / 우리 모두 그것을 보리라! …… 노래는 힘차고 생기발랄했으며 가락은 즐거움이 넘쳤다. 우울한 선율이 두세 군데 있었지만, 그것들은 전반적으로 가볍고 밝은 악상에 의해 감추어졌고 후렴과 반복 속에서 마침내 희미해졌다. 그러나 이 우울한 선율들은 다른 선율보다 점점 더 우세해지고 있었다."

– 니콜라이 체르니셰프스키, 《무엇을 할 것인가》

"테스는 …… 서둘러 갈 수 있는 지름길이 아닌, 어둡고 구불구불한 오솔길에 들어서 걷기 시작했다. 한 치의 땅조차 그 가치를 계산하는 시대가 오기 이전에 만들어진 그 길, 시침時針만 있는 시계로도 하루의 때를 충분히 분간할 수 있었던 그 시절에 난 길을."

– 토마스 하디, 《테스》

각축적 교환과 주먹
위계·통제·노동규율

"많은 사람들이 소비는 자본주의사회의 밝은 면이고, 생산은 어두운 면이라고 생각한다. '오늘 기분도 우울한데 사무실에 가서 일이나 좀 하고 와야겠다.'라고 말할 사람은 없다. 미국의 유명한 소설가 윌리엄 포크너는 우리가 노동에 대해 부정적으로 생각하고 있음을 지적하면서 이렇게 쓴 적이 있다. '하루에 8시간 내내 먹을 수는 없다. 8시간 내내 술을 마셔 댈 수도 없고, 8시간 내내 사랑을 나눌 수도 없다. 하루에 8시간 동안 계속할 수 있는 일은 노동뿐이다. 노동이 사람들의 삶을 고되고 비참하게 만든다고 하는 근거는 무엇인가?' 아무래도 포크너는 논점을 잘못 짚고 있는 것 같다. 고용되어 있다는 것이 좋을지 몰라도, 일한다는 것 자체는 무엇인가를 소비하는 데 필요한 돈을 버는 수단 이상도 이하도 아닐지 모른다. 노동은 반드시 해야 하는 어떤 것일 수도 있고 아무것도 안 하는 것보다는 나은 선택일 수도 있다. …… 노동은 우리가 누구인지를 말해 준다. 노동은 우리의 정신 상태에 영향을 미친다. 어디서 노동을 하는가가 그 사람이 세상에서 어떤 위치에 있는지를 알려 준다."(보울스·에드워즈·루스벨트, 378쪽)

나누고 정복하라, 노동통제의 황금률

시장에서의 위계와 통제를 강조하는 보울스는 사람들이 노동을 바람직한 것으로 보는지 그렇지 않은지는 생산이 어떻게 조직되는지, 생산을 누가 통제하는지, 그리고 생산을 통해 얻은 이득을 어떻게 나누게 되는지에 달려 있다고 말한다.

'노동규율labor discipline'이란 사용자가 전략적으로 '노동력으로부터 유효노동을 추출'함을 의미한다. 유효노동은 고용계약에 의해 사전적으로 확정되지 않으며, 노동과정에서 사후적으로 결정된다. 따라서 유효노동의 강제가 불가피하다는 의미에서 고용관계는 노동과 자본이 다툼을 벌이는 '각축적 교환contested exchange'의 성격을 가진다. 신고전파 주류 경제이론의 근본 믿음이자 지향인 '경쟁적 교환competitive exchange'이 아니다. 따라서 '규율'을 강조하는 경제학은, 상품이 만들어진 이후 시장 교환과정에서 형성되는 경쟁적 시장의 균형이 아니라 상품이 생산되는 과정, 즉 작업장에서의 각축을 자본주의 정치경제학의 미시적 기초로 설정한다.

새뮤얼 보울스와 허버트 진티스는 표준적 경제학적 모델이 '경제권력' 개념을 구성하는 데 실패해 왔다고 평가한다. 이해 갈등은 자유계약 형태의 거래를 통해 해소될 수 없다는 것이다. 즉, 노동시장에서 교환은 사전에 확정되어 있지 않으며, 비용을 들이지 않고서는 노동력 지출을 강제할 수 없다. 이러한 의미에서 노동자가 수행하는 노동의 양과 질은 '해소된 정치

적 문제'가 아니며, 지휘와 감독 기능이 사회적으로 중대한 것으로 대두한
다.(보울스 · 진티스 1994 및 Bowles and Gintis 1988)

폴 톰슨은 《노동사회학The Nature of Work》에서 "오늘날 노동 연구에서 탈
숙련화, 단편적 분업화, 위계적 통제 같은 개념은 큰 중요성을 지닌다. 그런
데 이러한 개념들이 그것이 출현한 경제적·역사적 맥락으로부터 분리되거
나 아무 관련성 없이 이해된다면, 이들은 어떠한 의미도 지니지 못하게 되
며 단지 서술적인 것에 불과하게 된다."(톰슨, 폴, 39쪽)라고 말한다. 이 중에서
분업은 단지 기술적 우월성으로 인해서만 존재하는 것이 아니다.

새뮤얼 보울스, 스티븐 마글린, 데이비드 고든 등 작업장 위계와 관료적
통제를 강조해 온 경제학자들은 "위계적 노동의 사회적 기능은 기술적 효율
성을 위한 것이 아니라 자본축적을 위한 것"이며, "생산과정의 효율성을 달성
하는 데는 실로 다른 수많은 방법들이 병존한다."고 말해 왔다. 여러 방법들
이 있으나 자본의 입장에서 수익성 및 노동과정의 분할지배에 필요한 계급
관계 재생산을 공고히 할 수 있도록 노동과정이 조직되어 왔다는 것이다.(톰
슨, 폴, 57쪽) 노동력 통제의 황금률은 "나누고 정복하라divide and rule"인 것이다.

노동자의 저항과 자본의 통제라는 관점에서, 리처드 에드워즈는 1975년
에 노동 세계는 하나의 '치열한 각축장contested terrain'이라고 명명했다. 그리
고 보울스와 진티스는 각축적 교환의 관점에서, 마이클 부라보이는 동의와
지배의 '헤게모니'라는 관점에서 작업장에서 이뤄지는 '생산의 정치politics of
production'에 주목한 바 있다. 다시 말해, 에드워즈가 보기에 자본과 노동의
관계는 생산의 효율성 이전에 노동을 지배·통제하기 위해 '강제'하는 자본
의 시도가 중심이다. 물론 노동통제 역시 이윤 극대화 추구라는 맥락 속에
서 이뤄진다. 보울스와 진티스에게 노동과 자본의 관계는 노동력 지출을
둘러싼 전략적 게임이 된다. 반면, 부라보이는 생산관계에서 자본이 헤게모

통제와 효율 그리고 노동

니적 '동의'를 만들어 낸다고 본다. 홉스 역시 《리바이어던》에서 자유로운 계약에 의한 '동의'의 인공적 사슬을 주창했다.

"인간은 평화를 획득하고 자신의 생명을 지키기 위해 코먼웰스 Commonwealth라는 인공人工 인간을 만들었으며, 또한 '시민법'이라는 인공적 사슬도 만들었다. 그리고 그들 스스로 상호 신약信約을 통해, 사슬의 한쪽 끝은 주권을 부여한 사람 또는 합의체의 입에 연결하고, 다른 한쪽 끝은 자기들의 귀에 연결하였다. 이 족쇄는 그 자체로는 약하지만, 그럼에도 사슬을 끊었을 때 생기는 위험 때문에 지속된다. 결코 사슬을 끊기가 어려워서가 아니다."(홉스, 215쪽)

보울스는 작업장에서 생산 제품 한 단위당 노동비용을 절감하기 위해 고용주들이 취하는 전략으로는, 임금을 가능한 한 적게 지불하고 관리자나 작업반장을 통해 노동자들이 열심히 일하도록 어르고 달래는 '단순통제', 현장에서 노동자들에게 잔소리를 해 대는 현장감독관의 수를 늘리는 것이 아니라 생산과정에 기계를 도입하고 기계의 속도를 변화시켜 노동력 지출 강도를 높이는 '기술적 통제'가 있다고 말한다. 또 한 가지 전략으로 '관료적 통제'가 있다. 관료적으로 조직된 기업에서 특정한 직책과 직무를 사다리 형태로 아래에서 위까지 서열화해 각 체계마다 더 높은 임금을 지급하는 '당근'을 주는 동시에, 정교하게 고안된 인센티브 구조 위에 세세한 작업 규율과 절차를 명시하는 것이다. "관료적 통제에서 진정한 권력의 원천은 기업의 조직적 구조 속에 새겨져 있다. 따라서 권력관계는 인격적으로 드러나지 않고 조직 시스템 내에 숨겨진 채 작동한다."(보울스·에드워즈·루스벨트, 425쪽)

이러한 위계와 통제가 지배하는 공장은 애쓰모글루에 따르면, 1583년 케임브리지대학에서 공부하던 윌리엄 리William Lee가 고안한 편물기계에서 시작되었다. 윌리엄 리는 어머니와 누이들이 밤새 침침한 불빛 아래 바늘을 놀리며 뜨개질하는 모습을 지켜보다가 "바늘 두 개와 실 한 가닥으로 옷을 지을 수 있다면 여러 개의 바늘을 동원하지 못할 이유가 없지 않은가"라고 고민한 끝에, 1589년 마침내 '양말 짜는 틀' 편물기계를 만들어 냈다. 이러한 기계가 발명된 후 1769년, 산업혁명의 핵심 인물 중 한 명인 리처드 아크라이트Richard Arkwright가 양말을 만들던 다른 두 사람과 손잡고 1771년 영국 크롬포드에 세계 최초일지도 모를 공장을 세웠다.(애쓰모글루, 267~297쪽)

'관리의 기원'에 관한 하버드대 경제학 교수 스티븐 마글린의 연구는, 생산의 장소가 가내에서 수공업 작업장으로, 또다시 좀 더 규모가 큰 공장제로 이행하는 것은, 단지 기술적 효율성 때문만은 아니라는 점을 보여 준다. 고용주는 비용 절감을 위해 작업장에 대한 규율과 감독을 행사하는 동시에, 통제의 측면에서도 '공장 체제'로 이행했다는 것이다.

영국의 제화공업은 미국의 우수한 기술을 사용할 수 있었음에도 불구하고, 장기간 기계화를 유보하고 19세기 말까지도 공장제 수준에 미달하는 가내공업의 형태를 취하고 있었다. 고용주 입장에서 경제적 이득과 통제 측면에서 흡족했기에 변화의 속도가 제한된 것이다.(톰슨, 폴, 54쪽) 공장제도나 기계의 기술적 효율성 때문이 아니라, 모든 노동자들을 공장이란 한 장소에 모아 둠으로써 노동시간을 증가시키고 위계적 통제를 높일 수 있었다. "생산조직 선택에서 가장 중요한 결정 요인은, 외생적이고 무정한 기술 수준이 아니라 기업 내부의 내생적이고 노동자의 저항이 수반될 수 있는 통제 권력 여부이다."(Marglin 1974)

공장제도를 중심으로 산업혁명을 설명한 프랑스 역사학자 폴 망투Paul Mantoux는 근대적 공장제도를 하나의 비연속적인 혁명으로 묘사하고 있다.

"자신의 벽 안에 원료를 담고 있고 근대적 생산의 원칙 자체를 명백한 형식으로 구현하고 있는 특징적인 기념비, 이것이 공장이다. ······ 공장제도로부터 근대 문명을 특징짓는 사회제도가 발달했다. 이 제도는 10세기의 봉건제도처럼 완벽하고 응집력이 강한 하나의 전체를 이루고 있다. 그러나 봉건제도가 무정부적 야만주의에 휩쓸린 유럽에서 군사적 필요와 인간 생활을 위협하던 위험의 결과로 생긴 데 반해, 이 사회제도는 공장제도라는 중심적 사실을 둘러싸고 모인 순수한 경제적 힘의 연쇄에 의해 이루어졌다. …… 유럽의 문명을 가진 모든 나라에서 현재 드러나고 있는 특수한 형태의 사회문제는 공장제도의 결과로 발생한 것이다."(망투, 상. 8~10쪽)

◤ '주먹 없는' 노동규율

앞서 경제성장이 기본적으로 권력 생산과 밀접한 관련을 맺는다는 것을 확인했듯, 생산활동 역시 기본적으로 권력 현상이다. 정치적 권력 현상이 생산력과 생산관계에 기초하고 있다는 마르크스의 언명으로부터, 고용 체제가 하나의 정치적 행위라는 산업사회학의 기본 명제가 도출된다.

정치적 행위는 지배와 종속을 근간으로 하므로, 어떤 형태든지 지배에 대한 동의 및 합의를 전제로 한다. 산업사회학자들은 이러한 현상을 '노동통제'로 개념화했다. 이러한 노동통제의 작업장 권력 현상을 이론적으로 파악하려는 시도는 프레더릭 테일러의 '과학적 관리', 피터 되링거Peter Doeringer와 마이클 피오레의 '이중노동시장'과 '내부노동시장' 이론, 리처드 에드워즈의 '관료제적 통제', 마이클 부라보이의 '생산의 정치' 및 '동의의 생산' 등 다양한 개념으로 이뤄져 왔다.(송호근 1991, 52쪽)

▶ 부라보이는 자본주의적 노동과정이 계급투쟁으로 붕괴되지 않는 이유에 대해 자본주의 공장의 생산관계 내부에 계급투쟁을 완화시키는 독특한 기제, 즉 노동자와 관리자 간의 '동의'

작업장에서 동의가 '재생산되는' 물질적 토대와 관련해, 자본의 지배에 대한 '동의'(즉, 자본가와 협력하는 것으로 노동자가 자신의 전략을 선택하는 것)는 물질적 이익에서 성과를 찾을 수 없다면 더 이상 지속되기 어렵다. 즉, 동의의 재생산은 임금노동자의 물질적 이익이 자본주의사회 내에서 어느 정도 만족될 것을 요구한다. 특히 여기서 자본가는 그가 전유한 이윤이 저축되고 투자되며 생산적 잠재력으로 변형되어 부분적으로 다른 집단의 이득으로 분배될 것으로 사회경제적으로 기대되기 때문에, 사회적 생산물의 일부를 보유할 수 있는 자격을 갖는다.(셰보르스키 1995, 195쪽)

비정규직 등 분단노동시장에 대한 설명도, 되링거와 피오레가 기술적 설명, 즉 경제적 효율성과 이윤 극대화 행동으로 설명하는 반면, 데이비드 고든, 마이클 라이히, 리처드 에드워즈는 분할지배와 노동의 힘을 약화시키려는 사용자의 전략적 의도를 강조한다.(Gordon · Edwards · Reich 1982) 루베리

가 형성되어 왔다는 점에 주목했다. 노동자들이 이 동의를 받아들이거나 스스로 '제조한다 Manufacturing Consent'는 것이다. 물론 이 동의의 기반을 해명하려는 여러 측면의 분석이 이뤄졌다. 계급타협의 물질적 토대에 초점을 맞춘 애덤 셰보르스키, 헤게모니적 동의에 주목한 그람시 등이다.

"헤게모니는 동의를 통한 착취로 구성되어 있다. 이러한 동의는 인공적으로 만들어질 수 없다. 동의는 어떤 물질적 기초에 기반해야만 한다. …… 그러나 임금노동자는 자본주의 체제에 동의할 때 생산물의 일부가 그들에게 돌아오게 할지 여부를 결정할 수 없고, 또 얼마나 분배될지 어떤 방식으로 현재 이윤의 몇 퍼센트가 미래의 임금으로 돌아오게 될지 확신할 수 없다."(셰보르스키 1995, 197쪽)

산업입지 이론가들은 공장이 도시 외곽으로 분산화된 이유에 대해 전통적으로 화물차의 발달과 토지집약적 자동공정 기술의 급속한 보급을 그 원인으로 꼽았다. 그러나 그 어느 것도 공장 분산화의 출현을 설명하지 못한다. 초기의 공장 분산화는 노동규율에 대한 고용주의 관심에 따른 것이다. 파업과 시위가 차츰 도시와 공장노동자들을 둘러싸고 오염시켰다고 여긴 공장 소유주들은 노동운동의 중심지에서 충분히 먼 곳으로 공장을 이전함으로써 노동자들을

Rubery, 윌킨슨Wilkinson, 탈링Tarling 등 영국 케임브리지대학의 노동연구 그룹 경제학자들은 제도적 요인을 강조한다. 노동시장이 경제적인 시장의 힘뿐만 아니라 시장에 흐르는 "깊고 조용하면서도 강력한" 사회적·정치적인 제도적 요인의 영향을 받는다는 것이다. 다시 말해 시장의 힘에 지배받는 외부노동시장의 특징과, 시장과 달리 제도적 규칙의 적용을 받는 기업조직 안의 내부노동시장의 특징이 함께 작동한다는 기본 관점을 취한다.(Craig · Rubery · Tarling · Wilkinson 1985) 이와 달리 비정규직을 노동자가 아니라 기업조직의 관점에서 연구하는 존 앳킨슨John Atkinson은 노동유연화를 기업조직의 유연하고 효율적 재편으로 본다.(Atkinson 1984)

1970년대 미국 등지에서 산업노동자에 대한 관료적 규율이 작업장의 화두로 등장했다. 노동의 강력한 저항이 대두하기 시작한 것이다.▶ 에드워즈는 '관료제적 통제'를 산출한 산업적 맥락을 다음과 같이 설명한다.

"물론, 과거의 위계질서는 완강하게 지속되면서도 변화하고 있다. 이러한 변화의 추진력이 무엇인지 생각해 본다면 계급적 불만, 자본가와 노동자, 그리고 이익집단들 간의 투쟁을 들 수 있겠다. 계급의 부침과 권력의 강약은 사회에서의 지위에 전적으로 의존하고 있으므로 우리는 자본주의의 거대한 동학을 탐구해야 한다. 내가 특히 관심을 두는 것은 다음과 같은 것들이다. 거대기업군의 출현, 경쟁적 기업에서 독과점적 기업으로의 전환, 노동조합의 성장, 자본주의적 발전의 다양한 양상들이 그것이다. 이러

위험한 영향력으로부터 격리시킬 수 있었고, 노조를 조직하는 위험도 사전에 차단할 수 있었다.(고든 외 1998, 192쪽)

▶▶▶ "Blue-Collar Blues on the Assembly Line"(Fortune, 1970 July), "It Pays to Wake Up the Blue Collar Worker"(Fortune, 1970 Sept.), "The Fraying White Collar"(Fortune, 1970 Dec.)

한 요인들의 상호작용이 작업 현장에서 노동과 자본 간 투쟁에 영향을 미치는 것이다."(Edwards, p.8)

직접적인 임금은 취업 기간 동안의 노동력 재생산을 보장하지만, 실업자혹은 병자의 '유지'나 가족의 유지(또는 '재생산') 비용을 보장하지는 않는다. 따라서 자본가들이 필요로 하지만 그들 스스로는 직접적으로 보장할 수없는 총 노동력의 관리를 위해 국가의 비자본주의적인 사회제도들이 필수불가결하다. 이러한 제도는 그러나, 고용 불안정성을 단지 제한하기만 하면서 유지해야 하고, 실업자를 보조해 주면서도 그것이 작업 규율에 영향을 미치도록 해서는 안 된다. 이러한 목표에 가장 적합한 제도가 19세기 영국의 구빈원poorhouse이었다. 구빈원은 감옥과 공장의 중간쯤 위치를 갖는 것이었다. 이러한 노동력 관리의 특수 모델은 소멸되었지만, 그 원리는 자본의요구이기 때문에 다른 형태로 잔존한다. 규율과 처벌을 위해 고안된 행동교정과 관련된 제도들, 곧 학교, (공장을 닮은) 감옥, 이데올로기적 교육과 억압의 기제들은 모두 나름의 방식으로 국가적 노동력 조절의 구성요소로 기능한다. 여기서 세 요소(작업 규율, 고용의 불안정성, 가능한 한 저렴한 프롤레타리아 노동력의 항구적 공급)의 연속적 존재를 유지할 필요는, 자본주의적 축적 과정에'내재적인 동시에 근본적으로는 외재적인' 국가 개입을 내포한다.(브뤼노프, 21쪽)

이제 우리는 좀 더 직접적으로 '주먹'과 '주먹 없는' 노동규율을 살펴보자. 앨프레드 마셜은 《경제학원리》에서 "노동 없는 자본은 죽은 자본이고, 자기 또는 타인 자본의 도움 없이 노동자는 오래 살지 못할 것이다."라고말했다. "노동이 원기왕성한 곳에서 자본은 높은 보수를 획득하며 빠르게성장한다. 그리고 자본과 지식의 덕으로 서구 세계의 보통 노동자는 과거의 군주들보다 여러 측면에서 더 잘 먹고, 더 잘 입고, 심지어 더 좋은 집에서 살게 되었다. 노동과 자본의 협력은 방적과 직조의 협력만큼 필수적이다. 자본과 노동 쌍방의 번영은 상대방의 역량·활동과 불가분의 관계에 있다. 비록 각각이 상대방을 희생시키면서 일시적으로 국민 배당의 몫을 좀 더 획득할 수 있을지라도 영속적으로 그럴 수는 없다."(마셜, 제2권, 259쪽)

그러나 시장에서의 자유로운 계약과 진입·퇴출을 강조하는 신고전파 경제학자 아민 앨키언과 해롤드 뎀세츠는 기업조직에서 노동자와 사용자의 관계는, 소비자가 식료품 가게 주인과 맺는 관계와 하등 다를 바가 없다고 말한다.

"흔히 기업이 일반적인 시장에서 획득 가능한 힘보다 더 우월한, 징계를 취할 수 있는 능력 및 주먹 그리고 권위를 동원해 여러 경제적 문제들을 해결할 수 있는 권력을 갖고 있다고 말한다. 그러나 이는 환상에 불과하다. 기업은 그러한 투입물을 소유하고 있지 않다. 기업은 시장에서 두 사람 사이에 이뤄지는 자유로운 계약 외에 그 어떤 주먹이나 권위도 갖고 있지 않다. 상대방을 처벌할 수 있는 방법으로는 주먹이 아니라, 오직 거래를 끊거나 약속 불이행으로 책임을 묻는 것 외엔 없다. 이것이 사용자가 할 수 있는 권한의 전부다. 사용자로서 기업이 노동자와 맺는 관계 역시 마찬가지다. 소비자가 배달받은 물건에 흠이 있을 경우 식료품 가게 주인에게 취할 수 있는 방법이 고소하거나 차후 왕래를 끊는 것밖에 없는 것과 다를 바 없다."(Alchian & Demsetz, p.777)

앨키언과 뎀세츠는 기업이 노동자에게 여러 가지 다양한 일을 할당하고 관리 임무나 감독 업무를 맡긴다 하더라도, 그것을 지속적 고용계약으로 여기는 것은 기만에 불과하다고 말한다. 사용자와 기업 사이에는 지속적으로 관계를 맺어야 할 그 어떤 구속력 있는 계약 의무도 없다. "장기 고용계약은 우리가 기업이라고 부르는 조직의 본질이 결코 아니다."

지금 우리가 살펴보고 있는 노동규율은 자본주의 생산양식의 거대한 변화와 무관할 수 없다. 이를 포착하려는 거인들의 노력과 답변을 들여다보자. 스콧 라시Scott Lash와 존 어리John Urry는 1987년에 '조직자본주의의 종말'과 '탈조직자본주의disorganized capitalism의 등장'을 선언했다. 오일쇼크 이후 임금 안정과 계급타협적 조항이 불안정해지고 모든 경제사회적 틀과 구조가 변화하고 있다는 것이다. "탈조직자본주의 세계에서는 조직자본주의의 고정되고 단단하게 얼어붙은 관계들이 휩쓸려 사라지고 있다. 사회는 위로부터 아래로부터 그리고 그 내부에서 격변하고 있다. 조직자본주의에서 모든 견고한 것들, 즉 계급, 산업, 도시, 집단성, 국민국가 그리고 이런 낱말조차도 대기 중에 녹아내린다."(Lash & Urry, p.313)

라시와 어리는 현대 자본주의가 탈조직화 과정을 겪고 있다는 자신들의 주장이, 마르크스주의와 베버주의자 등 견고하고 논리적인 사회과학 분석에 이의를 제기하는 모험을 무릅쓰고 있다며 다음과 같이 덧붙였다.

"마르크스주의자와 베버주의자들은 (우리 시대를 우리의 견해와 달리) 오히려 점점 더 조직화되고 있는 사회라고 주장할지 모른다. 마르크스주의자들은 '독점자본주의' '금융자본주의' '국가독점자본주의' '후기자본주의' 등의 개념을 내세우고, 베버주의자들은 국가 관료화가 더욱 성장하고 있으며 학교·경찰·공적 서비스·공장·노동조합 등의 제도 전체가 피할 수 없는 합리화 과정 속에 있다고 주장할지 모른다."

그것이 (탈)조직된 자본주의든 그 무엇이든 영국의 사회학자 존 차일드John Child는 제도나 조직을 '인간의 선택'으로 보고, 조직과 제도는 사람들이 필요에 따라 언제든지 선택하고 바꿀 수 있다는 점을 강조한다.(Child 1973) 차일드는 이를 위해 영국의 노동역사가 앨런 폭스A. Fox의 다음과 같은 말을 인용하고 있다.

"오랫동안 대다수 사람들은 자기 삶을 지배하고 있는 많은 사회제도들

통제와 효율 그리고 노동

이 단지 자의적으로 또 인습적으로 선택된 것이라는 점을 깨닫지 못했다. 그래서 자신을 둘러싼 제도와 조직을 불가피하고 영속적인 질서로 여겼다. 직업적 사회과학자의 임무는, 사실은 그렇지 않다는 점을 자기 자신과 다른 사람들에게 일깨우는 데 있다. 즉, 기존 질서가 우주 불변의 내재적 법칙에 의해 결정된 것이 아니라는 점, 그것의 가장 공허한 특징은 단지 인습적이라는 점, 그래서 인간의 분별력 있는 선택에 따라 변화할 운명에 처해 있다는 점을 명백히 밝혀야 한다."(Child 1973, p.234)

 ## "비대하고 인색한" 얼굴의 구조조정

이제 자본이 노동을 어떤 방식으로 규율하고 있는지 좀 더 직접적으로 탐구한 거인들의 답변을 살펴보자. 노동규율은 저임금 비정규 고용의 확산, 산업예비군 실업자의 항상적인 존재, 노동시간 규율, 기업 내부의 관료화와 통제 등의 영역에서 형성·유지·강화된다. 최근의 역사적 기록은 이에 대한 명확한 답변을 제공한다.

배리 블루스톤Barry Bluestone과 베닛 해리슨Bennett Harrison은 1986년 〈미국의 거대한 일자리기계The Great American Job Machine〉라는 글에서, 1973년에서 1984년 사이 미국에서 거의 2천만 개의 일자리가 새로 창출되었지만 이러한 총량적 일자리지표는 새로 만들어진 일자리의 고용 형태나 그 임금수준에 대해선 아무것도 말해 주지 않는다고 지적했다. 경제성장률이나 국내총생산GDP 규모, 1인당 소득 같은 경제지표는 고용의 질적 측면의 어두운 그늘을 제대로 포착해 내지 못한다. 블루스톤과 해리슨은 일자리의 질적 분석을 통해 새로운 일자리의 대부분이 저임금 노동이었다는 사실을 실증 자료를 통해 보여 주고 있다.

미국의 거대한 '일자리 창출 기계'는 추세적으로 고임금 일자리는 줄이고 엄청나게 많은 저임금 일자리를 만들어 내고 있다. 1979년부터 1984년 사이에 새로 창출된 일자리의 58퍼센트가 연간 소득 7천 달러 미만의 저임금 일자리였다. 특히 1979년 이후 기록적인 일자리 창출이 이뤄졌으나 새로 창출된 8백만 개 일자리 중에서 310만 개 이상이, 기존의 노동시장 조건에서 형성되었을 것으로 추정되는 저임금 일자리 외에 추가로 생겨난 저임금 고용이며, 당시 미국을 '일자리 창출 기계'라고 부른 예찬은 이러한 나쁜 사실을 은폐하고 있다는 지적이다.(Bluestone & Harrison 1986)

베넷 해리슨은 노동규율이 저임금 노동 확산을 통해 이뤄지는 근원적인 요인으로 기업조직 변동에 관심을 기울였다. 그는 1994년에 펴낸 《세계화 시대 대기업의 진화Lean and Mean》에서 유연성의 시대에 대규모 법인기업의 권력이 더욱 강화되고 있다며, 소규모 기업의 장래를 비관적으로 전망했다. 해리슨은 네트워크 자회사를 통한 아웃소싱 전략으로 본체 회사의 몸집을 줄이고 있는 대규모 법인기업의 날렵하고 민첩한 전략이, 현대 다국적 대규모 법인조직의 장점이라고 지적했다. 저임금 유연화는 기업조직의 유연화에서 비롯되고 있다는 것이다.

쉬운 해고와 저임금으로 대표되는 시장 지향적 고용정책이 1980년대 이후의 노동규율 방식이라면, 그 이전 고용 체제에서의 노동규율은 이와 반대로 고임금과 안정적 고용이라는 '내부노동시장'의 관료적 형태를 띠었다. 미국 내부노동시장의 형성 과정을 역사적으로 고찰한 샌포드 야코비 Sanford Jacoby의 《기업의 관료제 도입Employing Bureaucracy》에 따르면, 미국 내부노동시장은 점점 더 많은 기업에서 내부노동시장의 특징을 점차 갖춰 나가며 확대된 것이 아니다. 점진적이고 단계적인 과정이 아니라, 제1차 세계대전과 이후 대공황으로 구체제의 고용관계가 갑작스런 위기를 겪으면서 새로운 고용 체제로 채택된 것이다. 기존의 시장 지향적이고 자의적이고 비장기적인 고용 시스템에서, '관료 권위적이고 규칙이 지배하고 안정적인' 고용 체제로 대체됐다. 내부노동시장은 마치 한 통의 버터밀크 속에 응고되어 있는 버터 덩어리처럼 무의식적인 협력의 바다 한가운데 떠 있는 의식적 권력의 섬들로 여겨진다.(Jacoby 1984, p.23)

캐서린 스톤Katherine Stone은 내부노동시장을 더욱 노동규율 쪽과 연결지었다. 그는 미국 철강산업 내부노동시장 형성의 역사적 기원을 해명하면서, 이는 자본의 효율성 추구보다는 노동에 대한 위계와 통제 차원의 요구가 반영된 성격이 강했다고 결론짓고 있다.(Stone 1975)

이와 달리 샌포드 야코비는 미국 노동시장의 구조 변화 원인을 기업의 내부 지배 구조의 변동에서 찾는다. 지난 20여 년간 미국 법인기업의 내부 권력은 전통적인 경영자 및 노동자들에서 주주들로 급속히 이동해 왔다. 이러한 노조 약화 속에서, 저임금과 '쉬운 해고'라는 시장 지향적인 고용정책을 지렛대 삼아 임금·고용위험을 기업(즉, 주주)에서 노동자들에게로 전가하는 경향이 강화되었다는 것이다.(Jacoby 2005)

제2차 세계대전과 뉴딜 이후 형성된 상대적으로 평등한 사회규범이 붕괴 또는 약화되고, 1980년대 기업들 사이에 열풍처럼 유행한 다운사이징 downsizing은 데이비드 고든이 지적한 대로 '기업은 비대해지고 노동자에겐 (저임금 불안정고용으로) 인색한Fat and Mean' 얼굴을 지닌 구조조정이었다. 베넷 해리슨 저작의 원 제목인 '날렵하고 군살 뺀 대기업Lean and Mean'과는 정반대라는 뜻이다.

좌파 노동과정 연구자인 폴 톰슨Paul Thompson에 따르면, 노동규율이 지배하는 '노동과정'은 단지 기술과 기계의 발명품에 적응하는 것이 아니라 기술과 인간의 사회적·경제적 관계를 의미하며, 잉여의 생산과 수취를 둘러싼 생산방식과 통제를 의미한다. 마르크스는 《자본론》에서 상품과 자본 축적을 정교하게 분석했으나 노동과정은 제대로 연구하지 못한 채 끝내고 말았다. 당연히 이후 노동력상품의 교환관계를 포함한 노동과정에 대한 거인들의 오래된 질문과 답변, 분석이 열정적으로 이뤄졌다.

다음 장에서 기술에 대한 데이비드 노블David Noble의 놀라운 탐구를 보게 될 테지만, 자본주의 기업에서 기술의 변화는 직접적인 수익성 향상 외에 노동자들의 협상력 약화라는 또 다른 목적이 있다. 노동자들이 약하든 강하든, 고용주들은 투자 여부를 결정할 권한이 있다. 언제, 어디에 투자할 것인지 결정할 권한도 갖는다. 기술 변화의 주도권을 가진 쪽은 자본가다. 많은 경제학자들이 수익성과 효율성을 동일시하지만, 덜 효율적인 기술이 수익성은 더 좋은 경우도 있다. 수익성 있는 기술이 꼭 효율적일 필요는 없고, 효율적이라고 해서 반드시 수익성이 높은 것은 아니다. 자본주의적 기업의 목표는 수익성이지 효율성이 아니다. 노동과정에서 더 많은 이윤을 뽑아내면 되는 것이다.

"기업은 기술을 도입할 때 그것이 효율적인지 여부가 아니라 수익성이 있는지를 따진다. 따라서 일반적인 경제학 교과서에 자주 등장하는 '현재 사용되고 개발된 기술이 현대 과학이 제공할 수 있는 것들 중 최고'라는 주장은 결코 사실이 아니다. 오늘날의 기술은 수익성에 얽매여 있다. 수익성이 아닌 다른 기준이 적용되었다면 지금 다른 기술들이 이용되고 있을지도 모른다."(보울스·에드워즈·루스벨트, 442쪽)

사실 애덤 스미스 등 초기 고전파경제학은 '노동'을 중심에 두고 경제를 파악하려 했다. 특히 노동자의 생활 상태와 조건에 경제학자들의 관심이 집중되었다. 우리가 경제학원론 교과서에서 배우는 '기펜재Giffen good'(가격의 하락(상승)이 오히려 수요량의 감소(증가)를 가져오는 재화) 개념도, 산업사회에서 노동계급의 불우한 처지와 상태를 연구하며 나온 것이다. 빅토리아 시대의 저명한 통계학자인 로버트 기펜Robert Giffen은 19세기 초 아일랜드의 대기근으로 인해 감자 가격이 상승했음에도 불구하고 감자의 소비가 증가하는 현상을 수요법칙의 예외적인 경우로 소개하였다. 자연주의 평화주의자로 알려진 스콧 니어링Scott Nearing도 미국 출신의 경제학자였다. 그는 산업자본주의가 인간의 삶을 허망하게 만드는 원인이라고 보고 자연으로 돌아가 단순한 삶을 살았다. 그는 생산과 소비보다 분배에 비중을 두고 1915년 《미국사회학저널》에 소득과 분배를 분석한 〈소득의 근거The Way of Income〉라는 글을 기고하기도 했다.

그러나 이후 "경제성장 주제에 한번 들어서면 빠져나오기 힘들다"는 로버트 루카스의 말처럼 자본축적과 성장에 경제학자들의 관심이 집중되었고, 사회학자들의 눈은 기업 내부의 관료적 통제에 초점이 맞춰지기 시작했다. 베버가 '근대적 합리성'의 대표적인 형태로 꼽은 관료제는 1960년대에 전혀 다른 의미의 관료제로서 그 성격이 분석되기 시작했다. 대기업의 '관료적 현상'은 단순히 효율성이나 합리성 추구뿐만 아니라(혹은 그것과 거리가 멀고) 때로는 통제의 한 유형으로서 도입된다는 것이다.

이러한 기업조직에서의 '관료적 현상The Bureaucratic Phenomenon'을 날카롭게 제시한 사람이 프랑스 사회학자 미셸 크로지에Michael Crozier이다. 현대

Giffen, R(1883), "The Progress of the Working Class in the Last Half Century", *Journal of the Statistical Society of London*. '기펜재'는 앨프레드 마셜이 《경제학원리》 제6장(마셜, 제1권, 197쪽)에 도입한 이후 소득효과와 대체효과라는 경제 분석 용어로 이어졌다. 스콧 니어링의 논문으로는 "Wages in the United States, 1908-1910"(1914), "The Adequacy of American Wages"(1915) 등이 있다.

사회에서 거대 법인기업의 중요성은 점점 더 커지고 있다. 우리가 고용되는 조직은 주로 거대기업이고, 소비하는 상품도 대부분 거대기업의 대량생산 품이다. 우리의 여가 시간 활동과 문화적 생활조차 거대기업의 지배 아래 놓여 있다.

"이러한 거대기업의 영향력 증대는 항상 우리에게 두려움을 불러일으킨 다. 거대기업은 우리들에게 관료화를 떠올리게 한다. 즉, 불필요한 복잡한 조직, 강요된 표준화, 개인적 개성의 질식 등이 대표적이다. 겉으로 보기엔 이런 관료적 현상이 단지 부수적으로 보일지 모르지만, 모든 인간 활동의 국면에 침투하면서 많은 사람들을 놀라게 만들고 있다."(Crozier, p.1)

크로지에는 오늘날 우리 세계의 특징적 측면인 기업조직 내 핵심부에서 의 인간 행동과 관련된 관료제적 현상을 살펴봄으로써, 관료제의 '질병'과 위협을 더 잘 이해할 수 있다고 말했다.

"오늘날 가속화하고 있는 거대 법인기업에서의 관료제적 위계는 경제적· 사회적 시스템으로 기능하고 있다. 이러한 조직 내부의 관료적 질서는 민 주적 이상과는 크게 다르다. 이는 문제의 진단을 넘어서 치료를 요구한다."
(Crozier, p.2)

교수의 1시간 노동
가치와 노동시간

"소가 돌을 나르건 사람이 돌을 나르건 간에 그것이 제공하는 사용가치는 동일하며, 바람이 방아를 돌리건 사람이 방아를 돌리건 그것이 제공하는 사용가치도 동일하다. 따라서 소나 바람의 일과, 사람의 노동을 구별하는 것이 무의미하다는 생각이 들지 모른다. 그러나 소가 돌을 나르는 사회와 사람이 돌을 나르는 사회의 조직 원리나 인간의 생존 조건은 전혀 상이하다. 단순히 사람이 돌을 나르는 사회가 아니라, 그 돌을 나르기 위해 사람을 고용하는 사회에서 잉여가치가 발생한다. 따라서 가치의 기능은 돌을 나르는 소의 일과 돌을 나르는 사람의 노동의 상대적 효율성을 평가하는 데 있는 것이 아니라, 그 돌을 나르기 위해 한 계급이 노동력을 판매하고 다른 계급이 그 노동력을 구입하는 사회의 운동 원리를 규명하는 데에

있다."(정운영 1993, 181~182쪽)

교환'가치'인가, 가격인가

경제학자는 흔히 노력은 '결과가 나타나도록' 노력할 때에만 의미가 있는 행위라고 말한다. 노동의 대가는 산출물의 시장가치로 결정되므로 제아무리 많은 시간과 노력을 들여 상품을 만든다고 해도 시장에서 팔리지 않으면 그 노동의 대가는 제로(0)라는 뜻이다. 이 간단한 말에는 상품, 시장의 무정부성, 가치 등의 개념이 압축적으로 농축돼 있다.

이 책의 본문 맨 앞머리에서 경제학의 접근 방법 중 하나로 잉여 접근법을 언급한 바 있다. 잉여 접근은 곧 노동가치론적 접근이다. 일각에서는 경제학 연구에서 노동가치론이 인공호흡기와 심폐소생술로 겨우 명맥만 유지하고 있다고 여길지 모르지만, 작고한 정운영 교수가 그토록 강조했듯 가치론은 "인간에 대한 따뜻한 애정"에 기초한 영원한 질문 중 하나이다.

경제학은 어떤 방법론적 분석이 더 정확하고 그럴듯한지를 둘러싼 방법

노동자가 더 이상 자신의 노동력을 판매할 필요가 없다면 그는 사실상 노동자의 신분을 벗어나게 된다. 이는 "주식회사는 자본가들의 연합이다. 각각의 자본가에 의한 자본 납입으로 형성되고, 각자의 납입 자본액에 따라 참여 정도, 투표권 그리고 지배력이 결정된다. 자본가는 자본을 갖는 한에서만 자본가이며, 다른 자본가와는 오직 양적으로만 구별되는"(힐퍼딩, 164쪽) 것과 마찬가지다.

완전경쟁시장에서 시간당 임금률은 한계생산물의 시장가치로 표현된다. 즉 $\omega=MP_L \times P$이다. 여기서 ω는 노동의 시간당 가격(즉, 시간당 임금), MP_L은 투입노동(시간) 한 단위를 추가했을 때 그것이 산출해 내는 한계생산물, P는 주어진 기술 수준에서 노동과 자본을 결합 투입해 만든 생산물의 시장가격이다.

론 대결의 장이지, 옳고 그름을 따지는 가치판단의 영역은 아니라고 할 수 있다. '가치'는 마르크스가 첫 불을 지핀 이래로 경제학의 핵심 개념으로 등장하여, 존 힉스의 《가치와 자본Value and Capital》(1939), 제라르 드브뢰의 획기적 고전인 《가치이론Theory of Value》(1959) 등 수많은 경제학 문헌의 제목을 장식하였다. 참고로 막스 베버는 노동가치이론에 대항하여 《직업으로서의 학문》에서 제임스 밀이 "만일 우리가 순수한 경험에서 출발한다면 우리는 다신교多神教에 도달할 것"이라고 말한 대목을 인용하며 가치중립을 주창했다.(베버 2006, 66쪽)▶

여기서 가치가 갖는 이데올로기적 측면을 짚고 넘어가는 게 이해에 도움이 될 것 같다.

"마르크스가 아직 십 대였을 때, 잉글랜드 노동조합주의자들의 마음을 얻기 위한 자본주의 정치경제학과 사회주의 정치경제학의 투쟁이 전개되었다. 1800년대 영국의 정치경제잡지 《파이오니어Pioneer》의 한 저술가가 '자본이란 무엇인가?'라고 물었다. '그것은 비축된 노동이다!'라고 매컬로크McCulloch가 외친다. '누구에게서, 그리고 무엇에서 비축되었는가? 비천한 사람들의 의복과 식량에서다.' 그리하여 건축공조합의 한 조합원은 다음과 같이 썼다. '노동조합들은 더 적은 노동과 더 많은 임금을 위해 파업을 벌일 뿐만 아니라, 궁극적으로 임금을 폐지하고 스스로 각자의 주인이 되어 서로를 위해 일할 것이다. 노동과 자본은 더 이상 분리되지 않을 뿐만 아니라 남녀 노동자의 손안에서 불가분의 것으로 합쳐질 것이다.'"(톰슨, 에드워드, 하, 526쪽)

▶▶ 스튜어트 휴즈Stuart Hughes는 막스 베버를 "엄청난 지적 능력과 융통성을 지닌 사람이었고 또한 그의 정신적 건강을 위협하는 절망적인 모순들조차도 강철 같은 의지의 힘으로 간신히 결합시킨" 사상가로 묘사했다.(휴즈, 32쪽)

1833년 10월 13일자 《파이오니어》에 실린 이 대목은 프롤레타리아 독재와 노동자국가라는 이상을 압축적으로 보여 준다. 자본은 노동이 응축된 것이라는 노동가치 학설은 자본에 대항하는 싸움의 '물질적 이데올로기'가 되었다. 에르네스트 만델Ernest Mandel이 강조했듯이, 마르크스와 엥겔스는 "도래할 사회주의의 핵심적 역할을 프롤레타리아에게 위임했는데, 그것은 단지 그들이 겪는 고통 때문이라기보다는 생산과정 내에서 그들이 차지하는 지위 때문이었다."(셰보르스키 1995, 81쪽)

가치, 적어도 재화의 '사용가치'는 본질적으로 생산 영역, 즉 공장 내부에서 창출된다. 따라서 가치는 생산관계로서 자본과 노동의 '관계', 곧 '사회적 관계'가 해명해야 할 주요 문제로 대두된다. 반면, 생산된 이후 시장에서 거래되는 교환가치만을 고려하거나 아예 '가치'를 버리고 그것의 화폐적 표현인 '가격'만을 말하게 되면 그 즉시 생산 영역에서의 관계는 우리 시야에서 사라지고 만다. 어느 공장에서 누가 생산하든 또 생산 장소인 그 공장의 지배 질서가 민주적 노사관계든 유혈적 테일러리즘Taylorism이든 아무런 관심을 끌 수 없으며, 우리는 오직 그 상품이 진열대에 나온 시장에서 가격에 반응하는 소비자로서만 행동하게 될 뿐이다.

새뮤얼슨은 이미 《경제학》에서 가치론을 '형이상학적인 것'으로 규정하여 경제학이 다루는 대상에 포함하지 않고 있다. 새뮤얼슨은 또 "어떤 상품의 가치와 가격을 칠판에 쓴 뒤 가치를 지우면 가격이 남는다."며 상품에 포함된 가치가 어떻게 시장 교환 과정에서 가격으로 '전형'되는지에 대한 치열한 논쟁은 의미 없는 우화에 불과하다고 비웃었다. 경제학에서 '가치' 개념은 아무런 쓸모가 없다는 것이다. 이에 대한 비판을 여러 거인들이 제기했음은 물론이다. "경제학 타락의 최후 단계는 사람들이 가치론에 대한 본질적인 분석 필요성을 전혀 이해하지 못하게 될 때 찾아올 것이다. 이렇게

통제와 효율 그리고 노동

되면 가치론은, 밖으로 나타난 현상의 경험적 관찰(가격은 수요·공급·소득·시간 등에 의존한다. 즉, 모든 것에 의존한다.)에 그 자리를 내주게 될 것이다. 또한 경제이론은 다음과 같은 간단한 한 마디로 요약될 것이다. 즉, '모든 것은 그 밖의 모든 것 안에 있다.'"(아민, 38쪽)

폴 새뮤얼슨은 더 나아가 "경쟁 모형에서 자본이 노동을 고용하든 노동이 자본을 고용하든 하나도 달라질 게 없다."고 말했다.(보울스·에드워즈·루스벨트, 380쪽) 자본가가 자본을 고용해 설비를 갖추듯이 노동자도 얼마든지 자본을 고용해 자본가가 될 수 있으므로, 노동자와 자본가의 '계급관계'는 아무런 의미가 없다는 것이다. 자본주의경제에서 누가 누구를 고용하는지가 아주 중요한 문제임을 감안할 때, 그가 묘사한 경제는 자본주의경제가 아닐지도 모르겠다고 보울스는 덧붙였다. 노동자가 언제든 자본가가 될 수 있는지의 여부는, 근대 이후 이데올로기 사상사에서 매우 중요한 질문임이 틀림없다. 생산수단의 소유 여부를 기초로 계급을 구분하고 그렇게 구획된 계급의 운동, 즉 계급투쟁에 따라 자본주의냐 사회주의냐의 이념적 대립과 싸움이 지속돼 왔기 때문이다.

"[마르크스주의 경제학자] 마이클 호와드Michael Howard와 존 킹John King은 '자본가가 노동자에게 구입하는 것은 그가 구입한다고 여기는 것이 아니다.'라고 설명한다. 여기서 구입하는 대상은 물론 노동력이고, 구입한다고 여기는 대상은 노동, 즉 일정한 시간 동안 그 노동력의 사용이다. v(가변자본인 노동)를 구입하여 [v+s(잉여가치)]만큼 사용하는 것이다. 그 부등가교환에 따른

마르크스는 "그가 항상 팔 '상품'을 가지고 [소유하고] 있기 때문에 자본가라면, 이러한 뜻에서는 [자신을 상품으로 소유한] 노예도 자본가가 된다."(마르크스, 제2권, 521쪽)면서 당시의 속류 경제학자들을 비판한 바 있다.

잉여가치의 생산이 곧 착취인데, 그 교환은 실물 생산의 결과가 [사후적으로] 확인되기 이전에 그런 불공정이 [사전적으로] 의식되지 않은 채 진행된다는 점에서, 착취에 윤리적인 판단을 개입시켜서는 안 된다. 착취하는 자본가도 착한 사마리아인의 심성을 소유할 수 있다! 다만 그들이 저지르는 일을 모를 뿐이다."(정운영 1993, 179쪽)

이처럼 노동가치설은 곧바로 '착취설'로 이어진다. 착취설을 노동가치설의 또 다른 극적·정치적 표현이라거나 극단적 표현, 또는 '혁명적 표현'이라고 해도 좋다. 오히려 노동가치설의 순수한 학술적 의미가 프롤레타리아와 부르주아라는 계급적·이데올로기적으로 오염돼 버린 '비극적 표현'이라고 말하는 쪽도 있을 수 있다. 여기서 표현은 우리의 관심 주제가 아니다. 이제 한 단계 뛰어넘어 '착취가 없는 사회'를 생각해 보자.

◀ 종이를 자르는 것이 가위의 윗날인가 아랫날인가

거의 인류 최초로 '여성의 종속' 문제를 본격 제기했던 존 스튜어트 밀은 공리주의자이면서도 다소 사회주의적인 제안들을 제출했다. 노동자들에 의한 기업의 소유와 경영, 그리고 소득과 부의 재분배가 그것이다. 밀은 시장 경쟁이 비효율과 착취에 대한 방지책이라고 믿으면서도, 통상적인 형태의 자본주의 기업은 노동자와 경영자 그리고 투자주주 사이에 이익의 분리를 제도화하며 또 권위주의적 관계 아래 있기 때문에, 기업에 속한 노동자들은 기업 이윤에서 별로 얻을 게 없다고 보았다. 그래서 경제 영역에서 노동자들의 협동조합체로서 노동자 자주관리공장이 성장하기를 바랐다. 즉, 경영자는 '노동자 소유자'에게 고용된 종복이어야 한다는 것이다.(레드헤드 엮음, 228쪽)

그런데 "가장 날카롭고 이성적인 논리로 보수주의를 옹호한 극단적 자유주의자'라는 명예를 획득한, 20세기의 대표적 거인 중 한 명인 로버트 노직 역시 '노동자들에 의한 관리' 기업을 언급한 적이 있다. 물론 그가 노동 가치설의 와해와 착취이론의 붕괴를 목적으로 설파했음은 두말할 나위가 없다. 노직에 따르면, 마르크스의 착취 개념은 노동자가 생산수단에 접근할 수 없다는 결정적인 사실에서 비롯된다. 그렇다면 노동자들이 자본가와 '어쩔 수 없이 타협하지 않아도 되는 사회'에서는 노동자에 대한 착취가 부재不在할 것임이 곧바로 연역된다. 중요한 건 자유사회에서 사람들의 자발적 행동으로 노동자 관리 체제를 실현할 수 있는 방법이 있다는 점이다.

"현재 노동조합의 재정은 개인들이 은행이나 노동조합 재정에서 대부를 얻어 기업을 시작하기에 충분한 기금을 보유하고 있다. 그런데 왜 노동조합은 그들 자신의 기업과 공장을 시작하지 않는가? 왜 진보주의자들이나 사회민주주의자들은 이를 재촉하지 않는가?"라고 노직은 묻는다.

노직의 질문에서, "노동도 자본을 고용하면 된다"는 착취론에 대한 새뮤얼슨의 비아냥이 다시금 메아리치고 있음을 금방 눈치 챌 수 있을 것이다. 여기서 노직의 답변을 들어 보자.

"본래 노동력을 팔아 생존하는 노동자는, 생산수단으로 공장을 세워 상품을 만들어 팔아 수입이 생길 때까지 기다릴 수가 없고 그동안 먹고살아야 한다. 그러나 현재 노동인구의 상당 부분이 현금을 개인 재산으로 보유하고 있으며, 노동조합 역시 상당액의 현금을 연금 기금으로 보존하고 있다. 따라서 노동자들은 기업을 세운 뒤 상품을 팔아 수입이 생길 때까지 '기다리고 투자할 수 있다.' 노동자들이 이윤이 남는 사업을 추진할 유망한 기회를 포착하는 기업가적 능력이 부족하다면, 소유자인 노동자들이 기업가나 관리자를 고용하면 된다. 그런데 새로운 기업을 시작하는 것은 위험 부담이 뒤따른다. 자본주의사회는 이런 위험의 부담을 다른 활동들과 구분한다. 포드 사의 자회사인 에델 사의 노동자들은 모험 기업의 위험을 부담하지 않으며, 이 회사가 손실을 볼 경우 자신의 봉급 일부를 되돌려 주진 않는다. 반면, 노동자 자주관리기업에선 노동자들이 기업의 위험을 나눠 부담해야 한다."(노직 1986, 315~318쪽)

노동자도 얼마든지 경영자를 고용하고 기업을 세워 자본가가 될 수 있지만, 위험부담을 무릅쓰지 않기 위해 그러지 않을 뿐이라는 주장이다.

지금쯤 머리가 좀 지끈거릴지도 모르겠다. 안타깝지만 아직 이 장에서 다루는 주제에 대해 검토해야 할 길이 더 남아 있다. 지금으로서는 그때그때 거인들이 말하는 내용이 조금씩 명료해지고 여러 산길의 연결선이 희미하게나마 보이기를 희망하는 수밖에 없다.

앨프레드 마셜이 가치론에 회의적이었다는 건 전혀 놀라운 일이 아닐 것이다.

"가치가 효용에 의해 규정되는지 생산비에 의해 규정되는지 논쟁하는 것처럼, 우리는 종이를 자르는 것이 가위의 윗날인지 아랫날인지 정당하게 논쟁할 수 있다. 사실을 말하자면, 한쪽 날은 가만히 쥐고 다른 쪽 날을 움직여 종이를 자를 때, 우리는 두 번째 날에 의해 절단되었다고 무심결에 간단히 말할 수 있다. 그러나 이러한 진술은 엄밀하게 말해 정확한 것은 아니다. 발생한 일에 대한 엄격한 과학적 설명이 아니라 단지 통속적인 설명일

노동자들이 공장 주식을 보유하는 노동자관리기업의 경우, 미래 수익 기대치는 소유 주식의 현재 가격을 상승시킬 것이다. 그러나 만약 매년 새로 고용되는 노동자들이 이 기업의 연간 이익을 다른 기존 노동자들과 동일한 비율과 주식으로 나눠 받게 된다면, 이 기업은 수요와 공급에 따른 균형 수준의 고용량보다도 더 적은 노동자를 고용하게 될 것이다. 기존 노동자들은 공장의 전체 이익보다는 노동자 각 개인에게 돌아가는 평균 이익을 극대화하는 방향으로 결정하려 하기 때문이다.(노직 1986, 312쪽)

통제와 효율 그리고 노동

뿐이라고 주장하는 한에서만 용납될 뿐이다."(마셜, 제2권, 42쪽)

좀 더 쉽게, 아니 좀 더 정확하게 말하자면, 당시의 경제학 조류에서 볼 때 마셜의 이런 다소 모호한 언급은 생산 영역에서의 노동가치설에 대한 부정이었다고 하는 것이 정확한 독해일 것이다.

대학 강의는 택시 운전보다 생산물의 수급 조건에서 더 귀하며, 전통적인 가치 서열에서 더 높이 평가되기에 1시간의 수업료가 1시간의 택시 요금보다 더 비싼 것으로, 다시 말해 1시간 동안의 택시 운전으로는 1시간 동안의 대학 강의를 구입할 수 없다는 사실로부터, 흔히 우리는 대학교수의 노동이 택시 기사의 노동보다 더 많은 가치를 생산하는 것으로 착각하게 된다. 그 착각은 택시 요금을 받아 수업료를 내는 과정에서 이루어지는 '가치의 이전'을 '가치의 생산'으로 혼동한 데서 야기된 것이다.(정운영 1993, 168쪽) ▶

"아무튼 대학교수의 1시간 노동과 택시 기사의 1시간 노동이 동일한 가치를 생산한다는 상식이 혹시 '혁명적으로' 전달된다면, 그것은 우리가 혁명을 비상적인 것으로 오해했거나, 아니며 마르크스주의 가치이론이 그 상식을 혁명적인 것으로 발전시켰기 때문이다."(정운영 1993, 173쪽)

정반대의 견해를 비슷한 어투로 말하고 있는 거인 루트비히 폰 미제스의 논리를 보자. 그는 임금의 크기는 노동조합의 교섭력이나 생산과정에서 결정되는 것도, 자본과의 관계에서 결정되는 것도 아니고, 노동자의 노동

▶ 대학교수의 1시간 노동과 택시 기사의 1시간 노동이 동일한 가치를 생산한다는 사실에서 기계적으로 교수의 1시간 임금과 기사의 1시간 임금이 동일해야 한다는 주장을 도출해서는 안 된다. 마르크스주의 정치경제학에서 노동력 재생산비용으로서의 임금은 가치 생산과 서로 독립적이다. 즉, 생산의 문제와 분배의 문제는 전혀 별개의 차원에 속하고, 따라서 전혀 별개의 기제로 설명해야 한다.(정운영 1996, 170쪽)

이 그 상품에 부가한 가치를 '소비자'가 평가'함으로써 결정된다고 말했다.

"대다수의 '소비자' 자신이 임금 또는 봉급 생활 '노동자'이므로 제공된 노동과 서비스에 대한 보수의 결정은 이 임금과 봉급을 받는 똑같은 사람들에 의해 이루어진다. 영화배우와 권투 선수의 두둑한 수입은 극장과 경기장에 가는 용접공, 거리 청소부, 파출부들이 제공하는 것이다."(미제스, 212쪽) ▶

수요-공급의 힘에 의한 임금 결정은, 정의를 주창하는 철학자의 글에서도 나타난다. 롤스는 《정의론》에서 "불확실하고 불완전한 고용과 관련된 직업, 또는 위험하고 지극히 힘든 상황 아래서 수행되는 직무는 더 많은 급료를 받게 된다. 그렇지 않으면 사람들이 그 작업을 채울 수가 없다. 이런 여건으로부터 '각자에게 그의 노력이나 그가 감당하는 위험 등에 따라서'라는 신조들이 생겨나게 된다. 비록 개인들이 동일한 천부적 재능을 가졌다고 가정되는 경우에도, 역시 이러한 기준들은 경제활동의 요구 조건들로부터 생겨나게 될 것이다."(롤스, 404쪽)라고 말했다. 그러나 한국 노동시장에 만연한 비정규직 차별은 이와 정반대로 고용위험과 임금 사이의 물구나무선 그래프 관계를 보여 주고 있다. 감당하는 위험이 높을수록 오히려 더 낮은 임금이 지급되고 있는 것이다.

임금은 산업자본주의 경제에서 양면적인 두 얼굴을 갖고 있다. 고임금은 기업의 생산·공급 측면에서는 비용 항목이지만, 그 기업이 생산한 상품의 소비 수요 측면에선 구매력의 원천이 된다. 단기적으로 비용이지만, 장기적으로 소비로 연결된다. 그것이 더 안정적이고 생산적이고 역동적인 경제로

▶"임금 소득자 모두의 물질적 조건을 개선하는 방법은 1인당 실제 자본 투자량을 증가시키는 것이다. 이는 저축 증가와 자본축적으로만 가능한 것이지, 결코 정부의 법령 포고나 노동조합의 폭력이나 협박, 인플레이션으로는 이루어질 수 없다."(미제스, 213쪽)

통제와 효율 그리고 노동

가는 길일 수 있음은 물론이다.

포도주와 떡갈나무 상자, 교환가치와 사용가치의 대립

피에로 스라파Piero Sraffa는 1926년 《이코노믹저널The Economic Journal》에 발표한 〈경쟁적 조건 하의 수확의 법칙〉이란 짧은 글에서 가치를 둘러싼 논쟁에 대해 다음과 같이 말했다.

"경제과학이 현 위치에서 갖는 두드러진 특징 중 하나는 거의 대부분의 경제학자들이 경쟁적 [시장교환] 가치이론에 동의하고 있다는 것이다. 경쟁적 가치이론은 수요의 힘과 공급의 힘 사이에 근본적인 균형이 존재한다는 생각에 입각하고 있다. …… 이러한 상황은 19세기의 정치경제학을 특징짓는 [생산] 가치론에 대한 논쟁과 뚜렷한 대조를 이루고 있으므로, 이러한 사상의 충돌로부터 궁극적 진리의 불꽃이 충분히 튀겨져 왔다고 생각할 수 있다. 경쟁적 가치이론에 동의하고 있다는 사실은, 모든 사람이 그것을 확신하기 때문이라기보다는 오늘날의 많은 사람이 가치론에 대해 무관심하기 때문이다. 즉, 가치론이 실제 정치에 대해서, 특히 사회변동의 이론들에 대해서 갖는 그 직접적인 연관성의 대부분을, 경제이론이 다른 어느 분야보다도 더 많이 상실해 버렸다. 리카도와 그 뒤의 마르크스는 사회변동의 이론들을 가치론의 기초 위에서 논의하였으며, 이 점은 또한 부르주아 경제학자들도 비록 반대되는 입장에서이기는 하지만 마찬가지였다. 가치론은 '정책에 직접 적용할 수 있는 정해진 결론'을 전혀 제공하지 못하는 단지 '지성의 도구'와 '사유의 기법'으로 차츰 추락해 왔다. 가치론은 본질적으로 고전 연구와 비슷한 교육의 수단이며, 또 가치론의 목적은 정밀과학과 법률의 연구와 달리 오직 지성의 연마에 있으며, 따라서 범인凡人들과 심지어는 학자들의

정열조차도 자극하기 어려운 것이 되고 말았다."(스라파 1986, 121~122쪽) ▶

사회적 가치 및 잉여 생산이 없다면 경제의 지속적인 생존은 보장될 수 없다. 여기서 경제의 재생산reproduction이라는 면을 잠시 살펴보기로 한다. 비주류 경제학은 경제의 재생산을 핵심 탐구 주제로 삼는다. 특히 경제의 (확대/단순)재생산과 함께 '노동력의 재생산' 문제에 주목한다. 여기서 재생산은 이데올로기의 재생산도 함축하고 있다. ▶ 프랑스의 마르크스주의자 루이 알튀세Louis Althusser는 "과학적으로 말해서, 노동력 재생산에 필요한 것은 그 기술 차원의 재생산뿐만 아니라 기존 체제에 대한 복종의 재생산, 지배 이데올로기에 대한 노동자들의 예속의 재생산"(까갈리츠키 1995, 81쪽)이라고 말한 바 있다.

반면 주류 경제학은 재생산보다는 경제 발전, 경제성장을 연구 주제의 뼈대로 삼는다. 물론 확대재생산이 곧 경제 발전이기도 하다. 근본적인 차이는 단순재생산이든 확대재생산이든 주류 경제학은 재생산의 동인으로 노동력 재생산뿐 아니라 '투자 자본의 재생산'에 더 관심을 쏟는다는 데 있다. 따라서 자본가치의 감가를 상쇄하면서 '1인당 자본량'을 늘리기 위한 투자, 곧 저축량을 중시한다. 결국 1인당 생산량에서 소비량을 얼마로 할

▶ 스라파는 이 책에서 상품의 가격이 임금과 이윤으로 분배되는 과정을 분석하면서, 가치의 원천과 관련해 저 유명한 '오래된 포도주'라는 상품과 포도주를 담은 상자로 쓰인 '오래된 떡갈나무'를 비유로 들고 있다.

▶▶ 마르크스는 상품의 가치를 '사회적으로 재생산에 필요한 노동량'이라고 본다. 따라서 예술 작품처럼 재생산이 불가능한 '상품'은 노동가치론을 적용하기가 쉽지 않다. 자원의 희소성이나 지대rent 개념 따위를 동원해야 한다. 경제적 지대economic rent는 넓은 의미에서 모든 여러 영역에 걸쳐 토지처럼 공급 제약이란 원천적 요인이 있는, (완전경쟁이 아닌) 독점적인 성질에 대해 지불되는 보수를 뜻한다.

통제와 효율 그리고 노동

것인지가 관건으로 떠오르게 되고, 경제 발전 방정식의 해解는 현재 시점의 '소비 값'을 결정하는 문제로 단순화된다. 소비되지 않은 것은 전부 저축, 즉 투자된다고 정의하고 있기 때문이다. 신고전파경제학 체계에서는 총생산에 대응한 총소득이 생겨나고, 그 소득을 모조리 써 버리도록 총소비와 총투자가 결정된다. 이 가정에 따라 반드시 완전고용이 실현된다.

에르네스트 만델에 따르면, 자본주의 전성기에는 단지 예외적으로 경제 공황 시기에 갑자기 나타났던 교환가치와 사용가치 간의 대립 현상이 후기 자본주의에 들어와 점차 항구적이 되었다. 인간의 육체와 정신을 물리적·심리적·도덕적으로 파괴함으로써 인간 노동의 원천을 약탈하고, 토지 같은 자연환경에 대한 약탈도 측정할 수 없는 정도에까지 이르렀다.

"자본과 기업이 독점적인 '기술적 지대'를 추구함으로써, 인류의 건강과 직접적으로 충돌하는 상황이 벌어졌다. 예컨대 기술적 지대 추구로 화학산업은 새로운 합성제품들을, 그것들 속에 잠재된 생물학적·생태학적 위험을 책임 있게 연구할 시간도 갖기 전에 시장에 쏟아 내고 있다. 마르크스는, 자본은 인류의 건강과 토지 및 노동의 원천을 모두 동시에 약탈함으로써만 그 자체(및 생산력)을 발전시킬 수 있다고 1세기 이전에 이미 이러한 발전 방향을 예고한 바 있다. …… 이런 대립은 군사무기류의 대량생산에서 가장 극적으로 표현된다. 이런 현상은 이제 기업의 이윤 계산만이 아니라 공적인 우선순위에 따라 결정되는 경제 분야에서도 나타날 것이다."(만델, 565쪽)

만델은 미국의 달 탐사 계획도 군비 경쟁과 정치적 이데올로기 경쟁으로 결정되기 마련이라며, 이러한 '사회적' 우선순위와 '사적' 자본주의 생산관계가 서로 기묘하게 뒤섞이면서, 기업은 엄청난 독점 잉여이윤을 착복하고 자연환경 등 자원을 낭비하고 있다고 지적한다.

◆ 장시간 노동과 실업의 공존

　이제 우리는 노동과 관련해 두 갈래로 난 길 중에서 '가치'라는 추상적이고 복잡해 보이는 길에서 의도적으로 벗어나 좀 더 쉬운 길, '노동시간'으로 접어들고자 한다. 최장집은 1988년《한국의 노동운동과 국가》의 머리말에서 다음과 같이 말했다. 다소 길지만, 삶과 사회에서 '노동'이란 주제가 갖는 중요성, 그리고 현실에 기반한 탐구 및 연구자의 태도와 관련하여 어떤 울림을 주는 글이다.

　"우리 시대에 있어 노동은 우리의 개인적 그리고 집단적 삶의 형식과 내용을 규정하는 가장 핵심적인 문제로 우리 앞에 나타난다. …… 그것은 우리가 노동의 문제를 통하여 전체로서의 우리 역사와 사회, 그리고 사회를 이루고 역사의 변화를 담지하는 개인과 집단 또는 계층들이 각각 다르게 경험하였던, 또 그들에게 차별적으로 가해진 고난의 무게들이 뒤얽혀서 짜 놓은, 역사와 사회라는 집적물의 모습을 보다 구체적으로 이해할 수 있게 되었음을 말하는 것이다. 산업노동자들의 절망과 고뇌, 그리고 육체적 고통을 이해하고, 많건 적건 이를 나누어 가짐이 없이 그동안에 축적된 물질적·경제적 부의 일정 부분을, 또 그것을 가능케 한 지배적 사회관계 내에서 기득권을 향유할 때 오늘날 우리 사회의 누가 과연 스스로를 도덕적이라고 말할 수 있으며, 이른바 '풍요'의 사회가 노동의 문제를 지양하려는 진지한 노력에 전념하지 않을 때 이 사회가 도덕성을 갖는 하나의 사회공동체라고 말할 수 있겠는가?

　한 개인의 입장에서 생각할 때 이 연구의 주제와 문제의식은 중산층적 사회 배경과 위치에 있는 한 사회과학도가 다소나마 도덕적이고자 하는 작은 노력, 부끄러운 하나의 보상행위의 결과물이라고 고백하지 않을 수 없다. 또 한 사람의 정치학도의 입장에서 볼 때 이 연구는 우리 사회의 가장 핵심적인 문제로서 노동의 문제가 경제학적이며, 사회학적이며 법학적일 뿐만 아니라 역사학적이며 철학적인 문제라는 인식과 더불어 격변적인 자본주의 발전 과정의 중심에 놓여 있었던 노동자들의 노고와 희생, 열망과 고뇌를 정치학이 외면하거나 그에 비껴 서 있을 수 없으며, 또 그래서도 안 된다는 한 전문인적 문제의식의 소산이라 할 수 있겠다. 정치학이 노동의 문제를 그 주요 대상으로 안을 수 없을 때, 그것은 지극히 외래적인 학문이거나 주로 사회의 주변적 문제에 집착하는 안이한 학문이 되고 말 것이기 때문이다. 따라서 나는 이 연구가 노동의 문제를 정치학의 영역 내에 놓는 데 자극이 되기를 바란다. 그리하여 결과적으로 이 연구가 '방황하는 정신들이 어둠 속에서 끊임없이 서로가 서로를 찾다가 마침내는 한데 어우러져 결합'하는 일을 돕는 데 조금이라도 보탬이 될 수 있다면 더 바랄 것이 없겠다."(최장집 1988)

주류 경제학은 임금을 여가의 희생으로 인한 한계효용의 손실에 대한 대가로 본다. 좌파 경제학자 조앤 로빈슨Joan Robinson은 이러한 사고방식은 "석양 무렵 곡괭이에 기대서 한 시간 더 일하는 것이 한 시간 더 허리통증을 참을 만큼 수지맞는 일인지를 계산해 보는 농부를 상상한 데서 비롯된 것"이라며, "그러나 시키는 대로 일을 하거나 그렇지 않으면 굶어 죽을 것인가 외에는 결정할 것이 없는 노동자들의 현 노동시장"에 그대로 적용하는 것은 너무나 비현실적임을 예리하게 지적한 바 있다.(변형윤 · 이정전, 59쪽)

로빈슨의 이 말은, "만약 농부가 그의 괭이를 내버려 둔다면 그는 그 기간 중 18펜스의 자본을 무용無用하게 만든다. 만약 우리 중 한 사람이 공장을 떠난다면 그는 10만 파운드의 비용이 든 자본을 무용하게 만든다."(마르크스, 제1권(하). 517쪽)고 말한 19세기 어느 영국 년식공업가의 말을

케인스는 1930년 《우리 손자 세대의 경제적 가능성Economic Possibilities for our Grandchildren》에서 100년 후(2030년)에는 물질적 풍요가 이뤄져 대부분의 사람들이 주당 15시간만 일하는 세상이 도래하고(1516년에 토머스 모어Thomas More가 세밀하게 시각적으로 그려 낸 《유토피아Utopia》는 하루 6시간 노동을 보장하고 있다.), 그때는 경제적 걱정에서 벗어나 자유로운 여가 시간을 어떻게 활용할지를 두고 진정한 걱정을 하게 될 것이라고 전망했다.

하버드대학의 경제학자 줄리엣 쇼어Juliet Schor는 약 20년 전, 물질적 풍요의 가능성이 어느 정도 현실이 되었음에도 노동시간은 케인스의 전망과 정반대로 진행되어 '뜻하지 않게' 여가 시간이 줄어들고 '과로 미국Overworked American'으로 접어들었다고 실증 자료를 통해 주장한 바 있다.(Schor 1991) 이른바 '시간 압착time squeeze'이다. 쇼어의 계산에 따르면, 1990년 미국 노동자들은 1970년에 비해 연간 무려 163시간(거의 한 달)이나 더 일했다.

우리 시대의 거대한 역설 중 하나는, 노동자 대다수의 과로노동이 소수의 강제된 실업자층을 두텁게 만들고 있다는 점이다. 파트타임 등 자신이 원하는 시간보다 적게 일해야 하는 불완전취업자는 지난 20여 년간 2배로 증가했다. 장시간 노동과 실업의 공존이다. 경제 확장 국면이던 1967년과 1987년을 비교하더라도 일자리를 갖지 못한 사람은 1969년 3.4퍼센트에서 1987년 6.1퍼센트로 증가했다. 풀타임으로 일하고 싶지만 어쩔 수 없이 파트타임으로 노동하는 불완전취업자는 무려 7배 이상 증가했다.(Schor, p.39)

경제학에서는 국내총생산의 규모, 고용량, 연간 노동시간 등 지표의 크기 그 자체보다는 그 방향성, 즉 추세와 변화율을 밝혀내는 것이 항상 더

떠올리게 한다.

중요하다. 숫자 자체보다는 우리가 어디에서 어디로 가고 있는지를 파악하고, 그에 대응해 어떻게 행동해야 할지를 말해 주는 것이 탐구 분석의 목적이기 때문이다. 동시대 우리의 노동시간은 어떤 추세와 변화 속에 있는가?

장시간 노동처럼 실업률 증가도 기본적인 경제구조에서 비롯된다. 자본주의 시스템은 본래 고용을 제공할 목적으로 작동하는 것이 아니다. 노동시간을 줄여야 한다는 명분 그 자체는 합리적이지만, 이 명분은 일반적인 자본주의 논리와 타협하기 매우 어렵다. 사용자들은 공장과 기계를 오랫동안 깨어 있는 가동 상태로 두는 데 강한 인센티브를 갖는다. 이 인센티브는 노동시간을 끌어올리고 또 높은 수준으로 유지하는 데 산파 역할을 한다. 돌아보면 사회개혁가들은 국민경제 내의 일자리 부족과 여가 시간 부족 문제에 대한 해결책을 모색하면서 자본주의 그 자체가 갖고 있는 이런 인센티브라는 강력한 장애물을 과소평가했다.(Schor, pp.40~41)▶

물론 반대로 노동자의 처지에서 보면, 장시간 노동은 실질임금 저하에 직면하여 이를 노동시간 연장에 따른 초과수당으로 상쇄하려는 시도이다. 나아가 역설적이게도 과로노동의 원인은 불완전취업이다. 고용의 불확실성에 대비해 현재의 과로노동을 자발적으로 선택하는 것이다. 이것이 역설적인 이유는, 파트타임 불완전취업 형태로 인해 주당 정규 노동시간에 비해 더 적은 노동을 하고 있으면서도 장시간 노동에 내몰리고 있기 때문이다.

▶ 미국은 세계에서 재소자 수뿐만 아니라 교도소 수감률도 가장 높다. 미국 사법통계국BJS 자료를 보면, 연방과 각 주 교도소의 전체 재소자 수는 2009년 161만5487명으로 1980년(31만9598명)보다 391퍼센트 급증했다. 18세 이상 성인 인구 10만 명당 재소자 수는 626명으로, 한 정부 당국자는 "미국은 세계 인구의 5퍼센트를 차지하지만 세계 재소자 수에서 차지하는 비율은 25퍼센트에 이른다."고 말했다. 미국 실업률 통계에서 재소자는 제외된다. 재소자 161만 명을 포함하면 실업률 지표는 크게 높아질 것이다.

케인스의 예언 가운데 몇몇은 현실이 되었다. 제2차 세계대전 이후의 기간은 자본축적의 '황금시대'였다. 이는 케인스가 권고한 재정·금융 안정화 정책을 통해 가능했다. 노동생산성은 거대하게 증가했고, 선진자본주의 국가들의 생활수준 또한 향상되었다. "하지만 어떤 까닭인지 이런 긍정적인 발전은 케인스가 희망한 정도로 자본주의적 경제생활의 갈등과 긴장을 제거하지는 못했다. 금리 생활자들도 사라지지 않았다. 우리가 도달한 높은 수준의 생산성은 높은 정도의 자원 고갈과 환경 파괴를 수반했다. 불평등한 분배는 감소하기보다는 증가했다. 이런 문제들은 자본이 본질적으로 사회적 관계라는 마르크스의 관찰의 중요성을 돋보이게 했다."(폴리, 246쪽)

자본가가 된다는 것은 생산 속에서 단순한 개인적 지위뿐 아니라 사회적 지위까지 차지한다는 것을 뜻한다. 《공산주의자 선언》에서 마르크스와 엥겔스는 "자본은 공동체의 산물로서 오직 대다수 사회 구성원의 공동활동에 의해서만, 궁극적으로는 사회 구성원 전체의 공동활동에 의해서만 가동될 수 있다. 이처럼 자본은 개인적 힘이 아니라 사회적 힘이다."라고 말했다. 우리는 노동경제학에서 고용을 고용 노동자 숫자로만 주로 이해하는 경향이 있으나, 사실은 고용 노동시간'이 더 중요하다. 고용되어 있더라도 불완전고용 취업자가 많고, 특히 고용 노동자 통계에서 1주일에 단 1시간 이상만 일해도 고용된 상태로 간주하고 있기 때문이다.

"그들이 노동시간 단축을 요구할지도 모르오. 우리는 그들의 노동시간을 단축해 줄 수도 있소. 기술적으로는 모든 하층계급의 노동시간을 하루에 서너 시간으로 단축하는 일은 아주 간단하오. 그러나 그것으로 그들이 더 행복해질 것 같소? 3시간 반의 여가가 행복의 원천이 되지 못했기 때문에 사람들은 별 수 없이 소마soma(환각제의 일종)에서 행복을 취하려 했소. 과잉여가로 그들을 괴롭힌다는 것은 지나치게 잔인한 일이오."(헉슬리, 478쪽)

통제와 효율 그리고 노동

1835년 '임금은 그 자체의 '적정 수준'을 찾도록 방임되어야 하지 않겠는가?'라는 질문을 받은 맨체스터의 한 견직공은 이렇게 대답했다. "내가 이번 주에 할 수 있는 노동을 …… 만약 내가 자본가를 본떠서 내게 제시된 가격이 부당하니까 내놓지 않겠다고 하더라도 그것을 내가 병 속에 저장해 둘 수 있는가? 그것을 소금에 절여 둘 수 있는가? 이와 같은 노동과 자본의 본질적 차이는 노동과 자본이 같은 법을 따르는 것이 결코 정당하지 못하다는 것을 충분히 확신시켜 준다."(톰슨. 에드워드. 상. 413쪽) 노동자는 자신의 노동력을 시장으로부터 쉽게 보류해 저장할 수 없다는 그 사실 때문에 고유하게 불리한 조건 아래 판매된다. 실업 상태 중에 휴식을 통해 활력을 회복할 수도 있겠지만, 근본적으로 노동자가 실업 상태 중에 상실한 시간은 만회할 수 없다.

노동과 궁핍으로부터 해방된 자유 시간, 또 이 자유 시간에 대한 자유로운 선택은 어떤 내용을 갖는 것일까?

"철학자 사르트르가 썼듯이 우리는 더 이상 죽은 증조부의 형상으로 태어나지 않게 된다. 이른바 개인의 자발적 선택은, 이전까지는 그 '무엇'이 선험적으로 존재하고 '비행사'나 '간호사' 혹은 '청소부' 등이 미리 주어진 그러한 곳에서는 더 이상 '내가 성취하고자 하는 것'이 아니었다. 이제 그 '무엇' 자체가 개인이 만들고자 하는 대상이 된다. 그것은 각 개인 스스로에 의해 계속해서 새롭게 창조된다."(세보스르키 1995, 318쪽)

그럼 우리는 어떤 노동을 하며 살고 있는가? 21세기에 새로운 영역의 노동이 증가하고 있는데, 그것들은 정말 삶의 질을 향상시키는 노동일까? 늘어나는 용역경비 노동자들은 다른 노동자들을 두들겨 패는 용역깡패들인가? 핵발전소에서 전기를 생산하는 노동자들은 우리를 핵 위험으로 몰고 가는 위험사회의 공범들일까? 탱크와 대포와 총을 생산하는 제조입 노동자들은 전쟁의 공범들인가?

오스카 와일드Oscar Wilde는 유토피아를 포함하지 않은 세계지도는 잠깐이라도 들여다볼 가치가 없다고 했다. 그러나 피터 워터만Peter Waterman 같은 사람을 제외하면 이제 '자본주의 이후의 삶Life After Capitalism'을 그리는 에세이를 찾아보기 어렵다.

"물론 모든 복합적 질문들에 대해 하나의 최선의 해답이 있으리라는 생각, 모든 사람들이 살기에 최적인 하나의 사회가 있다는 견해는 나에게는 믿을 수 없는 것으로 생각된다. 그리고 설령 존재한다 해도 우리가 이를 기술할 수 있을 정도로 충분히 안다는 생각은 더더욱 믿을 수 없다. …… 내려야 할 결론은, 유토피아에서는 한 종류의 공동체만 존재하는 것도 아니며, 한 종류의 삶만 영위되는 것도 아니라는 사실이다. 유토피아는 유토피아들로, 즉 사람들이 서로 다른 제도 속에서 서로 다른 삶을 영위하면서 사는, 많은 수의 서로 다르며 다양한 공동체들로 구성되어 있을 것이다. 어떤 종류의 공동체는 다른 것들보다, 대부분의 사람들에게 더 매력적일 것이다. 공동체들은 성장하기도 하고 퇴락하기도 할 것이다. 사람들은 다른 사회를 찾아 한 사회를 떠나기도 하며, 또 한 사회에 평생 거주하기도 할 것이다. 유토피아는 모든 사람들이 그들 자신의 비전에 따라 이상적인 삶을 추구하고, 이상적인 사회에서 이를 실현하려고 시도하기 위해 자발적으로 가입할 자유가 보장되며, 그리고 누구도 자신의 유토피아적 비전을 타인에게 강요하지 않는 그러한 장소이다."(노직, 383~384쪽)

어쩌면 우리가 흔히 말하는 유토피아는 사회주의라기보다는 노직이 말하는 반동적 유토피아일 수도 있다.

"'에릭 롤E. Roll은 그의 책 《경제사상사A History of Economic Thought》(1939)의 '반동과 유토피아의 융합' 장에서, 플라톤 사상의 본질을 찾으면서 사회의 급격한 전환기에 흔히 나타나는 그러한 사상가들은 사회를 변혁시키는 힘이 무엇인지를 알지 못하기 때문에 신화에 나오는 황금시대의 재건을 바란다'고 말했다. 경제사상사에서 플라톤의 사상은 후대에 주로 낭만주의자들에 의해 부활된다. 그리고 그들의 사상이 결국 파시즘으로의 길을 열게 되었다고 해서 별로 이상할 것도 없다."(변형윤·송건호 편, 256쪽)

"우리 중 어느 누구도 이제 와서 코크타운 노동자들의 생활에서 가장 중요한 요소 중 하나가 수십 년 동안 주도면밀하게 무시되어 왔다는 이야기를 들을 일은 없지 않을까? 장시간 단조로운 노동을 하는 것과 정비례하여 노동자들 내부에 모종의 육체적 휴식, 떠들썩한 악단에 맞추어 고작 춤이나 추는 휴일이라 해도 일종의 공식적인 휴일에 대한 갈망이 점점 늘어난다는 이야기, 그리고 그런 갈망은 세상 마지막 날까지 틀림없이 충족되어야 하고 충족되고자 하며 그렇지 않으면 반드시 뭔가가 잘못될 것이라는 이야기를 말이다."(디킨스 2009, 46쪽)

마지막으로 한 가지 덧붙이는 게 좋겠다. 기계는 매년 자동적으로 이뤄지는 감가상각이라는 물리적 마멸 외에도 이른바 '도덕적 가치 감소'를 겪는다고 마르크스는 말했다. 시장 경쟁으로 같은 구조의 기계가 더 싸게 생산되거나 더 우수한 기계가 경쟁자로 나타나면 그 이전의 기계는 교환가치를 잃게 된다는 것이다.(마르크스, 제1권(하), 515쪽) 자본주의경제에서는 더 싸고 효율적인 기계를 만들어 내기 위한 경쟁과 개선이 끊임없이 이어지기 때문에, 어떤 기계가 새로 도입되면 도덕적 마멸의 위험을 줄이기 위해 기계 도입 초기에 노동시간 연장이 흔하다. 경쟁 원리가 강하게 지배하는 한국의 기업 경쟁질서 속에서 도덕적 마멸은 장시간 노동이 횡행하는 이유 중 하나라고 할 수 있다.

갑자기 도덕적 가치를 언급한 이유는 따로 있다. 이 도덕적 가치를 임금

분배에 적용한 사람이, 앞서 수요-공급의 경쟁적 힘을 거론하면서 노동가
치설을 사실상 부정했다고 소개한 존 롤스다. 롤스는 임금 결정과 관련해
경쟁적 경제체제에서는 기여한 몫에 비중을 두게 되고, 또 한계생산성으로
평가된 한 사람의 기여도는 공급과 수요에 달려 있긴 하지만, 한 사람의 도
덕적 가치moral worth는 얼마나 많은 사람들이 그와 유사한 기술을 공급하
는가 혹은 그가 생산할 수 있는 것을 얼마나 많은 사람들이 우연히 원하
게 되는가에 따라서 달라지지 않는다고 말한다. 시장의 수요-공급에서의
경쟁 논리에 좌우되지 않는 각 개인의 고유한 도덕적 가치가 있다는 것이
다. '경쟁에 관한 윤리학'이라고 할 수 있겠다.

통제와 효율 그리고 노동

"선물 교환"

석기시대 경제학

이제 우리는 이 책의 다른 장들에 비해 상대적으로 매우 길게 서술된 이 장의 끝에 도달했다. 끝이라고 해서 요약하거나 결론을 내리는 장소는 아니다. 오히려 지금까지 말한 내용들을 새롭게 비춰 줄 수 있는 손전등 불빛 같은 두 개의 개념(효율임금과 임금 주도 성장)을 추가하여 논의를 좀 더 풍성하게 만들어 보자.

 효율임금과 '이타적 처벌'

헨리 포드의 '일당 5달러제$5 a Day Wages Revolution'는 임금이 주도하는 경제wage-led eco의 사례로 흔히 인용된다.▸ 높은 임금은 경제 전체의 구매력 상승을 이끌기 때문에 그 부정적 영향을 상쇄하고도 남는 경우가 적지 않다. 그러나 통계에 따르면, 거의 모든 현실 선진 자본주의경제는 임금이 주도하지 않는다. 그도 그럴 것이 노동이 아니라 자본이 주도하는 자본주의경제가 아닌가. 물론 임금을 올린다고 해서 기계적 혹은 자동적으로 생산량과 고용이 늘어나는 것은 아니다. 임금 인상 정책은 투자를 촉진하는 다른 정책과 함께 추구되어야 고용수준이 떨어지지 않는다. 그런데 효율임금이 보여 주듯이 사용자의 입장에서 원하는 수준의 노동 강도를 부과하려면(즉, 이윤 극대화 모형의 解解로서) 노동자들에게 높은 임금을 지급해야 한다.

우리의 결론은 두 가지다. 첫째, 효율임금도 이윤 극대화 행동으로 설명된다는 것이다. 둘째, 때로는 기업에 이미 고용된 기존 노동자들에게 지급하는 효율임금이 노동시장 바깥에 있는 실업자와 취약자 등 시장의 열패자들의 처지를 더욱 악화시킬 수 있다는 점이다. 경제학은 사람들이 합리적·이성적으로 판단하고 의사 결정을 내리며 이에 따라 행동한다고 가정한다. 그러나 아무리 '계약에 기초한 사회경제'라 하더라도 계약의 내용이 문제가 된다. 그 대표적인 것이 결코 모든 내용을 계약서에 명시할 수 없

▸ 당시 포드가 직면한 문제는, 영화 〈모던 타임즈Modern Times〉 속 찰리 채플린처럼 많은 노동자들이 컨베이어벨트 일관작업의 단조롭고 똑같이 반복되는 동작에 적응하지 못한 나머지 결근과 중도탈락이 기록적 수준에 이른 점이었다. 포드는 일당 5달러제를 도입하여 훈련된 성실한 노동력을 확보하고자 했다. 동시에 무엇보다도 노동자들을 분열시키고 노동자들 상호 간의, 즉 포드 공장에서 일하는 노동자와 여타 기업 노동자 사이의 임금격차를 확대시키고자 했다. 포드 공장의 노동자 간에도 하루 5달러의 혜택을 받는 자와 아직 그렇지 못하는 자 사이를 분열시키고자 했다. 근무 기간 6개월 미만 노동자, 21세 미만 청소년 노동자, 여성 노동자는 '5달러짜리 하루'를 요구할 권리가 없었다.(보. 234쪽)

는, 임금노동계약이 지닌 '암묵적 계약'의 성격이다. 조지 애커로프 등이 제시한 효율임금이론은 그러한 암묵적 계약에서 출발해 개별 주체들의 합리적인 효용·이윤 극대화 행동을 입증한다.

효율임금을 나타내는 수식은 간단히 $\Pi=P \times Q-(\omega L+rK)$로 표시할 수 있다. 효율임금의 메시지는 이 방정식에서 ω(임금)이 상승할 때 Π(이윤)이 상승한다고 주장한다. 임금비용이 증가할 때 이윤이 증가하게 된다는 것으로, 이는 수학 방정식의 사칙연산 기본 원리를 뒤흔드는 것이다. 그러나 이 수식에서, 임금이 오를 때 생산량(Q)이 더 큰 폭으로 상승하게 된다면 사정은 달라진다. 결국 이윤도 더 커질 수 있다. 비밀은 $Q=Q(\omega)$에 있다. 즉, 생산량은 임금의 함수로서 임금이 어느 수준이냐에 따라 생산량이 결정되는 관계이다. 물론 여기서 Q는 노동자들이 공장에서 노동력을 어느 정도나 지출하느냐에 달려 있는데, 그 노동력 지출 수준을 결정하는 것이 임금 수준이다. 이 모델에서 임금은 노동력 지출을 높이도록 유도해서 상품 산출량을 증가시켜 궁극적으로 이윤을 극대화시키는 '효율적인' 임금이 된다.

그래도 뭔가 의문이 계속 남는다면 머릿속에 곡선을 그려 보자. 실질임금이 아주 낮은 상태에서는 임금을 그보다 조금 더 높여 주더라도 노동자는 어차피 정당한 보수를 받지 못한다고 생각해 노동력 지출 수준을 그리 크게 증가시키지 않는다. 그러나 임금이 더 높아지면 이제 임금이 1단위씩 높아질수록 노동자 스스로 노동력 지출을 증가시키기 시작한다. 노동자가 공장 작업장에서 노동력 지출을 더 많이 하는 배경에는, 고용주와의 관계에서의 상호 호혜성이나 신뢰의 감정 등 여러 가지 동기 유발 효과가 개입된다. 물론 태만이 발각돼 해고되면 잃게 되는 임금의 기회비용도 커지게 된다.

그러나 임금수준이 일정 수준을 넘어서면 그 임금수준(변곡점)부터는 임금 1단위 증가에 따른 노동력 지출의 증가분이 감소하기 시작한다. 임금을 더 많이 지급해도, 그만큼 노동력 지출을 더 빠른 속도로 늘리기 어려운 육체적 피로의 한계도 작용할 터이다. 이런 이유로 가로축에 시간 변화(예컨대 일별, 주별, 월별 등)에 따른 시간당 실질임금의 변화를 표시하고, 세로축에는 그 실질임금액의 변화에 따른 노동자의 노동력 지출 수준의 증가분을 표시한다면, 노동자의 노동력 지출 행동을 보여 주는 곡선은 원점을 기준으로 볼 때 오른쪽으로 비스듬히 누운 S자 모양이 될 것이다. 이윤을 극대화하려는 기업은 그 극대점이 어디인지를 금방 알 수 있다. 앞서 말한 변곡점을 알아내 그 수준의 임금(즉, 효율적인 임금수준)을 지급하면 된다.

애커로프는 이러한 결과를 노동계약을 둘러싼 '선물 교환gift exchange'으로 해석한다. 즉, 기업가는 낮은 임금으로 노동자를 고용할 수 있지만 노동자들에게 높은 임금이라는 선물을 주고, 노동자는 이에 호혜성의 원리에 따라 높은 노력을 지출하는 것으로 보답한다는 것이다. 이는 앞서 언급한 노동력상품을 거래하는 특수성, 즉 노동계약서로는 노동자가 얼마나 일을 열심히 할 것인지를 사전에 약속하는 것이 불가능한 '노동계약의 불완전성'(암묵적 계약)에서 비롯된다.

"친구가 선물을 준다면, 선물은 친구를 만든다. 물질적 흐름과 사회관계 사이의 관련은 호혜적이다. 특정한 사회관계는 재화의 일정한 운동을 강요할 수 있으며, 특정한 거래는 같은 이유로 특정한 사회관계를 암시한다. 물질적 흐름은 사회관계들의 이면에 존재하거나 사회관계들을 개시시킨다. ─ 마셜 살린스Marshall Sahlins《석기시대 경제학》(보울스·진티스 1994, 211쪽)

DNA만 여성이었다는 영국 수상 마거릿 대처는 언젠가 "말썽장이는 오히려 안으로 수용하는 것이 낫다."고 말했다. 자본주의를 이끌어 가는 자본은, 생산에서는 동거인이지만 분배에서는 말썽장이인 노동을 때로는 분할

지배하고 때로는 포섭한다. 반면 효율임금은, 분할도 포섭도 자본과 노동의 상호작용과 행동을 설명하는 적절한 이론이 아니며, 오직 이윤 극대화를 위한 합리적 선택의 관점에서 둘의 관계를 봐야 한다고 주장하는 셈이다.

경기가 나빠도 기업이 좀처럼 임금을 깎지 않는 '합리적' 이유에 대해서도 효율임금과 같은 강한 상호성 그리고 '이타적 처벌자'라는 인간의 본성으로 설명하려는 시도가 있다. 임금을 깎으면 노동자들이 노력 지출을 제대로 하지 않을 것이란 두려움이 사용자에게 작용하고 있다는 것이다. '임금 1단위(예컨대 1원)당 산출량'은 노동생산성에 노력 지출을 곱한 값으로 결정된다. 기계는 자본가가 임의로 조절할 수 있지만 노동자들의 노력 지출은 노동자들이 임의로 결정하기 때문에 자본가가 불공정하게 행동하면 노동자들은 '손해를 감수하면서도 자본가를 처벌하려 한다. 곧 '이타적 처벌'이다.

 생산비용이자 소비 수요, 임금의 이중성

이제 우리는 효율임금이 시사하는 또 하나의 결론을 살펴볼 차례가 되었다. 기업은 생산량 자체의 증가가 아니라 이윤 극대화를 추구한다. 이윤 극대화를 위해 생산량을 줄여야 하는 경우도 있다. 인류를 위해 더 많은 재화를 생산해 공급하는 것이 기업과 자본의 목적은 아니다. 기업에게 중요한 것은 산출 단위당 비용이다. 시장균형임금 그 자체가 아니다. 즉, 시장균형임금을 아무리 높게 주더라도 산출 단위당 비용이 낮다면, 즉 산출량이 늘어나서 단위당 비용이 낮아진다면 기업은 임금을 올려 주게 된다. 거의 같은 말의 되풀이 같지만, 자본가가 주로 관심을 갖는 것은 생산물의 절대적 가격수준이 아니라 비용가격과 시장가격 사이의 관계, 즉 이윤 수준이다.(힐퍼딩, 373쪽) 결국 효율임금은 자본의 이윤 극대화 전략이지 더 많은 노동자를 고용하기 위한 것이 아니다. 게다가 효율임금이 지급될수록 이미 고용된 기존 노동자들은 임금이 높아진 만큼 더 많은 노동시간을 지출하려는 유인을 갖게 되어 노동시장 바깥에 밀려나 있는 실직자들은 일자리를 갖기가 더욱 힘들어진다.

2010년대 들어 유럽 경제학자들을 중심으로 '이중화의 시대The Age of Dualization'를 거론하는 글들이 늘고 있다. OECD는 2011년 〈갈라진 우리 : 불평등은 왜 커지는가?Divided We Stand : Why Inequality keeps Rising〉라는 보고서를 발간해 '쪼그라든 중산층squeezed middle'을 전 지구적 현상으로 제기하였다. 이와 관련해 스티븐 마글린은 효율임금과는 시각을 달리한 주장을 내놓은 바 있다. "자본주의 생산관계에서 기업조직은 효율성보다는 노동통제에 의존하고 있다"는 것이다.

그는 링컨이 성경 〈마태복음〉에 나오는 "둘로 나뉘어 다투는 집은 바로 설 수 없다."는 대목을 인용하여 "절반은 자유롭고 다른 절반은 노예인 국가는 유지될 수 없다."고 한 말을 상기시키며 작업장 민주주의를 촉구한 바 있다.

"자본주의 기업조직은 경제 전체의 파이를 극대화하는 것이 아니라 기업 보스의 몫을 극대화하기 위해 존재한다. 이에 따라 작업장에서 일상적으로 발생하는 갈등과 투쟁의 에너지를 이제는 생산적인 힘으로 전환해 활용해야 한다. …… 정치에서는 남자와 여자가 투표하는 반면, 경제에서는 달러가 투표한다. 임금 곡선 변화의 바탕에는 지난 수십 년간 이러한 평등·민주주의 대 위계·권위의 모순적 대립이 놓여 있었다. 둘로 나뉜 집은 유지될 수 없다는 말은 옳다. 정치가 기업조직의 이상을 따라 닮아 가든지, 아니면 경제가 민주적 이상의 정치를 따라가든지 선택해야 한다. 밀

통제와 효율 그리고 노동

턴 프리드먼이 말했든 우리는 '선택할 자유'를 갖고 있다. 어떤 선택을 하는
게 좋다고 내가 생각하는지는 말할 필요가 없다."(Marglin 1984, p.143)

소득재분배 정책이 과연 경제성장을 저해하는지에 대한 반론의 글은
여기저기서 어렵지 않게 찾아볼 수 있다. 프린스턴대 교수 버나보Ronald
Benabou는 로버트 루카스Robert Lucas가 제기한 퍼즐puzzle, 즉 1960년대 초
한국과 필리핀의 1인당 국민소득과 인구 등 조건이 거의 유사했는데 왜 전
혀 다른 경제성장 결과가 나타났는지를 실증 분석했다.(Benabou 1996) 경제성
장이 소득과 자산 불평등에 미치는 효과가 아니라, 반대로 소득과 자산 불
평등이 성장에 미치는 영향을 분석한 것이다.

버나보에 따르면, 개인들에 의해 이루어지는 물적·인적자본 축적은 일
정한 정도의 고정비용을 동반한다. 이러한 고정비용이 존재하는 상황에서
자본시장이 불완전하면, 즉 대출 등 신용공급의 제약credit constraints이 존
재하면 특정한 소득수준 이하의 개인들은 그 비용을 조달할 수 없게 되
고, 결국 인적·물적 투자의 기회를 얻기 힘들다. 따라서 사회 전체적으로
낮은 수준의 자본축적이 이뤄져 성장률을 낮추는 결과를 초래한다. 이런
논리가 주는 메시지는 명징하다. 소득재분배를 늘리는 정책이 자본시장의
불완전성을 보완함으로써 가난한 사람들의 인적자본 투자를 가능하게 하
고, 그러한 인적자본 투자 그 자체가 경제성장에 긍정적인 외부효과를 가
져오게 된다.(Benabou 1996)

한국 경제에서 금융 비대화, 수출 주도 성장 구조, 내수 침체, 고용률 감
소 등은 모두 비정규직 고용 등 불안정고용 추세 확산에 따른 충격, 즉 비
정규 노동 확대에 따른 실질임금 정체 및 감소라는 노동 임금소득 부문에
가해진 파괴적 충격이 그 근본 동인이다. 우리나라 기업은 더더욱 해외투
자에 치중했다. 비정규 고용 증가에 따른 가계소득 정체로 수요가 부족한

내수시장보다는 해외시장을 공략하는 것이 이윤 획득에 유리하기 때문이다. 이러한 해외 지향적 경제는 국내 고용의 저하로 이어진다.

이와 관련해 캐나다 오타와대학 마크 라부아Marc Lavoie 교수는 '임금 주도 성장전략Wage-led Growth'을 주창하고 있다. "비대해진 금융 부문(일반적인 소비 수요에 의존하는 제조업 재화의 수익성에서 탈피하여 금융 부문 투자와 수익으로의 급격한 자본 이동) 또는 수출 시장이라는 '외부 수요'에 크게 의존하는 경향을 수반하는 경제에서는, 이로 인해 국내적으로 경제적·재정적 불안이 초래된다. 이러한 '외적 동인'에 대한 의존, 즉 수출 주도 성장과 금융부채 주도 성장은 사회가 추구해 온 친자본적 분배정책을 보여 주는 것이며, 이는 또한 '임금 주도 경제 하에 있는 내수 분야와 수출 분야 간 모순으로 인한 성장 부진을 '우회하려는 시도로서 생겨난다."(라부아 2012) 라부아는 더 안정적이고 더 생산적인 역동적 경제체제로 이행하려면 친노동적pro-labor 분배정책으로 전환해야 한다며 성장전략 전환을 촉구하고 있다.

이른바 '이론적 신자유주의neoliberalism in theory'는 이윤이 높아지면 기업가들이 더 열심히 일하고, 기계 구비 및 생산력 증대에 더 많이 '투자'하면서 결과적으로 고용 증가 및 구매력 증가의 형태로 '적하효과trickle-down'가 나타나므로, 궁극적으로는 임금 감축 및 근로조건 악화에도 불구하고 노동자들이 이득을 본다고 주장한다. 그러나 경제학자 모리스 알트먼은 고임금 지급이 불가피하게 이윤을 끌어내리고 노동자의 실업을 초래한다는 자유시장주의의 근본 신념에 도전하고 있다.(Altman 1988)

라부아와 알트먼 등이 논증을 통해 제창하는 임금 주도 모형은 '칼레츠키 성장 모형'으로 불린다. 임금은 자본주의경제에서 이중적 기능을 갖는다. 1920년대 디트로이트 포드 공장의 임금이 '일당 5달러'였고, 포드자동차 모델 T의 구입자 중 일부가 포드자동차 생산공장 노동자들이었다는 역사적 사실은, 임금이 기업에게는 생산비용인 동시에 수요의 원천이 된다는 점을 논리가 아니라 경험으로 일깨워 준다. 임금 증가가 생산성 증대에 미치는 긍정적 효과를 보여 주는 여러 이론적·실증적 연구 문헌들은 임금 확대의 장기적 효과가 경제 전체에 유리할 가능성이 높다는 점을 뒷받침한다.

'세상을 바꾼 기계'와
생산함수

5

"[목화밭 트랙터] 운전대의 쇠 의자에 앉은 사람도 사람 같지가 않았다. 그저 쇠 의자에 앉아서 쇠 페달만 밟고 있었다. …… 그는 일을 하고 있는 자신의 능력을 대견해 하지도 않았고 스스로를 채찍질하거나 분발하거나 욕을 하거나 화를 내거나 아니면 힘을 더 내거나 하지도 못했다. …… 그는 땅을 아는 것도 사랑하는 것도 믿는 것도 바라는 것도, 아무것도 아니었다. 만약 씨앗이 떨어졌다가 싹이 나지 않으면 그것으로 그만이었다. …… 그에게도 아무렇지 않은 일이었다. 그는 트랙터의 힘을 찬미하고 기계화된 그 외모와 어마어마한 성능과 우렁찬 기통의 소음을 놀랍게 생각할지 모르지만, 그것은 자기의 트랙터가 아니었다. 트랙터 위에는 삽날이 번뜩이면서 굴렀고, 흙을 두들겨 댔다. 땅을 가는 것이 아니라 수술하는 것이었다."

— 존 스타인벡, 《분노의 포도》

"공업문명은 극기克근하는 것이 전혀 존재하지 않을 때에만 가능한 것이오. 방종은 위생학과 경제학이 허용하는 극한에서 있어야 하오. 그렇지 않고서는 사회의 수레바퀴가 돌아가지를 않는 것이오. …… 순결은 수난을 의미하며 순결은 또한 신경쇠약을 의미하오. 그리고 수난과 신경쇠약은 불안정을 의미하오. 불안정은 문명의 종말을 의미하오. 불의의 쾌락이 풍성하지 않고서는 문명은 지속될 수 없소. …… 문명은 고귀함이나 비장함을 절대로 필요로 하지 않소. 그 따위는 정치 빈곤의 징후요. 우리의 사회와 같이 적절하게 조직되어 있는 사회에 있어서는 아무도 고귀해지거나 비장해지는 기회를 갖지 않소."

— 헉슬리, 《멋진 신세계》

복식부기의 아름다움
기술

복거일의 소설 《비명을 찾아서》에 이런 대목이 나온다.

"이 세상엔 애석하게도 복식부기複式簿記의 아름다움을 모른 채 평생을 보내는 사람들이 너무 많다는 게 내 지론이야. 그리고 복식부기는 인류 역사상 무척 중요한 발명들 가운데 하나야."

"복식부기는 누가 발명했나요?"

"애석하게도 그것은 알려지지 않았어. 내 생각엔 …… 역사상 중요한 발명들처럼 복식부기도 여러 사람들이 오랫동안 조금씩 다듬어 낸 것 같아. 의자나 책상이나 가위나 바지처럼 정말 중요한 발명들은 그런 게 많잖아?"

(복거일 1987, 53쪽)

'세상을 바꾼 기계'와 생산함수

기술혁신의 정치학

인류에 큰 영향을 미친 증기기관의 발명 못지않게 중요한 여러 발명들이 발명자의 이름 없이 등장하고, 모든 사람들이 그것을 일상적·보편적으로 써 왔다. 이를 보여 주는 한 사례가 매뉴팩처manufacture이다. 매뉴팩처의 특징은 노동 도구의 분화와 특수화이다. 각각의 특수한 용도에 맞는 형태로 고정된 도구들은 특수한 노동자의 손에서만 그 능력을 충분히 발휘할 수 있다. 1800년대 중반 버밍엄에서만도 약 500종에 달하는 망치들이 생산되었으며, 한 가지 한 가지가 모두 하나의 특수한 노동과정에만 사용될 뿐 아니라 가끔 하나의 동일한 노동과정에서도 여러 망치들이 상이한 작업들에 사용되었다.(마르크스, 제1권(상), 436쪽)

다윈은《종의 기원》에서 동식물의 자연적 기관에 대해 다음과 같이 말했다. "동일한 기관이 여러 가지 일을 해야 하는 한 그것이 변이하기 쉬운 이유는, 그 기관이 하나의 특수한 목적에만 봉사해야 하는 경우에 비해 자연도태가 형태상의 작은 변이를 덜 세밀하게 보존하거나 억압하기 때문이다. 예컨대 여러 가지 종류의 물건을 베는 데 쓰이는 칼은 거의 온갖 형태를 가질 수 있으나, 어떤 한 가지 용도만을 위해 만들어진 도구는 특수한 형태를 취해야만 한다."(마르크스, 제1권(상), 436쪽)

위압적으로 군림하는 기술적 문명의 힘에 대해 에우제니오 지오반네티스E. Giovannettis는 1929년 5월《페가소스Pegasos》지에 실은 '프레더릭 테일러와 미국주의'에 대한 글에서 다음과 같이 말했다.

"일반화라는 수사학 위에서 생장한 추상적인 문학적 힘은 이제 더 이상 기술적인 힘, 갈수록 더 예리해지고 개별화되며 단일 의지와 전문화된 교육으로 고도의 독자적 구조를 이루어 가고 있는 힘을 이해할 입장에 있지 못하다. 힘의 문학은 여전히 묶이지 않은 프로메테우스(너무나 가벼운 이미지이다.)의 단계에 있다. 그러나 기술적 문명의 영웅은 사슬에 묶이지 않은 인간이 아니라 자신의 사슬을 하늘로 끌고 올라가는 침묵의 인간이다. 기술적 문명이 소리 없이 새로운 유형의 날카로운 영웅을 키우고 있을 동안, 힘에 대한 문학적 예찬은 단지 공기의 요정처럼 아무짝에도 쓸모없는 구름을 좇아 헐떡거리는 바보를 만들어 내는 데 성공했을 뿐이다."(그람시, 333쪽)

인문적 문화가 갈수록 약화되는 반면, 자신의 사슬까지 끌고 올라가는 미국 산업주의의 압도적이고 가공할 힘을 묘사한 것이다.

컴퓨터의 등장 같은 새로운 발명으로 경제에 기술적인 충격shock이 왔을 때 주류 경제학의 표준이론은 이 기술이 여러 경제변수들에 일반적으로 미치는 영향과 작용 원리를 밝히는 데 주력하는 경향을 보인다. 반면, 일부 제도주의 경제학자들은 똑같은 기술 충격이 오더라도 그것이 특정한 사회경제적 지위나 계층·성별·인종별·학력별 범주에 따라 차별적으로 미치는 영향에 주목한다. 예컨대 기술 변화가 여성 고용에 미치는 영향이라면, 여성 일반에 미치는 효과뿐 아니라 특정 계층 여성들에게 어떤 형태로 얼마나 차별적으로 영향을 줄 것인지를 탐구하고, 이에 따라 이 기술 변화가 현재의 성별 분업 체계를 더 강화시킬 것인지 완화시킬 것인지에 관심을 기울인다.

기술 및 공작기계와 같은 생산수단(도구)의 변천 과정에 대한 가장 탁월한 비판적·역사적 연구는 데이비드 노블이 수행했다.

"기술에 대한 연구는 기술 그 자체가 아니라 사회와 인간에 관한 것이다. 기술에 대한 연구는 무정한 대상으로서의 사물thing이 아니라 실제의 관심은 인간에게, 사람들을 결속하거나 분할하는 사회적 관계에, 사람들을 북돋우는 공유된 꿈과 사람들을 현혹시키는 환상에 관한 것이다. [19세기 중반

'세상을 바꾼 기계'와 생산함수

미국의 철학사상가] 랠프 에머슨Ralph Emerson이 '말안장에 탄 것은 사물이고 말을 끄는 건 사람이다.'라고 했듯이 우리 시대에 기술은 환상적인 외관을 띤 채 위압적으로 사람 위에 군림하고 있다. 기술은 또한, 비판을 무력화하고 관심을 딴 데로 돌리고 토론을 탈정치화하고, 우리 미국 사회를 괴롭히고 있는 근본적인 대립 관계와 불평등에 대한 토론을 회피하게 만들고 있다. 이러한 기술결정론에서 기술은 문제의 핵심을 돌리는 편리한 희생양이 되거나 그 정반대로 보편적인 만병통치약으로 여겨지고 있다."(Noble, p.xi)

노블의 주장은 매우 뚜렷하고 놀라운 통찰을 품고 있다. 그는 기술적 제약 조건 속에서 어떻게 사회적 잠재력과 가능성이 규정되는가라는 기술결정론적 시각이 아니라, 오히려 사회적 제약 조건 속에서 기술적 가능성의 한계가 어떻게 정해지는가에 주목한다. 여기서 사회적 제약 조건은 생산 작업장에서 노동과 자본의 집합적 대립 등을 일컫는다. 이제 기술의 발전은 하나의 '정치학'이 된다. 즉, 기술적 진보가 의미하는 바가 모호해지고 다음과 같은 질문이 대두된다. 어떤 종류의 기술 진보인가? 누구를 위한, 무엇을 위한 기술 진보인가?

여기서 기술은 생산을 결정적으로 좌우하는 힘이 아니라, 거꾸로 작업장에서 (노동과 자본 간의 각축이라는) 생산의 힘이 거울처럼 '반영'된 것에 불과하다. 이러한 기술 발전은 사회적 권력관계와 지배의 힘에 의해, 절대적 힘에 대한 비이성적 환상에 의해, 그리고 진보 개념에 따른 정당화 등의 요인에 의해 그 변화의 속도가 조정된다. "역사는 누가 누구를 어떻게 타고 가는지에 대한 스토리"라는 말이 있듯이, 기술의 역사 또한 예외가 아니다. 인간이 아니라 기술이 역사를 만든다는 기술결정론은 오류에 불과하다.(Noble, p.324)

◆ 누구를 위한 혁신인가?

앞에서 노동시장 유연화의 요인으로 기술 변화, 경제구조 변화, 노동과 자본의 세력관계, 제도적 변수 등을 언급한 바 있다. 이 중에서 저임금 비정규 노동의 확산이 무정한 기술 변화에 따른 것이라고 설명한다면, 누구나 쉽게 예상할 수 있듯이 그 주장은 기득권층의 탐욕을 감추고 불평등의 원인이 누구도 탓할 수 없는 로봇에게 있다는 말이 될 공산이 크다.

경제학자들은 1980년대 이후 소득불평등 악화 원인으로, '감정 없이' 진행되는 외적 기술혁신에 주목해 왔다. '불가피한' 정보기술IT 경제가 전개됨에 따라, 고등교육을 받은 노동자일수록 고용 및 임금에서 유리한 이른바 '숙련 편향적' 기술 변화가 이루어진 것이 양극화 심화의 가장 중요한 요인이었다는 설명이다. 그러나 기술혁신이라는 요인 외에도 세계화와 아웃소싱, 신자유주의정책 등을 배경으로 한 노동에 대한 자본의 공세와 집단적 노동 세력(노동조합)의 약화 역시 중요한 요인으로 작용했다는 실증 분석도 적지 않다.

기술과 기계는 사용 그 자체보다는 오히려 그 자본주의적 사용에 문제가 있듯이, 기술혁신을 어떤 방식으로 사용할지에 대한 논의가 필요하다. 이 논의 방향에 따라 정책적 함의는 전혀 달라진다. 기술 변화를 중시하는 관점은 양극화를 불가피한 현상으로 수긍하게 만드는 태도를 조장하는 반면, 제도와 정책을 중시하는 쪽은 노동조합의 교섭과 인정을 둘러싼 국가의 정책 등 정책적인 변수의 교정을 통해 양극화를 해소할 수 있다는 결론으로 이어진다.

경제학자 베블런은 비숙련의 이른바 '비지식' 노동자라고 불리는 이들이 비록 상식적인 지식밖에 갖고 있지 않다 할지라도, 그들이 자신이 종사하

'세상을 바꾼 기계'와 생산함수

는 산업에 대해 갖고 있는 세세한 지식과 능력을 절대적 크기로 따져 보면 상당한 정도에 달한다고 말했다.

"머리에 든 것이 전혀 없으며 순전히 몸뚱이 하나만으로 뽑혀 나온 백지 상태의 인간이 있다고 가정해 보자. 이 인간과 견주어 본다면 우리가 흔히 말하는 '보통 노동자'들도 사실상 고도로 훈련되고 또 다방면의 재주를 갖춘 노동자임을 알 수 있을 것이다."(베블런, 41쪽)

어떤 물질적 장비가 '자본재'로서 얼마만큼의 효과를 갖는지는, (자본재 그 자체보다는) 생산의 여러 과정을 통제하고 그 과정들이 상관관계를 맺도록 해 주는 기술적 전문가의 통제가 얼마나 효율적으로 이루어지는가에 따라 결정된다. 생산성은 인간의 지식과 기술(노동과 자본의 결합 방식 및 팀 작업 등 작업 조직 편성을 둘러싼 기술 등)에 따라 결정된다는 것이다. 여기서 우리가 기술적 전문가를 우두머리 노동자, 공학자, 감독관 등 어떤 이름으로 부르는지는 전혀 중요하지 않다. 원한다면 "자본의 이름으로 생산을 지휘할 장교나 하사관"(마르크스, 제1권(상), 423쪽)이라고 불러도 상관없다. 기술은 기계 자체뿐 아니라, 기계를 사람과 결합하고 또 사람과 사람 사이를 결합하는 사람(기술적 전문가)이 중요하다는 사실만 깨달으면 된다.

완전고용의 "정치적 측면"
실업과 인적자본

1945년 4월 5일, 존 메이너드 케인스는 시인 엘리엇T. S. Eliot에게 이렇게 썼다. "투자를 통한 완전고용 정책은 지적 원리의 한 특수한 적용일 뿐이지요. 당신은 그와 반대로 더 많이 소비하거나 더 적게 일함으로써 그것 못지않은 결과(완전고용)를 만들어 낼 수 있습니다." 소비의 경제를 통해, 또 일자리 나누기와 노동시간 단축을 통해 풍요로운 삶을 건설할 수 있다고 본 것이다.

그보다 훨씬 앞서 1930년에 출간된, 뛰어나지만 오도된 예언 에세이 《우리 손자 세대의 경제적 가능성》에서 그는 근본적으로 경제문제는 소비에 대한 두려움(즉, 투자를 중시하는 저축 예찬)에서 기인한다고 주장했다. 케인스는 가장 혹독한 결핍의 시절에 낙관적인 풍요의 전망을 다시 회상했을 법한 인물이다.(스키델스키, 1143쪽)

비자발적 실업은 없다?

케인스가 완전고용과 낙관적 풍요를 그렸듯이, 슘페터 역시 《자본주의·사회주의·민주주의》에서 다음과 같이 장래를 전망했다. 다만, 100년 뒤를 전망한 케인스와 달리 그는 50년 뒤를 말했을 뿐이다.

"만약 자본주의 질서의 여러 조건 아래서 1928년부터 가처분 생산량이 그 이전과 마찬가지로, 즉 연간 2퍼센트의 증가율로 계속 증가한다면 50년이 지난 1978년에 그 생산량은 1928년 숫자의 약 2.7배에 달할 것이다. 1978년 인구가 1억6천만 명이 된다고 보는 슐론 씨의 추계를 택하면 그 50년 사이 1인당 평균소득은 1928년 650달러의 2배가 약간 더 넘게 되며, 다시 말해 1928년의 구매력으로 보면 약 1300달러가 된다. 이는 인구의 가장 낮은 계층에서조차도 오늘날의 수준에서 빈곤이라고 불리는 것은 모조리 (병리학적 경우만을 제외하고) 쓸어버릴 수치이다."(슘페터 2011, 156~159쪽)

케인스와 슘페터, 두 거인이 경제학계를 지배하던 시절보다 훨씬 이전인 1800년대 중반, 런던과 맨체스터의 경제와 사회상에 대한 다른 두 거인 엥겔스(《영국 노동계급의 상태》)와 마르크스(《자본론》 제1권)의 처절한 묘사는 마치 사진처럼 진실하다. 그들이 목도한 산업공장의 풍경에서 낙관과 풍요를 떠올린 사람이 있다면 그것 자체가 매우 놀랄 일이었을 것이다.

"어느 날 나는 어떤 부르주아지 신사와 맨체스터로 걸어 들어갔다. 나는 그에게 비위생적이고 지저분한 빈민가에 대해 말하고, 그의 관심을 공장노동자들이 살고 있는 도시와 지역의 특징적인 조건들로 돌렸다. 나는 내 평생 그렇게 잘못 지어진 도시를 본 적이 없다고 주장했다. 그는 우리가 헤어지려 할 때 길모퉁이에서 잠자코 듣고 있더니 이렇게 대답했다. '하지만 이곳에서는 엄청난 돈이 나오죠. 좋은 아침이군요.'"(엥겔스, 325쪽)

표면에 드러나는 노동자의 상태는 그 배후에 존재하는 부르주아의 탐욕과 별개로 고찰될 수 없다. 엥겔스는 맨체스터와 런던 노동자계급의 궁핍과 참혹한 노동조건을 폭로하면서, 동시에 당시 두 도시에 숨 쉬고 있던 부르주아의 탐욕을 신랄히 개탄했다. "그들은 이기심과 도덕적인 결핍으로 타락할 대로 타락했다. 그들은 모든 인간들, 그리고 모든 생물과 사물들이 오직 돈을 만들어 내고, 그것을 만드는 데 도움이 안 되는 것은 실제로 존재하지 않는다고 정말로 믿는다. 잽싸게 이윤을 얻는 것이 그들의 유일한 행복이다. 그들은 오직 금전적 손실을 입었을 경우에만 고통스러워한다."

이른바 '노동자의 궁핍화 경향'이라는 마르크스의 법칙에 대해, 카를 포퍼는 궁핍화가 자본축적과 함께 증가한다는 법칙은 타당하지 않다고 말했다. "아동노동, 노동시간, 일의 고통, 노동자 생존의 불안정 등은 증가하지 않고 오히려 줄어들었다. 파크스H. B. Parkes는 이를 한 문장 속에 잘 요약했다. '저임금, 장시간 노동, 아동노동은 마르크스가 예언한 바와 같이 자본주의의 노년기의 특징이 아니라, 자본주의 유년기의 현상이다.'"(포퍼 1996, 257쪽)

궁핍화와 실업자(산업예비군) 이야기를 더 진전시키기 위한 발판으로 수식 하나만 간략하게 살펴보고 넘어가자. 노동시장 균형에 대한 신고전파경제학의 개념화 과정을 보면, 먼저 기업은 추가적인 한 명의 노동자가 시간당 생산할 수 있는 상품(노동의 한계생산물·MP_L)의 가치($P \cdot MP_L$, 여기서 P는 그 생산물의 시장가격)와 시장에서 주어진 임금(ω)이 같아지는 지점(즉, $\omega = P \cdot MP_L$)에서 노동자를 고용한다. 반면, 노동자는 (마치 기업이 한계수입과 한계비용이 일치하는 지점에서 최적 생산량 규모를 결정하듯) 임금으로 구매할 수 있는 재화와 서비스의 한계효용과, 한 시간을 추가적으로 일하는 데 따르는 음陰의 효용(노동의 비효용)이 만나는 지점에서 노동을 공급한다. 즉, 노동시장의 균형은 한계생산물(노동의 수요)과 노동의 한계비효용(노동의 공급)이 만나는 곳에서 이루어진다. 이러한 수식에 따르면, 비자발적 실업은 '수리 논리적으로' 결코 발생할 수 없다.

주류 경제학은 노동 공급자의 자발적 선택 측면에서 보면 실업은 노동 대신 여가 시간을 선택했다는 의미라고 역설한다. 이에 대한 경제학자들의 설명을 잠깐 들어 보자. 경제주체가 극대화하려는 것은 (소비와 여가에 따른) '만족'이지 금전 소득 그 자체가 아니기 때문에 둘 사이의 선택을 합리적으로 분석·판단하려면 비금전적인 요인까지 고려해야 한다. 즉, 여기서 여가의 가치는 순수한 여가의 효용뿐 아니라 실직에 따라 받는 실업수당, 그리고 앞으로 지금보다 더 높은 임금수준의 일자리를 제의받을 확률분포에 대한 고려까지 포함하게 된다. 이러한 확률분포에 대한 고려 속에서 실업자에게 실업은 지금 나에게 주어진 임금수준의 일자리 제의를 받아들일지 거부할지의 문제가 되고, 결국 이것이 주는 메시지는 실업이 자발적인 선택이라는 결론으로 이어진다.

그러나 이것은 순수 이론 세계의 모형일 뿐이다. 가까운 미래에 나한테 제시될 임금 소득의 확률분포 따위를 이해하거나, 알고 있거나, 알려고 노력하는 노동자가 얼마나 될까? 나아가 주류 경제학은 현실에서 '비자발적으로' 존재하는 거대한 규모의 산업예비군을 기술적 요인으로 간단히 설명해 버린다. 이미 고용돼 있던 노동자를 내쫓는 형태를 취하든 노동인구를 고용·흡수하지 못하는 형태를 취하든 간에, 주로 기술에 의해 밀려난 사람들이라는 것이다.

역사적으로 자본가들은 주류 시장경제학자들이 말하듯 시장이 균형으로 돌아올 때까지 마냥 기다리지는 않는다. 자본가 쪽은 임금 상승 경향이 나타나면 어느 정도는 직접적으로 대응에 나선다.

"1849년과 1859년 사이에 영국의 농업 지방에서는 사실상 미미한 정도의 임금 상승이 일어났다. 이것은 전쟁을 위한 노동 수요, 철도 부설, 공장·광산의 대확장으로 말미암아 과잉 농업인구가 예외적으로 많이 빠져나간 결과였다. 가는 곳마다 차지借地농업가(농장주들)들의 고함 소리가 들렸고, 런던《이코노미스트》지까지도 아주 진지하게 이 기아 수준의 임금에 대해 '전반적이며 대단한 임금 상승'이라고 떠들었다. 그때 농장주들은 어떻게 했던가? 그들은 교조적인 경제학자들의 두뇌가 생각한 바와 같이 그러한 눈부신 임금 인상의 결과로 농업 노동자의 수가 크게 늘어나서 그들의 임금이 다시 떨어질 것이 틀림없으니 그때까지 기다렸던가? 아니다. 그들은 기계를 더 많이 도입했고, 그리하여 순식간에 농장주들이 만족할 정도로 노동자들을 다시 남아돌게 했다. 이제 종전보다 더 많은 자본이 더 생산적인 형태로 농업에 투하되었다. 이와 더불어 노동에 대한 수요가 상대적으로뿐만이 아니라 절대적으로도 줄어들었다."(마르크스, 제1권(하), 804쪽)

이를 폴 스위지는 다음과 같이 해설한다. "개별 자본가의 입장에서는 각자가 시장 임금수준을 주어진 것으로 받아들이고, 그 외에 자신이 할 수 있는 최선의 행동(기계 도입 등)을 하려고 한다. 자본가들이 모두 이런 식으로 행동하면 그 순효과는 실업의 증가로 나타나게 되고, 이어 그러한 실업의 증가가 임금수준 자체에 영향을 미치게 된다. 그러므로 임금이 상승하는 경향이 강할수록 산업예비군의 대항 압력도 강해질 것이고 그 역도 성립한다."(스위지, 131쪽) 노동시장에 진입하지 못한 산업예비군은 임금 상승에 오히려 저항한다.

◤ '보이지 않는 악수'를 막는 노동유연화

좌파 경제학자 라즈닉은, 우파 경제학자들이 그 자체로 '경이로운 시장

'세상을 바꾼 기계'와 생산함수

marvels of the market'이라고 말하는 저편의 반대쪽 현실적인 시장에는 '보이는 손visible hand' 혹은 '보이지 않는 악수invisible handshake'가 존재한다고 주장했다. 현실적인 자본주의경제는 이론적·추상적인 '개인'들이 선택하고 행동하는 시장 메커니즘보다는 법인기업이라는 '조직', 즉 보이는 손이 현실적으로 작동하면서 이끌어 가고 있으며, 때로는 생산 현장에서 노동과 자본의 보이지 않는 '악수'가 그 효율성의 바탕에 작용하고 있다는 것이다.

"주류 신고전파경제학자들은 희소한 자원 할당의 최적 지점은 어디이고, 어떻게 그 목적에 도달할 것인가를 묻고 있는데, 이런 질문은 내가 이 책에서 던지는 큰 질문big question에 대한 답을 주지는 못하고 있다. 나의 질문은 (그러한 희소성을 극복하고) 생산적 자원(인적 및 물적 자원)을 어떻게 개발할 것이며, 이렇게 개발한 자원의 활용과 이용의 범위·방식을 어떻게 결정할 것인지에 있다."(Lazonick 1991, p.7)

'보이지 않는 악수'와는 정반대로 노동자에게 해고의 주먹을 휘두르는 노동유연화가 1980년대 초반 등장하여 유행한 지 30여 년이 지났다. 유연화 논쟁은 30여 년에 걸친 오래된 질문이다. 경제학에서, 다른 가격변수인 물가는 그런대로 신축적인 반면, 노동은 대표적인 경직적 경제변수로 지목되고 있다. 노동조합 같은 제도적 요인이 시장에 끼어들어 본래 유연한 시장을 경직되게 만든다는 것이다. OECD는 경직성으로부터의 탈피, 즉 노동시

경제 분석에서 노동이라는 투입물은 화폐상품만큼이나 매우 복잡하고 가정하기 어려운 생산 요소이다. 노동력은 인간 총체로서 완벽하게 사고팔 수 없고 저장이 불가능하다. 자본(사용자)과 동료 노동자에게 고마움을 느껴 더 열심히 일하기도 하고 울분에 차 저항하고 태업을 벌이기도 한다. 자본과 노동 사이의 정보 비대칭에 따른 노동계약 불완전성과 이에 대처하는 효율임금이 보여 주듯 노동은 까다로운 존재이다. 이처럼 분석하기 어렵기 때문에 흔히 노동은 경제 분석에서 '노동변수 값=1'로 불변의 척도처럼 고정시키는 일이 많다.

장 유연화를 추구하는 목적이 단지 실업에 대한 대응 차원이 아니며, 경제적 효율성뿐만 아니라 사회 진보 측면에서 비록 만병통치약은 아닐지라도 경제적 질병을 치유하고 건강한 경제를 만들기 위한 것이라고 주장한다.

그러나 현실에서 유연한 노동은 '저숙련·저임금의 균형'이라는 함정에 빠져 있다. 데이비드 고든은 노동자가 자신의 노동시간을 탄력적으로 사용할 수 있다는 의미에서의 유연한 노동flexible work은 필요하지만, 현재의 유연화된 노동은 기업이 '제멋대로 처분해 버릴 수 있는 노동disposable work'에 불과하다고 비판했다. 그 결과, 파트타임 노동과 비정규 임시노동은 하나의 기회가 아니라 함정이자 형벌이 되고 있으며, 노동자들은 권리와 선택·편익을 상실하고 있다는 것이다. 사용자가 신규 노동자를 고용하면 임금뿐 아니라 사회보장연금 등 부가 급여까지 지출해야 하는데, 이것을 회피하고자 실업자에게 새 일자리를 열어 주지 않고 대신 기존 노동자들에게 장시간 과로노동을 요구하고 있다.(Gordon 1996, p.246)

전 세계에 송출되는 미국 CNN 방송은 2014년 국제노동기구ILO가 제작한 공익광고 "청년에게 좋은 일자리를Decent Work for Youth"을 여러 차례 내보냈다. 한국에선 2013년 12월 24일 성탄절 전날 "비정규직에게 해고 없는 연말을" 기자회견이 열리기도 했다. '해고 없는 연말'을 기원하는 전대미문의 풍경이 벌어지고 있는 한국 사회이다. 여기서 한 마디 덧붙이면, 비정규직 유연화의 고착화는 노동 공급자들의 행동을 바꾸게 하고 결국 비정규 고용의 공고화를 가져온다.

"만일 고용주가 노동자 전체든 일부든 간에 계속 습관적으로 자주 바꾼다면, 즉 특정한 계절 동안만 잠시 고용한다든가 특정 일이 생길 때에만 노동자를 고용했다가 다른 일이 생기면 기존 노동자들을 해고하고 다른 노동자를 다시 고용하는 식으로 행동하면, 이때 해고된 노동자들은 가까운

'세상을 바꾼 기계'와 생산함수

장래에 다시 고용되리라는, 최소한 일정 기간 동안만이라도 고용될 희망을 갖게 된다. 그 산업 부문의 언저리에서 맴도는 노동자들은 약간의 기간 동안 약간의 일자리를 얻을 수 있는 기회를 조금씩 가질 수 있다. 임시적 고용 방식의 극단적 경우는 부두 하역 작업에서다."(도브, 1983, 159쪽)

2000년대 초반 이후 한국의 비정규 고용률이 50퍼센트 선에서 큰 변동 없이 15년 가까이 정체 혹은 고착화한 상태를 보여 주고 있다는 점은, 비정규가 이제 정규적인 표준이 되는 쪽으로 공고화하는 것 아닌가라는 생각이 들게 한다.

일찍이 폴란드 경제학자 미할 칼레츠키가 〈완전고용의 정치적 측면 Political Aspects of Full Employment〉에서 갈파했듯이, 자본주의 체제에서 완전고용 체제는 완전고용이 불가피하게 초래하는 이윤 압박 때문에 장기적으로 존속할 수 없다. 완전고용 문제는 노동자와 자본가의 이데올로기적 대립이라는 근본적 성격을 지니고 있다는 것이다.

"노동자들은 자본의 손아귀에서 벗어나고 싶어 하고, 자본가들은 그들을 훈육하고 싶어 한다. 산업의 지휘관들captains of industry과 경영자는 '지속적인' 완전고용을 결코 원하지 않는다. 물론 경제가 불황에 빠져 있을 때는 국가의 재정지출을 통해 탈출을 원하지만 완전고용 유지에는 반대하는 태도를 견지한다. 이런 논리적이고 추론적인 '정치적 경기순환'은 실제로 현실 미국 경제에서 역사적으로 있어 왔다."(Kalecki 1943)

케인스주의적 호황의 지속은 산업예비군의 고갈과 이에 따른 노동규율

▶ 물론 완전고용 상태라고 해도 일자리의 질이 중요하다. 꼭 필요하고 반드시 유용할 뿐 아니라 직업에 대한 열정이 필요하고 우리가 가진 최고의 능력에 의지하는, 인간의 명예와 존엄성을 유지하면서 할 수 있는 직업은 점점 줄어들고 있다.

의 이완을 초래하여 불가피하게 이윤 압박을 낳게 되는데, 이는 거꾸로 불황 과정에서 산업예비군의 보충, 즉 실업률 증대 방식을 통해서 해결될 수밖에 없다는 것이다.

자본주의 논리 자체가 완전고용과 양립할 수 없다는 사실 이외에도, 완전고용 달성을 가로막는 정치적 장애물도 있다. 이윤으로 대부분의 소득을 얻는 사람들은 대체로 상당한 정치적 영향력을 가지고 있으며(돈을 가진 자가 발언권을 행사한다'money talk'), 이들 대다수는 이윤을 줄이는 효과가 있는 정책의 도입이나 실행에 반대할 것이다.

그러나 칼레츠키는 완전고용을 향한 고용 증가가 임금 상승 압박(즉, 이윤 압박)만을 가져오는 것이 아니라, 좀 더 높은 수준의 (임금 상승에 의한 소비 증가에 따른) 상품 판매 및 공장 설비 가동을 가능하게 함으로써 단위 비용을 절감시키고 수익성을 증가시키는 경향도 있다는 점을 잊지 않았다. 경제가 완전고용에 접근할수록 임금 성장이 가속화될지라도 수익성 또한 증가하는 현상이 나타날 공산이 있다는 것이다.(브레너, 54쪽)

완전고용은 꿈인가

"일하지 않는 자여 먹지도 말라"는 구호는 노동가치론의 신념과 과학적 사상에 그 굳건한 기반을 두고 있다. 마르크스는 생산과정에서 노동자가

"차입 적자재정에 의한 정부 지출을 통해 완전고용을 유지하는 데 반대하는 기업가들의 태도를 설명하기란 쉽지 않다. 더 높은 수준의 산출 및 고용은 노동자들뿐만 아니라 사업가들에게도 이득이 된다. 왜냐하면 그들의 이윤이 증가하기 때문이다."(브레너, 54쪽)

"일하지 않는 자는 먹지 말라."는 명제는 사도 바울이 남긴 유명한 말로, 본래는 수도원에서

새로 창조한 가치, 즉 '응고된 노동'(마르크스, 제2권, 457쪽)의 가치를 직선에 비유한 바 있다.

"생산과정은 상품에서 보이지 않는다. 상품을 만드는 데 노동력이 지출되었다는 사실은 이제 상품이 가치를 가지고 있다는 상품의 물적 속성으로서 나타난다. 이 가치의 크기는 지출된 노동량으로 측정된다. 상품 가치는 그 이외의 다른 어떤 것으로도 분해되지 않으며, 그 이외의 다른 어떤 것으로도 구성되지 않는다. 내가 일정한 길이의 직선을 하나 그었다면, 나는 우선 나와는 독립적인 어떤 규칙에 따르는 제도법으로 하나의 직선을 생산한 셈이다. 내가 이 선을 세 토막으로 나눈다면 이 세 부분은 각각 이전과 다름없이 직선이며, 또 이 세 부분으로 이루어진 전체 직선은 이러한 분할로 직선과는 다른 어떤 것, 예컨대 그 어떤 종류의 곡선으로 분해되지 않는다. 그와 마찬가지로 나는 일정한 길이의 선을 나누어 이 나누어진 부분들의 합계가 나누어지지 않은 원래의 선 자체보다 더 길게 할 수는 없다."(마르크스, 제2권, 454~455쪽)

임금은 매우 중요한 사회경제지표이다. 임금수준의 변동과 임금 몫을 둘러싼 투쟁의 역사적 과정을 짚어 봄으로써 한 사회의 사회경제사를 훌륭하게 살펴볼 수도 있다. 미국의 좌파 경제학자 데이비드 고든이 1996년에 펴낸 책의 한 부분을 다소 길게 인용한다. 경제 교과서가 흔히 노동의 가격, 즉 임금을 당근 같은 인센티브로 설명하는 데 반해, 고든은 노동자에 대한 쥐어짜기·임금 압착wage squeeze, 기업의 관료조직 부담bureaucratic

---

기식하는 선교사들을 겨냥해 한 말이다. 봉건시대부터 수도원에서는 인류 역사상 최초의 임금 급료 생활이 이뤄졌다. 수도원 내에 있는 수공업 공장 등에서 일하는 직업을 갖지 않은 채 기생하는 사람들을 경고한 것이다.(베버 1981, 292쪽)

burden, 채찍 휘두르기wielding the stick 같은 용어를 동원해 경영자들의 '다운사이징' 유행을 비판하고 있다.

"미국 경제가 대다수 미국인들을 좌절시키고 있는 이유에 대해 전문가·정치인·교수들이 제각각 좋아하는 진단을 내리는데, 내가 보기에는 중요한 것을 대부분 놓치고 있다. 지난 20여 년간 미국 경제문제의 주요 원천은 대다수 미국 법인기업들이 비대한 관료적 감독·위계 조직bloated corporations을 거느리고 있으며, 노동자들을 푸대접해 왔다는 데 있다. ……과잉 위계 조직은 관료 조직 부담을, 노동자 푸대접은 임금 압착을 뜻한다. 더욱이 임금 압착은 저임금 하위층뿐 아니라 거대한 중간층 노동자들까지 박탈하는 형태로 진행돼 왔다. 1980년대 이래 미국 경제는 유연하고 날렵한 기업을 지향하며 구조조정 과정에서 수많은 기업 관리자들을 감축했고, 이것이 신문 헤드라인에 개인적인 비극 등으로 대서특필되었다. 그럼에도 1990년대 동안 민간 비농업 부문 고용에서 관리자와 감독자 비율은 줄어들기는커녕 여전히 증가했다. 관행적으로 해 온 다운사이징은 잘못되었고 기업의 관료적 부담은 여전히 경제에 남아 있다. 특히 법인기업들의 이런 경향은 노동자에 대한 인색하기 짝이 없는 처우를 수반하고 있다. 임금 압착과 관료적 비대는 일반적으로 서로 분리된 현상으로 다뤄지거나 무시되기 일쑤였다. 그러나 미국 경제에서 이 두 가지 풍경은 서로 긴밀히 연결돼 있는 바, 이는 이른바 채찍 전략을 매개로 한다. 미국 기업들은 당근이 아니라 채찍에 의존한다. …… 1994년에, 노동자들이 집에 가져가는 실질 임금 소득은 그것이 정점이던 1972년에 견줘 시간당 10.4퍼센트 떨어졌다. 시간당 실질 가처분소득은 더 극적으로 1967년 수준까지 떨어졌다. 지난 30여 년간 경제는 매우 극적으로 성장해 실질 1인당 생산은 1994년에 1967년 대비 53퍼센트 더 높아졌다. 하지만 노동자들의 시간당 실질소득은 4센

'세상을 바꾼 기계'와 생산함수

트 낮아졌다. 1970년대 초 이래 이러한 추세를 임금 압착으로 명명하는 건 점잖은 것이다. 내가 보기에 이는 임금 붕괴wage collapse라고 부르는 것이 더 적절하다."(Gordon 1996, pp.3 · 5 · 20)

주류 경제학에서 노동은 인적자본, 즉 '자본'으로 인식된다. 매년 가치에 대한 감가상각을 해야 하는 기계처럼 쓰고 버리는 자본이 아니라, 더 투자하고 소중하게 여길수록 더 오래 그리고 더 높은 생산성을 가져오는 자본이라는 사실을 여러 경제학자들이 강조한다. 하지만 현실은 그렇지 못하다.

헨리 포드의 다른 얼굴
생산인가 소비인가?

　산업혁명의 증기기관과 포드주의 사업가들의 위력 앞에서 과거의 신과 왕들은 무력한 존재가 되었다. 경제적 삶이 정치적 삶과 사회적 관계를 바꿔 놓았다. "계몽된 국민들은 곧 이제까지 자신들을 지배해 온 사람들을 재판에 회부할 것이다. 왕들은 사막으로, 자신들을 닮은 야수의 무리 속으로 도망칠 것이며, 자연은 자신의 권리를 되찾을 것이다.─ 생 쥐스트, 1793년 '국민공회' 연설"(홉스봄 1996a, 81쪽)

　공유·균등·안정을 세계 국가의 표어로 내건 '신세계'는, 실제로 헨리 포드의 대중 자동차 '모델 T'가 등장한 1908년을 포드 기원紀元 연도로 삼는다. 1932년에 출간된 올더스 헉슬리Aldous Huxley의 《멋진 신세계Brave New World》는 "우리들의 포드 님 자신이 진리와 미에서 안녕과 행복으로 중점을 옮길 것을 강조하고 계셨소. 대량생산이 변화를 부득이하게 한 거요. 보편적인 행복이 세계의 운행을 안정되게 해 주지만, 진리와 미는 그렇지

'세상을 바꾼 기계'와 생산함수

못한 법이오. 물론 대중이 정치적 권력을 장악했을 때마다 문제가 되었던 것은 진리나 미가 아니고 행복이었소."(헉슬리, 481쪽)라고 말한다. 행복은 진리에도 아름다움에도 있지 않고 대량'생산'에 있다.

대량생산이 창출한 소비 규범·수준

헨리 포드는 1914년 1월 '일당 5달러' 지급을 선언해 포드 공장과 디트로이트의 다른 자동차 조립 노동자들뿐 아니라 미국의 모든 노동자들을, 나아가 경제학자들을 놀라게 했다. 이 임금 인상은 하루 9시간 노동에서 8시간 노동으로의 변화도 수반했다. 그러나 우리가 여기서 주목하고자 하는 건 그와 전혀 다른 포드 공장의 이면이다. 우선, 이 하루 5달러 임금률이 모든 노동자들에게 자동적으로 적용된 건 아니다. 이 임금수준은 당시 보통의 평균 노동자들 임금의 2배에 이르렀다. 사실 포드의 목적은 단조로운 컨베이어벨트 작업 라인 노동자들의 높은 이직률을 줄이기 위한 것이었다. 임금 인상에 따라 미국 남부와 유럽에서 수천 명의 잠재 노동자들이 일자리를 구하러 디트로이트로 몰려들었다.

그런데 포드의 이런 계산은 "비싸지 않은 대중 차를 만들어 노동자들이 구입할 수 있게 된" 여건을 고려해 치밀하게 고안된 것이었다. "소위 고임금이란 요소도 이러한 요구에서 비롯된 것이다. 그것은 생산과 작업의 체계에 적합한 숙련된 노동력을 선별하고 안정되게 유지하기 위한 수단이다. 그러나 고임금은 양날의 칼과 같다. 즉, 고임금의 목적이 실현되려면 노동자들이 남은 돈을 합리적으로 사용해야 한다. 노동자들이 그 돈을 자신의 근육과 신경의 효율성을 유지, 갱생 그리고 가능하다면 증대시키는 데 사용해야지 오히려 그 효율성을 부식시키고 파괴하는 데 사용해서는 안 되는 것이다. 그리하여 노동력 파괴의 가장 위험한 주범인 알코올에 대한 투쟁이 국가의 기능이 된다."(그람시, 330쪽)

'청교도적'이지 않은 알코올을 억제하는 것이 기업가들의 사적 노력만으로는 불충분하거나, 장기적이고 광범위한 실업 위기 확산으로 노동 대중들 사이에 심각하고 폭넓은 도덕적 위기가 발생할 경우, 국가가 전면에 나서게 된다는 것이다.

알코올 문제는 다시 성 문제와 연관된다. "알코올중독 다음으로는 성적 기능의 남용과 불규칙성이 신경적 에너지의 가장 위험한 적인데, 강박적인 작업이 알코올중독과 성적 타락을 초래한다는 것이 일반적으로 알려진다. 포드가 일군의 감독관들의 도움을 받아 자기 고용인들의 사적 생활에 개입하여 그들의 지출 방식과 생활 방식을 통제하고자 했던 시도들은, 이러한 경향들의 한 징표이다. 이러한 경향은 아직은 단지 사적이거나 잠재적일 뿐이지만 어떤 시점이 되면 국가 이데올로기로 변하게 될지도 모른다."
(그람시, 330쪽)

미셸 아글리에타는 포드주의는 상품을 개인적으로 소비·사용하는 밀도를 높이고 '비상품적인 인간관계'를 크게 훼손하기 때문에 자본주의에 의해 만들어진 소비 양식이었다고 말했다.

"우리는 포드주의에서 소비의 형성과 재생산을 어떻게 보아야 할 것인가? 포드주의는 역사상 처음으로 상품의 개별적 소유가 구체적인 소비 실천을 지배하는 노동계급의 소비 규준을 창출해 냈다 …… 소비사회는 자본주의 모순을 결정적으로 해결한 것처럼 보였고, 위기를 소멸시킨 것으로 보였다. 이것이 2차 세계대전 이후 20년간에 걸쳐 확인된 변화였다."(아글리에타, 192쪽)

이러한 자본주의 조절 양식으로서 사회적 소비 과정의 연속성을 보장하기 위해 필수불가결한 조건이 바로 사회보장제도 및 노동조합 등 노동조직의 안정적 설립과 단체교섭 활동의 제도화 등이었음은 물론이다.

"만약 포드주의의 새로운 기술을 분석하려고 하면 우리는 그것이 전혀 기술technology이 아니라는 것을 알게 될 것이다. 그것은 물질적 힘의 배열 같은 게 아니라 사회질서의 원리다. 이것이 포드주의 작업의 진실이다. 포드는 어떤 기술적이고 기계적인 발명이나 발견을 한 것이 아니다. 포드가 사용한 모든 기계적 수단은 예전부터 있었고 잘 알려진 것들이었다. 오직 그가 새롭게 도입한 것이 있다면 그것은 작업장에서의 인적 조직이었다.-

[노동역사가] 휴 베넌Hew Beynon(1973)"(톰슨, 폴, 4쪽)

슘페터도 다음과 같이 말했다.

"마르크스는 '수작업 제분기'는 봉건사회를 만들어 내고, '증기제분기'는 자본주의사회를 만들어 낸다는 유명한 진술로 그가 의미하는 것을 예증한다. 이 진술은 위험할 정도로 기술적 요소를 강조하지만, 기술이 이 진술의 전부가 아니라고 이해하는 한에서는 받아들여질 수도 있다. …… 증기제분기의 등장과 작동은 차례로 새로운 사회적 기능과 새로운 사회적 지위, 새로운 그룹과 관점을 만들어 낸다. 그것들은 자신들의 틀을 능가하는 방식으로 발전하고 상호작용한다. 따라서 여기에 우선적으로 경제적 변화의 원인이 되고 그 결과로서 다른 사회적 변화의 원인이 되는 추진체가 존재한다."(슘페터 2011, 68쪽)

▶ '포드주의 대량생산'이라는 용어를 만든 이도 사실 포드 자신이다. 그는 1926년 《브리태니커》 백과사전에 자신이 쓴 글에 자신의 이름을 넣어, 'Fordist companies' 및 'Fordism production'이라는 20세기를 관통한 생산방식에 자신의 권위를 부여했다. Ford, H.(1926), 'Mass production', *Encyclopaedia Britannica*, 13th Edition, Vol.2.

사실 포드주의뿐 아니라 산업혁명도 그 혁명의 수행에 지적 정교함은 거의 필요하지 않았다. 산업혁명의 기술적 발명품들, 즉 비사緋絲 제니방적기, 뮬방적기 등은 매우 간소한 것이었으며 작업장에서 실험을 행하는 영리한 장인의 능력 범위와 목공·기계공 및 자물쇠 제조공 등의 조정 능력 범위를 벗어나지 않았다. "과학적으로 가장 복잡한 기계였던 제임스 와트의 회전식 증기기관의 발명조차 거의 같은 세기 내내 이용 가능했던 물리학 지식 정도만을 필요로 했으며, 증기기관을 실제로 사용한 수세대의 경험에 의존할 수 있었다. 적당한 조건이 주어진 가운데 산업혁명의 기술혁신은 화학 산업을 제외하고 사실상 저절로 이루어졌다."(홉스봄 1996a, 50쪽)

　헨리 포드와 앨프레드 슬론Alfred Sloan [제너럴모터스GM 사장] 이 대량생산 방식을 창안해 냈을 무렵, 그들이 동원한 아이디어는 이미 도처에 퍼져 있었다. 대량생산 방식의 많은 요소들이 다른 산업에서 벌써부터 실험되고 있었다. 예를 들어, 육류 포장산업은 이미 20세기 전부터 가축을 쓰는 이동식 절단 라인을 고안해 냈다.

　"1890년대에 자전거 공업은 다양한 철강 압연기술을 개발하여 뒷날 포드가 사용한 공작기계 제작에 큰 도움을 주었다. 심지어는 그보다 앞선 시대에 대륙간 철도가 개설되어 다수의 넓은 지역에 걸쳐 활동하는 대기업의 경영에 필요한 조직 체계가 개발되기도 했다. 그러나 포드와 슬론은 전체 시스템, 즉 공장 운영, 부품업체 관리, 전 사업 관리 등을 완성시키고 그것을 새로운 시장과 새로운 유통 체제 개념에 결합시킨 최초의 인물들이었다. 자동차 산업은 대량생산 방식의 세계적인 상징이 되었다."(워맥 외, 361쪽)

　사회과학의 질문은 산업혁명의 발상지가 왜 다른 지역이 아니고 영국이었는지로 향한다. 더욱이 가장 싼 시장에서 사서 가장 비싼 시장에 내다 판다는 당시 익숙한 최고 상업 계율의 지배 아래 있던 수많은 기업가와 투

'세상을 바꾼 기계'와 생산함수

자가들이, 그런 수익성 높은 영업 활동보다 산업혁명을 통해 극대 이윤을 얻을 수 있으리라는 사실을 어떻게 발견하게 되었을까? 산업혁명이 시장 확대를 전례 없이 지속시킬 것이라는, 당시에는 아무도 알 수 없었던 사실을 그들은 어떻게 알았을까?

기존 수요에 의존하지 않고 자체 시장을 창출할 만큼 방대한 양을, 그것도 급속히 감소한 비용으로 생산하는 기계화된 공장제 창출이 가능하려면 두 가지 조건이 필요했다. 첫째, 거기에 드는 비용이 그다지 크지 않고 단순한 기술혁신으로 산출량을 재빨리 증대시킬 수 있는, 제조업자에게 이미 특별한 보수를 가져다준 산업의 존재다. 둘째는, 하나의 생산국가에 의해 광범위하게 독점되는 세계시장이다. 첫째의 산업이 영국의 면방직 산업이었다. 또 영국은 식민지 팽창을 가능케 한, 경쟁국의 시장을 장악하기에 충분한 경제와 적극적인 국가를 가지고 있었다.(홉스봄 1996a, 52~53쪽)

사실 포드의 모델 T(1908년) 등 현대적 규모의 자동차 산업을 창출했던 것은 1890년대부터 존재했던 자동차에 대한 '수요'가 아니라, 현대적 대규모의 수요를 낳은 값싼 차를 '생산'할 수 있는 능력, 즉 대량생산이었던 것이다.

경제역사가인 브로델은 자본주의의 영역은 교환 유통의 영역이며, 자기 영역을 벗어난, 즉 낯선 곳에 자리 잡은 자본주의는 '생산'의 영역이라고 말했다. 단지 이익의 필요성에 따라, 그렇게 할 필요가 있을 때에만 생산에 손을 댔다는 것이다. 시장 영역 아래에 거대한, 잘 보이지 않는, 잘 관찰되지도 기록되지도 않는 거대한 물질문명의 '물질생활' 영역이 있다. 즉, 거대한 기층에 물질문명이, 그 위에 시장경제가, 최상층에 자본주의가 자리 잡는다. "시장경제 또는 경제라는 것과 자본주의라고 부른 것의 영역 차이가 중세 이래 유럽에서 언제나 지속되던 '상수'였다. 시장경제라는 층 옆에, 차라리 그 위에, 반시장anti-market의 영역이 있다. 이곳은 가장 약삭빠르고 가

장 강력한 자가 지배하는 세상이다. 바로 이곳이 자본주의의 영역이다."(브로델, 2-1권, 323쪽)

번 만큼 소비하고 소비한 만큼 번다?

포드주의가 지닌 대량생산과 대량소비라는 두 측면 중에서 이제 소비쪽에 주의를 기울여 보자. 경제학 교과서가 책 전편에 걸쳐 경제행위의 궁극적 목적으로 삼는 건 '소비'다. 마르크스도 "축적이 소비를 희생으로 진행된다는 생각은 일반적인 명제로서는 자본주의적 생산의 본질과 모순되는 환상이다. 왜냐하면 그 생각은 자본주의적 생산의 목적과 추진 동기는 소비이지 잉여가치 획득과 그것의 자본화(즉, 축적)가 아님을 전제로 하기 때문"(마르크스, 제2권, 600쪽)이라고 말했다.

에르네스트 만델은 《후기자본주의Der Spätkapitalismus》(1975)에서 "갤브레이스 이후 '소비자주권consumer sovereignty'이라는 동화를 믿는 사람은 이제 아무도 없다."고 말했다.(만델, 563쪽) 갤브레이스 교수가 "소비자주권이란 용어는 기업들이 자신들이 가진 사회경제적 지배권력을 숨기기 위한 사기에 불과하다"고 폭로한 이후, 그동안 소비자의 소비효용 극대화를 중심으로 경제학을 설파해 온 주류 근대경제학에 파열구가 발생했다는 것이다. 어떤 상품을 생산할 것인지 등 생산을 사회적으로 통제하고, 소비 역시 '민주적으로 결정된 대중의 욕구'를 바탕으로 생산이 그 진정한 욕구에 의식적으로 종속되도록 생산-소비 체제를 바꾸어야 한다는 얘기다.

케인스는, 현대 경제는 반드시 완전고용 수준에서 균형을 이룬다고 할 수 없으며, 실업을 수반하면서 균형을 이루는 '불완전고용에서의 균형'은 있을 수 있다고 말했다. 또 "수요 부족은 있을 수 없다"는 세이의 법칙Say's law,

'세상을 바꾼 기계'와 생산함수

즉 모든 생산물(곧, 이로부터 생겨나는 소득)이 재화와 용역에 대한 수요 형태로 환류된다는 기대는 비현실적이며, 소득의 일부는 소비되지 않는 저축(유동성 선호)이나 투자되지 않는 저축(불완전한 자본고용)의 형태로 경제 내부로 유입되지 않는다고 갈파했다. 불완전고용 균형은 노동뿐 아니라 동시에 자본의 불완전고용(즉, 투자와 저축의 불일치)의 오랜 지속을 일컫기도 한다. 예컨대, 케인스는 '자본의 본성'에 대해 이야기하는 대목에서 "개인의 저축 행위는 이를테면 오늘 저녁 식사를 하지 않겠다고 결정하는 것을 의미한다. 그러나 그 행위가 1주일 뒤 또는 1년 뒤에 저녁 식사를 하거나 부츠 한 켤레를 사겠다는 결정을 필요로 하거나, 어떤 특정한 날에 특정한 것을 소비하겠다는 결정을 필요로 하지는 않는다. 그것은 현재의 소비 수요를 미래의 소비 수요로 대체하는 것이 아니다. 그것은 그러한 수요의 순감소다."(케인스 2010, 258쪽)라고 말했다. 다시 말해, 저축이 실업을 초래한다는 것이다.

소비와 경제성장의 관계에서 불평등이 그 자체로 경제성장에 해롭지 않다는 주장도 많다. 자본가나 부자일수록 저축 능력이 더 크기 때문에 자본축적을 위해선 부자에게 더 많은 소득이 분배되어야 하며, 그 저축이 투자로 이어져 경제가 지속적인 성장 경로에 진입한다는 주장이다. 이는, 이때 가계·노동자에게 돌아가는 몫이 커지면 그들은 대부분 소비에 써 버리기 때문에 저축을 매개로 한 자본 형성을 도모하기 어렵다는 것으로 이어진다. 그러나 장기에는 저축량이 곧 투자량과 똑같아질 수 있겠지만, 단기에는 자본가의 저축 역시 투자되지 않은 채 그저 퇴장될 가능성도 배제할 수 없다. 저축이 미래의 소비를 보장한다고 하지만, 현재 시점에서 보면 돈이 쓰이지 않은 채 소비만 위축시키는 효과를 초래하는 것이다.

미할 칼레츠키는 "노동자는 벌어들인 만큼 소비하고, 자본가는 소비한 만큼 벌어들인다."는 유명한 말을 했다. 케인스가 《화폐론》에서 제시한 '과

부의 항아리widow's cruse'와 '밑빠진 독a Danaid jar'도 이와 유사한 메시지를 적절한 은유로 전달하고 있다. 시장에서 일시적인 수요-공급 교란이 발생하더라도 개별 경제주체들이 시장가격 변동에 즉각적으로 반응함에 따라 그 교란은 곧 교정된다는 주류 경제학의 주장과는 정반대의 설명이다. 즉, 밀과 기름이 끝없이 솟아나는 구약 속 '과부의 항아리'처럼 기업의 이윤이 증가하는 상황일 때 기업가들 역시 소비지출을 늘리면 이것이 이윤으로 되돌아오게 되므로 상황이 더욱 개선되는 반면, '밑빠진 독'은 이윤이 감소할 때 기업가들까지 내핍을 하면 이윤 감소가 반전되는 것이 아니라 상품 소비 감소로 이어져 이윤이 더욱 줄어들게 된다는 것이다.(박만섭 편 2002, 329쪽)

케네스 볼딩은 분배와 관련해, 단순한 주주 및 금융자본 투자자에게 국민소득 중 지나치게 과도한 몫을 지불하면 위험을 감수하고 모험적인 사업을 하는 데 따른 경영자 보수로서의 기업 이윤이 줄어들게 되며, 이는 자본주의의 미래를 황폐화시킨다고 경고했다. 그는 특히, 노동과 자본에게 각각 생산에 기여한 몫, 즉 한계생산성에 따른 분배를 입증해 보인 존 베이츠 클라크 등의 '좋은 오래된 이론good old theory'이 한쪽에 있다면, 다른 한쪽에는 그와 반대되는 주장을 펴는 이른바 'K-집단K-cluster'이 존재한다고 말했다. '과부의 항아리'의 케인스Keynes, 케인스주의 경제학자 칼도Kaldo, 칼레츠키Kalecki, 그리고 자신Kenneth을 가리킨 것이다.(Boulding, p.5)

칼레츠키는 경제학계와 대중들에게 그다지 이름을 얻지 못했다는 점에서 불행한 경제학자로 꼽힌다. 그는 케인스가 《일반이론》(1936)을 발표하기 3년 전에 이미 케인스 학설의 많은 기본 요소들을 발견했으며, 어떤 측면에서는 케인스를 능가했다고 평가받는다. 마크 블로그는 "현대 경제학에 강한 영향을 주기 위해서는 적시, 적소에서 또 적합한 언어로 출판을 해야 한다. 미할 칼레츠키는 이 세 가지 조건 모두를 위반하였다."고 안타까워했다.(블로그, 177쪽) 칼레츠키의 아이디어는 당시 바르샤바에서 폴란드어로 발표되었다.

그렇다면 왜 자본주의는 어떤 상황에서는 생산성을 급속히 상승시키면서 다른 상황에서는 그렇게 하지 못하는가?

자본주의는 잉여를 기업의 소유주들에게 돌아가게 하고, 기업 소유주들은 사회에서 그들의 지위를 잃지 않기 위해 끊임없이 혁신하고 생산적으로 투자하기 때문에 생산성이 높아진다. 자본주의는 다른 사람들이 원하는 상품을 더 낮은 비용으로 만들어 경쟁에서 승리한 사람들이 지배층이 되는 역사상 최초의 경제체제다. 또한 자본주의는 열심히 하지 않으면 일자리를 잃게 되므로 노동자들에게 열심히 그리고 더 잘 일하게 하는 강력한 동기를 부여한다. 사적 재산권은 보호되어야 하는 반면, 경제적 지위는 보호되지 않아야 한다. 경제적 지위가 보호되지 않는다는 말은, 경쟁에서 패배하면 정말 모든 것을 잃게 된다는 것을 의미한다. 따라서 잉여의 통제를 보장하는 재산권과, 시장 경쟁으로 인한 지위의 불안정, 이 둘 모두가 혁신과 투자를 촉진한다.(보울스·에드워즈·루스벨트, 500쪽)

아놀드 하우저는 근대 자본주의의 시작을 이렇게 묘사한다.

"이때부터 대부분의 사람들에게 경제의 결정적 요인들은 점점 더 알 수 없는 것이 되었고, 그들의 입장에서 점점 더 아무런 영향도 줄 수 없는 것이 되었다. 경기景氣라는 것은 신비스럽고 또 그런 만큼 더욱 냉혹한 현실이 되었으며, 피할 수 없는 일종의 초인적인 힘으로 사람들 머리 위에 군림하였다. 자신의 지위를 유지하려면 자본가들에게 정지라는 건 있을 수 없었고, 규모가 커질수록 더 위험한 영역으로 나아가지 않으면 안 되었다."(하우저, 제2권, 152쪽)

1920년대에 제너럴일렉트릭GE 사장이라면 미합중국의 대통령보다 더 한층 가치 있는 직책이라고 생각되었다. 1930년대에도 연방정부 장관이라는 직위만으로는 거대한 부호 가문의 인사들과 대등하게 인정받을 수 없다고 여겨졌다. 《포춘》지 1931년 3월호에는 다음과 같은 기사가 실렸다.

"'극히 친한 거래상의 친구들이나 법률고문들 사이에서 그는 마치 위대한 대통령과 마찬가지로 생각되었다'고 디아 타벨은 제너럴모터스의 오엔영 사장에 대해 말하고 있다. 사람들은 그가 너무나 훌륭해서 대통령직 같은 것에는 알맞지 않다고 생각하였다. 누군가가 말했듯이 그는 '대통령직에 오르면 자신을 망쳤을 것'이라고 말하기도 했다. 니컬러스 버틀러 박사는 어느 파티에서 그를 소개할 때 이렇게 말했다. '우리의 이 명예로운 손님은 어떤 관직도 차지하고 있지는 않지만 분명히 공복입니다. 공복이 관직을 차지하고 있느냐 아니냐는 우연적인 일입니다. 만일 이 공복이 우연히 관직을 차지하게 되었더라면 오히려 더 큰 공공에서의 봉사라는, 즉 공복의 공복이라는 더 큰 가치가 손상되었을 것입니다.'"(밀스 1979, 125쪽)

이윤을 늘리는 방법은 꼭 물건을 많이 생산하여 많이 팔아서만 가능한 건 아니다. 오히려 적게 생산하는 것이 이윤을 더 늘리는 길이기도 하다. 나아가 기업은 1천억 원어치의 상품을 만들어 팔아 10억 원을 벌 수도, 상품을 생산해 팔지 않고 각종 세금 감면이나 국가보조금을 받아서 10억 원을 벌어들일 수도 있다. 오직 이윤을 추구하는 기업으로선 아무런 차이가 없다. 게다가 생산하는 데는 시장 변동 리스크가 있고, 노동자들과의 갈등과 타협이라는 비용도 들어간다. 어떤 시장 상황에서는 상품을 생산하지 않고 공장 기계를 놀리는 편이 이윤 극대화를 추구하는 합리적 결정이기도 하다. 이와 관련해 경제학자들에게 사람들이 유인에 반응한다는 것은, 봄이 가면 여름이 오고 무릎을 치면 다리가 올라오는 것과 다를 바 없는 일종의 자연법칙이자 섭리다. 경제학자들이 좋아하는 동기부여(인센티브)는 긍정적인 유인뿐 아니라 부정적 유인도 포함한다. 사람들로 하여금 보상뿐 아니라 징벌을 기대하게 함으로써 특정한 행동을 유도할 수 있다. 임금 상

실을 무릅쓰고서 기계를 놀리게 만드는 징벌을 사용자에게 내리는 파업이
대표적이다.

 과부의 항아리와 경제공황

다시 포드가 지배하던 무렵으로 돌아가자. 자본주의의 위기는 1929년
대공황으로 본격 대두한다.

"1914년 이전에는 자본주의의 붕괴를 말하는 것은 사회주의자들뿐이었
다. 부르주아 측에선 사회주의의 위협을 의식하기는 했으나 자본주의경제
의 '내적 모순'이라는 것을 믿지 않았고, 때때로 일어나는 위기가 극복될
수 없는 것이라고도 생각하지 않았다. 체제 자체의 위기에 관해서는 생각
하지 않았던 것이다. 본격적인 경제 위기는 1929년 미국 경제의 파탄에서
비롯한다. 미국의 경제공황은 전시 및 전쟁 직후 경기에 종지부를 찍고, 생
산과 분배에 관한 국제적 계획이 없는 데서 오는 결과를 뚜렷이 드러냈다.
사람들은 갑자기 도처에서 자본주의의 위기를 논하고 자유경제와 자유주
의 사회의 실패에 관하여, 그리고 닥쳐올 파국과 혁명의 위험에 관하여 말
하게 되었다. (파시즘과 볼셰비즘이 지배한) 1930년대의 역사는 사회 비판의 시
대, 사실주의와 행동주의 시대의 역사이다. 모든 정치적 입장이 극단화한
시대이며, 오직 극단적인 해결만이 도움이 될 수 있다는, 다시 말해서 모든

"기계의 물리적 마멸에는 두 가지가 있다. 하나는 개개의 주화가 유통에 의하여 마멸되듯이
기계를 사용하는 데서 발생하며, 또 하나는 쓰지 않는 칼이 칼집에서 녹슬 듯이 기계를 사용
하지 않는 데서 발생한다. 전자의 마멸은 대체로 기계 사용에 정비례하며, 후자의 마멸은 어
느 정도까지는 기계 사용에 반비례한다."(마르크스, 제1권(하). 515쪽)

온건주의자들의 역할이 끝났다는 신념이 널리 퍼진 시대이다."(하우저, 현대편, 229~230쪽)

1970년대 초, 불과 얼마 전까지만 해도 불안정과 공황은 과거의 일이라는 것이 경제학의 정설이었다. 대학, 정부 부처, 신문의 금융란을 좌우했던 케인스주의 학설은 자본주의가 제2차 세계대전 이전에 경험했던 공황들은 이제 더 이상 피할 수 없는 것이 아니라고 주장했다. 1970년에 폴 새뮤얼슨은 경제학자들의 회합에서 "공황은 과거의 일"이라고 자신감에 차 선언했다. 새뮤얼슨은 "국립경제조사국이 그 첫 번째 임무 중 하나, 즉 경기순환 문제를 해결했다"며, 이제 공황과 경기순환을 주창하는 이론가들은 직업을 잃게 될 것이라고 말하기도 했다. 그러나 오일쇼크가 터지면서 사태는 돌변했다.

"불과 3년 후 구식 경제공황이 발발하자 새뮤얼슨 같은 케인스주의자들은 어찌할 바를 몰랐다. 그들은 그들의 이론이 더 이상 자신들이 주장했던 것들 중 그 어느 것도 만족시키지 못한다는 것을 깨달았다. 케인스주의자인 프랜시스 크립F. Cripps이 표현했듯이, 그들은 갑자기 이렇게 깨달았다. "그 누구도 참으로 현대 경제가 어떻게 작동하는지 이해하지 못한다. 그 누구도 참으로 왜 우리가 전후 세계에 그만큼 성장했는지 …… 다양한 메커니즘들이 어떻게 얽혀 있는지 알지 못한다."(하면, 13쪽)

마르크스가 1857년 《자본론》 초고에 착수했을 때, 그는 이 돌이킬 수 없는 쇠퇴 국면이 이미 시작되었다고 믿었다. 그리고 30년 후 1886년에 엥겔스가 《자본론》 1권 영어판 서문을 쓸 때 그는 "끊임없이 반복되어 온 정체, 번영, 과잉생산 그리고 공황의 10년 주기 순환은 사실상 중지된 것처럼 보인다. 그것은 우리를 영속적이며 만성적인 불황이라는 절망의 진흙탕 속에 몰아넣고야 말 것 같다. 그처럼 열렬히 기다리는 번영기는 좀처럼 오지 않을 것"이라고 결론 내렸다. 당시 마르크스도 엥겔스도 실수를 범했고, 1930년대의 대불황을 '자본주의의 마지막 공

'세상을 바꾼 기계'와 생산함수

공황을 비롯한 경기 침체의 고통에 관한 조지프 슘페터의 '숙취hangover' 이론은 유명하다. "경기회복은 스스로 올 때만 건강하다. 경기가 인위적인 자극으로 회복되면 불황 때 반드시 처리됐어야 할 무엇인가가 남아 있게 되고, 그 처리되지 못한 찌꺼기에서(숙취) 새로운 불균형이 생겨난다." 이러한 고통스런 과정이 창조적이고 진보적인 세계로 인도한다는 믿음이 인류 역사에 뿌리 깊게 깔려 있다.

황'이라고 생각했던 사상가들도 자신들이 틀렸다는 것을 알게 되었다. 지금[1983년] 우리는 다시 한 번 마르크스의 '마지막 공황'이 현재 와 있는 것처럼 보이는 시기에 살고 있다.(하먼, 20~21쪽)

제4부

이데올로기·과학·정치

"수식과 그래프 뒤 피 흘리는 전투"

경제학과 혁명
과학, 이데올로기

1

"가렴주구와 탐관오리의 발호가 도저히 민중이 감내할 수 없을 정도로 가학적일 때 필연적인 결과로 발생하는 것이 민란이다. 그러나 봉건주의 외에 다른 이념을 알지 못하던 왕조시대의 민란은 몇몇 희귀한 예를 제외하면 대개 거납拒納운동의 범주를 넘어서지 못했다. 전 시대의 백성은 먹이 피라미드의 하부구조를 이루는 자신의 숙명을 여간해서는 거역하려 들지 않았다. 민란은 도탄에 빠진 백성들이 살려 달라는 아우성이지 결코 거역의 몸짓은 아니었다. 언론이 없는 민중이 입을 열 수 있는 방법이란 오직 그 길밖에 없었던 것이다."

― 현기영, 《변방에 우짖는 새》

"…… 봄이 왔지만 혁명은 오지 않았다. / …… 마침내 봄이 / 터졌지만 혁명은 / 터지지 않았다 갈증이 목을 태워 / 뜨거움을 못 견딘 지진이 아스팔트를 / 가르고, 용암을 분출시켰지만 / 혁명은 오지 않았다 당연하다 / 우리가 다만 기다릴 뿐인 한 / 오긴 누가 온단 말인가 역사가 / 혁명이 이미 저만치 가고 있는데 / 다만 갈증일 뿐인 / 누구를 위해 아직 남아 있단 말인가 …… 피땀의 전망과 과학적인 경로 / 을 것을 위해 조직하고 / 을 것을 위해 나아가지 않는 한 / 오긴 누가 온단 말인가 / 이토록 엄청나고 눈물거운 봄으로 / 이토록 아름답고 비린 봄으로 / 우리가 혁명 속으로 가지 않는 한 누가 온단 말인가 / 누가 발길을 되돌이킨단 말인가"

― 김정환, 《그 후》

기형도를 읽는 노동해방문학가
이데올로기

슘페터는 《경제분석의 역사》에서 '이데올로기' 장을 쓰면서 그 옆에 '망상?'이라고 연필로 주석을 달았다고 한다. 그는 "우리는 세상의 다른 모든 것은 이데올로기이고, 우리만이 절대적 진리의 반석 위에 서 있다고 말할 수 없다. 노동운동가의 이데올로기가 다른 누구의 이데올로기보다 더 나은 것도 더 나쁜 것도 아니다."라고 말했다. 그러면서 "경제학의 역사는 이데올로기의 역사인가?"라고 물은 뒤 다음과 같이 말했다.

"합리화라고 불리는 사고 습성이 우리 자신, 우리의 행위 동기, 우리의 친구, 우리의 적, 우리의 조국에 대한 이미지를 제공하므로, 우리 자신에게는 안락감을 주고 그것들이 실제 상태보다 우리가 추측하는 [이미지의] 모습에 훨씬 더 가까울 것이라고 여기게 한다. [즉, 다음과 같이 여기는 것이다.] 우리들 자신보다 더 성공적인 경쟁자는 우리가 경멸해 마지않는 속임수를 통해 성공을 거두는 경향이 있다. 추측하건대 우리 집단이 아닌 집단의 리더는 협잡꾼이다. 적국은 괴물들의 소굴이고, 우리의 조국은 완전히 존경받을 만한 영웅들의 고향이다. 이러한 특성은 정상적인 마음을 가진 사람들의 건강과 행복에 분명히 중요하다."(슘페터 2013(제1권), 102쪽)

 유토피아에서 과학으로

경제학 교과서의 소비자 상품 선택에서의 '집합론'은 자본주의 하에서 사람들이 상품의 진짜 사용가치를 평가하지 못한다는 것을 보여 주며, 게임이론은 자본주의가 그래도 운용할 만한 사회조직임을 보여 준다. 이를 설득하기 위해 온통 옷에 분필 가루를 묻힌 사람(경제학자)과 우리는 만난다.(퍼버·넬슨 편, 117쪽)

'1830년의 세계'를 아놀드 하우저는 다음과 같이 집약한다.

"지금까지 흩어져 있던 작은 노동 단위들의 종합으로서의 근대 프롤레타리아트는 19세기의 산물이자 산업주의의 산물이다. 이전의 어떤 시대에도 이와 비슷한 것은 없었다. 몇몇 박애주의자와 공상가들에 의해 창시되었고 인민이 경제적 곤궁과 그 곤궁에서 벗어나 부의 공정한 분배 방법을 찾

"이런 합리화는 우리의 심리에 자기방어적인 요소를 제공한다. 이것을 통해 많은 사람에게 삶은 견딜 만한 것이 되게 한다. 만약 이것이 없었더라면 사람들은 삶을 견딜 수 없었을 것이다."(슘페터 2013(제1권), 102쪽)

집합론에서는 상품들(및 상품 집합들) 간에 선호의 서수적 순서가 정해진다. 뒤 순서로 밀리는 상품은 그 순수한 사용가치(진가)와 무관하게 선호에 따라 선택된다. 게임이론은 게임 참여자 모두가 상대방의 게임 전략에 대해 각자 자신의 이익을 가장 크게 하는 최선의 반응을 할 때 모든 참여자가 도달하게 되는 어떤 균형이 존재함을 보여 준다.

으려는 욕망에서 성립된 사회주의적 이론은, 도시 공장의 확고한 설립 및 1830년 이후의 사회적 투쟁과 더불어 이제야 겨우 하나의 효과적인 무기가 된다. 이제 그것은 비로소 엥겔스가 '유토피아에서 과학으로의 발전'이라고 지적했던 길에 접어들기 시작했다."(하우저, 현대편, 13쪽)

사회주의 이론이 대두함에 따라서, 자본과 노동자의 이해를 동일시하고 자유경쟁의 결과로서 전체적 조화와 전반적인 국가 번영이 이룩된다는 부르주아 경제의 교의는 점점 깨지게 된다. 이데올로기의 문제가 인류 역사에 등장한 셈이다.

배링턴 무어는 《독재와 민주주의의 사회적 기원Social Origins of Dictatorship and Democracy》에서 "인간이 개인적으로나 집합적으로 '객관적' 상황에서, 시험관에 든 화학약품이 반응을 일으키는 방식으로 반응하지 않는다는 사실은 평범한 관찰로써도 충분히 알 수 있다. 사람과 객관적 상황 사이에는 모든 종류의 바람, 기대, 그리고 전해 내려오는 다른 관념들로 이루어진 매개변수, 즉 여과 장치라고 할 수 있는 것이 항상 존재한다."(무어, 483쪽)고 말했다. 그는 영국 청교도혁명, 프랑스혁명, 미국 남북전쟁을 언급하면서 "혁명에 집단적인 지지를 보냈던 자와 그것을 지도했던 자, 그리고 궁극적으로 그로부터 이득을 취한 자들은 각각 서로 크게 다른 부류의 사람들이었다."(무어, 430쪽)라고 말했다.

배링턴 무어는 유럽 근대혁명을 고찰하면서 자본에 대항하는 집단적 계급으로서의 노동의 반란보다는 고용자가 따로 없는 각각의 개별적인 자영업자인 농민들이 들불처럼 일어난, 다소 군중적인 형태의 혁명을 중시한 바 있다. 이와 관련해 카네티는 《군중과 권력》에서 특유의 빼어난 묘사를 한껏 발휘하여 혁명적 상황과, 공황, 패닉을 불에 비유한 바 있다. 불은 길들여질 수 있고 꺼진다는 통찰이 인상적이다.

경제학과 혁명—과학, 이데올로기

"파괴의 모든 수단 중에서 가장 인상적인 것은 불이다. 불은 멀리에서도 보이고 또 다른 것들을 끌어들인다. 불에 의해 돌이킬 수 없을 정도로 파괴된 후에는 그 이전에 있었던 것은 하나도 남지 않는다. 불을 지르는 군중은 스스로 어쩔 수 없이 불을 지른다고 생각한다. 불길이 사방으로 퍼지는 동안 모든 것은 불길에 합세하게 된다. 그리고 일체의 것은 불길에 의해 깡그리 파괴된다. 불은 군중을 말해 주는 가장 강력한 상징이다. 모든 것을 파괴하고 난 후에는 불은 군중처럼 다시 소멸하게 되는 것이다. …… 불은 번지며, 옮겨 붙는 휘발성이 강하고 만족할 줄 모른다. …… 불은 도처에서 일어날 수 있다. 돌발성이 그 특징이다. …… 불은 파괴적이다. 그것은 정복될 수도 있고 길들여질 수도 있으며 그리고 꺼진다."(카네티, 16~17쪽·88쪽)

문학평론가 권성우는 1991년에 "어울림이 없다면 세상은 얼마나 불행할 것인가. 바위와 나무들이 없는 바다를 생각해 보라."는 이성복의 시를 인용하면서 이렇게 말했다.

"기형도의 시를 소중하게 생각하는 노동해방문학가를 만나고 싶다. 그것은 꿈일까? …… 우리가 생각하는 민중들은 …… 박노해의 《노동의 새벽》이 1980년대 우리 시사의 한 획을 긋는 기념비적인 시집인 만큼 기형도의 《입 속의 검은 잎》이 1980년대의 우울한 산업사회에 대한 어느 비극적 지식인의 고뇌에 찬 대결의 산물임을 기꺼이 인정할 것이다. 그들은 …… 인간해방·민중해방이 된 우리나라의 국립도서관에는 김영현보다 더욱 모더니스틱한 작가의 소설집이 존재해야 한다고 확신할 것이다. 또한 민중들은 설사 오늘은 잔업과 야근으로 인한 피로에 지쳐서 혹은 노조 싸움의 실제적인 도움을 위해서 백무산의 《만국의 노동자여》나 안재성의 《파업》을 읽지만, 언젠가는 그들이 마음먹은 대로 독서할 수 있는 바로 그날을 고대하면서 복거일의 《비명을 찾아서》나 김명인의 《동두천》을 책꽂이 한 귀퉁이에 꽂아 놓는 여유를 발휘할 것이다. 그들이 꿈꾸는 사회는 모든 민중이 박노해와 이성복을 함께 읽는 사회이다. 나 역시 바로 그러한 사회를 꿈꾼다."(권성우, 190쪽)

세상은 다름을 통해서 새로움으로 나아가는 것이지 같음으로는 결코 새로운 것을 만들어 낼 수 없다는 말을 연상케 한다. 물론 그런 노동시인이 여럿 있었다.

"내가 떠난 뒤에도 그 집엔 저녁이면 형광등 불빛이 켜지고 / 사내는 묵은 시집을 읽거나 저녁거리를 치운 책상에서 / 더듬더듬 원고를 쓸 것이다. 몇 잔의 커피와, / 담배와, 새벽녘의 그 몹쓸 파지들 위로 떨어지는 마른 기침소리 / 누가 왔다 갔는지 때로 한 편의 시를 쓸 때마다 / 그 환한 자리에 더운 숨결이 일고, …… 눈을 들면 사내의 가난한 이마에 하늘의 푸른빛들이 / 뚝 뚝 떨어지고 …… "(박영근의 시 〈이사〉)

◢ 경제원론 교과서에 감춰진 피 흘리는 전투

더 멀리 벗어나기 전에 이 장에서 던진 질문과 주제를 붙잡고 다시 본래 이야기로 돌아가자. 벨기에 경제학자 에르네스트 만델Ernest Mandel은 처음에는 장기적 호황의 가능성을 부정하다가 [즉, 공황을 주창하다가] 나중에는 '신자본주의' 개념으로 후퇴하여 마치 공황의 경향이 거의 사라져 버린 것처럼 암시했다.(하먼, 125쪽) 아마도 크리스 하먼Chris Harman은, 만델이 "자신이

▶ 1970년대 만델의 이런 태도는 작고한 정운영이 1980~90년대 저 '불의 연대' 속에서 취한 태도와 닮아 있다. "지천至賤한 은행잎에 케니지Kenney G의 색소폰이 '실루에트'를 토하던 날, 후문

걸어 온 모든 길을 지우는 결정"을 내린 것으로 받아들인 모양이다. 역사적 경험은, 결국에 가서는 기회주의자들보다 극단주의자들의 폐해가 더 컸다는 점을 정확히 입증한다. 그러한 만델에 대해 보리스 까갈리츠키Boris Kagarlitsky는 "만델 같은 핵심 이론가들도 과거의 도그마에서 벗어났다. 이제 모든 사회주의자들이 시장의 필요성을 인정하고 있다. 논의해야 할 것은 다른 문제, 곧 전략의 문제이다."라고 말했다.

까갈리츠키에 따르면, 마르크스주의자들은 '개혁'이란 단어를 20세기로 접어들던 시점에는 욕설로 받아들였지만 이제는 더 이상 그렇게 생각하지 않는다. 레닌 자신은 1921년에 다음과 같이 썼다.

"진정한 혁명가에게 가장 크고 아마도 유일한 위험은, 혁명적 방법이 성공적이고 적합하게 채택될 수 있는 한계와 조건을 무시하는 과도한 혁명주의에서 비롯된다. 진정한 혁명가들은, 대부분 '혁명'이란 단어의 첫머리를 대문자로 쓰기 시작하면, 다시 말해 혁명을 거의 신성한 어떤 것으로 받들고 혁명에 정신을 잃고, 또 가장 냉철하고 공평한 자세로 사고하고 평가하고 확신할 수 있는 능력을 잃어버리기 시작하면서 실수를 저지르게 된다. …… 어떠한 상황, 그 어떤 행동 양상에서도 혁명적인 방식으로 모든 문제

을 통과한 나는 에르네스트 만델의 '후기 자본주의'를 강의했다. 오래전 엘렌이 녹음해 준 테이프인데, 11월 오후의 처연한 교정에 제법 어울렸다. 삶의 어느 순간에 만나는 이런 치기稚氣를 아주 근사한 조화라고 생각할 만큼 나는 모순으로 가득하다. 사실 나의 착각 증세는 이런 등속의 방황보다 한층 더 심각하다. 1980년대 중반 마르크스주의가 시대의 양심처럼 뜨겁게 타오르던 시절에는 그게 전부가 아니라고 딴죽을 걸었고, 1990년대 들어와 '티탄의 추락'으로 조소당할 때는 오늘이 세상의 끝이 아니라고 목청을 높였다. …… 사람들은 나의 그런 은밀한 성의를 '냉소적'이란 한마디 말로 단칼에 잘랐고, 그래서 내심 무척 고독했던 것이 사실이다. 그러나 그토록 열렬하던 그들이 반대편으로 돌아섰을 때, 나는 결코 야유하지 않았다."(정운영, 《학회평론》 1994년 겨울)

를 해결할 수 있고, 틀림없이 해결할 것으로 믿는다면 그는 파멸의 길을 걷게 될 것이다."(까갈리츠키, 32~33쪽)

진보는 조직적이거나 개인적인 인간의 노력이란 측면에서 말할 때 '어떤 알려진 목표'를 향해 나아가는 것으로 흔히 생각되지만, 하이에크는 그러한 '진보에 대한 각성'을 주창한 바 있다.

"진보는 알려진 수단을 이용해서 고정된 목표를 얻으려 애쓰는 인간 이성이 달성한 것이 아니다. 진보는 인간 이성의 형성과 수정의 과정, 이미 알려진 가능성뿐 아니라 우리의 가치와 욕구 역시 계속적으로 변하는, 적응과 학습의 과정으로 생각하는 것이 좀 더 올바르다. 진보는 항상 미지로 인도하며, 기껏 우리가 기대할 수 있는 것은 (구체적 예측이 아니라) 진보를 초래하는 힘의 성질에 대한 이해를 갖는 정도이다. 그러한 통찰로부터 우리가 따르지 않을 수 없는 진화의 필연법칙을 도출할 수 있다는 주장은 어리석다. 인간 이성은 그 자신의 미래를 예측할 수도 마음대로 만들 수도 없다. 이성의 진보는 그런 필연적 법칙의 주장이 어디에서 잘못되었는지를 발견하는 데 있다."(하이에크 1998(제1권), 79쪽)

하이에크의 말 속에는 사람들이 진보와 혁명을 추구할 때 그 속에는 사실 깔끔한 수치로 표시될 수 없는 숨겨진 비용이나 눈에 잘 띄지 않는 숨겨진 위험이 있을 수 있다는 경계가 담겨 있다. 일찍이 1962년에 "인간은 도자기 진열실에 들어간 코끼리처럼 자연을 짓밟고 있다."며 봄을 알리는 새들의 노래가 사라진 '침묵의 봄Silent Spring'을 경고한 레이첼 카슨Rachel Carson은 다음과 같이 말했다.

▶ 포퍼는 여기서 "인간은 그가 어디로 가고 있는지 알지 못할 때 가장 높이 오른다."는 올리버 크롬웰Oliver Cromwell의 말을 인용하고 있다.

"수천 군데 마을의 촌로들은 길가의 '잡목'을 싼값에 없애 준다는 살충제 판매원과 열성적인 방제업자들의 이야기에 솔깃한다. 비용이 잔디 깎는 값보다도 싸다는 말 때문이다. 아마도 공식적인 회계장부에는 그 경제적 비용이 깔끔한 수치로 표시될지 모른다. 하지만 진정한 비용은 돈으로만 환산한 것이 아니라 실질적으로 고려할 가치가 있는 숨은 비용도 포함한 것이어야 한다. …… 책임 있는 공중보건 담당자는 화학물질의 영향은 오랜 기간 축적되며, 개인에 대한 위험은 전 생애에 걸쳐 노출된 화학물질 총량에 달려 있다고 말한다. 그러다 보니 그런 위험을 쉽게 무시하고 만다. 앞으로 재앙을 일으킬지도 모르지만 지금 당장 확실치 않은 위험은 그저 무시하는 것이 인간의 본성이다. '인간은 천성적으로 명확하게 드러나는 질병에만 신경을 쓰게 마련이다. 하지만 인간에게 가장 위험한 적은 눈에 잘 띄지 않은 채 슬그머니 나타나는 병이다.'고 현명한 의사인 르네 뒤보스R. Dubos 박사는 말했다."(카슨, 93쪽 · 217쪽)

지금까지 이 책을 읽어 온 독자는 간파했겠지만, 여기서 내가 간간이 알게 모르게 강조하려는 바는 "두터운 경제원론 교과서의 그 수식과 복잡한 그래프 뒤에 자유시장을 지키기 위한 피 흘리는 전투가 숨어 있다."는 것이다. 미제스의 제자인 머리 로스바드는 울분에 찬 목소리로 다음과 같이 말했다.

"루트비히 폰 미제스가 일생 동안 단 한 번도 대학에서 월급을 받는 전임 자리를 가져 보지 못했다는 것은 미국 학계의 씻을 수 없고 용서받을 수 없는 오명이다. …… 그가 뉴욕대학에 있던 시절 그를 만난 우리들은 한 번도 그의 입에서 원망이나 후회의 말이 나오는 것을 들어 본 적이 없다. 온화함과 친절함을 잃지 않으면서 미제스는 학생들에게서 보이는 생산적인 그 어떤 불씨라도 강화해 주고 용기를 주느라 열심이었다. 압도당하여 묵묵히 앉아만 있는 학생들에게 그 특유의 유머러스한 눈빛을 반짝이며 '말하는 것을 두려워하지 말아요. 이 주제에 대하여 당신들이 말하는 것이 무엇이든지, 그것이 얼마나 잘못된 것이건 그것은 이미 어떤 유명한 경제학자들이 한 말과 똑같을 수 있으니까요.'라고 말하곤 했다."(미제스. 289~290쪽)

로스바드는 미제스가 시대와 불화를 빚은 건 아니지만 (자유주의경제학이) 승리하려는 순간, 그 유명한 케인스 혁명이 끼어들어 비극이 되고 말았다고 술회했다.

《일반이론》은 혼란스럽고 미완성이었던 인플레이션과 정부 적자에 관한 새로운 해설로, 경제학계를 들판의 불처럼 덮쳤다. 이제 모호하고 불투명하고 준 수학적 용어로 무장한 케인스 덕분에, 경제학자들은 영향력과 권력을 확장하느라 안달이 난 정치인과 정부와의 대중적이고 돈이 생기는 제휴에 뛰어들 수 있게 되었다. 케인스 경제학은 엄청난 규모의 복지국가와 간섭주의를 지적으로 무장하여 아름답게 치장하였다. 미제스의 이론은 가볍게 잊혀졌으며, 케인스 혁명이란 좋은 이름의 돌격에 쓸려 나갔다."(미제스, 287쪽)

미제스는 어느 회고록에서 다음과 같이 말했다. "나는 내 이론들이 한 위대한 문명의 퇴락을 막는 것이 아니라 이를 설명하는 데 불과하다는 것을 깨달았다. 나는 개혁가가 되기로 마음먹고 출발하였지만 결국 퇴락의 역사를 기록하는 역사가가 되고 말았다."(버틀러, 521쪽) 울분에 찬 목소리는 마키아벨리에서도 보인다. "(피렌체의 로렌초 데 메디치) 전하께서 그 높은 곳에서 어쩌다 여기 이 낮은 곳에 눈을 돌리시면, 제가 엄청나고 지속적인 불운으로 인해 얼마나 부당한 학대를 당하고 있는가를 아시게 될 것입니다."(마키아벨리, 12쪽) 그러나 당시엔 책이 팔려도 저자는 아무런 수입도 얻지 못했고, 책을 쓴 데 대한 보상은 저자가 작품을 헌정한 부유한 후원자로부터 나왔다고 한다. 오늘날의 시각에서는 이상해 보이겠지만, 당시 책들에서 과도한 아첨으로 도배된 헌사가 발견되는 데에는 이런 이유가 있었다.(그린블랫, 109쪽)

경제학과 혁명—과학, 이데올로기

이 거대한 망각의 가장 큰 비극은, 아마도 제일 똑똑한 미제스 추종자들의 이탈일 것이다. 하이에크의 영국인 제자들은 케인스주의로 몰려갔고, 그중 앨빈 핸슨Alvin Hansen은 곧바로 미국 케인지언의 주도자가 되었으며, 미제스를 따르던 오스트리아학파 경제학자들은 미국에서의 높은 학문적 지위를 수락하고는 급히 오스트리아를 떠나 케인스 경제학의 온건파를 형성하였다.

경제학 이데올로기에 대한 이야기를 끝내려는 지금 적절한 이야기가 있다. 슘페터는 애덤 스미스의 《국부론》에 대해 다음과 같이 말했다.

"이 책이 우리의 관심을 끄는 것은, 오히려 스미스의 정책적 원리와 처방이 그의 위대한 분석적 성취로 포장되어 있다는 사실이 갖는 미덕 때문이다. 달리 말해서 우리는 그가 무엇을 주장했는지보다 그가 어떻게 주장을 펼쳤으며, 그러기 위해서 어떤 분석 도구들을 사용했는지에 더 관심이 있다. 그 자신과 그의 독자들에게는, 그의 정책적 원리와 처방 자체는 의심의 여지없이 중요한 것이었다. 더 나아가 그의 연구가 대중에게 널리 읽혔던 가장 중요한 요인이었으며, 한편으로는 인간 지성의 역사에서 자랑스러운 자리를 차지할 수 있었던 이유이기도 하다. 그러나 나는 그의 원리와 처방 모두 그가 살던 시대와 나라를 벗어나서는 타당성을 상실하는, 즉 그 시대와 나라의 이데올로기를 공식화한 것에 지나지 않는다고 본다."(슘페터 2013(제1권), 107~108쪽)

선명하지 않은 수정구슬
투쟁과 혁명

1990년대 초 이른바 민중민주PD변혁이론을 문학적으로 형상화했다는 소설가이자 시인 김정환은 1991년 《그 후》(제3권) 후기에서 다음과 같이 말했다.

"'민맥 사장'의 청탁을 받았을 때 이 소설의 제목은 '당원이 된 노동자'였다. 얼마나 근사하고 센세이셔널한 말인가. 그러나 아직 대중적인 당은 없다. 당연히 '당원이 된 노동자'도 있을 수 없다. 그리고 당원이 된 노동자를 그린 이제까지의 소설은, 아하, 남한 자본주의 분석틀이 없다!"

1848년 혁명의 물결을 앞두고 서른 살의 마르크스와 스물여덟 살의 엥겔스가 급히 쓴 23쪽짜리 팸플릿은 과도한 자신감과 낙관에 찬 격문으로 시작하고 끝맺는다.

"하나의 유령이 유럽을 배회하고 있다. 공산주의라는 유령이. …… 지금까지의 모든 사회의 역사는 계급투쟁의 역사이다. …… 공산주의자들은 자신의 견해와 의도를 감추는 것을 경멸받을 일로 여긴다. 자신들의 목적이 현존하는 모든 사회질서를 폭력적으로 타도함으로써만 이루어질 수 있다는 것을 공공연하게 선언한다. 지배계급들로 하여금 공산주의 혁명 앞에서 벌벌 떨게 하라. 프롤레타리아트가 혁명에서 잃을 것이라고는 쇠사슬뿐이요 얻을 것은 세계 전체이다.-《공산주의자 선언》, 1848"(마르크스·엥겔스 1991)

▶ 우리에게 필요한 건 '조정 장치'뿐

김정환과 엥겔스의 열망과 격정에도 불구하고(?), 폴 크루그먼은《경제학의 향연》에서 세계의 번영으로 가는 길에서 유일하게 중요한 구조적 장애물은 바로 사람들의 마음을 어지럽히는 진부한 교의들이라고 말했다. 프리드먼도 "미래를 보여 준다는 수정구슬은 선명하지 않으며, 그것이 바로 우리가 살고 있는 세상사"라고 강조했다. "어떤 것이든 그것의 정확한 양에 대한 구체적 예측은 모두 불확실하다. 우리에게 필요한 것은 미래에 대한 구체적이고 상세한 청사진이 아니라, 사회가 발전함에 따라 발생하는 사건

▶ 마르크스의 저작들은 사실 당대의 혁명적 물결 속에서 긴급하게 씌어지곤 했다. "마르크스가 《정치경제학 비판 요강Grundrisse der Kritik der politischen Ökonomie》(《그룬트리세》)을 즉각 집필할 것을 결정하고 급박하게 서술한 것은 무엇보다도 1857년 당시 발발한 경제공황 때문이었다. 이 공황으로 인해 '영국의 2인당'(마르크스와 엥겔스)은 커다란 사회혁명의 희망을 품었고, 따라서 마르크스가 '대홍수 이전에', 즉 고대해 왔던 혁명이 시작되기 전에 적어도 자신의 정치경제학 이론의 기본 원리를 글로 옮기려고 한 것은 당연할 뿐이다. 물론 당시 혁명에 대한 마르크스의 예상은 환상에 기초한 것이었다."(로스돌스키, 32쪽) 마르크스는 "대홍수 이전에 적어도 요강(그룬트리세)이나마 명확히 하기 위해 나의 경제학 연구를 요약하느라 미친 사람처럼 밤새워 일을 하고 있습니다."라고 말했다고 한다.

들에 우리가 적응할 수 있도록 하는 조정 장치다. 그리고 알다시피 우리에게는 그러한 시스템이 있다. 그것은 가격기구이다. …… 그것은 상황이 진전됨에 따라 자동적 적응 과정을 갖는 기구이다."(프리드먼 2005, 80쪽)

"혁명이란 단어는 과거의 점성술적인 발상을 극히 인간적인 의미로 치환시킨 것이다. 하늘에서의 혁명이란 끊임없이 반복된 규칙적인 운동이며 오늘날에도 역시 그렇다. 지상에서의 그것은 곧장 앞으로 향하려는 급격한 위기를 의미한다. 프롤레타리아라는 단어는 가산家産을 일으킴에 있어서 철저하게 루소의 영향을 받았던 1789년경 사람들에게서 느낄 수 있는 고전적 의미를 지닌 단어였다. 그러나 이후 마르크스는 전혀 달리 이 단어를 사용했고 그가 찍어 놓은 도장은 아직도 선명하게 남아 있다."(블로크, 164쪽)

그러나 사실 마르크스 자신도 "여러 나라의 제도·풍습 및 관습을 고려하지 않으면 안 된다는 것을 우리는 알고 있으며, 또한 노동자가 평화적 수단으로 그 목적을 달성할 수 있는 영국과 미국 같은 나라가 있다는 것을 부정하지 않는다."고 말한 바 있다.▶ 참고로, 이에 대해 앤드류 해커Andrew Hacker는 〈사회학과 이데올로기〉라는 글에서 "학자의 머리에 백발이 날 만큼 고통스럽게 하는 것은 마르크스의 이러한 논평"이라고 말하고 있다.(립셋, 21쪽)

경제학은 순수 방법론과 인간 행동 탐구를 표방하지만, 사실 이론적 설명의 바탕에는 이데올로기적 요소가 가득 차 있다. 구호로는 학문으로서의 '과학'을 외치지만 그 경제학 교과서가 이끌어 내는 행동은 이데올로기적이다. 경제학자들은 그런 이념적 판단과 요소의 개입을 순수한 경제과학을 오염시키려는 불순한 외부의 시각이라고 할지 모른다. 그러나 경제학

▶ 그러나 미국과 영국이 아닌 칠레에서 1970년대 초 인류 역사상 처음으로 선거에 의해 합법적으로 세워진 칠레 아옌데 사회주의 정권이 들어섰다.

경제학과 혁명─과학, 이데올로기

이론이 그 자체 속에 온건한 것이든 불온한 것이든 이념적 가치 지향의 씨앗을 품고 있다는 점은 부인하기 어렵다.

인류 역사에서 경제는 항상 이데올로기적 투쟁의 전쟁이었다. 그런데 어떤 거창하고 숭고한 이념과 주의를 둘러싼 투쟁도 사실은 거기에 가담하고 있는 인간 개인의 자기 내부와의 투쟁일지도 모른다. 앙드레 말로의 소설 《희망》에서 스페인 내전에 참가한 공산주의자 마뉘엘은 모든 문제는 자신의 행위를 수정하거나 또는 그 문제 자체를 거부함으로써 해결되기 마련이며, 그럼에도 해결될 수 없는 문제들은 그 속성상 말로써 소멸된다고 말한다. "진정한 싸움은 제 자신의 일부와 싸우지 않을 수 없을 때 비로소 시작된다네. ……. 그전까지는 너무나 쉬운 거지. 그러나 그러한 싸움을 겪고 나서야 한 인간이 되는 걸세. 좋든 싫든 간에 언제나 자기 자신의 내부에 있는 세계와 드잡이해야 하는 거라네."(말로, 384쪽) 경제학 교과서를 읽는 독자들도 각자 그러한 투쟁을 수행해야 하는 것일까?

사실 이념과 구호는 '선명하지 않은 수정구슬'일 때가 흔하다. 노동계급을 포함해 사람들의 집단적 혁명적 행동과 싸움은 어쩌면 자기 내부의 투쟁이자 이와 관련된 '군중으로서의 행동'일 수 있다. 카네티는 《군중과 권력》에서 "어떤 특별한 형태의 군중은 거부(금지)로서 형성된다."며 그 대표적인 사례로 파업을 꼽았다. 카네티의 탁월한 묘사를 보자.

"대부분의 노동자들은 일정 시간 안에 규칙적으로 일하는 데 익숙하다. …… 따라서 노동의 금지, 즉 파업으로 빚어진 신념은 날카롭고 저항력이 있다. 노동을 멈추는 순간은 위대하다. 이 순간은 노동자의 노래 속에 찬양되어 온 바다. 그들이 귀가 따갑도록 들어온 허구의 평등이란 실제로는 그들 모두가 손을 써서 일한다는 내용 이상의 것을 뜻하지 않는데, 그것이 이제 갑자기 현실적인 평등이 되었다. 그들이 노동을 하고 있는 한은 아주 다양한 일을 해야만 했으며 또 모든 일은 명령된 것이었다. 그러나 그들이 일을 멈추었을 때 모두 같은 것을 하게 된다. 그것은 마치 그들이 똑같은 순간에 손을 늘어뜨리고 또 설령 가족이 굶주린다 하더라도 다시는 손을 들어 일하지 않기로 작정이라도 한 것처럼 보인다. 노동의 중지는 노동자들을 평등하게 만든다. …… 축 늘어진 손은 다른 손으로 전염되는 힘을 가지고 있다. 손을 움직이지 않는다는 것이 사회 전체에 퍼져 간다. 파업의 본질은 파업하고 있는 사람들이 아무것도 하고 있지 않은 동안에는 다른 어떤 사람도 결코 일을 해서는 안 된다는 데 있다. 이러한 의도에서 성공할수록 그 파업은 승리할 공산이 점점 커진다. …… 일하려고 오는 사람은 적이나 배반자로 다루어진다."(카네티, 62~63쪽)

때로 경제학자들은 똑같은 경제주체를 이데올로기에 따라 전혀 다른 사람으로 바꾸어 놓기도 한다. 마크 블로그에 따르면, 슘페터는 28세의 젊은 나이에 쓴 《경제발전의 이론Theorie der wirtschaftlichen Entwicklung》에서 마르크스가 탐욕스럽고 고혈을 짜내는 모습으로 그렸던 자본가를, 자본주의 체제의 중심축으로서 기술적 진보뿐 아니라 자본에 대한 정正의 [올바른] 이윤 자체를 책임지는, 역동적이고 혁신적인 사업가의 모습으로 바꾸어 놓았다.(스키델스키, 1464쪽)

 "잃을 것이 너무 많은" 중산층의 대두

알렉시스 드 토크빌은 《미국의 민주주의》에서 '왜 위대한 혁명은 더욱 희귀해지는가?'라고 물은 뒤 다음과 같이 말했다. 소시민, 중산층, 프티부르주아에 관한 얘기다.

"민주 사회에는 이 두 극단적인 사람들(부자와 가난한 자) 사이에 있으면서 질서 유지를 바라기에 충분할 정도의 재산을 소유하고 있는 거의 동일한 모습의 무수한 대중이 존재한다. 이런 사람들이야말로 변혁을 본질적으로 반대하는 사람들이다. 그들은 변화를 바라지 않는 마음을 가지고 있기 때문에, 그들 아래에 있는 모든 것을 인정하고 또 그들 위에 있는 모든 것도 그대로 인정해 버린다. 이렇게 해서 그들은 사회의 균형을 유지하려 한다. 사실 이 사람들도 그들이 현재 소유하고 있는 것에 만족하지는 않으며, 또 재난을 당하는 일 없이 전리품을 공유하게 될지도 모를 혁명을 본래부터 싫어하는 것은 아니다. 이와 반대로, 그들은 전례 없는 열정으로 부유하게 되기를 바라지만, 단지 그 부를 누구에게서 가로챌 수 있을 것인지를 알기가 어렵다. 욕망을 끊임없이 자극하는 바로 그 사회 상태가 이 욕망을 필요한 범위 내에 묶어 둔다. 이런 사회는 인간에게 좀 더 많은 변화의 자유를 제공하지만 변화에서 많은 이익을 얻도록 하지는 않는다. 민주 사회에서 사는 사람들은 본래 혁명을 바라는 것은 아닐 뿐만 아니라 혁명을 오히려 두려워한다. 모든 혁명은 재산의 유지를 다소간 위협한다. 그러나 민주 국가에서 사는 사람들의 대부분은 재산을 소유하게 된다. 그들은 이제 재산을 소유하고 있을 뿐만 아니라 재산에 큰 비중을 두는 사회에 살고 있다. …… 우리가 사회를 구성하는 각 계급을 주의 깊게 관찰해 볼 때 재산에 대한 열정은 중산층에게서 가장 집요하게 나타남을 쉽게 알 수 있다. …… 이 초조해하고 불안해 하는 소자산가들이 사회의 평등화로 끊임없이 증가하는 계급을 구성하고 있다. 그러므로 민주 사회에서 대다수 국민은 그들이 혁명을 통해 무엇을 얻을 수 있는지를 분명히 알지 못한다. 오히려 그들은 끊임없이, 그리고 수천 가지 방면에서 그들이 만에 하나라도 무엇을 잃게 되지 않을까 염려한다."(토크빌, 628~629쪽)

1848년 유럽혁명의 불길 속에서 "프롤레타리아트가 잃을 것은 사슬밖에 없다."며 만국 노동자의 단결을 외쳤던 마르크스와 달리, 그 10여 년 전에 토크빌은 미국을 돌아보며 "잃을 것을 두려워한" 중산층의 대두를 본 것이다.

배링턴 무어는 토크빌도 마르크스도 아니었다. 《독재와 민주주의의 사회적 기원》에서 무어는 인도에서 농민반란의 기도가 단 한 번이라도 있었던 것은, 어떤 사회구조도 근대화 과정에서 고취되는 혁명적 경향으로부터 전적으로 면역될 수 없음을 강력하게 시사한다고 말했다.

"어떤 사회는 다른 사회에 비하여 혁명의 공격에 훨씬 더 취약했다. …… 나는 병든 사회는 혁명이 불가능한 사회라는 명제를 강력히 입증할 수 있다고 생각한다."

경제학과 혁명—과학, 이데올로기

가을의 징후
신자유주의와 금융화

마르크스가 《공산주의자 선언》에서 "한마디로 부르주아는 자신들의 모습대로 세계를 창조한다."고 했듯이, 경제학과 경제학자들은 경제이론의 모습대로 세계를 만들기도 한다.

"경제학은 단순히 기술적descriptive이거나 평가하는evaluative 학문이 아니라 동시에 건설적constructive이다. 즉, 경제이론의 이미지에 따라 세상을 만들어 간다. 경제학이 순수하게 본질적으로 가치판단이 배제된 기술적 학문이라는 생각은, 시장이 실제로 어떻게 작동하는지를 탐구하기보다 시장은 그 자체로 사람들에게 좋은 것이라는 점을 증명하는 데 초점을 맞추어 형성된 경제학 체계에 기초하고 있다."(Marglin 2008, p.3)

경제에 '과학적' 답변은 없다

조지 스티글러는 〈정치경제학자들의 정치학The Politics of Political Economists〉(1959)이라는 도전적인 글에서, 경제학 연구는 불가피하게 사람들을 경제적 보수주의로 이끈다고 주장했다. 이 글은 곧바로 끊임없는 논쟁을 야기했다. 이와 관련하여, 케인스의 공헌은 사실 새로운 이론의 개발이라기보다는 그가 《일반이론》 서문에서 밝혔듯 "오래된 이론에서 탈출한데" 있다.

"지은이에게 이 책을 쓰는 일은 탈출을 위한 기나긴 고투, 즉 습관적인 사고방식과 표현 방식에서 탈출하기 위한 고투였다. 만약 그것들[고전학파]에 대한 필자의 공격이 성공을 거두려면, 이 책의 독자들 대부분에게도 이 책을 읽는 일이 마찬가지로 탈출을 위한 고투가 돼야 할 것이다. …… 어려움은 새로운 생각을 하는 데 있는 것이 아니라 낡은 생각에서 벗어나는 데 있다. 우리 대부분이 그렇듯, 습관적인 방식 그대로 길러진 사람들에게는 낡은 생각이 정신의 구석구석에까지 가지를 뻗치고 있기 때문이다."(케인스 2010)

이제 우리는 더 나은 세상을 향한 열망과 이상, 상상력과 이데올로기 그리고 경제학 패러다임의 전환을 차례로 볼 것이다. 이는 이 장의 소제목인, '우리가 지금 어떻게 신자유주의 세상에 이르게 됐는지'를 파악하는 데 도움이 될 것으로 믿는다.

케인스가 남긴 가장 유명한 언명들 가운데 "좋은 방향이든 나쁜 방향이든 결국 위험한 것은 기득권이 아니라 사상이다."(《일반이론》의 끝 문장)라는 구절이 있다.

"나는 종종 '위험하다'라는 단어를 앞에 두고 곤혹스러워한다. 케인스는 단어를 매우 신중하게 선택하는 사람이었다. 그런데 어떻게 사상이 좋은

경제학과 혁명–과학, 이데올로기

방향으로 위험할 수 있을까? 좀 더 적절한 단어는 '강력하다'일 것이다. 그 배후에는 이해관계보다 사상이 좋든 싫든 사건들에 좀 더 강력한 영향을 미친다는 생각이 있지 않을까? 그러나 '위험하다'는 단어에는 케인스만의 독특한 섬세함이 묻어 있다. 그것은 무지가 위험한 것처럼 지식 또한 위험하다는 생각인데, 그 이유는 지식은 오만(인간의 신권 찬탈을 의미하는)으로 인간을 유혹하고 그것의 불가피한 열매는 신의 복수이기 때문이다. 언뜻 무한대로 비상할 수 있을 것 같은 한 지식인이, 인간사를 경영함에 있어서는 땅에 발 디딜 수밖에 없다는 '한계의 규율'을 인정한 것이다. 이 점이 내가 사랑하는 바로 그 케인스이며, 내가 이 책을 통해 전달하고자 한 것은 그런 케인스의 개성과 업적이다."(스키델스키, 56~57쪽)

케인스의 스승이었던 앨프레드 마셜은 경제학자에 대해 "경제학자가 자신의 이상을 전개하기 위해서는 상상력이 필요하다. 그러나 이상에 대한 옹호가 미래에 대한 이해를 흐리게 하지 않으려면 사려와 자제가 필요하다. …… 경제학자 그들은 (열렬한 상상력을 가졌지만 지식에 의해 공고해지지 않고, 치열한 사고에 의해 규율 받지도 않은 사람들의 확신에 찬 희망을 제외한다면) 어떠한 안정성에 대한 보증도 없는 미지의 길로 성급하게 나아가는 것을 추천하는 책임을 떠맡지 않았다."(마셜, 제1권, 89·91쪽)고 말했다. 1890년 당시 유럽을 휩쓸던 사회주의 경제사상에 대한 은근한 비판으로 읽힌다.

조지프 스티글리츠는 《시장으로 가는 길Whither Socialism》에서 다음과 같이 말했다.

"더 나은 세상을 향한 희망은 종교개혁 이후 서구 문명의 발전 과정에서 중심 테마였다. 19세기에는 이러한 유토피아적 전망 가운데 몇 가지가 실험되었고 제한적이나마 성공을 거두었다. 그러나 19세기에는 이데올로기가 융성하였다. 그것은 오랫동안 인류의 두뇌를 지배한 종교적 교리를 대체하였지만, 그 열정이란 측면에서는 변함이 없었다. 사실 이데올로기가 과학적 전제에 기초하고 있다는 잘못된 생각은 그 열정을 더욱 강화하였다. 우리는 마르크스주의 이데올로기가 백 년 넘게 수많은 사람들의 마음에 (결국은 그들의 삶에) 불러일으킨 동요에 대해 잠시 생각해 볼 필요가 있다. 그것은 분명히 인간이 오류를 범하기 쉽다는 사실의 중요성을 보여 준다. 우리는 우리 생각을 지탱하였던 신념에 주의해야 하며, 사회조직에 대한 우리 신념을 정당화하기 위해 과학에 호소하는 데 주의해야 한다. 그러나 거기서 더 나아가, 그러한 교리에 호소하는 것이 왜 뿌리가 깊으며 왜 지속되고 있는지 그 깊은 원인을 찾아낼 필요가 있다. 신고전학파 모형 및 관련 이데올로기는 이러한 근본적 질문에 대해 아무것도 말해 주지 않는다. 오직 효율성(그것도 파레토 효율성)에 대해서만 말해 왔다. 이러한 관점은 대공황기에 25퍼센트의 실업을 경험한 사회에, 또는 수세기 동안 경기 침체의 수렁 속에 빠져 있었던 사회에 아무런 호소력이 없다."(스티글리츠, 388~389쪽)

경제·금융 위기가 터지면 "이는 자본의 위기이며, 곧 노동의 희망이자 변혁의 가능성이 열리고 세상을 바꾸는 대안이 형성될 희망"이라고 보는 건 순진하다. 오히려 경제 위기는 우리 모두의, 특히 노동자들의 삶의 위기이다. "풍요는 노동운동을 보수화시키지만 극심한 불황은 그것을 빈사로 몰고 간다."(고세훈, 36쪽)

케인지언들은 케인스의 불멸의 성취가 세이J. B. Say의 시장 법칙을 전면적으로 반박한 데 있다고 말한다. 그 외 다른 명제들은 이 기본적 사고에 논리적 필연을 덧붙인 것이다. 스미스와 세이의 중요한 공헌들이 완전히 새롭고 독창적인 건 아니다. 경제학사의 역사를 거슬러 올라가면 그들이 설명한 핵심들을 더 이전의 저자들에게서 찾을 수 있다. 그럼에도 이 점은 결코 스미스와 세이의 가치를 손상시키지 않는다. 그들은 최초로 이 문제

경제학과 혁명―과학, 이데올로기

를 체계적으로 다루고 또한 그들의 결론을 경기 침체에 적용한 사람들이다.(미제스, 86쪽)

위대한 수학자 라플라스는 그의 천체역학 속 어느 곳에 신의 자리가 있느냐는 질문을 받고서 나폴레옹에게 이렇게 대답했다. "폐하, 저에게는 그러한 가설(假說)이 필요 없습니다." 위대한 질문은 아니지만 위대한 대답이었다.

"사람들이 세상을 어떻게 생각하고 있는가 하는 것과 그들이 세상을 생각하는 데 사용한 용어는 별개의 것이다. 역사의 대부분 그리고 세계의 대부분 지역에서(중국은 아마도 그 주요한 예외가 되겠지만) 소수의 교육받고 해방된 사람들을 제외한 모든 사람들이 세상을 생각하는 데 사용한 용어는 전통적인 종교의 용어였다. 심지어는 '기독교도'라는 낱말이 '농민'이란 말과 동의어이고 혹은 '사람'이란 말의 동의어이기까지 했던 나라들이 있었을 정도다. 종교는 그전에는 거기서 아무도 빠져나오지 못하며 지상에 있는 모든 것을 품 안에 담는 하늘과 같은 존재였으나, [유럽 전역에 민중혁명의 물결이 일렁이던] 1848년 이후에는 구름 봉우리 같은 것, 즉 인간계의 크고도 유한하며 변화하는 모습이 되어 있었다. 모든 이데올로기적 변화 중에서도 이것은 비록 그 실제적 결과가 그 당시 생각했던 것보다는 더 애매하고 불확정적이기는 했지만 엄청나고 가장 깊은 변화였다."(홉스봄 1996a, 318쪽)

다소 장황하게 위에서 살펴본 각각의 대목들이 시사하듯이, 신자유주의 정책이든 금융정책이든 경제정책에 대한 선호와 가치판단에 '과학적 답변'은 존재하기 어렵다. 슘페터는 어떤 경제정책이 진보적인지 여부를 둘러싼 논쟁은 다양한 인생관에 대한 감정적이고 미학적인 선호만이 반영되는 것이라며, "이런 선호는 한 남자가 금발보다 갈색 머리를 좋아하는 것 같은 주관적 가치판단의 범주 내에서 나오는 것이며, 개인 사이에 비교할 수 있는 유효한 기준이 없기 때문에 경제정책과 관련된 진보라는 말에는 객관적인 의미가 담겨 있지 않다."(슘페터 2013(제1권), 11쪽)고 말했다. 애덤 스미스의 세계보다 현대의 사회주의 세계를 선호할 수도 있고, 그 반대도 가능하다는 것이다.

신자유주의, 자유주의의 금융자본적 판본

나는 마셜의 이데올로기적 태도가 어떠했는지 말하는 경제학자의 글을 별로 보지 못했다. 그런데 마셜은 사회주의 기획을 비판하면서 "이것이 바로 시인과 몽상가가 기대할 수 있는 황금시대다. 그러나 사태를 책임지고 처리해야 할 때, 인간 본성에 여전히 고착되어 있는 불완전성을 무시하는 것은 어리석은 행동보다 더 해롭다."고 말했다. "역사 일반 특히 사회주의적 모험의 역사는 보통 사람들이 상당 기간 이상적인 이타적 행동을 행할 수 있는 능력이 거의 없음을, 그리고 종교적 열의에 가득 찬 소집단의 열광에 의해, 물질적 관심이 숭고한 신념보다 무가치해질 때에 한하여 예외가 있음을 보여 준다."(마셜, 제1권, 49쪽)

'성찰적 자유주의자'라고 할 만한 사회학자 송호근은 자신이 미국에서 학위 과정 중에 만난, 문화혁명 당시 홍위병이었던 한 중국 학생의 행로를 돌이키면서 이데올로기적 고통과 모순에 찬 지식인의 모습을 다음과 같이 묘사한 적이 있다.

"그 대학 사회학과 대학원실에는 언제부터인지 모르지만 모택동과 그람시의 커다란 초상화가 걸려 있었다. 고도의 미국 자본주의 체제 속에서 성

▶ "이는 마치 우리가 고갱과 티치아노 가운데 누가 더 위대한 화가인가라는 질문을 받은 것과 같은 상황임이 틀림없다. 이러한 질문에 대해 현명한 유일한 답은 질문 자체가 의미 없다고 말하는 것이다."(슘페터 2013(제1권), 11쪽)

경제학과 혁명─과학, 이데올로기

장한 청년 지식인들이 모택동과 그람시에게서 어떤 의미를 이끌어 내고 있었는지 아직 의문이 풀리지 않는다. 그러나 그들은 학위 과정을 끝내기도 전에 엄정한 심사와 경쟁을 거쳐 지식시장으로 팔려 나갔고, 또 자신의 상품 가치를 높이기 위하여 자본주의적 시장 질서에 스스로 편승하였다. 그들은 대학 강단에서 그람시와 루카치와 룩셈부르크를 강의하고 그 대가로 자본주의적 임금을 받을 것이다."(송호근 1992, 76쪽)

이제 직접적으로 금융과 신자유주의를 말할 차례다. 존 스타인벡은 《분노의 포도》에서 은행을 다음과 같이 묘사했다. "은행은 사람이 아닌 다른 물건이다. 공교로운 일이지만 은행에 있는 사람들은 은행이 하는 일을 다 싫어한다. 그러면서도 은행은 그것대로 일을 해 나가지. 은행은 말하자면 사람 이상의 어떤 존재다. 바로 괴물이다. 그래서 인간이 만들어 낸 것이면서도 인간이 마음대로 다스릴 수 없는 괴상한 물건이라니깐."(스타인벡, 48쪽)

금융화 또는 금융 세계화는 자본주의 역사의 '가을의 징후sign of autumn'일까? 계절이 오가듯 특정 시기에 주기적으로 반복되는 현상인가, 아니면 자본주의 경제체제에서 어느 때나 어느 곳에서나 항상 존재하는 고유의 현상인가? 미국의 신자유주의는 고소득 추구, 그로 인한 금융화 및 세계화가 특징이다. 상위 계층의 고소득 추구는 그들의 부와 권력을 관리하고 증진시키는 금융기관 및 제도의 발전과 분리되어 있지 않으며, 이는 세계적 과정으로 진행되었다. 금융 세계화는 자본주의의 폭발을 보여 주는 하나의 현상으로 볼 수 있다.

신자유주의는 새로운 관리규율과 노동규율이다. 상위 계층의 부와 소득, 권력을 회복시키는 것이라면 어떤 식으로든 행해질 수 있다. 그것은 소유자 권력의 회복과 복권을 위한 관리 및 노동규율의 전환이었다. 즉, 노골적인 당파성을 지닌, 자유주의의 금융자본적 판본이라고 할 수 있다. 금융화는 단지 '금융업'의 규모만을 이야기하는 것이 아니다. 상위 계층의 소득 추구는 금융적 수단과 기관 및 제도를 매개로 하여 금융자본에 유리한 소득과 부의 이전 메커니즘을 통해 이루어진다. 산업자본이 중심이 되어 생산과정에서 가치를 착취해 자본 증식을 도모하던 시대에서, 단순히 비생산적 자본으로 인식되었던 대부상업자본이 금융화 물결 속에서 점차 등장하여 금융자본이 주도하는 축적 체제로 변화한 것이다.

1997년 외환위기에서 경험적으로 알 수 있듯, 경제가 공황기일수록 금융기관의 자금 공급은 대폭 축소되고 이자율은 급격히 높아지기 마련이다. 이러한 공황기에는 산업자본가와 상업자본가의 이익의 희생 위에서 대부자본, 즉 금융자본의 이익이 최고 수준의 이자율에 의해 보호된다. 자본주의의 주기적인 불황과 경기 침체 속에서 금융자본은 득세한다. 다시 우리는 묻게 된다. 이는 과연 자본주의 가을의 징후일까?

지옥으로 가는 길은
항상 선의로 포장돼 있다?

2

"그는 지금 스물여덟 살이다. 이 나이쯤 되면 인간에게는 때로 이성적으로 이해할 수 없는 일이 일어날 수 있을 것이며, 또 오랜 세월에 걸쳐 이루어진 인간의 일정한 형태의 감정은 낡은 모자나 떨어진 신발을 내던지듯 그렇게 쉽게 버릴 수 없는 것임을 알 수 있는 것이다. 그렇다. 인간의 성장이 일정한 목표를 향해 똑바로 나아가는 것이 아니라는 진리를 인정한 괴테는 인류의 발전과 진보를 술에 만취한 거지가 고삐도 제대로 잡지 못한 채 말을 타고 가는 것에 비유했다. 실제로 중요한 것은 그 거지가 술에 취해 고삐도 제대로 잡지 못했다는 게 아니라 그가 말을 탔다는 사실, 그리고 똑바로 가지는 못해도 어디론가 가고 있다는 사실일 것이다."

– 토머스 울프, 《그대 다시는 고향에 못 가리》

"이 소설에 나오는 인물, 상황, 사건, 문제 및 갈등은 작가의 자유로운 창작일 따름이다. 설령 이 작품 어디선가 이른바 사실과 조금이라도 부합되는 점이 있다 하더라도, 그것은 (언제나 그런 것이지만) 작가의 죄는 아니다."

– 하인리히 뵐, 《신변보호》

"이 이야기의 인물들과 사건은 생각나는 대로 꾸민 것이다. 어떤 저널리스트의 실제를 묘사함에 있어서 《빌트》지의 경우와 비슷한 점이 있다고 하더라도 그것은 의도적인 것도 우연의 일도 아닌, 다만 불가피한 일이었을 뿐이다."

– 하인리히 뵐, 《카타리나 블룸의 잃어버린 명예》

하이에크와 포퍼의 적들
자유냐, 계획이냐

　이 장에서는 올바름이나 사악함이 아니라 '어리석음'을 둘러싼 거인들의 논쟁을 살펴보려 한다. 누가 어리석다는 말을 하려는 게 아니다. 어리석은 쪽은 누구인지, 아니 어리석다는 말이 도대체 가능한 것인지에 대한 만족스러운 대답을 제공하는 건 내 능력을 벗어나는 일이며, 이 장의 목적도 아니다. 다만 지금과는 다른 대안적 사회를 설계하고, 그렇게 설계한 사회를 건설하기 위한 싸움과 투쟁을 둘러싼 어떤 판단이 독자의 머릿속에서 점차 명확해지기를 바랄 뿐이다.

 지옥으로 이어지는 열정

　《평화의 경제적 귀결》을 쓴 케인스는 세상은 사악함 때문이 아니라 어리석음으로 인해 파멸되고 있다고 여겼다. 이런 사상은 명료한 호소력을 지닌 신조였고, 케인스 혁명 자체의 매력이 되었다. 케인스를 분노로 몰고 간 것은 "정의와 평등을 위한 불 같은 열정"이 아니라 "사회가 말할 수 없이 서투르게 경영되고 있다는 데 대한 조바심"이었다. 20세기의 통치 자격은 '이상'이 아닌 '능력'이 관건이 될 것이다. 이상은 너무 많은 비용을 요구했다.(스키델스키, 451쪽)

기계론적 평등주의나 비현실적인 모험주의적 이상주의에 대한 경계는 복거일의 다음과 같은 말에서도 잘 드러난다.

"모든 사회적 변혁은 언제나 그 사회 구성원들에게 고통을 준다. 더 좋은 질서를 이루기 위한 변혁일지라도, 그 변혁의 영향을 받는 사람들은 고통을 받게 마련이다. 변혁이 커짐에 따라, 거기에 적응하기가 지수함수적指數函數的으로 어려워지고, 고통도 그렇게 커진다. 문명이 발전하는 한 사회적 변혁은 필연적이므로, 이상적인 상태는 변혁이 점진적으로 이루어지는 것이다. 급격한 변혁도, 변혁이 아주 없음도, 아울러 좋지 못하다. 사람들이 변화를 싫어하는 것을 고려할 때 가장 경계해야 할 것은 사회적 변혁을 게을리하는 일이다. 변혁을 게을리하는 시대는 후대에 크고 급격한 변혁의 불가피성을 유산으로 물려주는 것이다.(복거일 1987, 168쪽)

이상과 현실 사이의 관계는 이른바 부분과 전체 사이의 '구성의 모순'과도 연결된다. 버나드 맨더빌Bernard de Mandeville이 《꿀벌의 우화The Fable of the Bees》(1714)에서, 또 애덤 스미스가 《국부론》의 분업에 대한 설명에서, 각 개인이 자신의 이기적 사악함이나 이해관계에 충실함으로써 사회복지에 공헌한다는 주장을 입증해 보였으나, 뒤집어 보면 마찬가지로 부분적으로는 진실인 것이 전체에는 진실이 아닐 수도 있다. 개인적 미덕을 합해 놓으면 전혀 다른 상태가 되기도 하는 것이다. 폴 새뮤얼슨은 《경제학》 첫 장에서 경제학 연구에서 알아야 할 가장 기본적이며 중요한 원리가 '구성의 모순'이라고 말한다.

이제 우리는 전체로서의 '열린사회의 적들'이라기보다는, 한 개별적인 사상적 거인으로서 '하이에크와 포퍼의 적들'을 자세히 들여다볼 것이다. 하이에크는 《노예의 길The Road to Serfdom》에서 "만약 장기長期에 있어서 우리가 우리 자신의 운명의 결정자라고 한다면, 단기短期에 있어서 우리는 우리 스스로가 만들어 놓은 사상의 포로"라며 "이 세계의 현재 상태는 순전히 우리가 스스로 저지른 과오의 결과"라고 파시즘과 사회주의를 비판했다. 케인스가 "장기에 우리는 모두 죽는다."며 사람들의 짧은 인생에 초점을 맞춘 현실주의자였다면,▶ 하이에크와 밀턴 프리드먼은 "이론적으로 이상적인" '장기'를 강조했다. "많은 경우에 단기적인 정부의 경제정책 효과는 [이 정책에 대한 경제주체들의 판단과 행동, 적응 등을 정확히 알기 어렵기 때문에] 예측하기 매우 어렵다. 오히려 그것들이 장기적으로 경제를 번영시킬지 여부를 파악하는 것이 훨씬 수월하다. 정치를 예언하는 수정구슬은 경제를 예언하는 수정구슬보다 선명도에서 훨씬 떨어진다."(프리드먼 2005, 60쪽)

물론 케인스가 마르크스 경제학을 신봉한 건 결코 아니며,《자본론》을 읽어 보았는지조차 불분명하지만 마르크스도 '장기'를 비판한 바 있다.

"기하급수로 발생하는 복리 효과의 거대한 수에 단순히 현혹된" 경제학자 리처드 프라이스Richard Price가 영국 국채에 대해 말한 흥미로운 대목을 보자. "예수가 탄생한 해에 6퍼센트의 복리로 대부된 1실링은 …… 태양계

▶ 1430년대 《쾌락에 관하여》를 쓴 로렌초 발라Lorenzo Valla는 이 책에서 "나의 스승 에피쿠로스에 의하면 …… 살아 있는 존재가 죽은 후에는 아무것도 남지 않는다. 그리고 이 살아 있는 존재에는 사자, 늑대, 개, 그 밖에 모든 숨 쉬는 생명체와 함께 인간도 포함된다. 그리고 무엇보다도, 그들도 우리도 끝내는 모두 죽는다."고 적었다.(그린블랫, 280쪽)

지옥으로 가는 길은 항상 선의로 포장돼 있다?

전체(토성 궤도의 지름과 동등한 지름을 가진 구로 가정한다.)가 포용할 수 있는 것보다 더 큰 금액으로 증대하였을 것이다. 그러므로 국가는 결코 재정 곤란에 봉착할 수가 없다. 국가는 최소의 저축으로 최대의 부채를 짧은 기간에 상환할 수 있기 때문이다."(마르크스, 제3권(상), 481쪽)

'장기에 대한 얘기로 잠깐 옆길로 샜지만, 아무튼 하이에크가 말한 요체는 명징하고 또 나름의 대중적 설득력을 지닌다. 요컨대, 세상을 바꾸려는 기획과 현재의 사회질서를 개혁해 보려는 정부 정책은 "애초에 표방한 그 고상하고 숭고한 목적에도 불구하고"(!) 결과는 대부분 실패로 끝나기 마련이라는 주장이다. 특히 그 실패라는 것이 단순히 시행착오 정도에 그치는 것이 아니라 사람들의 삶을 지옥으로 이끄는 길이라고 하이에크는 경고한다.

하이에크는 자유주의자들은 사회적 힘을 잘 이해해야 한다면서 "사회에 대한 자유주의자들의 태도는 마치 정원사와 같다. 정원사는 나무를 보살펴야 하고 나무의 성장에 가장 유리한 조건을 제공하기 위해 나무의 구조와 기능을 가능한 한 많이 알고 있어야 한다."(하이에크 1994, 43쪽)고 말했다.

뜻하는 바는 다르겠지만, 1930년대에 케인스는 "우리는 엄청난 혼란 속에 빠져 있다. 정교한 기계 하나를 조종해야 하는데 그 작동법을 이해하지 못해 헤매고 있는 중이다."라고 썼다. 케인스 시대에 그리고 우리 시대에도 진정으로 부족한 것은 자원도 미덕도 아니다. 다만, 현실에 대한 이해가 부족할 따름이다.(크루그먼 1998, 250쪽)

하이에크·뷰캐넌·프리드먼·스티글러·미제스 등 기라성 같은 우파 거인들은 더 많은 자유의 약속을 명분으로 내세운 (마르크스, 케인스 등의) "자유를 위한" '계획'은 노예로의 길이 된다고 역설했다. "이미 자유주의가 이루어 놓은 성과 때문에 사람들은 이제 참을 수도 없고 또한 불필요한 것처럼 보이는 아직 그들 옆에 있는 악惡을 더 참고 견디려고 하지 않게 되었다."(하이

에크 1994, 44쪽)

하이에크가 일생에 걸쳐 경계한 것은 사람들의 자만, 파괴적이고 치명적인 자만이었다. 그는 《자유헌정론》 서문에서 이렇게 말했다. 이 전통(자유의 가치를 추구하는 정치경제 철학)은 인간의 지혜와 능력을 과장하지 않는 절도 있고 겸손한 교리이며, 또 우리의 계획 능력 내에서 가능한 최선의 사회조차 우리의 욕망을 모두 충족시키지 못한다는 것을 안다. 때문에 이 전통은 인간이 자기 야망의 한계를 인식할 수 없는 시대에는 거부되었다. 이 전통은, 어떤 악에 분개한 나머지 그의 주장이 실현될 경우 초래될지도 모를 해악과 부당함을 전혀 생각하지 못하는 정열적인 개혁자의 성급함과 거리가 멀며, 동시에 완벽주의와도 거리가 멀다. 야심과 성급함은 때때로 개인에게는 바람직할지 모른다. 그러나 이 기질들이 타인을 강제할 수 있는 권력을 지배하거나, 어떤 권한이 자신에게 부여될 때 그 권한에 우월한 지혜와 자신의 신념을 다른 사람들에게 강제할 수 있는 권리가 포함되어 있다고 생각하는 사람들이 사태를 좌우한다면 그것은 치명적이다. 나는 우리 세대가, 사회가 지금껏 성취해 온 소중한 것들을 때때로 파괴한 것은 이런저런 종류의 완벽주의라는 것을 알기 바란다. 이 시대의 선험적 지혜에 대한 자랑스러운 신뢰와 그것의 통찰력 아래에서, 이룰 수 있는 것보다 좀 더 한정된 목표와 안내와 겸손으로 우리는 더 멀리, 더 빨리 나아갈 수 있을 것이다."(하이에크 1998(제1권), 26쪽)

하이에크는 '이 시대의 선험적 지혜에 대한 자랑스러운 신뢰와 그것의 통찰력▶ 아래서 사회적 진보를 이루려 하기보다는, 좀 더 목표를 좁게 한정하

▶ 낭만주의 시인 윌리엄 워즈워스William Wordsworth의 장편시 〈소요The Excursion〉(1814)에 나오는 말. 여기서 하이에크는 '선험적 지혜'를 사회주의 목표 같은 거대하고 최대 강령적이고 이

고 인내와 겸손을 통해 더 멀리 더 빨리 나아갈 수 있다며 시인 프리드리히 횔덜린Friedrich Hölderlin의 말을 따 "국가를 항상 지상의 지옥으로 만들어 온 것은 정확히는 인간이 그것을 천국으로 만들려고 노력해 온 결과였다."고 되풀이해 강조했다. 계획경제는 노예의 길로 이어진다는 것이다.

그러나 사실 마르크스는 선의나 악의와는 관계가 없는(!) '법칙'을 주장했다.

"그러한 사람에게는 다음과 같은 사실을 지적하기만 하면 된다. 즉, 공황은 임금이 전반적으로 오르고 노동계급이 연간 생산물 가운데 소비로 향하게 되어 있는 부분의 더 큰 몫을 실제로 받는 바로 그러한 시기에 의하여 항상 준비된다고. …… 따라서 자본주의적 생산은 선의나 악의와는 관계가 없는 조건들을 포함하고 있으며, 그 조건들이 노동계급의 상대적 번영을 일시적으로만 허용하며, 그것도 언제나 공황의 전조前兆로서만 허용하는 것 같다."(마르크스, 제2권, 485쪽)

도출해 낸 법칙의 과학성을 판별하기란 쉽지 않은 일이다. 맬서스, 리카도, 마르크스, 그리고 다른 많은 경제학자들은, 다소 극단화의 위험을 무릅쓰고 말하는 것이 허용된다면, 수십 년 동안의 어떤 자료도 인용하지 않고 혹은 한 기간을 다른 기간과 비교하거나 대립되는 가설 중 하나를 선택하는 방법을 쓰지도 않고 노동과 자본 사이의 '불평등'을 이야기했다. 그러나 1950년대 초 쿠즈네츠가 국민 계정 통계자료를 작성하는 방법을 상세하게 밝힌 뒤부터는 객관적인 자료를 이용할 수 있게 되었다.

성적인 계획을 뜻하는 표현으로 인용하고 있다. 사실 마르크스는 사회주의를 역사의 법칙으로서 제시했으나, 실제 역사에서는 사회주의가 인간의 '역사적 기획'으로서, 즉 주체적 프로젝트로서 그 의미와 실현 가능성이 있는 것 같다.

자본/소득 비율의 역사적 동학을 고찰하면서 토마 피케티는 마르크스의 이윤율 하락 경향을 설명하는 대목에서, 마르크스에게는 그의 예언들을 가다듬는 데 필요한 통계자료가 부족했던 것이 틀림없다며 '통계학자 마르크스'를 다음과 같이 비판한 바 있다.

"마르크스에게 '부르주아는 제 스스로 무덤을 판다'는 핵심적인 메커니즘은 무한 축적의 원리였다. 다시 말해 자본가들은 끊임없이 증가하는 자본을 축적하는데, 이는 결국 참담한 이윤율, 즉 자본 수익률의 하락으로 이어져 마침내 그들 스스로 몰락한다는 것이다. 마르크스는 수학적 모형을 사용하지 않았고 그의 산문이 반드시 명쾌한 것은 아니었기 때문에 그가 무슨 생각을 하고 있었는지를 확실히 알기는 어려운 일이다. …… 마르크스와 동시대를 염려했던 많은 연구자가 깜짝 놀랄 만한 자본/소득 비율 같은 당시의 상황이 어디로 흘러갈지, 고도의 자본집약적 산업 발전이 어떤 종류의 장기적·사회경제적 균형을 만들어 낼 것인지에 대해 의문을 품는 것은 당연한 일이었다. …… 문제는 이렇게 중요한 직관적 통찰력을 지녔음에도 불구하고 마르크스가 통계를 사용하는 데 있어 상당히 지엽적이고 체계적이지 못한 접근 방법을 택했다는 점이다. 특히 그는 한 공장의 회계장부에서 관찰된 아주 높은 자본집약도가 영국 경제 전체를 대표하는지 아니면 몇몇 특정한 경제 부문에만 해당되는지를 밝히려 하지 않았다. 그는 수십 개의 유사한 회계장부만을 수집해 작업을 했던 것인지도 모른다."

(피케티, 275~276쪽)

사실 러시아혁명 직후인 1917년 12월, 안토니오 그람시는 그 볼셰비키 혁명을 "《자본론》에 반하는 혁명"이라고 말했다. 사적 유물론 법칙의 거부를 보여 주는 것이자, 마르크스가 가장 후진적인 국가들보다는 가장 선진적인 국가들에서 사회주의 혁명이 발생할 것이라고 예상하면서 표명한 법칙들

지옥으로 가는 길은 항상 선의로 포장돼 있다?

의 거부를 보여 준다는 것이다.(부라보이, 145쪽)

베라–아다마르–푸앵카레–하이에크–포퍼의 역설

그러나 노동자국가이든 자본가국가이든, 이상적인 사회에 대한 설계와
계획을 모두 불완전한 인간의 어리석고 무모한 행동이라고 간단히 일축할
수는 없을 것이다. 무릇 예측은 어렵고 동전은 양면을 가지고 있는 법이
다. 애덤 스미스가 《국부론》 첫 장에서 글래스고의 핀 공장을 사례로 들며
노동분업을 국부의 원천이자 열쇠라고 말한 건 옳았다. 그러나 스미스 이
전과 이후의 많은 사람들이 똑같이 이 분업에서 인간 잠재력의 왜소화, 분
절화, 소외라는 어두운 측면을 본 것도 옳았다. 애덤 스미스의 스승인 애
덤 퍼거슨Adam Ferguson이 《시민사회사An Essay on the History of Civil Society》
(1767)에서 "우리는 노예들로만 이루어진 국민이며, 우리 가운데 자유로운 인
간은 하나도 없다."고 탄식한 대상도 노동분업이었다.(마르크스, 제1권(상), 451쪽)

"뛰어난 야구 감독 요기 베라는 이런 명언을 남겼다. '예견을 한다는 것
은 어려운 일이다. 특히 미래의 일에 대해서는 더욱 그렇다.' 미래가 우리 능
력 한참 밖에 놓여 있음을 머리로만 알고 있지 않았던 사상가는 요기 베
라뿐만이 아니었다. 베라보다는 날카로움이 덜하고 일반인에게 덜 알려졌
지만 능력은 엇비슷한 사상가들도 이런 측면에서 인간의 천성적 한계를 연

퍼거슨은 "무지는 그것이 미신의 어머니인 것과 마찬가지로 근로의 어머니이기도 하다. 반성
이나 상상력은 오류에 빠지기 쉽다. 그러나 손발을 움직이는 습관은 이 둘 어디에도 의존하지
않는다. 그러므로 매뉴팩처는 사람이 정신을 적게 쓸 때, 작업장이 인간을 그 부분품으로 하는
하나의 기계로 간주될 수 있을 때에 가장 번영한다."고 말했다.(마르크스, 제1권(하), 448쪽에서 재인용)

구해 왔다. 수학자로 흔히 알려진 앙리 푸앵카레, 경제학자로 흔히 알려진 프리드리히 본 하이에크, 카를 포퍼 등의 철학자들이 그들이다. 나는 예견 능력과 관련한 인간 고유의 구조적인 한계를 '베라-아다마르-푸앵카레-하이에크-포퍼의 역설'이라 부르기로 한다."(탈레브, 237쪽)

필자는 여기에 케인스가 반드시 포함되어야 한다고 믿는다.

사회주의를 '위대한 유토피아'로, 시장의 자유를 '포기된 길'이라고 표현하면서 '우리 안의 전체주의'를 폭로하고자 했던 하이에크는 "사상의 계보를 폭로하는 것보다 더 분노를 일으키는 발견은 좀처럼 없다."는 액튼Lord Acton의 말을 앞세워 다음과 같이 말했다.

"모든 정치적 동기 중 가장 강력한 것, 즉 자유에 대한 갈망을 그 마차에 매달아 놓기 위해 사회주의는 점차 새로운 자유라는 약속을 교묘히 사용하기 시작했다. 사회주의의 도래는 궁핍의 영역에서 자유의 영역으로 도약하도록 되어 있다는 것이었다. 그러나 자유로 가는 길로서 우리에게 약속된 그것이 사실은 노예가 되는 확실한 길로 밝혀질 경우에는 단지 비극을 고조시킬 따름이다. …… 의심할 것도 없이 더 많은 자유의 약속은 더 많은 자유주의자들을 사회주의 노선으로 유혹하였고, 사회주의와 자유주의의 기본 원리 간에 존재하는 대립을 눈이 멀어 보지 못하게 하였다. …… 민주주의적 사회주의는 결코 달성될 수 없을 뿐만 아니라, 그것을 추구하는 것은 그것을 원하는 사람들도 그 결과를 거의 수용하지 않을 만큼 전혀 다른 체제를 생산한다는 사실을, 그 관계가 모든 측면에서 폭로될 때까지 많은 사람들이 믿으려 하지 않고 있다."(하이에크 1999, 제2장)

▶ 자크 아다마르Jacques Hadamard는 20세기 프랑스 수학자이다.

지옥으로 가는 길은 항상 선의로 포장돼 있다?

미제스, 미제스의 제자였던 하이에크와 카를 포퍼 등은 '노예로의 길', '지옥으로 가는 길'을 틈날 때마다 자신들의 책 도처에서 강조했다. "미제스는 지칠 줄 모르는 용기와 불굴의 신념으로 우리들 대부분이 새로운 제도들을 정당화하기 위해 제시한 불합리한 구실들과 거짓을 끊임없이 비난했다. 그는 그런 제도들이 말로는 인류의 복지에 기여한다고 주장하지만 실제는 가난과 고통의 직접적인 원인이고 궁극적으로는 갈등과 전쟁, 노예 상태의 원인이라고 가장 엄밀한 표현을 빌려 강조하였다. – 머리 로스바드"(미제스, 275쪽)

홉스도 《리바이어던》에서 하이에크와 유사한 관점을 취했다.

"어떤 국가든 복종이 (즉, 국민의 화합이) 사라지면 그들은 번영하지 못할 뿐 아니라 얼마 가지 않아 해체될 것이다. 그리고 코먼웰스Commonwealth를 개혁할 목적으로 불복종을 자행하는 사람들은 그것이 코먼웰스를 파괴하는 일임을 알게 될 것이다. 이것은 신화에 나오는 펠리아스Pelias의 어리석은 딸들이 노쇠한 아버지의 회춘을 위해 메디아Medea의 처방에 따라 아버지의 몸을 잘라 약초와 함께 끓였으나, 아버지를 새 사람으로 만들어 내지 못한 것과 같다."(홉스, 330쪽)

《리바이어던》의 유명한 책 표지 그림에는 평화로운 시골 풍경 저편에 인공 괴물 리바이어던(구약성서 '욥기' 41장에 나오는 바다 괴물의 이름)이 무시무시한 자태를 드러내고 있다.

펠리아스의 딸들이 어리석기 때문이 아니라, 지구상 곳곳에서 진행되어 온 현실적인 산업화의 역사가 혁명적 열정을 침몰시킬 것이라는 전망도 있다. 배링턴 무어는 《독재와 민주주의의 사회적 기원》에서 자본주의적 산업화의 흐름 속에서 인간 자유의 기반이 침식되고 있다고 했다.

"인간 자유의 원천은 마르크스가 보았듯이 권력을 쟁취하고자 하는 계급의 열망에만 있는 것이 아니라, 아마 더더욱, 바야흐로 굽이쳐 오는 진보의 물결에 휩쓸려 죽어 가는 계급의 단말마 속에도 있다. 산업주의는 그것이 계속 확산되면서, 어느 먼 장래에 그 외침 소리를 영영 잠잠하게 하고 혁명적 급진주의를 설형문자의 기록과 같은 먼 옛날의 것으로 만들어 버릴 지도 모른다"(무어, 501쪽)

지옥으로 가는 길은 항상 선의로 포장돼 있다?

'종이돌멩이'와 재무성 관점
세금

　원론적으로 정치와 시장의 관계는 시장에 대항하는 정치Politics against market, 시장과 양립하는 정치Politics with market, 시장을 위한 정치Politics for market 등으로 시각을 달리할 수 있다. 그럼에도 정치학 교과서 첫 장은 항상 "'1원 1표'의 시장 원리와 달리 정치는 숫자, 즉 다수가 지배하는 질서"라는 점을 공표한다. 근본적으로 불평등의 영역인 시장의 문제에 도전하고, 시장을 제어하고, 규제할 수 있는 평등의 어떤 영역이 정치라는 것이다. 좀 더 수사학적으로는, 사회경제적 갈등이 거리에서 '돌멩이'로 표출되기 이전에 '표'로 표출되게 하는 것이 선거이다. 표는 그런 의미에서 '종이돌멩이paper stone'이다.

　그런데 우리는 선거 때마다 표를 상대방을 공격하는 무기 같은 묵직한 돌멩이라고 생각하면서 던지고 있는가? 노동자와 사회경제적 약자들이 뭉

쳐서 집단적·계급적 이해를 도모할 수 있는 것이 정치의 영역이라면, 한국의 정치도 사회경제적 약자들의 이해 대표 체제로서의 역할을 하고 있는가?

 거위의 깃털을 뽑는 기술

경제학은 일반적으로 세금과 화폐가 없는 자유시장경제, 즉 국가가 없는 순수 교환경제를 이상적인 모델로 삼는다. 여기에 국가가 개입되면 세금 정책에서 소득에 대한 직접세보다는 소비의 간접세를 선호하고, 저축의 미덕을 강조한다. '코먼웰스'라는 거대한 인공人工 인간(즉, 국가)의 조세에 대해 홉스는 다음과 같이 말했다.

"과세의 평등은 동일한 소비에 동일한 세금을 매기는 소비의 동등성에 기초하는 것이지, 소비하는 자의 재산이 동일하다고 해서 동일하게 세금을 매기는 재산의 동등성에 기초한 과세는 아니다. 왜냐하면 더 많은 노동을 하고, 노동의 과실을 더 많이 저축하고 절약한 사람이, 게을러서 소득이 적고 버는 대로 다 써 버리는 사람보다 더 많은 세금을 내야 할 이유가, 앞사람이 뒷사람보다 코먼웰스의 보호를 더 많이 받는 것도 아님을 생각할 때, 도대체 어디 있겠는가?"(홉스, 335쪽)

"새뮤얼슨은 경제에서 정부의 적합한 역할 중 하나는 집합재를 공급하고 시민들에게 자신들의 자원을 그 비용으로 내놓으라고 하는 것이라고 결론 내렸다.(Samuelson 1954) 그러한 강제는 각 시민이 자유시장에 있을 때보다 이득을 보게 하므로, 또한 각 시민은 합리적이므로, 모든 이들이 강제받는 것에 동의할 것이다. 따라서 정부의 행위는 자발적 강제를 구현하는 것이다. 그를 통해, 집합재가 존재할지라도 사회는 파레토 최적의 상태에 도달할 수 있게 된다."(다운스, 232쪽)

국가의 조세제도에 반대하는 목소리는 1817년 리카도의 《정치경제학과 과세의 원리On the Principles of Political Economy and Taxation》에서 상세하고 논리적으로 등장했다.

"여전히, 조세가 없었더라면 자본의 증가는 훨씬 더 컸을 것임이 확실하다. 축적하는 힘을 줄이는 경향을 갖지 않는 조세는 없다. 모든 조세는 자본이나 소득 어느 하나에 부담을 주는 것임이 틀림없다. …… 조세는 국민 자본이 공동사회에 가장 유리한 방식으로 분배되는 것을 막는 것이다. …… 재산을 불평등한 과세[가옥에 대한 특별과세]에 맡기는 것은 확실히, 언제나 신성하게 지켜져야 할 그 원리, 즉 재산의 안전을 침해하는 것이다. 토지 재산을 남에게 양도할 때 짊어지는 인지세印紙稅가, 아마도 토지를 가장 생산적으로 만들 사람들의 손으로 그 토지를 양도하는 것을 현저히 방해하는 것은 슬퍼해야 할 일이다."(리카도, 224 · 227 · 278쪽)

리카도를 따라 로버트 노직 역시 근로소득에 대한 과세는 강제노동과 동등한 것이라며 격정적으로 반대한다.

"n시간분의 소득을 세금으로 취하는 것은 그 노동자에게 n시간을 빼앗는 것과 같다. 이는 마치 그 사람으로 하여금 다른 사람을 위해 n시간 일하게 하는 것과 같다. 일부 사람들은 이 주장이 황당하다고 여길지도 모른다. 하지만 그들이 강제노동에 반대한다면 히피 실업자들로 하여금 곤궁한 자를 위해 일하라고 강요하는 데 반대할 것이며, 또한 모든 개인에게 곤궁한 자들을 위해 매주 5시간씩 가외로 일하라고 강제하는 것에도 반대할 것이다. 그러면서 그들은 세금으로 5시간분의 임금을 취하는 것은 5시간씩 일하게 강제하는 제도와 다른 것이라고 생각할 것이다. 왜냐하면 강제된 개인에게 명시된 특정 노동을 강요하는 방식으로 과세를 대체하는 경우에 비해, 과세는 다양한 행동의 선택 가능성을 제공한다는 이유에서다.

즉, 기본적 욕구에 필요한 양 이상의 모든 추가 수입에 대한 비례세 요소를 가진 제도를 구상할 경우, 개인은 기본적으로 요구되는 필요량 외에 가외의 시간을 강제로 일할 필요가 없으므로 세금을 완전히 피할 수 있다고 여길 것이기 때문이다. 그러나 이 견해는 옳지 않다. 재화를 선호하는 사람은 자신의 기본적 욕구 충족에 필요한 것 이상의 수입을 벌기 위해 가외로 일하기를 선택하는 반면, 여가를 선호하는 사람은 가외의 노동을 선택하지 않을 것이다. 이런 경우, 한 사람의 여가 시간의 일부를 빼앗아 곤궁한 자를 위해 강제노동을 하도록 시키는 것이 비합법적이라면, 과세를 통해 한 사람이 추가로 생산한 재화의 일부를 국가가 가져가 곤궁한 사람을 돕는 행위는 어떻게 합법적일 수 있는가? 우리는 왜 자신의 행복을 위해 재화를 선호하는 사람과, 역시 자신의 행복을 위해 여가를 선호하는 사람을 달리 취급해야 하는가? 영화를 선호하는, 그래서 입장권을 사기 위해 저녁에 가외로 더 일해야 하는 사람에겐 국가가 세금을 징수해 곤궁한 자를 돕도록 강제하는 반면, 저녁노을을 보는 것을 선호해 추가 노동을 하지 않는 사람에겐 왜 그렇게 하지 않는가?▶(노직. 214~216쪽)

실제로 오늘날 경제적 측면에서 정부의 역할과 그 범위는 엄청나다. 좀 더 정확하게 말하자면 거의 아무런 제약이 없다. "정부는 다른 정당의 언론 자유, 그들이 활발하게 선거운동을 할 수 있는 능력, 또는 어떤 정당에 대해 반대할 수 있는 시민의 자유를 구속할 수 없다. 또한 규정된 간격을

───────────

▶ 노직은 "과도한 세금 징수 등 어떤 사회적 제도를 피하기 위한 이민은 허락하면서도, 국가 안에 거주하면서 세금을 피하는 건 허락하지 않는 결정적인 논거는 (이성에 기반한 것이 아니라) 한 국가 내에서의 동포애적 감정에 불과하다. 즉 '기여하지 않는 자, 기여할 만큼 타인에 대한 관심이 없는 자가 여기에 살기를 우리는 원하지 않는다'는 구호다."라고 덧붙인다.

지옥으로 가는 길은 항상 선의로 포장돼 있다?

두고 주기적으로 실시되는 선거의 시기를 바꿀 수도 없다. 그러나 경제적인 면에서는 아무런 제약이 없다. 정부는 모든 것을 국유화하거나 모든 것을 사적 부문에 넘겨줄 수 있고, 이들 양극단 사이에서 어떤 균형을 취할 수도 있다. 정부는 그들이 원하는 어떠한 조세도 부과할 수 있고, 어떤 지출도 집행할 수 있다."(다운스, 34~35쪽)

국가는 그 자체의 후생함수를 갖지 않으며, 다만 그것을 이용하여 개인들이 그들의 필요를 집합적으로 만족시킬 수 있는 수단이다. 즉, (자비롭고 불편부당한) 국가는 '이익의 극대화'를 추구하지 않고, 경제주체들 간의 상호 교환이라는 기본적 이익 원칙이 정부가 무엇을 할 것인가에 대한 한계를 설정한다. 이런 관점은 언뜻 보기에 조세 징수 과정에 존재하는 '강제'를 설명하지 못한다. 조세가 단지 국가가 제공한 서비스에 대해 상호 교환하는 지출이라면 왜 시민들은 조세를 내도록 강제되어야 하는가?

"폴 새뮤얼슨은 국가가 오직 배제 불가능한 편익만을 제공하는 활동을 담당한다고 주장하여 이 문제에 대답하려고 했다.(Samuelson 1954)▶ 모든 사람은 누가 지불하는 것이 되었든 국가 행위가 제공하는 편익을 즐길 수 있기

▶ 경제학자들은 오래전에 어떤 재화는 시장기구를 통해서는 효율적으로 생산, 제공될 수 없다는 사실을 발견했다. 그러한 재화로부터 얻어지는 이득은 모든 사람에게 똑같이 주어지므로(배제 불가능성) 아무도 그 재화의 생산비용을 지불하려 들지 않기 때문이라는 것이다. 새뮤얼슨은 처음으로 '공공재'의 이러한 특징을 명확하게 규정했다. 불꽃놀이 장면이나 국방 같은 공공 소비재는 그 소비를 배제하기 불가능할 뿐 아니라 어떤 사람이 더 즐긴다고 해서 다른 사람의 소비 몫이 줄어드는 것도 아니다(비경합성). 한편, 다운스가 인용한 새뮤얼슨의 논문(〈공공지출의 순수이론The Pure Theory of Public Expenditures〉)은 그의 친구 머스그레이브Richard A. Musgrave가 쓴 중요한 논문을 단지 수학적 공식으로 바꿔 선보인 것에 불과하다. 뒤에 사람들은 머스그레이브의 논문은 무슨 말인지 잘 이해하지 못한 반면, 새뮤얼슨의 수학적 설명 논문을 보고 모든 것을 완벽하게 이해했다고 한나.(원시, 504쪽)

때문에 조세의 납부를 회피하려는 동기를 갖는다. 그러나 그런 사람도 모든 사람이 각자 자기 몫의 비용을 감당한다면, 자기도 편익을 받고 있으므로 기꺼이 자기 몫의 비용을 지급하려고 한다. 따라서 모든 시민은 강제에 동의하게 된다. 왜냐하면 각 개인이 얻는 이익은 그가 부담하는 비용보다 더 큰 이익을 가져다주고, 그가 얻는 편익은 강제되지 않으면 향유할 수 없는 것이기 때문이다."(다운스, 40쪽)

이러한 견해는, '거위를 울지 않게 하면서 깃털을 뽑는 기술'이라는, 루이 14세 당시 재무상 콜베르Colbert의 과세 기법에 관한 전통적인 표현이 말하는 내용과 달리, 강제보다는 오히려 그 강제에 대한 자발적 동의를 말해 준다.

경제학 교과서는 "시장가격을 왜곡 및 변동시키는" 통화정책과 재정·세금정책을 극도로 반대하면서, 소비자 잉여 후생의 손실 등 세금 도입에 따른 비효율 발생을 그래프와 수식을 동원해 도처에서 반복 증명하고 있다. 케인스가 재정의 적극적 역할이라는 이른바 '재무성적 관점Treasury view'을 표방한 것과 달리, 경제학원론은 국가의 시장 개입에 대해서도 정부 지출(투자)이 민간투자를 구축驅逐·crowding out한다고 표현한다. 단지 민간투자를 대신하거나 보완하는 정도가 아니라 '쫓아낸다'는 것인데, 이러한 주장은 여기서 끝나지 않고 정부 지출이 그 재원이 되는 세금 징수라는 매개를 통해 민간의 경제활동 의욕을 꺾어 경제 전체에 "비효율을 초래한다"는 결론으로 이어진다.

◀ '공짜 점심'은 없다

흔히 신고전파 재정금융경제학자들은 '균형재정'을 강조하지만, 그것의 정치적 메시지는 말 그대로의 '균형'이라기보다는 국가의 재분배 정책 등

지옥으로 가는 길은 항상 선의로 포장돼 있다?

시장 개입·교정 역할을 축소하라는 '긴축재정' 요구나 다름없다. 정치가들이 국민들에게 인기를 얻으려면 정부 지출과 세금 인하를 동시에 단행해야 한다. 그 결과는 재정 적자 발생으로 이어진다. 제임스 뷰캐넌은 다음과 같이 말했다.

"재정 적자가 분명 경제를 해치기는 하나 그 고통은 간접적이고 분산적인 반면, 혜택은 직접적이고 개인적이다. 재정 균형은 분명 건강한 경제를 낳지만 그 혜택은 훨씬 나중에 돌아올 뿐 아니라 국민들의 살림살이를 간접적으로 도울 뿐이다. 적자재정에서 미래는 현재가 되고 현재는 과거가 되고 과거는 영원한 악몽이 된다. 후대가 그 대가를 치르게 될 것이다. 그들은 모두 부채를 안고 태어날 것이다."

밀턴 프리드먼은 '공짜 점심의 신화no free lunch'를 다음과 같이 비판했다.

"정부가 어느 누구도 지불하지 않아도 돈을 쓸 수 있다는 것은 잘 알려진 신화다. 우리 모두가 새롭고 더 크고, 더 후한 정부 정책을 가져야 한다고 외쳐 대고 있다. 우리는 어디서 그 비용을 마련할 것인가? 바로 세금이다. …… 결국 그 돈은 기업의 주주, 고객 또는 그 종업원들로부터 나온다. 그 사람들은 연방정부처럼 지하실에 화폐 발행 윤전기를 갖고 있지 않다. 따라서 그가 세금을 낼 수 있는 유일한 방법은 그 짐을 누군가에 떠넘기는 일이다. 정부는 어느 누군가의 희생 없이는 돈을 지출할 수 없다."(프리드먼 2005, 35쪽)

시장가격은 균형가격이므로 변화·왜곡하지 않는 게 효용을 증가시키거나 혹은 덜 감소시킨다는 주장이다. 그런데 세금은 시장가격을 왜곡시킨다. 물품 소비세가 상품의 상대가격을 변화시키는 반면, 소득세는 상대가격을 일정하게 유지시켜 소비자가 재화에 대한 선호에 따라 자유로운 선택(즉, 대체)을 할 수 있는 여지가 물품세에 비해 더 크다. 이 때문에 소득세가 선호된다. 같은 금액의 세금이라면 소득세가 물품세보다 효용을 덜 감소시킨다는 것이다.

생산·공급 측면을 중시하는 세계는 부르주아 왕국이다. 특히 여기서 부르주아는 '헤게모니적 존재'로 나타난다. 즉, 이윤을 통한 부르주아의 이익 실현이, '모든 사람의' 물적 조건 향상을 위한 필요조건이라고 주창된다. 증가된 생산량은 투자를 요구하며, 투자는 저축으로 자본을 제공받고, 저축은 (노동자는 저축할 여유가 없으므로) 자본가가 가져가는 이윤 몫으로 재원이 충당된다. 따라서 이윤은 경제 전체의 성장을 위한 조건이다. 저임금 정책은 이윤 몫을 더 늘려 주기 위한 것이고, 무분별한 소비의 억제는 더 많은 저축을 유도하기 위한 것이다. 이는 노동자와 소비자를 차별하기 위해서가 아니라, 오히려 이를 통해 자본의 더 높은 투자를 이끌어 내 경제성장을 꾀하고 모든 노동자와 소비자의 후생을 더 높여 주기 위한 것이라는, 쉽게 반박하기 어려운 간명하고 깔끔한 주류 경제학의 설명이다.

물론 노동자의 노동이 모든 사회적 가치를 창출하는 원천이지만, 이를 전부 노동자들이 가져가는 사회는 필연적으로 지속될 수 없다. 확대재생산을 위해서는 자본을 추가 투자해야 하고, 기계의 감가상각비용을 보전하고 신기술 개발에 쓸 자본 투자도 필요하다. 로버트 솔로의 '기본방정식'이 보여 주듯, t시점에서 노동자 1인당 자본의 양(노동자는 맨손으로는 가치를 만들어 낼 수 없고, 기계나 망치, 쟁기, 삽 등 자본(장비)을 가지고 노동할 때만 가치를 생산할 수 있다)을 K_t라고 하면 노동자 한 사람이 만들어 내는 1인당 생산물은 K_t의 생산함수로서 $f(K_t)$로 표시할 수 있다. 이 생산물 중에 같은 시점에서 1인당 소비되는 부분(C_t)을 뺀 나머지는 곧 '1인당 저축($Sf(K_t)$, 여기서 S는 저축률)이 된다.(경제이론은 생산물은 소비되거나 저축되거나 둘 중 하나로 반드시 흘러간다고 가정한다. 또 《햄릿》 제3막에서 "사느냐 죽느냐 그것이 문제로다To be or not to be"라고 한 것

지옥으로 가는 길은 항상 선의로 포장돼 있다?

처럼, 경제학에서는 소득 중에서 소비되지 않은 부분은 모두 저축된다to consume or not to consume고 가정하며, 저축은 모두 반드시 투자로 이어진다고 가정한다. 따라서 논리상 이제 이 저축은 곧 '1인당 투자와 같게 된다.) 여기서 경제의 (확대)재생산에 필요한 t시점에서의 노동자 1인당 자본의 양(K_t)을 유지하려면, 시간 경과에 따른 자연적인 감가(δ)로 줄어드는 (기계·설비)자본의 양(δK_t)과 노동인구(n) 증가에 따른 1인당 평균자본의 양 감소분(nK_t) 이 두 가지를 모두 상쇄할 만큼의 자본의 지속적인 투자가 필요하다.

물론 노동자들이 가치를 전부 향유하는 사회가 지속될 수 없다는 건 솔로가 기본방정식에서 말하고자 한 요점은 결코 아니다. 단순화해서 보자면 그렇다는 얘기일 뿐이다.

그러나 케인스의 입장에서 보면 정반대로 생산을 이끌어 가고 자극하는 힘은 '소비'이며, 또한 실업의 원인은 불충분한 수요에 있다. 즉, 소득의 대부분을 소비해야 살 수 있는 사람들을 향한 소득의 하향적 재분배와 더불어 정부 지출 확대가 생산을 촉진하고 실업을 감소시킨다고 본다. 자본량이 주어질 때 실제적 산출량은 임금 인상, 가난한 사람들에게로의 부의 이전, 조세 감면으로 언제나 높아질 수 있다. "더 나은 분배가 정의正義를 보

이 책에서 가끔 수리경제 모형을 언급하고 있으므로 여기서 투자와 관련된 간단한 수리모형을 살펴보는 것이 이해하는 데 도움이 될 것 같다. 수리방정식은 흔히 말로 표현 가능한 변수들 간의 상호 수리적 관계를 구체적인 수 대신에 문자나 기호를 써서 표시(대수학)하거나 미분·적분(해석학)의 기호를 통해 더 짧고 간명하게 표현하는 것에 불과하다. 즉, 각 기호에 대한 정확한 정의를 따라가며 파악하면 된다. 솔로의 기본방정식은 $\Delta k = (k_{t+1} - k_t) \approx \dot{k} = f(k_t) - c_t - (n + \delta)k_t = sf(k_t) - (n + \delta)k_t$ 형태로 표현된다. 아래 첨자 t(time)는 현재 기간, $(t+1)$은 그 다음 기간을 뜻한다. 여기서 $\dot{k}$는 1인당 자본량(k_t)을 시간(t)에 대해 미분한, 즉 어제와 오늘의 시간 변화에 따른 1인당 자본량의 변화율($\frac{\partial k_t}{\partial t}$)을 뜻한다.

장함과 동시에 생산을 회생시킨다." 따라서, 이제는 갑작스럽게도(!) 노동자와 가난한 이들이 경제와 사회 전체의 일반 이익을 대표하는 집단으로 뒤바뀌어 입증된 셈이다. 그런 점에서 "이제 '인민'은 사회에서 헤게모니 세력이 되었다."(셰보르스키 1985, 271쪽)

뉴딜 정책을 편 프랭클린 루스벨트는 케인스의 소비 중심 경제학에 따라 자본주의경제의 기본 틀을 전복했다. 인플레이션 정책을 펴든 세금을 걷든 자본가가 이익과 이윤을 내도록 하자는 것이, 당시 대공황 위기에 빠져 사회주의와 전체주의의 그림자가 문 앞까지 드리워져 있던 자본주의의 구원투수로 등장한 케인스의 지론이었다.

"대공황은 그 다양하고 장기에 걸친 영향으로 자본주의 하에서의 경제성장과 사회 진보에 대한 '낙관의 음모'를 점점 지속하기 어렵게 만들었다. 마르크스주의의 이론적 도전은 철저하게 현실화되었다. 사회주의는 불가능하다는 경제학의 유서 깊은 과학적·객관적 발견은 소비에트 사회주의의 공업화 노력이 거둔 성공으로 극적인 반박을 받았다. 경제학은 내키지 않았지만 할 수 없이 이 새로운 상황을 인정하기 시작했다. 케인스의 새로운 경제학은 경제학의 본래 영역을 훨씬 초월한다는 인상을 주었다. 케인스는 자본주의적 질서의 특징인 생산의 잠재력과 실제 생산량 사이의 명확한 불일치라는 전반적 불합리성에 자신이 직면해 있음을 알게 되었다."(배런 1984, 62쪽)

그러나 루스벨트 역시 "이 프로그램(뉴딜 정책)의 기본 명제는, 이윤 추구의 자유기업 체제가 이 세대에서 실패했다는 것이 아니라 그 체제가 아직 시도된 일이 없다는 것이다."라고 말했다. 그는 이어진 1936년 선거운동 기간에 "사적 이윤과 자유기업 체제를 구원한 것은 바로 나의 행정부였다."고 말했다.(보, 238쪽) 시장 자유기업 체제가 '포기된 길'이었다는 것이다. 이는 리오넬 로빈스가 자본주의 체제의 "자연스런 작동"을 저해하는 개입, 관세, 할

지옥으로 가는 길은 항상 선의로 포장돼 있다?

당, 보조금 지원 등과 같은 정책들을 포기할 용의가 있는지에 경기회복이 달려 있다고 주장한 것과 맥락을 같이한다. 케인스주의가 경제학자 집단을 장악하고 있던 당시 분위기에서, 경제학 영역의 투사로서 선봉에 선 쪽은 지금의 '주류' 신고전파경제학이었다. 리오넬 로빈스는 칠판 앞에 선 창백한 보수주의 경제학자를 넘어 매우 정치적인 행동을 주창했다.

"경제적 자유 체제란 단순히 간섭하지 말라는 초연한 권고가 아니었다. 그것은 방해가 되고 장애라고 생각되는 것들을 제거해야 한다는, 그리고 자유로운 개인의 개척자적 창의성이라는 거대한 잠재력이 해방되어야 한다는 긴급한 요구였다. 실천의 세계에서 그 주요한 장애에 맞서, 즉 기업과 노동조합의 특권에 맞서, 또 수입제한정책 등에 맞서 반대 운동을 벌이기 시작한 것도 이런 정신에서 나왔음은 말할 나위가 없다. 고전파경제학자들은 의문의 여지없이 그 지적인 선봉자들이었다."(배런 1984, 57쪽)

◤ 법인기업, 법을 벗어난 영역

주류 경제학이 기본으로 삼는 한계적 접근은, 소득수준 증가에 따라 추가로 부과되는 세금 1단위(1원)의 한계세율(평균세율이 아니라!)이 노동 공급 등 경제적 유인과 행동에 큰 영향(특히 왜곡)을 초래한다고 주장한다. 따라서 대부분의 경제모형은 세금을 도입하더라도 누진세보다는 정액세lump sum tax를 흔히 사용한다. 정액세는 노동 공급에 영향을 거의 주지 않고, 따라서 국가의 시장 개입(즉, 세금 부과)이 경제에 큰 변수가 되지 않는 순수 시장 모형이 유지될 수 있다고 보기 때문이다. 반면, 케인스는 자본가에게 누진적으로 과세를 늘려 한계소비성향이 높은 저소득층에게 재분배를 하면 총소비가 증가해 생산과 고용이 늘고, 이에 따라 소득이 증가해 결국 기업이 만든 상품이 더 잘 팔려 이윤도 증가하게 된다고 말한다.

미제스는 관점을 근본적으로 달리한다.

"누진세 체계의 밑바닥에 깔린 철학은 부자들의 소득과 부는 자유롭게 빼 와도 된다는 것이다. 누진세율의 주창자들이 깨닫지 못하고 있는 것은 조세로 과세된 소득의 대부분은 소비되지 않고 저축되고 투자될 수도 있었을 것이라는 점이다. 사실, 이 재정 정책은 더 많은 새로운 자본 형성을 가로막을 뿐만 아니라 자본의 축소를 가져온다."(버틀러, 218쪽)

밀턴 프리드먼의 지론처럼, 누진세가 노동자 1인당 투하된 자본의 양을 낮아지게 만들며, 결국 이러한 '몰수沒收적 조세'는 이 제도를 통해 도와주고자 했던 바로 그 저소득층의 소득을 더 낮아지게 만든다는 것이다.

조세 문제를 개별 기업과 개별 자본가의 영역 속에서 바라보면 어떻게 될까? 에르네스트 만델은 1972년에 쓴 《후기자본주의》에서 정경유착을 자본주의 생산구조의 변화 속에서 짚고 있다.

"19세기의 평범한 자본가는 사회의 질서와 평화, 그리고 자신의 사업 이익의 관점에서 법을 당연한 것으로 존중한 반면, 20세기의 전형적인 자본가는 점점 더 법을 벗어난 영역에서 (법의 실질적 위배 영역은 아니라 하더라도) 생활한다. 이러한 현상은 이제 공공연하게 용인된 사실이 되었다. 자본가들 혹은 자본주의 법인기업들이 세금으로 지불한 것은, 비록 국가 재정수입의 상당 부분이 궁극적으로 국가 계약이나 보조금 형태로 그들에게 역류하여 그들이 원래 지출하였던 것 이상을 가져다주겠지만, 그것이 자본으로서 직접 축적될 수는 없다. 따라서 조세 회피나 탈세는 자본주의 기업들을 위한 훌륭한 기술이 된다. 상아탑 경제학자들은 재정에 관한 현학적인 논문들에서 높은 직접세율은 곧 세금 포탈의 자동적인 증가로 중화되어 버리기 때문에 비생산적이라고 되풀이해서 주장한다. 따라서 시장의 무정부성

지옥으로 가는 길은 항상 선의로 포장돼 있다?

과 국가의 간섭주의 간의 기묘한 결합은 후기자본주의에서 법인기업들의 행동에 충실히 반영되어 있다. 그들은 세율을 가능한 낮추려 할 뿐만 아니라, 국고 수입의 급격한 증가를 전제로 하여 국가가 계약고를 올려 주고 보조금과 이윤을 보장해 주기를 기대한다. 국가에 대한 이와 같은 양면적(상극적) 관계는 후기자본주의 사회에 널리 만연된다. 이리하여 전자본주의 혹은 초기자본주의 사회에서 전형적이었던 행동, 사고, 윤리관이 재생산되어 노후한 상품생산사회에서 자본의 증식을 뒷받침해 준다. 고도로 발전한 산업국가들에서 워터게이트 사건이나 다나카 일본 수상의 뇌물 추문에서 폭로되었듯, 고위 정치인들 사이에 극단적 형태의 부패가 새롭게 확대되고 일반화된 것은 이러한 변화의 명백한 증거이다."(만델, 503쪽)

앨버트 카Albert Carr는 《하버드 비즈니스리뷰Harvard Business Review》 1970년 7~8월호에 쓴 〈기업 임원은 과연 양심이 있는가?〉라는 글에서 이렇게 말했다.

"시대적 양심에 따르는, 즉 양심의 관점에서 올바름과 그릇됨을 결정하는 기업은 살아남을 수가 없다. 예상이윤이나 처벌 면제로 사적 이윤이 보장되지 않는 한, 어떠한 기업도 사회적 이익에 공헌하리라고 기대할 수 없다. …… 법이 지닌 강제성조차도 때때로 기업의 사고방식으로는 올바름과 그릇됨의 판단 기준으로보다는 정부와 기업 간 거래의 한 요소로 간주된다. 연방상업위원회와 식의약청 및 기타 정부기관의 서류함에는, 처벌을 면할 수 있다고 믿는 때에는 주저 없이 법을 위반하거나 남용하는 존경할 만한(!) 기업에 관한 기록이 가득 차 있다. 결국 지불해야만 하는 벌금이 법을 위반함으로써 중간 과정에서 축적할 수 있는 이윤의 일부분이라는 계산이 섰을 때, 처벌받을 것이 예상되는 때조차 기업의 경영자들이 법을 위반하는 일은 흔히 있는 일이다."(만델, 502쪽)

국가가 자선사업에 세금을 면제해 주는 방식으로 사실상 민간 기업을 보조하는 것에 대해 비판하는 목소리도 있다. 주간 《이코노미스트》 2012년 6월 9일자 기사 〈달콤해진 자선사업Sweetened charity〉을 보면, 1863년 당시 "경제적 자유주의 역사상 가장 위대한 재무 관료로 평가되는(슘페터 2013(제2권), 56쪽) 윌리엄 글래드스턴William Gladstone은 자선 기부금에 대한 세금 공제 제도를 폐지해야 한다면서 다음과 같이 말했다. "절대 놓쳐서는 안 되는 사실은, 모든 세금 면제는 A라는 사람의 세금을 줄여 주기 위해 B라는 사람이 대신 돈을 내도록 한다는 것이다. 이것은 정당하지 않다. 면제의 대가로 다른 사람들, 즉 가족을 부양하기 위해 노동하는 일반 노동자들에게 세금을 더 걷어야 한다는 것이다. 더 중요한 사실은 세금 면제로 독려된 자선은, 대개 부유한 독지가에게 그렇지 않았으면 누리기 힘든 신용과 명예를 부여하는 쪽으로 고안된다는 점이다."

물론 기부금 세금 공제로 국가 세수가 줄어들겠지만 세금-기부금 탄력성elasticity이 크다면, 즉 100원의 세금을 면제해 주었을 때 기부금이 100원 이상이라면 국가가 직접 세금을 걷어 구호사업에 지출하는 것보다 낫다. 그러나 현실에서 세금 공제를 해 주든 해 주지 않든 기업들이 자선사업에 내는 기부금은 큰 차이가 없을 수도 있다. 기업에 제공하는 각종 세금감면 조처는 결국 그만큼 국민들의 부담으로 돌아간다.

지옥으로 가는 길은 항상 선의로 포장돼 있다?

애덤의 오류
과학인가, 신학인가?

여기서 다시 경제학에서 이데올로기와 과학의 문제를 철학적인 시야에서 살펴보는 지점으로 돌아가자. 던컨 폴리는 《아담의 오류Adam's Fallacy》에서 "하지만 나는 《국부론》을 읽은 사람이라면 누구나 스미스가 (내가 '오류'라고 지칭한 그 렌즈를 통해) 세계를 잘 보여 주고 있다고 믿으며 책을 덮는 것이 좀 더 진실에 가까울 거라고 주장하고 싶다. 스미스는 너무도 영리하고 교활해서 자신의 오류를 날것 그대로 보여 주지 않는다."고 말했다.(폴리, 11쪽)

폴리는 애덤 스미스의 저작에 담겨 있는 경제학의 유의미한 의미들을 '철학적 혼란'으로부터 가려내고, 그가 주장하는 과학적 진리의 핵심을 '도덕철학'으로부터 분리해 낼 수 있는 방법은 없다고 주장한다. 스미스 이후에 정치경제학과 경제학이 이 두 가지 사고방식을 계속해서 조합했다는 것

이다. "따라서 스미스의 오류는 단지 스미스의 모호한 도덕적 '주장'에만 있
는 것이 아니라, 자본주의적인 경제적 삶과 그것으로부터 유래하는 관계를
바라보는 '방식'에도 있는 것이다."(폴리, 19쪽)

 ## 모순에 찬 자본주의적 경제적 삶

폴리는 근본적으로 경제학이 가장 흥미롭고 추상적인 수준에서 보면 연
역적이거나 귀납적인 과학이 아니라 사변적인 철학 담론이라고 생각하며,
그 점을 강조하기 위해 자기 책의 부제를 '경제신학economic theology에 대한
안내서'라고 붙였다.

"애덤 스미스의 저작이 지닌 가장 중요한 측면은 경제가 작동하는 방식
에 관한 구체적 설명이 아니라(물론 그에 대한 많은 것들을 알려 주긴 했지만), 우리
가 자본주의적인 경제적 삶에 대해 어떻게 생각하며 그것이 우리에게 주
는 복잡하고도 모순적인 경험에 대해 어떤 태도를 취하는 것이 온당한지
에 대한 논의다. 이는 사실이 아니라 신념과 믿음, 따라서 신학적인 것에
대한 논의다.(또는 이데올로기적인 것이지만, 마르크스주의적 사회과학이 애용하는 이 용
어는 내가 꺼리는 매우 논쟁적인 태도들을 수반한다.)"(폴리, 12쪽)

사람의 사회경제적 행동의 과정과 요인을 밝혀내는 건 사회과학의 가장
오래된 근본 질문 중 하나다. 행동을 어떻게 선택하고, 선택의 비교 기준
은 무엇이며, 무엇을 알거나 모르고 있다는 사실을 스스로 얼마나 정확히
알고 있으며, 이 모든 것들을 판단하는 데 이성은 어떤 역할 혹은 모험을
하게 되는가? 미국 작가 존 업다이크John Updike의 장편소설《달려라 토끼
Rabbit, Run》의 다음 대목은 이에 대한 한 가지 시사를 던져 준다.

"모든 것의, 두 사람의 마음과 상황의 배후에서 그는 루시를 지배하고 있

지옥으로 가는 길은 항상 선의로 포장돼 있다?

다. 마치 멀리 떨어져 있는 섬의 선취권을 조상으로부터 물려받고 있는 것처럼. 그리고 루시의 피부, 머리 모양, 신경과 혈관까지 그의 지배를 받아들일 준비가 되어 있다.—그것은 분명히 알고 있다. 그러나 그 준비가 완료된 태세와 그와의 사이에는 갖가지 이성理性이 방해를 하고 있다."(업다이크. 251쪽)

"토끼는 머릿속을 정리한 다음 자신이 갈 길을 택하려고 그 근처를 한 블록쯤 어슬렁거리기로 한다. 이상하게도 사람을 행동으로 옮기게 하는 동기는 아주 단순한데도 사람이 돌아다닐 영역은 매우 혼잡하다. 다리는 생각을 되찾아서 가위처럼 매끄럽게 움직인다. 선善은 내부에 있고, 밖에는 아무것도 없다. 무게를 비교하려고 했던 갖가지 것에 무게 같은 것은 없다. 그는 갑자기 자신의 내면이 매우 진실되고, 뒤얽힌 두꺼운 그물 한복판에 생긴 순수한 공백처럼 느낀다."(업다이크. 319쪽)

경제'과학'을 이끈 과학적 이성과 관련하여, 최초의 근대인으로 불리는 르네 데카르트는 1619년 23세 생일을 앞두고 누군가에게 보낸 편지에서 새로운 수학에 대해 다음과 같이 말했다.

"자연 속의 연속적 및 비연속적인 그 어떤 수량에 관한 것이든 모든 질문에 답을 제시할 수 있는 완전히 새로운 과학적 기초를 찾아냈다. …… 어떤 문제는 직선과 원으로, 다른 문제는 곡선만으로 문제를 풀 수 있다. 나는 특정한 문제는 오직 한 가지 특정한 방법으로만 풀 수 있음을 진정으로 보여 주고자 한다. 그렇게 하면 기하학은 더 이상 발견할 것이 존재하지 않는 상태가 될 것이다. 그 일은 너무 광대하고 한 사람의 힘으로 성취하기

▶ "그 환상이 토끼를 달리게 한다. 손이 저절로 올라가고, 바람이 귓전에 와 닿는다. 발뒤꿈치는 처음에는 무겁게 포장도로를 차고 있지만, 일종의 달콤한 공포가 엄습하여 가볍게 몸을 움츠리자 차츰 가볍고 빠르고 그리고 평온해진다. 토끼는 달린다. 아아, 달린다, 달린다."(업다이크. 320쪽)

는 불가능하다. 그러나 모험할 가치가 있는 만큼 믿기도 어렵다. 하지만 나는 과학의 어두운 카오스 속에서 어떤 한 줄기 빛을 보았다. 짙은 먹구름을 걷어내 준 데 감사드린다."(Hawking, 2005, p.287)

데카르트 이래로 이성에 대한 공고한 믿음은 사회주의 혹은 공산주의라는 새로운 사회 설계로 이어졌다. 이성의 계획과 모험에 대한 비판은 사회과학 거인들의 오랜 질문이자 답변이었다. "맨 처음에 그들(공산주의자)은 노동자들이 그들의 처지를 개선하려는 투쟁을 지원한다. 그런데 모든 예언 예측과는 반대로, 그 투쟁은 성공한다. 그래서 요구들은 충족된다. 분명한 것은, 그들이 승리를 거둔 까닭이 그들의 요구가 그다지 많지 않기 때문이라는 것이다. 그리하여 또 새로운 요구가 대두한다. 또다시 그 요구가 충족된다. 궁핍이 줄어 감에 따라 노동자들의 원한은 차츰 약화되어, 혁명을 위한 음모를 꾸미기보다는 임금 인상을 홍정할 마음의 여유가 생긴다."(포퍼 1996, 261쪽)

공산주의자들에게서 눈을 돌린 사람들은 노동자계급의 전위대라고 그들이 묘사한 사람들이다. '사태가 악화될수록 좋다. 궁핍이 혁명을 촉진시키므로'라는 그들의 암묵적 원칙은 노동자들의 의심을 산다. 이 원칙을 잘 적용할수록 노동자들의 마음속에는 더 고약한 의심이 뿌리를 내린다. 노동자들은 현실주의자들이기 때문이다.

혁명이 아닌 임금 홍정이나 노동계급의 현실주의적 태도는 좌파 세력 내부의 노선 싸움에서도 그 일면을 읽을 수 있다. 진보 좌파일수록 한 개인의 빼어난 사상가 및 혁명가를 추종하고 그가 쓴 정통 교본에 의존하는 경향이 강하다. 그런데 홍미롭게도 노동 좌파 내부에선 역사적으로 온갖 파벌과 계파, 계량주의, 수정주의 노선이 파생되어 나오곤 했다. 하지만 자세히 들여다보면, 노선의 차이도 있긴 하지만, 변혁 노선뿐 아니라 인물 중심의 차이가 분열을 초래하는 경향이 흔하다. 실제로 노선의 차이는 생각보

지옥으로 가는 길은 항상 선의로 포장돼 있다?

다 그다지 크지 않은 경우도 많다. 예컨대 현대자동차 울산공장의 현장 노동조직은 10여 개가 넘는데 각 조직별 이념적 지향의 차이는 그리 크지 않다. 오히려 각 조직을 처음에 만들고 이끈 어떤 인물 개인을 중심으로 뭉친 조직이란 성격이 강하다. 노동조합 집행부 선거 때마다 선거 중심으로 조직들이 활발하게 활동하며, 선거를 계기로 조직들이 성립되고 분리, 통합되는 양상을 보이는 것이다. 이러한 조직적 분화는 노동운동 전망에 대한 정치노선 상의 차이라기보다는 인물 중심의 구도에서 비롯되고 있는 것이다.

 그것은 이론이 아니라 믿음이었다

그런데 박호성은 공산주의가 유토피아 사상이기 때문에 더욱 찬연하다고 말한다. "마르크스와 엥겔스에게 공산주의는 '만들어져야 할 상황이 아니라 현실이 지향해야 할 이상'이며 '현재의 상황을 척결하는 참다운 운동'이었던 것이다. 이렇게 볼 때 그들에게 공산주의는 하나의 '거울'과도 같은 것이 아니었을까? 말하자면 그들이 몸담고 있던 자본주의의 추악한 몰골을 비춰 보면서 끊임없이 새로운 세계로의 도약을 단근질했던 하나의 원대한 정신이며 빛나는 꿈이 아니었던가? 말하자면 그것은 유토피아였다. 그러나 지극히 현실적인 유토피아였다."(박호성, 353쪽)

인간의 정치경제 세계에서 문제의 영원한 해결은 있을 수 없다. 문제의 영원한 지속만 있을 뿐이다. 그러나 그렇기 때문에 인간에게는 유토피아가 필연적으로 요구된다. 유토피아는 실현될 수 없는 것임에도 불구하고 그것이 실현될 수 있다는 꿈을 우리에게 끊임없이 불러일으킨다. 그를 통해 우리 인간은 앞으로 나아가는 힘을 얻는다. 이러한 힘이야말로 결코 뿌리칠 수 없는 역사 발전의 동력인 것이다.(박호성, 404쪽)

근대적 시민민주주의와 자본주의 발전 그리고 종교적 지배의 조건에 대한 막스 베버의 다음과 같은 말은, '성장하는 노동자'의 관점에서 자본주의와 민주주의, 종교 간의 관계를 이해할 수 있게 해 준다. 노동자계급의 고양이 종교 세계의 변화까지 초래했다는 것이다.

"자본주의는 가톨릭 종교계급의 만만찮은 정면 저항을 물리치고 승리의 행군을 지속했다. …… 자본주의와 부르주아민주주의 세력에게 위협을 느낀 모든 전통적인 계층들, 즉 소시민과 귀족 그리고 한때 자본주의와 결탁하여 세력을 강화했으나 이제는 오히려 시민계급의 지배권 도전에 위협을 느낀 군주들까지 교회로 찾아들었다. 노동자계급의 돌진 앞에 지위가 흔들린 부르주아계급 역시 교회로 피난해 들어갔다. …… 가톨릭 종교계급은 자신의 윤리적 관점에 따라 노동자들이 기업인들에게 예속되는 자본주의적 의존에서 탈피하여 자신들의 개인적 권위, 다시 말해 박애와 사랑에 예속되도록 노력했다. 특히 반권위주의적인 프롤레타리아운동의 분출을 막는 복지제도를 권장했고, 가급적이면 적어도 외형상 가족적이고 가부장적 성격을 보이는 수공업을 옹호하면서 반권위주의적 계급의식을 굳힐 공산이 큰 공장들이 집결하는 것을 경계했다."(베버 1981, 299~300쪽)

《빵과 포도주Brot und Wein》에서 이탈리아 파시즘을 고발한 이그나치오 실로네Ignazio Silone는 "나는 사회주의 정치 형태가 어떤 특정한 이론과 결부되어 있는 것이 아니라 믿음과 결부되어 있다고 생각한다. 사회주의 이론이 과학적임을 공언하면 할수록 그만큼 더 공허해질 뿐이다. 그렇지만 사회주의가 보유하고 있는 가치들은 영원한 것이다."(실로네, 390쪽) 라고 말했다.

▶ 자본주의 비판과 사회주의 지향, 그 사이에서 일그러진 형태로 등장한 것이 파시즘이라고 할 때 그 뒤틀린 체제를 역설한 사상가로 흔히 토머스 칼라일을 지목한다. 아놀드 하우저는 칼

지옥으로 가는 길은 항상 선의로 포장돼 있다?

이론에 앞서 품성을 강조하기는 1980년대 중반 한국의 대학가도 마찬가지였다. 1986년 4월 대학가를 흔들었던 한 팸플릿 '우리는 간첩 박헌영으로부터 무엇을 배울 것인가'로 시작되는 〈강철서신〉 시리즈는 '철의 규율'과 '피의 동지애'로 결합된 투쟁조직에서 강철같이 단련된 혁명가를 키워 내자고 외쳤다.

"한 노동자를 혁명운동에 지속적으로 참여하게 하고 혁명적 의지를 고양시켜 주는 것은 무엇인가? 또 이를 지도하는 혁명가를 동요하지 않고 일관되게 앞장서서 지도할 수 있게 하는 것은 무엇인가? 지식인가? 재능인가? 울분인가? 가난의 고통인가? 명예에 대한 욕구인가? 나는 이 물음에 다만 '아니오'라고 답한다. …… 그러면 무엇인가? 나는 그것을 한마디로 신념과 의리라고 답한다."▶

라일을 정서적 성향의 사상가로, 사태의 진상을 감추고 자본주의에 대한 투쟁을 하나의 낭만적이고 반동적인 역사열歷史熱로 변질시켰다고 말한다. "(낭만주의의) 이 모든 이론과 경향들은 자유주의와 합리주의를 거부하고 현재의 복잡한 문제성을 떠나 더 높은 초인간적 ·초자연적 질서에서, 개인주의 및 자유주의 사회의 혼란을 벗어난 어떤 영구불변의 상태에서, 피난처를 구하는 것이다. 가장 크고 유혹적인 목소리는 칼라일의 음성으로, 그는 무솔리니와 히틀러로 향하는 길을 준비한 마법의 풍적수風笛手 중에서 최초이자 가장 개성적인 인물이었다. 왜냐하면, 그가 발휘한 영향력이 어느 점에서 아무리 중요하고 성과 있는 것이었다 하더라도 그는 역시 혼란스런 두뇌의 소유자였고, 무한과 영원에의 열광, 초인의 윤리와 영웅 숭배 등 자욱한 안개와 연기의 구름으로써 몇 세대의 사람들에게 객관적 사실을 흐리거나 숨긴 장본인이다. "(하우저, 현대편, 112~113쪽)

▶ 유청, 《종파주의 연구》, 두리출판, 1989, 100쪽

경제와 정치
경제학 속의 '정치'이론

3

"농촌 근대화라는 거국적인 명제를 내세우고 추진하는 일에 어민 구실도 제대로 못해 본 채 갯물만 허거풀 쓰듯 켜 온 몇몇 어민들의 절규란 결국 자신들의 무능과 소외감만을 재확인시켜 줄 뿐, 아무런 보람도 구경하지 못하리라고 일깨워 주지 않을 수 없던 거였다. 이날 입때껏 정부 덕을 입어 산 적이 한 번이나 있었던가를 되묻지 않을 수 없었고 어느 기관이 무슨 일을 하든 모른 척해야 한다. 우리는 다만 우리 손으로 자식을 낳아 길렀듯, 우리에게 돌아오는 세월을 우리 힘으로 맞아야 하리라고 설득하지 않곤 견디지 못하겠던 거였다."

— 이문구, 《해벽》

"…… 어리석게도 우리는 무엇인가를 / 정치와는 전혀 관계없는 무엇인가를/위해서 살리라 믿었던 것이다……"

— 김광규, 〈희미한 옛사랑의 그림자〉

"…… 인생은 때로 그런 것이지 / 하지만 앞으로 달라질 거야 / …… /인생은 참으로 알 수 없는 것이지 / 하지만 누구나 자기 길을 가는 거니까 / 오지 않는 버스를 기다리며 / 나는 그렇게 생각했다……"

— 김광규, 〈늦깎이〉

정치인을 믿지 말라 vs 경제학자를 믿지 말라
국가관리

제임스 뷰캐넌은 《윤리와 경제 진보Ethics and Economic Progress》에서 애덤 스미스를 '스코틀랜드의 영혼scottish soul'이라고 불렀다. 조금 과장해서 확대 해석한다면, 뷰캐넌이 '영혼'이라고 말한 바탕에는 정치인들이 공공의 이익을 위해 일한다고 하지만 사실은 정치인 자신의 이해관계에 따라 효용 극대화 행동을 하는 것으로 본다는 의미가 깔려 있다. 정치인의 머릿속에도 스코틀랜드의 효용 극대화 영혼이 지배하고 있다는, 뷰캐넌의 이른바 '공공 정책이론'이다.

몽테스키외는, 개인적인 욕구를 추구하는 인간은 자신도 모르는 사이에 공공의 이익을 도모하게 된다는 스미스의 '보이지 않는 손' 개념을 금전욕이 아닌 명예욕과 관련하여 제시한 바 있다. 몽테스키외는 《법의 정신》 제3권 7장에서, 군주정치에서 명예욕은 "정치체제의 모든 부문을 활성화시키

고, 결과적으로 각자 자신의 이익을 위해 움직인다고 생각하지만 사실은
모두가 공공의 복리에 공헌하게 된다."(허시먼 1994, 19쪽)고 말했다.

다른 조건이 불변ceteris paribus이라면!

　정치인은 과연 공익을 위해 봉사하는 진정한 의미의 '선량善良'일까? 마키
아벨리는 《군주론》 제18장 '군주는 어디까지 약속을 지켜야 하는가?'라고
묻는 장에서 군주는 여우와 사자의 모습을 함께 지녀야 한다고 설파했다.
"군주는 짐승의 방법을 잘 이용할 줄 알아야 하는데, 그중에서도 여우와
사자를 모방해야 합니다. 왜냐하면 사자는 함정에 빠지기 쉽고 여우는 늑
대를 물리칠 수 없기 때문입니다. 함정을 알아차리려면 여우가 되어야 하
고, 늑대를 혼내 주려면 사자가 되어야 합니다."(마키아벨리, 119쪽) 현명한 군주
는 단순히 사자의 폭력에만 의지해선 안 되며, 여우의 교활함도 활용해야
한다는 것이다.

　이러한 정치가의 모습과 경제학이 그리는 정치의 세계는 실로 다르다.
물론 정치는 1인 1표의 원리가 지배하며, 경제적 시장에서는 1원 1표의 원
리가 지배한다. 정치와 민주주의는 1원 1표에 따른 시장의 자원 할당과
배분 및 분배에 개입하여, 갤브레이스가 말한 정치적 상쇄력countervailing
power을 통해 1인 1표의 평등과 형평으로 사회를 이끌어 가는 기구라고,
그런 기구여야 한다고 흔히 말한다. 반면, 법률·정책 등의 제도로 시장의
작동을 단순히 지원하는 기구가 국가라는 설명도 있다. 아무튼 이런 기능
을 수행하기 위해 국가는 군대와 경찰이라는 물질적 폭력기구를 보유할
수 있는 유일한 조직이자, 동시에 화폐의 독점적 발행권 및 독점적 조세 징
수권까지, 세 가지 독점을 향유한다. 정치학자 앤서니 다운스는 《민주주의

경제학 이론An Economic Theory of Democracy》(1957)에서, 국가는 "득표와 집권을 위해" 사회경제적 약자를 위한 통화·조세·재정정책을 펴고 로빈 후드적 재분배 경향을 띤다고 말한다.

'경제적 인간Homo Economicus'과 '정치적 인간Homo Politicus'의 합성으로서의 인간은 어떤 유형일까? 더 정확하게는, 정치적 인간은 경제적 인간의 어떤 면을 닮거나 닮지 않은 것일까?

"어떤 기업의 이사는 일을 즐길 뿐만 아니라 더 많은 구매 능력을 얻기 위해 높은 월급을 받으며 일을 한다. 따라서 구매력을 얻는 것만이 유일한 참된 동기라고 간주하는 것은 자의적이며 오류에 찬 견해이다. 그렇지만 이 연구는 심리학적 합리성이 아니라 경제적·정치적 합리성에 대한 연구이다. 어떤 사람이 정치적 관점에서 A당을 선호하는데, 그가 B당을 찍지 않으면 아내가 화를 낸다고 가정하자. 그에게는 아내를 화나지 않게 하는 것이 A당에 투표하는 것보다 더 중요할 수 있다. 이때 그가 B당에 투표하는 것은 개인적으로는 완전히 합리적이다. 그러나 우리 모델에서 그러한 행동은 비정치적 목표를 위하여 정치적 제도를 이용하기 때문에 비합리적이라고 간주한다. 이처럼 어떤 개인에게 어떤 행위가 합리적인가를 논의할 때, 우리는 그 개인의 개성 전체를 고려하지 않는다. 각각의 행위가 지향하는 목표는 엄청나게 다양하고 동기는 복잡하다. 우리의 모델은 그런 복잡한 것들을 허용하지 않는다. 베블런과 몇몇 사람이 혹평했던 사악한 '경제적 인간'에 대응하는 우리의 '정치적 인간'은 유권자 집단의 평균적 인간, 즉 우리 민주주의 모델의 합리적 인간이다. 우리는 이 정치적 인간이 미래에 대해 확신하지 못한다고 인정한다. 따라서 그는 공리주의적인 경제적 인간처럼 계산을 잘하는 성격의 인물로 나타나지는 않을 것이다. 그럼에도 불구하고 그는 현실의 인간이 지니고 있는 여러 가지 풍부함과는 거리가 있는 하나의 추상으로 존재한다. 한쪽 눈으로 자신이 얻게 될 이익을 보고 다른 한쪽 눈으로 비용을 계산하며, 양자 사이에서 균형을 모색하는 미묘한 능력과, 합리성이 인도하는 곳이라면 어디라도 따라가는 강한 욕망을 가지고 각각의 상황에 접근한다고 가정한다."(다운스, 28~30쪽)

물론 경험이 가르쳐 주는 바에 따르면, 현실 세계의 많은 사람들은 거창한 경제적·정치적 후생을 고려하거나 정치적 선호를 표현하는 것보다는, 가족의 평화를 지키고 불화를 피하기 위한 절충을 중시하기 마련이다. "그럼에도 불구하고 경제적·정치적 분석 모델에 거주하는 인간은 자신의 행동을 주로 정치적·경제적 후생에 따라 결정한다고 가정한다." 그렇지 않으면 모든 분석이 의미가 없어지기 때문이다.

여기서 좀 더 나아가자면, '다른 모든 조건이 불변ceteris paribus'이라는 경제학 교과서의 가정에 대해 경제학자들도 그 비현실성을 충분히 인정하고 이해한다. 다소 옆길로 새는 얘기가 될지 모르지만, 프레더릭 테일러는《과학적 관리법》(1911)에서 금속의 절삭 속도에 영향을 미치는 12개 독립변수의 효과를 연구하는 데 (잠시 중단된 적도 있고) "많은 이들이 말도 안 된다고 놀랄지 모르"지만, 무려 26년이 걸렸다고 술회한 바 있다. 여기서 12개 변수는 최단 시간 내에 작업하는 데 필요한 절삭 속도와 이송 속도를 알아내기 위한 것으로, 모든 해답은 복잡 미묘한 수학적 문제의 해결을 요구했다. 특히 공구의 접촉 각, 절삭 깊이 등 12개 변수 각각의 효과를 측정할 때마다 나머지 11개 변수를 일정하게 유지하는 것이 어려워 긴 시간이 소요되었다고 한다.(테일러, 124쪽) '모든 조건이 불변'이라는 조건이 현실에서 얼마나 관철되기 어려운지, 경제이론의 이 가정이 얼마나 추상적인지 보여 주는 한 대목이다. 그럼에도 불구하고 "심리학적 측면을 의도적으로 배제하고 다른 조건을 통제하는 분석모형을 동원하지 않는다면, 분석이라는 학문적 시도 자체가 의미 없어진다."고 했을 때, 그것은 우파 경제학자가 말했든 좌파 경제학자가 말했든 옳다.

이제 시야와 지평을 넓혀 국가에 대한 이야기로 넘어가 보자. 물론 국가론이 아니라 '국가와 경제', '국가와 자본'에 대한 얘기다. 국가에 대한 분석은 언제나 사회과학의 아킬레스건이었다. 고전파 및 신고전파적 전통을 이어받은 경제학자들이 국가를 완전히 무시하거나 혹은 그 역할을 시장과 관련된 매개적 기관으로 축소하고 있다면, 마르크스주의적 전통에 충실한 학자들 또한 상당한 어려움을 겪으면서도 그것을 해결하지 못하는 이론적 무능함을 보여 주었다.(아글리에타, 49쪽) ▶

통화량 조절 같은 금융정책이나 재정정책(총수요 관리, 세금정책 등)은 정치적 판단에 따라 이뤄지는데, 주류 신고전파경제학은 이러한 '자유재량'을 몹시 싫어한다. 즉, 통화주의가 주창하듯이 "화폐는 너무나 중요한 물건이기 때문에 [정치로부터 독립적이지 않은 자유재량적 정책을 펴는] 중앙은행에만 맡겨 둘 수 없다"는 것이다. 그래서 화폐정책에 대한 일정한 준칙을 미리 제도화해 두고, 매일매일 변덕스러운 정치가와 경제 관료의 자의적인 조절 대신 법에 의한 통화량 규제가 이루어지도록 하자고 주창한다.(프리드먼 1990, 72쪽)

▶ 권위 있는 경제학 저널 중 하나인 《이코노믹레코드Economic Record》는 1975년 9월호 특집으로 '정치경제학의 부활Revival of Political Economy'을 다룬 바 있다. 케인스주의의 퇴조와 신고전파 시장자유주의의 재부활이라는 당시 상황 속에서, 케인스를 옹호하려는 케인스주의자들의 몸부림을 읽을 수 있다. 당시 이 특집에 참여한 경제학자는 제프리 하코트Geoffrey Harcourt, 모리스 도브Maurice Dobb, 프랭크 한Frank Hahn, 존 힉스John Hicks 등이다.

자본주의국가의 경제행위

앞서 언급한 국가의 세 가지 독점적 권한 중에서 조세 징수권부터 먼저 간단히 보는 것이 좋겠다. 슘페터는 근대국가를 14세기 이래 군주들의 재정적 위기의 산물로서 이른바 '조세국가tax state'라고 일컬었다. 나아가 국가를 파악할 때는 이른바 '국가 재정의 사회학fiscal sociology'이 중요하다고 강조했다.

"세금은 단순히 국가의 한 표면적 현상에 그치지 않고, 오히려 국가와 사회를 특정 방향으로 이끌어 가는 발전의 한 표현이다. 세금은 처음에 근대국가 창출create을 돕는 것을 넘어, 그 국가를 공고히 형성form하는 역할을 수행한다. 과세 시스템은 마치 발달하면서 또 다른 장기들을 부수적으로 만들어 내는 신체기관과 같다. 손에 장악한 징세권을 이용해 국가는 민간 경제에 침투하여 그 위에 점점 더 군림한다. 세금은 국가에 세수입을 가져다주면서도, 경제생활에서의 미래 예측 능력을 한 번도 겪어 보지 못한 궁지로 몰아넣어 혼란에 빠뜨린다. 그렇게 세금은 장기들을 발달시키는 유기체 기관의 형성 요인으로 작용한다. 세금의 종류와 과세 수준을 결정하는 건 사회구조지만, 일단 세금이 존재하게 되면 마치 사회적 권력이 사회구조를 장악한 뒤 그것을 변화시키듯 이제 세금이 사회구조를 지휘하는 힘을 갖는다. …… 세금과 국가는 매우 밀접한 관계를 맺고 있기 때문에, 세금이 국가 내부에 침투하여 국가의 본질 자체를 바꾸려 하는 건 당연하다. 그런 의미에서 국가라는 단어는 이제 우리가 직업적 일을 하면서 경험하는 사회적 삶의 한 요인으로서만 의미를 갖게 된다. 국가 역시 단지 하나의 공동체나 사회적 조직에 그치게 되는 셈이다. …… 근대국가의 생애에서 그 탄생의 첫 신호는 재정적 요구였다. 이는 왜 세금이 국가와 밀접한 관련을 맺어 왔으며, '조세국가'라는 표현이 쓸데없이 같은 말을 두 번 반복한 것에 불과한지 말해 준다."(Schumpeter, 1934)

숨페터는 근대국가가 자본주의의 동력을 파괴하거나 마비시키기 때문에 자본주의적 진화가 소멸되는, 즉 정확히 '침체'라고 묘사될 수 있는 상태로 나아가는 경향이 있다고 말했다. 과세 역시 이러한 방식으로 작용하는 여러 요소 중 대표적인 사례이며, "이윤을 추구하는 경제에서, 수익성 있는 사업의 객관적 기회가 줄어드는 것과 이윤이 창출된 후 세금으로 사라져 버리는 것은 분명히 같은 것"(슘페터 2013(제3권), 690쪽)이라고 주장했다. 그는 제1차 세계대전 이후 각국이 지나치게 큰 전비 부담으로 위기에 봉착하게 되고, 이를 피하려면 사회주의로 전환해 국가가 모든 부채 지불을 거부하는 수밖에 없다는 말까지 했다.(폴라니, 141쪽)

애쓰모글루도 경제활동이 왕성해지고 생산성이 높아지며 경제적 번영을 이루는 데 핵심적인 역할을 하는 것은 사유재산권 보장이라며, "생산하는 족족 도둑맞거나 몰수당하거나 세금을 내고 나면 남는 게 없을 거라고 걱정하는 사업가는, 투자와 혁신을 도모할 인센티브는커녕 일하고자 하는 유인조차 가지지 못할 것이다."(애쓰모글루, 119쪽)라고 말했다.

정치는 경제 영역을 교정할 힘으로서, 그런 가능성의 공간으로서 존재한다. 그러나 실제 자본주의 정치경제에서 선거에 의한 정치 영역으로서 국가는, 경제 영역의 자본을 더욱 도와주는 봉사하는 권력이 된다. 개별 자본이 국가와 조국을 넘어 세계시장에서 경쟁하는 것이 아니라 국가를 매개로 한 '국민적 자본'들, 말하자면 '국가=자본'들이 경쟁적 투쟁을 벌이는 단계를 독점자본주의라고 말한다. 말하자면 "GM에 좋은 것은 미국에 좋은 것이며 미국에 좋은 것은 곧 GM에 좋은 것이다." 전통적으로 독점과 경쟁은 서로 대체되거나 어느 한쪽으로 이행하는 과정으로 여겨졌으나, 사실은 둘이 상호 양립하거나 상호 상승할 수 있다.

쉬잔 드 브뤼노프Suzanne de Brunhoff는 《국가와 자본État et Capital》(1976) 첫 문장을 다음과 같이 시작했다.

"마르크스가 기술한 이른바 '원시적 축적'의 시기를 다루든, 혹은 19세기의 자본주의를 다루든, 혹은 좀 더 최근의 다국적기업의 발전을 다루든 '사적 자본은 항상 국가권력의 존재를 요청한다.' 왜 그래야만 하는가? 왜 자본주의적 생산과 유통은 특정 영역에서의 국가관리 및 조절 없이는 이루어질 수 없는가? 그리고 왜 이러한 관리적 조절은 특정 상황에서 경제정책이라는 형태를 취하는가? 우리가 관심을 갖고 있는 문제는, 따라서 자본주의국가가 경제적 역할을 갖는가라는 문제가 아니라, 어떻게 해서 국가가 자본주의적 발전의 핵심에서 그렇게 개입하는가이다."(브뤼노프, 13쪽)

'사회적 헌병'으로서의 역할에 덧붙여, 국가는 재화의 생산양식과 사회적 행위자의 재생산에 참여할 수 있다. (저렴한 노동의 정규적 공급과 불가분한) 특수한 상품인 노동력의 국가관리와 (화폐자본의 축적과 연계된) 화폐의 국가관리는 국가 개입의 기본 축이며, 자본주의적 생산 및 유통 일반과 분리될 수 없다. 노동력과 화폐는 양자 모두 상품의 세계에 속하지만, 그 세계 속에서 특수한 지위를 차지하고 있고, 이러한 지위가 국가 개입을 요청한다. 이것이 자본주의국가의 경제적 행동의 기초다.(브뤼노프, 16~17쪽)

다시 뷰캐넌의 논리로 돌아가자. 사실 "정치인을 믿지 말라"는 경구는 애덤 스미스 이래로 매우 뿌리가 깊다. 스미스는 어디선가 "개인이 자신이 가진 자본을 어떠한 방법으로 사용해야 하는지를 지시하려는 정치가는, 그 개인에게 가장 불필요한 주의를 기울이도록 부담을 지울 뿐만 아니라, 추밀원이나 의회 그 어디에도 안심하고 맡길 수 없는 권력을 가지려고 하는 것이다. 자신이 그것을 행사하는 데 적합하다고 망상할 만큼 어리석음과 억측을 갖고 있는 사람의 수중에 그 권력이 있을 때만큼 위험한 권력은 없다."(하이에크 1999, 93쪽)고 했다.

맨큐의 말은 좀 더 일반적이다. "우리가 경제정책에 관해 기억해야 할 점은, 그 정책들이 선의로 가득 찬 임금님에 의해 만들어지는 것이 아니라 너무나도 인간적인 욕구를 가진 보통 사람들에 의해 만들어진다는 점이다. 사람들은 어떤 때는 국가이익을 증진시키기 위해 일하지만, 어떤 때는 자신들의 정치적·금전적 욕심에 따라 움직이기도 한다. 현실의 경제정책이 경제학 교과서에 있는 이상적인 정책과 다르다고 해서 놀랄 필요는 없다."(맨큐, 574쪽) (여기서 우리는 경제학자들이 흔히 '자비롭고 전지전능한 사회계획자'를 가상의 인물로 설정한 뒤, 그런 계획자와 똑같은 역할을 시장이 수행하므로 계획자는 필요 없다고 증명하는 이 책 제1부 제4장을 떠올릴 수 있다. 거기서 우리가 사회계획자를 국가의 은유인 듯 여길 수 있으나, 여러 경제학자들의 머릿속에서 국가는 모든 사람에게 자비롭지도 전능하지도 못하다.)

경제학의 경계를 정치 영역으로 확장한 대표적인 학자들은 1960년대 제임스 뷰캐넌, 고든 털록, 앤서니 다운스, 맨커 올슨 등이다. 이들은 표준적인 경제학 모델과 분석 기법을 정부와 관료들이 내리는 결정에 그대로 적용했다. 즉 투표자, 정치인, 관료 모두 그들 자신의 효용을 극대화하는 합리적 주체로 가정되었다.

"경제이론의 영역은 정부 역할의 지배력을 전혀 반영하지 못하고 있다. 합리적 생산자와 소비자에 대해 전통적으로 사용된 규칙들과 유사한 규칙이, 합리적인 정부 행위에 대해서는 일반적이고 현실에 부합하는 행위 규칙으로 발전되지 못했다. 결과적으로 정부는 일반균형이론▶ 속에서 사적 부

▶ 레옹 왈라스의 '일반균형(이론)'은 상호 영향을 미치며 작용하는 모든 시장에서 균형이 존재한다는 것으로, 케네스 애로와 제라드 드브뢰가 《가치이론》(1959)에서 일반경쟁균형의 존재를

경제와 정치· 경제학 속의 '정치'이론

문의 의사 결정자들과 성공적으로 통합되지 못했다."(다운스, 23쪽)

앤서니 다운스는 국가를 경제이론의 기반 위에서 분석한 대표적 인물이다. 다운스가 적절하게 말한 바 있듯이 "개인으로서 국가의 후생함수가 무엇인지는 아직 아무도 모르며, 지금까지 그것을 찾아내지도 못했다." 그러나 다운스는 국가의 후생함수를 득표 극대화 추구로 과감하게 설정하였다.

"전통적 경제이론의 일반자원배분 모델에 득표 극대화 정부를 추가했을 경우 개인의 한계균형에 어떤 일이 발생하는지를 검토한 작업의 결론은, 어떠한 사적 행위자도 전통적 이론에서 정상적인 것으로 간주되었던 한계균형에 도달하지 못하리라는 것이다. 대부분의 행위자는 몇 가지 조건들(시민들 간 표의 평등한 분배, 소득의 불평등한 분배, 과세 및 인플레이션 또는 양자 모두를 통해 시민들에게 자원의 일부를 내놓도록 강제할 수 있는 정부의 능력 등) 때문에 정부 행위로부터의 한계수익과 한계비용을 동등화시키지 못한다."(다운스, 266~267쪽)

뷰캐넌과 털록은 "자유로운 정부는 이기심과 질투에 기초해 있으며 신뢰를 기반으로 하지 않는다."는 토마스 제퍼슨의 말을 인용하면서, 정치와 국가 등 집단적 행동과 선택에서도, 개별적 경제인과 마찬가지로 자기 이익에 기초한 선택이 지배하고 있다고 주장한다.(Buchanan & Tullock, Chap.2) 정치적

이론적으로 증명한 바 있다. 애덤 스미스가 갈파한 '보이지 않는 손'이 작용할 수 있는 충분조건을 수학적 이론으로 밝혀낸 것이다. "순수이론에 관한 한, 내 견해로는 왈라스가 모든 경제학자 중에서 가장 뛰어난 인물이다. 혁명적인 창조성이라는 자질과 함께 고전적 종합이라는 특성까지 겸비하고 있는 그의 경제균형 체계는 이론물리학의 성과에 견줄 만한 유일한 경제학 저작이다. 이것과 비교할 때 당시나 그 이후의 대다수 이론적 저작은, 그 자체로 얼마나 가치가 있고 주관적으로 얼마나 독창적이든 간에 왈라스적 진리의 몇몇 특정한 측면을 따라잡고자 하는, 커다란 선박 옆에 붙어 있는 소형 보트들처럼 보인다."(슘페터 2013(제3권), 147쪽) 슘페터는 왈라스가 정교한 '경제학의 대헌장Magna Charta을' 썼다고 표현하고 있다.(슘페터 2013(제3권), 372쪽)

동의도 합리적 이해관계에 따른 계산에 의해 이뤄진다는 것으로, 순수 경제이론과 경제인의 개념을 정치에 확대한 것이다. 뷰캐넌은 〈정부 재정의 순수이론The Pure Theory of Government Finance〉이란 논문에서 국가의 의사결정과 관련하여, 국가를 자신의 독자적 목표를 갖는 독자적 개인으로 간주할 수 있다고 말했다. 이때 국가의 목표는 그 구성원인 개인들의 목표와 필연적으로 관련되는 것은 아니다. 오히려 국가는 추가적인 지출에서 발생하는 한계손실과 추가적인 조세수입에서 생겨나는 한계이익이 같아지도록 정부 지출과 조세를 조정하여 국가 자신의 복지 및 효용을 극대화하려고 행동한다. 그러나 뷰캐넌이 지적했듯이 이 접근법은 지적으로는 산뜻하지만 아무런 실질적 내용을 갖지 못할 수도 있다.(다운스, 39쪽)

 '민주주의 경제이론'의 함정

전통적으로 현실정치는 '가능한 것들의 예술the art of the possible', 즉 '타협의 예술the art of compromise'로 구성되어 있다고 인식되어 왔다. 그러나 뷰캐넌과 털록은 《동의의 계산The Calculus of Consent》(1974)(한국어판 제목 《국민합의의 분석》)에서 선거에 임한 정치가를 기업가처럼 취급하고, 또 정당을 주식회사나 합자회사처럼 간주한다.

"그것은 정치가들이 당선되거나 재선되기를 원하며, 정당이란 그저 선거에 승리하기 위해 조직된 정치가들의 자발적인 연합들에 지나지 않는다는 견해를 바탕으로 하고 있다. 주식회사는 그것을 조직하는 사람들의 개별적인 경제적 목적에 봉사하지만, 몇몇 목적을 위해서는 하나의 기능적인 개인으로 취급될 수 있다. 마찬가지로 정당은 그것을 조직하는 사람들의 개별적인 정치적 이익에 봉사하지만, 몇몇 목적을 위해서는 하나의 통일체로

간주될 수 있다. 대체로 이 연구 분야는 경제학에서 '기업이론'을 매우 닮았다."(뷰캐넌·털록, 631쪽)

뷰캐넌과 털록의 공공선택이론은 경제학의 경계에 관한 전통적인 가정에 끊임없는 도전과 어려운 질문을 제기한다. 경제학자들은 경제학이 사회과학들 중에서 (물리학에 비견되는 엄격한 수학적 모형을 사용한다는 점에서) 가장 엄격한 학문이며 사회과학의 여왕이라고 말해 왔다. 물론 잘 알려져 있다시피 영국의 좌파 경제학자 벤 파인Ben Fine 등은 이러한 경제학(자)을 오만한 '경제학 제국주의(자)'라고 비판했다.

롤스는 《정의론》에서 정부의 행위를 합리적 소비자·생산자 이론 속에 통합하자는 다운스의 주장을 다음과 같이 비판했다.

"이른바 '민주주의 경제이론', 즉 가격론의 기본적인 방법과 관념을 정부의 정치 과정에까지 확대하는 입장은 많은 장점을 갖고 있기는 하지만 조심스럽게 다뤄져야 한다. 왜냐하면 입헌 체제에 관한 이론은 그 규칙들을 당연한 것으로 받아들일 수 없으며, 그것들이 준수되리라고 단순히 가정할 수도 없기 때문이다. 이 경우에는 경쟁적인 시장의 제한조건과 유사한 것이 아무것도 없다. 따라서 정치 지도자들은 부분적으로 그들이 도덕적으로 허용될 수 있다고 생각하는 것에 의해 인도된다. 또한 어떠한 입헌적 견제와 균형의 체제도 그 과정을 정의로운 결과로 인도하는 '보이지 않는 손'을 확립하는 데 성공하지 못하기 때문에, 공공적인 정의감이 어느 정도

▶ 뷰캐넌과 털록은 수학적 모델보다는 언술적 논증을 선호했기 때문에 다수의 경제학 직업군과 절연되었고, 부분적으로 그 때문에 주요 경제학 저널에 논문을 실을 수 없었다. 또 경제학계의 이단아 소스타인 베블런과 경제 분야 베스트셀러 저자였던 존 갤브레이스는 경제학 직업군의 다수에게는 결코 진지하게 수용되지 않았다.(백하우스, 435~438쪽)

는 필요하다."(롤스, 631~632쪽)

슘페터의 다음과 같은 말은, 우리가 정치인이든 경제학자든 그 누구에게
도 회의하는 눈을 가져야 함을 다시금 깨닫게 한다.

"현대 경제이론의 또 다른 애통할 만한 예는, 경제학자들이 정치에 잠시
발을 담가 보고 싶어 하고 정치적 처방전을 여기저기 팔고 싶어 하며, 스스
로를 경제생활의 철학자로 자임하고픈 강한 성향에 빠져드는데, 그렇게 함
으로써 이들이 자신의 경제이론 상의 추론에 도입한 가치판단을 명시적으
로 밝힐 의무를 방기했다는 것이다."(슘페터 2013(제1권), 79쪽)

정주형 도적과 오쿤의 물통
정치와 경제

"권력이론은 정치학에서 오랫동안 성배聖杯였으나 그 성배는 이제껏 발견되지 않았다. 일부 경제학자들이 시장모형을 확대·연장하는 방법으로 권력을 다뤄 보고자 시도했다지만, 권력의 논리가 자발적 거래라는 시장 개념을 통해 설명될 수 없음은 너무나 명백하다. 정치권력은 복종·순응을 강제하는 능력이기 때문에 위압적 권위와 구속력이 개입되기 마련이다. 자발적 거래이론을 이해하는 것만으로는 충분하지 않다. 우리는 '힘의 논리' 또한 이해해야 한다."(올슨 2010, 60~61쪽)

경제학자로서 올슨은 지배 정치권력과 경제 발전 사이의 상호작용을 '조직 규모에 따라 달라지는 개인의 합리적 이익 기대'로 설명한다. 정치를 이해하고 설명하는 그의 접근 방식은 시장논리와 힘의 논리의 결합이다.

눌러산다고 도적이 아닐까

올슨에 따르면, 1920년대 중국 대부분 지역이 군벌의 지배 하에 있었는데, 어느 지역에서 한 군벌이 특정 마을을 점령한 뒤 그 마을에 간혹 출몰해 곡식을 빼앗아 가던 악질적인 유랑형 산적을 격파했다고 한다. 그 뒤 그가 점령한 지역 주민들은 그가 계속 머물러 주기를 원하고 다른 군벌이나 산적보다 그를 존경하고 선호했다. "얼핏 보기에 이 상황은 어리둥절하다. 이 군벌 '정주형 도적stationary bandit'이 계속 훔쳐 가며 지역 사람들에게 피해를 입히는데도, 피해 지역 주민들은 훔친 뒤에 떠나 버리는 '유랑형 도적roving bandit'보다 이 정주형 도적을 왜 더 선호하는가?"

올슨의 설명은 대략 이렇다. 많은 인구로 구성된 한 사회에서 남의 것을 훔치는 '각각의 개별적인' 강도는, 그 사회가 얻는 이득의 아주 작은 몫만을 얻거나 또는 그 사회가 잃는 손실의 아주 작은 몫만 부담하므로, 자신의 강도짓이 사회 전체에 입히는 피해를 무시한다. 이와 대조적으로 어느 지역 전체를 관할하며 범죄를 독점화하는 마피아 조직의 경우, 바로 그 독점력 때문에 '넓고 큰 이해'를 가지게 되며 강제력을 행사하는 과정에서 그 지역공동체의 이익을 고려하게 된다.(올슨 2010, 65쪽)

여기서 강조할 점은, 도적질이 독점화되면 유인 체계가 극적으로 달라진다는 것이다. 즉, 도적 두목의 입장에서 지역 주민들(피해자들)은 세금 납부의 원천이므로 그는 주민을 죽이거나 폭력을 휘두르는 범죄를 방지하기 위해 질서를 확립하고 사회기반시설 같은 '공공재'를 제공하는 등 지역공동체와 '폭넓은' 이해관계를 갖게 된다. 한 차례 약탈하고 떠나 버리는 유랑형 도적은 모든 것을 다 빼앗아 가겠지만, 지역을 지속적으로 점령하는 정주형 도적은 먼저 지역 주민들로부터 자신이 빼앗는 몫의 비율을 줄일 것이다. 지역의 피해자(주민들)가 더 많이 생산하고 상호 이득이 되는 거래를 하도록 만들 동기를 갖기 때문이다. 주민들이 더 높은 소득을 창출할수록 정주형 도적은 더 많이 갈취할 수 있으니까 말이다. 세금과 마찬가지로 갈취하는 비율을 정해 둔다면, 주민들은 그 몫을 뺀 나머지는 자신이 획득할 수 있으므로 더 많이 생산하려고 할 것이고, 도적 두목이 얻는 이득도 더 증대할 것이다. 정주형 도적은 사슴을 잡아먹는 여우가 아니고 가축을 보호하고 물을 제공하는 목장 주인에 더 가깝다.

"넓고 큰 이해관계를 가진 사람들로 하여금, 자신들의 힘을 어느 정도는 사회적 이익을 위해 사용하도록 하는 이 보이지 않는 손을 우리는 '왼쪽의 보이지 않는 손'이라고 부를 수도 있다. 이 '제2의 보이지 않는 손'을 배제하고는 권력·정부·정치에 관한 만족할 만한 이론이 존재할 수 없으며, 정부가 경제에 대해 말하는 선과 악에 대한 만족할 만한 이론이 있을 수 없다."
(올슨 2010, 74쪽)

올슨의 정주형 도적에 대한 이야기를 읽었던 것일까? 존 맥밀런은 인도네시아와 러시아 등에 만연한 관료와 정치인의 부패상을 언급하면서 다음과 같이 설명한다.

"모든 관료가 기업으로부터 돈을 갈취하는 데 혈안이 돼 있으면 기업의 투자 의지는 꺾이기 마련이다. 그 결과 이듬해 착복할 뇌물은 줄어들 수밖에 없다. 수뢰자의 탐욕이 생산활동을 저지함으로써 뇌물 액수가 점차 줄어드는 것이다. 이제 다른 상황을 가정해 보자. 일례로 관료들이 탐욕을 자제할 경우 장기적으로 더 많은 것이 들어올 수 있다고 생각할지 모른다. 갈취당하는 뇌물의 규모가 작으면 기업은 투자로 성장을 도모할 수 있다. 결국 더 큰 잉여수익이 창출되면서 수뢰자가 나중에 챙길 수 있는 몫은 커진다."(맥밀런. 249쪽)

미제스는 케인스의 《일반이론》이 신경제학이라거나 혁명이라기보다는 정치권력을 가진 자들에게 변명을 제공하는 이론에 불과했다고 신랄하게 비판한 바 있다.

"케인스가 강조한 정책은 영국을 포함한 거의 모든 정부에서 그의 《일반이론》이 출판되기 훨씬 전부터 시행해 오고 있던 정책들이었다. 케인스는 혁신자도, 경제문제를 다루는 새로운 방법의 챔피언도 아니었다. 그의 공헌은, 오히려 모든 경제학자들이 불안하게 여김에도 불구하고 정치권력을 쥐고 있는 이들에게 인기 있었던 정책들에 분명한 명분을 제시한 데 있다. 그의 업적은 이미 시행된 정책들을 합리화시킨 것이었다."(미제스. 88쪽)

시장에서 소득이 발생한 이후 국가가 세금 같은 제도를 매개로 '사후적으로' 소득 배분에 개입하는 경우, 상당수의 경제학자들은 소득재분배정책 자체의 필요성은 인정할지라도 그 정책을 수행하는 과정에서 관료 체제의 비능률이나 부패, 경직성 같은 부작용과 비효율이 수반된다고 주장한다. 밀턴 프리드먼은 소득분배정책이 "오히려 그 도움을 받아야 할 사람들에게 조차 후생의 축소를 가져올 수 있다."며 매우 논리적으로, 쉽게 이해할 수 있는 대중적 언어로 설파했다. 참고로, 아놀드 하우저는 찰스 디킨스에 대해 "그는 단순히 위대하기도 하고 대중적이기도 하다든가 또는 대중적임에도 불구하고 위대한 것이 아니라, 바로 대중적이기 때문에 위대한 극소수

▶ 미제스는 케인스가 《평화의 경제적 귀결》이란 책으로 1920년에 '정계에 입문했다'고 표현했다. "케인스는 징집에 반대하였지만 평화주의자는 아니었다. 그는 시민들 스스로 전쟁에 참여할 것인지 말 것인지를 결정할 수 있는 권리를 박탈하기 때문에 징집에 반대했다. 케인스는 공무원이었기 때문에 징집에서 면제되었다. 여기서 그의 진정성에 의문을 제기할 필요는 없다. 다만 미국인 대부분의 생각과 대립되는 개인의 권리에 대한 그의 믿음이 실로 매우 강했던 것만은 분명하다. ─미제스"(올슨 2003, 136쪽)

경제와 정치─경제학 속의 '정치'이론

의 예술가에 속한다."(하우저, 현대편, 123쪽)라고 했는데, 프리드먼의 주장 역시 어떤 의미에선 이와 유사한 듯싶다.▶

　프리드먼의 책들을 읽어 보면 알겠지만, 대부분의 책에서 다음과 같은 말이 발견된다. "놀라운 일은 지식인과 대중들이 여전히 속고 있다는 점이다. 누가 나에게 그 이유를 설명해 줄 수 있다면 좋겠다." 물론 여기서 프리드먼이 '속이는 그 누군가'로 지목하는 쪽은 국가와 정치인, 그리고 케인스이다. 예컨대, 가난한 사람에게 나누어 주려고 부자들에게 징수한 돈 중에서 정작 가난한 사람들에게는 30퍼센트도 도달하지 않고 나머지는 관료 조직을 통해 새어 나가는 비능률이 고질적인 문제라고 프리드먼은 도처에서 틈날 때마다 강조한다.(변형윤 · 이정전, 118쪽)

　이에 대해 경제학자 아서 오쿤Arthur Okun은 '새는 물통leaky bucket'의 비유로 반기를 들었다. 부자가 세금을 통해 가난한 자에게 돈을 이전할 때, 도중에 (집행 공무원의 인건비 등으로) 새어 나가는 물이 아까워 이전 자체를 반대해야 할까? "밀턴 프리드먼과 달리 나는 구멍 난 물통 실험에서 누출이 10퍼센트나 20퍼센트라면 소득재분배를 열광적으로 계속할 것이다. …… 나는 60퍼센트 누출이 보일 때까지만 소득재분배를 계속할 것이다."(이정우, 77쪽)

　주류 경제학은 다수의 진정한 평등을 위해서도 "시장에서 결정된" 생산성에 따른 분배가 필요하다고 주장한다. 시장이 수행하는 중요한 기능 중

▶ 경제사학자 마크 블로그는 프리드먼을 다음과 같이 평했다. "그를 한 번이라도 직접 본 적이 있는 모든 사람이 증언해 줄 수 있듯이 그는 경제학계에서 가장 위대한 토론자이다. 그의 외관(작은 키나 가늘고 비음이 나는 목소리)과 온화하고 정중한 태도가 토론에 매우 불리한 요소임에 비춰 볼 때 이것은 한층 더 놀라운 일이다. 그가 참여하는 어떤 공개토론에서건 그의 가차 없는 토론 스타일은 단 몇 분 만에 효과를 나타내기 시작하며, 토론이 끝날 때면 누가 승자인지에 대해 추호의 의심도 있을 수 없게 된다."(블로그, 102쪽)

하나가 평준화라며, 예컨대 노동의 자유로운 이동과 '노동시장을 통한 고용' (즉, 집단적 제도인 노동조합의 개입이 없는 개별 노동자와 고용주와의 고용계약)이 결과적으로 동일한 생산성을 가진 노동자들의 임금을 평준화시킴으로써 임금격차를 해소한다는 것이다. 자유로운 국제무역도 마찬가지 논리 위에 서 있다. 또한 완전경쟁시장 조건에서 모든 기업이 시장 평균 수준의 정상 이윤만을 얻고 아무도 초과이윤을 얻을 수 없다는 것이나, 모든 가계가 최적의 소비를 위해 일생 동안 소비평탄화consumption smoothing를 추구한다고 수리적으로 증명하는 것도 '시장의 균등화 기능'과 같은 맥락이다.

여러 이야기들이 다소 파상적으로 전개되었는데, 위에서 언급한 내용들의 공통적인 기반은 경제학자들이 흔히 "정치인의 유혹에 속지 말라"고 충고한다는 점에 있다. "어떤 정치가나 경제평론가들의 주장이 너무 그럴듯해서 믿기 어렵다고 생각되면 십중팔구 여러분의 판단이 옳은 것이다. 그들의 말이 공짜 점심을 제공하는 것처럼 들리면 여러분은 숨겨진 가격표를 찾으려 애써야 한다. 비용이 들지 않고 이득만 주는 정책은 거의 없기 때문이다. 경제학 공부는 정치적 발언에 널려 있는 허울 좋은 언어의 안개 속을 꿰뚫어 볼 수 있게 해 준다."(맨큐, 978쪽)

맨큐, 밀턴 프리드먼, 제임스 뷰캐넌은 합리성과 이성, 과학에 기초한 경제학원론의 가르침을 따라야 한다고 말한다. 정치인 역시 탐욕스럽고 자기

▶ 마르크스는 경쟁과 이윤율 균등화, 시장가격과 가치를 논하는 대목에서 "모든 문제는 다음과 같은 사실로부터 발생하고 있다. 즉, 상품들이 단순히 '상품'으로서 교환되는 것이 아니라 '자본의 생산물'로서 교환되며, 자본은 잉여가치 총량으로부터 각각의 크기에 비례하여 일정한 몫을 (동일한 크기의 자본에게는 동일한 분배 몫을) 요구하고 있다는 것이다."(마르크스, 제3권(상), 205쪽)라고 말하면서, "이윤은 일반적 원칙에서는 가격이 어떠하든 항상 동일하다. 파도치는 바다 위에 떠 있는 물체처럼 자기 위치를 지킨다.(코베트 1841)"고 덧붙였다.(마르크스, 제3권(상), 365쪽)

582

이익을 위한 정책을 펴기도 하기 때문이다.

모든 것을 집어삼키는 '국가독점자본주의'

"경제학자들은 소비자 행동을 분석할 때, 소비자들이 효용 수준을 극대화하는 재화와 서비스의 묶음을 선택한다고 가정한다. 기업행동을 분석할 때에는, 기업들이 이윤을 극대화하는 수량의 재화와 서비스를 생산한다고 가정한다. 그렇다면 경제학자들이 정치인들의 행동을 분석할 때는 어떻게 가정해야 할까? 정치인들도 목표가 있다. 정치 지도자들이 항상 사회 전체의 복지 증진, 효율과 형평의 조화를 위해 노력한다고 가정하면 아주 좋을 것이다. 그러나 이는 현실적인 가정은 아니다. 사적 이익은 소비자나 기업 경영자 못지않게 정치인들에게도 강력한 유인을 제공한다. 어떤 정치인은 선거에서 다시 당선되고 싶은 유인이 강하기 때문에 자신의 지지 기반을 강화하기 위해 국가의 이익을 희생시킬 수도 있다. 또 어떤 정치인은 순전히 탐욕을 위해 움직이기도 한다. 이것에 대해 확신이 서지 않는다면 공직자의 부정부패가 나라의 경제 발전을 가로막고 있는 수많은 가난한 나라들을 보면 된다."(맨큐, 574쪽)

국가가 가진 권력을 최소한으로 제한하려는 시도는, 역설적으로 자본주의경제에서 국가의 권능이 그만큼 커지고 있기 때문이다. 국민소득 중에서 국가가 수취하는 몫, 즉 예산의 증가는 국가의 성장을 측정하는 지표다.

"국가는 모든 것을 집어삼킨다. 국가란 좀바르트에 의하면 '거대한 기업과 같아서 그것을 지휘하는 사람들의 주요 목표는 가능한 한 많은 금과 은을 확보하는 것이다.' 경제 전반의 관점에서 볼 때, 우리는 국가에 그에 걸맞는 기대한 지위를 찾아 주어야 한다. 국가는 결코 가벼운 것이 아니

다."(브로델, 3-1권, 437쪽)

밀턴 프리드먼이 보기에 대부분의 정치가는 "개인적인 친구로서는 당신과 나를 사랑하고, 우리에게 진실을 말하며, 자기가 맡은 책임을 명예롭게 여기고 있으므로 우리가 신뢰할 수 있는 정직하고 훌륭한 사람들이다. 그러나 공복으로서의 그들은 진실이 아님을 알면서 주장하기도 하고, 지켜지지 않을 것임을 알고도 약속하며, 바람직하지 않은 법안임을 알면서도 입법하고 통과시키는"(프리드먼 2005, 68쪽) 사람이다. 프리드먼은 우리의 정치 구조가 갖는 근본적인 약점을 해결하기 위해 정치가들의 도덕의식 개혁을 촉구할 필요는 없다며, 흔히 잊고 있지만 간단한 방법이 있다고 말한다. 국가와 정치권력이 시장에 개입할 수 있는 범위와 권한을 줄이면 된다는 것이다.

"유권자는 투표 결과에 책임을 져야 한다. 궁극적으로 비난받아야 할 것은 우리가 선출한 사람들이 아니고 그들을 선출한 우리 자신의 잘못된 판단이다. 그 해결책으로 도덕의식 개혁을 부르짖을 필요는 없다. 그보다는 우리가 선출한 사람들의 권한을 필요한 정도로만 제한하는 것이 더욱 현명한 선택이다."(프리드먼 2005, 69쪽)

집권을 위한 득표 극대화가 개별 정치가 및 정치집단이 갖는 효용함수의 목적이라고 할 때, 한 가지 질문이 던져진다. 왜 민주주의 정부에서 재분배가 적절한 정도까지 또는 모든 사람들의 소득이 평등해질 때까지 이뤄지지 못하며, 빈민들이 부자를 향한 저항과 투쟁에 쉽사리 나서지 않게 되는가?

"첫째, 정치적 불확실성은 저소득층이 언젠가는 그들도 고소득을 획득하게 되리라고 믿게 한다. 따라서 '부자를 우려먹으려는' 바람은 그들 자신이 부자가 되리라는 희망으로 감소된다. 이는 민주정부의 자연스러운 '로빈 후드' 경향을 약화시킨다. 둘째, 투표권력의 분배가 평등하지 않다. 유권자는 더 많은 영향력을 지닌 그룹과 더 적은 영향력을 가진 그룹으로 나뉜다. 대개 최고 소득의 유권자들이 역시 가장 큰 정치권력을 갖는다. 그 효과는 로빈 후드 경향을 완전히 뒤덮어 버릴 수 있는 상쇄력을 만들어 낸다. 그럴 경우 합리적인 정부 행동은 심지어 빈자로부터 부자에게로 소득을 재분배할 수도 있다."(다운스, 265~266쪽)

정치와 경제를 탐색하는 이 자리에서 이제 남은 한 가지는 국가와 독점자본의 결합, 즉 '국가독점자본주의'이다. 국가가 그 성격상 공공이익을 도모하는 기구인지, 독점자본 등 특정 집단의 이익을 돕고 집행하는 기구인지를 둘러싼 논쟁은 오래전부터 이어졌다. (물론, 자본축적이 곧 경제성장을 뜻하고, 성장이 '보이지 않는 손'처럼 적하滴下효과trickle-down를 통해 모든 경제주체들에게 이익을 제공하게 된다는, 논리적으로 명쾌하고 실제 경험으로도 어느 정도 입증된 뿌리 깊은 신념이 있다. 그러나 이 믿음은 1980년대 이후 사회경제적 불평등과 양극화 심화 속에서 크게 흔들리며 파산하고 있다.)

'국가독점자본'의 시각에서 보면 자본은 도로나 통신 등의 경제 하부구조, 연구·교육 등 부담이 큰 과업, 심지어 군대까지 이윤 추구에 꼭 필요하지만 수익성이라고는 거의 없으면서 아주 많은 비용이 드는 일들을 국가에 떠맡기고 있다. 국가가 세금을 투입해 전국 곳곳에 도로망을 확충하면 자가용 운행의 효용이 증가해 현대자동차가 생산한 자동차가 더 잘 팔리게 된다. 그 외에도 공중위생, 사회보장 등의 많은 부분 역시 국가의 일이다. 더구나 자본은 염치불구하고 국가로부터 온갖 종류의 면세, 보조금, 지원금 등을 누린다.

"원래 국가는 엄청난 자금을 수취하고 또 그것을 재분배하는 기계이다. 국가는 받는 것보다 더 많은 돈을 사용하는 기계이며 따라서 돈을 차입하는 기계이기 때문이다. 자본은 이렇게 마르지 않는 샘을 늘 가까이하고 있다. 사적인 민간 영역을 특징짓는 기업가정신의 역동성이 국가 활동에 방해를 받는다는 것은 신화에 불과하다. 사실은 이와 반대로 국가의 특별한 활동들 가운데에서 전체 체제(다름 아닌 자본주의 체제)의 생존을 확보하는 수단을 발견한다."(브로델, 3-2권, 857~858쪽) 실제로 기업은 오히려 국가의 제도적 규제를 즐길 수도 있다. 규제가 그들을 치열한 경쟁으로부터 보호해 주기 때문이다.

독점자본주의가 번영을 누리는 것도 국가와 좋은 관계를 유지하거나 공생하는 덕분이다. 국가는 적극적 재정지출을 통해 민간투자를 떠받쳐 주고, 엄청난 공공조달 주문계약을 통해 기업의 상품을 구입해 주며, 해외시장의 문호를 열어 준다. 그 결과 '국가 영역의 확대는 개별 산업, 특히 독점산업 팽창에 필수불가결한 것'이 된다. 형식적으로는 경제권력과 정치권력이 분리되어 있지만, 양자는 아주 긴밀한 비형식적 관계를 맺고 있다. "자본과 국가 사이의 협정은 최근에 맺어진 것이 아니다. 이는 근대사의 수세기를 관통하는 일관된 현상이었다. 1557년의 카스티야든 1558년의 프랑스 왕정이든, 국가가 흔들릴 때마다 자본주의 역시 타격을 받았다."(브로델, 3-2권, 857~858쪽)

케인스는 1943년 4월 8일자 어느 저녁에 신용팽창(통화 확장을 통한 신용 공급)이 "돌로 빵을 만드는 기적"을 일으킨다고 썼다. 미제스는 그러나 케인스의 《일반이론》은 경제정책의 새 시대를 연 것이 아니라 오히려 시대의 끝을 장식했다며, 이미 그때 케인스가 추천한 정책들은 그 피할 수 없는 결말이 확연해지고 그 지속이 불가능해지는 시점에 가까웠다고 말했다. 케인스가 '경제학에 대한 신앙에 가까운 열정'을 그 추앙자들에게 불러일으켰으나 케인스주의의 기적은 실현되지 못했고, 돌은 빵이 되지 못했다는 것이다.(미제스, 81쪽)

'노동과 자본의 동거'로서 케인스주의 계급타협이 이끈 전후 황금시대는,

경제와 정치—경제학 속의 '정치'이론

스티븐 마글린과 줄리엣 쇼어가 제2차 세계대전 이후의 주요 특징이라고 파악했던 임금주도경제에 친노동정책이 결합된 체제였다. 즉, 실질임금 상승이 노동생산성과 이윤을 큰 폭으로 높이면서 노동자와 기업 '모두에게 이로운' 성장의 황금시대로 이어졌다.(Marglin & Schor 1990) 그러나 이에 대한 비판도 있다.

"케인스의 경제학은 부르주아경제학 그 자체였다. 유효수요, 총수요곡선, 자본의 한계효율, 필립스곡선 등과 같은 케인스 경제학 고유의 개념들은 한계효용, 한계비용, 한계수입, 일반균형과 같은 다른 주류 신고전파경제학의 명제들과 어떤 모순도 일으키지 않고 하나의 통일된 부르주아 이데올로기 체계의 일부를 이루고 있는 것으로 간주됐다. …… 케인스주의 경제학은 무엇보다 위기의 경제학이며 그 위기에 대한 지배계급의 대응 전략의 경제학이다."(정성진 2006, 352쪽)

경제학자 구글리엘모 카르체디Guglielmo Carchedi는 다음과 같이 말했다.

"케인스 경제정책을 통해 1930년대 대공황이 극복됐다는 주장은 타당성이 부족하다. 1930년대 대공황은 제2차 세계대전 개전까지도 극복되지 않았으며 전쟁을 겪으면서 극복됐다는 것이 경제사학계의 통설이다. 예컨대 '미국에서 뉴딜 정책 기간 동안 정부 지출은 1929년 102억 달러에서 1939년 175억 달러로 증가했지만, 같은 기간 GDP는 1044억 달러에서 911억 달러로 감소했으며 실업률은 3.2퍼센트에서 17.2퍼센트로 증가했다. 미국이 참전한 1941년 12월에서야 비로소 미국 경제는 대공황을 탈출했다."(정성진 2006, 355쪽) 정성진은 전후 황금시대는 적자재정을 통한 총수요 관리정책 같

카르체디는 "제2차 세계대전 이후 케인스주의 정책이 장기 호황을 가능하게 했다는 주장은 인과관계를 뒤집은 것이다. 즉, 제2차 세계대전 이후의 장기 호황이 케인스주의 정책을 가능

은 케인스 경제정책의 성과가 아니며, 이 황금시대의 배경이 된 것은 '영구 전쟁경제'였다고 주장한다. 황금시대는 전 세계적 규모의 대중투쟁 분쇄, 동서방 국가자본주의의 대결 구도 창출, 즉 냉전 체제 성립 및 영구 전쟁경제 작동을 통해서만 성립할 수 있었다는 것이다.(정성진 2006, 359쪽)

한편, 소스타인 베블런은 애덤 스미스의 《국부론》의 제목('국가의 부의 본질과 그 원인에 대한 연구')에서 따온 《평화의 본질과 그 존속 기간에 대한 연구 An Inquiry into the Nature of Peace and the Terms of Its Perpetuation》(1917)에서 현대 전쟁은 주로 '국가적 기업들'(국가독점자본)의 경쟁적 수요 때문에 발발한다며, 평화는 '소유권'과 그 소유권의 효력이 발휘될 수 있는 '가격제도'라는 두 요소의 '희생'으로만 유지될 수 있다고 주장했다.

하게 한 것이다. 그리고 장기 호황의 동력이 소진되고 이에 따라 잉여가치 생산도 둔화되면서 케인스주의 정책의 기초도 약화됐다."고 말했다.(정성진, 358쪽)

인류 역사의 대부분은 사실 매년 사계절 동안 전쟁을 수행하는 전국戰國시대였다. 20세기 최고의 정치철학자로 불리는 한나 아렌트Hannah Arendt는, 20세기의 기본적 정치 경험을 형성한 것은 의회 정부와 민주적 정당 기제가 아니라 전쟁과 혁명이었다며, 그것을 무시하는 것은 사실상 우리가 사는 세계에서 살고 있지 않다고 하는 것과 같다고 통찰했다.

경제와 정치−경제학 속의 '정치'이론

수수께끼 퍼즐 '오즈의 마법사'
화폐

앞서 말했듯이 화폐는 국가만이 합법적으로 행사하는 독점 권한 중 대표적인 한 가지다. 조금 뒤에 보게 되겠지만, 19세기 미국에서 금본위제 논쟁이 벌어졌을 당시 민주당 대통령 후보였던 제닝스 브라이언은 "더 많은 밀을 원한다면 들판에 나가서 밀을 기르면 된다. 하지만 사람들이 더 많은 돈을 원한다고 해서 더 많은 돈을 만들어 낼 수는 없는 법이다."라고 말했다.(잉햄, 20쪽)

 술잔과 입술 사이에 개입하는 '차질'

경제와 정치(국가)를 주제로 한 이번 장에서 우리는 이제 '돈의 세계'로 접어들었다. 《평화의 경제적 귀결》(1920)에서 "화폐의 기능을 어지럽히는 것보다 더 정교하고 확실하게 현존 사회의 기반을 전복시킬 수 있는 수단은 없다."고 말했던 케인스는, 그로부터 15년 뒤에 쓴 《일반이론》에서는 화폐가 경제에서 갖는 적극적 역할을 강조하였다.

"우리는 이제 처음으로 화폐를 우리 이론의 인과관계 속으로 도입하였다. 이제 우리는 화폐량의 변화가 경제 체계 속에서 작용하는 방식에 관하여 처음으로 일별할 수 있게 되었다. 그러나 화폐가 경제 체계를 자극하여 활동하게 하는 술과 같다고 주장하고 싶은 생각이 들더라도, 우리는 '술잔과 입술 사이에 여러 번의 차질이 개입할 수 있다There's many a slip twixt the cup and the lip'는 사실을 상기할 필요가 있다. 왜냐하면 다른 사정에 변화가 없는 한 화폐량의 증가는 이자율을 낮추리라고 기대할 수 있으나, 만일 대중의 유동성 선호가 화폐량보다 더 많이 증가한다면 그렇게 되지 않을 것이기 때문이다."(케인스 1985, 171쪽)

화폐는 쉽지 않은 주제다. 우리가 생산·소비하는 것은 빵이다. 그것이 교환되는 과정에서 빵 가격으로 표현되고 이해될 때, 즉 화폐가 실물에 개입될 때 사태는 생각보다 복잡해진다. 그래서 경제이론은 화폐가 개입되지 않고 물건끼리 교환되는 순수한 교환경제 분석을 기초로 한다. 나아가 신고전파경제학은 화폐가 실물경제의 작동 위에 씌어 있는 중립적 베일에 지나지 않는다는 '화폐 이분법'을 이론의 핵심으로 삼고 있기 때문에, 화폐변수를 버리고 수식과 모형에서 항상 실질임금과 실질이자율·실질환율 등의 실질 변수를 사용한다. 또 화폐 없는 경제에서의 노동 공급과 생산·소비를 가정하고, 오직 실질적인 상품 수량으로 설명하고자 한다. 그러나 현실에서는 화폐가 존재할 수밖에 없다. 따라서 경제주체들이 '실질' 변수에 기초해 경제적 행위를 판단한다는 가정을 계속 밀고 나가려면 한 가지가 필요해진다. 즉, 화폐로 인한 물가 변동에 대한 '기대'를 항상 형성해야 한다.

경제와 정치─경제학 속의 '정치'이론

케인스와 대결한 주류 경제이론이 화폐이론에 매우 취약하다는 사실은 잘 알려진 바이다. '화폐 이분법'은 사실 주류 경제학이 화폐의 본성을 구체적으로 '밝힐 수 없는' 사정을 드러내는 것이기도 하다. 실제로 가장 유명하고 수학적으로 세련된 경제모델(애로-드브뢰 일반균형 모델처럼)들 가운데에는 화폐가 아무런 분석적 지위를 얻지 못하는 경우가 많다.(잉햄, 20쪽) 물론 여기에는 화폐를 통한 국가의 시장 개입이 최소한으로 제한되어야 한다는, 프리드먼을 위시하여 통화주의를 주창하는 주류 경제이론의 정치적 입장이 개재돼 있음을 우리는 이미 이 책의 다른 곳에서 지적한 바 있다.

'통화에 대한 규율'의 필요성은 프리드먼의 다음과 같은 경구가 압축적으로 보여 준다.

"인플레이션은 알코올중독과 정확하게 같다. 감염되면 처음에는 효과가 좋아 보인다. 정부가 저지른 통화량 증가가 누구나 절약할 것 없이 더 많이 지출할 수 있는 분위기를 만들어 준다. 그러나 나쁜 효과가 점차 드러나기 시작한다. 인플레이션과 경기 침체는 합세한다. 알코올중독자와 경제에 힘을 주기 위해 더 많은 알코올 혹은 통화가 필요해진다. …… 알코올중독자는 처음의 행복감이 사라진 후엔 숙취만 남을 것이다."(프리드먼 1980, 341·346쪽)

마르스크는 "만약 화폐가 에밀 오지에Émile Augier가 말하는 바와 같이 '한쪽 볼에 핏자국을 띠고 이 세상에 나온다.'고 하면, 자본은 머리에서 발끝까지 모든 털구멍에서 피와 오물을 흘리면서 이 세상에 나온다고 말해야 할 것이다."(마르크스, 제1권(하), 956쪽)라고 말했지만, 화폐에 대한 분석은 어렵고 철학적인 주제임이 틀림없다. 슘페터는 《경제분석의 역사》에서 "화폐를 보는 시각은 마치 흘러가는 구름처럼 묘사하기 매우 어렵다는 점을 부인할 수 없다."고 했다. 제프리 잉햄Geoffrey Ingham도 "화폐는 오랫동안 풀리지 않은 하나의 수수께끼 퍼즐 같다.'고 말했다. 그는 "화폐만큼 일상적이면서 낯익은 물건 때문에 그토록 많은 이들이 당황하고, 그렇게 많은 논쟁과 오류들이 양산되었다는 사실 자체가 아마 가장 황당한 역설일지도 모르겠다. 화폐에 대한 책을 쓴 저자들은 모두 다 쩔쩔매며 당황하곤 했다."(잉햄, 12쪽)고 덧붙였다. 그에 따르면, 슘페터조차도 화폐에 대한 생각을 스스로 만족할 만큼 명쾌하게 정리할 수가 없었다고 한다. 사회학자 니겔 도드 Nigel Dodd에 따르면, 성 어거스틴은 "더 오랜 시간 동안 깊숙이 들여다볼수록 더욱 찾아내기 어려운 것"으로 화폐를 묘사했다.(도드, 2002)

전통적인 경제학은 화폐를 향한 인간의 욕망을 정면으로 부닥쳐 다루지 않았다. 케인스는 그때까지 조연에 불과했던 화폐를 사람들의 직접적인 욕망의 대상으로 파악하여 '유동성 선호' 개념으로 확립했다. 화폐가, 재화나 서비스로 향해야 할 구매력을 한없이 빨아들이기 때문에 물건이 팔리지 않아 불황으로 빠져든다는 메커니즘을 해명한 것이다.(오노 요시야스, 213쪽)

아리스토텔레스는 《정치학》 제1편 〈가족론〉에서 화폐는 가짜 부富이고 그저 관행에 불과하며 본질적으로 허구라고 말했다. "때로는 화폐를 잔뜩 갖고 있어도 생존에 필요한 물품을 구하기 어려울 수 있다. 화폐를 잔뜩 갖고 있으면서도 굶어 죽을 수 있는데, 그런 것을 부라고 부르는 것은 터무니

주류 신고전파경제학은 전통적으로 화폐는 실물 뒤에서 펄럭거리는 베일veil에 불과하다는 '화폐의 이분법'에 기초해 화폐를 배제하고 실물 생산 공급에만 초점을 맞춰 왔다. 따라서 신고전파경제학은 자유로운 완전경쟁시장에서는 인플레이션이 존재할 수 없으며, 오직 화폐발행 독점권을 가진 국가의 시장 개입에 의해 인플레이션이 초래될 뿐이라고 설명한다. 한편, 화폐를 베일에 불과한 것으로 보는 관점이 금융적 투기와 축적을 (실제로는 경제에서 매우 중요한 문제임에도) 과소평가하거나 대수롭지 않게 여기는 기만적 문화를 조장하는 데 일조한다는 비판도 있다.

경제와 정치-경제학 속의 '정치'이론

없다. 이것은 미다스Midas 왕이 자신의 탐욕스러운 소망에 따라서 그가 만지는 모든 물건이 곧 금으로 바뀌어 버렸다는 우화에서 볼 수 있다."(아리스토텔레스, 《정치학》, 277쪽)

그로부터 2천여 년이 지난 뒤 화폐를 혈액순환으로 표현한 사람은 토머스 홉스다. "화폐는 코먼웰스 안에서 이 사람에게서 저 사람으로 옮겨 다니며 가는 곳마다 영양을 공급하여 순환시킨다. 혈관은 몸의 각 부분으로부터 혈액을 받아 이를 심장으로 보내고, 거기서 다시 활력을 얻은 혈액을 박동을 따라 내보내 몸의 모든 부분에 활력을 주어 몸이 운동할 수 있게 한다."(홉스, 251쪽)

그리고 홉스 이후 다시 수백 년 뒤 마르크스적 의미에서의 화폐는 다음과 같이 정식화된다. "어떤 상품들이 서로 등가로 교환되기 위해서는 화폐가 상품이거나 상품이 화폐여야 한다. 따라서 우리는 교환을 위한 동일한 측정의 영역으로 화폐가 상품일 경우를 취해야 한다. 실제로 화폐는, 아니 화폐만이, 생산물로 태어나면서 즉시 상품이 된다. 이 화폐로 사용되는 상품을 우리는 '화폐상품'이라고 부른다."(정운영 1993, 34쪽)

비슷한 말이지만 《금융자본론》을 쓴 루돌프 힐퍼딩의 말도 들어 보자. "단순한 종잇조각은 그 자체로서는 가치가 없지만 상품을 유통시킨다는 사회적 기능을 수행하기 때문에 하나의 가치를 획득하게 된다. 이것의 가치는 종이의 가치와는 비교도 안 될 것이다. 오래전에 이미 식어 버린 달이 빛을 비출 수 있는 것은 오로지 달이 불타고 있는 태양으로부터 빛을 받기 때문인 것과 마찬가지로, 지폐가 가치를 가질 수 있는 것은 오로지 상품들이 사회적 노동에 의해 가치를 가지고 있기 때문이다. 다시 말해, 달을 빛나게 만드는 것이 반사된 태양 광선이듯, 종이를 화폐로 만드는 것은 반영된 노동가치이다."(힐퍼딩, 41쪽)

1910년대에 《돈의 철학》을 쓴 게오르그 짐멜은 일기장에 이렇게 썼다. "나는 내가 지적 상속자 없이 죽을 것이라는 점, 그리고 또 그래야만 한다는 것을 안다. 말하자면 나의 유산은 많은 상속자들에게 현금으로 배분될 것이며, 그들은 각각 그의 몫을 그 자신의 성격에 맞도록 바꾸어 더 이상 이 상속물에 빚진 흔적을 드러내지 않도록 사용하게 될 것이다."(짐멜, 3쪽) 경제에서 화폐가 수행하는 기능을 자신의 지적 삶과 연결시켜 설명한, 짧지만 탄복할 만한 묘사가 아닐 수 없다.

 ## 누구를 위한 인플레이션인가

1900년에 발표된 동화 《오즈의 마법사》는 사실 19세기 후반 미국의 통화정책에 관한 하나의 우화라고 한다. 1880년부터 1896년까지 미국의 물가는 23퍼센트 하락했다. 이러한 물가 하락은 전혀 예상하지 못한 일이었기 때문에 대폭적인 부의 재분배가 일어났다. 서부에 살던 대부분의 농민들은 동부의 은행들에게 빚을 진 상태였다. 물가가 하락하자 농민들이 진 부채의 실질 가치는 증가했고, 은행들은 부자가 되었다. 농민의 이해를 대변한 정당 정치인들은 은화의 자유 발행을 허용하면 이 문제를 해결할 수 있고 생각했다. 당시 미국은 금본위제도 아래 있었으므로 금의 양이 통화량과 물가를 결정했다. 은화 자유 주조를 지지한 사람들은 은도 금처럼 화폐로 통용되도록 만들려고 했다. 이 주장이 채택되었다면 통화량이 증가해서 물가가 상승하고, 농부들이 진 부채의 실질 부담도 줄어들었을 것이다.

은화 자유 주조를 둘러싼 논쟁은 점점 가열되어 1890년대 주요 정치 쟁점이 되었다. 1896년에 민주당 대통령 후보로 지명된 제닝스 브라이언은 은화 자유 주조를 지지한 대표적인 인물이다. 브라이언은 민주당 대통령 후보 지명대회 연설에서 "노동자들의 이마에 가시 면류관을 씌우지 마라. 인류를 황금의 십자가에 못 박지 마라."고 설파했다. 미국 중서부 지역의 기자였던 《오즈의 마법사》의 작가 라이먼 프랭크 바움Lyman Frank Baum은, 어린이들을 위한 이야기를 쓰면서 당시 중요한 정치 논쟁의 주역들을 토대로 등장인물을 만들어 냈다고 한다. 경제사학자 휴 로코프Hugh Rockoff는 1990년 어느 경제학 저널에 실린 논문에서 《오즈의 마법사》의 등장인물을 다음과 같이 해석했다.

"도로시는 미국의 전통적 가치, 허수아비는 농부들, 깡통 나무꾼은 산업 근로자들, 오즈Oz는 금의 무게 단위인 온스의 줄임말, 노란 벽돌 길은 금본위제도 등으로 묘사했다. 은화 주조론자들이 논쟁에서는 졌지만, 결과적으로 그들이 바라던 통화 공급 확대는 이루어졌고 물가는 상승했다. 농부들은 빚을 갚기 수월해졌다."(맨큐, 820~821쪽)

존 힉스는 1955년 《이코노믹저널The Economic Journal》에 실은 〈임금정책의 경제적 기초Economic Foundation of Wage Policy〉라는 글에서 이렇게 말했다. "우리가 살고 있는 세계는 화폐 체계가 상대적으로 탄력적인 세계이다. 따라서 그것은 임금 변동에 역행하기보다는 스스로를 순행시킬 수 있다. 실제 임금을 추상적인 완전경쟁시장의 균형 수준으로 조정시키기보다는, 화폐정책을 통해 명목 화폐임금의 균형 수준을 조정시켜 실제 임금에 상응하게 하면 된다. 금본위제 대신 우리는 [노동임금에 기초한 통화량정책인] 노동본위제labour standard에 기반하고 있다고 말하는 것은 결코 과장이 아니다."(하이에크 1998(제2권). 141쪽)

화폐에 대한 철학적 및 순수 경제이론적 이해를 넘어 현실 거시경제에서의 통화정책 이론을 전개한 최초의 거인은 물론 케인스다. 케인스는 1923년에 출간한 《화폐개혁론A Tract on Monetary Reform》 제1장을 세심하게 계산된, 묘한 뉘앙스의 유명한 구절로 끝맺고 있다.

"그러므로 인플레이션은 불공평하고 디플레이션은 부적절하다. 독일의 경우처럼 과도한 인플레이션을 논외로 한다면, 이 둘 가운데 아마 디플레이션이 더 해로울 것이다. 왜냐하면 빈곤이 만연한 세계에서는 지대 추구자를 실망시키는 것보다 실업을 유발시키는 것이 더 나쁘기 때문이다."(스키델스키, 574쪽) "장기에 우리는 모두 죽는다."는 유명한 말이 담긴 이 책에서, 그는 "하나의 악을 또 다른 악에 견주는 것은 불필요하다. 양쪽 모두 피해야 할 악으로 보는 것이 더 적절하다."는 점을 명백히 하고 있다.

케인스는 제본스가 아시아를 "귀금속의 거대한 저장소 내지 창고"로 표현한 것을 매우 좋은 묘사라고 생각했다. 제본스는 동방으로 귀금속이 끊임없이 흘러들어 간 것은 동양의 값싼 제품들 때문이라는 사실에 주목하면서, 그 결과 "이곳에 그냥 있었다면 아무 쓸모도 없었을 수백만 개의 금괴가 우리의 손을 떠났다."고 말했다. 이 말의 강렬한 이미지에서 케인스는 경제사를 이해하는 새로운 '통화'이론을 떠올릴 수 있었다. 그것은 경제의 성장과 쇠락의 장기 국면들을, 금은의 들고 나감에 연결시킨 것이었다. 귀금속이 아시아로 끊임없이 유출되었지만 아시아인들은 그것을 소비하기보다는 비축하는 쪽을 택했기 때문에 상대적 가난에서 벗어나지 못했다.(스키델스키, 18쪽)

상품의 수요-공급이든 통화량 공급 측면에서 오는 충격이든 경제가 변동할 때 '가격'이 조정되는 메커니즘이 신고전파경제학의 세계라면, 케인스의 단기적 세계에서는 가격은 경직적이어서 쉽게 조정되기 어렵고 대신 '수량'이 조정된다.(이에 따라 생산의 과잉 및 과소가 일어나고, 이러한 생산 측면의 수량 변동으로 인해 이에 대응하는 '불균형 실업'이 일어난다.) 물론 장기에는 물가수준에 따라 임금 등 가격이 신축적으로 조정된다. 아무튼 케인스의 세계에서는, 실

경제와 정치-경제학 속의 '정치'이론

질임금$\omega(=\dfrac{W}{P})$에서 분자인 명목임금(W)이 경직적일 때 분모인 물가(P)를 변동시키는 화폐정책을 통해 경제를 변동시킬 수 있다는 것이다. 사람들로 하여금 '화폐착각money illusion'을 불러일으켜 경제를 변동시키는 셈이다.

그러나 통화주의와 신고전파경제학은 "모든 국민을 일시적으로 속일 수 있고, 일부 국민을 영원히 속일 수 있을지라도 모든 국민을 영원히 속일 수는 없다."는 링컨의 말을 비유로 앞세워, 통화량 증가는 장기적으로는 임금이나 상품가격의 신축적 조정에 따라 실제 경제 부양에 미치는 효과가 없다고 주장한다. 즉, 화폐수량방정식($M \cdot v = P \cdot y$)에서 화폐의 유통속도(v)와 경제의 산출량(y)이 각각 일정할 때(즉, v 및 y) 통화 당국이 화폐량 공급(M)을 늘리면 방정식에서 물가수준(P)이 상승하는 건 자명하다.

1936년 제이콥 바이너Jacob Viner는 그해에 나온 《일반이론》을 읽고 난 뒤 '지폐 인쇄기와의 경주'를 예언했다. "케인스의 통찰은 명백히 인플레이션을 통한 실업 처방이 명목임금을 줄이는 것보다 우월하다는 것이다. 그러한 케인스적 세계에서는 지폐 인쇄기와 노동조합의 임금 교섭 담당자 간의 항상적인 경주가 불가피할 것이다. 이때 만약 지폐 인쇄기가 항상 경주에서 앞선다면, 또 그 질적 측면은 상관없이 오직 고용의 양만 따진다면 실업 문제는 상당히 해결될 것이다."▶

케인스는 노동자들은 실질임금수준을 결정하는 데 아무런 역할도 할 수 없다고 주장한다. 이는 노동자들의 단결력이 약해서가 아니라, 실질임금이 노동시장 내에서만 결정되는 것이 아니라 국가의 통화정책에 크게 좌우되기 때문이다. 사실 임금수준은 통화 당국의 화폐 공급량에 의한 '실질임

▶ Jacob Viner(1936), "Mr. Keynes on the Causes of Unemployment", *The Quarterly Journal of Economics*, Vol.51(1)

금 요인'과, 현실의 노동과 자본 간 세력관계를 반영하는 '계급투쟁 요인'을 함께 고려해야 한다.

"실질임금을 하락시키는 방법에는 명목임금을 하락시키는 것과 물가수준을 상승시키는 두 가지 방법이 있다. 노동자들은 모든 노동자들에게 일률적으로 영향을 미치는 물가수준 변동에 의한 실질임금 하락에는 일일이 저항하지 않는다. 상대적 변화가 초래되지 않기 때문이다. 이는 단순히 노동자가 실질임금 감소를 인지하지 못한다는 독립된 노동자 개개인의 화폐 환상적 측면을 강조하는 것이라기보다는, 인간관계 속에서 파생될 수 있는 문제를 지적하고 있다는 점에서 흥미롭다. 한편 케인스는 명목임금의 경직성이 고용 유지 측면에서 오히려 바람직하다고 했다. 왜냐하면 명목임금의 하락이 고용 상태를 더욱 악화시킬 수 있기 때문이다. 또한 물가 상승으로 인하여 이미 고용돼 있던 노동자의 실질 구매력이 조금 하락하더라도 그로 인해 고용이 증대하여 실업의 고통을 당하고 있던 비기득권자의 이익이 증대될 수 있다면 이것이 사회적으로 더욱 바람직하다."(정운찬, 412쪽)

인플레이션과 실업의 상충 관계를 보여 주는 이른바 '필립스 곡선Phillips curve'이 있지만, 일자리가 금융자산이나 실물자산처럼 하나의 '자산assets'이 된 우리 시대에는 인플레이션과 고용의 관계에서 누구의 이익을 위한 인플레이션인가라는 질문을 던지게 된다.

◢ 금리생활자의 안락사 혹은 기다림

우리가 서 있는 지점을 다시 확인하자. 현재 우리는 화폐(정책)를 매개로 국가가 여러 경제주체들의 효용에 어떻게 개입하고 있는지 보고 있는 중이다.

화폐의 문을 열고 들어가 분석한 거인들의 저작은 여럿 있다. 자본이 기계 등 실물이 아니라 금융자본 형태를 띠고 있을 때는, 그 자본의 실상을 에워싸고 있는 신비성에 침투하기가 매우 어렵다. 화폐 문제에서는 불행하게도 즐거움뿐 아니라 이론적 이해력도 곧 사라져 버린다.

"화폐는 상품생산사회에서 사회관계들의 실타래 중 하나의 매듭이며, 이 실타래는 개별적 교환이라는 무수한 실들로 짜인 것이다. 인간 사이의 사회적 관계는 화폐라는 하나의 물체, 신비스럽고 빛나는 물체로 환원되었으며, 이 물체로부터 나오는 현란한 빛의 방사는 이것으로부터 자기 눈을 보호하려고 미리 주의하지 않은 많은 경제학자들의 눈을 멀게 했다."(힐퍼딩, 31쪽) 힐퍼딩은 상품생산사회의 무정부성이 화폐를 필요로 하며, 금속화폐는 비록 금속이란 물적 외피 속에 은폐되어 있긴 하지만, 하나의 사물에 표현된 '사회적 관계'라고 간명하게 정리한다.

물론 화폐는 그것이 오직 명확하게 이윤 추구 및 자기증식 활동에 투입될 때 '자본'이 된다. 게오르그 짐멜은 《돈의 철학》에서 "일방적으로 결정되는 대상물들과 달리, 미래에 어디에 쓰이고 어떤 결과를 낳게 될지가 미리 정해져 있지 않은 것은 화폐 하나뿐"(도드, 116쪽)이라고 말했다.

"화폐가 '피로 얼룩진 것'이요 저주스러운 것이라는 금기 관념은 화폐가 점점 중립적인 것이 됨에 따라, 즉 화폐가 더욱 단순한 화폐에 지나지 않는 것이 됨에 따라, 그 의미를 상실하게 되는 감상적인 사고이다."(짐멜, 551쪽)

당대의 베를린 생활을 "지진계와 같이 정확하게" 묘사했다는 짐멜은, 〈감각의 사회학〉이라는 글에서 "근대사회란 섬세하고 보이지 않는 실타래들이 사람과 사람 사이를 얽어 놓고 있는 하나의 그물망"이라고 주장했다.(짐멜, 114쪽) 여기서 화폐는 근대적 삶의 특징을 가장 강력하고 포괄적으로 표현하는 것이다. 물론 짐멜은 화폐의 외양적 세계, 즉 문화적·미학적 측면에 초점을 맞추고 있다.

화폐와 물가 이야기를 했으니, 이제 '통화주의'를 간략하게 살펴볼 차례다. 밀턴 프리드먼과 안나 슈워츠Anna Schwartz는 1965년, 대공황의 원인이 통화정책 실패에 있다고 분석한 책《대위축The Great Contraction》)의 맨 앞에 다음과 같이 말을 제사題詞로 실었다.

"미국의 보호무역과 자유무역을 둘러싼 논란과 같은 논쟁의 역사가 주는 경험적 교훈은, 실제로 있었던 사실들이 이성에 의해 검토되고 해석될 때까지는 그 사실들로부터 어떤 것도 얻어 낼 수 없다는 것이다. 신중하지 못하고 기만적인 이론가들은 대개, 사실과 모습이 그 스스로 말하도록 해야 한다고 주장하는 사람들이다. 그들은 또 아마도 부주의하게 사실을 선택하고 범주화하면서 자신이 참여했던 논쟁의 전면에 나서지 않거나, 나아가 그 때문에 선후 인과관계를 혼동하는post hoc ergo propter hoc 사람들이다. – 앨프레드 마셜"(Friedman and Schwartzt 2008) ▶

프리드먼과 슈어츠는 이 한 마디 라틴어를 인용함으로써, 책이 말하려는 바를 짧고도 흥미롭게 또 명징하게 제시하고 있다. 이 책은 통화주의 발흥의 서막을 알린 기념비적 저작으로 유명한데, 나중에 케인스주의자인 피터 테민Peter Temin은 이 통화주의자들의 견해를 다시 문제 삼았다. 즉, 통화 공급량의 감소로 인해 소비지출 감소가 야기된 것인지, 아니면 지출 감소로 인해 통화 공급량 감소가 초래된 것인지 의문을 제기한 것이다. 프리드먼 본인이 선후 인과관계를 혼동했다는 주장이다.

1980년대가 시작될 무렵 세계경제는 계속되는 제조업 부문 중심의 과잉 설비 및 과잉생산에서 연유하는 수익성 하락에 봉착해 있었다. 이러한 상

▶ 라틴어 'post hoc ergo propter hoc'은 '이것 이후에, 따라서 이것 때문에'라는 뜻으로, 선행하는 것이 곧 원인이라는 논리적 오류를 뜻한다.

황에서 미국은 연방준비위원회 의장인 폴 볼커Paul Volker의 주도 아래 케인스주의를 포기하고 통화주의적인 신용 긴축 및 비용 삭감을 목적으로 하는 공급경제학 처방으로 선회했다. 그러나 "통화주의가 경제를 구출할 수 있는 길은 오로지 경제를 파괴하는 방법밖에 없었다."(브레너, 332쪽) 이와 관련해 케인스 좌파인 경제학자 니콜라스 칼도어Nicholas Kaldor는 "1979년 대처가 권좌에 올랐을 때 그녀의 정부는 콘스탄틴 황제가 기독교를 국교로 선언할 때 취했던 엄숙함으로 통화주의적 신조를 공식 채택했다."고 했으며, 이안 길모어Ian Gilmour는 훗날 "불행히도 대처의 통화주의는 마르크스주의와 마찬가지로, 한 이론으로서 죽음보다 더욱 비참한 운명, 즉 그것이 실천에 옮겨졌다는 운명을 맞게 되었다."고 통탄했다.(고세훈, 523~534쪽)

이제 마지막으로 고리대금업과 이자생활자의 안락사를 보자. 아리스토텔레스는 상거래와 가정 운영을 구분하며 다음과 같이 말했다.

"둘 중에 가정 운영은 필요하며 떳떳한 것이고, 상거래는 비난을 받아 마땅한 교환의 방법이다. 상거래를 통해 얻는 이득은 자연적으로 만들어진 것이 아니고 다른 사람의 희생으로 얻어진 것이기 때문이다. 대금업자는 가장 미움을 받는데 이는 당연한 일이다. 그들은 화폐의 본래 기능인 유통 과정이 아니라 화폐 그 자체로부터 이득을 얻기 때문이다. 화폐는 교환 수단으로 생겨난 것이지 이윤을 높이기 위한 것이 아니다. 이자는 단지 돈으로부터 낳은 돈이라고 하겠는데, 흔히 이를 '새끼를 친다'라고 부른다. 마치 새끼가 부모를 닮은 것처럼, 돈이 늘어난 것인 이자는 그것을 낳은 원금과 같은 것이기 때문이다. 그러므로 재산 획득의 여러 방식 중에서 대금업이 가장 비자연적임을 이해할 수 있다."(아리스토텔레스, 《정치학》, 280쪽)

1936년 케인스가 말했던 자본주의에서 아무런 기능도 하지 못하는 '투기적 금리생활자의 안락사'가, 루터가 1540년에 말했던 고리대금업 반대 설교가, 다소 맥락은 다르지만 이미 기원전 500년 전에 있었던 것이다.

"이와 같은 사태는 금리생활자의 안락사를, 또한 따라서 자본의 희소가
치를 최대한 이용하려 하고 그 희소성을 점점 더 가중시키는 자본가의 누
적적인 압력이 안락사하게 됨을 의미하게 될 것이다. 오늘날 이자율은 지
대의 경우와 마찬가지로 결코 어떤 진정한 희생에 대한 보수가 아니다. 토
지가 희소하기 때문에 토지 소유자가 지대를 얻는 것과 마찬가지로, 자본
이 희소하기 때문에 자본의 소유자가 이자를 얻는 것이다. 그러나 토지가
희소하다는 데에는 본질적 이유가 있을지 모르지만, 자본이 희소하다는
데에는 그런 본질적인 이유가 없다. 이자 형태의 보수의 제공이 있을 때 비
로소 진정한 희생을 바칠 수 있다는 의미에서의 그러한 희소성이 존재해
야 할 본질적인 이유는, 장기적으로는 아마도 존재하지 않을 것이다."(케인스
1985, 380쪽)

"'나는 당신에게 그것(예컨대 100원)을 대부하였다. 이로 말미암아 나는 지
불할 수도 없고 구매할 수도 없어 양면에서 손해를 입게 되니 빌려 간 당신
은 나에게 이중의 손해(발생한 손실과 잃어버린 이익)를 끼쳤다'며 그들은 몰려
와서 이중의 보상을 요구한다. 그들은 입지도 않은 이러한 이중의 손해를
계상한다. 이 가상적인 손해에 대하여 이웃의 화폐로 보상받는 당신은 고
리대금업자이다. 상업에서 대부자들은 가난한 이웃을 희생하여 이익을 얻
으려 하며, 근심도 위험도 손해도 없이 타인의 노동으로 부를 축적하고 부
자가 되려고 한다. 자기는 난로 옆에 앉아서 자기의 100원으로 자기를 위
한 부를 증대시킨다.─ 루터, 〈목사 여러분께, 고리대금에 반대하여 설교할 것〉, 1540
년"(마르크스, 제3권(상). 479∼480쪽)

물론 금융에서의 투자 수익, 예컨대 주식투자의 경우 단기 매매거래를
통한 수익 추구도 흔히 있으나, 비교적 오랫동안 투자하는 장기 투자의 경

경제와 정치─경제학 속의 '정치'이론

우는 손실 발생의 온갖 위험을 무릅쓰고 불확실성을 인내한 기다림의 대가라는 설명이 전혀 틀린 말은 아니다. 투자한 그 기업과 국내외 경제의 예측하기 어려운 변동성, 국제적 전쟁이나 국내 정치적 불안정성을 포함해 온갖 불확실성이 초래하는 투자의 위험을 참고 기다린 대가로 더 많은 수익을 얻게 된다는 것이다.

"어떤 사람들은 현재를 위해 미래를 희생하면서 다른 사람들에게서 [돈을 빌려 현재에 소비하고] 이자를 지불한다. 그것은 그 반대로 다른 사람들이 미래를 위해 현재를 희생할 수 있도록 하기 위함이다."(마셜, 제2권, 213쪽) 합리적 개인이라면 미래에 현재보다 조금이라도 더 많이 소비할 수 있다는 기대가 있어야만 현재 소비를 유보하고 미래를 기다리는 저축(즉, 투자) 행동을 하게 될 것이다. 따라서 지불되는 이자에는 '기다림'이라는 시간에 대한 보상도 포함된다는 것이다.

제5부

역사·지식·행복

"이론 탈출을 위한 기나긴 고투"

경제학과 역사

1

"은혜라는 것이 인간의 본성에 내재하는 덕목이 결코 아니며, 또 인간의 행동을 항상 규제하고 있는 것은 과거에 입은 은혜가 아니고 오히려 앞으로 기대할 수 있는 이익이라는 것을 알고 있었기 때문이다."

— 대니얼 디포, 《로빈슨 크루소》

"자네도 알다시피 인간이란 그 생활을 90퍼센트는 과거에, 7퍼센트는 현재에 두고 살지. 그러니깐 인간이 미래를 위하여 생활하는 것은 겨우 3퍼센트만 남게 되는 셈이야. 옛날에 세철 페이지가 내가 알기로는 현명한 말을 했단 말이야. 그는 '뒤를 돌아보지 말라. 그 무엇이 너를 따라 넘어설지도 모르니까.'라고 말했거든."

— 존 스타인벡, 《불만의 겨울》

"사방은 고요하고 쓸쓸했다. 극한적인 가난 속에서 태어난 사람들을 위해, 태어나자마자 노예 상태로 전락해 들어갔던 사람들을 위해 삶을 아름다운 것으로 만들려고 형제들은 이곳에서 용감하게 죽어 갔다. 빠벨은 한 손으로 천천히 모자를 벗었다. 그의 가슴은 우수, 커다란 우수로 가득 찼다. …… 나의 모든 삶과 모든 역량은 이 세상에서 가장 아름다운 것, 즉 인간해방을 위한 투쟁에 바쳐졌노라고. 게다가 우리는 그러한 삶을 서둘러 살지 않으면 안 된다."

— 니꼴라이 오스뜨로프스키, 《강철은 어떻게 단련되었는가》

"자연은 비약하지 않는다"
역사와 경제학

제목의 첫 단어부터 '광기manias'라고 뽑은 책(《광기, 패닉, 붕괴 : 금융위기의 역사Manias, Panics and Crashes : A History of Financial Crisis》) 서문에서 찰스 킨들 버거Charles Kindleberger는 다음과 같이 말한다.

"상당히 많은 경제이론가들은 경제학에서 경제사의 역할과 그 연구 작업을 경제학의 경계선을 벗어나는 것이라고 도외시한다. 즉, 이런 연구가 인간의 비합리성을 드러내는 내용을 담고 있는 반면, 그들의 기준에서 볼 때 경제학은 인간은 합리적이며 자신의 효용과 복지를 극대화(최소한 최적화)한다는 공리를 견고한 기반으로 삼고 있다는 것이다. 더욱이 이 책의 내용이 수학적 기호가 아닌 말로 표현되어 있는 데다, 역사적인 개별 사건들(경멸적인 어감을 더한 '일화anecdotes'라는 딱지를 붙여서)을 이용하고 있기 때문에 오락거리로 삼을 수 있을지는 몰라도 지식과 교훈의 내용으로 삼을 수는 없다는 것이다. 나는 이런 태도에 격렬히 반대했다. '경제학은 역사가 경제학을 필요로 하는 것보다 훨씬 더 역사를 필요로 한다.'고 나는 틀림없이 믿는다. 시속 30노트의 쾌속 유람선 퀸엘리자베스 2호에 빗댄 비유를 쓰자면, 경제학은 천천히 선회한다. 그러나 경제학이라는 배가 뱃머리를 돌렸다는 신호는 수면에 남아 있는 항적航跡의 자취에서나 드러나는 것이라고 생각된다."(킨들버거 2006, 19쪽)

경제학에 꼭 필요한 '과거'라는 변수

"내가 이 작업에 몰두하고 있는 동안 나를 인내하도록 고무한 것은 다음과 같은 확고부동한 신념이다. 즉, 경제학상의 분석은 역사 발전 연구와 관련될 때에야 비로소 의미를 갖고 또한 그때 결실을 맺는다는 신념이며, 현재의 문제에 관심을 갖고 있는 경제학자는 그 자신의 문제를 역사적 사실에 비추어 보아야 한다는 신념이다. 자본주의의 기원과 발달에 관한 연구는 일부 경제학자들로부터 무시되고 있다. 그렇지만 나는 이러한 연구가 경제학의 현실적인 체계를 세우기 위한 본질적인 기초라는 신념을 갖고 동요하지 않았다."

모리스 도브가 《자본주의 발전연구》의 머리말에서 한 말이다.

표준적 경제이론 세계의 경제주체는 절대로 실수를 하지 않고 망각하지도 않는다. 특히 이미 지나간 과거의 일은 현재와 미래 효용을 극대화하는 목적으로 구성된 함수방정식에서 변수로 들어가지 않는다. 따라서 역사도 의미 없는 것이 된다. 역사적인 모든 사실과 학문적·기술적 성취는 그 이후에 제시된 성취 속에 모두 흡수돼 이미 반영돼 있다고 가정된다. 결국 현재가 항상 최선의 상태이고, 역사와 사회는 도약(비약)하지 않고 점진적으로 개선된다.

앨프레드 마셜은 "자연은 비약하지 않는다는 표어는 특히 경제학 원론에 적합하다"며 "아무리 촉진될지라도 진보는 점진적이고 상대적으로 완만할 수밖에 없다. 진보는 그 자체로 경제의 세계에서 자연은 비약하지 않는다는 경고의 절박성을 증가시킨다."고 말했다.(마셜, 제1권, 34쪽 및 334쪽)

마셜의 이런 인식은 다윈의 점진적 진화론과 이에 기초한 '사회적 다윈주의Darwinism', 즉 현재는 항상 지금껏 가능한 최선의 상태에 있으며, 따라서 급진적 혁명은 가능하지도 바람직하지도 않다는 보수적 철학으로 이어진다. "'자연은 비약하지 않는다'는 마셜의 《경제학원리》 안쪽 표지에 씌어 있는 말은 확실히 경제 발전의 모토는 아니다. 경제 발전은 항상 다소간의 폭력적인 충돌로 점철돼 왔다. 시간과 공간에 걸쳐 순조롭게 전개되는 원만하고 조화로운 과정은 결코 아니었다. 이러한 역사적 통칙은, 그러나 부르주아경제학의 시야에서 재빨리 사라져 버렸다. 부르주아경제학은 이성과 역사를 모두 포기하기 시작했다. 그 결과 부르주아경제학은 점점 더 기존 사회질서의 기능과 유지에 필요한 갖가지 이데올로기적 장치를 갖춘 말쑥한 포장 용기로 변해 버렸다."(배런 1984, 59쪽)

경제사상사에서 가장 뛰어난 저작 중 하나로 꼽히는 책은 역시 슘페터의 《경제분석의 역사》일 것이다. 그는 〈왜 경제학의 역사를 연구하는가?〉라는 제목의 장에서 다음과 같이 말했다.

"생각해 보건대, 앞 세대의 연구 중에서 오늘날에도 여전히 유용한 것은 모두 현재의 연구 속에 보존되어 있을 것이다. 여태 남아 있지 않은 개념, 방법이나 결과는 애써 보존할 가치가 없는 것일지도 모른다. 그런데 왜 과거의 저자들로 되돌아가 낡은 견해들을 되풀이하는가? …… 하지만 잡동사니 방을 방문하는 것이, 그곳에 너무 오래 머물지만 않는다면 우리에게

득이 될 것이다. 그것이 가져다줄 이득은 교육적 이득, 새로운 발상, 인간의 사고방식에 대한 통찰력 등으로 설명할 수 있다."(슘페터 2013(제1권), 54쪽)

덧붙일 만한 충분한 가치가 있으므로 슘페터의 말을 더 보태기로 하자. 슘페터는 "지금 이 순간 고백하건대, 내가 경제학을 다시 시작할 수 있다면, 그리고 경제학의 세 가지 분야 가운데 오직 한 가지만 공부할 수 있다면 나는 경제사를 택할 것"이라며 "원칙적으로 다음의 사실을 기억하자. 예를 들어 라틴 고문서학도 경제 분석의 기법 가운데 하나일 수 있다."(슘페터 2013(제1권), 68~69쪽)고 말했다.

경제학 연구에서 역사의 중요성에 대한 슘페터의 강조는 길게 이어진다. "가장 최신 논문이 필요한 것의 전부라는 생각으로 행동하는 교사와 학생들은, 자신들의 일을 괜히 어렵게 만들고 있다는 것을 금방 깨닫게 될 것이다. 최신 논문 자체가 최소한의 역사적 측면을 제시하지 않는 한, 그 어떠한 정확성이나 독창성도 엄밀성이나 정치함도 대다수 학생들 사이에서 방향성과 의미가 결여되었다는 느낌이 확산되는 상황을 막지 못할 것이다. …… 과학적 분석은 단순히 몇몇 초보적 개념에서 출발하여 단선적으로 축적되는, 논리적으로 일관된 과정이 아니다. 그것은, 예를 들어 콩고 내륙 분지에서의 발견과 같은, 객관적 실재의 누적적 발견이 아니다. 오히려 그것은 우리 자신과 선인先人들의 정신적 창조물의 끊임없는 투쟁이며, 새로운 발상이나 관찰과 필요의 충격, 그리고 새로운 사람들의 소질이나 성향이 시키는 대로 논리적 방식이 아니라 '갈 지之' 자 방식으로 '진보한다.' 따라서 '과학의 현재 상태'를 보여 주려는 그 어떠한 논문도, 실제로는 역사적으로 규정되며 역사적 배경을 참조해야만 의미가 있는 방법, 문제, 결과를 제공하고 있는 것이다. …… 선배들의 연구 중 잃어버릴 만한 것이 거의 없다는 사실에 일반적으로 의존하는 물리학자보다 자신의 과학[경제학]의 역사를 연구하는 경제학자에게, 사람을 자극하는 암시와, 혼란스럽기는 하지만 유용한 교훈이 훨씬 더 많이 나타나는 경향이 있을 법하다."(슘페터 2013(제1권). 55~58쪽)

과학에서의 진화에 대한 토머스 쿤의 다음과 같은 말 역시 역사와 관련해 음미할 가치가 있다.

"다윈이 1859년에 자연선택에 의한 진화이론을 처음 출판했을 때, 많은 전문가들을 가장 괴롭혔던 것은 종의 변화의 개념도 아니었고 인간이 원숭이로부터 진화되었으리라는 가능성도 아니었다. 인간의 진화를 비롯하여 진화를 가리키는 증거는 수십 년 동안 축적되어 왔으며, 진화의 개념은 이전에도 제안되었고 널리 퍼져 있었다. …… 다윈주의자들이 직면했던 가장 큰 난관은 다윈 자신의 발상과 매우 가까운 견해로부터 비롯된 것이었다. 다윈 이전 시대의 유명한 진화이론들은 모두 진화를 목표 지향적 과정으로 간주했다. 진화적 발전에서 각각의 새로운 단계는 애초에 출발점에서부터 존재했던 전체적 진화 계획의 좀 더 완전한 실제화라고 여겼던 것이다. 《종의 기원》은 그러나, 신이나 자연 그 어느 것에 의해서 설정된 목표를 인정하지 않았다. 그 대신 주어진 환경에서 생존을 위한 유기체들 간의 단순한 경쟁의 결과인 자연선택이 고등 동식물과 인간을 만들 수 있었다는 믿음은 다윈 이론에서 가장 난해하고 혼돈스런 측면이었다. 특정한 목표가 없는 터에 진화, 발전, 진보가 무엇을 의미할 수 있겠는가? 많은 사람들에게 이러한 용어들은 갑자기 자기모순적인 것으로 여겨졌던 것이다."(쿤. 242쪽)

이제 다시 경제학과 인간의 생애, 그리고 이성의 삶에서 과거의 경험과 기억이 어떤 의미를 갖는지 좀 더 살펴 보자. 페미니스트 경제학자 줄리 넬슨Julie Nelson은 1996년 어느 글에서 다음과 같이 말했다.

"그(신고전학파경제학 세계의 인간)는 어린 시절도 없고 노후도 없다. 누구에게도 의존하지 않고 자기 자신 이외에는 아무도 책임지지 않는다. 환경은 그에게 영향을 미치지 않는다. 환경은 오직 '제약constraints'으로 제시되는 다소 수동적 물체이다. 그는 사회의 영향을 받지 않으면서 사회와 상호작용한다. 그 상호작용은 오직 시장에서 가격이라는 대화 수단으로만 이루어진다." ▸

알렉시스 드 토크빌이 170여 년 전에 말한 다음과 같은 언급은 매우 원초적이면서도 어떤 경이로움마저 던진다.

"우리는 훨씬 이른 나이부터 시작해야 한다. 어머니 팔 안에 안긴 아기를 관찰하고 외부 세계가 아기 마음의 어두운 거울에 드리우는 첫 이미지들, 아기가 보게 되는 첫 사건들을 알아야 한다. 또한 우리는 그의 전 생애를 지배하게 될 편견·습관·정열을 이해하려면 그의 잠들어 있는 사고력을 일깨우는 첫 번째 말들을 들어 보고 어린이 자신의 최초의 노력을 눈여겨보아야 한다. 다시 말해서 전 생애에 걸친 인간의 모습을 요람에서 볼 수 있는 것이다."(토크빌, 41쪽)

조지 산타야나는 《이성의 삶》 제1권 제7장 〈인간 본성의 변화와 불변〉에서 진보는 지속적인 변화가 아니라 '기억력'에 달려 있다고 말했다.

"변화가 절대적으로 확실할 때는 개선이 존재하지 않으며, 개선의 가능성이라는 방향도 존재하지 않는다. 과거의 경험이 유지되지 않으면 야만적인 것 중에서 초창기 것이 영속적으로 유지된다. 과거를 기억하지 못하는 사람은 그 과거를 되풀이할 운명에 처한다. 인생의 첫 시기에는 생각이 경

▸ J. Nelson, *Feminism, Objectivity, and Economics*(1996).

솔하고 쉽게 산만해지기 때문에, 지속적이고 연속적인 경험을 못 함에 따라 생각의 진보도 일어나지 않는다. 이는 경험으로부터 아무것도 습득하지 못하는 본능을 가진 어린이나 야만인의 상태이다."

앞서 지나치며 말했듯, 주류 근대경제학에는 역사가 없다. 지나간 과거는 변수로 고려될 필요가 없다. 세상에 알려진 모든 지식은 모두 현재에 반영돼 더 진화 발전한 형태로 존재한다고 믿기 때문이다. 같은 맥락에서 그러므로 굳이 역사와 살아 있는 경제 고전을 읽을 필요가 없다고 여긴다.

"사회과학 중에서 유일하게 경제학이 자연과학적인 '과학성'을 이루었다고 자부하는 신고전학파경제학 추종자들에게 경제학의 역사(흔히 '경제학설사' 혹은 '경제사상사'라고 알려져 있는)는 별 의미 없는 주제다. 이들은 이미 누가 옳고 그른 것이 결론이 났으니, 과거에 누가 무슨 말을 했는지는 별 의미가 없다고 생각한다. 물론 이들도 애덤 스미스처럼 과거에 남보다 더 옳은 소리를 하여 현재의 이론적 기초를 제공한 학자들을 존경하지만, 그들의 이야기는 이미 현재의 이론에 흡수되어 있으니 별도로 그들의 이론을 배울 필요는 없다고 생각한다. 최근 미국에서 교육받은 국내외 젊은 경제학자들이 흔히 '5~10년 이상 전에 씌어진 글은 읽을 필요가 없다'고 말하는 것은 이러한 관점을 반영한다."(백하우스, 5쪽)

화이트헤드가 "선구자를 잊어버리지 못하고 망설이는 과학은 기회를 놓치게 된다."고 한 것처럼, 주류 경제학자들은 "우리는 경제 역사에는 관심 없다."고 말한다. 경제학 집단은 진화론적 사고에서 볼 때 이 시대 모든 경제학자는 과거 애덤 스미스보다 뛰어나고 경제이론에 대해 더 많이 안다고 가정한다. 그러나 장하준 케임브리지대학 경제학과 교수는 자연과학에서와 달리 경제학을 비롯한 사회과학에서는 과거의 이론, 과거의 논쟁들을 '화석'과 같은 존재로 생각할 수 없다며, 과거의 논쟁이 아직도 지속되고 있는 경우가 많고, 과거의 이론이 현재의 이론이 갖고 있지 않은 통찰력을 갖고 있는 경우도 많다고 말했다.

"꿰맨 자리 없는 천", 과거와 현재의 인과관계

고대 로마의 세네카가 "우리는 과거에 대해 알고 있는 지식을 절대적으로 확신한다."고 말한 반면, 괴테는 과거는 일곱 개의 봉인이 찍힌 영원히 비밀에 싸인 한 권의 책이라고 묘사했다.(Gerschenkron, p.3) 과거의 역사와 경험은 경제 분석에서 경제학자들을 끊임없이 괴롭히는 주제 중 하나이자, 현재 살고 있는 사람들이 직면하는 가장 곤란한 문제들 중 하나이다.

알렉산더 거셴크론Alexander Gerschenkron은 "우리 시대의 물질적인 것들은 과거로부터 부쳐 온 편지와 같아서, 과거의 지적 질문들이 저장돼 있는 거대한 창고에서 꺼내진 것"이라고 말했다. 카를 마르크스는 《자본론》에서 현재 발전된 산업국가들은 그보다 뒤처져 있는 국가들이 따라 걷게 될 길의 윤곽을 비춰 준다고 말한 바 있다. "저발전 국가들의 미래를 보여 주는 그림"이라는 것이다. 이에 대해 거셴크론은 19세기 말의 독일, 그 이전의 영국, 그리고 20세기 중반의 러시아가 이를 보여 준다고 주장한다. 다만 마르크스의 언명은 절반의 진실에 불과하며, "저개발 국가는 바로 그 후진성을 오히려 이점과 '덕목virtue'으로 삼아 앞서 발전한 나라들과는 근본적으로 다른 발전의 길을 걸을 수 있다."는 점에 나머지 절반의 진실이 있다고 주장한다.(Gerschenkron, p.5) 후진성은 다른 국가와 비교할 때 '상대적인 후진성'에 불과하며, 기존 산업국가로부터 기계나 기술 노하우를 들여와 빠르게 성장을 추구할 수 있다는 것이다.

이상주의자, 과학적인 사상과 법칙을 주창하는 이론가, 변혁을 꿈꾸는 혁명가들은 흔히 대안적이고 따뜻한 애정과 휴머니즘이 넘치는 세상을 건설하는 투사로 묘사되지만, 어떤 의미에서 그들에겐 "겸손만큼 낯선 것도 없다"는 비판이 따라붙는다. 역사에 대한 지나친 결정론적 확신 때문이다.

"19세기는 우리에게 완전한 사회를 향한 욕구는 그 무엇이든 간에 삶에 관해 이미 결정된 몇 가지 설계만으로는 결코 충족되지 않는다는 것을 가르쳐 주었다. 그리고 우리는 그와 같은 새로운 설계가 장래의 모습이 된다고 해도 그것이 어떤 것이 될지 알 수 없으며, 또한 그것을 오늘에 결정할 수 없다는 점도 전혀 의심하지 않는다. 완전한 사회를 향한 탐구의 기능은 역사를 멈추려는 데 있는 것이 아니라, 알지 못하고 알 수도 없는 가능성을 모든 사람들에게 공개적으로 드러내는 데 있다. 이러한 의미에서 다행스러운 일이지만 인류에게 유토피아로 가는 길은 막혀 있지 않다. …… 19세기가 성취한 것이 아무리 대단하다고 해도, 그것들은 당시에 꿈꾸었던 혹은 기대했던 것들이 아니라는 것도 잘 알고 있다. …… 우리는 21세기의 세계가 더 나아질 것이란 근거를 갖고 있지 못하다. 미래에 대해 유일하게 확실한 것은, 미래는 그것에 대해 가장 멀리 예측한 사람들조차도 놀라게 할 것이라는 점이다."(홉스봄 1998, 587~588쪽)

영국 노동당의 이론가이자 정치학자인 해롤드 라스키Harold Laski는, 인간 세계란 '꿰맨 자리 없는 천'과 같다고 강조했다. 즉, 과학의 영역에서처럼 원인과 결과(즉, '꿰맨 자리')를 순수한 혹은 절대적 관계로 전환하는 그러한 방식으로 여러 요인들을 추출하는 것이 불가능하고, 그래서 편견이 끼어들 소지가 있다는 것이다.

"사람들은 자신들의 사사로운 경험에서 얻은 추론을 문명의 복리라고 (그것도 진지한 자세로) 잘못 생각했다. 역사는 이런 사람들이 내린 예측의 파편들로 어지럽혀져 있다. 토머스 매콜라Thomas B. Macaulay(1800년대 영국 역사가)

는 하원에서 보통선거는 사회의 기초를 파괴할 것이라고 말했고, 나소 시니어Nassau Senior(1800년대 영국의 경제학자)는 노동시간의 법적 제한은 영국 산업의 번영과 양립할 수 없는 일이라고 주장했다. 우리들은 모두 자신의 경험에 사로잡혀 있기 때문에, 흔히 무의식적으로 자신의 개인적 통찰을 피할 수 없는 진실과 동일시한다. 사회변혁에 따르는 비극의 태반은 우리가 과오를 범하고 있는지 모른다는 점을 스스로 인정하지 않는 데서 발생한다. 한마디로 말하자면, 물질세계의 인과관계를 과학화하는 것만큼 인간사의 인과관계를 과학화하는 일은 쉽지 않다. 인간사를 판단하는 데에는 우리와 절대로 떨어질 수 없는 감정과 편견이 개입하기 때문이다. …… 말하자면 우리에게 들어오는 사실들은 우리가 속한 환경에 너무 영향을 받고 있으므로, 우리가 과학이나 물리학에서 얻는 것과 같은 객관성을 인간사에서는 얻을 수 없다."(라스키, 28쪽)

볼셰비키의 붉은 10월혁명이 일어나기 훨씬 이전에 러시아의 어느 역사가는 이렇게 말했다고 한다.

"빈곤과 프롤레타리아는 근대국가라는 유기적 조직체에서 생겨난 화농하는 궤양이다. 그것들은 치유될 수 있을 것인가? 공산주의의 의사들은 기존 조직의 완전한 파괴와 전면적 말살을 제안한다. …… 정치혁명이 아닌 사회혁명이, 모든 사유재산에 대한 전쟁이, 그리고 완전한 무정부 상태가 오게 되리라는 것이다. …… 미래의 베일을 벗기는 자는 누구일까? …… 옛 러시아 속담에 이런 말이 있다. '나는 강가에 앉아서 바람을 기다린다.' - 아우구스트 학스타우젠August von Haxthausen, 1847"(홉스봄 1996a, 433쪽)

이제 경제구조의 변동을 역사적으로 어떻게 볼 것인지에 초점을 맞춰 논의를 좀 더 확장해 보자.

홉스봄이 1789년 프랑스혁명부터 1848년 유럽혁명, 1875년 대불황과 노동자·사회주의 인터내셔널 창립을 거쳐 1914년 제1차 세계대전 발발까지를 '장기 19세기'로 명명했듯이, 아리기는 자본주의 20세기를 '장기 20세기'로 명명한 바 있다. 두 사람 모두 장기지속의 과정으로 자본주의 역사를 바라본 셈이다.

'유연적 전문화'의 생산방식과 '유연한 기업flexible firm'을 주창한 마이클 피오레와 찰스 세이블은 《제2차 산업분기점》에서 "마르크스는 시장과 근대 공장을 사회주의로 가는 통과점으로 생각했다. 스미스는 이를 '풍요로 가는 자연적 도정'이라고 불렀다. 이 두 사람 모두 인간 진보의 경로가 정해져 있으며, 다른 가능성은 생각할 수 없다는 데 동의했다. …… (그러나) 진보는 마르크스나 스미스가 말한 것처럼 정해진 경로가 아니라 계통수系統樹로서 가장 잘 묘사될 수 있으며, 더 나아가 계통수가 갖는 경로의 흥망은 발전의 자연법칙이 아니라 사회적 투쟁들의 결과에 달려 있다."고 말했다.(강석재 · 이호창 편역, 31 · 38쪽)

《자본의 시대The Age of Capital : 1848-1875》에서 홉스봄은 역사의 새로운 시대는 경제적 및 정치적으로 1870년대의 불황과 함께 그 막을 열었다고 말했다. 1840년대 말부터 1870년대 중반까지 시기에 산업자본주의는 진정한 의미의 세계경제로 발전했고, 그럼으로써 세계라는 말은 지리학적 표현에서 끊임없이 활동하는 현실적 실체로 바뀌었고, 역사는 이때부터 세계사가 되었다는 것이다.(홉스봄 1996b, 77쪽)

'계통수'는 동물이나 식물의 진화 과정을 수목의 줄기와 가지의 관계로 나타낸 것이다. 1980년대 중반 이후 휘몰아친 '유연적 기업', '유연한 노동' 같은 이론의 유행에 대해 영국의 좌파 노사관계 학자인 리처드 하이만Richard Hyman은 〈생산의 이론과 이론의 생산〉(1991)이라는 글에서 다음 두 사람의 말을 인용하고 있다. "나는 세계 전체가 하나의 수수께끼라는 것을 믿게 되었다. 마치 저변에 흐르는 진리라도 있거나 한 것처럼 그것을 해석하려는 우리의 광기 어린 시도에 의해 가공할 만한 것이 되어 버린 악의 없는 수수께끼(움베르토 에코), 말 한 마리가 배설한 곳에서 백 마리의 참새가 먹이를 먹는다.(그람시)' '유연기업'은 하나의 신화이자, 종잡을 수 없게 모호한 이데올로기적 수사에 불과하다는 것이다.

피오레와 세이블은 전 세계적 경제 침체가 광범위하고 깊게 퍼져 나가던 1980년대 초에 "좋은 소식을 나쁜 소식과 거의 구분할 수 없는 시대, 그 시대는 진정 고뇌의 시대"라며, 혼돈의 시대에 "우리는 미래를 번영으로 만들기 위해 역사가 이루어지는 방식에 대한 사고는 물론, 우리 자신의 과거에 대한 사고도 전환해야 할 것"이라고 했다. 더 나쁜 혹은 덜 나쁜 소식이 넘쳐나고 좋은 소식은 거의 들을 수 없는 시기일수록 현재의 혼돈을 이해하려면, 익숙한 그러나 제대로 이해하지 못하고 있던 우리의 기존 요소들이 왜 갑자기 붕괴되었는지, 또 익숙했던 것들이 왜 갑자기 알 수 없는 것이 되어 버렸는지 파악해야 하며, 그러기 위해선 과거를 되돌아봐야 한다는 것이다.

사미르 아민은 자본에 대한 이윤의 개념을 경제이론 속에 재통합하려면 당연히 '(생산)요소 생산성'이라는 한계주의적 사고방식을 버리지 않으면 안 된다며, "저축, 투자, 자본, 이윤 등의 개념은 역사적 차원에서 고찰될 필요가 있기 때문"이라고 말했다. 여기서 역사적 차원은 '역사로서의' 자본주의적 생산양식 안에서 이러한 개념들을 서로 연관 짓는 깊은 관계들을 파악해야 한다는 뜻이다. 아민은 덧붙인다.

"이 순수 주류 경제학은 필연적으로 비역사적인 것이 될 수밖에 없다. 왜냐하면 그것이 발견하고자 하는 법칙은 어떠한 경제적·사회적 체제 아래서도 항상 옳은 것이라야 하기 때문이다. 역사를 설명하려는 시도에서 사회과학의 여러 분과들 사이에 놓인 다리를 파괴함으로써, 신고전파경제학은 제일 먼저 영원불변의 인간이라는 이치에 맞지 않는 심리학에 기초를 둔 일련의 공리들로부터 논리적으로 연역하는 하나의 대수학이 되어 버렸다."(아민, 34쪽)

폴 새뮤얼슨은 그러나, 《경제학》에서 노벨물리학상 수상자 믹스 플랑크

Max Planck의 말을 인용해 경제학 등 과학 분야는 이론적 개념의 선구자들이 이끌어 왔으며, 과거의 옛것은 학문적 진보에 오히려 질곡이 될 수 있다고 경계했다. "이것이 바로 과학은 젊은 사람들의 것이라는 말의 이유다. 옛것에 대해 너무 많이 아는 사람은 그것들을 잊어 떨쳐 버리기 쉽지 않다. 막스 플랑크는 '새로운 과학적 진실은 그 진실에 적대적인 사람들을 설득하거나 그들에게 새로운 진리의 빛을 보게 해 주는 것으로 승리를 알리지 않는다. 그보다는 이 적대자들이 언젠가는 결국 죽어 사라지고 새로운 세대가 자라나 그 진실에 익숙해지면서 승리를 얻게 된다.'고 말했다."(Samuelson 1989, p.8) 뉴턴적 물리학을 잘 배워 알고 있는 물리학자는, 상대적으로 아인슈타인의 상대성이론을 이해하고 받아들이는 데 어려움을 겪게 된다는 것이다.

 ## 자본주의도 '역사'로 기록될까?

이제 순수한 경제이론에서 더 멀리 떨어진 역사의 영토로 잠깐 들어서 보자. 여기서 언급하는 내용들의 유익함이 궤도 이탈의 어색함을 상쇄해 주길 바랄 뿐이다.

"과거를 망각하는 사람은 이를 다시 반복한다."는 조지 산타야나의 경구는 역사적 사건에 적용되기보다 사상사를 표현하는 데 더 적합하다는 주장이 있다. 경험에서 알 수 있듯 역사적 사실이 그대로 반복되는 경우는 거의 없다. 그러나 이전의 사상을 망각한다면 동떨어진 두 시대에 어느 정도 유사한 상황에서 동일한 오류를 내포하는 사상적 반응이 나타난다. 개리 베커는 스티글러가 경제사상사라는 연구 주제에 대해 틀림없이 느꼈을 법한 복잡한 감정을 이렇게 표현했다. "그는 변함없이 과거의 위대한 경제학자들이 오늘날의 그다지 신통찮은 경제학자들보다 훨씬 연구할 만한 가

치가 있다고 믿었다."(오페르트벨트, 300쪽)

조지프 스티글리츠는 "불행히도 역사는 우리에게 통제된 실험을 제공하지 않는다. 우리는 단지 무수히 많은 에피소드들을 갖고 있을 뿐이며, 그에 근거하여 일반화를 시도할 뿐"이라고 강조했다. "역사의 교훈을 공부하지 않는 사람은 오류를 반복할 수밖에 없다는 말은 사실이지만, 역사가 항상 분명한 문서의 형태로 남아 있는 것은 아니다. 데이터가 그러하듯이, 역사는 스스로 말할 수 없다. 우리가 세상을 들여다볼 때 이용하는 렌즈와 우리가 내리기 원하는 결론들은 우리가 역사적 기록을 해석하는 방법에 종종 영향을 미친다. 때로는 우리의 집단적 기억조차도 선택적이다."(스티글리츠, 340쪽)

'역사주의'는 말 그대로 역사적 단계 이행을 중심에 놓고 사유하는 사유체계로서, 인간이 피할 수 없는 물질적 생산력, 즉 유물론적 사고를 기초로 역사를 해석하고 전망하며 법칙을 제시한다. 고대 원시노예제와 봉건제가 그러했듯이 자본주의도 예외 없이 또 다른 생산양식으로 대체될 운명이라는 것이 '역사적 자본주의' 혹은 '역사로서의 자본주의'이다. 자본주의도 고정불변이 아니라 하나의 역사로서, 즉 언젠가는 '과거'로서 기록될 것이라는 입장이다. 이를테면 누군가 자본주의의 특정한 역사적 성격, 즉 '역

"1904년에 막스 베버가, 그리고 1912년에 베르너 좀바르트가 그들이 사는 시대의 유럽이야말로 과학과 이성과 논리의 절대적인 중심지라는 느낌을 가졌다는 것은 지극히 자연스러운 일이다. 그러나 어째서 한 문명이 다른 문명보다 영원히 더 지적이고 더 이성적이어야 한단 말인가? 막스 베버는 이 질문을 던졌지만 약간의 주저 끝에 원래의 자기 의견을 고집했다. 그에게나 좀바르트에게나 자본주의에 대한 모든 설명은 서양의 '정신'이 갖고 있는 구조적이고 논란의 여지없는 우월성에 관한 것이었다. 그러나 이러한 우월성이라는 것 역시 우연의 결과이며 역사의 폭력에서 나온 것이고, 세계적으로 '카드를 잘못 돌린' 결과이다. 베버에게 자본주의는 경제 발전이 마침내 찾아서 도달하게 된 약속의 땅이며 진보의 최종적인 만개로 보였다. 오늘날에는 자본주의의 죽음, 혹은 적어도 일련의 연속적인 격변이 불가능해 보이지 않

사로서의 자본주의'를 말한다면 그는 자본주의 체제 바깥에 서서 그 체제를 바라보는 조망을 하고 있음을 의미한다.

역사주의 및 역사법칙을 가장 극적으로 보여 주는 예는, 마르크스가 《정치경제학 비판을 위하여Kritik der politischen Ökonomie》 서문에서 정식화한 다음과 같은 대목이다.

"사회의 물질적 생산력은 그 발전의 특정 단계에서, 지금까지 그것들이 그 내부에서 운동해 왔던 기존의 생산관계들 혹은 이 생산관계들의 법률적 표현일 뿐인 소유관계들과의 모순에 빠진다. 이러한 관계들은 생산력의 발전 형태들에 대해 이제 질곡으로 변전한다. 그때에 사회혁명의 시기가 도래한다. …… 이 사회구성체와 더불어 인간 사회의 전사前史는 끝을 맺는다."

물질적 힘에 의해 그 스스로 내부에서 모순과 질곡을 겪고 결국 혁명이 도래해 사회적 생산양식이 역사의 다른 단계로 이행하는 '법칙'을 보여 준다. 여기서 '법칙'은 신고전파경제학의 뼈대이자 근본 명제인 합리적 개인의 '자유로운 선택'의 반대편에 있다는 점에 주목할 필요가 있다. 마르크스는 《루이 보나파르트의 브뤼메르 18일》에서 "인간은 역사를 만들지만 만들고 싶은 그대로 만들지는 않는다. 그들은 스스로 선택한 상황들 아래에서 역사를 만드는 것이 아니라 과거로부터 직접적으로 마주치고 주어지고 물려받은 상황들 아래에서 역사를 만든다."고 했다.

'역사주의의 빈곤'을 폭로하며 마르크스의 '역사주의'를 맹렬히 비판했던 카를 포퍼는 《열린사회와 그 적들The Open Society and Its Enemies》에서 다음과 같이 썼다.

는다. 그것들은 현재 우리 눈앞에서 진행 중이다. 어쨌든 그것은 이제 더 이상 역사 발전의 최종 단어로 보이지는 않는다."(브로델, 2-2권, 834쪽)

"사회과학자나 철학자는 개인을 인류 역사의 발전에 있어서 별로 중요하지 않은 도구로 간주하며, 역사의 무대에서 정말로 중요한 배우들이란 위대한 계급이나 위대한 이념이라고 생각한다. 그리하여 그들은 역사의 무대에서 공연되는 연극의 의미를 이해하기 위해 역사의 법칙을 발견하라고 한다. 이것이 역사주의라고 불리는 태도에 대한 간략한 설명이다. 역사주의의 핵심적 원리란, 역사는 특수한 역사적 법칙이나 진화적 법칙에 의해서 진행되며, 우리가 이 법칙을 발견한다면 인간의 운명을 예언할 수 있다는 것이다."(포퍼 1997, 22쪽)

포퍼는 이러한 역사주의의 예언적 지혜가 해로우며, 그러한 예언을 따르지 않을 때 우리는 운명의 주인공이 될 수 있다고 말한다. "우리는 금수로 돌아갈 수 있다. 그러나 우리가 인간으로 남고자 한다면, 오직 하나의 길, 열린사회로의 길이 있을 뿐이다."(포퍼 1997, 1쪽)

아글리에타는 역사적 시간은 그 내부에서 경험적으로 추출된 양적 변수들이 무언無言으로 행진하는 선형적 시간 설정이 아니라, '사회적 관계'의 형태 변화로 그 실체가 결정되는, 이론에 의해 구성되어야 할 시간으로 본다. 따라서 질적 변화에 중요성을 두는 것이 반드시 필요하다고 강조했다.(아글리에타, 46쪽) 여기서 노동은 인간 활동이며, 따라서 인간이 자신의 물적 조건을 변형시키는 과정에서 인간들 상호간에 구체적 관계를 형성하는

경제 분석은 흔히 둘 이상의 변수들 간의 관계를 탐구한다. 우선, 둘 사이에 지속적이고 구조적인 연관 관계가 존재하는지를 확인하고, 연관이 있다면 그 관계는 어떠한 모습을 띠고 있는지, 즉 선형적인 직선linear인지 아니면 포물선 2차함수 따위의 비선형nonlinear인지를 확인한다. 이어 만약 그 함수 관계가 확정되면 두 변수 간의 상관관계가 어느 정도인지를 그 상관계수를 통해 따져 본다.

시간적 과정이다. 생산은 언제나 물적 대상만이 아닌 사회적 관계의 생산이기도 하다.

마르크스와 엥겔스는 《공산주의자 선언》에서 "자신의 생산관계·교환관계·소유관계를 가지고 있는 현대 부르주아사회, 엄청난 생산수단과 교환수단을 출현시킨 이 사회는 자기가 주술로 불러낸 저승사자, 곧 명부冥府세계의 힘을 더 이상 통제하지 못하게 된 마법사와도 같다."고 말했다. 인간보다는 물질적 생산력과 자본 스스로의 가치 증식 논리가 관철되면서 역사가 전개된다는 것이다. 스콧 라시와 존 어리는 《공산주의자 선언》을 근대성 분석 그 자체로 본다.

"당시 부르주아는 근대성을 상징하는 뼛속 깊이 혁명적인 계급으로서 등장했다. 기존의 봉건사회를 뒤흔들고 비범한 사건들의 연속을 초래했다. 그러나 이런 혼돈과 통제 불가능한 걷잡을 수 없는 격변은 위협적이고 파괴적이기도 해서, 부르주아는 그 내부에서 극히 비극적인 궤도로 들어서고 말았다. 명부에서 풀려난 가공할 그 힘은 창조적일뿐 아니라 파괴적이며, 갈등을 해결할 뿐 아니라 만들어 낸다. 통제 불가능한 거대한 폭풍 속에서 사람들 삶의 시간적·공간적 구조와 배치는 지속적으로 변동하게 된다."

(Lash & Urry, p.2)

스튜어트 휴즈는 합리적이며 목적의식적인 계급투쟁으로서의 역사를 은연중에 거부하고 있는 듯하다.

"'거대한 비개인적 힘'은 단지 추상에 지나지 않는다. 통계학적 의미에서는 많은 선택의 결과를 예측할 수 있을지 모르지만, 우리는 대체로 각자의 선택이 자유롭다고 확신한다. 그러므로 베네데토 크로체Benedetto Croce가 역사는 필연적으로 '자유의 이야기'라고 주장했을 때, 그의 말은 옳았다.(전적으로 그가 생각한 바와 같지는 않지만, 반복되는 것, 비합리적인 것, 준準본능적인 것이 역

사의 토대일지도 모른다."(휴즈, 19쪽)

　슘페터가 《경제분석의 역사》에서 역사와 관련해 세 가지를 지적했다고 말한 좌파 경제학자 윌리엄 라조닉을 인용하며 길었던 이 장을 끝내고자 한다.

　첫째, 역사적 사실의 적절한 명령, 그리고 역사적 감각 또는 역사적 경험의 적절한 고려 없이는 누구도 특정 시대의 경제적 현상을 이해하기 어렵다. 둘째, 역사적 보고서는 순수하게 경제적인 것이 아니라 제도적인 사실을 불가피하게 포함한다. 경제적 사실과 비경제적 사실이 함께 작동하므로 다양한 사회과학이 함께 고려돼야 한다. 셋째, 경제 분석에서 대다수 근본적인 오류는 종종 경제학자들이 가진 장비(이론적 도구 및 개념)의 결함보다는 역사적 경험의 부재 탓이 크다.(Lazonick 1991, p.115)

역사의 혈장血漿
해변의 모래밭과 노인

　예리하고 통렬한 비유나 은유는 인문사회과학에서 사태나 현상, 사건, 인물 따위의 대상을 가장 적확하게 드러내는 수단이 된다. 칼 세이건Carl Sagan의 《코스모스Cosmos》에 나오는 다음과 같은 표현을 보자.

　"해안에서 부서지는 물결의 출렁임도 따지고 보면 태양과 달의 중력 작용이 만드는 조석 작용의 결과이다. 태양과 달이 지구에서 멀리 떨어져 있음이 틀림없지만 그들이 주는 중력의 영향을 우리는 이곳 지구에서 분명하게 느낄 수 있다. 그러므로 중력은 부정할 수 없는 자연의 실체이다. 큼직한 바윗덩이들이 서로 부딪쳐 깨지고 그 조각들이 다시 파도에 부대껴 고운 모래가 되기까지 얼마나 긴 세월이 흘러야 했을까? 멀리 있는 달과 태양은 그 긴긴 세월 동안 한시도 쉬지 않고 밀물과 썰물의 들고 남을 재촉했을 것이다. 기후변화에 따른 풍화작용도 바위를 부숴 모래로 만드는 데 한몫했겠지만, 세월이라는 안내의 도움 없이는 해변의 모래밭은 탄생하지 않았을 것이다. 그래서 모래밭은 우리에게 시간의 흐름을 실감케 하고 세상이 인류보다 훨씬 더 오래됐음을 가르쳐 준다. 모래를 한 줌 움켜쥐면 그 속에서 약 1만 개의 모래알을 헤아릴 수 있다니, 맨눈으로 볼 수 있는 별의 개수보다 더 많은 수의 알갱이가 내 손에 들어 있는 셈이다. 하지만 볼 수 있는 별은 실재하는 별의 극히 일부에 지나지 않는다. 지구상의 해변이란 해변 모두에 깔려 있는 모래알들보다 우주에 있는 별들이 훨씬 더 많다."(세이건 2007, 390쪽)

◢ 거인들의 어깨에 올라타다

아프리카 속담에 "노인을 한 명 잃는 것은 도서관 하나가 불에 타 사라지는 것과 같다."는 말이 있다. 나이 든 사람에게는 오랜 세월을 산 사람만이 도달할 수 있는 원숙한 경지, 삶과 사람과 인간 사회에 대한 철학, 태도, 지혜, 깊은 성찰, 이해 등이 있다는 것이다. 과거는 '정보'와도 관련된다. 정보경제학에서 정보의 불균등한 분포를 뜻하는 정보비대칭 개념을 뒤집어 생각해 보면, 정보를 더 많이 가진 자일수록 더 정확하고 옳은 판단과 행동을 결정할 수 있다. 비유하자면, 조직 내 임원이나 부서장의 의견과 판단은 단지 조직 내 위계나 지휘 체계에서의 지위로서만이 아니라, 자기 부서뿐 아니라 다른 부서들의 사정·의견 또 회사 조직 전체의 여건과 전략 등을 다른 사람보다 더 종합적으로 알고 이를 고려하는 자리에 있기 때문에, 특정 부서나 하위직급 사원의 판단보다 더 정확하고 신뢰할 수 있는 것과 마찬가지다.

역사에서 살아 있는 인간에 대한 탐구를 매우 인상적으로 강조한 역사학자는 마르크 블로크이다.

"금방 눈에 띄는 풍경이나 연장·기계 따위의 너머에서, 겉으로 보기에는 차디차게 식은 듯한 문서나 그것을 확립해 놓은 자들과는 아무 연관도 없어 보이는 제도의 너머에서, 역사학이 파악해 내고자 하는 것은 바로 인간들이다. 거기에 이르지 못한다면 그는 기껏해야 생명력 없는 잡다한 지식을 다루는 엉터리 학자에 머물고 말 것이다. 훌륭한 역사가란 전설에 나오는 식인귀와 흡사하다. 인간의 살냄새를 맡게 되는 바로 그곳에 자신의 사냥감이 있음을 그는 아는 것이다."(블로크, 45쪽)

생생하고 구체적인 현실로서의 역사적 시간은 온갖 현상이 그 안에 잠겨 있는 혈장血漿이다. 역사가는 "에르푸르트의 정통파 수사修士였던 루터가 비텐베르크의 개혁자로 변신하기까지 15년이 걸렸다는 사실 자체를 증명하는 것으로 만족할 수는 없다. 주인공인 루터라는 인간의 운명과 동시에 그 환경으로서 문명의 운명이 그려 나가는 곡선 위에 정확한 그 시기를 설정한 뒤에야, 비로소 그 행위에 대해 올바른 평가를 내렸다고 할 수 있다."(블로크, 46쪽)

뉴턴과 라이프니츠의 미적분학 추론 작업이 그다지 독창적이거나 세련되지 못했던 것은 꽤 놀라운 일인데, 즉 그들이 미적분학을 탐구하기 전에 이미 다른 위대한 수학자들이 적지 않은 공헌을 했고, 두 사람 모두 그 선구자들의 연구 결과를 읽었다. 뉴턴이 "만약 내가 다른 사람들보다 더 멀리 볼 수 있었다고 한다면, 그것은 내가 거인들의 어깨 위에 서 있었기 때문이다."라고 말한 것은 단순한 겸손이 아니라 사실이었다.(클라인, 167쪽)▶ 그러

▶ 뉴턴은 1676년 광학이론을 둘러싸고 날카롭게 겨루고 있던 로버트 후크Robert Hooke에게 보낸 편지에서 "만약 내가 하느님father을 보았다면 그건 거인의 어깨 위에 올라탈 수 있었기 때문이다."라고 말했다. 어떤 과학자들은 이 문장이 등이 굽고 작은 체구라서 결코 거인이라

나 동시에 뉴턴의 이 말은 지적 재산은 인류 공동체의 유산이며, 과학적 성취는 본질적으로 협력적이며 동시에 선택적으로 누적적 본질을 갖고 있음을 보여 준다. 미적분학에 대해 볼테르가 "그 존재도 알 수 없는 것을 세고 측정하는 기술"이라고 했듯이, "무한은 우리들의 사고thoughts가 말려 들어간 심연abyss"이란 말처럼 뉴턴은 수학적 엄밀성과 도함수, 연속함수, 무한과 극한 개념 등에 관한 착상을 다른 거인들의 어깨에 올라 빌린 뒤 자신의 수학적 진리로 '만들어 갔다'고 할 수 있다.

한 천문학자가 말하는 '역사'는 매우 흥미롭다.

"역사는 사회, 문화, 경제 등 매우 복잡한 동인動因들이 쉽게 풀리지 않는 실타래같이 서로 얽히고설켜 이루는 결과로서, 얽혀 있는 실타래에서 그 요인들을 하나씩 풀어내기란 결코 쉬운 일이 아니다. 늘 일어나는 사소하고 예측 불가능하고 또 제멋대로 발생하는 사건들에 따라서 역사의 물결에 큰 변화가 초래되지는 않는다. 그러나 특정 시점이나 분기점에서 일어나는 어떤 사건들은 역사의 물길을 완전히 다른 방향으로 돌려놓기도 한다. 아주 사소한 조작이 역사의 큰 물줄기를 바꾸어 놓는 경우도 종종 있다. 소아마비를 일으키는 바이러스는 미생물이다. 우리는 소아마비균을 하루에도 수없이 많이 접촉하지만 이 세균에 감염되어 소아마비가 발병할 가능성은 매우 낮다. '운이 무척 좋은' 바이러스만이 인간을 이 무서운 병에 걸리게 한다. 미국의 32대 대통령이었던 프랭클린 루스벨트도 소아마비의 희생자였다. 아마 이것이 사람들로 하여금 그에게 커다란 동정심을 갖

고 할 수 없었던 후크에 대한 숨겨진 모욕이라고 하지만, 사실 두 사람의 다툼에도 불구하고, 뉴턴은 후크와 데카르트의 광학상 연구 성과를 겸손하게 인정하는 태도를 보였다고 한다.(Hawking 2002, p.725)

게 했는지 모른다. 또는 성공을 향한 그의 야망에 열기를 더했는지도 모르겠다. 루스벨트가 장애 극복을 통해 보여 준 그의 인간성, 야망 그리고 지지자들의 동정심 등이 함께 작용하지 않았더라면 1930년대 대공황, 제2차 세계대전 그리고 핵무기 개발 등으로 점철된 미국 현대사가 전혀 다른 양상으로 전개됐을지도 모른다. 이렇게 1백만분의 1센티미터도 되지 않고 어떻게 보면 아무것도 아닌 미생물로 인해서도 인류사의 미래는 크게 바뀔 수도 있는 것이다."(세이건 2007, 418~419쪽)

물론 우리는 역사로부터 알 수 있는 것과 알 수 없는 것, 배울 수 있는 것과 배울 수 없는 것에 대해 간명하게 요약·정리하기도 어렵고 간결한 답변을 제출하는 것도 쉬운 일이 아님을 안다. "우리는 과거 여러 시대에 나타났던 지배층의 흥망사에 의지하여 모든 것이 잘되리라고 마음을 놓아서는 안 될 것이다. 바로 이러한 의미에서, '우리는 역사에서 배울 수 없었던 사실로부터 역사를 배운다.'고 한 헤겔의 말은 옳다."(밀스 1979, 41쪽)

"마르크스는 과거의 모든 문명사회는 사회적 계급 구조를 가지며, 그것은 경제적으로 잉여생산물에 대한 계급 통제에 기초하고 있다고 주장했다. 그러나 다음과 같은 사실은 마르크스의 생각에 대한 한 가지 중요한 비판이다. 즉, 오늘날 우리는 역사의 세부적인 면에 대해 마르크스보다 더 많이 알고 있으며, 그가 당연한 것으로 받아들였던 몇 가지 일반화를 더는 믿지 않고 있다."(폴리, 123쪽)

경제학과 역사

희한한 종족, 경제학자
'후진성의 이점'

정치경제학자 러셀 하딘의 《집합행동Collective Action》(1982) 서문에 이런 대목이 나온다.

"어느 날 오후, 나는 후버연구소Hoover Institute에서 동료들과 책상에 둘러 앉아 대화를 나누고 있었다. 우리는 어떤 한 단어의 의미에 관해서 논쟁하 고 있었다. 경제학자답지 않게 동료 중 한 사람이, 이는 본질적으로 사실에 관한 문제이며 따라서 《웹스터사전》 같은 적절한 사실적 권위를 참조함으 로써 해결될 수 있다고 지적했다. 그는 사전을 가져오게 해서 우리들에게 그 단어의 정의를 '사람의 행동이 오직 자기 이익에 의해 동기 유발된다고 믿는 사람'이라고 읽어 주었다. 그와 동시에 우리 중 여럿이 '경제학자' 하고 대답했 다. 우리가 그때 정의를 찾고 있었던 단어는 '냉소주의자cynic'였다. 그날 즉 시 '경제학자'라고 말한 사람 중에서 경제학자가 아닌 사람은 나 혼자였다.

나는 그것을 약간 비난조로 말했다. 나머지 사람들은 확신하건대, 자부심을 가지고 말했다. 그 후 때로 누가 더 옳은지를 생각하곤 한다.(하딘, 19쪽)

◆ 경제학자의 '수렴' 혹은 불균등

스웨덴의 저명한 경제학자 레이온후프트Leijonhufvud는 1973년에 경제학자들이라는 희한한 종족을 찾아 나선 인류학 연구 여행의 발견을 다룬 재미있는 수필 〈경제학자들 사이에서Among the Econ.〉를 쓰기도 했다. 이 희한한 종족(경제학자)들은 경제적 후진성도 이점이라고 주장한다.

로버트 솔로가 1960년대에 제출한 경제성장방정식은, 어느 경제든지 수확체감법칙의 전제 아래 자본축적 과정에서 노동자 1인당 갖는 자본의 양은 항상 일정한 '균제均齊상태steady state'에 이르게 된다는 점을 이론적으로 도출하면서, 이 개념을 매개로 자본주의경제의 '수렴 경향'이라는 놀라운 함축을 내세웠다.(물론 그 이후 지구상 자본주의경제는 수렴보다는 오히려 불균등 발전의 심화를 경험해 왔다.)

솔로의 수렴과는 달리, 자본주의적 성장 자체가 본질적으로 불균등 발전이라고 보는 견해도 있다. 자본주의 세계 질서를 중심과 주변으로 구분하여 이해하는 방식은, 1960~70년대 '주변부자본주의론'을 펼쳤던 사미르 아민이 전형적이다. 아민은 사회주의혁명이 그 시대의 중심부에서 일어나지 않았기 때문에 자본주의가 계속 발전해 독점적이 되었으며 계급투쟁의 세계적 조건이 변화했다고 말했다. 그는 주변부 프롤레타리아, 중심부 프롤레타리아, 주변부 부르주아지, 중심부 부르주아지의 잉여가치율(즉, 착취율) 차이를 중심으로 존재 조건과 구조적 기반, 역할을 명확히 구분하고, 이로부터 중심부 자본이 세계적 규모에서 이윤율의 경향적 저하에 대응해 여전히 축적을 지속할 수 있는 희생적 토대로서 '주변부'를 규정한다. 나아가 자본주의의 발전 그 자체는 어느 곳에서든지 지역적 '불균등'을 가져오는 발전'이라고 일갈한다. 그러므로 각 개발 국가는 모두 그 자신의 국경 안에 각자의 저개발 지역을 창출해 왔으며, 오늘날 지역주의운동의 부활은 이런 배경 아래서만 이해될 수 있다고 말한다.(아민, 62쪽)

대표적 종속이론가인 아민이 주장하는 요체는, 경제적 외양을 넘어 정치적 '역사'를 이해해야 한다는 것이다.

"저개발에 관한 현행 이론은 저개발과 빈곤을 혼동하는 비과학적이고 진부한 오랜 관습에 머물러 있다. 여기서 벗어난 경우에도 기껏해야 저개발의 구조적 특징을 형성하고 있는 현재 제3세계 국가들의 일련의 '경제적' 특징들을 묘사할 수 있을 뿐이다. 이는 관찰되는 문제의 표면적 외관을 다룰 뿐이며, 거기에서 취급되는 것은 단지 '경제적' 외관, 다시 말해 사회적·정치적 조직의 영역들로부터 인위적으로 분리된 '경제'의 영역뿐이다. 저개발의 기원, 즉 자본주의의 지리적 팽창사 및 그것이 중심부와 주변부라는 구조화된 세계 체제로 성립되어 온 역사를 이해해야만 한다."(아민, 337쪽)

"한 나라가 선택한 근대화의 방법은, 그 뒤를 좇는 다른 나라들이 만나는 문제의 차원을 변화시킨다. 이는 베블런이 지금 유행하고 있는 '후진성의 이점'이란 말을 처음 만들어 냈을 때 이미 깨닫고 있던 것이다. 영국의 민주주의적 근대화가 선행하지 않았다면, 독일과 일본이 반동적 방법을 채

우리가 역사적 '기원'에 주목해야 하는 이유를 배링턴 무어는 다음과 같이 설명했다. "자유롭고 이성적인 사회라는 오랜 서방의 꿈이 언제까지나 망상으로 남아 있을지 어떨지는 아무도 확실히 알 수 없다. 그러나 만약 미래의 인간이 현재의 사슬을 부숴 버리겠다면 그 사슬을 만든 힘이 무엇인지 그들은 반드시 이해해야 할 것이다."(무어, 505쪽)

택했을 가능성은 거의 없었을 것이다. 자본주의적 방법과 반동적 방법(파시즘 등 위로부터의 반동)의 체험이 없었다면 공산주의적 방법은 그것이 설령 어떻게든 존재하게 되었다 하더라도 실재와는 전적으로 다른 무엇이 되었을 것이다."(무어, 418쪽)

1950년대 중반 후진성과 종속에 대한 논의는 학술적 수준에서조차 금기시되었다고 한다. 폴 배런이 〈후진성의 정치경제학에 대하여On the Political Economy of Backwardness〉라는 논문을 발표할 당시, 영국의 학술지는 영국 식민지에 관한 한 배런의 주장이 결코 사실이 아니라는 이유로 논문 게재를 몇 차례 거절했고, 미국의 출판사 역시 미국 식민지에 관한 한 정확한 묘사가 아님이 분명하다며 출판을 거절했다고 한다. 또《성장의 정치경제학The Political Economy of Growth》(1957)을 출판한 옥스퍼드대학 블랙웰즈 출판사도 "만일 이 책을 역사 지식이 별로 없는 아프리카 학생이 읽는다면 크게 오해하게 될 것"이라는 한 독자의 우려 섞인 편지를 받고 뒤늦게 마음을 바꾸어 받아들일 수 없는 수정을 요구했다고 한다.(배런 1984, 20~21쪽)

도스 산토스·로널드 칠코트·안드레 군더 프랑크 등의 종속이론가들 그리고 폴 배런이《성장의 정치경제학》에서 '후진성의 뿌리'를 독점자본과 종속에 둔 것과는 정반대로, 사회경제학자 알렉산더 거셴크론은 오히려 '경제적 후진성economic backwardness'이 저개발국에서 경제 번영을 이루는 데 상대적인 이점으로 작용한다고 강조한 바 있다. 제3세계 빈국은 선진 자본주의경제가 발전 도상에서 시행착오를 겪으며 얻어 낸 교훈과 번영의 불씨가 되는 제도들을 쉽게 배우고 도입해 경제성장을 도모할 수 있다는 것이다. 결국 언젠가는 부국과 빈국이 동일한 수준의 소득수준에 도달할 수 있다는 수렴 가설을 주창한 셈이다.

찰스 다윈의《종의 기원》도 갑자기 돌출적으로 던져진 것이 아니라, 그 이전 사회과학에서 누적적으로 성취된 학문적 진보를 토대로 한 과학적 성취였다.

"다음 장에서는 온 세계의 생물이 기하급수적으로 증가한 결과 생기는 생존경쟁을 취급할 것이다. 이것은 맬서스의 원리를 동식물계에 적용시킨 것이다. …… 아무리 미미한 변이라도 유용하기만 하면 보존된다는 이 원리를, 그것과 인간 도태력의 관계를 분명히 나타내기 위해 나는 '자연도태'라는 단어를 쓰기로 한다. 그러나 허버트 스펜서Herbert Spencer가 사용한 '최적자 생존the fittest'이라는 표현이 한층 더 정확한 것이며, 때로는 한결 편리하다."(다윈, 8·58쪽)

1970년대 군더 프랑크는 주변부에서의 성장은 곧 발전이 아니라는 '저개발의 발전'을 주장했고, 그리스계 프랑스인 경제학자 아기리 에마뉘엘Arghiri Emmanuel은 부등가교환을 통해 자유무역 교환의 이면을 폭로한 바 있다. 이에 대해 사미르 아민은 "저개발 현상은 중심부에 유리하도록 본원적 축적이 집요하게 존속되는 현상의 결과에 불과하다. 본원적 축적은 자본의 전사前史에만 속하는 것은 아니며, 영구적 현상으로 1970년대에도 존속되는 것이다. 그러므로 '저개발'이나 '제3세계' 등의 개념은 그릇된 것이고, 주변부자본주의 구성체라는 개념으로 대치되어야 한다."고 말한다.(아민, 56쪽)

벨기에의 저명한 경제학자 앙리 피렌Henry Pirenne는 1914년 〈자본주의 사회사의 제 단계〉라는 글에서, 경제조직의 발전은 지속적 운동보다는 비연속적으로 이루어진다고 말했다.

"우리의 경제사에서 구분 가능한 각 시대마다 뚜렷이 구분되는 자본가들의 계급이 있다고 나는 믿는다. 바꿔 말하면 일정한 시대의 자본가 집단은 선행하는 시대의 자본가 집단에서 생겨나지 않는다. 우리는 경제조직상의 모든 변화에서 계속성의 단절을 발견한다."(망투, 상, 16쪽)

중세부터 지금까지 각 시대를 경제적 역사의 시기로 구분할 수 있는 것은 뚜렷하게 분리되어 있는 각각의 자본가계급이 있기에 가능하며, 경제조직의 변천 속에는 경제적 역사의 각 시기만큼이나 많은 숫자의 자본가계급이 존재한다는 것이다.

이에 대해 마르크스주의자 모리스 도브는 "역사는 경사면이 아니라 계단이다."라는 유명한 말을 남겼다.

"독특한 역사적 시대를 특정 짓는 독자적인 경제 질서로서의 자본주의라는 우리 개념의 기본적인 특질은, 지금까지의 역사가 계급사회의 역사였다는 점이다. 즉, 사회가 계급으로 구분되고 어떤 계급, 혹은 그와 공통의 이해를 갖는 여러 계급의 연합이 지배계급이 되어, 다른 한 계급 또는 계급들과 부분적 또는 전면적으로 적대관계에 서는 역사였다."(도브 1980, 21쪽)

경제학과 수사학

2

"그의 소설이 읽는 자를 고문하는 것은 그 비극적인 세계 인식의 계속성 때문이지, 일상인의 어려운 삶 때문이 아니다. 삶은 어렵더라도 헤치고 나갈 수 있지만, 삶이란 본질적으로 어려운 것이라고 생각하게 되면 거기에서 헤어날 수가 없게 된다."

— 김현, 《전체에 대한 통찰》

"나는 이 소설에서 문학성의 추구보다는 두 민란의 진정한 성격을 구명하는 데 더 큰 관심을 쏟았다. 화산의 분출은 그것의 지질학적 까닭이 있고, 종기가 곪아 터짐은 그것의 병리학적 연유가 있게 마련이다. 민란이 있게 한 당시의 정치적·사회적 병리현상을 찾아내고 그것을 국사의 문맥에서 파악해 보려는 것이 이 소설이 지닌 최대의 의의일 것이다. 민란의 진행과정을 재생시키는 데 나는 적잖이 애를 먹었다. 그 복원작업은 깨어진 사금파리 몇 조각을 맞춰 보며 도자기의 원형을 살려 내려는 일과 흡사했다. 바로 이 대목에서 상상력이 문제가 되는데, 문학에서 높이 평가하는 '분방한 상상력'은 사건의 원형을 크게 왜곡시킬 것 같아서 삼가지 않을 수 없었다. 나의 작가적 상상력은 사료의 투망 안에서 갇혀 기를 펴지 못한 것이 사실이다. 상상력을 절제하여 복원작업에 더 열중한 이 작품은 아마 문학이 아닐지도 모르겠다."

— 현기영, 《변방에 우짖는 새》

사각형과 원 1
수리경제학과 수사학

1990년대 초 어느 페미니스트 경제학자 학술대회에서 시카고대학의 도널드 맥클로스키는 다음과 같이 말했다.

"아르조 클래머Arjo Klamer는 나름의 방식으로 현대 경제학의 특성을 기술한다. 그는 경제학 분야 학회지 대부분을 지배하는 완고하고 공리公理적인 방식을 표징하는 '정사각형'을 그린다. 그는 사각형이 모더니스트 건축과 회화, 몬드리안의 이상적 형태라고 지적한다. 사각형은 사실과 논리에 관한 것이다. 사각형은 나에게 정리定理를 보이라고 말한다. 그리고 그는 사각형에서 얼마간 떨어진 자리에 '원'을 그린다. 원은 은유와 이야기에 관한 것이다. 17세기 이후 특히 20세기 중반기 동안 사각형과 원은 서로 냉소하면서 중복되지 않는 영역에 있었다. 물론 클래머의 도형 비유는 여성해방론적 해석이다. 사실이든 아니든 우리 문화의 신화에 따르면 남자는 사각

형 역할을 하고 여자는 원 역할을 한다."(퍼버 · 넬슨 편, 93쪽)

큰 질문들을 압도하는 수數의 무게

버지니아 울프가 1924년에 말했던 바와 같이 "1910년 12월 혹은 그 즈음에 인간의 본성이 변하였다." 맥클로스키는 이 말을 인용하면서 경제학자들이 오직 사실과 논리의 사용자, 즉 원보다는 사각형을 믿어 왔다고 말한다.

"우리는 그들 모두의 손을 잡고, 진정하라고 말하고 싶다. 경제학과 같은 과학은 소위 인문적이고 여성적인 방법을 필요로 한다. 마찬가지로 예술과 인문학도 체계적 탐구 과정에서 사실과 논리를 필요로 한다."

맥클로스키는 "훌륭한 과학자들처럼 경제학자도 은유와 이야기를 자기 연구에 활용할 때 더 이해하기 쉽다."면서 정작 경제학자들은 자신이 범상한 인생사를 다루는 시인이자 소설가라는 사실을 깨닫지 못한다고 말한다. "그러나, 경제학자가 뉴욕 시 주택 문제의 수요곡선에 대해 말할 때, 또는 당연히 내구적인 상품인 아이에게 투자된 인적자본에 대해서 말할 때, 은유들을 사용하고 있는 것을 경제학 문외한들은 명확하게 알고 있다."(퍼버 · 넬슨 편, 96쪽)

언젠가 미국경제학회에서 행한 격조 있는 회장 취임연설에서 폴 새뮤얼슨은 자신을 경제학에서 수학의 사용을 포기하도록 강요받고 있는 재판정에 선 현대의 갈릴레이로 상상했다고 말한다. 그러면서 그는 "그러나 수학은 진실로 도움을 준다."고 중얼거린다. 그는 시인 윌리엄 블레이크William Blake를 인용하면서 연설을 끝맺는다. "진리는, 이해는 되지만 믿기지는 않도록 결코 말해질 수 없다."(하딘, 56쪽) 믿기도록 하려면 수학의 엄정한 도구를 빌려 입지 않을 수 없다는 뜻이다.

새뮤얼슨은 1947년에 출간한 《경제 분석의 기초Foundations of Economic Analysis》 맨 앞에서 "수학은 하나의 언어"라고 선언했다. 마셜은 수학 공식을 부록에 끼워 넣은 반면, 새뮤얼슨의 책은 책장을 넘길 때마다 방정식이 등장한다. 새뮤얼슨은 이 책 도입부에서 "자기 분야와 아무 상관없는 수학 공식으로 경제이론을 길게 번역한 책을 읽느라 시간을 낭비하는 사람은 믿을 수 없다."는 마셜의 말이 이제는 뒤집어져야 한다고 말하고 있다.《경제 분석의 기초》가 출간되고 몇 년 뒤 로버트 루카스는 "나는 경제학 서적의 내용을 눈앞에서 순식간에 수학 공식으로 바꿔 버리는 20대 대학원생을 만났다. 그는 그렇게 마셜, 힉스, 프리드먼 그리고 모든 경제학자들을 밀어내 버렸다."고 말했다.(워시. 230~231쪽)

경제학은 말로 충분히 이야기하고 표현할 수 있는 내용임에도 그것들을 수학적으로 잘 정의된 기호와 곡선, 방정식 모형을 사용해 종이와 펜을 절약한다. 물론 절약을 위한 것은 아니다. 정교하게 짜인 수학적 문법과 언어가 반박이 매우 어려운 강력한 설득의 힘을 갖고 있음은 다 아는 사실이다. 또한 수학은 열쇠다. "수학 상의 지식은 기왕에 이미 진리의 하나로 그 몫을 해 온, 지성이 구축한 명제다. …… 수학이라고 하는 것은 관계의 과학이다."(에코. 1997(상). 348쪽) "열쇠 없이 철학자들의 장미 화원으로 들어가려는 사람은 발 없이 걸으려는 사람과 마찬가지다."(에코 1993(상). 42쪽)

그러나 하버드대 경제학과 교수인 스티븐 마글린은 《우울한 과학》(2008) 서문에서 최근의 경제학 작풍에 대해 큰 우려를 나타냈다.

"젊은 경제학도들이 처음엔 다양하고 큰 질문들large questions, 예컨대 효

앨프레드 마셜은 1897년에 쓴 글에서 수리적 통계를 중심으로 경제학을 다루는 '신세대 경제학자들'이라는 새로운 무리가 등장하고 있다며 우려 섞인 눈길을 보냈다.(Marshall, 1897)

율성과 평등의 관계, 왜 어느 지역과 사람은 부유한데 다른 지역과 사람은 빈곤한지, 또 사회주의경제와 자본주의경제의 관계 등에 의문을 가지면서 경제학에 입문한다. 하지만 대학과 대학원에서 학습하는 과정에서 점차 좁은 시야의 수리적 테크닉과 정교한 수학모형 구사 능력 같은 협소한 영역에 빠져들고 있다. 수학을 넘어서는 애초의 질문들에서 점차 멀어지고 있으며, 자신들의 연구에서 큰 질문들은 오직 방해만 된다고 여기는 세태가 두렵다."

수학적 두뇌에 대한 강조가 너무 흔한 것이 사실이다. 칼 세이건의《에덴의 용Dragons of Eden》에 인용된 한 대목을 보자.

"그저 보통의 시인은 주정뱅이처럼 술 취한 자에 불과하다. 그는 끝없는 안개 속에 살며 명확히 보지도 판단하지도 못한다. 당신은 여러 과학에 정통하고 이성과 철학과 어느 정도의 수학적 두뇌를 갖추어야 한다. 완벽하고 뛰어난 시인이 되기 위해서는. – 존 드라이든John Dryden, 〈모로코 여왕에 대한 관찰과 주석〉"(세이건 2006, 191쪽)

비록 수리방정식을 의미한 것은 아니지만, 경제사학자 페르낭 브로델은 아예 책의 한 장의 제목을 '수數의 무게'라고 붙였다.

"썰물은 그 이전의 밀물이 가져왔던 것을 결코 모조리 가져가는 것이 아니다. 이러한 힘들지만 놀라운 장기적 상승은, 그렇게 많은 것들이 거기에 의존하게 될 수의 승리이다. 수는 세계를 분할하고 조직하며, 각각의 인류집단에 특정한 비중을 부여하는가 하면 문화 및 능률의 수준, 성장의 생물학적 (그리고 경제적) 리듬, 나아가 그 병리학적 운명을 거의 고정시켜 버린다. 중국, 인도, 유럽의 조밀한 인구는 잠복해 있거나 활동 중인 또는 곧 퍼져나갈 태세가 되어 있는 질병들의 거대한 저장소인 것이다. 그러나 수는 인구집단 간의 관계에도 영향을 미친다. 이 관계란 반드시 평화로운 역사(교역,

물물교환, 상업)만이 아니라 끊임없는 전쟁의 역사이기도 하다."(브로델, 1-1권, 117쪽)

존 스타인벡의 《분노의 포도》에 나오는 '이윤'이라는 수학적 타산에 대한 묘사는 자못 흥미롭다.

"어떤 사람들은 자기들이 하지 않으면 안 되는 수학적 타산이 싫은 것 같았고, 어떤 사람들은 겁을 내는 것 같았으며, 어떤 사람들은 그런 수학을 숭배하는 것 같았다. 수학 공식대로만 하면 골치 아픈 생각이나 감정으로부터 해방될 수 있었던 것이다."(스타인벡, 45쪽) 은행이나 기업과 대출이나 납품 관계를 맺고 목화농장을 경영하는 지주들에 대한 묘사다. 여기서 이윤은 곧 공기와 같다. "은행이나 회사라는 괴물들은 공기로 숨 쉬는 것도 아니고 고기를 먹고사는 것도 아니오. 무얼 가지고 사느냐면 말이요, 이익을 숨으로 들이마시고 돈과 이자만을 먹고산단 말이요. 그놈이 돈이나 이자를 못 먹으면 그냥 죽어요. 당신들이 숨 못 쉬고 고기 못 먹으면 죽듯이 말이오. 참 슬픈 이야기지만 사실이 그런 거요."(스타인벡, 46쪽)

미들베리대학 경제학 교수인 데이비드 콜랜더David Colander가 2010년 7월 미국 하원 과학기술위원회에서 경제학자의 예측 능력 부재에 대한 연설을 하면서 경제학자에 관한 잘 알려진 이야기 하나를 꺼냈다. 밤늦게 집에 돌아가던 정치가가, 가로등 아래서 잃어버린 열쇠를 찾고 있는 경제학자를

"토머스 칼라일Thomas Carlyle은 《프랑스혁명사The French Revolution 1837》에서 '2500만의 사람들을 무겁게 짓누르고 있던 굶주림, 추위, 당면한 괴로움, 이것만이 프랑스혁명의 원동력이었다. 어느 나라 어느 혁명에서도 이것은 같을 것이다.'라고 말했다. 역사는 그 자체로서는 아무것도 행하지 않고 막대한 부도 소유하지 않으며 전쟁도 하지 않는다. 모든 것을 행하는 것, 소유하는 것, 싸우는 것, 그것은 인간, 그것도 현실에 살고 있는 인간, 생활하는 인간이다. 따라서 이런 뜻에서 역사는 상당한 정도까지는 수의 문제라고 말해질 수 있다. 곧, 역사는 대중이 있는 곳에서 비롯된다."(박현채, 15쪽)

경제학과 수사학

만났다. 그는 잠재적 유권자란 생각에 걸음을 멈추고 도움을 주려 했다. 한동안 같이 찾았으나 실패하고서 그는 경제학자에게 "잃어버린 곳이 어디냐?"고 물었다. 경제학자는 그보다 한참 떨어진 어두운 곳을 가리켰다. "그럼 도대체 왜 여기서 찾고 있느냐?"고 묻자, 경제학자는 "여기에 빛이 있으니까."라고 답했다. 경제학자들을 비판하는 사람들은 이런 농담을 좋아한다. 수학적·기술적 연구에 과도하게 빠져 있는 경제이론가들의 경향을 잘 포착하는 우화이기 때문이다. 경제학자들이 '수리적' 빛의 도움에 의존한다는 것이다.▶

그런 점에서 로버트 솔로는 매우 독특하고 놀라운 경제학자다. 그 자신이 '솔로 경제성장 모델' 등을 수학적으로 기초한 모형의 대가이면서도, 경제학 저술을 역사학과 수사학적 측면에서 날카롭고 흥미진진하게 쓰는 데 탁월한 재능이 있다. 솔로는 이 글 첫 문장에 소개한 1990년대 초 '남성들의 경제학을 넘어서'라는 주제의 페미니스트 경제 학술대회에 참가하여, 맥클로스키의 '수사학으로서의 경제학'이라는 관점에 큰 관심을 나타냈다. 또 갤브레이스의 《새로운 산업국가The New Industrial State》(1967)에 대한 논평에서도, 찰스 킨들버거의 《광기 패닉 붕괴 : 금융위기의 역사》(제5판) 서문에서도 경제학과 역사, 경제에 관한 수사학적 글쓰기에 놀라운 식견과 통찰

▶ 콜랜더 교수는 그러나, 이 이야기에서 얻어 낸 그런 교훈은 잘못된 것이라고 덧붙였다. 빛이 있는 곳에서 열쇠를 찾는 전략은 결코 어리석은 행동이 아니다. 그 이유는 사회과학이 다루는 주제가 매우 복잡하기 때문이다. 칠흑 같은 어둠 속에 있는 사회과학 분야의 정책 열쇠를 어디서 잃어버렸는지 전혀 모른다고 치자. 그런 상황에서 빛이 있는 지점 말고 다른 어느 곳을 과학적이고 합리적인 방법으로 찾아볼 수 있겠는가? 가로등 아래서 열쇠를 찾는 것은 어리석은 행동이지만, 그 경제학자가 가로등 빛을 통해 주변 지형을 파악하여 이를 토대로 열쇠를 잃어버린 지점의 지형을 연관해 파악하려 했다면 합리적인 행동이다.

력을 보여 주었다.

롤스의 《정의론》 제7장 '합리성으로서의 선the Good'은 미시경제이론의 여러 개념들을 아무런 기호도 사용하지 않고 단지 수사적 글로 설명했다. 선택조합choice set, 제약 하의 효용 극대화, 최적선택, 볼록성convex, 완전정보 가정, 정보비대칭, 시간선호 같은 경제학적 개념들이 '숙고된 합리성'의 개념 속에서 쉽게 말로 설명되고 있다.

 ## 수리경제, 즐거움과 괴로움의 미분학

미리 말해 둘 필요가 있겠다. 이제부터 우리의 이야기는 수학과 경제 분석이 상호 왕래하며 교직되는 방식으로 전개될 것이다. 어떤 때는 수리경제학에 대한 다수 거인들의 옹호가, 또 어떤 때는 수사학적 진리를 추구하는 소수 거인들의 수리경제학 비판이 제기될 것이다.

수학적 진리의 창세기에 갈릴레이가 있었다고 한다. 갈릴레이는 《두 개의 주요 우주 체계에 대한 대화》(1632)에서 인간은 수학을 통해 신의 지성이 가지고 있는 지식에 버금가는 모든 가능한 지식의 최정점에 도달할 수 있다고 했다. 1610년에 갈릴레이가 쓴 《광물분석가Il Saggiatore》에는 다음과 같은 유명한 진술이 있다.

"철학(자연)이 우리의 눈앞에 놓인 이 위대한 책 속에 있다.(이 책이란 우주를 뜻한다.) 그러나 먼저 거기에 씌어진 언어를 배우지 않고 기호를 파악하지 않는다면 우리는 그것을 이해할 수 없을 것이다. 그 책은 수학적인 언어로 씌어져 있고 기호는 삼각형, 원 또는 다른 도형들이다. 이들의 도움 없이는 단 한 단어조차 이해할 수 없고, 이들 없이는 우리는 어두운 미로에서 허망하게 방황할 따름이다."(클라인, 59쪽)

근대 수학자 카를 구스타프 야코비Carl Gustav Jacobi는 "신은 항상 산수화 한다."고 말했다. 진리는 대수학, 미적분학, 해석학 등 '수數'에 있다는 것이다.(클라인, 108쪽) 역사적 사실은 수리적 계량화를 통해 보면 일반적인 통념과 다른 점을 빈번히 발견하게 된다. "압제자에 대항한 대혁명으로 상징되는 사건에서 통계 계산을 통해 압제에 대한 봉기가 현실적으로 거의 혹은 전혀 없었다는 것을 보여 줄 수 있다. 마찬가지로, 반대로 압제적 상층 계급이 수행한 혁명적 사회변혁으로 상정되는 사건에서 통계 계산을 통해 억압이 그리 크지 않았음을 보여 줄 수 있다. 즉, 희생자들은 성장하고 번영했다. 그러므로 모든 (위로부터 및 아래로부터의) 급진적 전통은 감상적인 '난센스'로 덮여 있다."(무어, 515쪽)

그러나 이와 달리 경제학자들은 균형을 '단순한 지적 도구'로 취급하지 않고 마치 이것이 실체인 양 다루는 함정에 조심성 없이 빠지곤 한다고 미제스는 지적한 바 있다. "수리경제학자들은 경제학은 수학적 방법으로 다루어져야 한다는 오류에 압도되어 그들의 노력을 정태 상태의 분석에 집중한다. 그러나 이런 수학적 취급으로 인해 궁극적으로 경제학은 실제 문제들과 아무런 관련도 맺지 못하고 있다."(버틀러, 297쪽)

정태적 분석에서 감자 소비의 '한계소비성향', 소득을 저축하려는 '한계저축성향' 등의 통계적 측정치들은 과거 특정 집단 사람들이 어떻게 행동했

배링턴 무어는 바로 이어 덧붙인다. "캘빈 경Lord Kelvin은 '모든 것은 양적으로 존재한다.'고 말했다. 그러나 이 아포리즘은 존재하는 모든 것이 같은 척도로 계측되거나 모든 차이가 양적 차이로 환원될 수 있다고 말하는 건 아니다. 통계학자는 그런 주장을 하지 않는다. 그것은 수학자들의 일반적인 주장도 분명 아니다. 예컨대 시간의 경과에 따른 직업별 인구수의 변화는 사회구조의 변동에 대해 상당히 많은 것을 가르쳐 준다. 그러나 기간이 길거나 사회구조의 변동이 현저할 경우에는 야드 자로 측정하는 데 어려움이 있다."

는지를 묘사할 수는 있으나, 우리에게 불변의 상수들을 알려 주지 않는다는 건 명백하다. 과거의 경제 데이터는 다른 집단 사람들이었다면 서로 다른 조건과 서로 다른 시점에 직면하여 어떻게 행동했을지 혹은 미래에 어떻게 행동할 것인지를 알려 주지 않는다.

밀스의 《파워엘리트》에 대해 진보 학자들이 보낸 다음과 같은 경탄 역시 수리적 분석 방법에 대한 불신에 기초하고 있음이 분명해 보인다.

"스스로 아카데미즘의 기수라고 자처하는 일군의 빈혈증에 빠진, 그리하여 자기 자신조차도 잘 모르는 사회과학자에게 무엇이 학문하는 태도인지를 밝혀 준 책으로서, 시답잖은 조사나 하고 숫자로서 통계나 처리하면서 그것이 가장 과학적인 학문 연구의 태도인 것처럼 자처해 온 학문 풍토에서, 거시적이며 중요한 문제를 정면으로 다루지 못하고 한낱 기술자로 물러나 있는 왜소화된 사회과학자들의 비겁한 작태에 경종을 울렸다."(밀스 1979, 12쪽)▶

그러나 수리경제학을 본격적으로 거의 처음 주창한 윌리엄 제본스는 《정치경제학 이론The Theory of Political Economy》(1871) 서문에서 "이 책에서 나는 경제학을 [소비의] 즐거움과 [노동의] 괴로움의 미분학으로 다루려 했다."며 "이기利己와 효용의 역학을 밝혀내는 것, 바로 그것에 이 저작이 바쳐졌다."고 선언했다.(제본스, 11 · 22쪽)▶ "우리가 어떻게 부富를 자기만이 아니라 타인

▶ 그러나 폴 스위지는 "밀스의 엘리트적 접근은 경제결정론적 사실을 정치경제결정론으로 변형시킴으로써 이론적 순수성을 잃고 있다."고 지적한 바 있다.

▶ 사실 제본스 이전에 독일의 헤르만 하인리히 고센Hermann Heinrich Gossen이 《국민경제학의 이론과 역사》(1858)에서 즐거움과 괴로움의 이론으로서 수리적 접근의 경제학을 제창한 바 있다. 이에 대해 제본스는 "우리는 이제 이 분야의 문헌사에서 실로 놀라운 발견을 만나게 된다."고 고센을 소개하고 있다. 고센의 사례는 영어로 쓰여지지 않은 빼어난 학술적 성취가 소비 · 유통되는 과정에서 겪는 언어적 한계를 보여 준다. 한편, 제본스는 "나는 정치경제학이

을 위해서도 가장 잘 사용할 수 있을지를 보여 주기 위해서는, 도덕적 옳고 그름의 더 높은 미분학이 필요하다. 하지만 도덕적 차이가 없는 문제에서 우리에게 최선을 안겨 주기 위해 필요한 것은 낮은 미분학이다."(제본스. 86쪽) 경제학자 프랜시스 에지워스Francis Edgeworth도 1881년 《수리정신학 Mathematical Psychics》에서 "즐거움 기계로서의 인간man as pleasure machine" 개념을 제시한 바 있다.

제본스의 말을 좀 더 들어 보자.

"우리는 이제 가장 유리한 조건의 노동으로 선택되어야 할 시간의 길이를 확인할 수 있다. 자유로운 노동자가 일이 힘든데도 견디는 까닭은, 그가 그 생산물을 사용해서 얻으리라 예상하는 즐거움이나 모면하리라 예상하는 괴로움이 그 노력의 괴로움을 능가하기 때문이다. 노동을 함으로써 피하게 되는 폐해보다 노동 그 자체의 폐해가 더 크게 되면, 더 이상의 노력을 기울일 동기가 없으므로 노동을 멈춘다. 괴로움이 커져서 그에 상응해 얻어지는 즐거움과 동등해지는 바로 그 점에서 노동을 멈춘다. 경제학의 다른 문제에서처럼 여기서도 모든 것이 마지막 증분에 달려 있다."(제본스, 230쪽)

존 폰 노이만John von Neumann은 흔히 인용되지만 별로 주목받지 못한 수필 《수학자The Mathematician》(1947)에서 이렇게 말했다.

"경험적 근원에서 너무 멀리 벗어난 수학 과목이 있다면, 또 그 과목이 현실에서 단지 간접적인 영감을 얻은 둘째 및 셋째 세대라면, 그것은 대단히 중대한 위험으로 둘러싸인 것이다. 수학은 더더욱 순전히 심미적이 되어 가고 더더욱 순수하게 예술을 위한 예술이 되어 간다. 그 과목이 거의

───────────

라는 이름을 간편한 용어 '경제학'으로 대체하겠다. 두 단어로 되어 있어 번거로운 우리 과학의 옛 이름을 되도록 빨리 버리는 게 좋다는 생각을 떨칠 수 없다."고 말했다.(제본스. 18쪽)

저항이 없는 방향으로 발전하거나, 그 흐름이 근원과 너무 멀리 떨어져 거의 가치 없는 갈래로 나뉠 때 중대한 위험성이 있다. 어떠한 경우에도 이런 상황에 이르면 나의 관점에서 유일한 처방은 그 근원으로 돌아가서 다시 젊어지는 것이다."(클라인, 344쪽)

수학 내부에 대한 안팎의 저항과 성찰이, 수학 자체를 발전시키고 신선함과 활력을 유지하기 위한 조건이라는 것이다. 이와 관련해 클라인은 수학은 땅 위에 발을 딛고 서 있지만 그 머리는 구름 속에 있다며, 수학자들은 추상적 사고라는 구름 속으로 솟아 올라가는 것을 좋아할지 모르지만, "새와 같이 그 먹을 양식을 위해 대지로 돌아와야 한다."고 강조했다.(클라인, 360쪽)

경제학에 대한 수리적 접근법의 이론적 기초는 리오넬 로빈스가 1933년에 펴낸 〈경제이론의 본질과 의의〉에서 마련되었다. 여기서 경제학은 재화를 사고파는 일이나 실업과 경기순환에 관한 것이 아니라, 행위의 특수한 측면, 즉 희소한 자원의 대안적 사용들 사이에서의 자원 할당에 관한 것으로 공표·선언되었다. 본질적으로 그것은 '선택'에 관한 것이었으며, 선택이론은 경제학의 핵을 제공했고, 이 핵이 다양한 문제에 적용될 필요가 있었다. 1947년 폴 새뮤얼슨의 《경제 분석의 기초》는 다시 한 번 경제학이 이 공통된 핵을 중심으로 한다는 메시지를 크게 강조했다. 여기서 새뮤얼슨은 제약 최적화에 관한 이론을 제시하고 그것을 소비자 가계와 기업의 문제에 적용했다. 이렇게 함으로써 그는 겉보기에는 매우 상이한 경제적 문제들에 공통된 수학적 구조를 강조했다.(백하우스, 338쪽)

▶ 새뮤얼슨 이후 경제학 교과서는 대부분 개별 가계와 개별 기업의 소비 및 저축에 대하여 '(실제로 소비지출에 쓸 수 있는 총소득이라는) 제약 아래에서의 최적화optimization under constraints'라는 분석 방법(방법론적 개인주의)의 도구를 사용한다. 수천만 명의 개별 경제주체들이 모여 구성된 일

수리적 분석에도 어느 정도 빼어난 능력을 가졌던 역사학자 마르크 블로크는 이렇게 말했다.

　"정확한 방정식에도 적절한 글귀만큼이나 아름다움이 있는 법이다. 그러나 인간에 관한 사실들이란 본질적으로 무척 미묘한 현상이어서 그중 많은 것들은 수학적으로 헤아릴 수 없다. 이러한 사실들을 적절한 말로 표현하고 그에 따라 이 현상을 깊이 통찰해 내기 위해서는 매우 섬세한 언어 표현과 정교한 수식이 필요하다. 물질세계의 사실에 대한 표현과 인간 정신의 사실에 대한 표현 사이에 존재하는 차이는, 결국 천공기를 다루는 직공의 작업과 뤼트(기타와 비슷한 14~17세기의 악기) 제조공의 작업 사이에 존재하는 차이와 같은 것이다. 두 경우 모두 밀리미터까지 생각하며 작업을 하지만 천공기 작업이 정밀한 기구를 사용하여 작업하는 데 반하여 뤼트 제조공은 무엇보다도 귀와 손가락의 예민한 감각에 의존하여 작업을 한다. 천공기 직공이 뤼트 제조공의 경험적 작업 태도로 작업해서도 곤란하며, 마찬가지로 뤼트 제조공이 천공기 직공을 흉내 내려고 해도 어울리지 않을 것이다. 손끝의 민감함과 똑같이 민감한 언어 감각이 있다는 것을 부정할 수 있을까?"(블로크, 45쪽)

　블로크는 역사학자답게 수리 통계에 기초한 사회과학 연구 방법론의 맹점을 지적하고 있다. 즉, 이용 가능한 모든 증거 자료를 주의 깊게 검토한 결과로서 통계적 방법을 취하고 있는 것인지 묻는다. "이른바 가능한 도표 가운데 세 개의 그래프가 일치한다는 이유만으로, 그렇게 보여 주는 도표가 일치한다고 해서 우리가 필연적으로 옳은 것이라고 믿기에는 충분하지

국의 경제라 하더라도 이른바 '대표적 개별 가계representative household', '대표적 개별 기업' 한 곳씩만 수리적으로 분석함으로써 경제 전체의 행동분석모형을 구축한다.

못하다. 즉, 고장 난 저울에 의한 세 번의 계량은 모두 동일한 눈금을 가리키기는 하나 그 숫자는 틀린 것일 수밖에 없다. 이 점에서 있어서 모든 추리는 오류의 메커니즘을 분석하는 것에 그 기초를 두고 있다. 뛰어나게 주의력이 깊은 학자라고 우리가 상상하는 경우에도, 항상 기록 자체가 갖는 함정은 남게 마련이다. 즉, 어떤 종류의 물가는 부주의 때문에 혹은 악의로 부정확하게 기재되는 경우가 있으며, 또한 이와 달리 이례적인 물가(예컨대 아는 사람에게 파는 값과 속아 넘어가는 사람에게 파는 값은 정상적인 물가와 다를 수밖에 없다.)가 있음으로 해서 평균가격을 혼란시키기 쉽다."(블로크, 122쪽)

 경제학이라는 은유 혹은 우화

뉴턴은 물리적 설명 대신 '수학적인' 표현을 과학적 설명과 예측의 최선봉에 세워 놓았다. 꼭 들어맞는 제목인 그의 저서 《자연철학의 수학적 원리》(프린키피아, 1687) 서문에서 "나는 이 연구를 철학의 수학적 원리로 제시한다. 이 연구는 운동 현상으로부터 자연의 힘을 연구하는데, 이 책 안에 철학의 모든 문제가 다루어진 것으로 보이기 때문이다."라고 썼다. 수학적 묘사의 편에 서서 물리학적·역학적 설명 방식을 포기한다는 것은 당대 가장

▶ 뉴턴과 동시대를 살았던 시인 알렉산더 포프Alexander Pope는 이 위대한 생각을 가진 뉴턴이 인류에 가져다준 선물을 이렇게 노래했다. "자연과 자연의 법칙은 어둠에 잠겨 있는데 ; 신이 '뉴턴이 있으라!' 하자 세상이 밝아졌다." 그러나 놀라운 업적에도 불구하고 삶의 마지막이 다가오자 뉴턴은 자신이 일생 동안 이룬 성취에 대해 내적으로 혹독하게 평가했다고 한다. "나는 혼자서 바닷가에서 놀이하는 소년처럼 살았다. 그 뒤에 나를 다소 바꿔 지금껏 부드러운 조개돌과 범상치 않은 조개껍질을 찾아다녔다. 그동안 진실이라는 거대한 바다는 내 앞에 미지의 모든 것들을 밀물처럼 보내고 있었다."(Hawking 2002, p.732)

위대한 과학자들에게도 큰 충격이었다.

그러나 사실은 우주의 위대한 건축가는 순수한 수학자임이 드러나기 시작한 셈이다. 카를 프리드리히 가우스Carl Friedrich Gauss, 오귀스탱 코시 Augustin Cauchy, 조제프 루이 라그랑주Joseph Louis Lagrange, 레온하르트 오일 러Leonhard Euler, 윌리엄 해밀턴William Hamilton 등 위대한 수학자들이 '수학의 군주'라는 칭호를 얻을 정도로 수학이 전성기를 이루었다. "18세기 말에 이르렀을 때 수학은 마치 실체라는 대지 위에 굳건히 서서, 2천 년간 든든히 뿌리를 내리고 웅장한 줄기로 지식의 모든 분야에 가지를 뻗은 나무와도 같았다. 이와 같은 나무는 참으로 영원히 살아갈 것으로 보였다."(클라인, 84쪽) 이러한 수학의 군림은 이후 수학을 바탕으로 한 '경제학 제국주의'로 이어진다.

특히 경제 분석은 이제 "다른 모든 것이 일정하다"는 가정 아래서 간명하고 깔끔한 한계분석(미분)을 통해 사람들이 누구나 극대화 점을 즉각 찾아내고 그에 따라 최적의 행동을 할 수 있다고 주창했다. 프랑스 《백과전서》(1751~65)를 편찬한 달랑베르Jean Le Rond d'Alembert는 여기에 실은 논문 〈극한〉

흔히 경제학에서 이윤함수나 효용함수 같은 목적함수의 최적화 문제를 풀 때 이용하는 수학적 방법으로는, 순수 논리적으로 앞뒤의 시점대를 서로 구분하기 불가능한 연속적인 시간지평continuous time horizon일 경우 기업의 이윤 극대화는 해밀턴 방법으로, 구분이 가능한 비연속적인 이산적 시간지평discrete time horizon일 경우 라그랑주의 방법을 이용한다.

미분differential은 순간변화율이다. 시간(t)이 아주 작게 변동(증가)할 때 어떤 수량(x)의 순간변화율(%)은 $\frac{\partial x}{\partial t}$=[$x$의 증가량/$t$의 증가량]이다. 시간이 변화할 때 비록 소비가 지속적으로 증가하고 있으나 그 증가율이 '일정하다면' 미분 값은 제로(0)가 된다. 특히 해석학에서 함수를 미분할 때에는, 다른 설명변수 요인들이 불변일 때 어느 한 요인의 변화가 종속변수에 미치는 영향이 얼마나 큰지 파악하는 데 주로 관심을 둔다. 예컨대 분기 경제성장률 지표가 "(물가 예상 등에 의한) 경기순환 변동치+경기 추세치+계절 변동치+불규칙 요인(명절, 파업, 공휴일, 기상이변 등)"으로 구성될 때 미분을 통해 각 요인이 성장률에 미친 효과를 분해, 파악할 수 있다.

에서 "한 양이 다른 양의 극한이라 함은, 접근하는 양이 접근되는 양을 넘을 수는 없다 할지라도, 상상할 수 있는 어떤 양보다도 작은, 주어진 양보다 더 가까이 접근시킬 수 있음을 말한다. …… 극한의 이론은 미분학의 참된 형이상학적 근거"라고 말했다. 미적분학을 공부하던 당시 학생들은 여전히 당혹해 하였는데 그들을 향해 달랑베르는 "지속하라. 그러면 신앙이 너에게 올 것이다."라고 말했다고 한다.(클라인, 207쪽)

드디어 우리는 '수사학'을 거론할 지점에 도달했다. 물론 우리가 수사학을 위한 예비 과정으로서 수리경제학을 많이 검토한 것은 아니지만, 수리경제학에 관한 긴 이야기가 머릿속에 남아 있는 상태라면 '경제 수사학The Rhetoric of Economics'을 좀 더 명징하고 쉽게 이해할 수 있을 것이다. 여성으로 성 전환하면서 이름을 디어드리 맥클로스키Deirdre McCloskey로 바꾼 도널드 맥클로스키가 지적했듯이, 정치경제학은 일종의 '설득'이라고 할 수 있는 '수사학'의 한 종류다.(McCloskey 1983) 여기서 말하는 설득은 "끝없이 반복되는 설득만이 혐오하는 마음을 돌려 용납할 수 없는 착상까지 이해하고 받아들이게 한다."(뷰캐넌, 1996)는 뜻과 전혀 다르다. 뷰캐넌의 말은 합리적 개인의 자발적 선택이라는 표준적 경제이론을 경제원론 교과서마다 끝없이 반복해 독자들이 수용하도록 만들자는 것이다.

이와 달리 맥클로스키의 설득은 다음과 같다. "설득, 예컨대 피고용인들을 설득하는 경영자, 은행가를 설득하는 기업가, 고객을 설득하는 소매상인, 학생을 설득하는 교수 등, 이러한 설득 서비스가 국민소득의 4분의 1에 달한다고 우리는 산정하였다. 그러므로 설득이라는 여성적 문제는 선택이 아니다."(퍼버·넬슨 편, 112쪽)

이 짧은 말만으로 경제 수사학이 무엇인지 금방 눈에 들어오지는 않을 것이다. 맥클로스키에 따르면, 경제학에서의 수사학은 문학과 밀접하게 관런되어 있다. 또 경제학의 모델들은 하나의 메타포metaphor(은유)이다. 그 어떤 경제학자도 메타포나 거대한 비유 없이 말할 수 없다. 예컨대 시장에서의 수요-공급 곡선은, 서풍을 "가을이 오고 있음을 알리는 숨결"이라고 표현하는 것과 조금도 다르지 않다. '게임이론'의 경우도, 두 사람이 (게임 참가자의 이익 총합이 게임 이전의 총합보다 줄어드는) 네거티브 섬negative-sum의 협조'게임'을 하는 군비 경쟁을 머릿속에 떠올려 보면 쉽게 이해할 수 있다.

특히 메타포는 그저 장식품에 불과한 것이 아니다. 메타포 자체가 새로운 사고를 전달하는 일종의 참신한 매개체이다. '탄력성'은 정신을 확장시켜 주는 멋진 상상 속의 개념이고, 경기 침체는 울적한 마음을, '균형'은 그릇 속의 사과라는 은유적이고 문학적인 사고를 통해 쉽게 '더 뚜렷이' 이해될 수 있다. 또한 '경쟁'은 말 경주로, 화폐의 유통 속도는 종이가 빙빙 돌며 소용돌이치는 것으로 생각할 수 있다. 경제학에서 사용되는 어휘의 대부분은 비경제 영역에서 차용한 죽은 메타포로 구성된다.(McClosky, p.503) 개리 베커가 사용한 '인적자본human capital', '내구재로서의 자녀children as durable goods' 등도 은유이다. 어떤 시인은 '은유는 정체성의 완성'이라고 말했다고 한다.

맥클로스키는 수리적 추론조차 은유적이라고 말했다. 그는 (수리적 논리의) 근대 모더니즘에서 벗어난 대안들이 꼭 비합리적인 것은 아니며, 수리적 모형 대신 수사학적으로 경제학을 말하는 방식을 "두려워하지 말라"고 강조한다.

"경제학적 논의를 문학적인 눈으로 본다고 해서 과학을 포기하고 적들 (문학과 수사학 등)에게 굴복하는 것이 아니다. 왜 과학적 질문들은 (경제과학이 아니라) 정치적으로 또는 기분에 따라 결정될 수 없는 것인가? (어려운 경제학 방법론이 아니라) 일상적으로 평범하게 이루어지는 과학적 방법은, 학문적 탐구를 위협하는 비합리적이고 권위적인 요소를 막아 내는 벽이 될 수 없는 것인가? (비합리적인) 야만인들이 지금 (경제학의) 문 앞에 쳐들어 와 있는 Barbarians at the Gate 것이 아니지 않은가."(McClosky, pp.508~509)

모든 위대한 경제학자들은 구체적인 신념과 공약들에 우호적인 방식으로 문제를 제기하려는 동기를 가지고 있다. 이와 같은 강력한 수사학에 대한 유일한 해독제는, 이들이 제시하는 주장의 핵심과 그 한계를 이해하고, 또한 자본주의적 사회관계의 복잡성과 그것이 발생시킨 도덕적 가치를 검토하는 다양한 방법을 살펴보는 것이다. 결국 도덕은 체계나 제도가 아니라 구체적이고 개별적인 삶의 선택들과 관련된 것이다.(폴리, 262쪽)

수리경제학과 관련하여, 앨프레드 마셜은《경제학원리》에서 꼭 필요한 수식과 그림은 맨 뒤의 주석으로 돌리고 본문은 말로만 쉽게 설명했으며, 스승의 이런 태도를 그대로 본받은 케인스는 "수식과 그래프로 된 주석은 오직 경제학자만 보면 될 뿐이고 일반 독자는 본문만 보아도 충분하다"고 말했다. 1984년 겨울, 댈러스에서 열린 경제학 학술대회에서 경제학자 윌리엄 파커William Parker는 경제학에서 수학적 시대의 도래를 한탄했다고 한다. "지금의 상황으로 보아 경제학자들은 머지않아 수학자들이 지배하는 강물의 뒤쪽 후미진 곳에서 외롭게 노를 젓고 있게 될 것이다. 감동과 동요, 상큼함과 힘이 지배했던 인생은 이제 우리 곁을 스쳐 사라지고 있다."(워시, 415쪽)

타고난 또는 훈련된 수학적 능력을 갖고 있었지만 '수리경제학'에는 우호

물론 경제학에서 수학적 방법론의 학문적 성과와 한계에 대해 학계 안에서 진지한 성찰이 없었던 건 아니다. 권위 있는 경제학 저널인《경제수리 리뷰The Review of Economics and Statistics》는 1954년 11월호에 '경제학에서 수학의 기여와 한계'를 주제로 경제학 대가들의 글을 실었다. 여기엔 폴 새뮤얼슨, 얀 틴베르헨Jan Tinbergen, 로버트 솔로, 찰링 코프만스 등이 참여했다.

적이지 않았던 경제학자들도 여럿 있다. 그 자신이 수리에 해박했던 로버트 솔로는 갤브레이스의 책《새로운 산업국가》에 대한 서평에서 "갤브레이스의 책은, 대중은 열광하는데도 왜 다른 경제학자들은 갤브레이스의 글을 열정적으로 받아들이지 않는지 설명해 준다."고 했다. 솔로는 "아마도 다른 경제학자들이 갤브레이스를 과소평가하는 배경에는 그들의 나태함, 어리석음, 기득권 그리고 3등칸 객실의 여행자들조차 본성적으로 갖는 '보트를 뒤흔들고 싶지 않은' 보수적인 사고가 놓여 있을 것"이라며, "그러나 내가 생각하기에 진짜 이유는 갤브레이스의 [현실의 구체적인 경제문제를 파고들면서도 쉽고 흡인력 있는 대중적 문체를 구사하는] 글쓰기에 대한 경제학자들의 일종의 질투 때문"이라고 날카롭게 지적했다. 칠판 앞에 선 강단 경제학자들이 갤브레이스의, 수식이 아니라 '수사학'에 대한 질투와 경멸의 두 가지 복잡한 심사를 갖고 있다는 것이다.(Solow 1967)

토마 피케티도 수리경제학과 수학의 확실성에 의구심을 표출한 바 있다. "경제학 분야는 아직도 역사적 연구 및 다른 사회과학과의 협력을 등한시

▶ 장하준 케임브리지대학 경제학 교수에 대한 국내 경제학자 집단 내부의 시선도 갤브레이스의 사례와 크게 다르지 않은 듯하다. 정교한 수리적 분석 방법을 동원한, 경제학자들 사이에서만 읽히는 학술 논문(흔히 경제학 전문저널에 실리는 글은 그 권위를 유지하기 위해 대부분 다른 동료 경제학자 서너 명의 검증, 이른바 '상호평가peer review'라는 논문 심사 및 수정 요구 과정을 거쳐 게재된다.)은 과소 생산하고, 단지 말로 풀어낸 학술 교양 성격의 대중용 자본주의경제 관련 책들을 다산多産하고 있다며 "저건 경제학이 아니다"라고 무시하고 비판하는 태도를 보이지만, 그 뒤편에는 장하준 교수에 대한 질투와 자괴감이 혼재돼 있다는 것이다. 폴 크루그먼, 조지프 스티글리츠, 조지 스티글러, 던컨 폴리, 도널드 맥클로스키 등 뛰어난 경제학자들을 보면, 대부분 젊은 시절 엄격한 수리적 훈련을 받은 뒤 능숙한 수리경제학 지식을 발휘해 복잡한 수학모형에 기초한 논문들을 꽤 많이 썼는데, 나중엔 수리적 기초라는 발판을 걷어 내고 그 위에서 대중적이고 수사학적인 언어로 경제학을 '이야기story'로 풀어냈다.

하면서 수학에 대한, 그리고 순전히 이론적이고 흔히 이념적인 고찰에 대한 유치한 열정을 극복하지 못하고 있다. 경제학자들은 너무나 자주 자기들만 관심을 갖는 사소한 수학적 문제들에 매달리고 있다. 이처럼 수학에 집착하는 것은 우리가 살고 있는 세계가 던지는 훨씬 더 복잡한 문제들에 대한 해답을 내놓을 필요가 없이 과학성의 겉치레를 손쉽게 입힐 수 있는 방법이다. …… 사실 경제학은 결코 다른 사회과학에서 스스로 떨어져 나오려 하지 말았어야 했다. 그리고 그들과 함께할 때에만 앞으로 나아갈 수 있다. 우리는 분명히 실용적인 접근 방식을 취하고 경제학자들뿐만 아니라 역사학자, 사회학자, 정치학자들의 연구 방법을 동원해야 한다."(피케티, 46~47쪽)

사실 경제학 대가들의 논문을 보면 흔히 수사학의 한 방편으로 '우화fable'를 제목으로 붙인 것들이 꽤 있다. 맨더빌의 《꿀벌의 우화》(1714)는 유명하다. 노벨경제학상 수상자인 에드먼드 펠프스Edmund Phelps는 1961년에 〈성장하는 인간의 우화A Fable for Growth Men〉를 통해 자본축적의 황금률을 제시했고, 코스의 저 유명한 '등대' 우화(《경제학에서의 등대The Lighthouse in Economics》, 1974)는 더 말할 필요도 없다.

수리의 광적 추종과 뒤집힌 균형

배링턴 무어는 《독재와 민주주의의 사회적 기원》에서, 사회적 패턴의 형태적 변동에 존재하는 특징적인 차이는 어떠한 숫자의 양적 차이로도 환원될 수 없다면서 "그것은 약분될 수 없는 차이다. 인간에게 가장 중요한 문제는 바로 이런 차이다. 그것은 바로 그 변동이 가장 폭력적인 갈등을 낳았던, 커다란 역사적 쟁점의 원천이었던 차이"라고 말했다. 수와 양에 대한 회의는 사유 방식과 이념적 지향의 맥락 속에서도 흔히 제기된다. 화이트헤드는 《사고의 방식Modes of Thought》(1938)에서 "그러므로 모든 양의 문제 너머에 패턴의 문제가 있다. 이는 자연을 이해하는 데 필요불가결한 것이다. 패턴을 전제하지 않고서는 양은 아무것도 결정할 수 없다."고 말했다.(무어, 516쪽)

쾨슬러는 소설 《한낮의 어둠Darkness at Noon》에서 수리적 논리의 광적 추종을 다음과 같이 비판했다.

"일종의 수학적 자비심에서 그는 인류에 냉정하고 무자비하네. 그는 늘 자기가 가장 싫어하는 것을 하도록 저주받았지. 말하자면 학살 행위를 없애기 위해 학살자가 되고, 양을 도살하지 않기 위해 그 양을 희생시키고, 인민을 매로 채찍질함으로써 그들이 채찍질당하지 않도록 가르치는, 그래서 신중함이라는 이름으로 모든 신중함을 빼앗고, 인류에 대한 사랑 때문에 인류를 감히 증오하는, 추상적이고 기하학적인 사랑이네."(쾨슬러, 204~205쪽) 쾨슬러는 "혁명의 깃발은 이제 조기弔旗의 위치에 걸려 있었다."(쾨슬러, 343쪽)고 스탈린주의를 비판하며 "순수이성의 광란에 휩싸여 살아 온" 과거였다고 말한다.

쾨슬러의 말에 좀 더 주목해 보자. 그에 따르면, (수리적) 이성 하나만으로 만들어진 나침반은 불완전하기에 목표가 안개 속으로 사라져 버리는 스탈린주의라는 뒤틀린 경로로 이끌게 된다. 바로 그 원칙이 혁명의 위대한 동지들을 죽였고, 그들 모두를 미쳐 날뛰게 만들었다. 역사상 최초로 하나의 혁명이 승리해 권력을 장악했고, 전 세계 반동의 물결을 견디고 버텨 내면서 요새를 지키기 위해 친구를 배반하고 적과 타협하는 것도 피하지 않았다.

"그렇다. 방정식은 작동하지 않았다. …… 방정식 어딘가에 아니 사상이라는 수학 전체 체계에 과오가 있었다. 아마도 혁명은 너무 빨리 왔는지도 모른다. 괴물처럼 비틀린 사지를 가진 유산된 아이처럼. 아마도 모든 것이 시기상으로 불운한 과오였는지도 모른다. 로마 문명의 운명 역시 기원전 1

세기에 이미 정해진 듯 보였고, 우리의 운명처럼 골수까지 썩은 것처럼 보였다. 그래서 당시 가장 나은 사람들마저 위대한 변화의 시기가 무르익었다고 믿었지만, 그 낡아 빠진 로마 문명의 세계는 그 후로도 5백 년이나 더 지속되었다. 역사의 맥박은 느렸다. 인간은 햇수로 계산했지만 역사는 세대로 계산했다."(쾨슬러, 343~344쪽)

경제학에서 수학의 사용과 그 한계에 대해 미제스는, 다소 길지만 명징하면서도 세련된 설명을 제시했다.

"경제학 영역에서 고정불변의 상관관계는 존재하지 않는다. 따라서 그러한 고정불변의 측정된 수치도 가능하지 않다. 어떤 통계학자가 아틀란티스에서 특정한 때에 감자 공급이 10퍼센트 늘어난 것이 뒤이어 감자 가격 8퍼센트를 떨어지게 했다는 통계자료를 확정했다고 해서, 그가 다른 어떤 지역에서 어떤 때의 감자 공급 변화가 가격에 어떤 변화를 줄 것인지에 대해 말하고 있는 건 아니다. 그는 감자의 '수요탄력성'을 '측정'한 것이 아니며, 단지 유일한 개별적인 역사적 사실을 말한 것뿐이다. 감자든 어떤 다른 상품이든 그에 대한 사람들의 행동이 변화한다는 건 누구도 의심하지 않는 사실이다. 각각의 개별 행위자가 같은 물건에 대해 다른 방식으로 가치를 부여하고, 같은 사람이라도 상황 조건에 따라 가치를 달리 부여한다. 기술적 측정 방법의 부재 때문에 측정이 실행 불가능한 것이 아니다. 경제 현상에 본래 고정불변의 상수적 관계가 존재하지 않기 때문이다. 따라서 양적으로 측정하기 어렵다. 경제 현상에 대한 통계적 수치는 다시 되풀이되지 않을 역사적 사례 데이터에 불과하다. 경제사에서 경험적인 사실은 항상 복잡한 현상의 경험이다. 실험실에서 추출된 수치와 다르다. 가격의 통계자료는 경제사이다. 모든 조건이 불변일 때 수요가 증가하면 가격이 상승한다는 통찰은 경험에서 추출된 것이 아니다. 그 누구도 과거에도 미래에도, 모든 다른 조건이 불변일 때 시장의 가격 데이터 중 어느 한 가격의 변화를 관찰할 수 있는 위치에 있지 못하다. 그러한 수량경제학은 존재하지 않는 다. 모든 경제 현상의 수량은 (과학적 경제이론의 법칙이 아니라) 경제 역사의 데 이터일 뿐이다."

경제사가인 찰스 킨들버거는 "경제학은 '탄력성' 혹은 '비탄력성' 같은 용 어에 대해 엄밀하게 정의하지만, 그러한 숫자 뒤에는 소비자와 생산자가 경 제 변화에 대응하는 민첩성 혹은 속도와 관련된 파악하기 힘든 성질이 내 재해 있다."(킨들버거, 16쪽)고 말했다.

농촌의 일상에 대한 다음의 묘사는 완전한 정보 아래서 수리적 균형의

▶ 루트비히 폰 미제스의 《인간행동》(1949) 제16장(가격) 5절(논리적 교환학과 수리적 교환학)에 나오는 말이다. "시간이라는 요소는 경제 연구가 어려운 주된 원인으로서, 우리는 제한된 능력을 가 지고 한 걸음 한 걸음 나아갈 수밖에 없다. 복잡한 문제를 분해하고 한 번에 작은 한 부분씩 연 구하며, 마침내 부분 해解를 결합해서 어려운 문제 전체에 대한 다소 완전한 해를 구성한다. 복잡한 문제를 분해할 때 우리는 연구를 방해하는 교란 요인들을 당분간 세테리스 파리부스 ceteris paribus라 부르는 울타리에 격리시킨다. 특정한 일단의 경향들은 다른 모든 것이 동일하 다는 가정을 통해 분리해서 연구된다. 다른 경향들의 존재를 부정하는 것이 아니라, 그것들의 교란 효과를 당분간 무시한다. 이렇게 문제의 범위가 좁혀질수록 좀 더 정밀하게 다룰 수 있 지만, 동시에 실생활과의 대응 관계는 희박해진다. 그러나 단계마다 좀 더 많은 것들이 울타 리에서 풀려날 수 있으며, 정밀한 논의가 좀 더 구체적으로 이루어질 수 있고 현실적인 논의 가 전 단계에서보다 정밀하게 이루어질 수 있다."(마셜, 제2권, 62쪽) 세테리스 파리부스가 보여 주 듯 흔히 주류 시장이론 경제학자들은 감탄할 정도로 단호하게 분석에 방해가 되는 복잡한 변 수와 장치들은 버리고, 오직 분석하려는 목적 변수 하나에만 집중해 방정식 모형을 세운다.

▶ 킨들버거는 "(토지, 노동, 자본에 더해서) 기업가 활동은 필요조건이지 충분조건은 아니다. 기회가 주어졌을 때 '역사의 창조적 대응'을 가능케 하는 것은 사회 전체의 인간적 생명력이다."(카를 로 치폴라, 1976)라는 말을 이 책 전편에 걸친 화두로 던지고 있다. 슘페터는 앨프레드 마셜이 '수 요의 가격탄력성' 개념을 《경제학원리》에서 소개한 데 대해 "이렇게 매우 사소한 기여가 그토 록 큰 찬사를 받은 경우는 아주 드물다."고 평가했다. (슘페터 2013(제3권), 411쪽)

안정성과 불안정성을 뜻하지 않게 내포하고 있다.

"농부는 …… 그의 세계의 한복판에 자리하고 산다. 그의 마음에서 경도經度의 중심은 그리니치 천문대가 아니라 마을 교회의 종각을 지난다. 익히 잘 아는 중심의 둘레에 모르는 것, 낯선 것이 동심원을 이루면서 펼쳐진다. 모든 편에서 세계는 모르는 것 속으로 사라진다. 그러나 그는 자신의 세계의 중심에 살며, 또 이미 아는 것의 테두리 속에 있기 때문에 모르는 것에 의하여 혼란을 겪지 않는다. 이 중심에서 그를 떼어 옮겨 놓으면 그는 망향望鄕의 병에 걸리게 된다. 이제 모르는 것은 그를 두려움에 차게 하고 그를 짓누른다. …… 그는 이제 세상의 복판에 있지 않다. 그의 마을의 관점에서 도시에 질서를 줄 수는 없다. 익숙히 아는 것이 모르는 것에 의하여 질서 정연히 둘러싸여 있을 때 모든 것은 제자리에 있는 듯했다. 알지 못하는 것 가운데 자기 위치를 알아내고 정해야 한다면 균형은 뒤집혀지고 만다."(김우창 1982, 86~87쪽)

위 인용문은 농민의 경험을 '풍경'의 경험으로, 도시인의 공간 경험을 '지도'의 경험으로 표현한 심리학자 에르빈 슈트라우스Erwin Straus가 한 말이다. 김우창은 풍경에서 사람과 자연은 공감적으로 존재하지만, 지도로 옮겨진 자연은 아무런 정서적 감흥을 주지 않는다는 해석을 달았다. 나는 여기서 경제학의 게임이론과 불확실성 아래서의 최적선택을 떠올린다. 게임이론은 변수의 불확실성 속에서도 그 변수의 분포에 대한 '확률적 기대'를 통해 자신의 위치를 알아내고 최적의 균형 선택을 할 수 있다고 말한다. 그러나 심리학자의 세계에서 그 균형은 뒤집히고 만다.

"자유로운 경쟁적 자유방임 체제를 채택하면 최적의 균형이 항상 달성될 수 있다는 기존의 주류 경제학의 믿음이 타당하려면, 경제적 실재가 불변이라는 가정 [주어진 어떤 시점에서 다른 모든 경제변수가 일정하게 주어졌다는 정태적 분석] 이 성립하고 자유시장에서 활동하는 경제주체들이 지속적인 오류를 범하지 않도록 해주는 고도의 정교한 계산기가 있어야 한다고 폴 데이비드슨Paul Davidson[케인스주의 근본론자]은 말했다. 그러나 이런 가정, 이런 계산기는 존재할 수 없다. 그것은 기본적으로 경제 현실의 불확실성 때문이다."(박만섭 편, 42쪽)

장기적인 수요-공급 간의 힘의 투쟁으로 형성된 균형의 개념은, 찰스 다윈의《종의 기원》에도 여러 차례 제시되고 있다.

"우리는 구불구불하게 휘어진 제방을 뒤덮고 있는 식물이나 덤불을 볼 때, 자칫하면 그 수나 종류의 비례를 우연으로 돌리기 쉽다. 그러나 이것은 참으로 그릇된 견해이다! 옛날에 나무를 베었을 것임에 틀림없는 아메리카 남부 고대 인디어의 유적 부근에는 오늘날에도 주위 처녀림과 마찬가지의 지극히 다양하고도 온갖 훌륭한 종류의 나무가 적당한 비율로 있다. 이들이 해마다 수천 개의 씨앗을 뿌리는 온갖 종류의 수목 사이에서 어떠한 경쟁을 몇 세기 동안 해야 했던가."(다윈, 69쪽)

이제 머리를 지끈거리게 하는 수리적 세계에서 빠져나올 때가 됐다. 앞에서도 그랬듯이 어떤 결론을 제시하기보다는 경구가 될 만한 내용을 붙이면서 끝내고자 한다. 수요-공급곡선에서, 비록 소득 변동에 따른 구매력 변화나 여러 재화의 가격 변화가 없더라도, 사람의 심리적 요인은 경기 확장 국면에서는 수요곡선을 오른쪽으로, 수축 국면에서는 왼쪽으로 옮긴다. 인간(의 행동)은 언제나 직선으로 환원될 수 없는 비선형non linear의 복잡한 존재이기 때문이다. 그러나 이와 달리, 수사학과 은유에 대해 홉스는 《리바이어던》에서 다음과 같이 말했다.

"어느 나라에서든 그곳에 사는 모든 생물은 잘 균형 잡힌 힘으로 서로 투쟁하고 있다."(다윈, 76쪽)

"인간 정신의 빛은 명료한 말words이다. 그러나 무엇보다도 정의가 정확하게 이루어져야 모호함이 없어져 깔끔해진다. 추론은 그 발걸음이며, 과학의 증진은 그 길이고, 인류의 복지는 그 도착점이다. 반면에 은유나 무의미하고 모호한 말은 도깨비불과 같다. 그것에 입각한 추론은 수없이 많은 불합리 속을 방황하는 것이며, 그 결과는 논쟁과 선동과 모욕이다."(홉스, 57쪽)

▶ 홉스는 《리바이어던》에서 코먼웰스Commonwealth 같은 각 언어 및 용어의 명확한 정의를 먼저 내린 뒤, 이 정의로부터 기하학적·논리적 추론 과정을 거쳐 주권자와 국민의 권리와 의무라는 헌법적 질서의 원리를 각각 도출하고 있다. 이러한 정의와 엄밀한 기하학적 추론 과정은 데카르트, 스피노자, 로크 등에서 공통적이다. 형식적인 기하학적 추론은 다음과 같은 좀 엉뚱한 추론으로 이어지기도 한다. "재판관 또는 행정관에게 청원을 제출하기 위해 1천 명이 참가하는 것은 합법적이지만, 그 청원서를 제출하기 위해 1천 명이 모였다면 이는 불온한 합의체이다. 그런 일은 한두 명으로도 목적을 이룰 수 있기 때문이다. …… 합법적 단체는 [인공인간인 주권합의체 리바이어던의] 근육에 해당하고, 비합법적 단체는 나쁜 체액이 부자연스럽게 모여 생기는 종기·담즙·농양에 해당한다."(홉스, 238~239쪽)

사각형과 원 2
불확실성의 경제학

"고대 그리스인이나 로마인들은 복잡한 문제를 혼자 고민하는 '고독한 천재'를 이상화하지 않았다. 그러나 오늘날 '정신적 삶' 하면 떠오르는 지배적 이미지는 자신만의 비밀 은거지에 머물면서 모든 것에 근본적인 질문을 던졌던 데카르트나, 조용히 렌즈를 갈면서 스스로 질문을 던지고 답을 구했던 파문당한 스피노자의 모습 같은 것이다. …… 한편 고대 그리스·로마인에게는 이것은 낯선 것이었다. 물론 생각하고 글을 쓰기 위해서는 일반적으로 조용한 환경과 고도의 정신 집중이 필요하므로 그리스·로마의 시인과 철학자도 주기적으로 시끄러운 세상사에서 떨어져 혼자만의 시간을 가졌다. 그러나 그들이 지향했던 이미지는 사회적인 것이었다. 시인은 자신을 다른 양치기들에게 노래를 불러 주는 또 다른 양치기로 묘사했다. 철학자는 스스로를 종종 며칠에 걸쳐 이어지기도 하는 긴 대화를 주고받는 자로 묘사했다. 일상의 산란함으로부터 빠져나오는 것도 완전히 고립된 자기만의 작은 공간으로 물러난다는 의미가 아니라, 친구들과 정원에서 조용히 대화를 주고받는 것을 의미했다."(그린블랫, 88쪽)

 ## 종 모양의 곡선은 아무것도 말해 주지 않는다

그렇다면 수리적 모형에 몰두하는 경제학자들은 데카르트나 스피노자를 닮았다고 할 수 있을까? 20세기 이후 경제학자들의 수리 능력은 17세기 데카르트나 스피노자의 기하학적 논리 증명과 뉴턴의 미적분을 뛰어넘어, 계량경제학의 정교한 수단을 활용하여 예측이 거의 불가능한 불확실성조차도 확률적 계산으로 바꿔 이성의 수리방정식 속에 포함시키고 있다.

존 로크의 《시민정부론Of Civil Government》에서 로크적 계약은 "타인의 영역을 침범했을 때 이에 대한 처벌권은 누구에게나 있지만, 이를 행사함에 있어 불규칙하고 불확실한 것에서 야기되는 불편함"을 없애고자 한다. 로크는 "정부 지배 하의 인간의 자유란 타인의 가변적이고 불확실하며 자의적인 의지에 구애되지 않는다"는 것을 의미한다고 하였다. 불확실성, 특히 인간의 가변성은 제거해야 할 주요 난관이었다. 인간은 이해관계에 충실할 때 확고부동하고 질서 정연해진다. 이는 열정에 휘말렸을 때 전형적으로 나타나는 인간 행태와 정반대이다. 탐욕이라는 끈질긴 열정은 점차 특별히 금전적 욕망을 의미하는 쪽으로 변하여 이해관계가 된다. 이해관계는 불변하고 완강할 뿐 아니라 날마다 모든 사람에게 똑같이 존재하는 열정이다.(허시먼 1994, 59쪽)

▶ 영국 근대 철학자 데이비드 흄David Hume은 사랑을 이렇게 묘사했다. "사랑은 변덕스럽고 변하기 쉬운 불안하고 조급한 열정이다. 어느 순간 갑작스럽게 나타났다가 비슷한 방식으로 갑

1920년대 시카고대학의 프랭크 나이트는 많은 경제적 '위험Risk'은 어떤 나이에 죽을 위험과 마찬가지로 그 객관적 확률을 계산할 수 있으며, 따라서 보험 장치 등을 통해 다른 사람의 부담으로 옮길 수 있다고 주장했다. 그러나 예전에 발생한 적이 없기 때문에 객관적 수치로 결코 환원할 수 없는 '불확실성Uncertainty'도 존재한다며 '불확실성'과 '위험'을 구분했다.(블로그. 188쪽)

불확실성을 강조하는 이유는 그것이 인간의 모든 행동, 특히 경제적 행동에 영향을 미치는 기본적인 힘이기 때문이다. 사회에 존재하는 거의 모든 중요한 제도의 주요 기능은, 바로 불확실성에 대처하는 것이다. 가장 좋은 예는 화폐이다. 케인스는 화폐가 현재와 아직 확정되지 않은 불확실한 미래 사이의 연결 고리임을 보여 주었다. 불확실성에 대처하는 대표적인 방식인 보험은 그래서 흔히 "인류가 만들어 낸 최고의 상품"으로 불린다.

그러나 보험은 사회공동체의 정서적, 연대적 가치를 상업적 계산으로 대체한 것이라고 볼 수도 있다. "영국에서 1500년대 이래 민간 생명보험 제도가 도입되는 과정은 매우 긴 시간을 필요로 했다. 사망 확률 통계가 적절하게 구축되지 않아 실제 사망 위험을 판단하기 어려운 기술적 이유도 있었으나, 다른 한편엔 도덕적 문제가 개입돼 있었다. 즉, 공동체의 연대를 상업적 이윤의 문제로 대체하는 것에 대한 반발이었다. 당시 보험은 공동체의 상호부조라는 휴머니티 서비스를 계산적 서비스로 대체하고, 사회의 토대인 감성적 동정을 몰아내는 것으로 여겨졌기 때문이다."(Marglin 2008, p.15)

그러나 경제주체들이 위험을 피하는 방법이 보험 상품만 있는 것은 아

자기 사라진다." 갑자기 사라진다는 측면에서 금전적 이해관계와 큰 차이가 있다.

니다. 국가와 제도가 위험을 차단해 주기도 한다. "기업을 창설한 사람들은 한 번 대도약을 끝내면 막대한 재산을 획득하게 해 주는 이익의 축적을 향유하게 되므로 중대한 위험을 또다시 무릅쓸 필요가 없게 된다. 위험이 있다 하더라도 대개는 누군가 다른 사람이 그것을 이어받게 된다. 제2차 세계대전 중에 볼 수 있었듯이 누군가 다른 사람이란 바로 미국 정부이다. 중류 계급 실업가는 5만 달러의 부채로 곤경에 몰리게 된다. 그러나 어떤 사람이 2백만 달러의 부채를 짊어지게 되면, 채권단은 그것을 나중에 상환받으려면 오히려 그에게 지금 돈벌이 기회를 만들어 주는 편이 더 나을 거라고 생각하게 된다."(밀스 1979, 165쪽) 이른바 '대마불사too big to fail' 얘기다.

"사회생활에서 벌어지는 대부분의 일들은 희귀하지만 인과관계가 분명한 충격과 비약에 의해 일어난다. '정상적인 것', 특히 '정규분포'를 나타내는 종 모양 곡선을 전제로 추론을 전개하는 대부분의 사회 연구는 거의 아무 것도 말해 주지 않는다. 어째서 그런가? 정규분포란 큰 편차를 무시하거나 다룰 수 없는데도 마치 우리가 불확실성을 길들이고 있다는 확신을 줄 뿐이기 때문이다. 나는 이런 따위를 '거대한 지적 사기'라 부른다."(탈레브, 33쪽)

게임이론에서 '내시 균형Nash Equilibrium'은, 주어진 상대방의 전략 가정 속에서 내가 '더 이상 전략을 바꿔 이익을 늘리려고 할 유인이 전혀 없는' 균형 상태, 즉 현재의 균형에서 이탈할 유인이 없는 상태이다. 로빈슨 크루소 1인으로 구성된 고립된 경제모형으로 애덤 스미스의 '보이지 않는 손'을 수리적으로 증명했다면, 게임이론은 두 명 이상의 게임 참여자, 즉 사람들 간의 약속·배반·신뢰의 상호작용을 고려한 좀 더 현실적인 모형을 통해 역시 사회 전체의 효용을 극대화하는 최적 균형이 존재한다는 것을 수리적으로 증명하였다.

특히 경제학에서 불확실한 미래를 처리하는 방식과 관련하여 '현재가치

할인은 미래를 현재 시점에서 수학적으로 판단할 수 있음을 보여 준다. 미래에 대한 불확실성이 작을수록 미래는 좀 더 낮은 이자율로 할인된다. 미래 효용도 지금 현재 시점에서 정확히 계산해 현재 시점에서 최선의 행동을 선택할 수 있는 것이다. 즉, 현재의 저축·투자·소비수준을 결정하면 이것이 미래를 영원히 결정짓게 된다. 현재의 삶이 미래를 결정한다. 불확실성과 우연적인 사건 등 살면서 언제나 누구에게나 존재하는 위험에 대해서는, 합리적 기대를 형성한 뒤 확률적인 기대 평균값을 도출하고 그 평균을 '확실성 등가certainty equivalent'로 치환해서 최적의 행동을 선택하면 된다. 과거는 생각할 필요가 없으며, 미래는 현재가 결정하는 것이므로 경제주체는 먼 무한대의 미래에 해당하는 문제도 오직 현재의 문제로 여기고 현재 시점의 변수로만 구성된 방정식을 풀어 최적의 해를 찾으면 된다.

그러나 이렇게 명석하고 합리적인 세계는 '원리'가 적용되는 수리의 세계에서만 통할 뿐, 현실 경제의 작동 양상은 전혀 다르다. 투자자는 자본이 낳을 장래 수익이 아니라 눈앞의 이익에 신경을 쏟는다. 즉, 합리적인 계산보다는 케인스가 말했듯 혈기, 신경과민, 히스테리와 같은 심리적 요인이 투자에 영향을 끼치는 사태가 벌어지는 것이다. 물론 국가가 조성하는 사회경제적 분위기도 투자와 소비에 중요한 영향을 미친다. 닥터 둠Doctor Doom이란 별명으로 잘 알려진 월가의 비관론자이자 투자가인 마크 파버 Marc Faber는 다음과 같이 말했다.

"(겨울철) 동네 연못에서 스케이트를 타는 사람이 연못의 얼음이 깨지지 않을 것이라고 확신하는 정도는 스케이트를 타는 친구의 수가 많을수록 더 커진다. 연못 위에 사람 수가 많아질수록 얼음이 깨질 위험은 더 커진다는 합리적 판단은 사라져 버리고, 오히려 더 안전하다는 어리석은 믿음이 생겨난다. 신뢰가 감염되는 것이다. 그러나 자연의 법칙에 따라 연못의 얼음이 사람들의 무게를 견디지 못하고 갈라지는 소리를 내면, 확신은 순식간에 공포로 바뀐다."

케인스의 세계에서는, 기업가는 단순히 시장이자율에 따라서만 투자하는 것이 아니며, 가계는 현재 소비와 저축에 따른 미래 소비의 가치를 현재가치 할인법으로 계산한 뒤 최적의 현재 소비수준을 결정하는 것이 아니다.▶

폰 노이만과 모르겐슈테른Oskar Morgenstern의 이른바 '기대효용' 정리는, 만일 선택이 확률적으로 이뤄질 경우 불확실한 결과에 대한 효용은 '효용의 기대치'를 구해서 나타낼 수 있다고 본다. 기대치로 표시된 '확실한 결과'를 계산할 수 있다면, 불확실성 아래서도 시장에 참여하는 개인들은 최적의 행동을 할 수 있다는 것이다.

이와 관련해 이른바 '상트페테르부르크의 역설'을 잠깐 들여다보자. 경제 분석에서 대부분의 최적의 지점은 시장에서 주어지는 객관적인 가격과 선택하는 경제주체 개인의 주관적 효용의 크기, 이 둘이 서로 일치하게 되는 상태에서 도출된다. 1730년경, 스위스의 물리학자 베르누이는 이득의 기대

▶ 현재가치 할인의 합을 계산하는 단순한 식을 살펴보는 것이 이해에 도움이 될 것 같다. 각 기간별로 그 기간의 소비가 주는 각각의 효용을 모두 합친 값은 기간 구분이 가능한 이산적인 시간에서는 시그마($\sum$) 총합으로, 연속적인 시간에서는 무한대(∞)까지의 적분으로 계산할 수 있다. 즉, 이산 시간의 시그마 총합은 $\sum_{t=1}^{n} U(C_t)$, 연속함수의 적분 합은 $\int_{t=1}^{\infty} U(C_t)$로 나타낼 수 있다. 여기서 $U(C_t)$는 t시점에서의 소비(C)가 주는 효용(U, Utility)을 뜻하며, 각 시점에서의 소득이 가져다주는 이 효용은 현재가치로 할인($(1+r)^n$)된 값이다. 여기서 r은 시장이자율, n은 현재를 기준으로 미래 시점의 각각의 연도이다. 주류 경제학은 고등학교를 졸업한 뒤 취업할 것인지 대학에 갈 것인지의 선택(즉, 인적자원 투자 결정)에서도, 대학 졸업 후 받을 기대임금의 평생 소득을 현재가치 할인한 뒤 이것을 대학 공부에 드는 직접적인 금전 비용 및 기회 비용(고졸 후 바로 취업했을 때 얻을 임금소득)을 비교해 개인이 합리적으로 선택한다고 본다. 할인의 기준이 되는 시장이자율 수준에 따라 대학에 갈지 말지를 결정하게 된다는 논리다.

치가 무한대인 '도박'에서도 실제로는 그것에 큰돈을 지불하여 참가하려는 자는 없다는 상트페테르부르크의 역설을 제시하면서, 그 이유로서 사람들은 화폐에 관한 한계효용이 체감하는 효용함수를 가지고 있고, 도박에서 얻을 수 있는 판돈 크기 자체의 수학적 기대치가 아니라 그 판돈이 가져오는 '효용'의 수학적 기대치, 즉 기대효용을 판단의 기준으로 하기 때문이라고 설명했다.

도박 같은 게임에서 참여자가 기대하는 보수payoff를 구한다고 하자. 만약 어떤 게임에서 한 경기자가 p의 확률로 x라는 결과를 얻고, $(1 - p)$의 확률로 y라는 결과를 얻는다면, 그의 기대효용 E_u는 다음과 같다.(여기서 $u(x)$, $u(y)$는 경기자의 효용함수이다.)

$$E_u = p \times u(x) + (1 - p) \times u(y)$$

이처럼 행동의 결과가 불확실한 상황일 때 경제주체의 합리적 판단은 결과에 관한 효용의 기대치에 입각하여 이루어진다는 것이다.

자본주의의 실패 및 시장실패는 자본주의의 주어진 운명이 아니며, 거꾸로 시장실패는 좀처럼 일어나기 어렵다는 의미를 담고 있기도 하다. 불확실한 미래도 확률과 조건부 기대 등 수학적 도구를 동원해 수치로 계산함으로써 통제하고 조작할 수 있다는 믿음이다.

마키아벨리는 《군주론》 제25장 〈인간은 어떻게 운명에 대처해야 하는가?〉라는 물음에 대하여 "운명이란 우리 행동의 절반만 주재할 뿐이며 대략 나머지 절반은 우리의 통제에 맡겨져 있다는 생각이 진실"이라고 말했다. "저는 운명의 여신을 험난한 강에 비유합니다. 운명은 자신에게 대항할 역량이 전혀 갖추어져 있지 않은 곳에서 그 위력을 떨치며, 자신을 제지할 아무런 제방이나 둑도 마련되어 있지 않은 곳을 덮칩니다."(마키아벨리, 163

쪽) 이제 우리는 현재와 미래에 대한 개인들의 상대적 선호와, 불확실한 미래가 어쩔 수 없이 갖는 위험을 회피하려는 성향까지 방정식 모형에 집어넣어 합리적 계산을 시도하는 경제학 분석에까지 이르렀다. 이러한 수리적 통계는 이성적인 인간의 지평과 관련하여 지금껏 과학이 도달한 가장 높은 지점 중 한 곳을 보여 준다.

 ## 어디로 가는지 알 수 없는 '랜덤워크'

케인스는 《일반이론》에서 기호를 사용해 경제 분석 체계를 공식화하는 사이비 수리적 방법의 일대 맹점을 다음과 같이 지적했다.

"그것이 연관되는 제 요인 간의 엄밀한 독립성을 명백하게 가정함으로써, 일단 이 가설이 인정되지 않게 되면 그것이 가지는 모든 설득력과 근거를 잃어버리게 된다. 이와 달리 맹목적으로 조작하는 것이 아니라 우리가 무엇을 하고 있는지, 용어가 무엇을 의미하는지를 시종 염두에 두고 있는 보통의 논술에서는, 필요한 유보나 조건, 그리고 나중에 추가해야 할 조정 등을 '우리의 뒤통수에' 간직할 수 있다. 그러나 대수 풀이의 몇 페이지 '뒤쪽에' 복잡한 편미분偏微分을 간직해 둘 수는 없는 노릇이다. 최근 수리경제

▶ 이 대목에서 마키아벨리는 경제학자들의 신중함과 달리, 마키아벨리 정치사상의 핵심 개념인 '비르투Virtu'(마키아벨리, 43쪽)와 유사한 정치가들의 대담성을 강조했다. "저는 신중한 것보다는 과감한 것이 더 좋다고 분명히 생각합니다. 왜냐하면 운명은 여성이고 만약 당신이 그 여성을 손아귀에 넣고 싶다면, 그녀를 거칠게 다루는 것이 필요하기 때문입니다. 그녀가 냉정하고 계산적인 사람보다는 과단성 있게 행동하는 사람들에게 더욱 매력을 느낀다는 것은 명백합니다. 운명은 여성이므로 그녀는 항상 청년들에게 이끌립니다. 왜냐하면 청년들은 덜 신중하고, 좀 더 공격적이며, 그녀를 더욱 대담하게 다루고 제어하기 때문입니다."(마키아벨리, 167쪽)

학의 너무나 많은 부분은 그것이 의존하고 있는 당초의 제 가정과 똑같이 부정확한 단순한 날조물에 불과하며, 그것은 저자로 하여금 멋진 체하지만 쓸데없는 기호의 미로 속에서 현실 세계의 복잡성과 상호 의존 관계를 그 시야로부터 놓치게 하는 것이다."(케인스 1985, 299~300쪽)

이 책 제4부 제2장 맨 처음에, 인류의 발전과 진보를 술에 만취한 거지가 고삐도 제대로 잡지 못한 채 말을 타고 가는 것에 비유한 괴테의 말을 제사題詞로 제시한 바 있다. 괴테가 통계학의 '랜덤워크random walk' 개념을 이미 깨닫고 있었는지는 알 수 없지만, 그가 말한 내용은 정확하게 수리 통계의 랜덤워크이다.

'랜덤워크'는 정규분포로 수렴되지 않고 술에 취한 듯 갈팡질팡 어느 방향으로 가는지 알 수 없는 분포를 일컫는다. '알 수 없는 일'조차 랜덤워크라는 용어를 동원해 '설명되는 일'로 치환시켜 버리는 것이다. 수리경제학의 계량모형은 세상의 모든 일을 각각 거기에 영향을 미치는 모든 변수의 상관관계의 계수 값 크기로 '과학적으로' 설명하고자 하며, 도저히 인간 능력으로는 탐색하거나 설명할 수 없는 것은 이른바 '백색잡음white noise'으로 몰아 오차항에 넣어 버리는 간편한 방법을 따른다.

이와 대조되는 설명이 우리가 이미 이 책에서 간간이 본 것처럼 케인스의 '동물적 감각(야성적 충동)'이다. 동물적 감각의 경제 세계에는 상관계수 값도 정교한 수학모형도 랜덤워크나 백색잡음 같은 분석 용어도 필요 없다. 하우저는 도스토예프스키의 소설이 (마치 케인스의) 비수리적이고 비과학적인 동물적 감각을 닮았다고 말한다. "그의 소설들은 최후 심판의 바로 전날 저녁에 일어난다. 모든 것이 가장 끔찍스러운 긴장과 가장 무시무시한 공포와 가장 어지러운 혼돈 상태에 있으며, 모든 것이 기적에 의해 깨끗해지고 평안해지고 구원되기를 (지성의 힘과 날카로움이나 이성의 변증법이 아니라 바로 그러한 힘의 포기, 그러한 이성의 희생을 통한 해결이 오기를) 기다리고 있다. 그가 옹호하는 지성의 자살이라는 개념이야말로, 자신이 제기한 진정한 문제와 타당한 질문을 전혀 비현실적이고 비합리적으로 해결하려고 하는 도스토예프스키 철학의 문제점을 집약하는 것이다.(하우저, 현대편, 146쪽)

앞서 스티븐 마글린은 수리적 경제학 작풍에 우려를 표했으나, 폴 로머 Paul Romer는 모래시계 은유를 빌려 전혀 반대의 이야기를 했다.

"수리학이 경제학에 도입된 뒤부터 경제학의 모든 분야가 차례로 모래시계의 모습을 닮은 사고 과정을 거치게 되었다. 모래시계의 긴 세로 부분은 관심의 깊이와 즉각적인 대응 능력을, 가로 부분은 시간의 흐름을 나타낸다. 젊은 세대가 점점 수학을 경제학 도구로 선택함에 따라 모래시계처럼 관심의 폭이 서서히 줄어드는 현상이 발생한다. 좁아진 폭으로 들어간 이들은 한동안 새롭게 터득한 수학 공식이 낯설어 압박감을 느끼게 된다. 그러나 시간이 흐르면서 새로운 어휘와 도구에 익숙해지고, 그러다 보면 전문가로서의 관심은 모래시계 아랫부분처럼 다시 넓어진다. 이에 따라 경제적 쟁점을 큰 폭으로 다룰 수 있게 되면서 과거보다 새롭고 정확한 이해를 할 수 있는 능력을 갖추게 된다."(워시, 605쪽)

머릿속에 들어온 불
경제와 문학

　문명에 대한 경제학자의 다음과 같은 미학적 표현은 수식으로 온통 가득 차 복잡하고 깜깜한 우리의 머릿속에 갑자기 불이 켜진 듯 환한 세계를 펼쳐 보인다.

　"1914년 8월에 막을 내린 그 시대는 인류의 경제 발전 과정에서 얼마나 예외적인 시절이었던가! 대부분의 사람들은 열심히 일했고 생활수준은 낮았지만 그들은 스스로의 운명에 꽤 만족했었다. 그러면서도 평균 이상의 능력이나 성품을 지닌 사람이라면 누구나 중간계급과 상층계급으로 탈출하는 것이 가능했고, 그리하여 과거 가장 부유하고 가장 강력한 왕들도 꿈꿀 수 없었던 편의·안락·문화시설을 적은 비용과 최소한의 노력만으로도 누릴 수 있었다. 런던 사람들은 침대에서 모닝 티를 홀짝거리면서 전 세계의 진귀한 물품들을 전화로 주문하고 …… 특별한 일이 없다면 제시간에

문 앞까지 배달된 물건을 받아 볼 수 있었다. 또한 동시에 동일한 방법으로 세계 어느 지역이든 천연자원이나 새 기업에 자산을 투자하고 수고도 걱정도 할 필요 없이 투자의 과실과 이익에 참여할 수 있었다. 혹은 상상력이나 정보가 권하는 대로 어떤 대륙의 웬만한 조세 피난처 주민들의 선의에 재산을 안전하게 맡기기로 결정할 수도 있었다. 원하기만 하면 값싸고 안락한 교통수단을 즉시 확보해 여권이라든가 그 밖의 형식적 제약 없이도 지구상 어디든 갈 수 있었고, 근처에 있는 은행으로 하인을 보내 필요한 귀금속을 공급받아서 종교와 언어와 관습이 낯선 외국 땅으로 떠날 수도 있었다. 그러나 가장 중요한 것은, 이런 상황이 더욱 개선될 것이며 일상적이고 확고하게 앞으로도 영원하리라고 간주했다는 점이다. — 케인스, 《평화의 경제적 귀결》"(스키델스키, 254쪽)

 모든 과학은 시대의 함수다

케인스는 한 인간으로서 미학자와 경제학자의 매혹적인 조합을 보여 준다. 그의 취향과 선호는 미학적이었으며 그가 쓴 경제 저술들에는 시적 자질이 번득였다.

어느 문학평론가는 신문 칼럼에서 "걸작의 최종 근거는 내용이 아니라 형식과 문체다. 문체는 단지 글의 화려한 장식이 아니다. 문체는 사유의 표현이다. 세상을 대하는 사유가 독창적이지 못할 때 고유한 문체가 나올 리 없다."라고 말했다. 새뮤얼슨은 《경제학》에서 "기사騎士의 시대는 가고 철학자, 경제학자, 수학자가 뒤이어 시대를 이어받았다."는 에드먼드 버크Edmund Burke의 말을 인용하고 있다. 홍승수 교수는 칼 세이건의 《코스모스》 옮긴이 후기에서 "우리 삶에서 소망 없이 이루어지는 일이 어디에 있겠는가?"라고 물은 뒤 이렇게 적었다.

"우주인이 달나라에 발자국을 남길 수 있었던 것은 현대 과학과 공학의 눈부신 발달 때문만은 아니다. 달을 두고 노래한 시인들이 더 중요하고 큰 역할을 했다. 따지고 보면 시인이 우리 가슴에 심어 준 꿈의 위력이 과학자들로 하여금 달나라 여행을 설계하게 했을 것이다."(세이건, 707쪽)

문학비평가 피터 브룩스Peter Brooks의 말은 그런 의미에서 옳고 또 여기에 인용하기에 적절하다. "우리의 인생은 꿈꾸고 상상하고 전하고 싶은 서사와 이야기들로 끝없이 엮어진다. 그 이야기들은 모두 우리 자신이 스스로에게 하는 삶의 이야기 속에서 다시 생겨난다. …… 우리는 이야기에 잠겨 있다."

학교 사서들의 증언에 따르면 소녀들은 소설을, 소년들은 비소설을 주로 읽는다고 하는데, 훗날 소년들이 커서 경제학을 배울 때 그들은 투입과 산출의 이야기보다는 극대화의 은유를 선호한다. 그러나 은유도 이야기처럼 인문적인 것이므로 둘 사이에 아무런 인식론적 차등이 없다는 것에 주의하자.(퍼버·넬슨 편, 114쪽)

조지 오웰George Orwell의 소설 《1984》에는 다음과 같은 대목이 나온다. "A어군語群은 먹고 마시고 일하고 옷을 입고 층계를 오르내리고 차를 타고 정원을 손질하고 요리를 하는 것 등과 같은 일상생활의 활동에 필요한 어휘들로 구성되었다. …… 모호한 뜻이라든가 숨은 뜻은 완전히 제거되었다. 신어新語가 완전히 사용되면 이 어군의 단어는 '단 하나'의 명백한 사고 개념을 표현하는 단음斷音일 뿐이다. A어군의 어휘를 문학적 목적이나 정치적, 철학적 토론에 사용한다는 것은 거의 불가능하다. 이것은 구체적인 대상이나 물리적 행위의 뜻을 포함한 단순하고 의도적인 사고를 표현하려는 의도에서 창안되었다."(오웰 1987, 237쪽) 마치 수학의 언어와 흡사하다.

보리스 까갈리츠키는 "예술, 비평, 철학, 역사, 정치는 서로 분리되어 존재하는 것이 아니라 끊임없이 서로 접촉하고 상호 침투한다. 그리하여 넓은 의미에서 정신생활이라는 단일한 과정을 구성하고, 좁은 의미에서 문화정치 과정으로 간주될 수 있다."고 했다.(까갈리츠키 1991, 18쪽)

경제학 문헌에도 흔히 문학작품의 한 대목이 인용되곤 한다. 경제학자도 가끔은 시인이 되고 소설가가 된다. '집단행동' 분석의 권위자인 경제학자 러셀 하딘은 '죄수의 딜레마' 게임에 관한 논문에서 시인 T. S. 엘리엇의 시극詩劇《개인 비서The Confidential Clerk》 제1막에 나오는 클로드 경의 대사를 인용하고 있다.

"그녀가 어떤 반응을 보일지 짐작하기 어렵다. 나는 내 아내에 대해 모르는 것이 아주 많다. 누구든지, 다른 사람에 대해 아무리 잘 안다고 생각해도 무언가 잘 모르는 것이 항상 존재하기 마련이다. 그것이 어쩌면 그 다른 사람을 이해하는 데 가장 중요한 것일 수도 있다. 당신이 누군가를 확실히 알고 있다고 말하는 그 순간, 당신은 그 사람에 대해 가장 큰 실수를 저지르고 있기 십상이다. 애거슨, 사실 나와 당신이 거의 30년을 함께 일해 왔지만 나는 아직 당신에 대해 모르는 것이 매우 많다."(Hardin 1971)

이제 살펴볼 휴즈와 블로크의 말은 문학적 상상력과 언어가, 사회과학과 경제적 생산양식과 어떻게 상호작용하는지 잘 보여 준다.

▶ 죄수의 딜레마 게임은 각자 자신의 개인 이익을 극대화함으로써 달성되는 균형 상태의 자원 배분이 사회적, 전체적으로는 비효율적일 수도 있다는 평범한 진리를 보여 준다. 다만, 죄수의 딜레마에서는 두 죄수가 도중에 서로 만나 대화를 나눌 기회가 없다는 점이 강조돼야 한다. 만약 두 사람이 서로 대화를 나눠 두 사람 모두에게 최적인 선택행동을 하기로 약속하고 그 진정성을 확인했다면 결과는 달라질 수 있다.

"현대에 상상적 문학(더구나 소설)은 가치의 선언이라는 점에서 앞선 2세기의 경우보다는 분명히 더욱 진지하고 자각적인 역할을 수행하고 있다고 나는 생각한다. 주요 소설이나 희곡은 철학자와 사회과학자의 추상적인 통찰을 구체화하고 좀 더 접근하기 쉽게 하는 임무를 맡고 있다. 현대의 상상적 문학의 사회 묘사는 분명히 범주화를 거부하는 상징과 암시의 음영陰影에 둘러싸여 있는 것이다. 서로 영향을 주고받는 긴밀한 상호작용을 통해 현대의 상상적 문학은 그 나름의 발전을 사회이론에 투입하고 있다."(휴즈, 34쪽)

"언어에 있어서 감정의 힘이 정밀성을 돕는 경우는 극히 드물다. …… 그 후 대혁명은 고유한 의미로서의 봉건적인 제도와 동시에 영주제도를 폐지시켰다. 그 결과 최후로 남겨진 것은 영주제도에 대한 추억뿐이었으나 그 추억이란 것이 매우 집요하다. 그것은 지난 시대의 투쟁에 대한 묘사를 통해 더욱 생생한 색채로 칠해졌다. …… 오늘날 우리가 산업적 혹은 재정적 [즉, 경제적 측면의] 봉건제를 말할 때 과연 우리는 극히 냉정한 태도를 취할 수 있을까? 아마도 봉건제라는 단어의 배후에는 항상 1789년의 들끓는 여름, 영주들의 성을 태워 버리던 불꽃이 반영되어 있을 것이다."(블로크, 165쪽)

《자본론》 연구자인 김수행 교수가 '국가독점자본주의', '천민적 자본주의' 같은 딱딱한 용어가 아니라 평범하고 일상적인 수사로 이렇게 말할 때 우리는 더 쉽게 공감한다.

"노동쟁의에 대하여 모든 공권력을 투입하며 무자비하게 탄압하는 자본주의국이 이 세상에 몇 개나 있는가? 교직원노동조합을 결성하였다고 하여 1,500여 명의 교사를 한꺼번에 해직시키는 그런 자본주의국이 또한 이 세상에 몇 개나 있는가? 국토방위의 신성한 의무를 수행하는 젊은이들을 전투경찰로 뽑아 노동쟁의나 학생운동이나 농민운동이나 기타의 모든 국민운동을 탄압하는 일에 동원하는 자본주의국이 이 세상에 몇 개나 있을 것인가? 토지 투기와 아파트 투기가 우리나라처럼 이렇게 횡행하는 자본주의국이 어디 있는가? 그리고 우리나라처럼 불로소득이 아무런 제재도 받지 않는 자본주의국이 어디 있는가?"(계간 《사회와 사상》 1990년 7월호)

이성적인 수리數理도 어쩌면 수사학적인 측면을 포함하고 있다. 진정한 수학자는 시인이라고 할 수 있을까? 수리는 객관적으로 존재하는 법칙이나 인간 바깥에 있는 어떤 세계 속에, 또는 하늘에 있는 성채 속에 있는 고정된 지식 체계가 아니며, 오류가 있기 마련인 인간 정신의 산물이다. 영국의 수학자 고드프리 하디Godfrey H. Hardy는 "엄격하게 말하자면 수학적 증명과 같은 것은 없다. 증명들은 심리에 영향을 주기 위해 고안된 수사학적 문구들이며, 강의할 때 칠판에 그려지는 그림들이며, 학생들의 상상력을 자극시키는 고안물들이다."라고 말했다.

하디에게 증명은 수학적 구조를 떠받치는 기둥이라기보다는 수학의 겉모습이었다.(클라인, 371쪽) 불행하게도 한 세대의 증명들이 다음 세대에 오류로 밝혀지는 일이 있다. 수학자 엘리아킴 무어Eliakim H. Moore는 "논리와 수학을 포함한 모든 과학이 시대의 함수다. 이미 성취된 것뿐만 아니라 이상으로서의 모든 과학이 그렇다. 오늘날까지 충분했던 것은 그 시대에서의 엄밀성이다."라고 했다.(클라인, 376쪽)

수학은 늘 이성의 선두에 서 있었으나, 수리적 이성에 대한 경계는 흔히 찾아볼 수 있다. 직관에 깊은 신뢰를 두었던 파스칼Blaise Pascal은 《수상록》에서 "이성의 마지막 단계는 그것을 넘어서는 무한히 많은 것들이 놓여 있다는 것을 인식하는 것"이라며 "마음은 이성이 알지 못하는 그 자신의 이성을 가지고 있다. 무기력한 이성이여, 겸손하라!"고 외쳤다. 또 카를 포퍼가 《과학적 발견의 논리The Logic of Scientific Discovery》에서 말했듯이, 수학적 추론은 결코 증명될 수 없으며 오로지 위조될 뿐이다. 수학적 증명들은 어떤 방법으로도 보증되지 않는다. 더 나은 이론이 없기 때문에 현존하는 이론을 계속 쓰고 있는 것이다. 이것은 마치 뉴턴의 역학이론이 상대성이론 이전에 200년 동안 사용된 것과 같다. 그러나 틀림없다는 것을 보장할 수는 없다.(클라인, 378쪽) 그리하여 화이트헤드는 "수학의 추구는 인간 정신의 신성한 광기a divine madness라는 것을 인정하자."고 했다.(클라인, 417쪽)

 ## 경제학자, 수학자이자 역사가이자 정치가

다시 '문학과 경제 수사학'으로 돌아오자. 슘페터는 수사학의 측면에서 경제학자 마르크스에 대해 이렇게 말했다.

"순수 경제적 분야에서 그의 업적의 본질을 적과 동지가 다 같이 오해했던 이유를 이해하는 것은 어렵지 않다. 경제이론이라는 차가운 쇳덩이도 마르크스의 책 속에서는 본래 자신의 것이 아닌 열기를 얻을 정도로 김이 물씬 나는 풍부한 글귀에 흠뻑 젖어 있다. 자신이 과학적 의미에서 분석가로 간주되어야 한다는 마르크스의 요구에 글쎄 하고 시큰둥한 반응을 보이는 사람들은, 누구든 간에 감동이 넘치는 언사라든가 착취와 궁핍화에 대한 열띤 고발만을 생각할 뿐 그것들의 근저에 있는 그의 사상을 생각하지 않는 것은 물론이다. 이것들 모두와 그의 악의에 찬 풍자 또는 오크니 부인에 대한 악의적 논평과 같은 다른 것들은 확실히 연출의 중요한 부분이며, 마르크스 자신에게 중요했을 뿐만 아니라 마르크스의 신봉자·불신자 모두에게도 중요하다."(슘페터 2011, 84~85쪽)

셰익스피어는 《한여름 밤의 꿈》에서 "사랑에 빠진 사람과 미친 사람은 소용돌이치는 뇌를 가지고 있다. 그들의 뇌는 환상을 만들어 내고, 차가운 이성이 이해하는 것 그 이상을 파악해 낸다. 광인과 연인과 시인은 온통 상상력으로 가득 채워져 있다."고 말했다. 시인들은 경제학자들 못지않게 아니오히려 그보다 더 사회와 경제의 사물들을 깊이 보았을 뿐 아니라 더 뚜렷이 꿰뚫어 보기도 한다. "몇몇 예외가 있긴 하지만 도시화 문제는 상상력이풍부한 작가들에 의해서 가장 잘 다루어졌으니, 얼핏 볼 때 완전히 비현실적인 것 같은 그들의 관찰이 파리의 도시화 진행 상태에 관한 믿을 만한 지표였음이 밝혀지고 있다. 토머스 칼라일Thomas Carlyle은, 부지런한 통계 연구가인 경제학자 존 램지 맥컬럭John Ramsay McCulloch에 비해 혼란스럽지만 1840년의 영국에 대한 더 깊이 있는 안내자 구실을 한다."(홉스봄 1996a, 384쪽)

케인스는 경제학자를 매우 드문 희귀한 새에 비유했다.

"경제학 공부는 매우 특수하고 비범한 고도의 타고난 재능을 필요로 하는 것 같지는 않다. 그러나 훌륭한 경쟁력 있는 경제학자는 매우 드문 희귀한 새에 속한다. 즉, 다양한 재능을 함께 겸비해야 하는데, 물론 그런 사람은 드물다. 그는 수학자이자 역사가이자 정치가이자 동시에 어느 정도는 철학자여야 한다. 그는 수학적 상징적 기호를 이해하고 이를 수사학적인 말로 표현할 수 있어야 한다. 보편성의 관점 속에서 특수한 측면을 숙고할 수 있어야 하고, 자신이 사유한 바를 추상적으로 동시에 구체적으로 다루고 이해시킬 수 있어야 한다. 그는 미래를 위해 과거의 사실(역사)이라는 빛을 비춰 현재를 탐구해야 한다. 인간의 본성이나 사회적 제도가 그의 관심

▶ 그러나 슘페터는 칼라일에 대해 "그는 무엇보다도 우리의 '음울한 과학Dismal Science'[경제]을 발가벗겨 매질하는 광경에서 가장 중요하면서도 가장 독특한 인물 가운데 한 사람"이라며 "그는 예술가의 스타일과 정신으로 (역사의) 초상화를 그렸다. 이 초상화는 견실하면서도 종종 세심한 탐구에 기초하고 있지만, 과학적이라기보다는 예술적 해석을 드러냈다. 오늘날의 독자들은 [그개] 경제적이면서도 사회적인 사실들을 거의 완벽하게 놓쳤다는 사실에 놀라게 될 것이다."라고 평가했다.(슘페터 2013(제2권), 67쪽)

사 바깥에 놓이면 안 된다. 목적이 뚜렷해야 하고, 즉흥적인 관심에는 초연해야 한다. 예술가처럼 현실에 초연해야 하지만 때로는 정치가처럼 세속적이어야 한다."(Keynes 1924)

사실 경제적 구조 측면에서 우리가 이야기하는 '부르주아 세계'라는 추상적인 듯 모호한 이 말은, 수사학적인 묘사를 통해 그 진정한 의미를 획득하고 또 드러내게 된다.

"미美란 곧 장식을 의미함에 지나지 않았다. …… 부르주아 세계에 속하는 것은 모두 안쪽에만 장식이 되어 있었다. 풀맨이 새로 발명한 침대차와 증기선의 일등 살롱 또는 일등 선실 따위가 그 좋은 예이다. 그러므로 미는 장식, 결국 물건의 표면을 보기 좋게 꾸민 것을 의미할 뿐이었다. 그리하여 튼튼함과 아름다움이라는 이중성은 부르주아 세계의 매우 전형적인 분열, 물질적인 것과 이념적인 것, 육체적인 것과 정신적인 것의 날카로운 분열을 표현한 것이었다. …… 음악만큼 정신적인 것은 없다. 그러나 부르주아 가정의 전형적인 악기 형태는 정교하고 값비싼 극히 대형의 악기, 즉 피아노였다. 부르주아풍의 실내란 피아노 없이는 제대로 갖추었다고 할 수 없었다. 피아노 없는 부르주아 집안의 딸이란 어불성설이었다. …… 가난한 학자나 젊은 예술가들은 가정교사로서 또는 일요일 만찬 자리의 손님으로서 부르주아 가정 뒷전의 단역을 맡는 존재로 일반적으로 인정받고 있었다."(홉스봄 1996b, 380쪽)

⸻

▶ 홉스봄은 마네Manet의 유명한 그림 〈풀밭 위의 식사〉(1863)가 주는 충격은, 위엄 그 자체인 남성의 옷차림과 여성의 나체가 이루는 대조에서 나온다고 했다. 부르주아의 가치 체계 속에서 성공은 향락과 동시에 존립할 수 없다는, 즉 문명은 본능적 충동의 억제 위에 존립하는 것임을 보여 준 그림이라는 것이다. 또, 가장 위대한 부르주아 심리학자 지그문트 프로이트

과도한 소유가 도덕적으로 정당화될 수 없을 뿐 아니라, 그것의 가장 큰 폐해는 무엇보다 그 소유주의 영혼을 파탄 내는 것임을 다음과 같이 인상적으로 묘사한 글도 있다.

"부자의 저택에서 전형적으로 발견되는 '음산한 정물들'에 대한 에드워드 카펜터Edward Carpenter(영국의 가장 오래된 사회주의 단체인 페이비언협회의 초기 이론가)의 묘사는 신랄하다. '서가에 수백 권씩 방치된 채 썩어 가는 책들, 곰팡내 나는 가구가 즐비한 좀처럼 사용되지 않는 내실과 침실, 옷장 깊숙이 걸린 채 단 한 번도 꺼낸 적 없는 드레스들, 무작정 금고 속에 쌓여 있는 현금, 유가증권, 각종 증서 그리고 보석들 ……'."(고세훈, 56쪽)

30여 년 전 인문학자 김우창이 경제문제에 대한 언어적 표현과 관련해 했던 말은 읽어 볼 만하다.

"우리는 언제나 상황 속에 있다. 상황과 문제를 어떻게 파악할 것인가? 여러 가지 경제문제, 금융재정정책이라든가 고용 문제라든가 소득분배의 문제라든지 하는 것은 그때그때의 개인적이며 또 사회적인 경제 상황에서 의미를 갖게 되는 문제다. 어떤 사람이 자신의 수입에 관한 문제를 이야기할 때 그 문제 제기가 '임금이 낮다'는 형태로 표현되는 것과 '나의 현재 수입은 아내가 앓아누워 있는 까닭도 있고 하여 현재의 지출을 감당하기에 충분치 않다.'는 형태로 표현되는 것은 서로 전혀 다른 것이다. 전자는 노동자라든가 임금이라든가 하는 용어로 일반화될 수 있는 사회구조를 전제로 하고 또 거기에 대한 판단을 포함하며, 후자는 그것보다는 개인적인 수

Sigmund Freud의 경우, 비록 후세 사람들이 프로이트 이론의 행간에서 억압을 철폐하려는 부르짖음을 읽었지만, 사실 그는 이러한 부르주아 가치의 명제를 자기 이론의 기초로 삼았다고 덧붙였다.(홉스봄, 385쪽)

입의 수지 균형, 그 균형의 차질에서 오는 특정한 개인의 역경, 이러한 것들을 상황 판단의 테두리로 사용하고 있다. 이렇게 테두리가 다른 만큼 문제 해결을 위한 동의가 어렵고, 또 한쪽의 테두리를 받아들여야 한다는 사회적·정치적·문화적 압력이 작용할 것은 쉽게 생각할 수 있다.(김우창 1982, 413~417쪽)

'산업시대의 욕망과 미학과 인간', '산업시대의 문학'을 고민했던 김우창은 "판매야말로 아름다움(미학)의 어머니가 된다"고 말했다. 아름다움과 분위기는 산업사회에서 더욱 두드러지기 마련이다. 오늘날의 물건들은 쓰기 위해서(사용가치)가 아니라 과열된 교환가치(팔기 위해)를 위해 만들어지기 때문이다. 또 소비문화의 번창과 더불어 사람들은 물건의 외모나 광고, 사회적으로 자극되는 욕구의 충족을 위하여 물건을 산다. 결국 소비문화와 판매자의 동기, 구매자의 동기가 조화를 이루면서 독특한 아름다움의 영역을 만들어 낸다는 것이다.(김우창 1982, 23쪽)

사회과학과 인문학의 접목을 논리적 추론의 방법을 사용해 보여 주며 새로운 학문의 구조를 역설한 사상가가 있다. 데카르트의 수리적·기하학적 합리주의와 달리 '인문학적인 과학적 인식'을 주창한 18세기 이탈리아의 사상가 잠바티스타 비코Giambattista Vico가 그 사람이다.

비코는 유명한 '연대기표Chronological Table'(Vico 1968, p.29.)▸에서 인류의 역사를 신의 시대, 영웅의 시대, 인간의 시대의 3단계로 구분했다. 비코는 이성의 역사와 근대국가, 법률, 제도의 기원은 (어느 한 사람의 순수한 이성적 기획이 아니라) 호메로스의 영웅 이야기 등 고대 그리스·로마의 신화와 인문학적

▸ 이 연대기표에서 비코는 소크라테스를 '이성적 도덕철학자'의 기원으로 삼고 있다.

유산 속에서 찾아낼 수 있다고 주장한다. 특히 그의 '새로운 과학'은 호메로스의 작품과 같은 신화와 영웅 서사시 등 인문학에서 사회과학적 요소인 필연적 원리들을 밝혀내는 방법론적 특징을 새롭게 제시했다. 비코는《새로운 학문》에서 "철학은 인간이 지향해야 하는 바를 고찰함으로써 더러운 현실 세계와는 동떨어진 플라톤의 이상국가에서 살기를 원하는 극히 소수의 사람들에게만 유용하다. 반면, 법률은 인간을 있는 그대로 고려하여 인간 사회에서 유용한 존재로 행동하게 하는 장치"(허시먼 1994. 22쪽)라고 했다.

다소 빗나간 얘기가 될지 모르지만, 비코처럼 사회과학에서 다루는 주요 주제들의 인문학적 기원을 찾아 해명하려는 시도와 관련해, "다 끝나기 전까지 방심은 금물이다"라는 격언을 생각하며 다음과 같은 역사학자의 지적에도 우리는 귀 기울여야 한다.

'기원origin이라는 우상'을 비판한 역사학자 마르크 블로크는 "게르만의 침입을 문제 삼건, 노르만에 의한 영국 정복을 문제 삼건 과거는 현재를 더 잘 변호하거나 비난하려는 의도에서만, 즉 현재를 설명하는 데 주로 사용되는 것이다. 따라서 대부분의 경우 기원의 망령은 아마도 참다운 역사에 대한 또 하나의 악마적인 적敵의 화신이며 판단벽判斷癖에 지나지 않는다."(블로크. 48쪽)고 말하는 것을 잊지 않았다. 예컨대, 오늘의 문제는 예수가 과연 십자가에서 처형되었고 다시 부활했는가를 아는 일이 아니다. 설명돼야 할 사실은, 왜 오늘날 수많은 사람들이 십자가의 처형과 부활을 믿는가 하는 점이다.

경제학과 여성

3

"가정, 가정이란 것―한 남자와 주기적으로 아이를 잉태하는 한 여성, 그리고 갖가지 연령층의 아우성치는 사내아이와 계집아이들이 한곳에 살고 있기 때문에 숨 막힐 듯이 비좁은 서너 개의 방. 공간도 없는 불모의 감옥. 어둠과 질병과 고약한 냄새가 차 있는 곳. …… 그리고 가정이란 것은 물질적으로나 정신적으로나 추악한 것이었다. 심리학적으로 볼 때 그것은 토끼집과 진배없었다. 구질구질한 감성이 어울려 통조림처럼 옹졸한 생활의 마찰로 열을 내게 되어 있는 한 무더기의 똥 덩어리였다."
― 헉슬리, 《멋진 신세계》

"어느 독재에서든 간에 단 한 사람이라도 아무리 보잘것없는 사람이래도 좋아. 그 사람이 혼자서 끊임없이 생각하게 되면 그 사람은 전체 공중公衆의 질서를 위험에 몰아넣을 수 있도록 만들거든. …… 그 어마어마하고 완강한 질서를 위태롭게 하는 데는 보잘것없는 사람 하나. 아무것도 아닌 단 한 사람이 '아니다'라고 말하는 것으로 족해."
― 실로네, 《빵과 포도주》

애덤 스미스의 딸들
가족, 여성 그리고 경제학

경제학은 여성을 어떻게 말하는가? 여성은 자본주의의 합리성과 근대성, 계산하는 인간에 적합하지 않은 기질과 성격과 사고방식을 생래적으로 가지고 있다고 경제학은 은연중에 시사한다. 물론 21세기 들어 감각적 디자인의 상업적 가치가 점점 커지면서 감성적이고 유연한 기질이 오히려 비즈니스의 장점으로, 이윤과 생산성에 기여하는 미덕으로 주창되는 때도 심심찮게 있다.

16세기 엘리자베스 1세는 틸베리 고원에서 군사들을 향해 말했다. "나는 연약하고 부서지기 쉬운 여성의 육신을 입고 입지만 그 안에 왕의 담력을 지니고 있다. 나는 그대들의 장군이요, 재판관이자, 그대들의 공로를 치하하는 자다." 적절한 비유가 되었는지 모르겠지만, 경제와 사회에서 절반을 차지하는 여성의 역할과 지위에 대한 '남성들(특히 경제학자들)의 연구'가 의

무적인 수준으로까지 더 많이 진행될 필요는 분명 있다. 여기서 말하는 여성에 대한 사회경제적 연구는 여성들이 주로 하는 학문으로서의 페미니즘 여성학도, '여성'을 주제로 다루는 연구 그 자체를 의미하는 것도 아니다. 경제와 사회·정치 일반을 이해하는 틀로서의 여성 연구를 뜻하며, 그럴 때 페미니즘은 양성평등에 관한 주장이 아니라 사회정의와 성찰적 지성을 위한 방법론이 될 것이다.

가계생산함수의 극대화, 신가족경제학

'애덤 스미스의 딸'을 대표하는 최근의 여성 경제학자로는 《과로 미국사회The Overworked American》를 펴낸 줄리엣 쇼어Juliet Schor, 페미니즘 사회경제학자 줄리 넬슨Julie Nelson, 마리안 퍼버Marianne Ferber, 프랜신 블라우Francine Blau, 낸시 폴브레Nancy Folbre 등을 꼽을 수 있다. 여기에 특히 여성으로 성 전환한 디어드리 맥클로스키Deirdre McCloskey를 빼놓을 수 없다.

신고전파경제학은 여성 문제를 외면하거나 경제와 성性 사이의 관련성을 무시하는 태도를 보여 왔다. 물론 그 이론 자체가 애초에 효용을 극대화하는 개인들의 자유선택에 기초하고 있으므로 '남녀 간 불평등'은 논리적으로 아무런 문제가 될 수 없음은 자명하다. 결혼도 각자 자신의 효용극대화를 위한 것이며, 가정 내 성별 분업도 남성과 여성의 비교우위에 기초한 시장 원리 아래 '가정생산' 효율을 극대화하기 위해 자발적으로 선택한 결과라는 것이다.

경제학자 애나 폴러트Anna Pollert는 1981년에 펴낸 《소녀, 주부, 공장노동Girls, Wives, Factory Lives》에서, 저 유명한 (1920년대 테일러의 '과학적 관리법'에 의문을 제기하며 조지 메이오George Mayo 등이 탐구한) 호손Hawthorne공장 사례연구에서 노동자들이 성별로 상이하게 행동하는 것으로 나타났음에도, 이 연구에서는 한 집단은 여성이고 다른 집단은 남성이라는 사실이 전혀 탐구되지 않았다고 지적했다.(톰슨. 폴, 188쪽)

먼저 가족을 살펴보자. 시카고경제학파는 가족을 여러 사람으로 구성되는 하나의 생산 단위로 설정한다. 이른바 '가계생산함수Household production'이다. 시카고학파의 대표자인 개리 베커는 1965년에, 결혼과 자녀 출산에 대한 의사 결정, 남편과 아내 사이의 가정 내 분업과 노동시장 참여 시간 할당, 이혼에 대한 의사 결정 등 모든 가계 내 경제적 행위가 가계생산함수를 극대화하는 원리에 따라 이뤄진다고 설명했다. 이른바 '신新가족경제학'이다. 베커는 또 1976년에 펴낸 책에서는 "남성과 여성이 짝을 찾을 때 서로 경쟁하기 때문에 '결혼시장'이 존재하는 것으로 가정할 수 있다."며, 결혼시장에서 짝을 찾는 함수는 시장에 내다 팔거나 자체 소비를 위해 가계에서 생산하는 상품을 극대화하는 것을 목적으로 한다고 했다. 상품생산 극대화를 위한 최적의 짝을 구성한다는 뜻이다.

이에 대해 조지 스티글러는 1966년에 특유의 역설로 다음과 같이 썼다.

"전형적인 가족(사랑과 편리와 좌절의 복합체)을 [베커처럼] 하나의 기업체로 보는 것은 당연히 이상한 일일 것이다. 그러므로 경제학자는 많은 기술과 재능을 이러한 접근을 정교하게 다듬는 데 전념하고 있다."(퍼버·넬슨 편, 105쪽)

베커는 표준적인 시장가격이론을 여러 사회학적인 주제들, 즉 가족과 범죄에까지 적용했다. 범죄행위는 범죄자가 성공적인 범죄를 통해 얻게 될 이득과 붙잡혀서 유죄판결을 받을 경우 입을 잠재적 손실을 비교하는 최적화 문제로 모델화되었다. 설사 그들이 유죄라 하더라도 붙잡혀 유죄판결을 받을지 확실하지 않다면 이는 '불확실성 하의 선택'이라는 표준적인 경제분석모형으로 정식화되었다.(백하우스, 434쪽)

한 가지 그럴듯한 예를 살펴보는 게 도움이 될 것이다. 지구상 어느 가족이든 가족의 목표는 효용(만족)을 극대화하는 것이라고 하자. 존과 제인으로 구성된 가족은, 가능한 한 가장 많은 효용을 창출해 내는 가정생산물의 조합을 선택한다. 가정생산물은 노동시장에서 벌어들인 시장임금을 사용하여 구매한 재화와 용역을 가족 구성원들의 가정 내 시간 투입과 결합시켜 산출한다. 존은 시장노동에 참여하면 제인보다 더 높은 임금소득을 벌어들이므로 시장생산에 비교우위가, 제인은 요리와 식사 준비 등 가정생산에 비교우위가 있다. 따라서 각각 전문화돼 있을 때 가정생산은 가장 효율적으로 수행된다. 즉, 각자 시장생산과 가정생산을 하는 경우보다 둘이 전문화(노동분업)한 뒤에 서로 가정 안에서 교환(또는 결합)하는 것이 산출을 극대화한다.

물론 이러한 비교우위에 기초한 신가족경제학은 합리적 선택의 결과라는 논리를 앞세워 여성을 가정 내 역할로 밀어 넣는 경향을 더욱 강화시킨다. 특히 이는 여성의 저임금을 정당화하는 정치적 효과를 생산한다. 나아가, 리처드 매켄지Richard McKenzie와 고든 털록은 심지어 자녀를 가계 안에서 소비되는 '재화'라고 부른다. 판매 목적이 아니고 낳고 키우는 즐거움의 대상으로서 하나의 소비재라는 것이다. 그들은 자녀를 소비재로서 분석하는 이 이론을 경제학의 '새로운 영토'라고 이름 붙였다.(McKenzie & Tullock, 1975)

여기까지가 신고전파 경제학자들이 주창한 가계생산의 비교우위에 기초한 전문화, 남성과 여성 사이의 단순 교환모델이다. 여기서 블라우와 퍼버는 좀 더 나아간다. 가정 내에서 중복소비에 따른 이익은 물론이고, 가족 구성원이 서로에게 주는 긍정적인 '외부효과'가 매우 크다는 것이다.

"가족을 형성함으로써 주택과 가정 안에 있는 텔레비전 같은 내구재는 이제 공공재가 된다. 즉, 한 배우자가 소비하거나 즐기는 것이 다른 배우자가 그 제품을 소비하거나 즐기는 기회를 감소시키지 않는다. 자녀의 사랑스러운 재롱을 보면서 한쪽 부모가 즐거워하는 것이 다른 쪽 부모의 즐거움을 감소시키지 않는다. 사실 한 배우자가 공공재로부터 얻는 즐거움은 오히려 다른 배우자의 기쁨을 증가시킬 수 있다. 남편이 새 옷을 구입하는 행동은 자신뿐 아니라 아내의 효용을 증가시킬 수 있다. 많은 부부의 경우 각자 혼자 여행하는 것보다 배우자와 함께 여행할 때 더 즐거워진다. 두 사람이 서로에게 관심을 가질 때 한 배우자는 다른 배우자가 즐거워하고 행복하다는 그 자체만으로도 만족을 얻을 수 있다."(블라우 · 퍼버, 72~73쪽)

물론 표준모델에서 자주 무시되고 있지만 전문화와 성별에 기초한 노동분업이 항상 (특히 여성에게) 바람직한 것만은 아니다. 가사노동 중 어떤 작업은 두 사람이 함께 수행하는 것이 더 효율적이다. 그러나 종종 가정주부들은 다른 성인들과의 접촉 없이 대부분의 가사노동 시간을 혼자 보낸다. 그런 점에서 남편이 시장노동에만 완전히 전문화하고 가사노동에 참여하지 않는다면 가족의 효용은 극대화될 수 없다. 또, 여성이 시장노동에서 떠나 집에 머물 때 시장에서 팔 수 있는 여성의 인적자본 기술은 감소하는 경향을 보인다. 이에 따라 주부는 혼자 살아가야 할 필요가 생겼을 때 자기 스스로 살아가는 것이 어려워진다.(블라우 · 퍼버, 76 · 81쪽)

개리 베커의 신가족경제학이 비교우위의 노동분업에 기초한 합리적이고 효율적인 가계생산모델과 가정 내 공공재 소유에 따른 추가적인 편익을 강조했으나, 그러한 가계의 특징을 베커와는 정반대 관점에서 비판하는 쪽도 있다. 미셸 바렛Michele Barrett과 매리 매킨토시Mary Mcintosh는《가족은 반사회적인가The Anti-Social Family》(1982)의 첫 문장을 "논쟁적인 수사학으로 가득 찬《공산주의자 선언》에서 마르크스와 엥겔스가 요구한 것은 가족의 폐기였을지도 모른다."는 말로 시작한다. "가족이란 결코 다루기 쉽지 않은

경제학과 여성

현상이다. 가족은 사회적, 경제적 제도이다. 좀 더 분명하게 말하자면 현재의 가족이란 생계 담당자(남자)와 아이 양육자(여자) 간의 분업에 기초하여 조직된 가구의 성격을 갖는 제도라고 할 수 있다. 남녀의 고용조건, 임금수준, 그리고 국가 조세 및 보조의 수준은 바로 그 가정에 의해 결정된다."(바렛 · 매킨토시. 17~18쪽)

가족은 그 가족 안에서만 보면 안정과 보호와 사랑의 상징이지만, 그러한 개별 가족들을 가족 바깥의 사회 전체적인 차원에서 보면 반사회적 특성을 갖는다는 것이다. 물론 이러한 보호 · 공유 · 사랑을 가족이 자기만의 것이라고 주장하지만 않는다면 좀 더 널리 퍼질 수 있을 것이다. "가족은 진정으로 보호의 주된 단위이다. 그러나 보호를 독점함으로써 가족은 그것 외에 다른 형태의 보호를 수행하는 것을 어렵게 만들었다. 가족은 진정으로 공유의 단위이다. 그러나 그 안에서의 공유만을 주장함으로써 다른 관계들은 돈이 목적인 관계로 만들었다. 가족은 진정으로 친밀성의 장소이다. 그러나 근친 간의 친밀성에만 특권적 지위를 부여함으로써 바깥 세계는 차갑고 냉담한 것으로 만들었다."(바렛 · 매킨토시. 103쪽)

사회는 가족들로 '나뉘어' 있다. 가족은 계급을 재생산하는 기구로서, 한 세대에서 다른 세대로 특권과 불이익을 전달해 감으로써 이기심과 배타성의 원리, 사적 이익의 추구를 구현하며, 반면에 이타성 · 공동체성 · 공공선의 추구와는 배치된다.

"가족 밖에서 발생하는 일은 특권적 기구로서의 가족의 존재에 의해 영향을 많이 받는다. 모든 사회생활은 사람들이 가족을 이루고 산다는 전제에 입각해 있다. 가정을 갖지 않은 사람은 고립되고 혜택을 받지 못한다. 노처녀, 노총각, 아이가 없는 커플에 대해서는 사회적 인식이 좋지 않다. 독신으로 사는 사람은 비정상적이라고 여겨진다. 일반적인 가족상(어린아이들이 있는 부부)은 끊임없이 정상적 생활과 행복한 삶의 이미지로 투사된다. 그러나 사실 인구의 절반은 이런 상황에서 살지 않는다. 결혼한 사람도, 아이가 있는 사람도 결혼 후 처음 16년만, 혹은 성인이 된 이후 20년만을 자녀가 함께 있는 가족 속에서 살아간다. 나머지 대부분의 삶은 어른들끼리 혹은 자기 혼자 살아간다."(바렛 · 매킨토시, 99쪽)

사실 근대자본주의 사회경제에서 가정은 우상화되었다.

"중산계급의 삶을 이상화하는 작업의 기초로서 결혼과 가족이란 제도만큼 적합했던 것은 없다. 그것은 가장 순수하고 사심 없는, 가장 고상한 감정들이 존중되는 사회 형태의 하나로서 아무런 양심의 거리낌 없이 서술될 수 있는 것이기도 했지만, 그것이 과거의 봉건적 속박이 풀어진 이래 사유재산의 안정과 영속을 여전히 보장해 주는 유일한 제도였던 것도 의심할 여지없는 사실이다. 어쨌든 가정의 이념은 외부의 위험한 침입자와 내부의 파괴적 요소에 대한 부르주아사회의 방파제로서 그 정신적 토대를 이루게 되었다."(하우저, 현대편, 92쪽)

 '덜 반항하는' 전기톱 사용자

"미국에서 젊은 여자만큼 만인의 찬미를 받는 존재는 없을 것이다. 미국인들은 젊은 여자를 마치 자신들의 여왕처럼 우러러 받들고 언제나 그녀를 국민적 인물로 묘사하고 있는 것 같다. 도처에서 애교가 넘치는 이 조그만 동물은, 어떤 때에는 매우 젊게 또 어떤 때에는 약간 나이를 먹게 그려지기도 하지만 언제나 '젊은 여자'로 묘사되고 있음을 찾아볼 수 있다. 이렇게 그려진 젊은 여자가 맥주를 팔고 책이나 담배나 의복을 팔고 있다. 또 밤마다 텔레비전 화면에 나타나고 매주 잡지 표지에, 그리고 영화에 등

경제학과 여성

장한다."(밀스 1979, 120쪽)

역사적으로 자본이 생물학적 여성을 어떻게 활용하거나 배제해 왔는지를 보여 주는 여러 기록들이 있다.

"기계는 근육의 힘을 요구하지 않는 한, 근육의 힘이 약하거나 또는 육체적 발달은 아직 미숙하지만 팔과 다리는 더욱 유연한 노동자를 사용하는 수단이 된다. 그러므로 여성노동과 아동노동은 자본가에 의한 기계 사용의 첫 번째 결과였다! 노동과 노동자를 대신하는 이 강력한 수단, 즉 기계는 즉시 남녀노소의 구별 없이 노동자 가족의 구성원 모두를 자본의 직접적 지배 하에 편입시킴으로써 임금노동자의 수를 증가시키는 수단이 되었다. 자본가를 위한 강제노동은 아동의 유희 시간뿐만 아니라 가정 안에서 가족을 위한 최소한의 자유노동까지도 박탈하였다. …… 기계는 아동과 여성들을 대량으로 노동계급에 추가함으로써 성인 남성 노동자가 매뉴팩처 시기 전체를 통하여 자본의 독재에 대항하여 행해 왔던 반항을 드디어 타파하게 된다."(마르크스, 제1권(하). 503쪽 및 513쪽)

자본가의 입장에서는 반항하는 목수보다는 반항하지 않는 전기톱이나 덜 반항하는 (무엇보다도 이 점이 중요하다.) 전기톱 사용자가 더 편리하다. 이러한 현상은 여성 노동력을 시장으로 유인하고 또 주변부로부터 노동이민을 장려하여 결국은 노동자계급 내부의 경쟁을 격화시키는 작용을 한다.(정운영

"공장주 E씨가 나에게 말한 바에 따르면, 그는 자기의 역직기力織機에 오로지 여성들만을 사용하고 있다. 그는 기혼 여성, 특히 집에 부양할 가족이 있는 여성들을 환영한다. 그들은 미혼 여성보다 훨씬 더 주의 깊고 온순하며 또 필요한 생활 수단을 얻기 위해 있는 힘을 다 바치고 있다. 이리하여 미덕이, 여성의 성격 특유의 미덕이 그들의 화근이 되고 있다. 그들의 본성 중 착실하고 온유한 모든 것이 그들을 예속시키는 수단과 그들 고통의 근원이 되고 있다. ―〈10시간 공장법안. 3월 15일 애슐리Ashley의 연설〉, 런던, 1844년"(마르크스, 제1권(하). 513쪽)

1993, 106쪽)

심지어는 재봉틀이 도입되었을 때조차도 여성 노동자들은 회사 운영을 위한 잡무에만 동원되었을 뿐, 정작 중요한 재봉 작업은 가내공업 형태로 남성 노동자들이 계속 수행했다. 재봉틀은 19세기 후반 절정에 달했던 공장 체계에 편입되지 못한 또 한 가지 주요 산업을 연결시켜 주었다. 그것은 여성에 의해 소규모 작업장이나 가내에서 행해지던 재봉이나 재단 같은 저임금산업the sweated trades을 말한다. 이에 따라 다양한 하청계약제도에 기초하여 고용주들은 저임금 체계를 급속히 확장시켰다.(톰슨, 폴, 54~55쪽)

칼 폴라니는 근대 이후 시장경제 체제를 확립시킨 결정적 조건은 시장과 사회의 구분이라고 주장했지만, 이와 마찬가지로 중요한 것이 시장경제와 가계 활동의 분리라고 할 수 있다. 실제로 산업화의 핵심은 재화의 생산이 혈족 관계에 의해 이루어지던 생산방식에서 벗어나게 된 것인데, 이 과정에서 여성에게는 가족에만 국한된, 즉 시장 바깥에서의 역할만을 부여하는 '가사 예찬'이 생겨났다.(퍼버·넬슨 편, 161쪽)

이러한 시장경제와 가계생산의 분리 속에서, 한편으로는 기업의 필요에 의해 여성의 기업조직 참여 흐름이 강고하게 형성된다. 좌파 경제학자 윌리엄 라조닉은 제2차 세계대전 이후 전문경영자가 주도하는 기업이 성장함에 따라 점점 더 많은 작업 현장 관리자가 필요해졌고, 이에 맞춰 대학에 공적자금 및 기업 지원이 대대적으로 이뤄지면서 교육 시스템이 기업이 요구하는 '조직적 남성'을, 좀 더 뒤에는 '조직적 여성organizational women'을 양성하는 방향으로 바뀌었다고 주장했다.(Lazonick 1991, p.14)

"더 나은 직무를 담당하기 위해 필요한 자격은 오직 남성이 되는 것뿐이었다." 경제학자 비엘비W. T. Bielby와 배런J. N. Baron은 1984년 어느 글에서, 기업조직 내에서 성별로 직종이 엄격하게 분리된 채로 여성노동이 차별받고 있음을 지적한 바 있다. 흔히 사무직 타이프라이터 직종이 보여 주듯, '한 여성의 자리는 다른 여성들의 자리와 함께 붙어 있다A Woman's Place is with Other Women'는 것이다. 남녀 모두 고용될 수 있는 산업에서조차 거의 항상 남자와 여자는 서로 다른 부서로 명확하게 나뉘어 서로 다른 공정이나 작업을 하게 되어 있다. 대부분의 경우 이런 부서·공정·작업들은 서로 보완적이어서 남성과 여성의 경합은 전혀 문제되지 않는다. 노동시장에서 여성의 지위는 남성과 '비경쟁적 집단'으로 분리돼 있다는 뜻이다. 노동사회학은 여성노동에 대한 차별이 기업에서의 여성 직종 분리나 성별 직무 분리에 앞서, 즉 노동시장 진입 이전의 교육 단계에서부터 이미 조장되고 있다고 설명한다.

한편, 데이비드 고든 등 급진적 노동시장 분절론자들은 대규모 대량생산으로 점차 동질화되어 가는 노동력을 분할·통제하기 위해 노동시장을 분절시키는 전략이 발전되었다며, 사무직의 여성화 과정 역시 생산직으로부터 사무직을 분리시켜 노동을 통제하는 데 여성들을 이용한 것으로 해석했다.

경제학이론은 자본은 성과 인종에 무관심하다고, 즉 차별하지 않는다고 설파한다. 차별하는 사용자는 장기적으로 경쟁의 힘에 의해 시장에서 퇴출되는 운명을 피할 수 없다고 말한다. 그러나 "영국 선박주들이 영국 선원들을 그들 임금의 4분의 1 정도만을 받는 인도인들로 대체할 때 선주들이 맹목적으로 가장 값싼 노동만을 구하고 있었던 건 아니다. 자본주의의 발전 논리는 인종적 및 성별 계층화와 연결되어 있다."(톰슨, 폴, 212쪽)

이제 마지막 질문이 던져진다. 여성 노동자 내부에서의 차이는 어떤가? 여성 임금노동자들 또한 동질적으로 분포한다고 보기 어렵다. 위계 구조는 여성노동시장 내부에도 존재한다. 1970년대 후반 미국의 진보적 여성지

《미즈Ms》는 이렇게 질문했다. "평범한 여성 공장노동자나 사무직 노동자들은 계급적 특권을 가진 여성들과 자기들의 동료인 평범한 남성 노동자들 중에서 누구와 더 많은 공감대를 가질 것인가?"(톰슨. 폴. 213쪽)

학계든 대기업에서든 정치 영역에서든 여성의 과소대표 현상은 여전하다. 그러나 여성에 대한 적극적 조처와 배려라는 시대적 조류에 따라 제도적으로 수혜를 입는 소수의 잘나가는 엘리트 여성들도 있다. 그런 엘리트 여성이 현실에서 차별받고 있는 수많은 일하는 다른 여성들의 고통과 희생의 기반 위에 서 있다는 점은 분명하다.

스테파니 루스Stephanie Luce는 〈여성과 계급 : 지난 40년간 무슨 일이 일어났나?〉에서 성공 스토리에 가려진 여성의 삶에 대해 다음과 같이 말했다.

"교육을 많이 받은 백인 여성 노동자들의 상향 이동은 지난 40년간 일어난 주목할 만한 변화 중 하나이며, 그동안 고학력 여성들이 획득한 것들을 폄하해서는 안 된다는 것은 분명하다. 그러나 그들의 성공에 대한 일반적인 묘사에서는 여전히 중요한 이야기가 빠져 있다. 그것은 첫째, 많은 여성들에게 적용되는 유리천장glass ceiling 같은 커다란 장벽이 여전히 존재하며, 그 외에도 여러 종류의 차별이 노동시장에 여전히 남아 있다는 것이다. 그리고 일과 가정 모두 잘 해내려고 노력하는 전문직 여성은, 이런 측면에서 별로 변한 것이 없는 직업 세계에서 불이익을 받는다."(필맥 MR편집팀. 188쪽)

남장한 여성
맥클로스키의 초상

1995년, 그의 나이 53세에 경제학자이자 역사가인 시카고대학 도널드 맥클로스키Donald McCloskey는 여성으로 성을 전환했다. 이름도 디어드리 맥클로스키Deirdre McCloskey로 바뀐다. 1999년에는 성전환을 둘러싼 자신의 자전적 일생을 기록한 책《크로싱Crossing : A Memoir》을 펴냈다. 맥클로스키는 주류 근대경제학과 페미니즘 경제학 사이의 이른바 '공조적conjective' 경제학을 주창한다.

"우리가 알 수 있고 아는 것을 새로운 용어로 표현하면 '공조적'인 것이다. 그것은 정사각형도 원형도 아니다.(제5부 '사각형과 원 1' 참조) 그것은 공동생활과 언어 덕분에 우리가 함께 아는 것이다. 그것은 경제학자들이 화폐 공급이나 한계비용에 대하여 알고 있는 바이다. 그것은 남자와 여자가 대화할 때 함께 혹은 각자 알고 있는 것이다. 남성적인 것과 나란히 여성적인 것을

인정하는 공조적 경제학이 더 나은 과학이 될 것이다."(퍼버·넬슨 편, 103쪽)

사각형도 원도 아닌 '공조적' 경제학

맥클로스키는 공조적 경제학은 경제학을 인간화하고 확장하며 경제학자를 좀 더 나은 학자로 만들 것이라고 말한다. 여성의 눈을 통한 경제학이 진지함이나 엄격함을 결여하지 않을 것이라는 얘기다. "남성과 여성은 이미 경제학을 연구하는 데 폭넓은 '공조적 수사학'을 쓰고 있지만 그것을 인식하지 못한다. 그들이 그것을 의식하게 되면 경제학을 더 낫게 할 것이다. 그때 그들은 고함치거나 비웃지 않고 관용과 신뢰를 가지고 자신의 목소리로 말할 수 있을 것이다. 아마 그들은 다른 사람의 목소리로도 더 잘 말할 수 있을 것이다."(퍼버·넬슨 편, 123쪽)

위대한 사회적 진리를 칠판 앞에 서서 수학적으로 증명하거나 반증할 수 있다는 생각은 특히 남성적인 망상이다. 남성들은 칠판을 사랑한다. 물론 여성들도 수학을 할 수 있다. 그러나 그들은 남성들처럼 거기에 모든 것이 있다는 식으로 받아들이지는 않는다.(퍼버·넬슨 편, 117쪽) 람보와 은행 투자가의 잡종인 우리의 '경제인간'은 소년 같은 매력이 있지만 여성적인 연대감은 없다. 그러나 여성적인 연대감이 자신에게 이익이 될 때, 그는 기계적으로 사회적 합의에서 벗어나 구각舊殼을 이웃에 벗어던질 것이다.

스웨덴의 경제학자 시프 구스타프슨Siv Gustafsson은 "신고전파경제학 이론이 가부장적인 것이 아니라, 남성 경제학자들이 제기한 문제와 그들이 도출한 결론, 특히 그러한 연구에 기초한 정책적 시사점이 가부장적"이라고 주장했다. 폴 새뮤얼슨의 《경제학》 초판(1948)에는 여성에 관한 언급이 단 2회, 그것도 소수 계층을 다루는 대목에 언급되어 있었다고 한다. 이상하게도(?) 여성과 가족은 경제학의 일반적 논의에서 소외되고 있다며, 1993년 마리안 퍼버와 줄리 넬슨은 경제학 내부에서 여성의 과소대표 및 과소분포 양상을 지적한 바 있다.

여성적 경제인Femina Economica은 남성 경제인과 대조적으로 자주 맥도널드 상자를 쓰레기통에 넣기 위해 일부러 해변까지 가곤 한다. '만약 모든 쓰레기를 이웃에 버린다면?'과 같은 논리적 추론의 보편적 가설로 인간의 행동을 점검하려는 칸트(및 남자들)의 방식을 반추해서가 아니라, 다른 이들과 공동체적·정서적 연대감을 느끼기 때문이다. 연대는 쓰레기를 해변에 있는 쓰레기통에 버리는 그 자체로 단순히 이루어지는 것이 아니며, 우리는 이웃을 그런 식으로 다루지도 않는다.(퍼버·넬슨 편. 108쪽)

다른 경제학 유파에 비해 신고전파경제학은 눈에 띄게 남장한 '여성' 같다. 그들은 오토바이 폭주족처럼 가죽옷을 입고, 구애를 거절하면서, 떠들썩한 근거와 확고부동한 추정을 내세우며 캠프(경제학자) 주변을 활보한다. "우리는 조앤 로빈슨들만이 아니라 개리 베커들에게도 의지하길 원한다"고 맥클로스키는 주창한다.

1990년, 어느 경제학회 회합에서 일군의 페미니스트 경제학자들이 쓴 글을 읽고 로버트 솔로는 이렇게 말했다. "누구나 이 글들이 고도의 긴장을 내포한 글임을 깨닫게 될 것이다. 감정이 마음속 깊이 흐른다. 본능은 남자이며 한편으로 신고전파 경제학자이기도 한 내게 머리를 숙이라고 말한다. 뜻밖에도 나는 여기에 언급된 많은 것들에 동의한다."(퍼버·넬슨 편. 207쪽) 솔로는 "지금 여성 경제학은 소수 종족의 빈민가로 추방되어 거기에서 혁명을 꾀하고 있는 셈"이라고 표현했다.

경제학 내부 '사상의 시장'에서 남성 편향적 사상이 경쟁우위를 확보한 이유는 뭘까? 줄리 넬슨은 개인의 경제적 선택에 대해 경제학자들이 다른 접근 방법을 외면하고 압도적으로 수학적 모델에 의존하는 이유는, 추상적인 합리적 사유와 현실의 구체적인 사태·모습을 극단적으로 구분하는 데카르트적 이분법에 있다고 한다. 즉, 그 이분법을 기초로 뿌리 깊이 자리 잡은 남성적인 편견의 산물이라는 것이다. 경제학자들은 흔히 페미니즘에 관한 한 "그것에 대해서는 생각해 본 적이 없습니다." 따위의 무관심을 드러낸다. 학계에서 남성 경제학자가 페미니즘적 글을 발표하는 것은 용기를 필요로 하는 일이다.

맥클로스키를 비롯한 일군의 페미니즘 경제학자들은 경제학을 넘어 별도의 '여성과학'을 주창하는 것이 아니라 경제학 내부의 재구성을 촉구한다.

"경제학의 발전은, 비현실적이고 또 현실과 유리된 내적 논리의 일관성으로 이루어진 '일방적인' 진보의 역사인가? 성과 같은 사회적 구별과 페미니즘 같은 사회운동은 경제의 분석과 무관하다고 여겨져 왔다. 그렇다면 경제학자 마크 블로그가 말했듯이 '경제학의 역사는 흥미로운 역사적 일탈이나 전기적 채색으로 희석화될 수 없는 과거에 저질러진 실수로서, 이제 그 실수는 수정되어야 할 것이다.'(퍼버·넬슨 편, 1쪽)

블라우와 퍼버는 여성해방론적 관점과 신고전파경제학의 분석틀을 함께 사용해서 쓴 《여성과 남성 그리고 노동의 경제학The Economics of Women, Men, and Work》에서 다음과 같이 말했다.

"이 책은 동성의 사람이 서로 다를 수 있고 이성의 사람이 서로 비슷할 수 있다는 점을 인식하고 있다. 가능한 한, 사람들이 전형적인 남성 역할이나 여성 역할을 형성하도록 강요당하기보다는, 개인의 특수한 잠재력을 발휘하여 살 수 있는 기회를 가져야 한다. 우리는 남성과 여성을 분리시키는 장애 조건들보다는 그 둘을 결합하는 인류 공통의 인간성에 더 강조점을 둔다."(블라우·퍼버, 25쪽)

이들은 산업화·도시화로 인해 가정에서 사용하는 재화·용역의 대부분이 가정 바깥에서 '생산'되고 있으나, 가정에서 주로 여성이 맡는 가사노동에는 "거의 변화가 없으며" 성 역할에 일어난 변화도 아직 '미약한 혁명'에 그치고 있다고 말한다.

"이제는 가정에서 쓰는 상품을 상점에 가서 구매하고 유지하는 데, 또 가정의 표준 생활 향상을 위해 그런 상품을 '이용'하는 데, 더 많은 가사노동 시간과 노력이 요구된다. 빨래의 경우 직접 하지 않고 상점에서 구입한 비누와 표백제로 집에서 세탁기를 이용하지만, 비록 허드렛일은 덜 할지라도 더 자주 세탁을 하게 되고, 또 세탁물을 더 새하얗게 만드는 것에 몰두하게 된다."(블라우 · 퍼버, 51쪽)

남성들의 경제학을 넘어
베커와 페미니즘 경제학

이제 좀 더 급진적인 질문이 이어진다. 지금까지 여성노동 문제를 기업의 공장 생산 영역에서 '여성과 남성의 관계'로 보았다면, 다른 한쪽에는 '여성과 자본주의 경제체제와의 관계'라는 또 다른 논점이 존재한다. 이 두 번째 관점은 다시 '자본과 가족의 관계'로 이어진다. 바꿔 말해 '가부장제 patriarchy와 자본의 결합'이다. '가족-남성-여성-자본-가부장으로서의 남성과 일반 자본가로서의 남성', 이들 간의 상호 공모적 관계가 분석의 요체다.

◢ 여성노동을 얽어매는 '가족임금'

이 공모적 관계를 가장 정교하고 독특하고 날카롭게 분석한 사람은

1979년 〈자본주의, 가부장제 그리고 성별 직종 분리〉라는 글을 발표한 급진적 좌파 경제학자 하이디 하트만Heidi Hartman이다.

"자본주의의 발전은 노동자들의 위계 서열을 성립시킬 기반을 창출하지만, 마르크스주의적 제 범주는 누가 어느 위치를 차지할 것인지 말해 줄 수 없다. 누가 빈자리를 채울 것인지를 결정하는 것은 바로 성性과 인종에 따른 위계 서열이다." 마르크스주의적 범주 중에서 생산수단을 갖지 못한 임금노동자나 산업예비군 개념은 '성性'을 고려하지 않고 있다는 것이다. 하트만은 말한다.

"자본주의에 앞서, 남성이 가족 내에서 여성과 자녀들의 노동을 통제하는 가부장제가 먼저 성립하였다. 그럼으로써 남성들은 위계적 조직화와 통제의 기법들을 터득하였다." "마르크스주의가 성에 기초한 지배 형태들을 다루는 데 실패한 것은 사회생활 이론으로서 마르크스주의가 성에 상대적으로 관심을 기울이지 않았다는 사실에서 연유한다. 마르크스의 사회 세계 지도에서 인간은 노동자, 농민, 자본가이다. 그들이 남성이자 여성이라는 사실은 그리 중요하게 보이지 않았던 것이다. 여성의 종속은 '생물학적 성'과 '사회적 성'을 조직하고 산출하는 관계의 산물이다. 여성의 경제적 종속은 파생적이며 이차적일 뿐이다."▶

사실 마르크스는 가부장제 문제를 조명할 필요를 느끼지 못했다. 그는 이 문제가 자본주의 그 자체에 의해 급속히 해결되고 있다고 가정했다. 즉, 자본주의 생산양식의 발전이, 가족은 물론이고 사회 전체에 걸친 남성 지배 성적 분업의 물질적 토대도 침식할 것이라고 가정했다. "마르크스는 당

▶ Rubin, G.(1975), "The Traffic in Women:Notes on the Political Economy of Sex"(보울스 · 진티스, 1994, 181쪽)

대 페미니스트들을 사로잡고 있는 문제(어떻게 '반反가부장적'인 반자본주의 혁명을 성취할 것인가 하는 문제)를 결코 예상하지 않았다. 왜냐하면 그는 자본주의의 내적 논리가 반가부장적이라고 가정했기 때문이다. - 아이작 발버스Isaac Balbus"(보울스 · 진티스 1994, 184쪽)

자본주의가 출현하면서 곧 자유로운 노동시장이 창출되려 하자, 이제 남성에게 닥친 문제는 통제를 유지하는 것이었다. 그리하여 남성들은 노동시장에서 여성을 배제하거나 직종 분리를 통해 여성들을 예속적 위치에 묶어 두는 조처를 취했다. 남성들의 노동조합은 여성을 배제하거나 여성이 해낼 수 있는 노동 유형을 제한하는 조처를 강구했다. 이런 투쟁 과정에서 남성들은 가족을 부양할 만큼의 '가족임금'을 요구하고 이 가족임금이야말로 여성 노동자를 불안정하고 예속적인 지위에 머무르게 하는 근본적 원인이 된다. 또한 저임금은 여성을 가부장적 가족 내에서 남성에게 의존하게 만들었다. 여성의 저임금이 비록 동정의 대상이 될지 모르지만, 여성들은 그러한 시장노동의 저임금 때문에 오히려 가사노동의 의무를 '가장 이득이 되고 어울리는 직업으로' 스스로 받아들이는 경향이 있다. 또, 여성이 결혼과 가사노동에 의존하도록 고취하는 한 그것은 자본에 이득이 되는 것이었다.(톰슨, 폴, 203쪽)

엥겔스와 마르크스는 가족·가부장제·성적 차별은 자본주의 발전 과정에서 소멸할 것이라고 보았다. 그런 점에서 '마르크스주의 페미니즘'과, 이와 달리 가부장과 자본의 공모·동맹을 강조하는 '사회주의 페미니즘'은 그 접근 방식에 근본적 차이가 있다. 가부장제에 주목하는 앤 퍼거슨Ann Ferguson과 낸시 폴브레Nancy Folbre는 여성의 가정 내 생산을 "가부장제와 자본주의의 불행한 결혼The unhappy marriage"이라고 부른다. 전前자본주의적 가부장제와 자본주의적 생산양식이 결합되어, 여성의 가정 내 노동 차별이 이뤄지고 있다는 것이다. 그들은 가정 내에서의 출산, 양육, 정서적 돌봄이 인성적·사회적 재생산의 목표 아래 주어지는 지시문指示文 아래 이뤄진다고 말한다.(Ferguson & Folbre, p.317)

폴브레는 엥겔스가 《영국 노동계급의 상태The Condition of the Working Class in England》에서, 높은 남성 실업으로 인해 가족의 생계를 여성의 수입에 의존하게 된 지역에 대해 '개탄스럽게도' 다음과 같이 장황하게 논하고 있다고 지적했다.

"남편이 집에 남아서 자식과 가사를 돌보는 반면 아내가 가족의 수입원이 된다. 맨체스터에서도 수백 명의 남성이 가사를 돌보고 있다. 사실상 거세된 남자로 변해 버린 노동자들의 정당한 분노를 상상하기란 어렵지 않다." 폴브레는 "마르크스도 엥겔스도 여성들이 압박받고 있다는 것을 부정하지 않았다. 그러나 그들은 이러한 압박을 남성의 이익이나 권력이 아니라 사유재산제와 자본가의 이익과 결부시켰다. 그 결과 여성 문제 해결은 계급 문제 해결을 통해서만 성취될 수 있다고 믿었다."(패버·넬슨 편, 139쪽)고 비판했다.

개리 베커와 고든 털록 등이 자녀를 사적인 소비재로 보는 것과 달리, 사회주의 페미니스트로 불리는 낸시 폴브레는 '공공재로서의 자녀'를 주창한다.

"가족에 대한 대다수 경제학 연구는 개인의 최적화라는 신고전파 분석틀 안에서 이뤄지고 있다. 이 분석틀은 가족의 이타성을 다른 상품에 대

▶ 가령 백 살 정도까지가 아니라 무한기를 사는 어떤 경제주체가 있다고 하자. 예컨대 내가 자녀와 손자 등 후손의 삶을 나의 삶처럼 중요하게 여기고 그런 선호에 따라 경제적 행동을 한다면 무한기를 사는 것과 마찬가지라고 할 수 있다. 영원히 사는 그의 현재 기간(t)에서의 소비와 저축에 대한 최적 결정은 미래의 모든 기간($t+1$, $t+2$,⋯)에 걸쳐 영향을 미치게 된다. 즉,

한 취향과 선호처럼 외생적으로 주어진 것으로 다루며, 이에 따라 관련 상품의 가격과 가계소득에 가계가 어떻게 반응해 최적을 추구하느냐에 초점을 둔다. 가족 이외의 곳, 곧 공동체적 행동을 약화시키는 이기심이 작동하는 곳에서는 이타성이 고려되는 일이 드물다. 페미니즘 이론에 영향을 받은 대안적 접근은 오히려 거꾸로 가족 내에선 이기심에, 가족 바깥에서는 집단적 연대에 초점을 맞춘다. 개인은 종종 이런 방식으로 아이의 양육 비용 배분을 규정하는 사회적 제도를 형성하기 위해 집단적 행동에 참여한다. 그 효과는 노인과 어린이, 남성과 여성 사이에 차별적 효과를 갖는 공공정책에서도 나타난다."(Folbre 1994)

자녀는 전통적인 경제이론에서 부모의 효용을 증대시키는 '소비재'로 취급되었다. 그러나 부모의 돌봄노동은 부모 자신의 현재와 미래의 효용 증대만을 위한 투자에 그치지 않고, 전체 국민경제가 그 혜택을 공유한다는 점에서 아이는 '공공재'라고 할 수도 있다. 폴브레는 사회보장제도를 확립한

현재 얼마나 소비할 것인지(즉, 저축할 것인지)에 따라 미래의 효용 수준은 이미 결정되는 것이라고 할 수 있다. 결국 이 문제는 매 기간에 걸쳐 소비와 저축의 최적화 문제를 풀 필요 없이, 다만 현재 시점에서의 최적화 문제를 풀면 된다. 즉, 현재만이 중요하다. 한편, 무한기가 아니라 참여 횟수가 정해진 게임처럼 유한기에 걸쳐 최적화 행동 문제를 풀 때는 후진귀납backward induction이 있다. 나의 선택과 상대방의 선택이 번갈아 가며 순차적으로 이어지는 게임에서 내가 어떤 전략을 선택했을 때 그 결과로 얻게 되는 보상pay-off를 안다고 가정하면, 그 게임의 첫 번째 단계에서 나는 어떤 전략을 선택하는 게 최적일까? 이 문제는 마지막 최종 단계에서의 선택부터 시작해 한 단계씩 거슬러 올라가면서 각각의 단계에서 나의 최선의 반응이 뭔지를 논리적으로 규명해 가면 된다.

▶ 개인이 효용을 극대화하는 선택을 할 때 고려하는 중요한 세 가지 축으로 자신의 선호, 시장 가격, 소득 제약(신용공여 차입 능력 포함)을 들 수 있다. 근대 주류 경제이론은 개인의 사회적 선호와 취향은 일정하게 주어져 있으며 시간이 지나도 불변한다고 가정한다. 따라서 선호의 기원과 형성 과정은 알 수 없으며 알 필요도 없다고 가르친다.

현대 복지국가에서 부모가 개인적으로 돈을 들이고 노력을 기울여 키운 자녀, 즉 미래의 노동력으로부터 그 부모뿐만 아니라 부모 노릇을 한 적이 없는 사람도 연금 및 사회보장 혜택을 받을 수 있게 되었다며, 자녀의 양육 비용 부담은 개인 가족이 사적으로 담당하지만 자녀 양육이 가져오는 혜택은 부모 노릇을 했든 안 했든 사회 전체가 공유하게 됐다고 통찰했다.

미래에 노동하는 인구가 없다면 연금 재정이 지속될 수 없으므로 부모 노릇을 하지 않은 사람들은 부모들의 돌봄노동에 무임승차하는 것으로 볼 수 있다. 비용은 개별 가족이 부담하고 혜택은 사회화되는 이런 구조에서는 '연금 재정적 외부성'이 발생하는 셈이다. 출산율 저하는 부분적으로 돌봄노동의 이러한 공공재적 성격에서 비롯된다. 언급한 맥락은 전혀 다르지만, 폴브레와 사상적으로 반대편에 있었던 밀턴 프리드먼도 "이제는 젊은 세대가 강제와 두려움 때문에 남의 양친을 부양하기 위하여 사회보장 기금을 부담하고 있다."고 말한 바 있다.(프리드먼 2009, 145쪽) 폴브레는 또 1982년에 "남성이 여성의 가사노동으로부터 이득을 보려 한다는 것은 오직 부분적인 설명일 뿐이며, 여성의 가사노동에서 이득을 보는 것은 자녀와 사회 전체"라고 지적했다.(한국여성경제학회, 136~140쪽)

이처럼 경제학 개념들을 활용해 가정을 분석하는 가족경제학이나 가계생산이론 등이 있으나, 로버트 루카스는 언젠가 다음과 같이 말했다.

"우리 집에서는 효용 같은 단어는 사용하지 않는다. 나는 개인적인 결정을 내릴 때 경제학 용어를 사용하는 것이 도움이 안 된다고 생각한다. 물론 나는 집에서는 경제학 원칙도 사용하지 않는다. 집에서 그저 가족 간의 신의를 지키며 마음을 나누려고 노력할 뿐이다."(워시, 465쪽)

'공공재'로서의 자녀

개리 베커를 필두로 한 1960년대 신가족경제학에서처럼 가사노동을 '생산'이란 측면에서 본 건 좌파 여성 경제학자들도 마찬가지다. 사회주의 페미니스트들을 중심으로 뜨겁게 전개된 1960~70년대의 가사노동 논쟁은, 어떻게 여성의 가사노동을 개념화할 것인가, 가사노동과 자본주의적 생산양식의 관계는 무엇인가로 모아졌다. 이들은 종속의 매개로서 여성이 주로 담당하고 있는 가정 내의 무급 가사노동에 주목했다. 이들에 따르면, 가사노동은 자본주의 생산을 도와 이윤을 증가시키며, 자본가가 노동자에게 지불해야 할 노동력 재생산 비용을 낮춤으로써 그만큼 이윤 창출에 도움을 준다. 특히 가사노동 논쟁이 남긴 또 하나의 성과는, 가사노동에서 '돌봄경제'로 관심을 이동시키는 이론적 기초를 다진 것이다. 자녀 돌봄노동은, 가사노동이 단지 매일매일 일하기 위해 노동력 에너지를 재충전하는 데 필요한 노동일 뿐만 아니라, 미래의 노동력인 자녀를 낳아 키우는 노동이라는 점을 주장하게 된 것이다.

'학교 없는 사회'로 유명한 교육혁명가 이반 일리치Ivan Illich는 일찍이 현대의 주부 노동을 '남편의 임금노동에 가려진 그림자 노동'이라고 명명한 바 있다. 우리나라에서는 전업주부가 자동차 사고를 당하면 손해 사정 방

▶ 현재 우리나라 빈곤선은 전업주부가 무급노동에 특화하는, 즉 홑벌이 가구가 사회경제 규범이던 시절에 설정되었다고 한다. 당시에는 어느 가정이나 대부분 전업주부가 있었기 때문에 밀가루, 설탕, 버터 등을 살 돈만을 최저생계비로 정하는 데 큰 문제가 없었다. 그러나 오늘날에는 홑벌이로는 살기 어려운 사회인 만큼 누군가 대신해 '빵을 만들 시간'을 최저생계비 계산에 넣어야 한다는 요구가 제출되고 있다.

식으로 건설 일용직 노임 단가에 월별 근로 일수를 적용하고 있다. 전업주부 노동의 가치를 일용 노동자의 생산성과 동일하게 취급하는 건 돌봄노동의 인격적·정서적 특성을 간과하는 것과 다름없다.(한국여성경제학회, 2012)

좀 더 거시적으로 경제의 재생산 측면에서 보면, 노동법의 여성보호 조항은 여성이 생물학적으로 연약해서도 '여성 우선lady first'의 문화적 이유 때문도 아니다. 경제적으로 다음 세대의 노동력 생산과 양육을 여성이 주로 담당하고 있다는 것이 그 정당한 근거 중 하나이다.

레베카 블랭크Rebecca Blank는 "주류 경제학자가 페미니즘으로부터 무엇을 배워야 하는가?"라고 물으며 자신의 경험담을 들려주었다.

"학부의 초급 미시경제학 과목에서 나는 다음과 같은 시나리오를 자주 떠올린다. 100명의 학생 중 99명은 강의를 들으면서 '흥미롭기는 하지만 이것은 미친 짓이다. 아무도 이런 식으로는 생각하지 않는다'라고 생각할 것이다. 그런 학생들은 과목을 통과하기 위해 그들이 해야 할 것을 하고 곧 잊어버린다. 그러나 나머지 한 명의 학생은 얼굴이 밝아진다. 그 학생은 거의 항상 남성이다. 그 학생은 이 모형이 그가 생각하고 행동하는 방법을 서술하고 있음을 깨닫는다. 그 사람에게는 경제모형이 직관적으로 분명하다. 경제학자가 될 가능성이 가장 높은 사람은 바로 그 한 사람이다. 그렇다면 15년 후, 비슷하게 선별적으로 선택된 경제학자들이 모두 표준 경제모형이 진정 대부분의 사람들이 세상에 대해 어떻게 생각하는지를 설명하는 것이라고 믿는다고 해서 놀랄 것은 없다. 바로 그것이 경제학을 공부하겠다고 선택한 대부분의 사람들이 세상에 대해 생각하는 방식이기 때문이다."(퍼버·

넬슨 편, 190쪽)

경제학과 지식

4

"회자정리會者定離의 고색창연한 인사를 전해야겠다. …… '공황론에서 배운 것은 취직 시험에 도움이 안 되고, 고시에 출제되지 않을뿐더러, 대학원 입학시험에도 나오지 않는다.'는 한 학생의 보고서를 읽으면서 참으로 쓸데없는 강의를 했다는 민망한 마음과, 이런 과목을 가지고 잘도 배겨 냈다는 대견한 감정이 함께 몰려왔다. 그 학생은 저항의 에너지로서 정치경제학의 필요를 역설하면서 나를 위로했지만, 사실 대학 강의는 다소 쓸모가 없어야 한다는 것이 나의 다짐이다. 쓸모 있는 부분은 자본이 앞장서서 맡을 것이기 때문이다. 노동만이 가치를 창조한다는 명제는 사회에서 가르치지 않기 때문에 대학에서 배울 필요가 있는 것이다. 비록 그것이 미구에 지배세력에 편승할 지식인이 한때 과시하는 현학 취미일지라도, 나는 그런 사치의 유효성을 인정한다." — 정운영, 《학회평론》 1994년 겨울호

" 김범우는 혼잣말로 생각했다 사회주의 사상, 그 달콤한 논리, 프롤레타리아 혁명, 그 자극적 최면, 무산자 혁명의 영웅, 그 충동적 칭호. 이런 것에 이끌려 첩보활동의 경험을 십분 활용해 가며 지금쯤 염상진과 함께 저 어둠에 묻힌 어느 산줄기에 박혀 있었을 것이다."

— 조정래, 《태백산맥》

여우와 사자의 도덕
교육과 파워엘리트

"교육받은 사람 중 가장 똑똑하지 못한 사람이 프롤레타리아트 중 가장 영리한 사람에 대하여 엄청난 지배권을 행사한다. 원하는 사람은 누구든지 교육상품을 구입할 수 있다는 표면적인 평등은 사실은 노골적인 조롱일 뿐이다. …… 열등한 지위에 있는 사람들이 가장 불쾌하게 느끼고 그 앞에서 가장 큰 박탈감과 무력감을 느끼는 것은 교육밖에 없다. 이런 이유 때문에, 실제적 평등을 성취하려는 시도들은 아주 종종 여러 변형된 모습으로 지적 교육을 회피한다. 지식이 언어와 문자로 표현됨으로써 (추상적으로는 언어와 문자는 지식의 공산주의적 본질을 그대로 보여 준다.) 그 축적 및 집중이 가능하게 되자 상층과 하층의 격차가 끊임없이 확대된다."(짐멜, 549~550쪽)

◆ 근로 위욕을 고취할 학교

  미국의 좌파 경제학자 데이비드 고든David Gordon은 70년대 초에 미국의
대다수 노동자가 될 학생들이 노동자로서 자신들의 초상肖像을 한쪽에선
블루칼라 육체노동자들로, 다른 쪽에선 화이트칼라 노동자로 구분하는 경
향을 보이고 있다면서, 전형적인 노동자 상이 기차의 기적 소리를 내는 육
체노동자에서 어떻게 사무실에서 커피를 마시는 화이트칼라로 변천해 왔
는지를 역사적으로 살폈다.(Gordon 1972)

  생산수단으로부터의 분리는, (원시적 자본축적의 토대인 토지로부터 경작자를 합
법적으로 강제 축출하는) 인클로저운동의 방식을 뛰어넘어 더욱 정교한 형태로
지속적으로 이뤄진다. 어쩌면 자본주의사회의 의무교육은 노동규율 습득
으로, 60세 정년 강제퇴직 규정은 생산수단을 갖지 못한 노동자 가구에서
퇴직으로 인한 소득 부재에 따라 이제는 자녀를 포함해 그 구성원들이 지
속적으로 자본제적 노동시장에 뛰어들게 만드는 제도적 수단으로, 생산수
단으로부터의 분리라는 측면에서 더 정교하게 이해할 수도 있다.

  해리 브레이버만Harry Braverman은 '화이트칼라' '샐러리맨' 등의 용어가 계
급과 계층을 구분할 때 혼란을 일으키는 가장 큰 요인이라며, 그 '배후의
실체'에 주목해야 한다고 간파한 바 있다. '화이트칼라'는 한편으론 자본을
대표하는 막강한 권한을 가진 경영자를, 다른 한편으론 그에게 봉사하는

▶ 신고전파 경제학자 에드워드 레이지어Edward Lazear는 정년 강제퇴직 제도와 관련해, 이는 젊
  은 시절 입사해 정년 은퇴 때까지 각 노동자의 연령대별 생산성과 약 30여 년의 근속 기간 동
  안 지불 임금 사이의 이른바 '임금─연령 곡선' 관계를 고려해 기업이 합리적으로 (또는 정당하
  게) 고안한 제도라고 증명해 보이고 있다.

사무기계의 호환 부품에 불과한 사람들을 단일한 계급 분류로 총괄해 버리는 용어법이라는 것이다.

"사무실의 모든 노동자는 '화이트칼라' 또는 '샐러리맨'이라는 항목에 총괄된다. 이것은 모든 사무노동자가 급여, 근속 기간, 권한 등에서 특권적 지위를 누리던 때의 유물에 불과하다. 그 초기 상태에서는 화이트칼라 또는 샐러리맨이란 명칭은 사무실에 근무하는 모든 사람에게 적용되어 그러한 종업원의 특수한 지위를 간략하게 표시하는 말로 사용되었다. 그 단어가 갖고 있던 결정적인 의미는 종업원의 칼라도, 육체노동자의 일급·시간급과 구별되는 연봉·월급이라는 급여 지불 방식도 아니었다. 이 명칭이 상정하고 있었던 것은 사회적 위치와 기업 및 노동시장 내 위치의 총체적 복합체였다."(브레이버만, 300쪽)

브레이버만은 화이트칼라라는 범주가 계층 제도의 최상위에 있는 기술자·관리자·대학교수 등에서 그 직업적 특질을 구하는 경향이 있다면서, 그러나 마치 오페라에서 스타가 무대의 앞부분을 차지하고 창을 든 병사들이 백 코러스를 넣는 것과 마찬가지로, 이 계층 제도의 압도적 대부분은 수백만의 '일반' 사무노동자가 차지한다고 덧붙였다.

일찍이 17세기 말 영국에서 정치경제학자 벨러즈J. Bellers는 '노동규율'을 가르치는 학교 설립을 제안한 바 있다. "그는 적절하게도 다음과 같이 말하고 있다. '안일한 공부는 안일함을 배우는 것과 다름없다. 육체노동은 본래 하느님이 정하신 바이다. 노동이 신체의 건강에 필요한 것은 식사가 신체의 유지에 필요한 것과 같다. 왜냐하면 안일에 의하여 직면하는 고통은 이번에는 병으로 나타날 것이기 때문이다. 노동은 생명의 등불에 기름을 부어 주며 사상은 그것에 불을 붙인다.'"(마르크스, 제1권(하), 615쪽) 적당히 하는 공부는 사실상 게으름을 학습하는 것이라며, 근로 의욕을 집중적으로 고취할 학교를 별도로 설립하자는 것이다.

《미국사의 구조》에서 세이무어 립셋은 미국 사회의 평등, 기회, 업적주의, 경쟁을 미덕이자 가치로 평가했다. 그러나 자본주의적 생산은 단순한 기술적 과정일 뿐 아니라 사회적 과정이기도 하다. 기업의 생산과정에서 잉여가치 생산과 추출을 유지·강화하려면, 기업보다 넓은 사회 속에서 노동을 통제하고 지배하는 사회적 관계와 조직 형태를 형성해야 한다. 즉, 교육과 자본주의경제의 명백한 관계를 이해하려면 "학교가 노동자들을 생산하고 있다는 전제에서 출발해야 한다."(보울스·진티스 1986, 19쪽) 노동과정의 사회적 관계와 교육제도의 사회적 관계는 위계와 통제라는 측면에서 상호 밀접한 관련을 맺고 있기 때문이다.

"대학교육은 하나의 힘이다. 그것은 모든 종류의 위계질서를 무너뜨린다. 모든 형태의 인위적인 불평등을 제거하고, 타고난 불평등은 단지 본래의 그 불평등 수준에 머무르게 만든다. 카스트, 서열, 작위, 혈통, 출생 신분, 인종, 성 같은 인위적 불평등의 몰락과 함께 모든 형태의 억압, 학대, 편견, 적대감, 불의不義가 무너지고 그 자리에 휴머니즘이 지배하게 될 것이다. – 레스터 프랭크 워드Lester Frank Ward《교육》(1872)"

보울스와 진티스는 《자본주의와 학교교육Schooling In Capitalist America》에서, 자본주의 교육이 기업 이윤과 자본축적을 위해 노동자들을 생산해 내는 역할, 즉 직장에서의 직업훈련 같은 기능을 수행하고 있으며, 학교교육에서 노동규율과 질서, 해야 할 의무와 역할에 대한 관념을 가르친다고 말한다. 교육 시스템 자체가 자본주의형 인간을 만들어 내는 과정이라는 것이다.

Bowles and Gintis(1976), *Schooling in Capitalist America*, p. 26.

사실 중고등학교 및 대학교육에서의 학업 능력 성취도를 기업들이 채용 과정에서 주요 지표로 여기는 주된 이유는 다음과 같이 설명할 수 있다. 명문 대학을 나온 사람일수록 더 많은 지식을 갖고 있다고 생각하고 그러한 지식으로서의 인적자본 신호를 대학 졸업장에서 확인할 뿐만 아니라, 스스로의 내적 규율을 적절히 체화한 사람인지를 대학 졸업장을 보고 간접적으로 파악한다는 것이다. 다시 말해 명문 대학을 가려면 열심히 공부해야 하는데, 그러려면 자신을 포함해 모든 또래 아이들을 유혹하는 영화 관람, 연애, 노래 부르기, 친구들과 어울려 놀기, 여행 등으로부터 자신을 엄격하게 차단하고 통제해야만 한다. 즉, 공부라는 주어진 목적 하나에 집중할 수 있는 태도와 절제력이 요구되는데, 자본주의적 기업에서 노동자에게 부과하는 작업에도 이와 유사한 능력이 필요하다.

명문 대학을 나온 사람일수록 꼭 지식이 더 많아서가 아니라(사실 지식의 과소 여부는 거대한 기업조직 속에서 노동생산성에 큰 차이를 낳지 않을 가능성도 크다.), 학교 시절부터 몸과 마음에 규율처럼 형성된 절제와 인내심, (공부할 때 그랬듯이) 싫은 일이라도 맡겨지면 결코 포기하지 않고 주어진 시간 안에 끝까지 최선의 성과를 내려고 애쓰는 자본주의경제 체제 노동자로서의 자세를 갖고 있기 때문에, 기업의 생산성에 더 많이 기여할 것이라고 여기는 것이다. 덧붙이자면, 자본주의적 노동계약은 계약을 맺은 노동자가 실제로 공장에서 자신의 노동력을 어느 정도 지출할 것인지(즉, 얼마나 열심히 일할 것인지)를 사전적으로 계약서에 명시할 수 없는 불완전성을 띠고 있다. 단지 열심히 일할 것에 암묵적으로 동의하는 계약일 뿐이다. 따라서 노동규율이 상대적으로 더 몸에 밴 노동자일 것이라는 확률적 기대에 따라 신입 사원을 선택한다고 볼 수도 있다.

맨커 올슨의 《지배권력과 경제번영》에는 《포춘》지에 소개된 동유럽 노동자의 사례가 나온다. 소비에트 붕괴 이후 동유럽 경제가 자본주의로 이행하는 과정에서 시장자본주의 국가의 기업들이 동유럽 노동자 고용을 기피했다. 시장 원리에 대한 적응과 내면화가 되어 있지 않은 동유럽 노동자의 생산성을 우려했기 때문이다.

"노동력 재생산에 있어서 국가의 역할은 결정적이다. 국가는 무엇보다 사유재산제도와 억압적 국가장치의 유지를 통해, 생산수단으로부터 노동자계급의 분리를 보증하여 사회적 생산관계 혹은 계급관계를 재생산한다. 다음으로 국가는 교육제도, 직업훈련제도를 통해 자본이 요구하는 지식과 기능을 갖춘 노동력을 물질적으로 재생산할 뿐만 아니라 이데올로기적 국가장치, 그중에서도 특히 학교교육을 통해 노동자계급에게 부르주아 이데올로기를 수용시켜 그들로 하여금 자본주의사회의 질서 및 규율 준수, 권위에 대한 존경, 정신노동에 대한 숭배 등과 같은 태도를 갖추게 한다. 국가는 또한 [사회복지와 소득정책 등] 사회정책을 통해 노동력의 물질적 재생산을 보증한다."(김형기 1988, 58쪽)

아리스토텔레스는 2500여 년 전에 이미 불평등과 반란, 혁명을 '교육'의 맥락에 위치시켜 살폈다.

"우리 모두 다 같이 수긍할 수 있는 교육의 성격이란 무엇인가? 교육은 모든 사람들에게 부를 탐내는 성향이나 관직을 탐내는 성향 또는 이를 모두 탐내는 성향을 낳을 수 있다. 시민 사이의 분쟁은 재산의 불평등뿐만 아니라 시민들이 차지하고 있는 관직의 불평등에서도 일어난다. 재산의 분배는 관직의 분배와 반대 반향으로 작용한다. 즉, 재산의 분배가 불평등할 때 대중은 혁명적이 되며, 관직의 분배가 평등할 때는 지식층이 혁명적이 된다. 호메로스의 시에 나오는 다음 구절은 이를 지적한 것이다. '관직과 명예는 선인이나 악인이나 모두 똑같다.' …… 재산 분배와 관련해 모든 시민에게 평등한 재산을 주는 제도가 서로의 알력을 방지하는 데 도움이 된다는 점을 인정해야 한다. 그러나 교육을 받은 사람들은 이 체제를 불만스럽게 생각할 것이며, 자기 자신들은 다른 사람들보다 더 나은 대우를 받아야한다고 생각할 것이다. 사실상 우리가 실제로 관찰해 보면 이들은 그 이유 때문에 반란을 일으키고 내분을 불러온다."(아리스토텔레스, 《정치학》, 309~310쪽)

한국의 엄청난 교육열은, 시장 경쟁 논리가 모든 한국인의 일생을 지배하고 있음을 압축적으로 드러낸다. 경제도 압축적으로 성장했지만, 특히 교육의 폭발적 성장이 낳은 후유증이기도 하다. 고위 공직자 청문회 때마다 터져 나오는 학위 취득 과정에 대한 의혹이나 논문 표절 논란은, 세계적으로 한국만의 특이한 현상 중 하나임이 틀림없다.

주류 경제학의 지배적 권위는 경제학 교육과정과도 무관하지 않다. 어떤 이들은 경제학자들이 사용하는 도구로서의 경제모형이 놀랄 만큼 오래 지탱된 것은 그 정확성과 신뢰성을 입증하는 증거라고 주장할 것이다. 그러나 어떤 특정한 접근 방법이 지배적이 되어 버리면, 이제 그것의 사용은 단순히 자기실현적self-fulfilling 현상이 된다. 즉, 표준적 경제모형이 훌륭한 경제학을 하기 위해 신봉해야 하는 것이라면, 다른 접근 방법도 추구하려는 사람들은 모두 당연히 "경제학자가 아니며" 경제학에 진출하는 길이 막힐 것이다.

◆ 마키아벨리와 파워엘리트

아직 교육이라는 주제의 최종 목적지에 도달한 것은 아니다. 교육이 '노동규율'처럼 사회를 이끌어 가는 원리를 습득시키는 제도적 장치라고 할 때, 우리는 사회를 규율하는 또 다른 거대한 권력을 해명해야 하는 문제에 직면하게 된다. 바로 '파워엘리트'다. 라이트 밀스는 애덤 스미스의 '보이지 않는 손'이라는 시장의 힘이나 계급적 사회관계라는 힘이 아니라, 기업·정치·군부라는 3대 제도의 힘에 의한 거대한 변화를 파악한다.

"일반 사람들이 행사할 수 있는 힘은 그들이 살고 있는 일상의 세계에 한정된다. 더구나 그들은 자신들이 처리하고 있는 일이라든가 가족, 가까운 이웃의 경우에서조차, 그들 자신이 전혀 이해할 수 없고 통제할 수도 없는 어떤 힘에 이끌려 가고 있는 것처럼 느낀다. '거대한 변화'는 이들의 손에 닿지 않는 먼 곳에 있지만 이들의 행동이나 사고에 직접적인 영향을 미친다. 현대사회의 구조 그 자체는 이들 일반인들이 설정하는 것이 아니라, 그들과 관계없는 여러 측면에서 이루어진 것임에도 불구하고 이들을 구속한다. 거대한 변화는 이제 바야흐로 모든 방면에서 대중사회를 구성하는 모든 남녀에게 엄습해 오고 있다. 그리하여 무력한 존재가 되어 버린 이들은 모두 목적을 상실한 채 방황하고 있음을 스스로 느낄 수밖에 없게 된 것이다. 그러나 모든 사람이 다 이러한 의미에서의 일반인은 아니다. 정보나 권력의 수단이 점차 집중화함에 따라서, 일군의 사람들이 오늘의 미국 사회에서 특정한 고지를 점령하고 있다. 말하자면 그곳에서 일반 남녀들의 일상 세계를 내려다보는 것이다. 바로 이 소수의 사람들은, 그 자신들이 내린 결정으로 일반인들의 일상생활이 얼마나 큰 영향을 받고 있는지를 바라볼 수 있는 지위를 갖고 있는 것이다."(밀스 1979, 15쪽)

라이트 밀스는 《파워엘리트》 이전 1948년에 쓴 《The New Men of Power : America's labor leaders》에서 권력을 쥐고 있긴 하지만 '파워엘리트'와는 다른 의미에서 노조 지도자를 '새로운 전략적 엘리트'로, 노동조합을 전쟁과 경기 침체로 향하는 주된 흐름을 저지하는 데 핵심적 역할을 하는 집단적 조직으로 묘사하였다. 미국의 노동 지도자와 노동조합이 좋은 의미에서 '새로운 권력'으로 등장했다는 뜻이다. (Mills, 2001)

밀스는 단지 파워엘리트 자체의 내부 지형과 기원, 형성의 원리 따위만이 아니라 이들이 일반 대다수 민중들에게 미치는 영향에 초점을 맞추고 있다. 즉, 파워엘리트 분석은 단순히 미국이란 특정 사회에서 하나의 사회계급으로 존재하는 범주를 분석하고 해명하는 것을 넘어, 역사와 현재 인간들의 삶과 고통과 직결되는 문제라는 것이다.

"이들은 중대한 결과를 가져올 수 있는 결정을 내릴 어떤 지위를 차지하고 있는 사람들이며, 이들이 그런 결정을 실제로 내리느냐 하는 것은 그다지 중요하지 않다. 무엇보다 중요한 사실은 이들이 바로 그처럼 중요한 지위를 독점하고 있다는 것이다. 그렇다고 이들이 고독한 지배자는 아니다. 고문이나 상담역, 대변인, 여론 형성자들이 항시 이들을 위해서 대기하고 있다. 이런 인사들은 대부분 권력엘리트들의 사고나 결정을 위한 하청을 받고 있다. 그런가 하면 이 엘리트들 바로 밑에는 의회에서의 압력단체 또는 지역사회의 신구 상류계급에서 중간 수준의 권력을 잡고 있는 직업적 정치가들이 있다. 그리고 이러한 부류의 사람들과 뒤섞여 부단히 얼굴을 팔아 살아가는 직업적 유명 인사들이 있다. 이 유명인들은, 유명 인사가 되기 위해 항상 얼굴을 팔지 않으면 안 된다. 이러한 유명 인사들은 지배적인 위계제도에서 우두머리 자리를 차지하고 있지는 않지만, 대부분의 경우 일반 대중들의 관심을 끄는 행동을 자행하거나 대중의 감정적인 흥분을 일으킬 수 있을 뿐 아니라, 직업적으로는 권력을 잡고 있는 사람들에게 귓속말을 건넬 정도의 힘을 가지고 있기도 하다. 유명 인사나 상담역들은 도덕적인 비판자나 권력의 기술자로서, 또는 신의 대변자로서나 대중적 감동의 창조자로서 다소 중립적인 입장을 취하는 척하면서 엘리트들이 전개하는 드라마의 중요 장면을 이루고 있다."(밀스 1979, 16~17쪽)

간계와 기만에 능한 영악한 '여우의 도덕'과 힘의 논리가 지배하는 '사자의 도덕을 동시에 옹호한 마키아벨리에 대해, 아놀드 하우저는 《문학과 예술의 사회사》에서 15세기 이탈리아 자본주의 정신과 시민계급 그리고 봉건영주, 자본주의 합리성에 대한 사고의 변천을 지적했다.

"정치적 실천을 기독교적 이상과 분리시킨 마키아벨리즘은 마키아벨리가 창안한 것은 아니다. 당시 중·소 군주들은 모두 이미 완전한 마키아벨리주의자들이었다. 단지 마키아벨리는 이러한 정치적 합리주의 이론을 공식적으로 표현하고 이 이론의 의식적, 계획적, 현실주의적 실천을 최초로 냉철하게 옹호한 것일 뿐이다. 그러니까 마키아벨리는 그가 살던 시대의 대표자이자 대변자였을 따름이다. 만약 그의 이론이 영리하고 비정한 한 철학자의 기발한 사고에 불과한 것이었다면, 그것은 모든 도덕적 인간의 양심을 그처럼 뒤흔들 만큼 영향을 끼치지는 못했을 것이다. …… 당시 자본주의경제 자체가 궁극적으로 마키아벨리 이론의 실례가 아니었던가? 어떠한 이론도 이 무자비한 현실의 논리 앞에서는 무력하며, 따라서 인간은 이 논리에 적응하거나 파괴당할 수밖에 없음을 새로운 경제체제는 명백하게 보여 주지 않았는가?"(하우저, 제2권, 162~163쪽)

마키아벨리의 기발함이 독창적 사유의 전개에서 나온 것이 아니라, 오히려 기독교적 도덕과 기준에서 벗어난, 권모술수와 이해타산이 판치던 당시의 정치 및 사회생활 풍조를 그대로 반영했을 뿐이라는 것이다.

"실제로 마키아벨리를 계기로 생겨난 시대의 단층은 너무나 깊은 것이어서, 당시 중요한 저작들을 잘 알고 있는 사람이라면 누구나 저자가 마키아벨리의 사상을 알기 전에 그 문헌을 썼는지 알고 난 후에 썼는지 여부를 알아맞힐 수 있을 정도이다. 마키아벨리의 사상을 알기 위해서는 그의 저서를 직접 읽어 볼 필요까지는 없었고 실제로 그렇게 한 사람도 드물었다. 정치적 현실주의나 '이중도덕'의 개념은 당시 사람들의 공동재산이었고, 온갖 경로를 통해 사람들에게 전달되었던 것이다. 마키아벨리는 모든 생활 영역에서 그의 신봉자와 추종자를 낳

이 장에서 다루고 있는 교육 및 지식과 관련해 막스 베버의 《경제와 사회》, 게오르그 짐멜의 《돈의 철학》 등은 경제적 주제를 '사회학적 기원'으로 설명하려는 시도였는데, 정치학에서도 이런 작업이 이루어졌다. 배링턴 무어의 《독재와 민주주의의 사회적 기원》이나 세이무어 립셋의 《정치적 인간 Political Man》(1960)이 그렇다. 립셋은 《정치적 인간》 서문에서 정치의 사회적 기원과 기반을 연구하는 '정치사회학'을 제시했다. 정치 영역도 사회적 수준에서의 갈등과 대립에 대한 분석이 필요하다는 것이다.

"정치사회학의 기본 관심사는 민주주의를 형성하는 사회적 조건에 대한 분석에 있다. 놀랍게 들릴지 모르지만, 안정적인 민주주의는 지배질서에 저항하고 투쟁하고, 또 집권 세력에 도전하는 이러한 갈등과 균열의 표출을 필요로 한다. 하지만 동시에 권력을 평화롭게 행사하는 정치 시스템, 즉 권력 바깥에 있는 사람들이 권력 내부에서 결정한 바를 순응하고 또 권력 내부에 있는 사람들이 바깥에 있는 사람들의 권리를 인정하는 합의가 없다면 민주주의는 존재할 수 없다. 따라서 민주주의를 지탱하는 조건에 대한 연구는 균열과 합의, 이 두 가지에 맞춰져야 한다."(Lipset, p.21)

그런데 80년대 중반 이후 '경제학 제국주의'의 득세로 경제학적 방법론이 힘을 얻으면서 사회학은 그 지위를 잃게 되었다. 사회학자 송호근 교수는 2012년 "예전에 대저택에서 지배했던 사회학이 지금은 월세 단칸방도 구하지 못해 전전하는 신세"라고 한탄했다. '사회적 기원'에 천착했던 배링턴 무어와 달리, 대런 애쓰모글루는 논문 〈독재와 민주주의의 경제적 기원

았다. 물론 실제로는 전혀 그렇지 않은 사람들도 마키아벨리즘에 감염된 사람으로 지레짐작한 경우도 많기는 했다. 거짓말하는 사람은 모두가 마키아벨리의 언어를 사용하는 것처럼 보였고, 예리한 지성은 모두 일단 의심의 대상이 되었다."(하우저, 제2권, 164쪽)

Economic Origins of Dictatorship and Democracy〉(2006)에서, 서구 식민지 시절 제3세계에 도입된 제도를 집중 연구한 바 있다. 언제부터인가 사회학적 기원이 아니라 경제적 기원으로 연구자들의 접근 시각이 바뀌었다.

교육과 관련해 한 가지 덧붙이며 끝내고자 한다. 르네상스 인문주의의 출현에는 글을 쓰고 읽을 줄 아는 능력도 한몫했다. 르네상스 당시 모든 수도사들은 글을 읽을 줄 알아야 했다. 수도사가 글을 읽을 줄 알아야 한다는 요구 사항은 수도원 역사 초기에 이미 형성된 것으로, 글을 모르는 기사騎士 출신 군주가 지배하는 세계에서 수도사가 글을 읽을 줄 안다는 것은 헤아릴 수 없는 중요성을 가지고 있었다. 사실 14~15세기 르네상스는 그 말의 좋은 의미에서 책 사냥꾼들의 세계였다.

"이탈리아인들은 100여 년간 책 사냥에 몰두했다. 그 시작은 시인이자 학자인 페트라르카Francesco Petrarca가 흩어져 있던 고대 로마시대의 기념비적인 저작《로마 건국사》를 발견하여 집대성하고 키케로 등 잊혔던 고대 걸작을 찾아내어 명성을 얻은 1330년경의 일이었다. 페트라르카가 거둔 성공은 수세기 동안 누구에게도 읽히지 않은 채 묻혀 있는 잃어버린 고전들을 찾아내도록 사람들을 고무시켰다. 이런 열정으로 재발견된 고전들은 필사, 편집, 주해 과정을 거쳐 활발히 교환되기 시작했다. 이를 통해서 발견자들은 명예를 얻었으며, 이른바 '인문학study of the humanities'이라고 알려진 학문의 토대가 마련되었다."(그린블랫, 34쪽)

4세기 후반 어느 수도원은 수도원에 입회하려는 후보자는 반드시 20편의 〈시편〉이나《성서》의 다른 부분을, 설령 원하지 않더라도 반드시 읽어야만 하는 규정을 두고 있었다. 수세기 동안 이어진 혼란의 시대에 고대 사상이 일궈낸 업적들을 구한 것은 바로 이 같은 '강제'였다. 6세기에 작성된 성 베네딕투스의 수도원 회칙에는 비록 수도사가 글을 읽을 줄 알아야 한다고 르네상스기가 역사적으로 입증하듯이, 미술사학자 앙리 포시용Henri Focillon은 다음과 같은 사실을 예리하게 지적하고 있다. "어느 시대에도 정치적인 것, 경제적인 것, 예술적인 것은 각각의 곡선 위에서 동일한 위치를 점하고 있지 않다." 그와 같은 불균형 때문에 사회생활이란 항상 고르지 못한 리듬을 유지하게 된다.(블로크, 152쪽)

명시적으로 요구하는 내용은 없었으나, 성 베네딕투스는 기도와 같은 독서를 육체노동과 마찬가지로 일과에 포함시켰다.(그린블랫, 36쪽)

경제학과 지식

지적 장인과 황금광 시대
지식과 지식인

"지식은 억압적 권위에 의존하지만 고전은 비판적 자유에 호소한다." 갈릴레오의 입을 빌리면, 진리란 (변화하는) 시대의 아이이지 (주어진) 권위의 자식은 아니다.(박명림, 33쪽) "모델은 이용되어야 하지만 믿어서는 안 된다."(셰보르스키 1985, 169쪽)

보울스와 진티스는 21세기 정치경제학의 삼위일체는 더 이상 토지·노동·자본이 아니라 신체·노동·지식일 것이라고 선언한다. "존 로크의 시대에는 토지가 결정적인 투입물이었고, 카를 마르크스의 시대에서 우리 시대까지는 자본재가 결정적 투입이었다면, 다음 세기에는 당연히 지식과 인간

▶ 계간 《사회비평》, 제4호, 1990년, 8쪽

의 신체 그 자체^[인적서비스 노동]가 영예를 함께 누릴 것이다."(보울스 · 진티스, 321쪽)

지식의 외부효과, 사람들이 대도시에 모여 사는 이유

로버트 루카스가 1985년에 발표한 〈경제발전의 역학구조에 관하여On the Mechanics of Economic Development〉라는 논문은 그 자체로 경제학계를 깜짝 놀라게 한 사건이었다. 그때까지 로버트 솔로의 모델에 의존해 기술의 발달과 자본축적의 변동을 중심으로 경제 발전을 생각해 왔던 경제학계의 흐름과 달리, 루카스는 기술과 자본이 아니라 지식, 특히 지식의 확산과 인적 자본 투자를 중심으로 경제성장을 설명하는 획기적인 주장을 내놓았다. 루카스가 어떻게 지식에 대해 그처럼 놀라운 착안을 하게 되었는지 간단히 살펴보자.

당시 대도시는 경제학자들에게 일종의 수수께끼 같은 존재였다. 로버트 루카스는 왜 사람들은 뉴욕 같은 특정 대도시에 몰려 사는 것일까? 왜 어느 지역이나 균등하게 인구가 분포하지 않고 쇼핑가 가까이에 밀집되어 살까? 의문을 가졌다. "경제학 표준모델에 따르면 대도시는 존재하지 않았어야 한다. 그것은 원자의 핵과 같다. 만약 우리가 경제력에 관한 통상적 목록을 작성한다면 도시는 한쪽으로 제쳐 놓아야 한다. 도시는 그저 생산요소를 모아 놓은 것에 불과하다. 그런데 토지는 도시 외곽 쪽이 내부보다 항상 더 저렴하다."

루카스는 이 의문을 푸는 데 도시연구가인 제인 제이콥스Jane Jacobs의 책 《도시경제The Economy of Cities》를 활용했다고 한다. "뉴욕 시의 패션 중심지는 의상 디자이너와 제조업체가 빽빽이 들어선 곳이며, 이곳에서 이들은 함께 사업을 하며 이웃에서 어떤 새로운 디자인이 개발되는지 지켜보는 동시에, 문제를 공유하면서 새로운 일거리를 찾아낸다. 뉴욕 시에 있는 금융가, 다이아몬드가, 광고·출판가도 모두 마찬가지이다. 즉, 같은 일을 하는 사람들이 한데 모이는 이유는, 바로 그곳에 사람들의 재능이 모여 있기 때문이다."(워시, 444쪽)

"단지 다른 사람들 가까이에서 살고 싶다는 이유가 아니라면, 왜 그토록 많은 사람들이 비싼 임대료를 내고 맨해튼이나 시카고 시내에서 살려고 하겠는가?"라는 질문을 던진 루카스는, 이런 현상이 '지식의 외부효과를 통한 성장'이라는 역학구조mechanics 때문이라고 결론 내렸다.

그런데 시인 괴테는 이러한 지식의 외부효과나 인류 공동의 재산으로서 지식의 사회적 성격을 제대로 이해하지 못했던 것일까? 그는 1823년 어느 대담에서 이렇게 말했다. "과학의 문제가 출세의 문제와 직결되는 일이 매우 많다. 단 하나의 발견으로 어떤 사람이 유명해지고 시민으로서 치부致富하게 될지 모른다. 새로이 관찰된 현상은 그 하나하나가 모두 발견이며 모든 발견은 재산이다. 어떤 사람의 재산에 손을 대기라도 해 보라. 그 사람은 금방 화를 낼 것이다."(홉스봄 1996a, 405쪽)

앨프레드 마셜 역시 지식을 발명자가 얻을 보수의 측면에 국한해 보았다는 점에서 괴테와 크게 다르지 않았다. "콜럼버스의 방법이 널리 알려진 이후에는 계란을 세움으로써 특별히 높은 보수를 받을 수 있는 사람은 없다. 장기적으로 세상에 거의 무한한 가치를 제공하는 발명을 한 기업가들은 많은 경우에 밀턴이 《실락원》으로 또는 밀레가 〈만종〉으로 벌어들인 수입에 비해 훨씬 적은 수입을 발명에서 획득한다."(마셜, 제2권, 319쪽)

사회학자 로버트 머튼Robert Merton은 1942년 학술저널에 발표한 어떤 글에서 과학과 기술의 사회적 의미에 대해 이렇게 말했다.

"과학에서의 실질적 발견은 사회적 상호 협력의 산물이며 따라서 공동체에 귀속된다. 과학기술은 인류 공통의 지적 전통과 유산으로 형성되며, 그속에서 특정 개별 생산자의 소유권은 매우 엄격하고 상당한 정도로 제한된다. 발견이나 발명 혹은 발견 대상 물질에 관한 법이나 이론에 그 발견자(발명자)의 이름을 붙이는 것이, 그 발견자(발명자)나 상속인의 독점적 소유권을 의미하지는 않는다. 더욱이 그들에게 특별히 더 많은 사용의 권리나 처분의 권리가 부여되는 것도 아니다. 과학에서 지적재산권은 과학에 관한 에토스(기풍)의 이성으로 매우 최소한도로 제한된다. 지적소유권에 대한 과학자의 요구는, 만약 제도적으로 조금이라도 효율성에 따른 보상이 주어진다면, 인류 공통의 지적 저장기금fund을 추가한 공로를 보상하는 정도에서 인정recognition과 자긍심esteem을 주는 정도가 적당하다."(Merton, p.273)

머튼은 과학의 문화는 자본주의보다는 공산주의의 이상에 더 잘 어울린다고 주장했다. 지적재산은 모든 사람이 나눠 갖는 것이며, 새로 발견한 사실 역시 누구나 자유롭게 주고받을 수 있기 때문이다.

 지식의 공산주의적 성격

머튼은 미분 계산법을 누가 최초로 발명했는지를 둘러싸고 뉴턴과 라이프니츠가 개인적으로 또 영국과 독일이 국가적으로 그 지적재산권을 다투지만, 이 모든 논란에도 불구하고 "과학적 지식이 공통의 사회적 재산"이라는 사실은 전혀 도전받지 않는다고 말한다. 《멋진 신세계》의 작가 올더스 헉슬리는 18세기 말 영국의 천재 물리화학자 헨리 캐번디시Henry Cavendish에 대해 이렇게 말했다. "그의 천재성에 대한 우리의 존경은 일종의 불만으로 인해 크게 퇴색된다. 우리는 그런 사람을 이기적이고 반사회적인 사람

이라고 여긴다."(Merton 1973, p.274)

18세기 영국 작가 새뮤얼 존슨의 《라셀라스》에 등장하는 어느 학자에 대한 묘사를 보자.

"그가 지닌 도덕적 고결함과 자비심은 그의 학식 못지않게 훌륭합니다. 그는 자신의 조언이나 재산으로 선행을 베풀 기회가 생기면, 아무리 연구에 깊이 빠져 있고 좋아하는 공부에 집중하고 있는 중이라 하더라도 언제든지 기꺼이 그것을 중단합니다. 아무리 바쁠 때라도 그는 자신의 도움이 필요한 사람이면 누구든, 그것도 자신의 가장 사적인 거처로까지 맞아들입니다. 그는 '우리 인간에게 하늘을 관찰하는 일은 시혜로 허락된 것이지만, 덕을 실천하는 일은 당위로 명령된 의무라네.'라고 말하는 것이었습니다."(존슨, 199쪽)

한 사회에서 지식인은, 자기 영역에서 오랫동안 연구해 온 사람으로서 얻은 소중한 경험과 지식과 지혜를 많은 사람들이 공유할 수 있게 해야 한다는 어떤 사회적 사명이 있다고 할 수 있다. 명문 대학 학부 과정을 마쳤다는 이유로 국가나 기업, 각종 단체의 장학생으로 선발되어 유학을 떠나 교수가 되어 돌아온 지식인의 경우, 그가 교수가 된 데에는 그의 재능과 노력이 중요하게 작용했겠지만 그 과정에 투입된 사회적·국가적 지원(결국 국민들의 세금 지원 등)을 간과해서는 안 될 것이다.

캐번디시는 당시 열역학 등에서 많은 선구적 실험과 발견의 성과를 담은 여러 논문을 남겼으나, 대다수는 발표하지 않았다고 한다. 그가 죽은 뒤 다른 과학자들이 유고를 정리하면서 이 성과들은 세상에 빛을 보게 되었다. 캐번디시는 그 재능이나 겸손함으로 존경을 받을 수 있다. 그러나 제도적으로 볼 때 캐번디시의 그런 겸손함은 과학 지식의 공유라는 윤리적 요청의 관점에서 매우 심각하게 비판받을 만한 것이다.(Merton 1973, p.274)

백범 김구는 자식들에게 "너희들은 사회의 은택을 입어서 먹고 입고 배우는 터이니, 사회의 아들이라는 심정으로 사회를 부모처럼 효로 섬기면 내 소망은 이에서 더 만족이 없을 것이 짐멜은 《돈의 철학》 가운데 '지성과 화폐의 이중적 역할'을 다루는 장에서 다음과 같이 통찰력 있게 말한다.

"화폐를 얻기 위해 판매되는 모든 것은, 사는 사람의 직업 및 신분과 관계없이 가장 많이 지불하는 사람의 것이 된다. 그러나 인간이 명예·봉사 또는 감사의 이유 때문에 자신의 소유물을 제공하는 경우에는 그것을 받는 사람의 성격이 고려된다. …… 지폐를 갖고 있으면 '신분 증명 없이도' 그 가치를 지불받을 수 있다. 반면 이론적 관념들은 아무리 많은 불을 옮겨 붙이더라도 그 빛이 조금도 희미해지지 않는 횃불과 같다고 정당하게 주장되어 왔다. 이론적 관념들의 잠재적인 무한한 전파 가능성은 삶의 어떤 다른 내용들보다 철저하게 사적 소유권을 벗어난다. …… 우월한 지성의 힘은 그것이 질적으로 공산주의적 성격을 갖는다는 사실에 기초하고 있다."(짐멜, 545~548쪽)

앨프레드 마셜이 경제학에 끼친 영향은 케임브리지대학 교수로 재직하면서 수많은 경제학자를 길러낸 데서 찾을 수 있다. 케인스, 아서 세실 피구, 조앤 로빈슨, 데니스 로버트슨Dennis Robertson 등 기라성 같은 제자들이 영국의 경제학 인명사전을 채우고 있다. 그와 그의 제자들에 의해 형성된

다."라고 말했다. (김구(2002),《백범일지》, 돌베개, 289쪽)

▶ 피구는 평생을 독신으로 지냈으며 남학생 제자들과 있을 때 가장 행복해 했다. 그들과 등산도 했고, 그들에게 이탈리아 시구詩句를 넣은 편지를 보냈으며, 도널드 코리와 같은 총애하는 제자들과는 "칠흑 같은 밤에 교회당 북쪽의 한적한 잔디밭에서 컴벌랜드 격투기"에 몰두하기도 했다.(스키델스키, 1487쪽) 한편 마크 블로그는 조앤 로빈슨에 대해 "경제이론에서 두드러진 명성을 얻은 거의 유일한 여성으로, 그녀의 전체 학문 생활은 마치 '모든 사람은 나이가 들수록 보수적이 되어 간다'는 옛 격언을 논박하는 것처럼 보인다."고 말했다.(블로그, 325쪽)

케임브리지학파는 상당 기간 동안 세계 경제학계의 흐름을 주도하였다. 마셜은 1885년 2월 케임브리지대학 교수직 취임 연설에서 "강한 인간의 위대한 어머니인 케임브리지가 세계로 배출하는 자는, 냉철한 머리와 따뜻한 마음을 가지고 자기 주위의 고뇌와 싸우기 위해 자신이 가지고 있는 최선의 힘 중 적어도 얼마 정도를 기꺼이 바치려고 하는 사람이다. 이들을 더 많이 길러 내는 것이 내가 가슴속에 품은 포부이자 최선의 노력을 경주해야 할 일이다."라고 말했다.(Marshall 1885, pp.152~74)

아리스토텔레스는 《정치학》에서 물질적인 풍요를 누리는 시기나 평화에 따르는 여가가 많은 시기엔 사람들이 교만해지기 쉽다며 다음과 같이 말했다.

"인생에서 뛰어나게 성공을 거두고 시인들이 노래한 '행복한 섬'의 주민처럼 세상에서 행복이라고 부르는 것을 모두 누리고 있는 사람들에게는 특별히 더 많은 정의와 절제가 요구된다. 그리고 이런 사람들이 여러 가지 풍성한 축복을 받아서 더 많은 여가를 가질수록 더 많은 절제와 정의, 지혜

좀 다른 얘기지만, 케임브리지대학에서 발간하는 《케임브리지경제학저널Cambridge Journal of Economics》에서 한국 경제학자들의 활약이 대단하다. 2002년 9월에 나온 제26권 5호에는 총 8개의 논문 중 4개가 한국인 경제학자인 장하준, 박만섭, 홍훈, 이강국의 글이었다. (1)Ha-Joon Chang, "Breaking the mould" (2)Man-Seop Park, "Growth and income distribution in a credit-money economy" (3)Hoon Hong, "Marx's value forms and Hayek's rules" (4)James Crotty and Kang-Kook Lee, "A political-economic analysis of the failure of neo-liberal restructuring in post-crisis Korea" 등이다.

마셜은 특히 이 강연에서, 경제이론은 보편적 진리가 아니라 '특정 진리를 발견하는 데 보편적으로 사용될 수 있는 기계'라는 유명한 말을 남겼다. 경제학 방법론과 분석 도구를 정치 영역은 물론 범죄, 가족, 자녀 출산, 결혼, 이혼 등에까지 확장한 '경제학 제국주의'의 초기적 표현이라 할 수 있다.

를 필요로 하게 될 것이다."(아리스토텔레스, 《정치학》, 517쪽)

배링턴 무어의 다음과 같은 언급은 지식인이 대중과 결합되지 못할 때 어떤 지적인 잘못이 빚어질 수 있는지를 보여 준다.

"지식층 그 자체는 대중의 불만과 스스로 연결되지 않는 한, 어떤 정치 행위도 거의 불가능하다. 불만을 품은 지식인의 자기 분석은, 그 자신의 정치적 중요성에 전혀 걸맞지 않는 큰 주목을 받아 왔다. 그 부분적인 이유는 그의 분석이 기록으로 남은 데 있고 또한 역사를 기록하는 이들 자신이 지식인이라는 데 있다. 혁명의 지도자가 공교롭게도 지적 직업인 또는 지적 계급이었다는 것을 구실로 삼아, 혁명이 농민의 불만에서 유래한다는 사실을 부인하는 것은 크게 잘못된 속임수이다."(무어, 479쪽)

지금까지 우리는 '지식'에 대한 여러 이야기를 전개해 왔다. 여기서 잠시 멈추고 돌아보자. 새뮤얼 존슨이 《라셀라스》에서 한 말이면 충분하다. "지식이 결여된 도덕적 고결함은 연약하고 무익한 것이며, 도덕적 고결함이 결여된 지식은 위험하고 무서운 것이라네."(존슨, 201쪽)

 ## 내 대학 등록금에 감춰진 '도덕'

이제 우리는 도덕으로 무장했거나 혹은 도덕이 부재한 '지식인'에 대한 이야기를 살펴볼 것이다. 19세기 중엽, 곧 1848년 혁명 기간의 종말은, 지배계급으로부터 교양계층의 해방을 향한 마지막 발걸음이자 좁은 의미의 '인텔리겐치아' 집단의 출현을 향한 첫걸음을 의미한다.

"(부르주아계급 안에서 나타난 근대 인문주의자 지식인은) 부르주아 이데올로기의 메가폰이었다. 그러나 지식인과 중간계급의 유대가 느슨해진 시기에는, 한때 지배계급의 자발적 자기검열이었던 것(지식)이 하나의 파괴적인 비판으로, 활력과 쇄신의 원리는 무질서의 원리로 변모한다. 아직 부르주아와 일체이던 교양계층은 개혁의 선봉자였으나, 부르주아로부터 떨어져 나온 지식인은 반항과 분해 작용의 요소가 된다. 1848년경까지 지식인은 아직 부르주아의 정신적 전위이나, 1848년 이후 그들은 의식적이든 무의식적이든 노동계급의 챔피언이 되는 것이다. 자신의 존재가 불안해진 결과 그들은 프롤레타리아와 어느 정도 공동운명체임을 느끼는데, 이 연대감은 때가 되면 부르주아를 모반하여 반자본주의적 혁명의 준비에 가담할 결의를 북돋아 준다."(하우저, 현대편, 136쪽)

학문에서도 금융적 파산 같은 급격한 변동이 일어난다. "18세기의 수학자들은 공식들에 매혹 당했다. 공식들은 너무나 매력적이어서, 한 공식을 다른 공식으로부터 이끌어 내는 데 미분이나 적분 같은 형식적인 연산을 썼다면 그들은 그 공식을 충분히 정당한 것으로 간주했다. 기호들의 매력은 너무나 압도적이어서 이성적으로 생각하지 못할 정도였다. 18세기는 수학에서 영웅적인 시기로 불린다. 왜냐하면 수학자들이 별로 대단치 않은 논리적 장비를 가지고 그토록 장려한 과학적 정복을 이루었기 때문이다."

(클라인, 200쪽)

모리스 클라인은 그러나 이 세기의 수학은, 마치 수많은 거래를 성사시

노벨문학상 수상 작가인 크누트 함순Knut Hamsun의 소설 《굶주림》을 보면, 신문에 글을 투고해 그 원고료로 먹고사는, 그러나 매일 혹독한 굶주림에 직면해 있는 주인공이 "나도 모르게 손에 종이와 연필을 다시 쥐었다. 기계적으로 1848년이라고 구석구석 써 나갔다. 그저 아이디어 하나만, 더도 말고 하나만 떠올라 주어서 내 정신을 확 사로잡아 입 속에서 말이 쏟아져 나오도록 해 준다면! 벤치에 앉아서 1848년을 수십 번도 더 쓰고 또 썼다."는 대목이 나온다.(함순, 50쪽) 그는 왜 굳이 1848년을 소설 속에 넣었을까, 혹시 1848년 혁명의 물결에 따른 지식인의 행로를 생각해서였을까?

키고 분주하게 배달을 하지만 미숙한 경영 때문에 파산하고야마는 거대한 상업회사와 비슷했다고 말했다. 고객들(수학의 상품을 사서 사용한 과학자들)과 채권자들(수학의 주식에 주저 않고 투자했던 대중들)은 참된 재정 상태를 모르고 있었던 것이다. 증명의 관점에서 볼 때 당시의 수학은 진리라기보다는 '신앙'이었다는 것이다. 그러나 자연이 갈 길을 표현하고 예측하는 데에서 이룬 수학의 성공은 매우 인상적인 것이어서, 18세기 모든 지식인들은 자연이 수학적으로 설계되었다고 선언하였다. '이성의 시대'에 수학을 인간 이성의 훌륭하고 장려한 산물로서 격찬한 것이다.

인간의 정신적 결함, 좀 더 정확하게는 완벽의 부재 탓에, 이전 사상가들이 제출한 질문과 답변에 대해 혹독한 비판의 논리와 무기를 휘둘렀던 자신들조차 불행하게도 가까운 미래에 조롱의 대상이 될 수 있다는 사실은 안타깝지만 받아들일 수밖에 없다. 우리는 이성과 지식에 대한 비판이라고 하면 흔히 프로이트를 떠올린다. "프로이트는 이성이 충동을 지배할 수 있는 능력에 대해 회의를 품기는 하지만, 동시에 충동을 지배하는 수단으로서 우리의 지성 외에 아무것도 없음을 강조한다. 그는 말한다. '지성의 목소리는 희미하다. 하지만 그것은 남이 귀를 기울여 줄 때까지 가만히 있지 않는다. 거듭거듭 수없이 거절을 당한 끝에 결국 지성의 소리는 듣는 사람을 찾고야 만다. 이것은 우리가 인간의 미래에 대해 낙관할 수 있는 몇 안 되는 사유 중 하나이지만, 그것 자체만으로도 결코 그 의의는 작은 것이 아니다. 그리고 우리는 이 희망에서 출발하여 다른 희망들을 품어 볼 수가 있다.'"(하우저, 현대편, 223쪽)

일찍이 17세기에 토머스 모어가 개신교식으로 번역된 《성서》를 전부 사들여 태워 버리려고 애썼을 때 이미 알았겠지만, 인쇄 기술은 어떤 책을 아예 없애 버리는 것을 거의 불가능하게 만들었다. 물리학과 천문학 분야에서 새로운 과학적 진보를 가능하게 해 준 대단히 중요한 일련의 생각이 담긴 책의 파급을 막는 것은 더더욱 어려운 일이었다. 사실 인쇄술 이전의 기록 도구도 놀라울 만큼 뛰어난 내구성을 갖고 있었다. 그린블랫이 쓴 《1417년, 근대의 탄생》에 따르면, 6~8세기 중반에 그리스어와 라틴어로 된 고대 문헌의 필사 작업이 실질적으로 중단되었는데, 그렇게 "이제 아무도 읽지 않는 글자들을 담은 채 꿰매진 낱장의 양피지 뭉치가 되어 벙어리 같은 물건"으로 전락한 고대 사상을 담은 책들이 끝까지 살아남은 것은, 오직 양피지의 놀라운 내구성 덕분이었다. 고대 문헌들은 나일 강 하류 습지대에 자라는 키 큰 갈대인 파피루스로 만든 두루마리 책 형태로 남았는데, 이 역시 무게가 가볍고 생산이 쉬운 데다 놀랄 만큼 질겨서 보통 300년은 버텼다고 한다. 그래서 파피루스에 기록해 두면 몇 세대가 지난 뒤에도, 그 내용을 알아 볼 수 있는 상태로 남아 있었다고 한다.(그린블랫, 58·74쪽)

　책은 사고思考를 전파하고, 그만큼 지식은 사람들을 통제하기 어렵게 한다. 어떤 사고는 경제성장을 촉진할 수 있는 새로운 방법을 담고 있을 수도 있지만, 또 어떤 사고는 체제를 부정하며 기존의 정치 및 사회질서를 뒤흔들어 놓는 것이 될 수도 있다. 오스만제국의 술탄과 종교 집단은 인쇄술을 엘리트층이 지식을 장악하던 기존 질서를 파괴할 위협으로 여겨 적대감을 갖고 두려워했다. 1445년 독일 마인츠에서 요하네스 구텐베르크가 경제 역사에 엄청난 영향을 줄 혁신, 즉 인쇄기를 발명한 뒤 서유럽에는 인쇄기가 급속히 보급되었다. 1460년에 국경 넘어 프랑스 스트라스부르에도 인쇄기가 도입되었고, 1460년대 후반 이탈리아 전역에 확산된 데 이어 1476년에 런던, 2년 뒤에는 옥스퍼드에도 인쇄기 한 대가 도입되었다. 1473년에는 부다페스트 등 동유럽에서도 인쇄기를 볼 수 있었다. 그러나 이슬람 오스만제국에는 1727년이 돼서야 인쇄기가 들어올 수 있었다. 18세기 초 이스탄

불에서 활동했던 필경사가 무려 8만 명에 달했을 정도로, 그때까지도 오스만제국의 책 생산은 주로 원본을 베껴 쓰는 필경사에 의존하고 있었다. 인쇄술에 대한 저항은 문맹률, 교육 그리고 경제적 성공에 분명한 영향을 미쳤다.(애쓰모글루, 311~314쪽)

지식과 관련해 덧붙일 만한 것은, 오늘날에는 국가가 공적 교육과정을 통해 민간 자본을 지원한다는 점이다. 국가는 공적 세금을 투입해 도로를 건설해서 자동차를 더 많이 구입하도록 유도하거나, 소비자들이 민간 기업의 생산유통 매장에 가서 쉽게 큰 비용 들이지 않고 상품을 구입할 수 있도록 돕는다. 또 초중등 공교육을 통해 미래 노동자들을 교육시킨다. 민간 사기업들이 해야 할 노동자들의 (직업)교육 훈련을 국가가 지원하고 있는 셈이다. 그 누구도 사회적으로 타인이나 집단, 국가의 지원과 도움 없이 오직 혼자 노력해 자수성가하고 성공하기 어렵다. 부유층과 민간 기업에 대한 국가의 과세는, 이들이 돈을 버는 과정에 수많은 사회적·제도적 도움과 지원이 있었다는 점이 징수의 합리적 근거가 될 수 있다.

그런데 세금에 대한 수혜는 모순되게도 불평등하게 이루어지기도 한다. 프리드먼에 따르면, 미국의 가난한 가정에서 자란 젊은이는 고등학교를 졸업하고 16세 또는 17세에 직장에 다니면서 사회보장 세금을 내기 시작하지만, 상류층 아이들은 주로 대학에 진학해서 졸업할 때까지 세금을 내지 않는다. 한국의 사정도 크게 다르지 않다. 가난한 가정의 젊은이가 낸 세금의 일부는 교육예산 계정을 통해 국공립 및 사립대학에 교육 지원금으로 흘러들어 간다. 이 지원금으로 대학생들은 좀 더 적은 등록금을 내기도 하고 그 지원금으로 구입한 책을 도서관에서 공짜로 읽을 수 있다. 더욱이 부유한 사람은 가난한 사람보다 인구통계학적으로 더 오래 생존하며 사회보장 혜택을 가난한 사람보다 상대적으로 더 누리게 된다. 가난한 계층 사

경제학과 지식

람들이 더 일찍부터 세금을 내고, 부자 계층 사람들이 더 오래 사회보장 혜택을 누리는 것이다.

지식인으로서 황석영은 소설 《열애》(1988)의 작가 서문에서 말했다.

"이 땅에서 글을 써서 밥을 먹고 산다는 일은 확실히 선택된 일임에 틀림없다. …… 내가 받는 돈(신문 연재소설 원고료)은 동시대 임금노동자에 비하면 거의 열 배나 되는 금액이다. 그러나 나는 이 열 배의 간격을 내 창작을 통해 보상해 나가겠다는 결심으로 의식이 부패하지 않도록 노력할 작정이다. 그럼에도 불구하고 오늘 이 땅에서 글을 써서 먹고산다는 일은, 분명히 하나의 부끄러움이다. 훌륭한 시대가 온다면, 나의 모든 작품과 생활은 호된 비판을 받아 마땅할 것이며, 그 비판의 폭을 줄이기 위해서라도 나는 끝없이 부끄러워할 테고, 공짜로 먹고살지 않도록 노력할 작정이다."

소설가 박태원은 《소설가 구보 씨의 일일》의 한 대목에서 "서정 시인조차 황금광으로 나서는 때다."라고 황금광 시대를 한탄했다. 이와 유사하게, 베버의 후계자이자 동시에 비판적 지지자였던 사회학자 라이트 밀스는 1959년 《사회학적 상상력》의 부록에 실린 에세이 〈지적 장인匠人주의에 관하여〉에서 다음과 같이 말한다.

"사회과학자는 한 사람의 지적 장인이다. 사회과학자에게 가장 나쁜 일은 오직 돈벌이만을 위해 특수한 목적의 프로젝트 연구에만 매달리는 것이다. 요즘 대부분의 프로젝트와 주의 깊게 씌어지는 글은 자금 지원을 요청하고 있다. 아무리 관행이라도 그건 매우 나쁜 행위다. 그런 작업은 어느 정도는 세일즈맨에 가깝고, 이전에 수행된 같은 주제의 다른 연구 작업과 어긋나지 않도록 원만하게 자의적으로 대략 맞추는 식이 될 공산이 크다. 이런 태도는 현실에서 지배적으로 기대하는 결과에 맞춰야 하는 고통스런 가식을 수반한다. 아무리 가치 있는 연구라도 돈을 벌기 위해 고안된 연구

계획은 그런 고통을 피하기 어렵다."(Mills 1959, p.195)

 '훈련된 무능'과 미국 박사

1980년대 이후 미국 경제학계의 풍토를 집약적으로 보여 주는 말 중 하나가 "논문을 발표하느냐 아니면 도태되느냐publish or perish"이다. 이 때문에 상대적으로 오랜 시간이 필요하거나 광범위한 주제를 다루는 연구보다는 단기적으로 결과를 낼 수 있는 연구가 많다는 비판이 제기됐다. 종신 교수직 취득 직전에 경제학 교수들의 발표 논문 수가 급격히 증가하는 추세를 보인다는 연구 결과도 있다. 한편, 1986년 경제학자 아서 다이아몬드Arthur Diamond 교수가 발표한 논문 〈논문 인용의 금전적 가치The Money Value of Citations〉에 따르면, 논문이 한 번 인용되는 횟수의 경제적 가치가 50달러에서 1,300달러에 이른다고 한다.(홍기현·김진방, 269쪽)

사회과학 및 인문학을 대하는 경영자의 이러한 태도가 그대로 반영되어, 미국 대학에서는 단독 단행본을 중시하는 독일 등 유럽 대륙과 달리 20~30쪽짜리 저널 논문 발표를 가장 중요시하며, 교수 및 연구자들도 이런 글에 정력을 쏟아 붓는다. 미국 대학 출신 박사들이 대다수를 이루는 국내 경제학자 집단에서도, 경제학자의 능력을 평가할 때 미국의 주요 경제학 전문저널에 실린 논문 숫자를 기준으로 삼는다. 미국의 가치판단을 그대로 받아들이고 있는 셈이다. 당연히 다들 미국 저널에 논문을 싣고자 애를 쓰는데, 사실 이런 저널은 미국의 관심과 이익, 이데올로기를 반영하므로 자연히 이러한 경향에 순응할 수밖에 없다.(장상환 1988)

'유한계급', '제작 본능', '영리기업' 등의 여러 학술적 유행어를 생산·유포한 미국 사회경제학자 소스타인 베블런은 이른바 '훈련된 무능trained incapacity'을 제시한 바 있다. "한 가지 지식이나 기술에 관해 훈련받고 기존 규칙을 준수하도록 길들여진 사람은 다른 대안을 생각하지 못한다."는 의미다. 전문 지식에 매몰돼 "네가 뭘 알아" 식의 태도를 보이고, 자기 분야를 벗어나면 문외한이 되는 것이다. 이런 사람들은 좁은 범위의 동일 업무를 반복하면서 권태에 빠져 조직의 활력을 떨어뜨리기도 한다. 체계적인 지적 훈련의 결과가 새로운 현상의 발견이나 설명을 어렵게 하는 역설적인 상황을 일컫는 말이다. 자유롭게 상상하고 비판적으로 사고하고 역설적으로 설명하는 쇄신적 학문의 추구가 '훈련된 무능'을 치료하는 해독제가 될 것임은 더 말할 것도 없다.

'훈련된 무능' 개념을 전환점으로 삼아 지식인과 지식인의 사회적 역할이라는 주제에서 벗어나 '지식', 특히 '노동통제를 목적으로 한 지식'에 대한 논의로 들어가 보자. 베블런의 '훈련된 무능'은 1911년 《과학적 관리법》을 쓴 프레더릭 테일러의 '훈련된 원숭이'라는 표현을 떠올리게 한다. "즉시 세간의 주목을 끈 이 세련되지 못한 표현"(그림시, 328쪽)은 무슨 의미일까?

테일러는 "이 선철 작업은 너무 조잡하고 초보적인 것이어서 머리 좋은 원숭이를 훈련시키면 사람보다 더 능률적인 선철 작업자를 만들 수 있을 것으로 믿는다."고 말했다. 테일러 이전에도 노동 강도의 증가와 한계에 대한 논의는 경제학자들 사이에서 흔히 이뤄졌다. "테일러는 새로운 어떤 것을 발명한 것이 아니라, 영국과 미국에서 19세기 동안 싹트고 있던 생각들을 종합하고 논리적으로 일관성 있게 제시한 것이다. 그는 [다른 사람들이 연구해 온] 일련의 불연속적인 노력과 실험에 철학과 타이틀을 부여했다."(브레이버만, 84쪽)

테일러의 고투는 오래전 제본스가 정초한 이른바 '고통과 효용의 미분학'으로 노동 강도의 '효율 극대화 값'을 찾아내려는 시도였다. "우리는 일정 시간에 발휘된 물리적 힘의 양으로 노동 강도를 대략 측정할 수 있다. 행해진 일의 양과 노동 강도를 연결하는 흥미로운 법칙이 존재해 왔거나 탐지되었다. 땅 파기처럼 단순한 종류의 일에서 삽은 여러 크기로 만들 수 있다. 가령 시간당 동일한 수의 삽질을 한다면, 요구되는 노력은 삽날 길이의 세제곱에 거의 맞춰 달라진다. …… 대부분의 근육노동에서는 몸이나 팔다리의 무게가 대단히 중요하다. 가령 편지 한 통을 운반하기 위해 고용된 우체부가 있다고 하자. 그가 20통의 편지를 운반하더라도 인지할 만한 노동 증가는 없을 것이며, 그의 효율은 20배로 늘 것이다. 100통의 편지는 어쩌면 약간의 부담이 될 수도 있다. 분명한 사실은 우체부의 피로가 한계에 이를 때까지 계속해서 편지 하중을 늘릴 수 있다는 것이다. 그리하면 극심한 피로를 유발하지 않는 최대 하중으로 극대의 유용한 결과를 얻을 터인데, 그 무게는 실험을 통해 곧바로 꽤 엄밀하게 정할 수 있다."(제본스, 255쪽)

이른바 '미분기계'를 설계하여 제작에 착수했으나 완성하지 못한 찰스 배비지Charles Babbage의 《기계와 제조업의 경제학》(1832)에서도 "사람 뼈대의 근육에 생기는 피로는 각 노력에서 실제로 사용된 힘에만 달려 있지 않고, 부분적으로는 그것이 발휘되는 진도에 달려 있다. …… 못을 나무에 박는 작업의 하나는 망치를 끌어올려 그 머리가 못을 향해 돌진하게 하는 것이고, 다른 하나는 팔을 들어 올려 망치를 사용할 수 있게 움직이는 것이다. 만일 망치의 무게가 가볍다면 팔을 들어 올리는 노력에서 피로의 대부분이 생길 것이다. 사소한 힘을 필요로 하는 작업이 자주 반복되면 힘든 작업보다 더 쉽게 피로하게 되는 까닭이 여기에 있다."며(제본스, 256쪽) 인간 노동에 대한 과학적 계산을 시도하고 있다.

안토니오 그람시Antonio Gramsci는 〈미국주의와 포드주의Americanism and Fordism〉에서 다음과 같이 말한다.

"테일러는 사실상 미국 사회의 목적을 노골적인 냉소주의로 표현하고 있다. 그 목적이란 노동자 속에 자동적이고 기계적인 태도를 최대한 조장하고, 노동자 측의 지성·상상력·창의력 등의 적극적 참여가 일정하게 요구되는 기능적이고 전문적인 작업에서 심리적·신체적 연관을 파괴하여, 생산적 활동을 오직 기계적이고 신체적인 측면으로만 환원시키는 것이다. ……
포드와 같은 미국 기업가들의 청교도적인 노력은 이러한 관점에서 연구되어야 한다. 그들이 노동자의 인간성이나 정신성에 관심을 갖고 있지 않다는 것은 명백한 사실이며, 이 인간성과 정신성은 작업의 세계, 즉 생산적 '창조' 속에서만 실현될 수 있는 것이다. 휴머니즘은 (포드와 테일러의) 새로운 산업주의와 싸우고 있는 것이다."

포드주의는 그러나 계급타협의 성격뿐 아니라 유혈적이기도 했다. "1920년대에 포드는 산업스파이와 회사에 저항하는 노동자의 해고를 포함하는 훨씬 극렬한 정책으로 전환했다. 노사관계 학자 스티븐 메이어S. Meyer는 포드가 외견상 순박하게 보였던 노동관리 방식을 근본적으로 폐기하고, 대신 철권을 과시했음을 상세히 기술했다. 1920년대에 포드에서 가장 능률적이고 효과적인 노동통제기구로 입증된 것은, 바로 악명 높은 봉사부와 공장 스파이망이었다."(고튼 외 1998, 227쪽)

기업가들은 노동자의 신체적 근육 및 신경적 효율성을 지속시키는 데 관심이 있다. 안정되고 숙련된 노동력, 즉 영속적으로 잘 조정된 한 기업의 인간적 복합체(집단적 노동자)는 그 또한 하나의 기계인 바, 기계를 너무 자주 해체하여 부품을 갈아 끼우면 큰 손실이 없을 수 없기 때문이다.(그람시, 330쪽) 이는 비정규직 고용과 이에 따른 잦은 인력 해고 및 교체가 기업의 수익과 생산성에 부정적 영향을 미친다는 실증 연구들이 보여 준다.

베블런은 《제작본능Workmanship과 산업기술의 상태》(1914)에서, 기업은 유용한 노동을 하고 싶어 하는 인간의 호모 파베르Homo Faber적 기질과는 본질적으로 갈등 관계에 있다고 여겼다. 인간의 잠재 역량 중 많은 부분이 '비효율적인 제도'로 소모되고 있다는 비판이다. 사실 제작본능과 자본주의적 생산양식에서의 생산수단 박탈이란 측면은, 인간의 잠재적 능력을 충분히 표현하고 발휘하게 하는 사회구성체에 대한 질문을 즉각 불러일으킨다. 1876년 엥겔스는 〈원숭이의 인간으로의 진화에서 노동이 한 역할〉에서 "노동과 언어, 이 둘이 원숭이의 두뇌를 인간의 두뇌로 바꾸는 데 가장 중요한 자극이다. 손은 노동을 하는 기관일 뿐만 아니라 노동의 산물이다."라고 말했다. 찰스 다윈이 《인간의 유래The Descent of Man》(1871)에서 제시했듯이, 인간은 도구를 이용하면서 생각하기 시작했고, 그럼으로써 두뇌의 정신 능력이 엄청나게 증가했다는 것이다.

다시 우리 내부로 돌아오자. 장상환은 1988년 〈도전받는 미국 유학 경제학 박사들〉이란 글에서, '미국 박사들이 지배하는 경제학계'의 실상을 폭로한 바 있다. 그에 따르면 우리나라 대학과 국책 연구기관은 세계 각국을 통틀어도 유례가 없을 정도로 미국 박사로 편중돼 있다. 경제학계의 주

한국 주요 대학교 경제학자 교수 171명 가운데 72퍼센트(116명)가 미국 대학에서 박사학위를 받았고, 정부 출연 연구기관 연구자 117명 중 미국 박사가 77퍼센트(90명)이다. 특히 한국개발연구원KDI의 박사학위 소지자 38명이 전부 미국 박사이다. "국민경제의 발전 및 이와 관련된 대부분의 과제를 현실적이며 체계적으로 연구 분석함으로써 국가의 경제계획 및 경제정책의 수립에 기여함"을 목적으로 설립된 기관임에도 그 민족적 성격과는 판이하다. 미국 대학 출신 박사를 대량 배출하는 메커니즘은 우선 한국에 정치·군사·경제적 지배력을 행사하는 미국의 의도적인 노력의 결과라고 할 수 있다. 즉, 미국은 여러 형태의 장학금으로 한국 학생들을 미국으로 끌어들여 그들을 자기들의 지적 영향 하에 두려고 했다. '자기 사람'을 만드는 것이다. 미국 유학생들은 귀국 후에도 출신 미국 대학 동창회에 소속되어 모교와 관련을 맺으며, 귀국하고 몇 년 뒤에는 1년간 초청을 받아 미국의 최신 지식을 흡수할 수 있는 기회를 얻는다. 국내 대학에서 대학원생들을 지도하고 자신의 연구 역량을 계속 발전시켜야 하는 전임

요 연구 인력이 대부분 미국 출신 박사들로 채워짐으로써 초래되는 결과는 심각하다. 그것은 한국 경제학을 질식시킨다. 한국 경제학은 후진국 실정에 걸맞지 않게 코스모폴리탄(세계주의)적이고 비민중적으로 되었다. 자유무역론은 기본적으로 강자의 논리다. 미국의 경제학은 미국인과 미국 경제의 이익을 실현하기 위해 노력하면서 과학이라는 베일로 자기 의도를 감추고 보편성을 강조한다. 근대경제학에서 정치와 경제를 분리하고 시장의 지배력을 소리 높여 외치는 것은, 실은 독점대자본이 시장에서 발휘할 엄청난 힘과 그것을 배경으로 한 정치적 지배력을 은폐하는 것에 불과하다. 그러나 이에 대한 반성과 비판은 경제학을 잘 모르는 사람들의 독백이라고 일축되었다.(장상환, 1988)

우리 사회에서 대학은 '비즈니스 원리'와 상품 논리가 지배하는 '매수된 대학'이라는 신랄한 비판을 받고 있다. 자유와 저항의 기치 아래 자본의 외부를 사유하고 모색하는 아카데미의 모습은 더 이상 찾아보기 어렵다. '기술'의 역사를 연구해 온 데이비드 노블은 《고안된 미국America by Design》(1977)에서 대학과 기업의 협력이 폭발적으로 증가한 때가 미국 제조업 경제가 빠르게 발전한 시기와 딱 맞아떨어진 건 결코 놀랄 일이 아니라고 말했다. 거대 엔지니어링 및 화학기업은 대학에 연구비를 대 주고, 아카데미의 학자들은 그 대가로 이들에게 연구 서비스를 제공했다. 대학은 산업 연구소를 세워 기업에 인력을 제공했고, 일부 대학은 사업에 직접 뛰어들기도

교수들도 과중한 강의 부담과 정부기관 자문, 연구 여건을 마련하기 위한 대학 외부 업무 등으로 분주하기 때문에 제대로 후학을 지도할 수 없고, 따라서 대학교수들 스스로 후학들에게 유학을 권유하게 된다.(장상환 1988)

했다. 시카고대학을 설립한 거액의 기부자 중 한 사람은 '강도귀족'으로 불리던 스탠더드 오일의 독점자본가 존 록펠러John Rockefeller였다. 나중에 시카고대학은 신고전파경제학의 요새가 되었다. 록펠러 본인의 평가에 따르면 "내가 한 투자 중에서 최고였다."

▶ Eyal Press and Jennifer Washburn(2000), "The Kept University", *The Atlantic Monthly*, Vol. 285(3).

▶▶ 당시 스탠더드 오일을 석유업계는 물론 국회의사당까지 칭칭 둘러 감고 있는 문어로 묘사한 만평이 나올 정도로 록펠러는 거대 독점사업을 영위하면서 정치권력까지 돈으로 장악하고 있었다.

유령 사냥에 나서며
80년대 한국 학술운동

　이제는 지식인과 혁명, 계급적 이론과 실천의 문제를, 저 '불의 연대'였던 한국의 80년대 학술운동 경험을 중심으로 살펴보고자 한다. 우선, 지식인의 이론적 실천이란 맥락에서 계급론의 권위자인 에릭 올린 라이트Erik Olin Wright의 치열한 고민을 보자. 그는 1977년에 펴낸 《계급이 중요하다 Class Counts》 서문 첫 장에서 [만화 속 여주인공] 엘지가 황소를 왜 황소라고 하는 지 궁금해하는 것처럼▶ 나는 무엇이 '계급'으로 만드는지를 놓고 무던히 많은 시간을 고민하고 탐구해 왔다"고 말했다.▶

▶ 1906년 《펀치Punch》에 실린 만화에서 엘지Elsie라는 여자아이가 황소를 가리키며 "저게 뭐예요? 아빠"라고 묻자, 아빠가 "황소란다"고 대답한다. 그러자 엘지가 "왜?"라고 묻는다.

▶▶ 마르크스의 《자본론》 마지막 제3권의 마지막 편(제7편 '수입과 그 원천')의 끝인 제52장의 제목은

톰슨E. P. Thompson도 이와 유사하게 《영국 노동계급의 형성The Making of the English Working Class》 서문에서 "이 책의 제목이 비록 어색하지만, 그대로 책의 목적과는 잘 부합되는 제목이다. '형성Making'이라 한 것은 이 책이 진행 중인 어떤 과정에 관한 연구이기 때문인데, 진행 중인 과정은 여건에 좌우되기도 하지만 그 활동의 주체에도 좌우된다. 노동계급은 정해진 어느 시간에 태양이 떠오르듯 정해진 어떤 시간에 떠오른 것이 아니다. 그것은 노동계급 자신이 만들어 내는 과정 속에서 나타난 것이다."(톰슨, (상), 6쪽)라고 말했다.

다시 오기 어려운 독특한 지적 풍경

한국으로 눈길을 돌리면, 적어도 1980년대에는 계급에 대한 이론적, 실천적, 실증적 연구는 가히 봇물을 이뤘다. 대표적으로 80년대에 독보적인 계급 연구 성취를 보였던 서관모 교수가 자본가계급／신중간제계층／프티부르주아층(구 중간계층)／비농업 반프롤레타리아층／노동자계급의 구성 비율을 실증적으로 파악한 바 있다. 물론, 이제 이러한 계급 구성 획정 연구는 찾아보기 힘들다.￭ 한국의 '사회 구성'을 이해할 계급 구성 분석에서 핵심적인 위치를 차지하는 중간계급(계층)의 성격과 범주화 문제를 다루는 경제사회학 연구자도 찾아보기 힘들다. 이제 살펴볼 '뜨거웠던 연대'를 감안하

'계급'이다. "우선 대답하여야 할 문제는 '무엇이 계급을 형성하는가?'이다"라는 질문과 함께 원고가 중단되었다.(《자본론》 제3권(하), 1090쪽)

▶ 대표적으로 한국산업사회연구회(1985), 《산업사회연구》(제1집)(한울)에 실린 서관모의 글 〈한국 사회 계급구성의 사회통계적 연구〉를 꼽을 수 있다.

면 격세지감으로 어리둥절할 지경이고, 25년 전은 단지 유령같은 모습으로 느껴질 법도 하겠다.

"1987년 일련의 사태를 전후로 쏟아져 나온 전문 학술지와 대중 문화지의 서문序文들은 나름대로 독특한 프리즘을 통해 한국 사회에 대한 현실 진단과 처방을 내리고 있다. 그들의 관심을 묶는 공통적 지향점은 민중·민주·민족이다. …… 그리고 그 긴장에서 한 걸음 물러나 자신의 위치 확인을 요구하는 것도 있다. …… 한국은 어디로 가고 있는가? 1970년대 말 극단의 위기에 직면하여 스스로에게 던졌던 이 질문은 이제 새로운 형식으로 변형되어 나타나고 있다. 우리는 어느 편에 가담하고 있는가?"(송호근 1992, 79쪽)

사회학자 송호근은 1990년에 계간 《사회비평》 제4호에서, 확연하게 진영이 나뉜 저 뜨거운 '불의 연대' 한복판에 선 지식인의 고뇌를 이렇게 내비쳤다. "어느 편에 설 것인가?"라며 사상의 거처를 묻는 동료와 친구들, 그리고 시대가 던지는 질문 속에서 혼돈과 동요가 들끓고 도처에서 이론적·실천적 소요가 대두했다. 시인 고은은 "모든 곳이 전장이었고 전쟁 속의 시장이었던" 1950년대에 대해 "'아아 50년대!'라고 말하지 않으면 안 된다. 모든 논리를 등지고 불치의 감탄사로서 말하지 않으면 안 된다."라고 영탄조로 내뱉었다. 그 자신이 80년대를 "화살처럼 가 박혀" 온몸으로 뚫고 지나온 고은은 1980년대 역시 "아, 80년대!"라고 말할까?

이보다 앞서 1985년에 최장집은 "개인들이 겪는 동요와 고통을 모두 끌어안으려는 간절한 사랑과 더불어" 역사와 현실을 관찰하고 "실제 민중의 분파이든 아니든 상관없이 그들 스스로 사회적 및 역사적 위치를 민중과

▶ 고은(1989), 《1950년대》, 청하, 19쪽.

이성적으로 일치시키려 하는" 지식인의 대두를 다음과 같이 묘사했다.

"최근 우리는 오늘의 조건에 대한 사회 인식의 전면적이고도 급격한 변화와 더불어 해방 이후 우리 현대사에 대한 폭발적인 관심이 일고 있음을 목격하고 있다. 이러한 조건을 감안할 때 현재 한국 현대사에 대한 급격한 관심의 증대와 이해 지평의 확대는 가히 지적 혁명이라 부를 만한 격변이 아닐 수 없다. …… 새로운 세대는 체험의 단절을 통하여, 그들과 시대를 달리하여 격리되고 있던 동질적 체험을 갖는 민중이라는 사회집단을 만난다. 그것은 이미 우리 현대사를 통하여 자주 사건으로 확인되었던 민중의 집단 행위뿐만 아니라 구체적 표현의 길을 찾지 못한 채 숨죽이며 묻혀 간 집단 의지·여망·분노와 그들의 패배가, 이전에는 아무런 중요성이나 상징이나 의미를 갖지 못했던 사건들이, 처음에는 매우 불완전한 모습일지라도 어둠과 침묵으로부터 깨어나 말하는 새로운 소리를 들을 수 있는 의식공동체의 출현을 의미하는 것이다."(최장집 편, 3·6쪽)

사회과학에서 '저항과 변혁, 해방'이라는 우리가 지금 살펴보고 있는 주제를 둘러싼 '질문과 답변'을 살펴보고자 한다면, 한국의 지식사회를 뒤흔든 1980년대 중반부터 1990년대 초까지의 논쟁을 빼놓을 수 없다. 그 이유는, 첫째 당시의 논쟁이 2010년대 지금 우리의 현재에 장기지속으로 영향을 미치고 있는 조건이라는 점에서 우리가 선 지금 여기를 좀 더 정확히 이해하는 기원으로서 의미가 있기 때문이며, 둘째 우리 바깥 서구의 질문과 답변을 둘러싼 논쟁의 역사를 넘어 한국의 주체적 질문과 답변을 통해 우리 스스로의 역사와 삶에 주목하는 시각을 확보할 수 있다는 점에서 그러하다.

김진균은 1991년에 "우리는 모두 지금 한국 사회의 민족적·민중적 변혁을 위한 긴 여정에, 또 민족적·민중적 학문의 정립을 위한 여정의 출발점에 있다."고 환기하며 "이 땅의 모든 지식인들이 이 대열에 동참할 것을 오늘 우리 모두의 이름으로 촉구한다."고 제창했다.(김진균 1991, 23쪽) 김진균은 한국 학문에서 '민중에 기초하는 민족의 사회과학'으로의 전환은, 1970년대 후반부터 1980년대 초반에 걸친 이른바 제3세계론적 시각이라는 우회 과정을 거쳐야만 했다고 말한 바 있다.

"지금 우리가 그것을 우회였다고 말하게 되는 것은, 80년대 전반에 비해 한국 사회의 문제에 대한 우리 스스로의 인식이 좀 더 심화되었기 때문이며, 이제는 좀 더 직접적인 언어로 우리 문제를 얘기할 수 있게 되었기 때문이다. 우리의 사회과학은 잃어버린 수십 년의 현대사를, 제3세계라 지칭하는 거친 들판을 방황하던 끝에 겨우 찾아내고 있다고나 할까. 여하튼 우리는 그것을 통해 우리에게로 다시 돌아와 있다는 것이다."(김진균 1991, 33쪽) 제3세계론적 관점에 대해서는 이미 이 책 제3부 제2장에서 간단히 살펴본 바 있음을 기억할 것이다.

김진균은, "실로 '종속적 학문질서'에서 탈피하는 길은 다소 우회적이었다."며 "그 하나가 곧 한국 사회를 제3세계로 보는 시각의 촉발을 기다려야 했다."고 말했다. 마침 1970년대 중후반에 라틴아메리카의 역사에 기초하는 종속이론이 도입되고 여기에 촉발되어 내부에 잠재하거나 움트고 있던 자주적 학문의 방법론이 모습을 드러내기 시작했다는 말이다. 종속이론은 발전과 저발전에 대한 세계적 규모의 자본축적 작용에 대한 이해뿐 아니라, 종속성 탈피를 위해 내적으로는 민중에 기초하는 민주화의 길을, 대외적으로는 반제의 변혁, 자주화 내지 민족해방의 실체적 문제에 대한 인식을 요구했다.

박명림은 1980년대 급진 이론과 사상을 학습한 세대에 대하여, '금지로 인한 집착'에서 '수용을 통한 학습'과 '학습을 통한 극복'으로의 전이를 이루었다며, 이는 한국 학문의 모범적인 내적 항체의 형성, 또는 자기 내성의 발현이라고 부를 수 있다고 말했다.(박명림, 65쪽) 이 과정에서 출판운동이 학술운동의 수원水原 역할을 수행함으로써 출판과 학술은 고도의 연계를 보여주었다. 저작 및 자료 보급의 양과 속도, 은밀성, 보관의 편리성, 자료에 대한 접근 가능성 면에서 복사 기술과 복사문화 확산이 끼친 영향 역시 엄청났다. 일단 확보된 자료는 신속하게 재생, 확산되었고, 보급과 독서의 폭이 넓어지는 만큼 인식의 공유도 확산되었다. 수많은 자료와 저서들은 각종 약칭으로 불리며 대학가와 지식사회를 장악해 나갔다. 연구자들은 복사문화를 통해 자연스럽게 익명성 속에서 자료를 폭넓게 공유할 수 있었다.

이러한 복사문화 확산은 두 가지 방법으로 나타났다. 하나는 대학 주변 소규모 복사 점포, 일명 '복사집'의 등장이었다. 각 도서관과 기관의 자료들이 이 '복사집'을 통해 은밀하게 퍼져 나갔다. 다른 하나는 많은 영세 영인본 출판사들의 등장이었다. 이를 통해 사회과학출판사·영인본출판사—대학가 서점—복사집—비판적 지식인·학생들 사이에 일종의 대항문화 네트워크가 형성되었다. 운동권, 비제도권 또는 민중문화로 불린 대항문화 네트워크는 다시 오기 어려운 80년대만의 독특한 지적·사회적 풍경이었다. 민주화 이전 한국 사회의 이 지적·사상적 풍경은, 마치 프랑스·러시아·중국·베트남에서 혁명 전야의 한 국면처럼 정서·열정·지식의 어떤 뜨거움을 안고 밑에서 꿈틀 대는 모습을 보여 주고 있었다.(박명림, 68~69쪽)

"한국 최초로 젊은 비판적 지성들이 집단적으로 형성된"(박명림, 383쪽) 1980

그러나 독재 체제와 독재담론의 붕괴로 균형이 깨지면서, 대항담론과 대항문화 네트워크 역시 민주화의 성취와 함께 조용히 자취를 감추었다. 적어도 표면적으로는 억압담론과 대항담론이 함께 소멸된 것이었다.

년대의 모험적 투신은 "진리에의 도전은 재능을 넘어 민중에 대한 변함없는 사랑과 함께 가야 한다"는 지향이었다. 즉, "'사람을 사랑하고 괴로워하라. 변하지 말고 민중으로 계속 남아 있으라. 그리고 자기 사회의 고통스러운 것을 감추지 말고 말하여 미래를 향한 구제 방안을 찾자.' 이것이 《민중Le Pueple》에서 쥘 미슐레Jules Michelet가 말하고자 했던 외침이었다."(박명림, 401쪽)

"어떤 시였던가, 유리창 위에 떠오르던 몇 줄의 말. '어딘가에 아름다운 사람과 사람과의 힘은 없는가. 같은 시대를 함께 사는 친근함과 따스함과 그리고 노여움이 날카로운 힘이 되어 솟아오르는.' 또는 이런 말도 있었다. '튼튼한 사나이들이 네댓 명 커다란 손을 벌리고 이야기를 하는 그런 곳은 없는가. 구름이여 물론 나는 가난하지만 괜찮지 않은가 데려가 다오."(황석영, 《열애》) 시인 서정주가 〈자화상自畵像〉(1939)에 쓴 23세 식민지 조선 청년의 강력한 리얼리즘, 즉 "애비는 종이었다. 밤이 깊어도 오지 않았다. 파뿌리같이 늙은 할머니와 대추꽃이 한 주 서 있을 뿐이었다."라는 그 첫 문장이 주는 충격과 맞먹는 리얼리즘이 80년대 말 문학계를 엄습했다.

◆ '조세희'가 '홍희담'으로

80년대는 또 "나에게 혁명적 이론을 달라. 그러면 변혁과 해방을 가져다주겠다."는 구호가 넘치던 시대였다. 한국 사회의 변혁 열망과 사회적 저항의 요구를 일관된 이론의 영역으로 끌어들인 학문적 시도의 결집이 이뤄졌다. 당시 정간 상태였던 《창작과비평》이 1985년에 낸 부정기 간행물 제1호는 사회구성체 논쟁의 발단을 제공했다.

"이 논쟁은 각 입장의 분석적 내용이라기보다는 계급적 당파성, 소시민적 성격, 이데올로기적 성격을 띠고 있었다. 구체적인 성과보다는 한국 근현대사회 연구에서 그 이전 시기에 잠재적으로 대립되었던 입장들이 좀 더 분명하게 분리되어 각자의 논리 체계를 정립하도록 했다는 점에 의의가 있다. 즉, 1970년대까지의 종속적 지배학문에 대항하는 반주류 이론 전선에 잠재화되어 있던 소시민적 성격의 이론과 민중적 성격의 이론, 더 나아가 1970년대 진보적 학문 자체 속에 내포되어 있던 소시민적 지향과 민중적 지향을 보다 분명하게 분리시켜 새로운 재정립의 계기를 제공하였다는 점이다."(김진균 1991, 81쪽)

성찰적 자유주의자로서 지식인 송호근은 1992년 '사회구성체론'을 비판하는 글에서 다음과 같이 토로했다.

"80년대는 기존의 시대와 뚜렷이 구분되는 인식 및 사고방식에서 코페르니쿠스적 전환을 이루었다. …… 학문·문화·사회운동 그리고 이데올로기와 의식 표출의 내용과 형식이 급진적으로 변화하였다. 돌이 화염병으로 바뀌고, 가두행진이 가투투쟁으로 전환되고, '조세희'가 '홍희담'으로 변형되고, 탈춤이 노동연극으로, 개인의 시가 집단적 시로, 베버가 마르크스로, 민중이 민족해방으로, 종속 극복이 반미항쟁으로 각각 바뀌어 나갔다."(송호근 1992, 28쪽)

누군가 소설 《태백산맥》 출간(1986) 무렵 "보라. 우리 문학 드디어 여기까지 왔다."고 선언했지만, 한국의 사회경제를 우리 문법과 문체로 분석하기까지에는 '80년대'가 필요했다. 물론 그 이전 출판 및 학술지운동은 해방 이후부터 시작되었다. 1948년에 출판사 한길사를 설립한 장준하는 한국전쟁 직후 월간《사상계》를 펴내기 시작했다. 백낙청 등은 1966년《창작과 비평》을 창간하고, 이어 1974년에 출판사 창작과비평을 설립하면서 그 첫 책으로《문학과 예술의 사회사, 현대편》(창비신서 제1권)을 펴냈다. 이어 성찰적 자유주의자로 흔히 불리는 김병익·김치수·김현 등이 1970년《문학과 지성》을, 7년 뒤인 1976년 가을에는 민음사가 《세계의 문학》을 펴내기 시작했다. 각각 진보개혁, 자유주의, 중도의 일정한 경향과 입장을 표방했다.

이념 서적의 부분적 해금, 그리고 소시민적 세계관에서 민중적 세계관으로의 이행 속에서 좌파 및 진보적 사회과학 '출판운동'이 분출했다. 70~80년대에 광민사(이태복), 형성사(이호웅), 일월서각(김승균), 풀빛(나병식), 학민사(김학민), 돌베개(이해찬) 등을 비롯하여 수많은 학생운동 출신들이 출판사를 차렸다. '운동으로서의' 좌파 서적 출판 붐 속에서, 80년대 중반에는 출판기획위원이라는 직책만으로도 먹고살 수 있을 정도였다.

80년대 말 90년대 초는 우리 현대사에서 유례없는 '학술지 춘추 전국시대'였다. 혁명의 시대, 지식인의 고뇌를 반영한 사회과학·정세 분석지가 봇물 터지듯 출간되어 홍수를 이뤘다. 민중민주PD 계열의 새길출판에선 《현실과 과학》을, 민족해방NL 계열의 백산·녹두·죽산·한울 등에선 《동향과 전망》을, 백태웅(이정로)·박노해·조정환 등 민족민주ND 계열의 사노맹 CA 그룹은 《노동해방문학》을 내놓았다.

또한 80년대는 사회과학 무크지의 시대였다. 《한국사회연구》(1집, 1983년), 《산업사회연구》(1집, 1985년)가 강만길 교수와 한국산업사회연구회(산사연·김진균, 최장집 등이 주도하여 1984년 창립)의 주도로 나오고, 학술을 넘어 일터와 삶의 현장에서 제기되는 민중과 노동자의 목소리를 담은 무크지 《현장》(돌베개)도 80년대 중반에 나왔다. 1988년 한 해에만 《경제와 사회》(한국산업사회연구회, 까치), 《동향과 전망》(한국사회연구소, 한울), 《사회경제평론》(한국사회경제학회, 한울), 《사회비평》(나남출판) 등 새로운 학술지가 잇따라 발간됐고, 다음 해에 《사상문예운동》(풀빛), 《노동해방문학》(사노맹, 노동문학사)이 뒤를 이었다.

이러한 학술지 뒤에는 연구단체가 있었다. 김진균을 중심으로 1990년에 설립된 서울사회과학연구소(서사연)는 이른바 '한자발'이라는 약어로 통하던

《한국에서 자본주의 발전》(새길, 1991)을 출판했고, 이진경·조국·진중권 등이 주도한 서사연의 무크지 《현실과 과학》(새길)은 주체사상을 비판하며 민중민주그룹의 이론적 원천이 되었다. 이에 앞서 1988년, 박현채의 주도로 일단의 연구자들이 "우리에게 필요한 것은 NL-PD 논쟁 같은 이념적인 것이 아니라 현실적이고 구체적인 정책"이라며 '한국사회연구소(한사연·1993년 한국사회과학연구소로 바뀜)를 만들었다. 한사연은 《동향과 전망》(한울, 백산)을 펴냈는데, 나중에 이 한사연을 주축으로 1994년 참여연대가 창립된다. 한편, 변형윤의 서울사회경제연구소(1993년 창립)와 한국사회경제학회는 소득분배 및 경제민주화를 중심으로 학술적 실천에 나섰다. 《월간 사회평론》은 대담하게 1991년 제6호에서 '노태우 정권이 퇴진해야 하는' 역사적, 정치학적, 경제학적, 사회학적, 교육적 이유를 각 분야 지식인의 글을 받아 심층진단으로 싣기도 했다.

1980년대 학문 분야에서 지식인, 즉 연구자 내부에서 형성된 자기반성의 기운은 '운동의 과학화'라는 현실의 요구에 적극 대응하려는 주체적 노력으로 나타났는데, 이는 소장 연구자층의 형성이라는 학문사회 내부의 수혈로 가능했다. 1970년대 반독재 민주화운동과 1980년대 민족민주운동의 고양이라는 사회 전반적인 분위기, 더 직접적으로는 학생운동의 영향 아래 자라난 세대들이 학문사회에 대거 진출하게 된 것이다. 이들 중 대다수는 대학이나 연구기관 등에 흡수되지 못한 채 실업 혹은 반실업 상태로 제도권 주위에 퇴적되었다. 이들은 집단적 응집력을 발휘하여 학습 소모임을 조직했고, 몇몇 소모임의 통합을 모색하는 과정에서 새로운 학문공동체 건설을 지향하는 연구단체들이 결성되었다. 1984년 7월, '아카데미즘의 자기반성'이란 차원에서 "현대 한국 사회의 여러 문제에 대한 학문적 해명"을 목표로 '한국산업사회연구회'가 결성되었다. 1987년 말 서울 지역에서만 10여

개를 헤아리는 새로운 연구단체가 생겨나 연구자의 역할과 임무, 이론과 실천의 결합, '학문적 실천'의 내용, 연구자 집단의 조직적 실천 형태 등의 문제를 둘러싸고 새로운 전진을 모색했다.

《조직노선》《정치노선》 등이 팸플릿 형태로 우후죽순 생산돼 뿌려졌다. '한국 사회 성격논쟁'을 이끈 대표 논객들의 필명, 예컨대 조진경(조선의 진짜 경제학), 이진경(이것이 진짜 경제학), 이정로(이것이 정통 노선) 등의 이름에서 당시 논쟁의 분위기가 어떠했는지 짐작할 수 있다. 이런 상황에서 1986년 대학가엔 논객들의 사변적 이론 편향을 경계하며 활동가의 품성을 강조한 〈강철서신〉이 등장했다. 1980년대 말에 제출된 신식민지국가독점자본주의론을 체계화하는 데 가장 적극적으로 기여했다고 평가받는 《한국사회의 성격과 노동자계급의 임무》(이른바 '성격과 임무', 필자는 이정로로 알려짐)를 둘러싸고 이진경 등의 논쟁이 이어졌다. 수많은 논객들이 등장해 속류·정통·개량·정식화·투항·파산선고 같은 마르크스와 엥겔스 특유의, 대중적 흡인력을 즉각적으로 발휘하면서 도취시키는 듯한 독특한 수사적 어휘를 동원하여 상대방이 제출한 문건을 준열히 비판하고, "독점 강화-종속 심화'는 혹세무민의 테제"(양우진, 395쪽) 라고 공격하는 등 전례를 찾아보기 드문 그야말로

▶ 이애숙(1988). 〈새로운 연구단체들의 현황과 과제〉, 《창작과비평》 제16(1)호. 산업사회연구회는 《산업사회연구》 창간사에서 "진정한 위기의 사회과학"을 탄생시키지 못한 채 침묵과 "이론적 지체"에 빠져 있다는 부끄러운 자기 고백을 하기도 했다.

▶ 이른바 '독강-종심'(독점 강화-종속 심화) 테제는 다음과 같은 말로 대신 설명하는 게 좋겠다. "(80년대 한국 자본주의 성격에 대한 실증적 연구들에서) 논쟁의 쟁점은 독점자본주의의 성립(혹은 확립)과 관련된 문제, 그리고 이러한 자본제적 발전의 강화 과정 속에서 종속의 약화가 현실화되고 있는가 하는 문제로 요약된다."(한국사회연구소(1991), 《한국경제론-80년대 한국자본주의의 구조》, 백산서당, 126~144쪽) 사실 제2차 세계대전 이후 서구 좌파 지식인들이 집중적으

논쟁의 시대를 이끌었다.

문학에서도 '노동'문학'인가 '노동'문학인가 따위의 논쟁이 일었다. 조정환은 1989년 《노동해방문학》 창간호에서 전진하는 노동자계급의 문예정책사상으로서 노동자계급 당파성에 기초한 '노동해방문학론'을 제창했다.

"문학운동도 이제 노동자계급운동의 한 고리가 되어야 한다. 문학운동의 깃발에도 진군하는 노동자계급의 공동 요구인 '노동해방' 네 자를 새겨 넣어야 한다. 역사 무대의 중앙으로 저 거친 근육질의 팔뚝을 내뻗고 있는 노동자계급의 혁명적 정서를 자기 것으로 하고, 밝은 미래를 향해 치켜떠져 있는 노동자계급의 눈 속에서 해방의 지혜를 빨아들임으로써 비로소 우리의 문학은 노동해방의 대오와 하나가 될 수 있다. 그 향도가 될 수 있다. 문학의 놀라운 감염력으로써 모든 민중 대중을 노동해방의 정열에 불타게 할 풀무가 될 수 있다."

당시 학술운동의 결과로 학술단체협의회가 결성되어 1988년 여름 제1회 학술단체 연합심포지엄이 열렸다. '80년대 한국 인문사회과학의 현 단계와 전망'을 주제로 한 이 심포지엄은, 1970년대 이래 진보적 학술 연구 흐름에서 하나의 분기점이 되었다. 당시 산업사회연구회 간사를 맡고 있던 김동춘은 "(1980년대 중반기) 이 시기는 기성세대와 상이한 경험 기반을 가진 새

로 관심을 기울인 두 가지 뚜렷한 특징은 독점(강화)과 종속(심화)이다. 모리스 도브는 《자본주의 발전연구》(1962년 제2판) 후기에서 다음과 같이 말했다. "첫째는 미국과 서유럽에서 국가의 경제적 활동이 크게 확대되었다는 점이다. 즉, 국가자본주의 또는 국가독점자본주의 등으로 다양하게 불리는 것이 그 정도에서나 종류에서나 상당한 범위로 발전했다는 것이다. 둘째로 세계적인 규모에서 보면 전에는 식민지 또는 반식민지였던 지역의 지위에 급격한 변화가 발생했다는 점이다. 이것은 특히 아시아와 아프리카에서 그러했다. 그것은 이들 지역과 이전에 종속되었던 제국주의 국가 사이의 정치적, 경제적 관계에서도 근본적인 변화를 발생시켰다."

세대들의 소위 '의식 공동체 형성'의 시기와 일치한다. …… 분과별 연구단체가 공동으로 개최한 지난 6월의 학술심포지엄은 사실상 기성 지배적 학문사회에 대한 6·25 이후 최초의 집단적 문제 제기인 셈이었다."라고 말했다.(김동춘 1988, 161쪽)

한편 송호근 등이 주도한 자유주의적 성향의 '성찰적 진보' 유파의 계간 《사회비평》은 창간호(1988) 서문에서 "우리가 요구하는 기준은 오직 하나뿐이다. 그것은 본연의 의미에서의 급진성과 진정성이다. 우리가 추구하는 바가 그러할진대 우리는 이른바 무장투쟁 노선까지를 포함한 모든 비판적 담론을 한자리에 모아 나가고자 한다. 어느 누구도 이 책의 담론들을 독차지하지 못할 것이며, 어느 누구의 담론도 이 책에서 배제되지 않을 것이다."라고 선언했다.

반면 좌파 동인지 계간 《이론》의 창간호(1992) 서문("유령사냥'에 나서며")에서 정운영은 "도처에 유령이 출몰하고 있다. 위기라는 유령이. 그러나 크게 놀랄 일은 아니다. 모든 이론과 운동에서 위기는 불현듯 찾아드는 옛 친구 같은 것이기 때문이다. …… 승부의 결과는 역사에 맡기고, 그 유령과 대

스칼라피노와 이정식이 쓴 《한국공산주의운동사(1~3권)》(1986·1987, 돌베개)의 옮긴이는 당시 서울대 국사학과 석사과정 학생이던 한홍구이다. 한홍구는 '옮기고 나서'에서 "번역을 하는 동안 옮긴이를 가장 괴롭힌 것은 자료 문제보다도 한국 근현대사를 공부하는 젊은 사학도로서 느끼게 되는 다소 주관적인 부끄러움이었다. 외국어로 씌어진 우리 역사의 귀중한 부분(그리고 한국 사학이 그동안 방기해 온 부분)을 다시 우리말로 옮겨야 한다는 사실은 젊은 사학도에게 무한한 반성과 분발을 촉구하는 것이었다. 그래서 한국어로 이 내용을 서술한다는 심정으로 책을 번역했다. …… 지금 생각해 보니 이런 불편한 마음을 달래기 위해 오기를 부렸었던 듯하다. 자료 부족 때문에 국내에서는 연구가 불가능하다는 선입견을 깨기 위해 단 1,2분이면 번역해 버릴 수 있는 두어 줄 인용문의 원문을 찾기 위해 일주일씩 고서더미를 뒤지고 자료가 있을 법한 노서관들을 기웃거리면서도 힘든 줄 몰랐다."고 적었다.

결하는 것이 우리의 과제"라고 다짐하고 있다. 《이론》은 이후에도 10여 차
례의 편집자 서문에서 "흔들리지, 흔들리지 않고 전진을" 약속하고, "싸움
이 이긴 것인지 진 것인지 판정하는 일은 역사의 몫으로 넘기자"고 주창했
으나, 그 뒤로 논쟁은 귀환하지 못했다.

김명인과 김지하, 불을 찾아서

어두운 시절에 사회·정치·이념을 향한 저항과 반역, 투쟁과 반란의 횃
불이 필요했다면, 열린 시대에는 같은 것을 향하더라도 '예전에는 아무도
들지 못했던 횃불보다는 깊이와 넓이 그리고 날카로운 통찰력을 가진 도끼
가 더 필요할 수 있다. 문학평론가 김명인은 2003년에 지난 80년대에 대해
탄식처럼 말했다.

"자네(기형도)의 시들을 들여다보고 있노라면 이 자는 80년대를 온통 미
끄러지며 살았구나 하는 생각이 드네. 정처가 없었다는 말일세. 나처럼 80
년대를 사슬로 몸을 묶고 말뚝에 비끄러매인 듯 살았던 사람에게는 좀 신
기해 보이기도 하네. 어떤 때는 '민중파'처럼 보이다가 또 어떤 때는 자기 한
몸 끌고 다니는 것도 힘겨워 절절매는 모습을 보이기도 하는, 뭐 사실 그건
누구나 마찬가지지만 ……."

이러한 김명인의 토로는, 1987년 문단에 충격을 던진 〈지식인 문학의 위
기와 새로운 민족문학의 구상〉이란 글에서 그가 소시민적 자유주의의 세
계 인식에 조종弔鍾과 파산을 선고하는 통렬한 글을 제출했다는 점에서 더

김명인,《자명한 것들과의 결별》, 창작과비평사, 414쪽.

욱 인상적이다.

"민족운동의 급격한 질적·양적 발전과 함께 이념 면에서도 상당한 세련화가 이루어지고, 그와 발맞추어 인문사회과학 분야에서도 우리 사회와 역사에 대한 연구 성과를 실천적 관심 아래 꾸준히 축적해 갔다. 그리고 이는 출판운동의 획기적 진전에 힘입어 급속히 대중에게 전파되었다. 그것은 한편으로는 문화 전반에서 냉전 논리의 극복 과정이기도 하였다. 이제 대중은 문학이라는 불명료하고 우회적인 길을 통하지 않고도 갖가지 이론서와 팸플릿 등 선전 자료, 또 체계적인 학습을 통해 좀 더 정리되고 구체적인 이론과 방법론을 습득할 수 있게 된 것이다. 그러면서 문학에 대해서는 더 구체적으로 자신들에게 실감으로 와 닿는 당대의 이야기를 들려줄 것을 요구하기에 이르렀다. 이러한 조건들의 변화는 곧 1970년대까지 이 땅을 풍미했던 지식인 문학이 이제 근본적인 위기에 봉착했다는 것을 의미한다. 소시민계급의 기반을 지닌 지식인 문학은 이제 이 시대 대중의 꿈을 대신 꾸어 주지도, 또 이 시대의 총체상을 온전히 드러내지도 못하게 되었다. 대부분 문학의 이름 아래, 역사 발전의 과정에서 사회적 주도권을 상실하고 그 기생성만 갈수록 강화되어 가는 소시민계급이 자기분열을 표현하거나, 자기위안에 함몰하거나, 성장하는 민중의 움직임에 대해서 소극적인 지지와 감상, 혹은 의혹과 불안이 교차하는 주변적인 모습만을 보여 주고 있을 뿐이다. 이것은 1980년대 현 단계 우리 지식인 문학의 숨김없는 실상이다."

여기서 당시 자유주의자들의 내면 풍경을 인상적인 몇 대목을 통해 간

▶ 김명인(1990),《희망의 문학》, 풀빛, 15쪽.

단히 들여다보자. 아래 두 인용문은 복거일의 《비명을 찾아서》에 나오는, 독재와 인민에 대한 이야기다. 1980년대 중반 군부독재 정권에 대한 항거와 변혁운동을 염두에 두고 복거일이 자신의 사색을 소설 속에 투영시킨 것으로 해석해도 큰 오해는 아닐 것이다.

"군사독재 정권이 불안정하다는 얘기는 자유를 희구하는 사람들의 기원일 따름이다. 동서고금의 역사가 그렇지 않다는 것을 보여 준다. …… 군사독재 정권이 국내의 모든 반대자들을 힘으로 쉽사리 누를 수 있기 때문에 영속하리라고 생각하는 것도 그 정권 아래서 이득을 보는 자들의 기원에 지나지 않는다. 독재정권을 안정시키는 경직된 사회구조는 예기치 못한 상황에 유연하게 대처할 수 없다는 결정적 약점을 안고 있다. 내부적으로 강력하고 안정된 듯이 보이는 정권들이 외부의 압력에 허망하도록 쉽사리 굴복하는 것은 이 때문이다."(복거일 1987, 254쪽)

"국가라는 배가 위기를 만나면 국민들은 굳은 손길로 키를 잡을 사람을 찾는다. 그러나 배가 가야 할 목적지나 항로에 대해 생각하는 사람은 드물다. 국민들은 전제적 통제가 분분한 논쟁들을 종식시키고 그럭저럭 배를 조종해서 험한 물결을 헤쳐 나가기를 기원한다. 그러나 옳은 항로를 발견하는 일은 굳은 손길을 가진 사람을 발견하는 일보다 훨씬 어렵다는 것을 역사는 우리에게 보여 준다."(복거일 1987, 332쪽)

자유주의자 김현의 내면은 좀 더 여리고 흔들린다. 그는 1980년대 중반에 (공개적인 글에는 쓰지 못하고) 자신의 일기에 털어놓았다. "제일 관념적인 것은 '노동자들과 그들의 건강한 힘'에 대한 신앙이다. 건강하다는 것은 무슨 뜻일까? 불의에 항거하는 게 건강하다는 것일까? 그 건강함은 계급 자체에서 나오는 것인가?"(김현 1992, 169쪽) "좋은 교사, 좋은 시민. 옳다고 알려진 것만을 사유하는 젊은 시인의 그 순응주의가 내 마음을 아프게 한다. 그의 재능이 이 정도였는가?"(김현 1992, 218쪽) ▶ 김현은 1986년 일기에서 또 이렇게 썼다. "낭만적 지식인은 조직력의 결여를 그 약점으로 갖고 있지만, 그것은 또한 강점이 되기도 한다. 왜냐하면 조직력이 없기 때문에 그는 싸움의 변두리로 밀려나지만 그렇기 때문에 조직의 전체주의적 성격을 드러낼 수가 있다"(김현 1992, 30쪽) ▶

다시 본래의 '과학적 변혁운동'의 흐름 속으로 돌아가자. 최장집은 1991년에 '민중민주주의 프로젝트'를 개진하면서 강령과 현실적 사고 사이에서 다음과 같이 말했다.

"현재까지의 한국 자본주의 발전 과정에서 볼 때 비현실적으로 보이는 '독점 강화 – 종속 심화' 테제를 받아들이든 아니든, 운동권의 상당 부분은 자본주의의 구조적 위기와 계급 갈등의 심화를 과장하여 보려는 경향이 큰 것 같다. …… 우리의 경우 만약 종속이 심화되든 아니든 지속적 성장이 가능하고, 노동자 복지의 수준이 서구 사회에 비해 극히 저수준이라 하더라도 그것이 국물효과trickle-down effect에 의해서 임금 상승과 소비수준 향상이 지속적으로 가능하다면, 이에 대한 운동권의 대응은 무엇일 수 있

▶ 그러나 김현은 1989년에 시대와의 불화를 내비치며 이렇게 말한다. "거기에 찬성하든 반대하든, 운동의 논리는 이제 삶 깊숙이 들어와 있다. 그들의 소설을 읽으면서 나는 내가 그들의 세대가 아니라는 것을 분명하게 느낀다. 내 세대들이 관념이라고 보는 것의 상당수를 그들은 현실로 보고 있다. 그런 그들의 태도를 옳지 않다고 비판할 수는 없다. 그들은 그들의 삶을 살고 나는 내 삶을 산다."(김현 1992, 265쪽)

▶ "나는 전라도 사람으로서 나 자신에 대해 숙고했다. 때로는 혐오하면서, 때로는 연민을 갖고서, 그러나 대부분의 시간은 도피의 마음으로. 전라도 사람이라는 것 때문에 하숙을 거절당한 것, 사투리 때문에 놀림 받은 것, 전라도 사람임에도 불구하고 80년 이후에도 조용하다는 것 …… 등의 것들이 뭉쳐져 내 가슴에 밀려들어 왔다. 나는 억눌린 자인가? 아니다. 억눌림에서 벗어나기 위해 완전히 지배이데올로기에 종속되어 있는가? 그것도 아니다."(김현 1992, 28~29쪽)

는가? …… 일찍이 경제학자 칼레츠키는 오늘 우리의 경제문제를 보는 데 혜안적 관점이 될 분석을 제시하고 있다. 자본가들은 정부 주도의 재정 팽창에 의한 케인지언적 위기 극복 방법에 반대할 뿐만 아니라, 실제로 위기 자체를 필요로 한다는 것이다. 사업장 내에서 경영층과 감독관의 권위가 노동자들에 의해 도전받고 노동자계급 의식이 성장하고 있는 조건에서 자본가의 규율과 통제를 강화하기 위해서 위기가 요청되기 때문이다. …… 현실에서 정치적 의미를 갖는 것은 변혁의 경제적 조건으로서의 위기가 아니라 운동에 대한 상황 조성으로서의 위기이며, 우리는 이것에 관심을 갖지 않으면 안 된다. 뿐만 아니라 운동권이 성장과 분배를 제로섬 논리에서 보는 것이 아니라면 종속의 문제, 노동생산성 유지와 임금 상승 등의 문제에 대해 현실적인 사고를 해야 할 필요가 있다."(최장집 1991, 346쪽)

1980년대와 90년대 그리고 21세기를 관통하며 살피고자 하는 우리는, 여기서 다시 우리의 목적에 가장 부합해 보이는 김명인으로 돌아간다. 김명인은 소비에트와 동구 사회주의국가들의 극적인 몰락 직후 쓴 〈불을 찾아서〉에서 잘못 끼워진 단추를 찾아 나선다.

"동요는 현실이다. 변화하는 세계와 현실이 지축을 흔드는데도 동요하지 않는 자는 허공에 떠 있는 자뿐이다. …… 나의 주된 관심은 (주제넘게도) 내내 '세계와 인간의 변혁'이었다. …… 동요는 지극히 자연스럽다. 그것은 마치 내 몸에 불명열不名熱 같은, 쉽게 진단 내릴 수 없는 자각증상이라도 생긴 것처럼 나를 근심과 불안에 빠뜨린다. 하지만 어디에 닻을 내릴까?"《실천문학》 26호, 1992)

김명인은 "아직 하고 싶은 이야기가 너무나 많이 남아 있다."며 "입술이 타는 긴장으로, 근본적인 문제들과 맞대면하는 방황의 시간이 좀 더 허락되길 바란다. 불씨를 꺼뜨리고 새로운 불씨를, 혹은 불 피우는 방법을 찾아 나선 것인지, 아니면 안타깝게 숨 쉬고 있는 불씨를 감싸 안고 고단한 몸 쉴 곳을 찾아 헤매는지 눈앞에 바람 부는 광야가 끝없이 펼쳐져 있다."며 자신이 선 자리를, 어쩌면 '외롭고 높고 쓸쓸한' 표정으로 고뇌하며 돌아보고 있다. 김명인은 다시 10년 뒤에 〈자명성의 감옥〉(《창작과비평》 제30권 (3호), 2002)에서 "논쟁은 아무리 지독한 논쟁이라도 좋다"고 말한다. "아직도 리얼리즘론이라니 …… 짐작이지만 90년대 세대들이라면 이렇게 혀를 찰 만도 하다."며, 목하 또다시 리얼리즘론이 출몰하고 있으며, 할 이야기는 많고 갈 길은 멀다고 말했다.

이제 끝내자. 김지하는 1970년대에 "풍자와 자살이라는 두 개의 화해할 수 없는 극단적 행동" 사이의 딜레마에 대해 "풍자, 올바른 저항적 풍자는 시인의 민중적 혈연을 창조한다. 풍자만이 살길이다. 현실의 모순이 있는 한 풍자는 강한 생활력을 가지고, 모순이 화농하고 있는 한 풍자의 거친 폭력은 갈수록 날카로워진다."(김지하 1984, 190쪽)고 했다. 그러나 그 김지하가 1986년에 "네 얼굴이/애린/네 목소리가 생각 안 난다/어디 있느냐 지금 어디/기인 그림자 끌며 노을 진 낯선 도시/거리거리 찾아 헤맨다/……캄캄한 지하실 시멘트벽에 피로 그린/네 미소가/애린/네 속삭임 소리가 기억 안 난다/지쳐 엎드린 포장마차 좌판 위에/타오르는 카바이트 불꽃 홀로/가녀리게 애잔하게/가투 나선 젊은이들 노래 소리에 흔들린다."고 노래했을 때 가투는 더 이상 풍자도 자살도 아니었다. 풍자를 넘어 '타는 목마름의 시대'를 넘어, 물리적 가투의 시대로 넘어왔음을 보여 주고 있다.

경제학과 행복

"행복이란 어려운 과제요. 특히 다른 사람의 행복이란. 가령 사람들이 의심하지 않고 그것을 받아들이도록 습성 형성이 되어 있지 않을 경우, 그것은 진리보다도 더 어려운 것이오. …… 나는 진리에 흥미를 두고 있고 과학을 좋아하오. 그러나 진리는 위협이요, 과학은 공중公衆에 대한 위협이요, 지금까지 유익했던 것만큼 위험한 거요."

— 올더스 헉슬리, 《멋진 신세계》

"아마 그 순간 그가 겁낸 것은 지옥에 떨어지는 일이 아니었을 것이다. 고통에 대한 공포마저 뒤로 물러섰다. 아무런 일도 한 것 없이 빈손으로 하느님에게 가야 한다는 사실이 엄청난 좌절로 다가올 뿐이었다. 그 순간, 성인으로 사는 건 꽤 쉬운 일이라는 생각이 그에게 들었다. 그건 약간의 자기 절제로 약간의 용기만 갖추면 되는 일이었다. 그는 약속 장소에 몇 초 늦게 가서 행복을 놓친 사람이 된 듯한 기분이었다."

— 그레이엄 그린, 《권력과 영광》

사회과학의 마지막 질문
'선상船上 일몰노트'

어느덧 우리는 두세 개로 묶인 마지막 장들에 도착했다. 여러 갈래로 난 산길과 우회로를 거치면서, 그 과정에서 거인들이 제출한 질문과 답변들의 표면에 드러난 것과 그 배후에 있는 본질적이고 정치적인 내용이 만족스럽게 구분되거나 해명되기를 바랐다. 물론 그 어떤 답변도 최종 봉인으로 닫혀 있지 않다. 모름지기 우리 삶에서 선택과 행동은 항상 열려 있다. 우리에게 필요한 건 거인들의 답변이나 교의적인 말씀이 아니라, 용기와 장래에 대한 신념일 수도 있다. 어쩌면 이 마지막 장에 도달하기 위해 여러 개념과 분석을 동원하면서 여기까지 온 건지도 모르겠다. 한 가지 분명한 것은, 정확한 판단과 행동은 방대한 양의 자료를 모으고 분류하고 대조하고 해석한 뒤에야 도달할 수 있다는 사실이다.

마르크스는 어느 글을 끝맺으면서 사회과학의 마지막 질문에 대해 이렇

경제학과 행복

게 말한 바 있다.

"계급과 계급 대립이 더 이상 존재하지 않는 사물의 질서 속에서만, 사회적 진화는 정치적 혁명이 되기를 중단할 것이다. 그때까지 사회의 모든 전반적인 전환의 전야에 사회과학의 마지막 말은 항상 다음과 같을 것이다. '전투냐, 죽음이냐 ; 피로 얼룩진 투쟁이냐, 사멸이냐. 이것이야말로 냉혹하게 던져진 문제로다.' – 조르주 상드Georges Sand"(마르크스, 《철학의 빈곤》, 1847)

 여가 시간이 주는 불편한 진실

폴 배런과 폴 스위지의 다음 인용문은 좀 길지만 읽고 또 읽어 볼 가치가 충분하다. 1945년 당시, 미국 독점자본주의 경제체제가 그 본질상 파생시키는 비합리성, 특히 일상생활에서의 황폐한 대화와 소비와 여가 생활, 그리고 사람들과의 관계에서 인위적이고 성의 없고 강제된 웃음 같은 허위의식을 통렬하게 고발하는 글이다.

"(여가 시간 활용에서) 또 다른 형태의 시간 죽이기killing time(얼마나 적나라한 표현인가!)도 이보다 나은 것은 아니다. 스포츠 팬이라고 해서 어떤 활동에 참가하거나 어떤 기술을 습득하는 것도 아니다. 1년 내내 게임이 열리지만 직접 나가서 관람할 필요조차 없다. 왜냐하면 대기업들이 모든 경기의 라디오와 TV 중계 스폰서가 되어 광고를 하면 효과적이라는 것을 알기 때문이다. 일생 동안 경기에 한 번도 참여하지 않고도 전문가적 확신을 가지고 다양한 팀과 선수들에 대해 토론할 수 있게 해 주는 정교한 통계자료들이 전문 서적과 간행물 형태로 정기적으로 출판된다. 사람들은 공통적으로 계절에 적합한 운동경기에 관심을 기울이게 되었다. 실제 있지도 않은 자동차의 메이커나 모델별 장단점을 이러쿵저러쿵 말하는 것과 마찬가지로,

어떤 팀과 선수들의 강점과 취약점이 대화의 화젯거리가 된다. 이때 대화는 그 화제의 본래의 시시함 때문에 단순한 잡담밖에 안 된다.

아마도 일상생활에서 여가의 활용 중 대화가 잡담으로 전락하는 것보다 더 상징적인 것은 없을 것이다. 우정과 마찬가지로 대화에는 일정한 공통의 목적, 흥미, 행위가 전제된다. 우정에 정서적 의탁이 내재해 있듯, 대화에는 지적인 노력이 요구된다. 이러한 전제 조건이 충족되지 않을 때(사람들이 함께는 있지만 어떤 근본적인 방식으로도 서로 관계 맺지 않을 때) 우정과 대화는 모두 위축된다. 사람들이 할 말이 없을 때 잡담은 정상적인 일상의 상태가 된다. 친구라는 말이 희미해져, 그것이 우연히 알게 된 어떤 사람을 가리키는 말이 되었을 때, 그것은 특정한 어느 한 사람과의 관계가 아닌 대다수의 친분 관계에 적용된다. 다른 이와 함께 있고자 하는 욕망 때문이 아니라, 홀로 있다는 공포 때문에 사교 모임이 만들어진다. 이런 모임 속에서 인간들의 무관계성은 종종 알코올로 해소되는 것이 특징이다. 이런 종류의 유혹에서 얻어지는 만족은 순간적인 것이다. 숙취는 불가피하다. 고독의 비참함과 함께 어울리는 것에 대한 두려움 때문에 휩쓸리려 하다가 빠지려고 하는 양면적 태도가 생긴다. 그는 파티에서 빠져나오면서 집에 있었더라면 더 좋았을걸 하고 생각하며, 그러다가 곧 가길 잘했다고 생각한다. 이리하여 그는(물론 계급, 신분, 수입 등에 따라 그 수준과 규모는 다르지만) 끊임없는 사교의 와중에 휩쓸려 들어간다.

…… 결국 끊임없이 한 종류의 빈둥거림에서 또 다른 종류의 빈둥거림으로 움직여 가며, 내내 근무 주간이 오기를 목이 빠지게 기다리지만, 그때가 되면 또 주말이 되길 학수고대하기 시작한다. 이런 상태에서 휴가 때 경험하는 느낌은 근무 중 경험하는 느낌(사람을 피곤하게 하고 무력하게 하는 권태)과 비슷하다.

우리는 다음과 같이 자문해야 한다. [이마에 땀을 흘리며 생계비를 벌어야 하는 냉혹한 필요에 의한] 노동의 고역으로 얻은 좀 더 긴 여가 시간이 모든 기쁨을 앗아 가며, 일 자체의 연장에 불과하고, 공허하며 지루하고 무감각하게 되었을 때 그런 그럴싸함과 자유를 향한 진보가 과연 무엇을 의미하는가? 노동일과 근무 기간 끝에 이어지는 이 사회의 자유 시간이라는 것이, 권태로운 불모의 사막이라면 어떤 이유로 자기부정, 압박, 노동의 강제 같은 것들을 감수해야만 할 것인가?"(배런·스위지 1984, 311~312쪽)

이런 면에서 1960년대 중반 미국의 독점자본 비판뿐 아니라, 1980년대 이후 한국의 거대 재벌 독점자본에 대한 가치 측면의 비판도 살펴볼 필요가 있다.

"한국의 거대기업은 자본제적이다. 이 거대기업의 특징 중 하나는 그 구성 중역들이 대개의 경우 자본주(창업주와 그 후세들)와 혈연·지연·학연 등에 기초하는 연고 관계에 있다는 것인데, 이 연고 관계는 보통 정의情誼적 관계를 기초로 한다. 말하자면 연고 관계의 연줄망으로 결속된 집단이다. 이 연줄 결속체는 그 속성이 자본제의 구성 원리와 배치됨에도 불구하고, 자본제적 조직에 흡착되어 자본의 잉여 창출에 더욱 봉사하고 있다. 막스 베버 식의 합리성 또는 관료제 개념에 따르면, 공식적인 거대기업의 조직 원리는 능률을 최대로 향상시키기 위해 그 구조 내의 비합리적 요소를 원칙적으로 배제하는 것이었다. 그러나 한국과 같이 후속 공업화 추진 국가에

▶ "운동경기나 자동차에 대한 관심의 공동체는 단지 각 사회계급 안에서뿐 아니라 계급의 선을 넘어 '사이비 일체감'이라는 연대를 만든다. 또 이는 하나의 중요한 이데올로기적 기능을 수행한다. 제너럴모터스 사의 사장과 청소부가 디트로이트 야구단이나 하키 팀의 같은 팬일 때는 대등하게 여겨지는 것이다."(배런·스위지 1984, 312쪽)

서는 이 거대기업 내에 소위 비합리적인 전통적 요소에 의한 연줄 결속체가 흡착되고, 그것이 오히려 이윤 창출에 적극적으로 이용되고 있다. 자본제적 조직 원리와 연줄 결속체적 조직 원리는 원칙적으로 상호 모순되는 것이다."(김진균 1988, 227~228쪽)

폴 배런과 폴 스위지, 김진균, 라이트 밀스가 '지나간 위대한 세기의 종말'을 안타까워한 건 결코 아니지만, 그들은 공통적으로 모순에 가득 찬 세기로의 진입을 정확히 꿰뚫고 있었다. 오늘날 우리 세기의 수많은 '유명 인사 celebrities'들도 경제학이 묘사하는 자본의 논리 속에 별처럼 등장하고 스러진다. 밀스는《파워엘리트》에서 유명 인사를 다음과 같이 정의했다.

"유명 인사란 도대체 무엇을 말하는 것일까? 유명 인사라는 것은 하나의 이름에 불과하다. 그 이상의 어떤 것도 여기에 첨가할 필요가 없다. 유명 인사를 알고 있는 사람들의 숫자는, 유명 인사들 자신이 알고 있는 사람들의 숫자보다 훨씬 상회하며 사실 그 숫자는 헤아릴 수도 없다. 유명 인사들이 가는 곳이면 어디든지 간에 그들은 일반 사람들에게 저 양반이 누구라는 식으로 알려질 뿐만 아니라, 흥분이나 외경심 같은 것을 불러일으킨다. 그리고 유명 인사들이 행하는 모든 행위는 널리 보도될 만한 가치를 지닌다. 이들은 언제나 (또는 일정 기간 동안) 매스미디어와 오락 매체의 소재가 된다. 그러나 소재의 대상으로서의 성격이 끝나고 나면(반드시 끝나게 되어 있다.) 설사 그들이 현재 살고 있어도(대부분의 경우 살아 있지만) '그 사람 기억납니까?'라는 질문이 사람들 사이에서 흔히 오가게 된다. 유명 인사라는 존재는 바로 그러한 것이다."(밀스 1979, 103~104쪽)

말하자면 그들은 자신의 자아상까지도 그 '유명함'에 의존하기 때문에, '유명함'이라는 약을 계속 더 많이 복용하지 않으면 진정되지 않는 일종의 흥분 상태에 놓이게 된다. "유명 인사의 세계는, 사회적 위신이 가져다주는 체계와 대규모 기업 활동이라는 두 가지 측면의 정점을 이루고 있다. 기업 활동으로서의 매스커뮤니케이션과 광고 선전, 오락의 네트워크는 단순히 유명인만을 만들어 내는 기관은 아니다. 이것들은 이윤을 위해 유명인을 뽑아내고 있으며 동시에 유명인을 제조하고 있는 것이다. …… 유명 인사들 주변에는 언제나 값비싼 상품이 있다. 오히려 부자들이 바로 그 상품의 부속품처럼 보인다. 바로 여기에서 돈이라는 것이 쉰 목소리나 비단 같은 아름다운 목소리로 현금과 권력과 명성에 대한 모든 것을 이야기하고 있는 것이다."(밀스 1979, 107·134쪽) 이들은 어느 정도 사회적 위신을 동반하는 지위를 차지하고 있지만, 그 지위 때문에 유명해진 것은 아니다. 그야말로 유명하기 때문에 사회적 위신을 그럭저럭 차지하게 된 셈이다.

◤ 목적함수는 '행복'

다시 본래의 이야기인 '경제학과 행복'으로 돌아가자. 노벨경제학상 수상자인 로널드 코스는 1977년 《이코노믹저널》에 실린 〈국부론〉이란 글에서 다음과 같이 말했다.

"지난 200년간 우리가 한 것은 무엇인가? 우리의 경제 분석은 확실히 더욱 정교해졌다. 하지만 경제체제 작동에 관한 통찰력은 더 진전된 것이 없다. 어떤 의미에서 우리의 접근은 애덤 스미스보다 뛰어나지 못하다."

20세기 초부터 경제학자가 순수과학의 형식에 빠져 수학 공식과 복잡한 그래프에만 집착할 뿐 사회와 역사, 문화와 정치에 소홀했다는 지적이다. 2013년, 102세의 나이로 숨진 이 노구老軀 경제학자의 성찰적 회고는 저 유명한 레비스트로스Claude Levi-Strauss의 《슬픈 열대Tristes Tropiques》 속 제7장 '일몰'에 나오는 '선상船上 노트'를 떠올리게 한다.

"학자들에게는 여명과 황혼이 동일한 현상으로 여겨지는 것이며, ……
그 두 가지를 아침에 관계된 것인가 아니면 저녁에 관계된 것인가에 따라 달
리 규정지으면서도 한마디의 같은 단어로 가리켰던 것이다. 이러한 혼동은
이론을 우선으로 하고, 사물의 구체적인 면을 이상하게도 무시하는 우리의
경향을 잘 드러내 보이는 것이다. …… 해가 지는 경우에는 좀 다르다. 즉,
시작과 중간과 끝이 완전하게 재현되는 것이며 그 광경은 열두 시간 동안
전투와 승리, 그리고 패배가 연이었던 것을 축소시킨 일종의 그림을, 명백하
면서도 느릿느릿한 방법으로 보여 주는 것이다. …… 그러므로 새벽은 하
루의 시작에 지나지 않지만 황혼은 하루의 반복인 것이다."(레비스트로스, 91쪽)

저명한 경제학자 제이콥 마샥Jacob Marschak은 "지진학에서 진보는 주로
측정 도구 및 이론의 진보 또는 빈번한 지진 경험에서 비롯됐다고 한다.
경제학의 경우엔 지진 같은 경험, 즉 1930년대 대공황과 이후 1940년대의
완전고용 사례가 대부분의 진보를 가져온 원동력이었다. 경제학에서 미래
를 전망하는 혁명적 진전이 분석 도구나 이론에서 비롯된 것이라고는 상
상하기 어렵다. 도구는 너무 무디고 이론은 매우 어눌하다."고 말했다. ▶

"따뜻한 가슴"이라는 마셜의 가르침과 달리, 경제학은 적어도 이론의 영
역에서는 휴머니즘을 언급하지 않는다. 단지 효용·이윤 극대화의 목적함
수를 찾아내고 이를 극대화하는 소비량과 저축량의 값을 발견해 내기만
하면, '우리 모두'가 곧 행복해지고 휴머니즘도 자동적으로 추구하는 것이
된다고 말한다. 이런 말에 비명을 지르거나 격앙할 필요는 없다. 아니 차갑
고 냉철한 이성의 머리로 생각하면 실제로 맞는 말일지도 모른다.

▶ Jacob Marschak(1945), "A Cross Section of Business Cycle Discussion", *The American
Economic Review*, Vol.35(3).

그러나 그러한 목적함수는 희소한 자원 등 주어진 현재의 제약 조건을 '만족하는(!)' 극대화를 요구한다. 좀 더 비약한다면 운명을 받아들이라는 것이다. 1859년 12월 뉴욕의 어느 집회에서 미국 노예제 옹호자인 변호사 오코너O'conor는 '남부에 정의를'이라는 슬로건 아래 다음과 같이 연설했다.

"흑인을 노예 상태로 운명 지은 것은 자연이다. 그는 체력이 강하여 노동할 힘이 있다. 그러나 그 힘을 준 자연은 그에게 관리할 지능도 일할 의지도 주지 않았다. 노동할 의지를 그에게 주지 않은 자연은 그 의지를 강요할 주인을 그에게 주었으며 …… 나는 단언한다. 흑인을 자연이 정해 준 상태에 그대로 두는 것, 그에게 자기를 관리할 주인을 주는 것, 이것은 결코 불의가 아니다. -《뉴욕 데일리트리뷴》, 1859년 12월 20일"(마르크스, 제3권(상), 469쪽)

그러나 재화의 효용과 자본의 이윤 극대를 넘어 '윤리의 자연철학'은 교류하는 즐거움을 통해 우리를 행복으로 이끈다.

"지금까지 우리가 알고 있거나 상상할 수 있는 가장 가치 있는 일들이란 의식의 어떤 상태들, 즉 사람들과 교류하는 즐거움과 아름다운 대상물을 향유하는 것이라고 거칠게 표현할 수 있다. …… 모든 공적 혹은 사적 의무가 오로지 이것들을 위해(어느 때고 이런 상태들이 가능한 한 많이 존재할 수 있도록 하기 위해) 수행될 때 비로소 정당성을 획득한다는 것, 이들이야말로 미덕의 존재 이유라는 것, 이들만이 …… 인간 행위의 합리적인 궁극적 목적과 사회 진보의 유일한 기준이 된다는 것, 이런 점들이야말로 일반적으로 간과되어 온 진리이다. - G. E. 무어, 《프린키피아 에티카》(스키델스키, 58쪽)

"사랑은 아주 특별한 재화"
욕망과 비명碑銘

다음의 인용문은 복거일의 《비명을 찾아서》에 군데군데 나오는 묘비명에 관한 것이다.

" …… 가야마 선생의 묘비에 무어라고 씌어 있는지 아십니까?"

"모르는데요."

"여기 잠들다'입니다. '가야마 미쯔로우 여기 잠들다' 그 한마딥니다. 그것이 가야마 선생께서 유언으로 남긴 자작 비명碑銘입니다. …… 자신의 믿음을 가슴에 안고 부대낀 사람이 쉴 곳은 무덤뿐입니다."(복거일 1987, 433쪽)

"그의 이름이 물로 씌어진 사람이 여기 누워 있다. – 존 키츠, 자작 비명에서"(복거일 1987, 273쪽)

"거센 의분이 그의 가슴을 더 이상 찢지 않는 곳 …… -조너선 스위프트,

자작 비명에서"(북거일 1987, 15쪽)

죽음은 언제나 누구에게나 그래왔듯 살아온 과정에서의 욕망과 열망에
대한 신산스런 회고를 동반하게 된다.

많이 번다고 행복할까, 이스털린의 역설

'제국' 영국의 마셜은 적당한 소득을, 반면에 '식민지' 인도의 간디는 빵
덩어리 신神을 기다렸다. "인간 본성의 구성상 해야 할 힘든 일이 전혀 없거
나 극복해야 할 어려움이 전혀 없다면 인간은 급속하게 퇴화하며, 육체적·
도덕적 건강을 위해 약간의 힘든 노력이 필요하다는 것은 사실인 것 같다.
…… 저급한 것이든 고귀한 것이든 강렬한 야망이 없는 보통 사람들에게
는, 적당하고 상당히 지속적인 노력을 통해 적당한 소득을 획득하는 것이
야말로 진정한 행복을 내포하는 육체·지성·덕성의 습관을 발전시키기 위
한 최선의 기회를 제공한다."(마셜, 제1권, 201쪽) 반면, 마하트마 간디는 "만약 신
이 인도 대중들에게 따뜻한 환대를 받고 싶다면 빵 덩어리의 모습으로 나
타나는 게 가장 현명할 것이다."라고 말한 바 있다.

"그러나 우리가 살고 있는, 재화와 서비스가 넘쳐나는 부유한 국가들에
선 이런 절박한 주장을 할 필요가 없다. 오히려 우리는 경제성장의 엔진을
멈출 필요가 있다. 성장이 자연의 관계를 파괴해서라기보다는 그것이 우리
들 서로 간의 관계를 위협하기 때문이다. 경제학자들은 공동체에 대한 이
해관계와 책임을 회피하면서 그런 이해와 책임은 사회학자, 인류학자, 역사
가들의 몫이라고 남겨 둘지 모른다. 문제는 경제학의 기본적 가정 [순수한 이성

[에 따른 합리적 선택과 효용 극대화 가정 등] 이 공동체를 '보이지 않는 것'으로 생각하는 데 있는 것이 아니라, 우리 모두가 반드시 가져야 할 세상에 대한 이해·관심을 둘러싼 경제학자의 능력을 제약하는 데 있다. 경제학자가 공동체에 큰 신경을 안 쓸지는 모르겠지만, 저축과 투자를 결정하는 요인이나 경제적 성과 측정에서 소득분배의 역할, 왜 시장이 모든 사람들에게 좋은지에 대한 질문 등에 대한 답변은 어느 경제학자도 피하기 어렵다. 그런데 경제학의 기초적인 가정은 공동체를 훼손할 뿐 아니라, 이러한 모든 영역에서 경제학의 분석 능력 자체도 훼손한다."(Marglin 2008, p.4)

스티븐 마글린은 이어, 경제학에서 가정하는 '외부성'을 고려해야 하며 경쟁적 시장 모델과는 다른, 어떤 시장을 모색해야 한다고 덧붙인다.

"만약 A라는 남성이 B라는 여성에게 성관계의 대가로 헤로인을 주었다고 가정하자. 아마도 B는 마약중독 탓에 헤로인이 필요했을 것이고, B는 자신의 환각적 갈망을 만족시키고자 제3자를 상대로 강도짓이나 살인을 할 수도 있다. 이때 그 피해자는 애초 B와 A의 교환거래의 '외부효과 externalities'이다. 이는 두 사람이 애초 교환할 때 생각했던 편익을 잠식시킨다. 또 경제학자들은 소비자의 경제적 후생 증진을 위해서는 단순히 다른 어떤 시장이 아니라 경쟁자가 더 많은 '경쟁적 시장'이 필요하다고 주장한다. 그러나 매춘시장은, 특히 그것이 불법인 지역에서, 경쟁적 시장 모델에 거의 들어맞지 않는다. 외부성이나 매춘의 사례는 둘 다 경쟁적 시장 모델에 적합하지 않다."(Marglin 2008, p.7) 표준적 주류 경제이론이 주장하는 경쟁적 시장모형에서 벗어나야 한다는 지적이다.

폴 새뮤얼슨은 《경제학》에서 국민총생산GNP을 넘어 '순경제후생 NEW · Net Economic Welfare'으로 경제적 성과를 측정하고 판단하자고 제안했다. GNP는 가치 없는 물질적 재화를 끊임없이 생산·소비하게 하는 측면을 포함하고 있기 때문이다. GNP 수치는 총 국내오염Gross National Pollution을 의미할 따름이라는 비판도 있다. 거시경제 항등식 Y(=GDP)=C+I+G+X 에서 G(정부 지출, 즉 정부소비 및 정부투자) 항목에는 전쟁을 위한 국가지출이 포함되며, C(민간소비) 항목엔 자동차 매연이나 전력 생산에서 초래되는 아황산 방출이 포함된다.(여기서 I는 민간투자, X는 수출액에서 수입액을 뺀 순수출을 뜻한다.)(Samuelson 1989, p.117)

올더스 헉슬리는 행복은 결코 화려한 것이 아니라고 말한다. "현실의 행복은 불행에 대한 과잉 보상과 비교해 볼 때는 언제나 몹시 초라하게 보이는 것이오. 당연히 안정이 불안정처럼 눈에 띄는 것은 아니오. 충족된 생활에는 불행에 대한 멋진 투쟁이며 유혹을 물리치기 위한 화려한 싸움이며 정열과 의혹에 의한 치명적인 패배 따위가 없소. 행복은 결코 화려한 것이 아니오."(헉슬리, 476쪽)

김현도 어디선가 비슷한 말을 했다. "나는 진정한 의미에서의 친구란 아무 말 없이 오랫동안 같이 앉아 있어도 불편하지 않은 사람이라고 생각하고 싶다. 어떤 사람들은 같이 있는 것이 불편해서, 괜히 담배를 피우거나, 해도 괜찮고 안 해도 괜찮은 말을 계속해야 되는 경우가 있는가 하면 어떤 사람들은 그냥 곁에 있는 것만으로 편안해져서 구태여 의례적인 말들을 하지 않아도 되는 경우가 있다. 같이 아무 말 않고 오래 앉아 있으면 불편해지는 사람을 친구라 부르기는 거북하다. …… 바다가 놀라운 것은 거기에 놀라운 것이 하나도 없는 것이라고 말했다. 좋은 친구가 놀라운 것은 거기에 놀라운 것이 하나도 없기 때문이다. 과연 놀랍다!"(김현 1992, 54~55쪽)

행복이 이처럼 수수하고 일상적이고 평범한 것이기 때문일까? 1972~1991년 사이 미국 사람들의 삶의 만족도는 같은 기간 1인당 국민소득이 꾸준히 증가했음에도 거의 그대로였다. 이른바 '이스털린의 역설Easterlin paradox'이다. 주류 경제학의 예상과 다른 이 역설은 왜 일어났을까?

"관계재relational goods란 다른 사람들과의 상호 교류에서 획득(생산)되며 다른 사람들과 함께일 때만 즐길(소비될) 수 있는, 그렇기에 개인 혼자서는 그 생산과 소비가 불가능한 재화이다. 따라서 관계재는 시장 테두리에서 벗어나 다른 사람들과 더불어 활동하는 가운데 생산·소비된다. 이 이론에 따르면 소득이 늘어나고 물질적 삶이 윤택해짐에도 불구하고 그만큼 인간 행복이 비례적으로 증가하지 않는 것은, 과도한 시장 참여로 말미암아 부득불 포기할 수밖에 없는 관계재 생산 및 소비 때문이다. 즉, 상품재와 관계재는 일정 정도 서로 대체재이다. 따라서 관계재론은 상품생산에 비해 관계재의 생산과 소비를 상대적으로 더 늘리면 인간의 삶이 행복의 차원에서 더 나아질 수 있음을 시사한다. 사회 전체 차원에서는 지나치게 팽창된 시장 영역을 축소·대체할 수 있는 비非시장 영역이 요구된다는 것이다. 이런 맥락에서 볼 때 관계재 생산 메커니즘에 속한다고 할 수 있는 사회적 경제가 시장의 대안이 될 수 있다. 아울러 이는 좀 더 근원적 차원에서 시장과 공동체의 관계, 인간 삶에 있어서 공동체의 역할 등을 다시 한 번 숙고해 볼 기회를 제공한다."

그런데 '이스털린의 역설'처럼, 한 국가 내에서 과거와 현재를 비교하거나

김균(2013), "이스털린 역설과 관계재", 《사회경제평론》, 제42호. R. Easterlin(1974), "Does Economic Growth Improve the Human Lot?" in David and Weber, *Nations and Households in Economic Growth*, Academic Press. 리처드 이스털린의 이 경험적 연구는 1946년부터 1966년까지(미국은 1970년까지) 미국, 영국, 독일, 필리핀, 폴란드, 브라질, 쿠바 등 전 세계 각국의 소득수준별 행복happy에 대한 설문 응답 자료를 기초로 실증적으로 작성한 글이다. 이스털린은 소득이 증가한다고 해서 반드시 더 행복해지지 않는 그 경계가 되는 변곡점이 1990년대 중반의 1인당 2만 달러에 불과하다는 사실을 발견했다.

또는 동시대 다른 국가와 비교할 때 소득수준이 높은 것과 행복 수준이 높아지는 것이 큰 상관이 없다는 사실과 관련하여, 여기서 핵심 논점은 행복은 절대적인 수준이 아니라 참조 집단과 비교했을 때의 상대적 부의 수준과 밀접한 관련이 있다는 사실이다.

"각 개인은 좀 더 많은 돈을 벌고, 부자들이 사는 동네에 있는 큰 집을 사고, 아주 크고 멋진 자동차를 몰면서 자신이 더 행복해졌다고 느낄 수 있다. 그러나 그러한 행복은 자신보다 소득이 적고 더 작은 집에 살면서 싸구려 자동차를 몰고 다니는 누군가가 존재하지 않으면 느낄 수 없는 행복이다. 돈으로 행복을 살 수는 있지만 그러한 행복은 하늘에서 뚝 떨어져 인류의 행복 창고에 추가되는 것이 아니라 다른 누군가에게서 빼앗아 온 것이다."(클라크, 534쪽)

널리 알려진 '트레드밀treadmill 효과'는 인간의 행복은 이웃의 소득이 올라갈수록 낮아지며 낙폭도 크다는 점을 보여 준다. 이는 아무리 자신이 더 열심히 일해 소득을 올려도 옆집 역시 마찬가지로 노력하므로 좀처럼 앞서 나가기 어렵다는 사실을 깨닫게 한다.

◥ 사용할수록 증가하는 '초공공재'

행복과 욕망을 둘러싼 또 다른 관점이 있다. 케인스는 수요와 소비를 경제 번영의 한복판에 등장시켰으나, 과도한 물질적 소비와 풍요가 지구를 위협하는 것도 사실이다.

줄리엣 쇼어는 《제3의 경제학Plenitude : The New Economics of True Wealth》(2010)에서 "우리는 매우 특별한 시대에 살고 있다. 1990년대와 2000년대의 소비자 붐은 역사적으로 매우 이례적인 현상이었다. 상품은 소매 유통 및 가정경제를 통해 엄청난 속도로 이동했다. 역사상 이토록 많은 사람이 이 정도로 저렴한 가격에 이렇게 많은 물건을 살 수 있던 시대는 없었다."(줄리엣 쇼어, 95쪽)고 놀라워했다. 쇼어는 곧바로 덧붙였다. "그러나 모든 파티에는 끝이 있듯이, 이러한 무차별적 소비도 언젠가는 끝나기 마련이다. 과도한 소비 관행은 개인과 생태학의 두 차변과 대변 항목으로 구성된 대차대조표에 대한 잘못된 인식을 바탕으로 구축된 것이다."

모두의 행복은 경제학원론에서 흔히 '파레토 효율'로 표현된다.

"균형 상태는 복잡하게 보이더라도 일단 그 기본 구조가 밝혀지면 매우 간단한 경우도 있고, 혹은 쉽게 보이지만 실제적으로는 매우 복잡하고 어려운 경우도 있다. 균형의 특징을 구체적으로 알아보려면 각 개별 경제주체의 목표가 어떻게 향상되는지를 살펴보면 된다. 그 예로서 모든 경제주체가 만장일치로 더 나아지는 경제 상태는 없는, 즉 타인의 상대를 악화시켜야만 어떠한 주체의 상태가 더 좋아질 수 있는 상태, 곧 파레토 효율인 경우를 보자. 이때 우리의 질문은 여러 가지 경제제도가 어느 정도로 이 기준에 따라 수행되고 있는가 하는 것이다. 어떤 경우는 시장이 파레토 효율인 균형 하에 있을 수도 있고, 또 어떤 경우에는 시장제도의 결과가 그렇지 못할 수도 있다. 따라서 경제적 탐구 목적으로 우리가 염두에 두어야 할 가장 중요한 질문은 다음과 같다. '우리가 관심을 두는 제도가 과연 어느 정도나 인간의 욕구를 충족시킬 수 있도록 작용하고 있는가?' 궁극적으로 이 질문을 향한 것이어야 한다."(베리언 1987, 26~27쪽)

여기서 자신이든 타인이든 경제주체는 1인일 수도 2명 이상일 수도 있다. 경제제도는 자본주의, 사회주의뿐 아니라 금융정책, 세금정책 등 구체적인 개별 제도까지 뜻한다. 파레토 효율은 가능한 최선의 효율적인 상태에 제도와 경제가 있는지를 판단하는 지표가 된다. 슘페터는

그러나 파레토 효율 같은 어렵고 낯선, 경제학자 집단 속에서나 통용되는 개념을 벗어던지고, 오히려 파레토 효율의 극대화 원리를 버리는 것이 행복으로 가는 길일 수도 있다. 애덤 스미스는 《도덕감정론》에서 사적 소유가 불평등을 낳는 것이 아니라고 주장한다.

"신의 섭리가 대지를 소수의 귀족과 지주들에게 분할하였을 때, 이 분배에서 제외되었다고 생각되는 사람들을 망각한 것도 방기한 것도 아니다. 제외된 사람들도 또한 대지가 산출하는 모든 것에 대하여 그들의 몫을 향유한다. 인간 생활의 참된 행복을 구성하는 것에 관한 한, 그들은 자신들보다 사회적으로 훨씬 높은 지위에 있다고 생각되는 사람들보다 결코 열등하지 않다. 육체의 안락과 마음의 평화에 있어서도, 삶의 수준이 상이한 계층의 모든 사람들이 거의 동일한 수준에 있다. 큰길가에서 햇볕을 쬐고 앉아 있는 거지도, 국왕들이 싸워 얻으려고 노력하는 그러한 안전을 이미 향유하고 있다."(스미스 1996, 332쪽)

레온 트로츠키Leon Trotsky는 〈문학과 혁명〉(1923)에서 공산주의사회에서 인간의 삶을 기술하며 다음과 같이 말했다.

"사람들은 말할 수 없을 정도로 더 강하고 현명하고 섬세해질 것이다. 그의 신체는 더 조화로워질 것이며, 그의 동작은 더 율동적일 것이며, 그의 목소리는 더 음악적일 것이다. 삶의 형태는 역동적으로 극적일 것이다. 인간의 평균적 유형은 아리스토텔레스·괴테·마르크스의 경지에 이를 것이

《경제분석의 역사》에서 "마침내 우리는 파레토라는 유명한 인물을 다룬다"며, 그를 따르는 수많은 사도들을 언급하며 "당시에는 방문하기도 힘들었던, 고양이가 득실대는 허름한 저택에서 쾌적하긴 했지만 완전한 은둔 생활을 했던 사람이 그토록 커다란 영향을 미칠 수 있었다는 사실은 매우 흥미롭다"고 말했다.(슘페터 2013(제3권), 203쪽)

며, 이 능선 위로 새로운 높은 봉우리들이 솟아날 것이다." 만약 이런 때가 도래한다 하더라도 '겨우' 아리스토텔레스, 괴테, 마르크스의 수준밖에 미치지 못하는 평균의 일상인들은 스스로가 그 활동들(시·철학·경제)에 능숙하다고 생각할까? 그도 자존심의 문제를 안게 될 것이다.(노직, 300쪽)

케인스의 말은 좀 더 뚜렷하고 미래 지향적이다. "경제문제가 그 본래 자리인 뒷전으로 물러날 날이 멀지 않았다. 그러면 …… 우리의 가슴과 머리는 실재적 문제들(삶의 문제와 인간관계의 문제들, 창조와 행위와 종교 문제들)에 의해 점유되거나 재점거될 것이다. – 케인스,《설득의 에세이》"(스키델스키, 1072쪽)

경제학자들은 19세기 물리학자 캘빈Kelvin이 말했듯, 우리는 오직 측정할 수 있는 것만 인지할 수 있다고 믿으며, 공동체community의 독립적인 가치 같은 측정할 수 없는 건 이 세상에 존재하지 않는다고 주장한다. 개별 인간을, 행복을 수치로 계산하는, 도구로만 인식할 뿐 공동체의 감성과 영혼 같은 사람들 사이의 '관계'를 생각하는 방식을 우리에게 제공하지 않는다.

이러한 관점에 대한 흥미로운 반전이 '사랑'이라는 재화'에 대한 다음과 같은 설명이다. 스티븐 마글린의《우울한 과학》에 따르면, 영국의 금융경제학자 데니스 로버트슨은 1956년 "도대체 경제학자 본인은 경제적으로 무엇을 절약하고자 하느냐?"는 질문을 받고 이렇게 대답했다고 한다.

"그것은 '희소한' 자원으로서의 사랑scarce resource Love이다. 우리를 포함해 다른 모든 사람이 알다시피 사랑은 세상에서 가장 소중한 것이기 때문이다." 그러나 로버트슨이 사랑을 한 조각의 빵처럼 사용하면 그 양이 줄어

캘빈은 1883년에 "우리가 무언가에 대해 말할 때 그 대상이 측정할 수 있어야measure 숫자로 표현 가능하고 그때에만 우리는 그것에 대해 안다고 할 수 있다. 측정할 수 없고 숫자로 표현될 수 없는 대상에 대한 우리의 지식은 볼품없고 만족스럽지 못한 것이 된다."고 말했다.

드는 일반 상품으로 생각한 건 잘못이다. 모든 재화가 빵 같은 사적 재화
는 아니다. 바다의 등대처럼 누군가 사용해도 그 양이 줄어들지 않는 '공공
재public goods'와 '집합재collective goods'도 있다. 사랑은 초공공재hyper public
goods이다. 사용할수록 오히려 더 그 양이 증가하며, 오랫동안 사용하지 않
으면 아무런 가치도 없는 것이 되어 버리는 재화이다. 마글린은 다음과 같
이 표현했다. "사랑은 아주 특별한 재화 / 경제적으로 기이하고 비정상적인
재화 …… / 빵은 먹으면, 선반에 남은 게 줄어들지만 / 사랑은 만들수록 스
스로 자라는 것."(Marglin 2008, p.18)

만약 빵과 달리 사랑이 희귀하지 않은 재화라면, 사랑을 경제적으로 사
용하려는 사회적 제도를 구축하려는 시도는 사리에 맞지 않는다. 오히려
사랑이란 자본을 사람들로부터 더욱 끌어내고 개발하도록 자극하는 제도
를 창출해야 한다. 마치 헛간을 완공한 뒤 동네 사람들에게 파티를 여는
것barn raising처럼. 이런 파티는 옛날 향수에 젖어야만 실행할 수 있는 것이
아니며, 공동체를 한데 묶는 결속에서 얼마든지 실행 가능하다.

경제학자 앨버트 허시먼은 1984년에 쓴 〈구두쇠에 반대하며Against
Parsimony〉라는 에세이에서 "사랑은 사용할수록 줄어들게 되는 '희소한' 재
화이면서도 동시에 베풀수록 더욱 개선되는 기술skill이기도 하다. 사랑과
자비심, 시민정신은 적절히 사용되지 않으면 위축된다. 그러나 베푸는 행동
이 지나치게 과도하면 스스로 희소해지는 특징을 갖는다."고 말했다.

풍요의 뿔
경제와 환경

성장에 물리적 한계가 없다고 믿는 경제학자들을 흔히 '풍요의 뿔 Cornucopains 학파'라고 부른다. 이들은 미래에 인구 증가의 놀라운 효과 때문에 무제한의 부가 창출되리라고 예측한다. 인구가 늘어나면 똑똑한 사람이 더 많아지므로 인간의 독창성도 만개하게 되고, 이러한 독창성을 바탕으로 자연을 대체할 대안을 발견하게 되며, 이는 다시 시장 전체에 전파된다는 논리다. 맬서스의 인구 함정을 오히려 정반대의 긍정적 요소로 이해하고 있다.

성장과 자연환경이라는 흔히 양자택일의 대치 관계로 여겨지는 두 가지를 보자. 명백한 사유재산권이 개입되지 않은 자연환경의 경우, 숲을 벌목하거나 땅을 파 유전을 개발하는 행동이 가져다주는 욕망 충족이 있는 반면, 다른 한편에선 벌목되지 않은 숲으로의 여행이 주는 욕망 충족이 있다. 욕망 충족이란 점에서는 둘 다 같다. 그 욕망을 단지 수치로 환원해 표시한다면 둘 사이에 차이가 없을 것이다. 환경을 단순히 경제개발에서 파생되는 문제로서 인식하지 않고, 개발과 똑같은 중요도를 갖는다고 본다면 경제적 효용가치와 편익 측면에서 환경의 가치가 훨씬 클 수도 있다. 잘 보존된 자연환경의 가치는 다른 주변 환경들이 개발로 인해 점차 파괴되어 감에 따라 더욱 커질 것임이 명백하기 때문이다.

오염 유발 상품을 누가 소비하는가

우리는 흔히 공해의 책임을 상품을 생산하면서 오염을 유발하는 기업에 돌리고 그쪽에 비난을 퍼붓는다. 그러나 사실 그 책임 소재는 기업뿐 아니라, 아니 오히려 소비자에게 더 있다. 공해에 대한 수요를 소비자가 창출하고 있기 때문이다. 만약 공해가 덜한 전기를 사용하기를 원한다면, 그런 전기를 생산하는 데 드는 추가 비용을 보상할 수 있을 만큼의 높은 대가를 직·간접적으로 지불해야만 한다. 물론 궁극적으로 더 청결한 공기와 물 등의 상품을 이용하면 그 비용은 상품 가격에 반영되어 소비자가 부담해야만 할 것이다.

"하지만 공해 억제와 환경보호는 그렇게 함으로써 발생하는 이해득실이 서로 다른 사람들에게 전가되는 경향이 있으므로 복잡한 문제이다. 즉, 공해 감축으로 가장 큰 이득을 보는 사람은, 공해를 허용함으로써 [공해 유발 비용이 포함되지 않은] 더 낮은 상품 가격으로 득을 보는 사람들에 견줘 재정적으로 더 잘사는 사람들이라고 생각할 수 있다. 상대적으로 가난한 사람일수록 아마도 더 맑은 공기보다는 더 값싼 전기를 바랄 것이다."(프리드먼 2009, 278쪽)

경제적 자유와 정치적 자유를 설파한 밀턴 프리드먼은 "불완전한 시장이 불완전한 정부보다 낫거나 아니면 그만 한 역할을 할 수 있다."고 말한다. 공해 문제에서도 시장을 통한 문제 해결이 놀랄 만큼 많은 해결책을 가져다줄 것이라고 강조한다. 즉, 공업화가 확실히 여러 가지 새로운 문제를 제기해 왔으나, 그 이전에 있었던 문제들을 해결하는 수단 역시 제공해 왔다는 것이다.

자동차의 개발과 이용이 한 가지 공해를 추가시켰지만, 그것이 훨씬 바람직하지 못한 종류의 공해 혹은 불편을 어느 정도 종식시킨 것도 사실이다. 기술혁신이 지구온난화를 초래했으나 그 기술혁신이 동시에 탄소 배출을 획기적으로 감축시키거나 대기 온실가스를 정화시킬 수도 있다.

환경오염과 지구온난화에 대한 경제학자의 전형적인 사유 방식을 보여주는 데이비드 로머David Romer의 글을 보자.

"경제이론은 오염에 대해 자신 있는 설명을 주지 못한다. 오염을 유발하는 사람이 그 비용을 부담하지 않기 때문에, 오염을 규제하지 않는 시장에서 그 양은 시장균형을 초과하는 과도한 오염을 생산한다. 지구 기후에 갑작스럽고 급격한 변화를 초래하는 어떤 오염의 임계점이 있다고 하자. 그러나 오염의 효과는 외부성이 있기 때문에 그 수준에 도달하지 않도록 막는 시장 메커니즘이 존재하지 않는다. 또 우리에게 곧 기후 재난이 임박했음을 알려주는 오염 없는 환경의 시장가격도 존재하지 않는다. …… 적절하게 사적 및 사회적 오염 비용에 세금을 부과하는 방식으로 사회적으로 최적의 오염 양을 통제할 수는 있겠지만, 문제의 심각성을 인식하는 것도 여전히 중요하다. 우선 경제성장의 관점에서는 아무런 조처도 취하지 않았을 경우 어느 정도의 오염 수준이 경제성장을 후퇴시킬 것인가를, 정책의 관점에서는 어느 범위까지 오염세를 부과하는 것이 적절한가를, 만약 오염세 부과가 정치적으로 실행 불가능하다면 오염 규제에 따른 편익이 비용을 초과할 것인가를, 마지막으로 우리의 행동과 관련에서는 우리가 다른 사람들의 후생을 염려하는 개인일 때 오염 유발을 줄이려면 어느 정도 노력을 해야 하는가를 아는 것이 필요하다. …… 물론 오염에선 [수요와 공급 상황을 전달해 주는] 시장가격이 존재하지 않기 때문에 오염 문제를 연구하는 경제학자들은 오염에 대한 기후과학적 증거들로부터 시작할 수밖에 없다. …… 그러나 환경친화적인 경제학자조차 환경문제가 경제성장에 미칠 충격은 그 확률상 기껏해야 온건한 정도moderate일 것이라고 결론 내리고 있다."(Romer, David, pp.41~43)

하버드대학 총장을 지낸 경제학자 로렌스 서머스L. Summers는 1991년 당시 세계은행의 수석 이코노미스트로 있을 때 다음과 같은 메모를 동료들에게 회람시켰다.

"우리끼리 이야기지만, 세계은행은 산업폐기물을 개도국으로 더 많이 수출하도록 권장해야만 할 것이다. …… 건강에 해로운 공해의 비용은, 공해로 인한 질병률과 사망률 증가에서 발생하는 소득 손실에 근거하여 측정된다. 이 관점에서 볼 때 건강에 해로운 공해의 일정량은 비용이 가장 낮은 국가에서 발생되어야 할 것이고, 그런 국가는 바로 임금이 가장 낮은 국가다. 독극물 폐기물을 최저임금 국가에서 처리해야 한다는 경제적 논리는 흠잡을 데 없는 논리이고, 우리는 이것을 인정해야만 한다. …… 공해의 많은 부분이 비교역재(운송, 전력) 산업에서 발생한다는 사실, 그리고 폐기물이 단위 운송비용이 매우 높다는 사실은 통탄할 일이다. 왜냐하면 이 사실 때문에 세계의 후생을 증진시키는 공해와 산업폐기물의 교역이 성사되지 않기 때문이다."(박만섭 2006)

경제학자들은 시장가격이라는 신호가 존재하지 않는 공기, 물 등은 전통적으로 경제학의 연구 대상에서 제외해 왔다.

이 메모에 대해 《이코노미스트》(1992년 2월 8일자)는 "내부 메모라 하더라도 지독한" 것이긴 하지만, "경제학의 관점에서 볼 때 그의 논점을 반박하기는 어렵다"고 평가했다.

그러나 충분히 예상할 수 있듯이, 제3세계로의 쓰레기 수출이 부국과 빈국 모두의 경제적 후생을 높이는 길이라는 서머스의 이 말에 신랄한 비판이 뒤따랐다. "선행은 좋은 일이지만 어떤 일을 해야 하는지 제대로 이해하는 게 중요하다. 정치 구호가 쓰인 낡은 티셔츠, 망가진 컴퓨터 같은 주민들이 원하지 않는 물건들을 보내는 것은, 아프리카에 쓰레기 더미를 투척하고 지역경제를 망가뜨리는 일에 다름 아니다."(Marglin 2002)

인문주의자 김우창은 1977년에 다음과 같이 말했다.

"현대사회가 우리의 관심을 천박하고 좁게 만드는 것은, 그것이 우리를 소외시키는 체험으로 가득 차 있기 때문이다. 가장 중요한 원인은 삶의 가장 기본적인 문제가 무한한 신경 소모와 감정 고갈을 요구하는 생존경쟁이 되었고, 이것이 삶의 터전으로서의 사회와 자연의 환경을 지배하는 원리가 되었다는 점일 것이다. 또한 이 생존경쟁은 어떤 구체성이 있는 경쟁이 아니라 화폐경제로 인하여 가능해지게 된 바, 극히 추상적일 수밖에 없는 유가증권 소유를 위한 재산과 전략의 형태를 띠고 있다. …… 공리적 가치가 분명치 않은 꽃과 나무도 그 화폐가치에 의하여 좋고 나쁨이 결정된다. 우리는 집에서 기르는 화초도 가장 값비싼 것을 가장 편한 자리에 앉힌다. 사람이 자연의 전체성에 연결되어지는 가장 신비한 매듭인 집과 땅이 광적인 부동산시장의 투기 대상이 된다."(김우창 1982, 91쪽)

나의 소비효용과 타인의 비효용

'인간의 생태발자국'이라는 개념이 있다. 식량, 연료, 금속 등의 자원을 생산하기 위해 토지와 해양의 생태적 역량이 얼마만큼 필요한지를 토지의 면적 단위로 보여 주는 지표다. 이러한 생태발자국 분석을 통해 "전 세계 모든 사람이 미국인들처럼 살면 인류를 지탱하기 위해 지구가 다섯 개 필요하다"는 통계가 발표돼 주목을 끌기도 했다. 이에 따르면, 지구는 1986년에 처음 한계치에 도달했다. 그 이후 자원 사용량은 생물학적 역량을 초과하여 걷잡을 수 없이 늘어났다. 2006년 지속 가능한 생물학적 역량을 고려할 때 한 사람 앞에 돌아가는 땅의 넓이는 약 1.8헥타르(55평)이지만, 전 세계 사람들이 실제로 사용하는 넓이는 2.6헥타르(79평)로, 1인당 무려 0.8헥타르(24평)의 생태 역량 부족분이 발생하였다. 인간의 발자국이 이 생물학적 역량을 초과하게 되면 향후 인류 세대의 번영과 지속적 생존은 보장받기 어렵다.(쇼어, 88~89쪽)

물론 경제학자들은 점차 모든 상품과 서비스의 가격에 생태학적인 비용을 포함시키려고, 즉 환경적 비용을 '내부화'하려고 시도하고 있다. 경제학자들은 시장의 역량을 굳게 믿으며, 이렇게 해서 가격만 올바르게 설정한다면 자연스럽게 문제가 해결될 것이라고 주장한다. 그러나 경험상 이것이 믿을 만한 주장일까? 줄리엣 쇼어는 "경제학자들이 갑자기 지구와 생태계에 관심을 갖게 되었다고 해도, 이를 경제학적인 DNA에 새겨 넣으려면 경제학 분야 자체에 사회학적인 변화가 필요하다."(쇼어, 103쪽)고 말했다. 오염을 상품 가격 속으로 내부화하거나 기술 발전을 통해 또는 경제성장률 완화를 통해 생태계 파괴 속도를 늦추는 것만으로는 부족하며, 경제생활의 가장 핵심적인 측면이 바뀌어야 한다는 뜻이다.

스콧 모마데이Scott Momaday의 《새벽으로 만든 집House Made of Dawn》이나 니이하트Neihardt의 《빼앗긴 대지의 꿈Black Elk Speaks》의 주인공 '검은 고라니'의 자전적 이야기와는 전혀 반대로, 토크빌은 1835년 인디언 세계에 대해 이렇게 말했다.

"하느님은 인디언들을 신세계의 풍요 속에서 잠시 동안 즐기도록 보내셨던 것 같다. 그들은 다른 사람들이 올 때까지 거기에 있으면서 기다렸을 따름이다. 상업과 공업에 기막히게 알맞은 저 해안들, 저 넓고도 깊은 강들, 저 무진장한 미시시피 계곡, 간단히 말해서 그 전체 대륙이 아직은 태어나지 않은 위대한 국민의 삶의 터전이 될 만반의 준비를 갖추고 있는 듯했다. 그 땅에서 새로운 기초 위에 사회를 세우려는 위대한 실험이 문명인에 의해 시도되는 것이었다. 바로 거기에서 유사 이래 처음으로 지금까지는 알려지지 않았던, 혹은 실현 불가능한 것으로 간주되던 이론들이 과거의 세계사에서는 찾아볼 수 없었던 광경을 연출하고 있는 것이었다."(토크빌, 40쪽)

그러나 스콧 모마데이의 다음과 같은 말처럼, 민주주의자 토크빌은 근시近視라는 병을 앓고 있었는지 모른다. "지금 이 사회에 살고 있는 우리들은 '문학적 근시'라는 일종의 병을 앓고 있다. 아마도 우리의 눈이 너무 오랫동안 환경의 피상적이고 인위적인 면만 보도록 길들여진 탓일 것이다. 우리는 때로는 우리 문명의 기념비인 것처럼 보이는 빌딩이나 광고 게시판 너머에 있는 것을 보지 못하며, 따라서 우리 자신의 인간성의 의미와 성격을 살펴보지 못한다."(모마데이, 241쪽)

자본주의 시장경제의 소유권과 상품의 익명성이 갖는 소외와 그들을 압축적으로 보여 주는 대목이 존 스타인벡의 《분노의 포도》에 나온다.

"주물 공장에서 꼿꼿하게 세워 놓은 열두 개의 강철 음경들이 기어가 조절하는 시간에 맞추어 규칙적으로 흙을 강간하고 있었다. 아무런 정열이나 감흥도 없이 그저 기계적으로 강간하면서 톱니 장치로 사정을 계속했다. 운전수는 쇠의자에 앉아 자기 자신이 만든 것도 아닌 그 똑바른 선과, 자기 것도 아니고 자기가 사랑하지도 않는 그 기계와, 자기가 마음대로 할 수도 없는 그 기계의 성능을 막연히 자랑스러워하고 있었다. 다 자란 작물을 거둬들일 때에도 햇볕에 뜨거워진 흙덩어리를 손가락으로 만져 보는 사람은 아무도 없었고, 손가락 사이로 흙을 털어 보는 사람조차 없었다. 아무도 씨앗 하나 만져 보지 않았고 자라는 곡식을 대견스러워하지도 않았다. 사람들은 자기들이 가꾸지도 않은 것을 먹었고, 자기들이 먹는 빵과는 아무런 관계도 없었다. 땅은 쇠붙이 밑에 깔려 고통을 견디었고, 쇠붙이 밑에서 점점 죽어 갔다. 왜냐하면 그것은 사랑도 미움도 받지 못했을 뿐 아니라 기도나 저주조차도 못 받았기 때문이다."(스타인벡, 50~51쪽)

경제학에서 완전경쟁 시장을 분석할 때 흔히 '외부성externality'(외부 경제효과 및 외부 불경제효과)은 고려되지 않는다. 그러나 현실적으로 매우 중요하게 분석해야 할 것 중 하나가 외부성이다. 외부효과는 우리가 사는 세상이 로빈슨 크루소가 살았던 무인도가 아니라 상호 의존하며 살고 있는 공동체라는 점에서 비롯된다. 즉, 누군가의 어떤 경제적 행동은 그 사람의 후생만 변화시키는 것이 아니라, 그것이 의도했든 의도하지 않았든 한 명 이상 다른 누군가의 후생에 (크든 적든) 좋게 혹은 나쁘게 영향을 미친다.

"어떤 선善한 행동이 공공적이고 불가분적[비경쟁적이고 배제 불가능]일 경우, 그 선의 산출은 그것을 산출하기로 결정하는 사람들이 고려에 넣지 않은 타인들에게도 손해나 이익을 가져올 것이다. 전염병 예방접종을 한 사람은 자기 자신뿐만 아니라 다른 사람도 돕는다. 이러한 보호가 그에게는 별다른 이득이 되지 않을지 모르나 모든 이점들을 종합하면 지역사회에 값진 것이 된다. 그런데 산업이 자연환경을 오염, 침식하는 경우와 같이 공해가 현저하게 영향을 미칠 수도 있다. 일반적으로 이러한 비용은 시장에 의해 고려되지 않으며, 따라서 산출된 재화는 그것에 드는 한계적·사회적 비용보다 훨씬 낮은 값에 매매된다. 이처럼 사적 회계와 공적 회계 간에는 시장이 나타낼 수 없는 서로 다른 불일치가 있다. 법과 정부의 중요한 임무 중 하나는 제도적으로 이를 시정해 주는 것이다."(롤스, 360쪽)

롤스가 '정의'의 관점에서 다소 철학적으로 외부성을 말했다면, 현실 자본주의의 문제를 고민했던 실천적 경제학자 만델의 설명은 좀 더 쉽고 현실감 있게 다가온다.

"순수한 경제적 관점에서 자본주의 생산양식이 갖고 있는 객관적이고 전반적인 불합리성은, 기업 수준에서 '사적으로 지불된 생산비용'과 '직·간접적인 사회적 생산비용' 사이의 대립, 즉 개별 기업의 이윤과 사회적 비용편익 대차대조표 간의 대립으로 요약될 수 있다. 부르주아경제학은 이와 같은 대립을, 부분적으로는 '자유재'에 의해 창출되는 '수익' 용어로 신비화시켜 버린다. 따라서 현대 기술이 환경에 가하는 위협이 증대되는 현상을, 자유재가 점점 부족해지는 것으로 치환해 버리고 이를 상품 유형의 감소, 수익의 감소로 간주한다. 여기서 시장광신주의의 야만적 논리를 상세하게 설명할 필요는 없다. 기업들은 이윤을 극대화하기 위해 대기를 오염시킨다. 물론 실질적인 방책은 낭비 없이 사람들의 욕구를 합리적으로 충족시키기 위하여, 기업 이윤의 계산으로부터, 또 사적 상품생산으로부터 생산을 해방시키는 일이다. 의식적이고 합리적인 계획을 통해 인구 폭발이나 '상품사태[만물의 상품화]가 대기·수질·토지 및 인간을 위협하지 못하도록 할 수 있다. 인류의 생존을 위협하는 것은 과학이나 현대 기술 그 자체가 아니라 그것의 자본주의적 조직이나 사용이기 때문이다."(만델, 564~565쪽)

만델의 용어인 '후기자본주의'를 특징짓는 것 중 하나는 폐품화되는 생

경제학과 행복

산량이 엄청나다는 것이다. 미국의 경우 1920년에 하루 1인당 폐기물 쓰레기가 1.25킬로그램에서 1970년에는 2.5킬로그램으로 증가했다. 연간으로 따지면 1억8천만 톤에 달하는 양이다. 만델의 조국인 벨기에의 경우 1960년에 하루 1인당 250그램에 불과했다.

인간의 생명과 건강을 화폐가치로 환산하려는 노력은 깨끗한 공기를 마시고 오염되지 않은 물을 마시며 신체의 건강을 유지하려는 기본적인 육체적 욕구를 화폐소득에 대한 욕구로 대체시켜 버린다. 따라서 이러한 욕구들도 빠짐없이 시장 메커니즘을 통해서 충족되어야 한다는 결론이 도출된다. 그런데 경제학의 소비자선택이론에서 재화는 더 많이 소비할수록 효용이 커진다는, 달리 말해 어떤 경우에도 소비 만족이 포화 상태에 도달하지 않는다는 이른바 '단조성monotonicity'은 재화의 자유로운 처분free disposal을 가정한다. 소유한 재화가 너무 많아 오히려 효용을 감소시키고 그 소유자를 괴롭히는 수준에 이르게 되면, 시간적·금전적 비용을 한 푼도 들이지 않고 그냥 강이나 산속에 쓰레기 버리듯 버리면 된다는 것이다. 즉, 폐기에 따른 환경 파괴 같은 외부 불경제효과는 고려되지 않는다. 그러나 현실에서는 버리는 것이 자유롭지 않으며 폐기에도 비용이 수반된다. 개별 주체들의 이익 극대화 행위가 타인과 집단에 영향을 미친다. 나의 소비효용 추구는 지구온난화를 통해 모든 타인들에게 비효용을 초래한다.

환경경제학자들은 말한다. "무언가를 얻으려면 그만한 대가를 치러야 한다는 게 인간 경제행동이론의 요체다. 더 깨끗한 환경을 구축하려면 값비싼 에너지를 사용해야 하고, 동식물을 보호하려면 세금을 더 많이 내야 하며, 산림을 보존하려면 일자리가 줄어들 수밖에 없다."

이러한 대가론적 관점의 근본에는 경제가 시장과 경쟁을 통해 거의 최대 역량을 발휘하고 있으며, 자원 역시 이미 개인과 기업의 최적 선택행동에 따라 효율적으로 배분되고 있다는 논리가 자리 잡고 있다. 더 울창한 숲을 보고 싶다면 가구를 줄이고 살아야 한다는 것이다. 이러한 논리는 '생산가능곡선'에 따른 지침이다. 예컨대 경제가 옷과 대포 두 가지를 생산한다고 할 때, 한정된 자원으로 옷을 더 생산하려면 대포 생산을 줄여야 하고, 대포를 더 생산하려면 옷 생산을 반드시 줄여야 한다.

줄리엣 쇼어는 다른 해법을 제시한다. 노동시간을 줄여 노동생산성을 늘리는 방식이다. "노동시간을 줄여 피로가 줄어들면 투입 노동시간당 생산성이 향상되고 그러면 더 적은 자원과 재료를 투입하고도 똑같은 산출량을 얻어 낼 수 있다. 대안은 같은 양을 좀 더 적은 노동시간에 생산하는 것이다. 이렇게 해야 지구환경에 미치는 영향이 줄어든다. 이는 단지 추가적인 소득을 포기하는 것일 뿐이다. 더 적은 것에 만족하는 금욕주의와는 거리가 멀다."(쇼어, 238쪽)

경제학Economics과 생태학Ecology의 그리스어 어근은 모두 '집'을 뜻하는 '오이코스oikos'이다. 사회과학의 여왕이라는 경제학은 우리가 우리의 집인 지구에서 어떻게 살아갈 것인지를 둘러싼 '오래된 질문과 새로운 답변'을 제출하는 과업을 그 본령으로 삼아야 한다.

서문으로 다시 돌아오며

"운 좋게 이 조그만 연구서의 결론을 낼 수 있다면, …… 새로운 아이디어로 넘어가기 위해 약간의 변화를 찾아내고, 그 다음에는 피날레를, 소리 없는 '글리산도 glissando [높이가 다른 두 음 사이를 급속한 음계로 미끄러지듯 연주하는 기법]를, 마침내는 산이 무너지는 소리나 대포 소리처럼 정신을 멍하게 할 정도로 굉장한 '클라이막스'로 끝나는 긴 속삭임을 찾아내야 한다. 하나의 마침표를." – 크누트 함순, 《굶주림》

" …… 둘러보면 아무 흔적도 우리들의 /빈집에 남은 것은 없는데 /산마루를 돌아보면 /가슴은 왜 이리 흔들리는지 ……" – 곽재구, 〈다시 가을에〉

" …… 오늘 아침 용접공인 동생녀석이 마련해 준 /때 묻은 만 원권 지폐 한 장을 생각했다 /가슴의 뜨거움에 대해서 /나는 얼마나 오래 생각해야 하는 것일까 ……" – 곽재구, 〈그리움에게〉

긴 속삭임 같은 마침표를 이제 넣어야 할 때가 됐다. 끝내는 시점이 오히려 자못 긴장된다. 되돌아보니 매우 산만하다. 시인 브라우닝의 시에 나오는 한 구절, "좋은 것은 앞날에 남았으리. 우리의 출발은 오직 그것을 위하여 있었으리."가 생각난다. 글을 끝내는 마당에 더 보탤 것도, 다시 언급하고 싶은 것도, 요약할 것도 없다. 그런 건 별로 의미 없는 일이다. 이 글도 프롤로그가 그랬듯이 하나의 가볍고 독립적인 수필을 지향한다. 바꿔 말해 우리는 이 책의 서문으로 되돌아왔다. 여기선 이 책과 세상의 책 일반에 대한 사색을 한마디 붙이고자 한다.

독자들 중에는 책을 읽고 난 뒤 얼른 자리를 털고 일어나 노래를 부르며 밖으로 뛰어나가는 사람도, 집 창밖으로 보이는 멀고 높은 하늘을 오랫동안 멍하니 응시하는 사람도 있을 것이다. 독자의 감상이 응원이든 혹독한 비판이든 나로선 이제 조용히 침잠하여 은둔할 시간이다. 우리 가까이에 머물고 있는 모든 것들은 언젠가는 늙어 갈 것이고 기억을 잃어 갈 것이며 점차 흔적도 남기지 않은 채 우리 곁에서 가뭇없이 사라질 것이다. "지난날의 장미는 이제 그 이름뿐, 우리에게 남은 것은 그 덧없는 이름뿐." – 움베르토 에코, 《장미의 이름》 끝 문장.

내가 이 책을 구상한 건 대략 2000년부터다. 15년쯤 후에 나올 책을 구상하면서 '사회, 경제와 시장을 비판하다' 혹은 '노동의 시선으로 본 경제학 비판'이라는 다소 거창한 제목도 붙여 보고, '뒷문 밖에는 갈잎의 노래'라는 문학적인 제목 아래 경제와 문학을 생각해 보기도 했다. 아무튼 경제와 시장을 사회·노동·문학의 영역과 관점을 통해 비판적으로 들여다보겠다는 심산이었다. 그 후 도서관 책 목록들을 뒤지기 시작했다. 그리고 이제 마침표를 찍을 때가 됐다. 풀리처상을 수상한 미국 시인 월리스 스티븐스 Wallace Stevens는 "나는 다름 아닌 내가 걸어온 세계다."라고 말했다.

"나는 내가 걸어온 세상이고 내가 보고 듣고 느꼈던 것들은 오직 나 자신 안에서 온 것이다. 그리고 나는 더욱 진실하면서도 더욱 낯선 나를 발견한다." - 월리스 스티븐스, 〈Tea at the Palza of Hoon〉

"밤이면 파랗게 타오르던 / 배고픈 지성의 눈동자, / 잡으면 살을 파고들던 / 지식의 날" - 복거일, 《비명을 찾아서》

"그는 펜을 잉크에 찍고는 잠시 머뭇거렸다. 그는 뱃속으로부터 전율이 스침을 느꼈다. 종이에 글을 쓴다는 건 중대 행위였다. 그는 작고 서투른 글씨로 썼다. 1984년 4월 4일" - 조지 오웰, 《1984》

이런 느낌으로 쓰고 싶었다. 가혹한 기후에서도 번창할 수 있는 불굴의 용기와 인내를 가지고 새벽이 올 때까지 불을 밝혀 기다리는 사람과도 같은 그런 마음가짐으로 붙들고 싶었다. 그러나 돌이켜 보니 미처 생각하지 못한 것이 있었다. 너무 오래 붙들고 있을 때 우려되는 해악, 즉 산만하고 방대해지기만 할 뿐 증류수가 되지 못하는 것 말이다.

"내 이 세상 도처에서 쉴 곳을 찾아보았으되, 마침내 찾아낸, 책이 있는 구석방보다 나은 곳은 없더라. …… 이 세상 만물은 책이며 그림이며 또 거울이거니 …… 책이 없는 수도원은 재산이 없는 도시, 군대 없는 성채, 그릇 없는 부엌, 먹을 것 없는 밥상, 풀 없는 뜰, 꽃 없는 목장, 잎 없는 나무 같은 것이지요. …… 세상의 모든 피조물은 글이나 문자 같은 것."

움베르토 에코의 《장미의 이름》에 나오는 책과 글에 대한 몇 구절이다. 이 소설에 나오는 장서관 비서秘書의 보고寶庫인 '아프리카의 끝' 같은, 사회과학 거인들의 세계를 충분히 들여다보고 독자들에게도 충분히 펼쳐 보이고 싶었다. "그렇다면 장서관이란, 수세기에 걸쳐 서책끼리의 음울한 속삭임이 계속되는 곳, 인간의 정신에 의해서는 정복되지 않는, 살아 있는 막강한 권력자, 만든 자, 옮겨 쓴 자가 죽어도 고스란히 살아남을 무한한 비밀의 보고인 셈이었다."(에코 1997(하). 453쪽)

우리 모두에게 더 나은 미래를 제시할 수 있는 방식을 설득력 있게 보여 주면서 이 책을 끝맺을 수 있다면 좋을 것이다. 지금쯤이면 앞서 살펴본 수많은 질문과 답변들에 대해 내가 종합적으로 어떤 생각을 하고 있는지 궁금해할 독자도 있을 것이다. 그러나 사회과학의 여러 덤불 속에서 내가 행한 짧은 여정에도 불구하고, 나는 종합이 가능할까 의심이 든다. 어떤 한 측면만을 결론처럼 제시하는 것도 썩 내키지 않는 일이다. "만약 이책을 통해 독자들에게 이 복잡한 세계와 대면할 수 있는 어떤 통찰력과 도구를 제공할 수 있다면 나는 그것으로 만족한다."(폴리, 262쪽) 소설 《장미의 이름》 속 윌리엄 수도사는 그 통찰력과 도구가 무엇인지 대신 말해 준다. "그래요. 우리는 난쟁이들입니다. 그러나 실망하지 마세요. 우리는 난쟁이는 난쟁이되, 거인의 무등을 탄 난쟁이랍니다. 우리는 작지만, 그래서 때로는 거인들보다 더 먼 곳을 내다보기도 한답니다."(에코 1997(상). 147쪽)

경제학자 로버트 솔로는 금융위기라는 다년생 꽃이 얼마나 질긴 존재인지 보여 준 킨들버거의 책 《광기, 패닉, 붕괴 : 금융 위기의 역사》 서문에서 다음과 같이 말했다.

"킨들버거의 저술 작업은 어쩌면 찰스 다윈이 비글 호를 타고 탐사를 다닐 때 수행했음이 분명한 탐구 방식, 즉 흥미로운 표본을 수집하고 점검하고 분류하듯 자연의 역사를 쓴다는 그러한 정신에서 이루어지기 시작했다고 본다. 킨들버거의 《광기, 패닉, 붕괴》는 때에 따라서는 혜안이 번득이고, 또 때에 따라서는 그저 잡설이 가득한 동시대인들의 언사言辭가 곁들여져 있다는 점에서, 다윈의 설치류·조류·딱정벌레보다 독자들을 얻는 데 유리했을 것이다."(킨들버거 2006, 8쪽)

로버트 솔로는 킨들버거에 대해 "그 주창자들이 자유시장주의자이든 혹은 사회공학론자이든, 그는 철갑을 둘러친 고정불변의 지적 체계를 불신한다."며 "이미 체계를 갖춘 의제를 추적하는 것이 아니라, 흥미롭게 배울 것들을 찾아나서는 것이 경제사가로서 체질화된 킨들버거의 방식이었다."고 말했다.

나 또한 거인들의 표본 진열장을 가로지르며 책을 썼으나 종종 난해한 경로들이 눈에 띄고, 좀 더 읽기 쉽게 정돈하지 못했다는 아쉬움이 남는다. 책 서두에서 던진 의욕이 '깨진 약속' 같은 것이 되어 버렸는지도 모르겠다. 여기저기 매끄럽지 못하고 거칠고 사나운 대목들이 불쑥불쑥 드러나 보인다. 열망은 컸으나 다소 허망하다.

슘페터는 마셜의 《경제학원리》에 대해 이렇게 예찬했다.

"책을 쉽게 쓰려는 시도보다 더 어려운 일은 없겠지만, 이 장인에게는 그러한 일이 결코 발생하지 않을 듯 보인다. 모든 것이 방대한 구조 속에서 적재적소에 자리 잡고 있으며, 모든 것은 그 위치를 잡기 전에 한 예술가[마셜]에 의해 깔끔한 경제학적 개념화를 통해 분석적으로 그 형체가 갖추어졌다."(슘페터 2013(제3권), 161쪽) 위대한 지적 거인들의 사유 세계를 어깨 너머로라도 들여다본 사람이라면 느꼈을 법한데, 책을 쓰면서 나는 노력이 99퍼센트이긴 하나 나머지 1퍼센트를 타고나는 것이 얼마나 힘든 것인지 절감했다.

되돌아보면 "어느 대덕大德(덕이 높은 고승高僧)이 발자국처럼 버리고 간 설파說破"(이문구, 《해벽》) 같은 구절들도 더러 있었다. 그러나 여러 거인들이 설파한 수많은 주장과 분석들이 어지러운 꿈속의 헝클어진 숨결처럼 제대로

소화되지 못한 채 곳곳에 인용된 건 아닌지, 잘 숙성된 포도주는 정작 버리고 그 병만 취한 채 거기에 엉뚱한 포도주를 채운 건 아닌지, 명료하고 날카로우면서도 우아하고 아름답기조차 한 거인들의 질문과 답변들을 마치 잘못 만들어진 거울에 비춘 것처럼 흉하게 일그러뜨린 건 아닌지 걱정스럽다. 그러나 책을 마치면서 더 두려운 건 '오류'보다는 잡초다. 책을 쓰는 내내 잘 가꾸어진 하나의 '채석장 정원'을 만들어 보려고 시도했으나, 군데군데 볼썽사납게 웃자란 잡초들이 정원을 복잡하게 때로는 미로처럼 만들어 버린 것도 같다.

누군가 "학문 행위는 지극히 감성적이다."라고 말했다. 책상에 앉게 하고 버티게 하는 에너지는 호기심과 열정, 집념에서뿐만 아니라 오기와 질투 등에서도 나온다는 것이다. 사실 세상에서 욕망 없이 이루어질 수 있는 것이 과연 몇이나 되겠는가. 여기서 오기와 질투 같은 욕망은, 헛된 이름을 좇는 그런 부류가 아니라 어떤 가치 지향과 관련된다. "옛것 자체를 존경해야 할 이유는 없다. 나이를 따져 존경하기로 하면 현재가 가장 오래된 것이다. 잘 살펴보면 알겠지만, 옛 저작자들에 대한 예찬은 죽은 자들에 대한 존경이 아니라 살아 있는 자들끼리의 경쟁과 선망에서 비롯된 것이다."(홉스, 667쪽)

그렇다. 거인들에 대한 존경이 아니라 (이 책에서 언급한 거인들 중 현재 생존자도 많긴 하지만) 살아 있는 우리들의 경쟁과 투쟁 속에서, 우리들의 기득권 또는 그 반대편의 혁명적 저항 사상이라는 맥락 속에서 거인들은 그 현실적 의미를 지니고 있을지도 모른다. 하지만 나는 이 책에서 어떤 이데올로기적 지향을 갖고 어느 지배적인 편이나 혹은 비주류의 이단적 소수의 편에 설 것인지의 문제를 명시적으로 검토하지는 않았다. 문학평론가 권성우는 《비평의 매혹》 맨 앞 장에서 "그 모든 것들은 하나가 되어 녹아들고, 그것을 통하여 강물이 흐른다."고 말했다. 그렇게 녹아 흐르는 강물처럼 쓰고 싶었다.

　1980년대 중반 사회학자 김진균은 "적어도 지금까지는 문학적 상상력이 사회학적 상상력보다 시대적 현실에 훨씬 더 근접해 있고 시기적으로 앞서 나왔다고 할 수 있다."고 토로한 적이 있다. 사회과학적 주제들을 다루면서 내가 그동안 또 다른 나침판으로 삼은 건 문학적 상상력이었다. 어쩌면 이 책을 구상하고 쓰는 과정을 대변하듯, 이성복은 어느 시에서 다음과 같이 노래했다. "그해 겨울이 지나고 여름이 시작되어도 / 봄은 오지 않았다. 복숭아나무는 / 채 꽃 피기 전에 아주 작은 열매를 맺고 / 불임의 살구나무는 시들어 갔다. / …… 그해 겨울이 지나고 여름이 시작되어도 / 우리는 봄이 아닌 윤리와 사이비 학설과 / 싸우고 있었다. …… ― 이성복, 〈1959년〉"

　내가 여러 학설과 싸운 것은 아니지만, 책을 쓰는 동안 늘 마음의 감옥처럼 이 안에 갇혀 있어야 했다. 어디론가 떠났다가도 다시 돌아와 나를 가둬야 하는 스스로의 감옥 같은 것이었다. 평론가 김현은 "자기가 쓴 글들을 읽을 때마다, 문장과 문장 사이의 거리가 매우 멀다는 느낌을 받곤 한다. 문장들 사이의 침묵이 점점 무서워진다."(김현 1992, 30쪽)고 했는데, 돌아보니 여러 학설들의 인용문 사이에서 숨결이 고르거나 매끈하지 못한 곳이 드문드문 발견된다. 문장들 사이의 침묵이 무섭지만, 마침표를 찍으며 내가 할 수 있는 일은 침묵을 지키는 것뿐이다.

　과학자 로버트 훅은 1655년에 현미경이라는 당시 획기적인 새 발명품을 이용해 '시간의 이빨'이라고 부른 책벌레를 관찰했다. 희고 은빛으로 반짝이는 좀벌레처럼 생긴 것이 가만히 놓인 책을 파고들며 종이를 야금야금 갉아 먹었다.(그린블랫, 107쪽) 이 책은 시간의 이빨을 얼마나 견뎌 낼 수 있을까? 머리말에서 묘사한 해질 무렵 뒷산에서 도시의 일몰을 보았을 때처럼 혼자 저물어 가는 감상感傷 속에 책을 끝맺는다.

강석재·최호창 편역(1993),《생산혁신과 노동의 변화 : 포스트 포드주의 논쟁》, 새길.

고든, 데이비드 외(1998),《분절된 노동, 분할된 노동자 : 미국노동의 역사적 변형》(1982), 고병웅 옮김, 신서원.

고세훈(1999),《영국노동당사》, 나남출판.

권성우(1993),《비평의 매혹》, 문학과지성사.

그람시, 안토니오(1995),《옥중수고(1)》, 이상훈 옮김, 거름.

그린블랫, 스티븐(2013),《1417년, 근대의 탄생》, 이혜원 옮김, 까치.

김균(2013),〈이스털린 역설과 관계재〉,《사회경제평론》, 제42호.

김동춘(1988),〈민족적, 민중적 학문의 건설〉,《문학과사회》 1988년 겨울호.

김영용(2007),〈제도는 어떻게 경제적 성과를 높이는가〉, 김형기 엮음(2007),《대안적 발전모델》, 한울아카데미.

김우창(1982),《궁핍한 시대의 시인》, 민음사.

김우창(1985),《지상의 척도》, 민음사.

김지하(1984),《민족의 노래 민중의 노래》, 동광출판.

김진균(1988),《사회과학과 민족현실(1)》, 한길사.

김진균(1991),《사회과학과 민족현실(2)》, 한길사.

김현(1992),《행복한 책읽기》, 문학과지성사.

김형기(1988),《한국의 독점자본과 임노동》, 까치.

까갈리츠키, 보리스(1991),《생각하는 갈대》, 안양노 옮김, 역사비평사.

까갈리츠키, 보리스(1995),《변화의 변증법》, 송충기 옮김, 창작과비평사.

노직, 로버트(1986),《아나키에서 유토피아로》(1974), 남경희 옮김, 문학과지성사.

니이하트(1981),《빼앗긴 대지의 꿈》, 김정환 옮김, 창작과비평사.

다운스, 앤서니(1997),《민주주의 경제학 이론》(1957), 전인권·안도경 옮김, 나남출판.

다윈, 찰스(2005),《종의 기원》(1859), 홍성표 옮김, 홍신문화사.

데이비스, 마이크(2008),《엘니뇨와 제국주의로 본 빈곤의 역사》, 정병선 옮김, 이후.

데카르트, 르네(2007),《방법서설/성찰》(1637), 소두영 옮김, 동서문화사.

도드, 니겔(2002), 《돈의 사회학》, 이택면 옮김, 일신사.

도브, 모리스(1980), 《자본주의 발전연구》(1945), 이선근 옮김, 광민사.

도브, 모리스(1983), 《임금론》(1938), 강신준 옮김, 거름.

뒤메닐, 제라르·레비, 도미니크(2014), 《신자유주의의 위기 : 자본의 반격 그 이후》, 김덕민
　　옮김, 후마니타스.

디킨스, 찰스(2009), 《어려운 시절》, 장남수 옮김, 창비.

라부아, 마크 외(2012), 〈임금주도 성장론 : 개념, 이론 및 정책〉, 《국제노동브리프》 2012년
　　12월호, 한국노동연구원.

라스키, 해롤드(1983), 《국가란 무엇인가》, 김영국 옮김, 두레.

레드헤드, 브라이언 엮음(1993), 《서양 정치 사상》, 황주홍 옮김, 문학과지성사.

레비 스트로스(1993), 《슬픈 열대》, 박옥줄 옮김, 삼성출판.

로스돌스키, 로만(2003), 《마르크스의 자본론의 형성(1)》, 양희석 옮김, 백의.

로크, 존·밀, 존 스튜어트(1990), 《통치론/자유론》(1689/1859), 이극찬 옮김, 삼성출판사.

롤스, 존(2003), 《정의론》(1971), 황경식 옮김, 이학사.

리카도, 데이비드(1991), 《정치경제학 및 과세의 원리》(1817), 정윤형 옮김, 비봉출판.

립셋, 세이무어(1988), 《미국사의 구조》(1963), 이종수 옮김, 한길사.

마르크스, 카를(1989·1990), 《자본론(1·2·3)》(1867·1885·1894), 김수행 옮김, 비봉출판사.

마르크스·엥겔스(1991), 《마르크스·엥겔스 저작선》, 김재기 옮김, 거름.

마셜, 앨프레드(2010), 《경제학원리(1·2)》(1890), 백영현 옮김, 한길사.

마키아벨리(2008), 《군주론》(1513), 강정인·김경희 옮김, 까치.

만델, 에른스트(1985), 《후기자본주의》(1972), 이범구 옮김, 한마당.

말로, 앙드레(1983), 《희망》, 김치수 옮김, 한길사.

망투, 폴(1987), 《산업혁명사(상·하)》(1927), 정윤형·김종철 공역, 창작과비평사.

맥밀런, 존(2007), 《시장의 탄생》, 이진수 옮김, 민음사.

맨큐, 그레고리(2009), 《맨큐의 경제학》(제5판), 교보문고.

맬서스(2011), 《인구론》(1789), 이서행 옮김, 동서문화사.

무어, 배링턴(1985), 《독재와 민주주의의 사회적 기원》(1966), 진덕규 옮김, 까치.

미제스, 루트비히 폰(1998), 《자유를 위한 계획》(1952), 안재욱·이은영 옮김, 자유기업원.

밀스, 라이트(1959), 《사회학적 상상력》(제1장), 계간 《창작과 비평》 1968년 3(2)호.

밀스, 라이트(1979), 《파워엘리트》(1956), 진덕규 옮김, 한길사.

배런, 폴(1984), 《성장의 정치경제학》(1956), 김윤자 옮김, 두레.

배런, 폴·스위지, 폴(1984),《독점자본》(1966), 최희선 옮김, 한울.

배럿, 미셸·매킨토시, 매리(1994),《가족은 반사회적인가》, 김혜경 옮김, 여성사.

박만섭 편(2002),《케인스의 경제학》, 다산출판사.

박만섭(2006), 〈정의 : 경제학과 철학의 접점〉,《한국사회》제7집 2호.

박명림(2011),《역사와 지식과 사회》, 나남출판.

박현채(1978),《민족경제론》, 한길사.

박호성(1994),《평등론》, 창작과비평사.

베리언, 할(1987),《고급미시경제학》, 박임구 옮김, 법경출판사.

백하우스, 로저(2005),《지성의 흐름으로 본 경제학의 역사》, 김현구 옮김, 시아출판사.

버틀러, 이몬(1987),《루트비히 폰 미제스 : 현대 미시경제학 혁명의 원천》, 김이석 옮김, 자
    유기업원.

벌린, 이사야(2012),《칼 마르크스 : 그의 생애와 시대》, 안규남 옮김, 미다스북스.

베버, 막스(1981),《지배의 사회학》(1956), 금종우·전남석 옮김, 한길사.

베버, 막스(2006),《직업으로서의 학문》(1919), 전성우 옮김, 나남.

베블런, 소스타인(2009),《자본의 본성에 관하여 외》(1908), 홍기빈 옮김, 책세상.

벼리 편집부(1988),《신식민지 국가독점자본주의 논쟁(1)》, 벼리.

변형윤·이정전(1994),《분배의 정의》, 집문당.

변형윤·송건호 편(1982),《역사와 인간》, 두레.

보, 미셸(1987),《자본주의의 역사》(1981), 김윤자 옮김, 창작과비평사.

보비오, 노르베르토(1989),《민주주의의 미래》, 윤홍근 옮김, 인간사랑.

보비오, 노르베르토(1992),《자유주의와 민주주의》, 황주홍 옮김, 문학과지성사.

보울스·에드워즈·루스벨트(2011),《자본주의 이해하기》, 최정규·최민식·이강국 옮김, 후
    마니타스.

보울스·진티스(1986),《자본주의와 학교교육》, 이규환 옮김, 사계절.

보울스·진티스(1994),《민주주의와 자본주의》, 차성수·권기돈 옮김, 백산서당.

복거일(1987),《비명을 찾아서》, 문학과지성사.

복거일(1990),《현실과 지향―한 자유주의자의 시각》, 문학과지성사.

복거일(1994),《진단과 처방》, 문학과지성사.

볼테르(2010),《미크로메가스 / 캉디드 혹은 낙관주의》, 이병애 옮김, 문학동네.

부라보이, 마이클(1999),《생산의 정치》(1985), 정범진 옮김, 박종철출판사.

뷰캐넌·털록(2012),《국민 합의의 분석》(1962), 황수연 옮김, 지식을만드는지식.

뷰캐넌, 제임스(1996), 《윤리와 경제진보》, 이필우 옮김, 자유기업센터.

브레너, 로버트(2001), 《혼돈의 기원》, 전용복·백승은 옮김, 이후.

브레이버만, 해리(1998), 《노동과 독점자본―20세기에서의 노동의 후퇴》(1974), 이한주·강남
    훈 옮김, 까치.

브로델, 페르낭(2002, 2003), 《물질문명과 자본주의(Ⅰ·Ⅱ·Ⅲ)》(1979), 주경철 옮김, 까치.

브뤼노프, 쉬잔느 드(1992), 《국가와 자본》(1976), 신현준 옮김, 새길.

블라우, 프랜신·퍼버, 마리안(1994), 《여성과 남성 그리고 노동의 경제학》, 문숙재 외 공역,
    학지사.

블로그, 마크(1994), 《위대한 경제학자들》, 연태훈·옥우석 옮김, 동인.

블로크, 마르크(1997), 《역사를 위한 변명》, 정남기 옮김, 한길사.

서울사회과학연구소(1991), 《한국에서 자본주의의 발전》, 새길.

세이건, 칼(2006), 《에덴의 용》, 임지원 옮김, 사이언스북스.

세이건, 칼(2007), 《코스모스》, 홍승수 옮김, 사이언스북스.

센, 아마르티아(1999a), 《윤리학과 경제학》, 박순성·강신욱 옮김, 한울아카데미.

센, 아마르티아(1999b), 《불평등의 재검토》, 이상호·이덕재 옮김, 한울아카데미.

송호근 외(1994), 〈계급타협의 비교정치경제〉, 계간 《사상》 1994년 봄호.

송호근(1991), 《한국의 노동정치와 시장》, 나남.

송호근(1992), 《시장과 이데올로기》, 문학과지성사.

쇼어, 줄리엣(2011), 《제3의 경제학》, 구계원 옮김, 위즈덤하우스.

셰보르스키, 애덤(1995), 《자본주의와 사회민주주의》(1985), 최형익 옮김, 백산서당.

셰보르스키, 애덤(1997), 《민주주의와 시장》, 임혁백·윤성학 옮김, 한울.

슘페터, 조지프(2011), 《자본주의·사회주의·민주주의》(1942), 변상진 옮김, 한길사.

슘페터, 조지프(2013), 《경제분석의 역사(1,2,3)》(1954), 한길사.

스라파, 피에로(1986), 《상품에 의한 상품생산》(1959), 박찬일 옮김, 비봉출판사.

스미스, 애덤(1992), 《국부론(하)》(1776), 김수행 옮김, 동아출판사.

스미스, 애덤(1996), 《도덕감정론》(1790), 박세일·민경국 옮김, 비봉출판사.

스미스, 애덤(2003), 《국부론(상)》(1776), 김수행 옮김, 비봉출판사.

스위지, 폴(2009), 《자본주의 발전의 이론》(1942), 이주명 옮김, 필맥

모마데이, 스콧(1991), 《새벽으로 만든 집》, 김정환 옮김, 한길사.

스키델스키, 로버트(2009), 《존 메이너드 케인스 : 경제학자, 철학자, 정치가》, 고세훈 옮김,
    후마니타스.

스타인벡, 존(1985),《분노의 포도》, 전형기 옮김, 범우사.

스티글리츠, 조지프(2003),《시장으로 가는 길》, 강신욱 옮김, 한울.

스피노자(2008),《에티카/정치론》(1675/1670), 추영현 옮김, 동서문화사.

시오노야 유이치(2006),《경제와 윤리》, 박영일 옮김, 필맥.

실로네(1992),《빵과 포도주》, 최승자 옮김, 한길사.

아글리에타, 미셸(1994),《자본주의 조절이론》, 성낙선 외 옮김, 한길사.

아리기, 조반니(2009),《장기 20세기》, 백승욱 옮김, 그린비.

아리스토텔레스(2007),《니코마코스윤리학/정치학/시학》, 손명현 옮김, 동서문화사.

아민, 사미르(1986),《세계적 규모의 자본축적(1)》, 김대환·윤진호 옮김, 한길사.

애쓰모글루, 대런(2013),《국가는 왜 실패하는가》, 최완규 옮김, 시공사.

양우진(1991), 〈한국사회 인식에서의 몇 가지 이론적 조류에 관하여〉, 양우진·홍장표 외,
《한국자본주의 분석》, 일빛.

업다이크, 존(1993),《달려라 토끼》, 이희춘 옮김, 금성출판사.

에코, 움베르토(1993),《푸코의 추(상·하)》, 이윤기 옮김, 열린책들.

에코, 움베르토(1997),《장미의 이름(상·하)》, 이윤기 옮김, 열린책들.

엥겔스, 프리드리히(1988),《영국 노동자계급의 상태》(1845), 박준식 외 옮김, 세계.

오노 요시야스(2009),《불황의 메커니즘》, 김경원 옮김, 지형.

오웰, 조지(1987),《1984년》, 김병익 옮김, 신영출판사.

오페르트벨트(2011),《시카고학파》, 박수철 옮김, 에버리치홀딩스.

올슨, 맨커(2003),《집단행동의 논리》(1971), 윤여덕 옮김, 한국학술정보.

올슨, 맨커(2010),《지배권력과 경제번영》, 최광 옮김, 나남.

위맥, 제임스 외(1992),《생산방식의 혁명》, 현영석 옮김, 기아경제연구소.

워시, 데이비드(2008),《지식경제학 미스터리》, 김민주·송희령 옮김, 김영사.

윤소영(2001),《마르크스의 경제학 비판》, 공감.

윤진호(1994),《한국의 불안정노동자》, 인하대출판부.

이정우(2010),《불평등의 경제학》, 후마니타스.

이준구(1993),《미시경제학》(제2판), 법문사.

잉햄, 제프리(2011),《돈의 본성》, 홍기빈 옮김, 삼천리.

장세진(2000), 〈밀턴 프리드먼과 시카고학파의 신자유주의〉, 안병영·임혁백 편,《세계화와
신자유주의》, 나남.

정성진(2002), 〈21세기의 자본주의와 제국주의〉, 경상대 사회과학연구원,《제국주의와 한국

사회》, 한울.

정성진(2006), 《마르크스와 트로츠키》, 한울.

정운영(1986), 〈상품과 가치〉, 한신경제과학연구소 엮음, 《가치이론》, 까치.

정운영(1993), 《노동가치이론 연구》, 까치.

정운찬(2001), 《거시경제론》(5판), 율곡출판사.

제본스, 스탠리(2011), 《정치경제학 이론》(1871), 김진방 옮김, 나남.

조세희(1993), 《난장이가 쏘아올린 작은 공》, 문학과지성사.

존슨, 새무얼(2005), 《라셀라스》(1759), 민음사.

짐멜, 게오르그(1988), 《돈의 철학》(1900), 안준섭 외 옮김, 한길사.

최장집 편(1985), 《한국현대사(1)》, 열음사.

최장집(1988), 《한국의 노동운동과 국가》, 열음사.

최장집(1991), 〈민중 민주주의의 조건과 방향〉, 《사회비평》 제6호.

최정규(2004), 《이타적 인간의 출현》, 뿌리와이파리.

칠코트(1986), 《발전과 저발전의 이론》, 김기우 옮김, 나남출판.

카네티, 엘리아스(1982), 《군중과 권력》(1960), 반성완 옮김, 한길사.

카슨, 레이첼(2011), 《침묵의 봄》(1962), 김은령 옮김, 에코리브르.

케인스, 존 메이너드(1985 ; 2010), 《고용, 이자 및 화폐의 일반이론》(1936), 조순 옮김, 비봉출
    판사;이주명 옮김, 필맥.

쾨슬러(2010), 《한낮의 어둠》, 문광훈 옮김, 후마니타스.

쿠즈네츠, 사이먼(1971), 《근대경제성장론》(1966), 조성환 옮김, 을유문고.

쿤, 토마스 (1999), 《과학혁명의 구조》(1962), 김명자 옮김, 까치.

크루그먼, 폴(1998), 《경제학의 향연》, 김이수·오승훈 옮김, 부키.

클라인, 모리스(1984), 《수학의 확실성》(1980), 박세희 옮김, 민음사

클라크, 그레고리(2009), 《맬서스, 산업혁명 그리고 이해할 수 없는 신세계》, 이은주 옮김,
    한스미디어.

킨들버거, 찰스(2009), 《경제 강대국 흥망사 1500-1990》, 주경철 옮김, 까치.

킨들버거, 찰스(2011), 《광기, 패닉, 붕괴─금융위기의 역사》, 김홍식 옮김, 굿모닝북스.

탈레브, 나심(2008), 《블랙 스완》, 차익종 옮김, 동녘사이언스.

테일러, 프레더릭(2010), 《과학적 관리법》(1911), 방영호 옮김, 21세기북스.

토인비, 아놀드(2007), 《역사의 연구》(1934~1961), 홍사중 옮김, 동서문화사.

토크빌(1997), 《미국의 민주주의》(1840), 박지동 옮김, 한길사.

톰슨, 에드워드(2000), 《영국노동계급의 형성(상·하)》(1963), 나종일 외 옮김, 창작과비평사.

톰슨, 폴(1987), 《노동사회학》(1983), 심윤종·김문조 옮김, 경문사.

퍼버, 마리안·넬슨, 줄리 편(1997), 《남성들의 경제학을 넘어서》, 김애실 외 공역, 한국외대
　　출판부.

포퍼, 칼(1997 ; 1996), 《열린사회와 그 적들(1,2)》(1945), 이한구·이명현 옮김, 민음사.

폴라니, 칼(2009), 《거대한 전환》(1944), 홍기빈 옮김, 도서출판 길.

폴리, 던컨(2011), 《아담의 오류》, 김덕민·김민수 옮김, 후마니타스.

프랑크, 군더(1983), 《저개발의 역사와 사회학》, 최완규 옮김, 새밭.

프리드먼, 밀턴(1990), 《자본주의와 자유》(1962), 최정표 옮김, 형설출판사.

프리드먼, 밀턴(2005), 《화려한 약속, 우울한 성과》(1972), 안재욱 외 옮김, 나남출판.

프리드먼, 밀턴(2009), 《선택할 자유》(1980), 민병균 외 옮김, 자유기업원.

피케티, 토마(2014), 《21세기 자본》, 장경덕 외 옮김, 글항아리

필맥 MR편집팀(2007), 《먼슬리 리뷰1-제국의 새로운 전선》, 필맥.

하딘, 러셀(1995), 《집합행동》, 황수익 옮김, 나남출판.

하먼, 크리스(1995), 《마르크스주의와 공황론》, 김종원 옮김, 풀무질.

하우저, 아놀드(1999 ; 1995), 《문학과 예술의 사회사(1·2·3;현대편)》(1951), 백낙청·반성완·
　　염무웅 옮김, 창작과비평사.

하이에크, 프리드리히(1998), 《자유헌정론(I·II)》(1959), 김균 옮김, 자유기업센터.

하이에크, 프리드리히(1999), 《노예의 길》(1944), 김영청 옮김, 자유기업원.

하일브로너, 로버트·밀버그, 윌리엄(2010), 《자본주의 어디서 와서 어디로 가는가》, 홍기빈
　　옮김, 미지북스.

한국여성경제학회(2012), 《젠더와 경제학》, 경문사.

함순, 크누트(2011), 《굶주림》, 우종길 옮김, 창.

허시먼, 앨버트(1994), 《열정과 이해관계》, 김승현 옮김, 나남.

허시먼, 앨버트(2005), 《떠날 것인가 남을 것인가》, 강명구 옮김, 나남출판.

헉슬리(1987), 《훌륭한 신세계》, 유종호 옮김, 신영출판사.

호이징가, 요한(1988), 《중세의 가을》, 최홍숙 옮김, 문학과지성사.

홉스, 토머스(2009), 《리바이어던》(1651), 최공웅·최진원 옮김, 동서문화사.

홉스봄, 에릭(1996a), 《혁명의 시대》, 박현채·차명수 옮김, 한길사.

홉스봄, 에릭(1996b), 《자본의 시대》, 정도영 옮김, 한길사.

홉스봄, 에릭(1998), 《제국의 시대》, 김동택 옮김, 한길사.

홍기빈(2010), 《아리스토텔레스, 경제를 말하다》, 책세상.

홍기현·김진방(1997), 〈미국 주류경제학의 발전에 대한 방법론적 평가〉, 《미국학》 제20집.

홍태희(2007), 〈후자폐적 경제학운동과 비판적 실재론〉, 《경제와사회》 제74호.

황태연(1996), 《지배와 이성》, 창작과비평사.

휴즈, 슈트어트(1986), 《의식과 사회》(1958), 황문수 옮김, 홍성사.

힐퍼딩, 루돌프(2011), 《금융자본론》(1910), 김수행·김진엽 옮김, 비르투.

Akerlof, George(1982), "Labor Contracts as Partial Gift Exchange," *Quarterly Journal of Economics*, Vol.97(4).

Alchian & Demsetz(1972), "Production, Information Costs and Economic Organization", *American Economic Review*, Vol.62(5).

Alchian, Armen(1950), "Uncertainty, Evolution, and Economic Theory", *The Journal of Political Economy*, Vol.58(3).

Altman, Morris(1988), "A High-Wage Path to Economic Growth and Development", *Challenge*, Vol.41(1).

Altman, Morris(2001), *Worker Satisfaction and Economic Performance : Microfoundations of Success and Failure*, M.E, Sharpe.

Arrow, Kenneth(1972), "Gifts and Exchanges", *Philosophy & Public Affairs*, Vol.1(4).

Arrow, Kenneth(1982), "A Cautious Case for Socialism", in Howe, I., *Beyond the Welfare State*, Schoeken Books.

Atkinson, John(1984), "Manpower Strategies for Flexible Organizations", *Personnel Management*, Vol.16(8).

Benabou, Ronald(1996), "Inequality and Growth", *NBER Working Paper*.

Blaug, Mark(1980), *The Methodology of Economics*, Cambridge Univ. Press.

Bluestone, Barry& Harrison, Bennett(1986), "The Great American Job Machine : The Proliferation of Low Wage Employment in the U.S. Economy", *ERIC Journal*.

Boulding, Kenneth(1985), "Puzzle over Distribution", *Challenge*, Nov-Dec. 1985.

Bowles, Samuel & Boyer, Robert(1988), "Labor Discipline and Aggregate Demand : A Macroeconomic Model", *The American Economic Review*, Vol.78(2).

Bowles, Samuel & Gintis, Herbert(1988), "Contested Exchange : Political Economy and Modern Economic Theory", *The American Economic Review*, Vol.78(2).

Boyer, Robert(1997), "The Variety and Unequal Performance of Really Existing Markets : Farewell to Dr. Pangloss?" in R. Hollingsworth & R.Boyer, *Contemporary Capitalism : The Embeddedness of Institutions*, Cambridge Univ. Press.

Buchanan, James & Tullock, Gordon(1962), *The Calculus of Consent. Logical Foundations of Constitutional Democracy*, Ann Arbor.

Burawoy, Michael(1979), *Manufacturing Consent*, Chicago Univ. Press.

Child, John(1973), "Organizations: a Choice for Man", in Child, *Man and Organization : the search for explanation and social relevance*, Allen and Unwin.

Coase, Ronald(1937), "The Nature of the Firm", *Economica*, Vol.4(16).

Coase, Ronald(1998), "The New Institutional Economics", *The American Economic Review*, Vol.88(2).

Coase, Ronald(2002. 4), "Why Economics Will Change", remarks at the Univ. of Missouri.

Coase, Ronald(2012), "Saving Economics from the Economists", *Harvard Business review*, Nov.20.

Craig & Rubery & Tarling and Wilkinson(1985), "Economic, Social, and Political Factors in the Operation of the Labor Market," in Bryan, R. et al., *New Approaches to Economic Life*, Manchester Univ. Press.

Crozier, Michael(1964), *The Bureaucratic Phenomenon. An Examination of Bureaucracy in Modern Organizations and its Cultural Setting in France*, Chicago Univ. Press.

Edwards, Richard(1979), *Contested Terrain*, Basic Books.

Ferguson & Folbre(1981), "The Unhappy Marriage of Patriarchy and Capitalism" in Sargent, *Women and Revolution*, South End Press.

Folbre, Nancy(1982), "Exploitation comes home", *Cambridge Journal of Economics*, Vol.6.

Folbre, Nancy(1994), "Children as Public Goods", *The American Economic Review*, Vol.84(2).

Foley, Duncan(2009), "The History Of Economic Thought And The Political Economic Education Of Duncan Foley", *Journal of the History of Economic Thought*, Vol.31(1).

Friedman M. and Schwartzt, A.(2008), *The Great Contraction 1929-1933*, Princeton Univ. Press.

Friedman M.(1970), *Essays in Positive Economics*, Chicago Univ. Press.

Gerschenkron, Alexander(1952), "Economic backwardness in historical perspective", in Bert Hoselitz(ed.), *The Progress of Underdeveloped Areas*, Chicago Univ. Press.

Goldthorpe, John(1984), "The End of Convergence: Corporatist and Dualist Tendencies in Modern Western Societies", in John Goldthorpe, *Order and Conflict in Contemporary Capitalism*, Oxford Univ. Press.

Gordon, David & Edwards, Richard and Reich, Michael(1982), *Segmented Work, Divided Workers*. Cambridge Univ. Press.

Gordon, David(1972), "From Steam Whistles to Coffee Breaks : notes on office and factory work", *Dissent*, Vol.19(1).

Gordon, David(1996), *Fat and Mean : The Corporate Squeeze of Working Americans and the Myth of Managerial "Downsizing"*, Martin Kessler Books.

Granovetter, Mark & Swedberg Richard(1992,), *The Sociology of Economic Life*, Westview Press.

Green, Francis(1988), "Neoclassical and Marxian conceptions of production", *Cambridge Journal of Economics*, Vol.12(3).

Ha-Joon, Chang(2003), *Globalisation, Economic Development and the Role of the State*, Zed Books.

Hall, Peter and Soskice, David(2001,), *Varieties of Capitalism. The Institutional Foundations of Comparative Advantage*, Oxford Univ. Press.

Hardin, Russell(1971), "Collective Action as an Agreeable n-Prisoners' Dilemma", *Behavioral Science*, Vol.16(5).

Harrison, Bennett(1997) *Lean and Mean : The changing landscape of corporate power the age of flexibility*, Guilford Press.

Hawking, Stephen(2002, ed.), *On the Shoulders of Giants : The Great Works of Physics and Astronomy*, Penguin Books.

Hawking, Stephen(2005, ed.), *God Created the Integers: the Mathematical Breakthroughs that Changed History*, Penguin Books.

Hicks, John(1935), "The Theory of Monopoly", *Econometrica*, Vol.3(1).

Hirschman, Albert(1971), *Exit, Voice, and Loyalty : Response to Decline in Firms, Organizations, and States*, Harvard Univ. Press.

Hirschman, Albert(1973), "The Changing Tolerance for Income Inequality in the Course of Economic Development ; With A Mathematical Appendix", *The Quarterly Journal of Economics*, Vol.87(4).

811

Hirst and Thompson(1996), *Globalization in Question : the international economy and the possibilities of governance*, Polity Press.

Jacoby, Sanford(1984), *Employing Bureaucracy : Managers, Unions, and the Transformation of Work in American Industry*, Columbia Univ. Press.

Jacoby, Sanford(2005), *The Embedded Corporation : Corporate Governance and Employment Relations in Japan and the United States*. Princeton Univ. Press.

Kalecki, Michael(1943), "Political Aspects of Full Employment", *Political Quarterly*, Vol.14.

Keynes, J.M.(1924), "Alfred Marshall : 1842-1924", *The Economic Journal*, Sept. 1924.

Lash, Scott& Urry, John(1987), *The End of Organized Capitalism*, Polity Press.

Lazear, Edward(1979), "Why Is There Mandatory Retirement?", *Journal of Political Economy*, Vol.87(1).

Lazear, Edward(2000), "Economic Imperialism", *The Quarterly Journal of Economics*, Vol.115(1).

Lazonick, William(1991), *Business Organization and the Myth of the Market Economy*, Cambridge Univ. Press.

Lipset, Seymour(1960), *Political Man*, Doubleday & Company.

Mabbott(1953), "Reason And Desire", *Philosophy*, Vol.28.

Maddison, Angus(2001), *The World Economy : A Millennial Perspective*, OECD.

Marglin S.A. and Schor, J.B.(1991, eds,), *The Golden Age of Capitalism : Reinterpreting The Postwar Experience*, Oxford Clarendon Press.

Marglin, Stephen(1974), "What Do Bosses Do? : The Origins and Functions of Hierarchy in Capitalist Production", *Review of Radical Political Economics*, Vol.6.

Marglin, Stephen(1984), "Growth, distribution, and inflation: a centennial synthesis", *Cambridge Journal of Economics*, Vol.8(2).

Marglin, Stephen(1990), *Dominating Knowledge : Development, Culture, and Resistance*, Oxford Univ. Press.

Marglin, Stephen(2002), "Economic Myth", Paper presented at Seminaire Heterodoxie du MATISSE, Pantheon-Sorbonne, University of Paris 1.

Marglin, Stephen(2008), *The Dismal Science : How thinking like an economist undermines community*, Harvard Univ. Press.

Marschak, Jacob(1945), "A Cross Section of Business Cycle Discussion", *The American*

Economic Review, Vol.35(3).

Marshall, Alfred(1885), "The Present Position of Economics", in Arthur Pigou(1925), *Memorials of Alfred Marshall*, Macmillan.

Marshall, Alfred(1897), "The Old Generation of Economists and the New", *The Quarterly Journal of Economics*. Vol.11(2).

Mas-Colell et al.(1995), *Microeconomic Theory*, Oxford Univ. Press.

McCloskey, D.(1983), "The Rhetoric of Eeconomics", *Journal of Economic Literature*, Vol.21(2).

McKenzie & Tullock(1975), *The New World of Economics: Explorations into the Human Experience*, McGraw-Hill.

Merton, Robert(1968), "The Matthew effect in science", *Science*, Vol.159(3810).

Merton, Robert(1973), *The Sociology of Science*, Chicago Univ. Press.

Mills, Wright(1959), *The Sociological Imagination*, Oxford Univ.Press.

Mills, Wright(2001), *The New Men of Power : America's Labor Leaders*(1948), Univ. of Illinois Press.

Noble, David(2011), *Forces of Production*(1984), New Brunswick.

Okun, Arthur(1981), "The Invisible Handshake and the Inflationary Process", *Challenge*, Jan-Feb.

Olson, Mancur(1996), "Big Bills Left on the Sidewalk : Why Some Nations are Rich, and Others Poor", *The Journal of Economic Perspectives*, Vol.10(2).

Perelman, Michael(2003), "Myths of the Market: Economics and the Environment", *Organization & Environment*, Vol.16(2).

Peters, R.S.(1970), "Reason and Passion", *Royal Institute of Philosophy Lectures*. Vol.4(March).

Przeworski, Adam(1985), "Marxism and Rational Choice", *Politics & Society*. Dec.

Przeworski, Adam(1993), "Political Regimes and Economic Growth", *Journal of Economic Perspectives*, Vol.7(3).

Robbins, Lionel(1933), "An Essay on the Nature and Significance of Economic Science", in Wickstead, *The Common Sense of Political Economy*, London.

Romer, David(2001), *Advanced Macroeconomics*, McGraw Hill.

Rowthorn, Bob(1977), "Conflict, Inflation, and Money", *Cambridge Journal of Economics*, Vol.1.

Samuelson, Paul & Nordhaus(1989), *Economics(13th ed)*, McGraw-Hill.

Samuelson, Paul(1946), "Lord Keynes and The General Theory", *Econometrica*, Vol.14(3).

Samuelson, Paul(1954), "The Pure Theory of Public Expenditures", *Review of Economics and Statistics.* Vol.36(4).

Schor, Juliet(1991). *The Overworked American : The Unexpected Decline of Leisure*, Basic Books.

Schumpeter, Joseph(1934), "Crisis of the Tax State"(1919), *International Economic Papers*, Vol.34.

Sen, Amartya(1977), "Rational Fools ː A Critique of the Behavioral Foundations of Economic Theory", *Philosophy and Public Affairs*, Vol.6.

Shaike, Anwar(1978), "Political Economy and Capitalism: Notes on Dobb's Theory of Crisis", *Cambridge Journal of Economics*, Vol.2(2).

Simon, Herbet(1983), *Reason in Human Affairs*, Stanford Univ. Press.

Simon, Herbet(1991), "Organizations and Markets", *Journal of Economic Perspectives*, Vol.5(2).

Solow, Robert(1967), "The New Industrial State or Son of Affluence", *Public Interest*, Fall 1967.

Solow, Robert(1990), *The Labour Market as a Social Institution*, Blackwell.

Stone, Katherine(1975), "The Origins of Job Structures in the Steel Industry" in R. Edwards et al., *Labor Market Segmentation*, Lexington, MA.

Thompson, Edward(1967), "Time, Work-Discipline, and Industrial Capitalism", *Past and Present*, No.38.

Varian, Hal(1999), *Intermediate Microeconomics*(5th), Norton.

Varian, Hal(2002), "A New Economy With No New Economics", *New York Times*. Jan.17, 2002.

Veblen, Thorstein(1898), "Why is Economics not an Evolutionary Science?", *The Quarterly Journal of Economics*, Vol.12(4).

Vico, Giambattista(1968), *The New Science*(1744), Cornell Univ, Press.

Williamson, Oliver(1985), *The Economic Institutions of Capitalism: Firms, Markets, Relational Contracting*, The Free Press.

Wright, E.O.(1997), *Class Counts*(Student Edition), Cambridge Univ. Press.

ㄱ

100달러 지폐 은유 364
《1417년, 근대의 탄생The Swerve : How The
　　World Became Modern》(그린블랫) 102, 735
1848년 혁명 209, 525, 732
1980년대 한국 변혁운동 377
1원 1표 173, 245, 565
1인 1표 245, 565
1인당 자본량 446
《21세기 자본Capital in the Twenty-First Century》
　　(피케티 2014) 147, 187
가계생산함수 688
가부장제(자본의 결합) 702, 703
가사노동 논쟁 708
가을의 징후sign of autumn 527
가장 불우한 사람들 306
가정생산 687
《가족이론A Treatise on the Family》(베커 1981)
　　103
가족임금 704
각축적 교환 282, 419
간디Gandhi 775
갈릴레이Galilei 644
감정적 열정 101
강도귀족robber baron 401, 744
개인주의 324
갤브레이스, 존Galbraith, John K. 655
거꾸로 된 U자 가설 288
거대기업 경영자 404
《거대한 전환The Great Transformation》(폴라니
　　1944) 145

거래비용 332, 398
거셴크론, 알렉산더Gerschenkron, Alexander
　　615
거인big thinker 17, 25
거인Giants 21, 25
검은 고라니 790
검은 백조Black Swan 293
경이로운 시장 478
경쟁적 교환 282, 419
경쟁적 균형 57
경쟁적 시장(균형) 47, 177
경쟁적 적자생존 269
경제 번영으로 가는 시장의 유형 376
《경제 분석의 기초Foundations of Economic
　　Analysis》(새뮤얼슨 1947) 640
《경제 분석의 역사History of Economic Analysis》
　　(슘페터 1954) 37, 504, 610
경제 수사학The Rhetoric of Economics 77, 652
경제(학)적 이성 92
경제과학 53, 85, 148, 557
경제민주화 134
〈경제발전의 역학구조에 관하여On the Mechanics
　　of Economic Developnet〉(루카스 1985) 726
경제사회학 283
경제신학 556
경제와 사회 281
경제의 재생산 446
〈경제이론의 본질과 의의Essay on the Nature
　　and Significance of Economic Science〉(로빈스
　　1933) 255
경제적 이성 81
경제적 자유 391

경제적 합리성 146

《경제학 방법론The Methodology of Economics》
　(블로그 1980) 397

경제학 제국주의 60, 575

경제학 표준모형 88

《경제학Principles of Economics》(맨큐 2011) 76

《경제학Economics》(새뮤얼슨 1948) 57, 674

《경제학원리Principles of Economics》(마셜 1890)
　44, 99, 254

경제학의 대헌장 573

경제학의 새로운 영토 689

계급투쟁 171, 240

계급투쟁 요인 598

고독한 천재 663

고든, 데이비드Gordon, David 182, 325, 480,
　483, 695, 713

고리대금업자 602

고세훈 18, 35

고요한 거래silent trade 127

《고용·이자 및 화폐에 관한 일반이론The
　General Theory of Employment, Interest and
　Money('일반이론')》(케인스 1936) 65, 71, 163,
　512, 522, 580, 597, 670

고은 747

골드소프, 존Goldthorpe, John 239

공공선택 이론 247

공공재 225, 227, 376

공공재로서의 자녀 705

공공정책이론 564

공리주의 116, 144, 272

《공산주의자 선언('공산당선언')》(마르크스·엥겔
　스 1848) 196

공유지의 비극 159

공조적 경제학 697

공짜 점심의 신화no free lunch 547

과부의 항아리 494

과학의 거울 26

《과학적 관리법The Principles of Scientific
　Management》(테일러 1911) 150, 567, 739

《과학혁명의 구조The structure of scientific
　revolutions》(쿤 1962) 57

관계재relational goods 778

관료적 통제 420

관료적 현상 433

광기manias 608

교환과정 59

교환적 정의 130

구빈원 426

구성의 모순 118, 531

구조와 개인 334

구축驅逐·crowding out 546

《국가는 왜 실패하는가Why Nations Fail?》(애쓰
　모글루 2012) 379

국가독점자본주의 585

《국가와 자본État et Capital》(브뤼노프 1976) 571

국가 권능 583

국가 후생함수 573

국내총생산 346

《국민합의의 분석》(뷰캐넌·털록 1974) → 《동의
　의 계산》

《국부론The Wealth of Nations》(스미스 1776) 65,
　151, 198, 243, 285, 396, 513, 669

《군주론Il principe》(마키아벨리 1513) 120

《군중과 권력Masse und Macht》(카네티 1960)
　338, 506

궁핍의 세계화 357

규율에 대한 순응 335

균제상태steady state 632

그라노베터, 마크Granovetter, Mark 283

그람시, 안토니오Gramsci, Antonio 488, 536, 740

그린블랫, 스티븐Greenblatt, Stephen 735

그림자 노동 708

근대적 공장제도 422

글래드스턴, 윌리엄Gladstone, William 554

금리생활자의 안락사 601

금융 세계화 527

《금융자본론Das Finanzkapital》(힐퍼딩 1971) 125

금전적 열정 102

기대효용 정리 668

기술적 문명 470

기술적 충격 470

기술혁신 786

〈기업의 본질The Nature of the Firm〉(코스 1937) 142, 395

'기원origin이라는 우상' 684

김명인 758, 762

김우창 169, 660, 682, 787

김정환 514

김진균 141, 748

김현 760, 777

까갈리츠키, 보리스Kagarlitsky, Boris 446, 509, 676

꿰맨 자리 없는 천 616

ㄴ

나이트, 프랭크Knight, Frank 146, 393, 665

내구재로서의 자녀 653

내부노동시장 430

내시균형Nash Equilibrium 666

넓고 큰 이해 578

넬슨, 줄리Nelson, Julie 612, 699

노동가치(추출) 58, 174

노동가치론 128, 170, 436

노동과정 174, 431

노동규율 406, 419, 714

노동력 재생산 비용 708

노동력 지출 극대화 415

노동분업 129

《노동사회학The Nature of Work》(톰슨 1983) 420

노동시장 158

노동시장 유연화 239

노동시장 분절화 326

노동유연화 425, 479

노동윤리 260, 336

노블, 데이비드Noble, David 432, 470, 743

노사관계 239, 409

노스, 더글러스North, Douglass 317

《노예의 길The Road to Serfdom》(하이에크 1944) 532, 533

노예제도 381

노이만, 존 폰Neumann, John von 647

노직, 로버트Nozick, Robert 185, 307, 441, 543

농장 일꾼 역설 151

누적적 수익 법칙 286

눈에 띄게 남장한 여성 699

뉴턴Newton 17, 99, 628

《니코마스 윤리학Ethika Nikomacheia》(아리스 토텔레스) 130

ㄷ

다운사이징downsizing 431, 484

다운스, 앤서니Downs, Anthony 69, 545, 565, 573

다윈, 찰스Darwin, Charles 165, 258, 661, 634

단조성monotonicity 793

대공황 600

대량생산 491

대마불사too big to fail 666

대중 자동차 모델 'T' 486

대처, 마거릿Thatcher, Margaret 220

대표적 개별 가계representative household 649

대표적인 경제적 개인 89

더 많은 자유의 약속 533

더글러스, 폴Douglas, Paul 267

데이비스, 마이크Davis, Mike 257, 371

데카르트Descartes 22, 63, 66, 75, 557

데카르트적 이분법 700

뎀세츠, 해롤드Demsetz, Harold 427

《도덕감정론Theory of Moral Sentiments》(스미스 1759) 256, 781

도덕적 가치 감소 456

도덕적 시계 408

도덕철학 168, 256, 555

도브, 모리스Dobb, Maurice 269, 413, 609, 636

《독재와 민주주의 사회적 기원Social Origins of Dictatorship and Democracy》(무어 1966) 506

독점 강화—종속 심화 755

독점이윤 138

독점자본(주의) 300, 329, 767

《돈의 철학Philosophie des Geldes》(짐멜 1900) 127, 594, 730

돌로 빵을 만드는 기적 586

동물적 감각(야성적 충동) 71, 671

《동의의 계산The Calculus of Consent》(뷰캐넌·털록 1974) 94, 235

동의의 재생산 424

뒤메닐, 제라르Duménil, Gérard 204, 274

드브뢰, 제라르Debreu, Gerard 75

디킨스, 찰스Dickens, Charles 116

ㄹ

《라셀라스The History of Rasselas, Prince of Abissinia》(존슨 1759) 195, 729

라스키, 해롤드Laski, Harold 216, 291, 303, 616

라시, 스콧Lash, Scott 428

라이트, 에릭 올린Wright, Erik Olin 745

라조닉, 윌리엄Lazonick, William 175, 478, 625, 694

랑게, 오스카르lange, Oscar 172

랜덤워크random walk 671

레닌Lenin 334, 361, 509

레비, 도미니크Lévy, Dominique 204, 274

레비스트로스Lévi-Strauss 771

레이온후푸트, 악셀Leijonhufvud, Axel 632

레이지어, 에드워드Lazear, Edward 62

로머, 데이비드Romer, David 786

로머, 폴Romer, Paul 672

로버트 루카스의 퍼즐 463

로빈 후드 경향 584

로빈 후드적 재분배 566

로빈스, 리오넬Robbins, Lionel 61, 254, 551, 648

로빈슨 크루소 56, 164, 255, 294, 307, 414

로빈슨, 조앤Robinson, Joan 72, 449

로스바드, 머리Rothbard, Murray 511, 539

로쏜, 밥Rowthorn, Bob 154

로크, 존Locke, John 184, 664

로크적 계약 664

롤스, 존Rawls, John 50, 259, 305, 345, 444, 575

루베리, 질Rubery, Jill 424

루소Rousseau 120

루스벨트, 프랭크Roosevelt, Frank 409, 414, 419, 495

루스벨트, 프랭클린Roosevelt, Franklin 550, 629

《루이 보나파르트의 브뤼메르 18일Der 18te Brumaire des Louis Napoleon》(마르크스 1852) 263

루카스, 로버트Lucas, Robert 342, 707, 726

룩셈부르크, 로자Luxemburg, Rosa 363

《리바이어던The Leviathan》(홉스 1651) 289, 394, 421, 539, 661

리카도, 데이비드Ricardo, David 369, 543

〈릴 애브너Li'l Abner〉(풍자 카툰) 362

립셋, 세이무어 마틴Lipset, Seymour Martin 200, 299, 715

ㅁ

마글린, 스티븐Marglin, Stephen 95, 365, 422, 462, 587, 640, 776, 782

마르크스, 카를Marx, Karl 24, 95, 110, 170, 176, 269, 375, 482, 591, 622, 703, 766

마르크스주의 페미니즘 704

마샥, 제이콥Marschak, Jacob 772

마셜, 앨프레드Marshall, Alfred 26, 44, 55, 73, 176, 252, 442, 526, 610, 730, 775

마키아벨리Machiavelli 104, 565, 669, 721

마태효과 293

만델, 에르네스트Mandel, Ernest 438, 447, 492, 508, 552, 792

말로, 앙드레Malraux, Andre 517

망투, 폴Mantoux, Paul 422

매디슨, 앵거스Maddison, Angus 342

매우 드문 희귀한 새 680

매킨토시, 매리Mcintosh, Mary 690

맥밀런, 존McMillan, John 171, 579

맥클로스키, 도널드(디어드리)McCloskey, Donald (Deirdre) 30, 77, 295, 638, 652, 697

맨큐, 그레고리Mankiw, Gregory 76, 137, 173, 583

《맬서스, 산업혁명 그리고 이해할 수 없는 신세계A Farewell to Alms》(클라크 2007) 55

맬서스, 토머스Malthus, Thomas 175, 347

맬서스 트랩Malthus trap 343

머튼, 로버트Merton, Robert 293, 727

《멋진 신세계Brave New World》(헉슬리) 486

명령의 가시荊 338

모래시계 672

모순에 가득 찬 세기 770

목소리(압력) 139

목적함수 772

몰수적 조세 552

무어, 배링턴Moore, Barrington 383, 506, 520, 539, 645, 656

무정부적 생산과 유통 322

무차별곡선 77

《문학과 예술의 사회사Sozialgeschichte der Kunst und Literatur》(하우저 1953) 387

《물질문명과 자본주의Civilisation matérielle, économie et capitalisme》(브로델 1980) 360

물질적 이데올로기 438

뮈르달, 군나르Myrdal, Gunnar 244

미국 예외주의 299

미국 유학 경제학 박사들 742

《미국의 민주주의De la democratie en Amerique》 (토크빌 1835) 518

미국인의 평등 개념 309

미분기계 740

미슐레, 쥘Michelet, Jules 751

미약한 혁명 701

미제스, 루트비히 폰Mises, Ludwig von 45, 163, 214, 262, 324, 370, 443, 511, 539, 645, 658

민주주의(경제이론) 201, 218, 575

《민주주의 경제학 이론An Economic Theory of Democracy》(다운스 1957) 69, 566

민주주의와 자본주의 194

민중민주주의 프로젝트 761

밀, 존 스튜어트Mill, John Stuart 128, 198, 440

밀스, 찰스 라이트Mills, Charles Wright 21, 35, 49, 278, 285, 321, 328, 330, 399, 400, 496, 646, 719, 737

ㅂ

바렛, 미셸Barrett, Michele 690

바이너, 제이콥Viner, Jacob 597

박명림 749

반항하는 목수 693

방법론적 개인주의 61

《방법서설Discours de la Méthodes》(데카르트 1637) 65

배런, 폴Baran, Paul 300, 326, 550, 610, 634, 767

배비지, 찰스Babbage, Charles 740

벌린, 이사야Berlin, Isaiah 170

법인 경영자 혁명 396

베리언, 할Varian, Hal 142

베버, 막스Weber, Max 21, 47, 281, 388, 437, 560

베블런, 소스타인Veblen, Thorstein 97, 183, 472, 588, 738

베커, 개리Becker, Gary 61, 100, 620, 688

벤담, 제러미Bentham, Jeremy 116

벵골 기근 256

보, 미셸Beaud, Michel 374

보비오, 노베르토Bobbio, Norberto 218

보울스, 새뮤얼Bowles, Samuel 30, 181, 203, 409, 414, 419, 495, 715, 725

보이는 손visible hand 396

보이지 않는 손invisible hand 60, 75, 96, 123, 144

보이지 않는 악수the invisible handshake 174, 479

보험 상품 665

복거일 179, 268, 468, 531, 760

'복사집' 750

볼딩, 케네스Boulding, Kenneth 76, 494

볼커, 폴Volker, Paul 237, 601

볼테르Voltaire 162

부라보이, 마이클Burawoy, Michael 109, 368

부르주아사회의 방파제 692

부아예, 로베르Boyer, Robert 165

분권화된 경제 178

《분노의 포도The Grapes of Wrath》(스타인벡) 333, 642, 790

분배적 정의 309

《분절된 노동 분할된 노동자Segmented Work, Divided Workers》(고든·에드워즈·라이히 1982) 325

분할통치 226

불균등 교환(및 종속) 355, 371

〈불을 찾아서〉(김명인) 762

불의 연대 745

불확실성 665

뷔리당Buridan의 당나귀 105

뷰캐넌, 제임스Buchanan, James 94, 126, 235, 247, 260, 547, 564, 574

브레이버만, 해리Braverman, Harry 713

브로델, 페르낭Braudel, Fernad 347, 348, 360, 491, 584, 586, 641

브뤼노프, 쉬잔 드Brunhoff, Suzanne de 571

블라우, 프랜신Blau, Francine 79, 687, 700

《블랙 스완The Black Swan》(탈레브 2007) 31, 87, 166

블랭크, 레베카Blank, Rebecca 709

블로그, 마크Blaug, Mark 20, 94, 265, 397

블로크, 마르크Bloch, Marc 34, 50, 63, 628, 649

블록성 68

블루스톤, 배리Bluestone, Barry 429

비경쟁적 집단 695

《비명을 찾아서》(복거일) 760

비선형non linear 661

비이성적 과열 85

비자발적 실업 476

비재화bads 232

비코, 잠바티스타Vico, Giambattista 101, 683

빈곤의 악순환 301

《빵과 포도주Brot und Wein》(실로네 1936) 560

ㅅ

사랑이라는 재화 782

사상의 계보 538

사상의 시장 699

사슴 사냥 120

사이먼, 허버트Simon, Herbert 70, 79, 395

사자의 폭력 565

사회구성체 논쟁 751

사회민주주의 205

사회보장 세금 736

사회분석가 35

사회적 경제 205

사회적 관계 109, 110, 125, 321, 599, 623, 722

사회주의 페미니즘 704

《사회학적 상상력The Sociological Imagination》(밀스 1959) 21, 128, 737

사회후생함수 304, 305
산업의 지휘관들 481
산업주의 741
산타야나, 조지Santayana, George 51
산토스, 도스Santos, Dos 377
상대적인 후진성 615
상트페테르부르크의 역설 668
상품생산사회 599
《상품에 의한 상품생산Production of Commodities by Means of Commodities》(스라파 1960) 302
새끼를 친다 601
새는 물통 581
새로운 과학 684
새로운 질문 21
새뮤얼슨, 폴Samuelson, Paul 20, 57, 118, 438, 498, 639, 674, 698, 776
생산 영역 민주화 134
생산가능곡선 794
생산공동체 125
생산관계 60
생산성 동맹 247
생산의 무정부적 성격 279
생산의 사회적 관계 132
생산의 윤리 261
생산의 정치 368, 420
서머스, 로렌스Summers, L. 787
서울사회과학연구소(서사연) 753
선물 교환 460
선상船上 노트(레비스트로스) 771
선택의 학문 69, 105
선택할 자유 47, 82, 83, 391
《선택할 자유Freedom of Choice》(프리드먼 1980) 105, 160
선호 153, 154
성격과 임무 755
《성장의 한계Limits to Growth》(로마클럽 1972) 346
세계화 354

세이Say, J.B. 524
세이건, 칼Sagan, Carl 17, 626, 674
세이의 법칙 492
세테리스 파리부스ceteris paribus 659
센, 아마르티아Sen, Amartya 105, 254, 256
셰보르스키, 애덤Przeworski, Adam 61, 200, 245, 453
셰익스피어Shakespeare 679
소비평탄화 582
소유 권리론(소유권) 186, 308
손실의 분배 268
솔로, 로버트Solow, Robert 93, 316, 548, 632, 643, 655, 699
솔로의 기본방정식 548
송호근 286, 526, 722, 747, 757
쇼어, 줄리엣Schor, Juliet 450, 587, 779, 789
수렴 경향 632
수리경제학 654
수리적 논리의 광적 추종 657
수리적 빛 643
수數의 무게 641
수요탄력성 658
수정구슬 515, 517, 532
수학의 군림 651
수학의 영웅적 시기 733
수학의 확실성 89
수학적 기대치 71
숙련 편향적 기술 변화 472
숙취 이론 499
순수이성의 광란 657
숲 속 어린 나무 330
슘페터, 조지프Schumpeter, Joseph 23, 37, 54, 72, 314, 339, 343, 362, 475, 504, 513, 525, 569, 576, 610
스라파, 피에로Sraffa, Piero 302, 445
스미스, 애덤Smith, Adam 57, 113, 243, 256, 555, 571
스위지, 폴Sweezy, Paul 300, 326, 478, 767

스코틀랜드의 영혼 564
스키델스키, 로버트Skidelsky, Robert 253, 523
스타인벡, 존Steinbeck, John Ernst 527, 642, 790
스톤, 캐서린Stone, Katherine 431
스티글러, 조지Stigler, George 20, 93, 153, 522, 688,
스티글리츠, 조지프Stiglitz, Joseph 523, 621
스피노자Spinoza 66
승자독식(슈퍼스타의 경제학) 293
시간 압착time squeeze 450
시간관리 407
《시민론De Cive》(홉스 1642) 284
시장실패 165
시카고학파(대학) 80, 94, 744
신가족경제학 688
신고전파 204
신뢰 414
신자유주의 220, 274, 303, 527
신호효과 108
실로네, 이그나치오Silone, Ignazio 560
《실증경제학의 방법The Methodology of Positive economics》(프리드먼 1953) 77

ㅇ

아글리에타, 미셸Aglietta, Michel 110, 279, 371, 488, 623
《아담의 오류Adam's Fallacy》(폴리 2006) 555
아렌트, 한나Arendt, Hannah 588
아리기, 조반니Arrighi, Giovanni 339, 348
아리스토텔레스Aristoteles 52, 115, 130, 290, 601, 717, 731
아민, 사미르Amin, Samir 439, 619, 632, 633
아인슈타인, 알베르트Einstein, Albert 83, 279
안정적인 해解 298
암묵적 계약 459
애덤 스미스의 딸 687
애로, 케네스Arrow, Kenneth 96, 298, 318, 414

애쓰모글루, 대런Acemoglu, Daron 137, 320, 570
애커로프, 조지Akerlof, George 459
앨키언, 아민Alchian, Armen 106, 427
앳킨슨, 존Atkinson, John 425
야코비, 샌포드Jacoby, Sanford 430
어리, 존Urry, John 428
업다이크, 존Updike, John 556
에드워즈, 리처드Edwards, Richard 325, 409, 414, 419, 420, 495
에지워스, 프랜시스Edgeworth, Francis 647
《에티카Ethica》(스피노자 1677) 65
엘리자베스의 비단양말 344
엥겔스, 프리드리히Engels, Friedrich 475, 514
《여성과 남성 그리고 노동의 경제학The Economics of Women, Men, and Work》(블라우·퍼버 1992) 700
여성의 종속 703
여성적 경제인Femina Economica 699
여우의 교활함(여우의 도덕) 565, 720
역사로서의 자본주의 621
《역사를 위한 변명Apologie pour l'histoire》(블로크 1949) 34, 50
역사주의(의 빈곤) 354, 621, 622
역선택adverse selection 86
연금 재정적 외부성 707
《열린사회와 그 적들The Open Society and Its Enemies》(포퍼 1945) 622
열린사회의 적들 532
열망의 격차 154
영구전쟁경제 588
오래된 떡갈나무 446
오래된 질문 21
오래된 포도주 446
오염 없는 환경의 시장가격 786
오염세 부과 786
오웰, 조지Orwell, George 675
오일러 정리 149

《오즈의 마법사The Wonderful Wizard of Oz》
(1900) 594
오쿤, 아서Okun, Arthur 174, 581
올슨, 맨커Olson, Mancur 100, 165, 225, 231,
365, 375, 577, 716
완전고용 247, 474
〈완전고용의 정치적 측면Political Aspects of
Full Employment〉(칼레츠키 1943) 248, 481
왈라스, 레옹Walras, Léon 218, 572
왈저, 마이클Walzer, Michael 215, 295
외부성 791
외부효과 317
《우리 손자 세대의 경제적 가능성Economic
Possibilities for our Grandchildren》(케인스
1930) 450
《우울한 과학Dismal Science》(마글린 2008) 96,
640, 782
우화 656
운동의 과학화 754
위계(질서) 409, 412
《(케인스 이후의) 위대한 경제학자들Great
Ecomomists Since Keynes》(블로그 1985) 20
위胃의 용량 122
윌리엄슨, 올리버Williamson, Oliver 331
윌슨, 찰스Wilson, Charles 367
유동성 선호 592
유랑형 도적roving bandit 578
유리천장glass ceiling 696
유명 인사 770
유토피아 454, 559
은유(메타포) 30, 76, 653
응고된 노동 483
이기심에 따른 자선 100
이데올로기 504
이론적 신자유주의 464
이사야의 정의 258
이성의 계획 558
이성의 삶 199

《이성의 삶The Life of Reason》(산타야나 1905) 51
이성의 시대 734
이스털린의 역설 777
이윤 극대화 54, 106, 461
이중경제dual economy 구조 239, 378
이중운동 282
이타적 처벌 461
이탈 230
이해관계 103
이해관계는 분명하다 198
인간 행동 49, 69
인간 행동에 관한 제약 317
《인간불평등 기원론》(루소 1755) 120
인간의 생태발자국 789
《인간행동Human Action》(미제스 1949) 46, 370,
659
《인구론An Essay on the Principle of Population》
(맬서스 1789) 56, 175, 347
인내한 기다림의 대가 603
인문학 723
인쇄 기술 734
인텔리겐치아 732
인플레이션 237
일당 5달러(제) 457, 487
일반균형이론 257, 572
일자리 창출 기계 430
임금−연령 곡선 713
임금주도경제 457, 587
잉여가치 58
잉햄, 제프리Ingham, Geoffrey 591

ㅈ

자극과 가시 410
자기선택 108
자기실현적 기대(현상) 374, 718
자발적 교환 411
자본 숭배 390

《자본론Das Kapital》(마르크스 1867) 110, 169, 176, 281

자본의 본성 493

《자본의 본성에 관하여On the Nature of Capital》(베블런 1908) 183

자본의 외부 743

자본의 지배 387

《자본주의·사회주의·민주주의Capitalism, Socialism and Democracy》(슘페터 1942) 24, 314, 339, 475

자본주의 이후의 삶 454

《자본주의 조절이론A Theory of Capitalist Regulation》(아글리에타 1979) 110

자본주의경제 체제 노동자로서의 자세 716

《자본주의와 자유Capitalism and Freedom》(프리드먼 1962) 240

《자본주의와 학교교육Schooling In Capitalist America》(보울스·진티스 1976) 715

자본주의의 다양성 29, 165, 356

자본주의적 제도의 다양성 358, 359

자본축적의 황금률 344

자본축적의 황금시대 452

자비롭고 전지전능한 사회계획자 177

자연은 도약하지 않는다 163

'자연적natural' 217

《자연철학의 수학적 원리Philosophiæ Naturalis Principia Mathematica('프린키피아')》(뉴턴 1687) 650

자원 배분 효율성(메커니즘·자원 최적 배분) 153, 158, 173

자유 391

자유계약 132

자유기업 체제 266, 550

자유민주주의 208

자유방임주의 215

자유재량 568

자유주의 215, 241

《자유헌정론The Constitution of Liberty》(하이에크 1960) 53, 534

자폐경제학 264

"장기에 우리는 모두 죽는다"(케인스) 179, 532

장기지속 347

장하준 296

재무성적 관점 546

재산소유권 182

재산의 불평등 717

저개발 369, 633

저개발의 발전 635

저숙련·저임금의 균형 480

저임금 노동 429

저임금산업 694

적하효과 290, 464

전국시대 588

전투냐, 죽음이냐 767

정규분포 666

정보비대칭 627

정성진 352, 587

정운영 436, 443, 757

《정의론A Theory of Justice》(롤스 1971) 50, 107, 211, 259, 345, 444, 575

《정의의 영역Spheres of Justice》(왈저 1983) 295

정주형 도적stationary bandit 578

《정치경제학 원리The Principle of Political Economy》(밀 1767) 198

《정치경제학 이론The Theory of Political Economy》(제본스 1871) 22, 646

정치사회학 722

정치적 경기순환 248, 481

정치적 교환 239

정치적 상쇄력 565

정치적 이해대표 240

정치적 인간 566

《정치학Politika》(아리스토텔레스) 52, 290, 731

정태적 균형 상태 243

《제2차 산업분기점The Second Industrial Divide》(피오레·세이블 1984) 411, 618

제국주의 352, 361, 371

제도의 장기 흥망성쇠 316

제본스, 스탠리Jevons, William Stanley 22, 372, 596, 646, 740

제약 아래에서의 최적화optimization under constraints 648

제작본능Workmanship 741

제한된 합리성(이성) 70, 79

조세국가 569

조정환 756

조직자본주의의 종말 428

조직적 여성 694

《존 메이너드 케인스John Maynard Keynes 1883~1946》(스키델스키 2003) 253

존슨, 새뮤얼Johnson, Samuel 195, 729

좀바르트, 베르너Sombart, Werner 408

종속이론 366

《종의 기원On the Origin of Species》(다윈 1859) 258, 612, 634, 661

종이돌멩이 541

좋은 삶 115

좌파 서적 출판 붐 753

죄수의 딜레마 676

주먹 없는 노동규율 426

주변부(자본주의론) 331, 632

주식회사 제도 399

주식회사의 기원 394

주요 경제학 전문저널 738

중립적 베일 590

즐거움 기계로서의 인간 647

즐거움과 괴로움의 미분학 646

지구온난화(경제학) 159, 786

지대(추구) 139, 317, 596

《지배의 사회학Soziologieder Herrschaft》(베버 1922) 388

지식의 외부효과를 통한 성장 727

지옥으로 가는 길 539

〈지적 장인주의에 관하여〉(밀스 1959) 737

지적 채석장 16

지적소유권 728

진티스, 허버트Gintis, Herbert 203, 715, 725

질문 27

질문하는 인간Homo Interrogo 27

짐멜, 게오르그Simmel, Georg 127, 594, 599, 712

집단적 이익대표체제 240

집단행동 376

《집단행동의 논리The Logic of Collective Action》(올슨 1965) 225

집합적 재화 226

ㅊ

차일드, 존Child, John 428

착취 148, 170

《창작과비평》 751

책 사냥꾼 723

챈들러, 앨프레드Chandler, Alfred 396

초공공재hyper public goods 783

최대다수 최대행복 304

최소국가minimal state 307

최장집 195, 448, 747, 761

최적의 균형 선택 660

최적의 저축률 344

축적의 논리 374

치열한 각축장 420

칠판경제학 56

침묵의 봄 510

ㅋ

카네티, 엘리아스Canetti, Elias 338, 410, 506, 517

카슨, 레이첼Carson, Rachel 510

칼레츠키, 미할Kalecki, Michal 248, 481, 493, 762

칼레츠키 성장 모형 464
《캉디드Candide》(볼테르 1759) 162
케인스, 존 메이너드Keynes, John Maynard 61, 64, 178, 246, 292, 296, 450, 474, 493, 530, 670, 680, 782
케인스주의적 타협(계급타협) 204, 220
코먼웰스Commonwealth 420, 542, 593
코브-더글러스 생산함수 147
코스, 로널드Coase, Ronald 56, 134, 225, 395, 771
《코스모스Cosmos》(세이건 1980) 626, 674
쿠즈네츠, 사이먼Kuznets, Simon 287, 288, 349
쿤, 토머스Kuhn, Thomas 57, 280
크로지에, 미셸Crozier, Michael 433
크루그먼, 폴Krugman, Paul 165, 515
큰 질문들 640
클라인, 모리스Kline, Morris 89, 628, 644, 648, 733
클라크, 그레고리Clark, Gregory 55
클라크, 존 베이츠Clark, John Bates 152
킨들버거, 찰스Kindleberger, Charles 366, 608, 659

ㅌ

탈레브, 나심Taleb, Nassim 31, 66, 87, 166, 294, 404
탈상품화 296
태양흑점 372
터널효과tunnel effect 289
털록, 고든Tullock, Gordon 94, 235, 574
테일러, 프레더릭Taylor, Frederick 150, 567, 739
토인비, 아놀드Toynbee, Arnold 343, 373
토크빌, 알렉시스 드Tocqueville, Alexis de 209, 210, 304, 350, 518, 613, 790
톰슨, 에드워드Thompson, Edward 407
톰슨, 폴Thompson, Paul 420, 431
톰슨Thompson, E.P. 746

통계학자 마르크스 536
통화에 대한 규율 591
통화주의 159, 237, 600
트레드밀treadmill 효과 779

ㅍ

파레토 극대화(최적)Pareto Opitmal 69, 160, 211, 256
파레토 효율Pareto efficiency 216, 780
파워엘리트 718, 720
《파워엘리트The Power Elite》(밀스 1956) 285, 300, 321, 399, 404, 646, 770
파인, 벤Fine, Ben 62, 575
팡글로스Pangloss(박사의) 경제학 144, 162
퍼거슨, 앤Ferguson, Ann 704
퍼버, 마리안Ferber Marianne 79, 687, 700
《평화의 경제적 귀결Economic Consequences of the Peace》(케인스 1919) 292, 674
포드, 헨리Ford, Henry 408, 457, 486
포드주의Fordism 488
포퍼, 카를Popper, Karl 219, 319, 622, 678
폭스, 앨런Fox, A. 428
폴라니, 칼Polanyi, Karl 145, 229, 258, 281, 382, 694
폴러트, 애나Pollert, Anna 687
폴리, 던컨Foley, Duncan 95, 555, 630
폴브레, 낸시Folbre, Nancy 704, 705
표준 경제모형 709, 718
푸앵카레-하이에크-포퍼의 역설 538
'풍요의 뿔Cornucopains' 학파 343, 784
프랑크, 안드레 군더Frank, Andre Gunder 369
프로이트, 지그문트Freud, Sigmund 734
프리드먼, 밀턴Friedman, Milton 77, 84, 126, 315, 515, 547, 552, 580, 581, 584, 600, 736, 785
피구, 아서 세실Pigou, Arthur Cecil 252
피렌, 앙리Pirenne, Henry 635
피오레, 마이클Piore, Michael 411, 618

피케티, 토마Piketty, Thomas 147, 187, 212, 536, 655

필경사筆耕士 736

필립스 곡선 598

필사적인 도약 281

ㅎ

하딘, 러셀Hardin, Russel 232, 631, 676

하먼, 크리스Harman, Chris 498

하베이 로드Harvey Road의 전제 249

하우저, 아놀드Hauser, Arnold 348, 387, 505, 734

하이에크, 프리드리히Hayek, Friedrich 53, 236, 393, 510, 532

하일브로너, 로버트Heilbroner, Robert 44

하트만, 하이디Hartman, Heidi 703

학술지 춘추 전국시대 753

한계생산성 148, 152

한계소비성향 271, 551

한계주의 58

한계효용 84, 273

한국산업사회연구회 754

한국의 사회 구성 746

합리성으로서의 선 644

합리적 개인 62

합리적 경제인 49

합리적 바보 105

합리적 선택 82, 88

합리적 이성 45, 70, 98

합리적 이해관계 101

합리적 인간 48

항의(목소리 내기Voice) 230

해리슨, 베넷Harrison, Bennett 142, 430

허시먼, 앨버트Hirschman, Albert 139, 199, 230, 266, 289, 351

헉슬리, 올더스Huxley, Aldous 22, 486, 728, 777

《현실과 과학》(새길) 754

현재가치할인 666

호모 이코노미쿠스Homo Economicus 63, 83, 93

홉스, 토머스Hobbes, Thomas 284, 289, 394, 421, 539, 593

홉스봄, 에릭Hobsbawm, Eric 209, 327, 350, 352, 362, 681

화이트칼라 714

화이트헤드, 앨프레드Whitehead, Alfred 657, 679

화폐 이분법 590

화폐상품 593

화폐착각money illusion 597

확률적 계산 664

확률적 기대 660

확실성 등가 667

환경비용 내부화 789

활력 있는 다수 331

황금광 시대 737

황금의 십자가 595

황석영 737, 751

효용 극대화 51, 63, 84, 160

효율임금 458

효율적 시장가설 364

후기자본주의 792

《후기자본주의Der Spätkapitalismus》(만델 1975) 492

후자폐적 경제학운동the post-autistic economics movement 264

후진성의 뿌리 366, 634

후진성의 이점 633

훈련된 무능 739

훈련된 원숭이 739

휴즈, 스튜어트Hughes, Stuart 37, 437, 624

《희망L'Espoir》(말로 1937) 517

힉스, 존Hicks, John 138, 595

힐퍼딩, 루돌프Hilferding, Rudolf 125, 593, 599

힘의 논리 208

오래된 질문, 새로운 답변

2014년 12월 10일 초판 1쇄 발행

지은이 | 조계완
펴낸이 | 노경인 · 김주영

펴낸곳 | 도서출판 앨피
  출판등록 | 2004년 11월 23일 제2011-000087호
  주소 | 우)120-842 서울시 영등포구 영등포로 5길 19(양평동 2가 동아프라임밸리) 1202-1호
  전화 | 02-336-2776 팩스 | 0505-115-0525
  전자우편 | lpbook12@naver.com

ⓒ 조계완
ISBN 978-89-92151-63-4

* 이 책은 한국언론진흥재단의 저술 지원으로 출판되었습니다.